KB210179

장기요양
법규 컨설팅

Long-term
Care

Law Consulting •

정홍기 · 백경희 · 김성은 · 김준래 · 이인재

박영사

머리말 ⚖️

　우리나라는 인구의 고령화로 웰빙(well-being)에서 웰다잉(well-dying)으로, 치료(cure)를 넘어 돌봄(care)의 가치를 실현하는 시대로 급변하고 있다. 노인 돌봄의 핵심 제도인 노인장기요양보험법령은 4년여라는 짧은 기간 동안 수급자의 범위·장기요양기관·장기요양급여 제공 인력·장기요양급여 체계 그리고 사회보험제도를 동시에 설계하여 법제화되었기 때문에, 시행 과정에서 혼선과 갈등이 등장할 수밖에 없었다.

　2008년 7월 장기요양보험제도 시행 이후 제도 개선이 있었지만 장기요양제도를 둘러싼 혼선과 갈등이 여전히 발생하고 있는 근본 원인은 장기요양제도와 법규에 대한 이론이 정립되지 않았기 때문이다. 이러한 문제를 의식하여 행정당국 및 장기요양급여를 제공하는 장기요양기관이 쉽게 접근할 수 있도록 법령과 고시에 대한 해석, 고시의 내용과 법령의 위임한계 그리고 업무 현장서 발생되고 있는 다양한 문제 등에 대하여 보다 실무적으로 접근한 이론서를 발간하였다.

　장기요양제도가 방대하기 때문에 관련된 모든 법률문제를 다룰 수는 없었지만, 법령의 내용 중 장기요양기관의 주된 분야와 함께 고시 등 규정에 대한 문제점을 제기하여 쟁점을 논리적·체계적으로 정리하고자 노력하였다.

　이 책은 2004년부터 장기요양제도 설계와 법제화 업무 및 법령을 집행한 실무 경험이 있는 정홍기 소장을 중심으로 보건의료의 각계 전문가로서 의료전문변호사인 법무법인 우성의 이인재 변호사와 김준래 법률사무소 대표인 김준래 변호사, 인하대 법학전문대학원의 백경희 교수, 한국의료분쟁조정중재원의 김성은 심사관이 집필에 참여하였다.

　장기요양보험제도에 대한 최초의 해설서인 본 '장기요양법규 컨설팅'이 장기요양기관, 행정당국 및 정책 입안자들의 장기요양 업무 수행의 길라잡이 역할뿐만 아니라 제도 개선에 작은 기여라도 할 수 있기를 기대한다.

　끝으로 이 책의 출간에 아낌없는 수고를 해주신 박영사 편집부 이수연 선생님께 감사 말씀을 전해드리며, 독자 및 학계 여러분의 관심과 질책을 기대한다.

2025년 3월 저자 일동

목차

장기요양보험제도 일반론

P/A/R/T

01

장기요양보험제도 일반론

1 노인장기요양보험제도 개관

가 장기요양(long-term care)의 의의

(1) 장기요양급여

「노인장기요양보험법(이하 '법'이라고 약칭한다)」상 "장기요양급여"란 6개월 이상 동안 혼자서 일상생활을 수행하기 어렵다고 인정되어 소정의 등급판정기준에 따라 수급자로 판정된 자에게 신체활동·가사활동의 지원 또는 간병 등의 서비스나 이에 갈음하여 지급하는 현금 등을 말한다(법 제2조 제2호). 또한 장기요양급여는 신체적·지적·정신적인 질병 등으로 인해 의존 상태에 있는 노인 또는 생활상의 장애를 지닌 노인에게 장기간(6개월 이상)에 걸쳐서 일상생활 수행능력을 도와주기 위하여 제공되는 '보건·의료·요양·복지' 등의 서비스를 의미한다. 구체적으로는 간병·수발 등의 일상생활지원, 요양관리, 간호, 기능훈련, 기타 필요한 복지지원서비스 등이 있다. 장기요양급여의 객체에 대하여 독일에서는 신체의 자연스러운 노화현상으로 정의하고 있으나 질병과 신체의 노화현상을 엄격히 구별하는 것은 일정 부분 한계가 있다.

　장기요양급여와 유사한 개념에는 간호와 간병이 있다. 국립국어원의 표준국어대사전에 의하면 간호는 '다쳤거나 앓고 있는 환자나 노약자를 보살피고 돌봄'으로, 간병은 '앓는 사람이나 다친 사람의 곁에서 돌보고 시중을 듦'으로 정의되어 있어 사전적인 의미에서는 구별이 불가능하며, 장기요양급여의 개념과도 구별하기가 어렵다. 법률적 측면에서 볼 때 간호는 「의료법」상의 의료행위와 연계하여 이해하되, 「의료법」 제2조 제2항 제5호 가목의 간호사의 업무 중의 하나인 '요양상의 간호'는 의료행위에 포함되지 않는 사실상 간병의 영역과 중첩되는 것으로 볼 수 있을 것이다.[1] 그렇다면 장기요양급여 내지 장기요양급여서비스는 장기요양기관에서 행하는 요양상의 간호와 간병서비스, 의료행위인 방문간호로 각 정의하거나 포괄하는 개념으로 볼 수 있다.

(2) 노인장기요양보험

　신체의 노화현상으로 일상생활이나 활동이 어려운 사람에게 사회보험 방식으로 식사, 배설, 이동 등 신체활동과 일상가사활동을 도와주는 서비스를 제공하는 제도이다. 질병이나 부상과 달리 노화현상에 수반되는 거동불편을 서비스의 객체로 하고 있다. 신체의 자연적인 노화현상으로 치매, 중풍, 골절, 심신쇠약 등이 발생되며, 이 경우 혼자의 힘으로 일상적 활동이나 생활을 할 수 없기 때문에 타인의 도움이 필요하다. 노인장기요양보험은 가입자들이 납부하는 보험료 등을 재원으로 이러한 돌봄 및 도움을 제공하는 제도이다. 따라서 질병이나 부상으로 일정기간동안 거동이 불편하거나 일상생활상의 활동이 어려운 경우는 장기요양보험의 서비스 제공대상이 되지 않으며, 건강보험제도 혹은 의료급여제도를 통하여 의료서비스를 받아야 한다. 다만, 질병이나 부상의 경우 장기요양보험의 방문간호서비스를 통하여 일부 장기요양급여를 이용할 수 있다.

1　박정연, 『간병비 급여화의 법적 쟁점』, 법학연구 제29권 제1호, 충북대학교 법학연구소, 2018, 39쪽.

(3) 장기요양급여의 제공 목표

장기요양급여는 신체적 및 정신적으로 허약하거나 거동이 불편하여 6개월 이상(법 제2조 제2호, 제15조 제2항) 요양·치료·돌봄 서비스를 제공해야 할 필요성이 있는 노인 등에게 적합한 서비스를 제공하여 신체기능 유지, 회복 및 재활을 도모하고, 가족의 노인 돌봄 기능을 지원하여 장기요양 수급자 및 가족 구성원의 삶의 질을 향상시키는 것을 목표로 하고 있다. 장기요양급여는 개인의 서비스 욕구에 효율적이고 효과적인 서비스 제공을 통하여 ▶ 장기요양 수급자의 신체적 및 정신적 기능 상실에 대한 개선 및 악화 방지, ▶ 노인 개인 및 가족의 돌봄 비용 경감, ▶ 노인의 가정 및 지역사회 내에서의 계속적 생활 유지 및 증진 등에 목표를 두고 있다.

(4) 노인장기요양보험제도의 운영체계

신체의 노화현상으로 타인의 돌봄서비스가 필요한 자는 국민건강보험공단(이하 '공단'이라 약칭한다)에 장기요양인정신청을 하여 소정의 등급을 인정받아 지방자치단체가 지정한 장기요양기관으로부터 노인요양시설, 노인요양공동생활가정, 방문요양, 주야간보호, 단기보호, 방문목욕, 방문간호, 복지용구 등의 서비스를 받을 수 있다. 소요되는 재정은 가입자들이 부담하는 장기요양보험료(건강보험료에 부가하여 부담)와 국가 및 지방자치단체의 부담금 등으로 조달된다.

장기요양급여를 제공한 장기요양기관은 그 서비스 비용을 공단에 청구하여 지급받는 구조이다. 보건복지부는 제도운영을 총괄하고 관련 법령을 제정·관리하며, 공단은 장기요양보험제도를 관리·운영한다.

(5) 노인장기요양보험제도의 재원조달 방식

노인장기요양보험제도는 기본적으로 장기요양보험료를 부과하여 조달하는 사회보험으로서, 현행 건강보험제도와 같이 정부가 보험재정의 일정 부분을 부담하고, 서비스를 이용하는 이용자가 일정 부분을 함께 부담하는 체계로 운영된다. 반면 「의료급여법」상의 수급자는 보험료를 부담하지 않고 그 대신 지방자치 단체가

급여비용 전액을 부담하며, 「의료급여법」 제3조 제1항 제1호에 따른 수급자는 본인부담금도 부담하지 않는다.

이와 같이 '보험료＋국고·지방비＋이용자 본인부담금' 방식을 채택함으로써, 수급자를 저소득층에 한정하지 않고 일반국민을 포괄(의료급여수급권자＋건강보험가입자)하고 건강보험 등 기존의 사회보장제도와의 연계성 등을 고려하여, 사회보험방식을 기본으로 국고 지원방식으로 운영된다.

나 제도 도입의 필요성과 추진 경과

(1) 제도 도입의 필요성

우리 사회는 고령화 진전에 따라서 치매, 중풍 등 요양보호 필요노인이 급격히 증가하여 온 반면, 핵가족화·여성의 사회참여 확대, 보호기간의 장기화 등으로 가정에 의한 요양보호가 한계에 도달하였다. 중산·서민층 노인이 이용할 수 있는 시설이 절대적으로 부족하였고, 유료시설 이용 시 비용부담이 과중하였으며 노인인구 증가에 따른 급격한 노인의료비 증가도 사회적 부담으로 작용하였다.

이에 따라 2007년 이전의 복지와 의료의 분립체제하에서는 노인의 보건·의료·요양·복지 등 복합적인 욕구에 효과적으로 대응하기 곤란하여, 고령화사회 초기에 공적노인요양보장체계를 확립하여 국민의 노후불안 해소 및 노인가정의 부담 경감을 도모할 필요가 있었다.

(2) 추진 경과

2001.8.15. 대통령 경축사에서 고령화시대에 대비한 노인요양보장제도 도입의 필요성을 발표한 것을 계기로 2000.~2002. 「노인장기요양보호정책기획단」에서 기초연구를 수행하였고, 2003.3.~2004.2. 「공적노인요양보장추진기획단」 운영, 2004.3~2005.2. 「공적노인요양보장제도실행위원회」를 운영하는 등 2000.~2005.2.까지 노인요양보장제도 시행 준비체계를 구축하였다. 이후 2005.7.~2008.6.까지 시범사업(3년간)을 실시하였는데, 1차는 2005.7.~2006.3.까지

6개 지역(광주 남구, 강릉, 수원, 부여, 안동, 북제주)에서, 2차는 2006.4.~2007.4.까지 8개 지역(부산 북구, 전남 완도 추가)에서, 3차는 2007.5.~2008.6.까지 13개 지역(인천 부평구, 대구 남구, 청주, 익산, 하동 추가)에서 실시하였다. 2007.4.27. 「노인장기요양보험법」이 제정됨에 따라 2007.4~2008.6.까지 하위법령을 제정하였고, 등급판정시스템과 급여비용(수가) 등을 확정하는 등 제도시행 준비과정을 거쳐 2008년 4월 15일부터 장기요양급여 대상자 신청을 접수하기 시작하여, 2008년 7월 1일 장기요양급여 서비스를 시작하였다.

다 장기요양보험과 관련 제도의 차이점

(1) 건강보험과 노인장기요양보험의 차이점

노인장기요양보험은 신체의 노화현상에 따른 거동불편이나 일상생활상의 활동 불편에 대한 돌봄서비스를 주된 서비스로 제공하며, 부수적으로 방문간호(재가급여), 노인요양시설(시설급여) 등에 입소한 수급자에게 계약의사나 협약 의료기관을 통하여 적절한 의료서비스를 제공하는 제도이다. 한편, 건강보험은 질병이나 부상 등에 대한 의료서비스를 건강보험이라는 사회보험방식으로 운영하는 제도로서, 건강보험제도는 질병·부상이 있는 자에 대한 입원·외래 및 재활치료 등의 의료서비스 제공을 목적으로 하는 반면, 노인장기요양보험제도는 치매·중풍 등의 노화 및 노인성 질환으로 인한 신체·정신기능의 쇠퇴로 거동이 불편한 자에 대한 신체활동 및 일상 가사지원 등의 복지서비스의 제공을 주된 목적으로 한다.

「국민건강보험법」 제41조 제1항의 보험급여대상에는 간호 등을 규정하고 있어 장기요양급여와 구별이 어려운 요양상의 간호 또는 간병까지 건강보험의 급여대상에 포함되는지 그리고 「건강보험 요양급여비용의 내역(보건복지부 고시)」의 내용에 요양상의 간호 또는 간병의 비용까지 포함되어 있는지도 모호한 상황으로 볼 수 있다. 의료기관의 서비스에 있어 간호와 달리 간병(간병인)의 경우 주로 사적 계약에 의해 환자 본인의 비용으로 이루어지고 있는 것이 현실이다. 건강보험과 노인장기요양보험의 차이점은 〈표 1-1〉과 같다.

<표 1-1> 국민건강보험과 노인장기요양보험의 비교

구분	국민건강보험	노인장기요양보험
서비스 내용	- 질병·부상을 치료하거나 예방	- 노화현상에 의한 신체·정신기능의 쇠퇴로 인하여 거동이 불편한 자에게 세면, 배설, 목욕 등의 신체적 지원과 조리, 세탁 등 일상가사지원 * 방문간호 등 일부 의료적 서비스 영역 포함
서비스를 받을 수 있는 자	- 질병이나 부상이 발생한 자가 본인 및 의사의 판단에 따라 의료서비스 실시	- 장기요양인정등급판정을 받은자가 급여이용 계약 시 서비스 실시
서비스 한도	- 의학적으로 질병이나 부상의 치료 종료 시	- 월 한도액 범위 내에서 서비스 실시
서비스 제공인력	- 보건의료인(의사, 약사, 간호사 등)이 주로 담당	- 요양보호사, 간호사·간호조무사 등 장기요양요원이 주로 담당

(2) 장기요양보험과 기존의 노인복지서비스와의 차이

기존의 노인복지서비스가 「노인복지법」을 기준으로 하는 저소득층 위주의 제한적·선별적 보호체계에 해당하였다면, 노인장기요양보험제도는 소득에 관계없이 장기요양의 필요성에 따라 서비스를 제공하는 보편적인 체계로의 전환으로 볼 수 있다. 소득이나 돌볼 가족의 유무에 관계없이 객관적 평가판정도구 및 장기요양등급판정위원회 등을 통하여 수급자를 선정한다. 또한 기존의 복지체계가 국민기초생활보장수급자 등을 포함한 특정 대상을 한정하여 국가가 시혜적으로 제공하는 서비스 체계인 반면, 노인장기요양보험은 장기요양급여가 필요한 65세 이상 노인 및 치매·뇌혈관성 질환을 가진 65세 미만의 국민 모두가 이용 가능하며, 서비스 이용자의 권리와 선택이 보장되는 이용자 중심의 서비스 체계로 전환되었다. 장기요양 대상 노인의 기능상태와 환경, 그리고 노인과 그 가족의 선택에 의한 계약을 통하여 서비스 제공자를 선택할 수 있다. 노인장기요양보험제도와 노인복지서비스의 차이점은 〈표 1-2〉와 같다.

<표 1-2> 노인장기요양보험제도와 노인복지서비스 체계의 비교

구분	노인장기요양보험제도	기존 노인복지서비스 체계
관련 법령	- 노인장기요양보험법	- 노인복지법
서비스 대상	- 보편적 제도 - 장기요양이 필요한 65세 이상 노인 및 치매·뇌혈관성 질환 등 노인성 질환을 가진 65세 미만의 국민	- 특정 대상 한정적 제도(선택적) - 국민기초생활보장수급자를 포함한 저소득층 위주
서비스 선택	수급자 및 부양가족의 선택에 의한 서비스 제공	지방자치단체장의 판단(공급자 위주)
재원	장기요양보험료+국가 및 지방자치단체 부담(지원)+이용자 본인 부담	정부 및 지방자치단체가 부담
서비스	- 시설급여(노인요양시설, 노인요양공동생활가정) - 재가급여(방문요양, 방문목욕, 방문간호, 주·야간보호, 단기보호, 복지용구 등) - 특별현금급여(가족요양비 등)	시설·재가서비스를 제공하나, 서비스 질에 대한 관리 미흡
시설에 대한 지원 방식	- 시설급여 및 재가급여 제공자는 서비스 제공 비용에 대하여 수가산정 방식을 적용하여 공단에 청구 - 공단은 청구된 장기요양급여 및 비용 등의 적정여부 심사 후 지급	지방자치단체를 통하여 시설 입소인원 또는 연간 운영비용을 기준으로 정액 지급(예산방식, 사후 정산)

라 노인장기요양보험 이용 대상 및 절차

(1) 장기요양급여를 받을 수 있는 자

장기요양급여를 받을 수 있는 자격을 얻기 위해서는 공단에 장기요양인정신청을 하여 장기요양등급을 인정받아야 한다. 장기요양등급은 1-5등급 및 장기요양인지지원등급으로 구분된다(「노인장기요양보험법 시행령(이하 '시행령'이라고 약칭한다)」 제7조 제1항). 65세 이상인 자는 거동이 불편하여 6개월 이상 동안 혼자서 일상생활이나 일상활동을 수행하기 어렵다고 인정되어야 장기요양등급을 인정받을 수 있다(법 제2조 제2호, 제15조 제2항). 65세 미만인 자는 위의 요건을 충족하는 자 중 치매, 뇌내출혈, 뇌경색증, 뇌졸중 등 시행령 제2조 및 별표1에 따른 노인성 질병을 가진자에 해당하여야 한다.

장기요양보험의 서비스 객체는 심신의 장애나 노화 현상으로 영구적으로 혼자서 일상활동을 할 수 없는 자에게 제공되는 돌봄서비스이므로 골절 등 부상이 발생하였더라도 부상이 치료되면 정상적인 생활을 할 수 있는 경우에는 장기요양급여 대상으로 하지 않는다. 이 경우는 건강보험제도를 통하여 골절 등 부상에 대한 치료서비스를 받을 수 있다고 봄이 합당하다.

(2) 노인장기요양보험 이용절차

장기요양보험 서비스를 이용하기 위한 전단계인 장기요양등급인정 절차와 급여(서비스) 이용절차를 살펴보면, ① 혼자의 힘으로 일상생활 등을 할 수 없는 65세 이상의 자(노인성 질환을 가진 65세 미만의 자를 포함함)가 공단에 장기요양인정신청을 한다. ② 공단은 신청인의 심신상태를 조사하여 장기요양등급판정위원회에 상정하고, 위원회에서 장기요양등급(1-5등급 또는 장기요양 인지지원등급) 여부를 판정한다. 공단은 장기요양등급 인정을 받은 자에게 장기요양인정서와 개인별 장기요양 이용계획서를 발급한다. ③ 장기요양등급 인정을 받은 자만이 장기요양급여를 받을 수 있으며, 장기요양등급 인정을 받은 자는 본인의 희망에 따라 자택 또는 요양시설 등에서 서비스를 받게 된다. 참고로 장기요양급여를 받을 자를 '수급자'라고 한다(시행규칙 제4조 제3항).

마   장기요양기관과 장기요양급여 제공 사업

(1) 장기요양급여 제공사업의 전망

통계청 발표에 의하면 우리나라의 65세 이상 고령인구 비율은 세계에서 유례를 찾아볼 수 없을 정도로 그 비중이 높아져 2022년 17.5%에서 2070년 46.4%로 증가할 것으로 전망된다.[2] 2021년도 장기요양보험통계연보에 의하면 1년 간 서비스이용자는 899,113명이며, 공단과 서비스이용자가 부담한 장기요양보험제도의 총 서비스비용은 11조 1,146억 원(공단 부담 10조 957억 원)에 달한다. 이와 같이 단순한 통계자료로 미루어 보아도 가까운 미래의 장기요양급여 시장의 규모는 매우 밝다고 볼 수 있다. 그러나 어두운 측면은 장기요양급여를 받아야 할 고령인구는 급속도로 증가하는 반면, 장기요양보험료를 부담하여야 할 경제활동 인구는 줄어드는 인구구조적 문제가 등장한다. 자칫 재정 부담과 결부된 서비스의 제공 범위에 관한 세대 간의 갈등 또한 우려된다. 늘어나는 재정적 부담 그리고 향후 관련 서비스를 계속 확대해 나갈 것인지, 오히려 축소하여야 할 것인지 등 사회적 갈등에 대한 문제이기도 하다.

(2) 장기요양급여 종류의 확대와 전망

장기요양급여는 그 수급자인 이용자의 가정 등에서 서비스를 제공받는 재가서비스(재가급여)와 이용자가 시설에 입소하여 서비스를 제공받는 시설서비스(시설급여)가 있다. 재가서비스에는 방문요양, 방문목욕, 방문간호, 주ㆍ야간보호, 단기보호, 복지용구서비스가 있다. 시설서비스에는 노인요양시설과 노인요양공동생활가정서비스가 있다. 대부분의 거동불편 고령자는 자기가 거주하고 있는 집에서 여생을 보내기를 원한다. 시설 입소자의 대부분은 본인의 의사보다는 돌보는 가족의 의사에 따라 입소가 이루어지고 있는 것이 현실이다.

한편 서비스 비용에 있어 차이가 있는데, 재가서비스는 월 평균 약 99만 원 수준이나 시설서비스는 약 180만 원 수준(공단부담금 기준, '21년도 장기요양보험통계연보, 12월 급여실적 기준, 본인부담금 제외)을 부담하고 있다.

이용자의 심신 기능상태와 가족의 돌봄 환경 등에 따라 서비스의 종류가 결정되고 있는 것이 현실이나, 서비스 이용자의 욕구와 선택, 늘어나는 보험재정 등을 고려한다면 이용자의 가정에서 서비스를 제공하는 재가서비스에 대한 정책적 배려가 점차 확대될 것으로 전망된다. 또한 인구고령화 시대에는 신체의 노화현상에

---

2   통계청, 세계와 한국의 인구현황 및 전망(보도자료), 2022. 9. 5.

따른 거동불편과 만성질병이 융합된 즉, 의료와 요양의 영역이 혼재된 다양한 서비스를 통합·연계하는 서비스가 요구되므로 요양·의료·돌봄서비스가 통합·융합된 서비스를 가정이나 지역사회에서 받을 수 있는 서비스 체계에 대한 수요가 증가할 것으로 보인다.

유럽이나 일본 등에서는 주거공간 내 관리사무소에서 식사와 청소, 세탁 등을 기본적으로 제공하는 한편, 단지안에 방문요양, 방문목욕, 주야간보호 및 방문간호 기관을 입주시킨 노인전용 아파트를 분양하고, 의료기관(의사)과의 계약을 통하여 입주한 노인들을 정기적으로 왕진하게 하여, 노인장기요양보험과 건강보험 서비스를 본인의 가정에서 받을 수 있도록 하는 형태의 제3의 주택과 서비스 시스템 모형이 등장하고 있다.

(3) 장기요양기관의 운영 형태: 직접 운영 vs 프랜차이즈형 운영

직접 운영형태는 「노인복지법」상의 노인요양시설, 노인요양공동생활가정, 방문요양서비스기관, 주·야간보호서비스기관, 단기보호서비스기관, 방문목욕서비스기관, 방문간호서비스기관 또는 복지용구기관을 설립하여 법에 따라 시장·군수·구청장으로부터 장기요양기관으로 지정을 받아 누구의 도움이나 간섭 없이 직접 운영하는 형태이다(법 제31조 제1항).

프랜차이즈형은 형식적인 절차나 법률관계는 직접 운영형태와 동일하게 자신의 이름으로 개설하여 자기의 책임으로 운영하는 형태이나, 상호와 로고 및 서비스표를 공동으로 이용하고 설립과정에서의 지원, 마케팅 방법이나 프로그램 및 관리운영 등의 지원을 받아 운영하는 형태이다. 본점과 분점(외형상으로만 본점과 분점의 형태를 말하며, 법률상으로는 각각의 사업장임)의 형태로 운영되며 본점의 경영지원에 대한 수수료나 이용료를 부담하게 된다.

(4) 장기요양기관의 설립과 수입 구조

장기요양기관은 법인이나 개인 그리고 주식회사 등 설립주체에 어떠한 제한이 없다. 장기요양사업을 하기 위해서는 소재지 관할구역 특별자치시장·시장·군수·구청장 등에게 설립신고 및 지정신청을 하여 장기요양기관으로 지정받은 후,

장기요양인정자(수급자)와 서비스 제공 및 본인부담에 대하여 계약을 체결하고 서비스를 제공한다. 그리고 수급자에게 제공한 서비스에 대한 비용 중 수급자 본인부담금을 제외한 비용을 공단에 청구하고, 수급자 본인부담금은 장기요양급여 사업자(장기요양기관)가 직접 수급자(보호자)에게 청구하여 지급받는 구조이다. 결국 장기요양기관은 장기요양급여(서비스)를 제공한 대가로 소정의 장기요양급여비용(수가)을 지급받으며, 제반 급여비용(수가)은 보건복지부장관이 고시로 정한다.

(5) 장기요양기관의 성격

　장기요양기관은 노인복지시설인 동시에 사회복지시설로 분류되며 장기요양기관 재무·회계기준을 적용받게 되어 예산 편성·지출, 결산·잉여금 처리 등 회계처리에 있어 엄격한 관리·감독을 받는다. 설립주체가 개인, 비영리법인, 주식회사 등인지 여부를 불문하고 재무회계규칙을 적용받으며, 장기요양기관이 공단이나 수급자로부터 수납하는 장기요양급여비용에 대하여는 법인세 및 소득세가 과세되지 않는다(「소득세법 시행령」 제36조 등).

　장기요양기관이 운영하는 사업은 비영리사업으로서 그 개설자가 개인인 경우 중간자리가 80인 고유번호증을, 비영리법인인 경우 중간자리가 82인 고유번호증을 발급받는다. 그러나 주식회사가 장기요양기관을 운영할 경우 고유번호증을 발급받는 것이 아니라 중간자리가 81, 86, 87, 88에 해당하는 사업자등록증을 발급받는다. 장기요양기관은 비영리사업이며 사회복지시설로 분류되고 있으나 일반적인 비영리 사회복지시설과 달리, 영리기관과 유사하게 제반 운영비 등에 영향을 미치지 않는 범위 내에서 세출예산의 기타전출금을 편성하여 설립자 등에게 지출할 수 있다. 기타전출금 계정은 대표자(개인, 기타 법인, 사회복지법인을 제외함)에 대하여 사용 가능하다.

2 노인장기요양보험제도의 법적 체계와 특성

가 노인장기요양보험제도의 헌법적 기초

우리나라 「헌법」 제10조는 "모든 국민은 인간으로서의 존엄과 가치를 가지며, 행복을 추구할 권리를 가진다."고 하고, 제34조 제1항은 "모든 국민은 인간다운 생활을 할 권리를 가진다."고 하며, 제2항은 "국가는 사회보장·사회복지의 증진에 노력할 의무를 진다", 제4항은 "국가는 노인과 청소년의 복지향상을 위한 정책을 실시할 의무를 진다", 또한 제5항은 "신체장애자 및 질병·노령 기타의 사유로 생활능력이 없는 국민은 법률이 정하는 바에 의하여 국가의 보호를 받는다."고 규정하고 있다. 한편 법률적 차원에서는 「사회보장기본법」 제2조에서 "사회보장은 모든 국민이 다양한 사회적 위험으로부터 벗어나 행복하고 인간다운 생활을 향유할 수 있도록 자립을 지원하며, 사회참여·자아실현에 필요한 제도와 여건을 조성하여 사회통합과 행복한 복지사회를 실현하는 것을 기본 이념으로 한다"고 규정하고 있다.

이러한 헌법 정신에 터잡아 저출산, 인구고령화 및 핵가족화의 영향으로 인하여 노화현상에 따라서 스스로의 힘으로 일상생활이나 활동을 할 수 없는 노인들에 대한 수발·요양 서비스 등이 요구되어 온바, 노인돌봄 서비스를 사회보험방식으로 해결하고 국민의 삶의 질을 향상하기 위하여 「노인장기요양보험법」이 제정되었다.

나 노인장기양보험제도의 적용법률 관계

노인장기요양보험제도를 이해하기 위한 법령에는 ① 노인장기요양보험제도의 수혜 대상, 서비스 내용, 보험료, 서비스제공 사업자 및 서비스 이용절차 등을 규정한 「노인장기요양보험법」, ② 노인장기요양급여 제공시설 및 인력, 노인학대예방 등을 규정한 「노인복지법」, ③ 사회복지 전반에 대하여 규정한 「사회복지사업법」 등이 있다. 그리고 노인장기요양보험제도를 운영함에 있어 직접 적용되는 법률은 이 책에서 주로 설명하고자 하는 「노인장기요양보험법」 이외에 「사회보장기본법」, 「노인복지법」 및 「사회복지사업법」 등이 있다.

(1) 사회보장기본법

「사회보장기본법」에 규정된 사회보장제도에는 사회보험, 공공부조, 사회서비스가 포함된다(「사회보장기본법」 제3조 제1호). 여기서 "사회보험"이란 국민에게 발생하는 사회적 위험을 보험의 방식으로 대처함으로써 국민의 건강과 소득을 보장하는 제도를(동조 제2호), "공공부조"라 함은 국가와 지방자치단체의 책임하에 생활 유지 능력이 없거나 생활이 어려운 국민의 최저생활을 보장하고 자립을 지원하는 제도를(제3호), "사회서비스"란 국가·지방자치단체 및 민간부문의 도움이 필요한 모든 국민에게 복지, 보건의료, 교육, 고용, 주거, 문화, 환경 등의 분야에서 인간다운 생활을 보장하고 상담, 재활, 돌봄, 정보의 제공, 관련 시설의 이용, 역량개발, 사회참여 지원 등을 통하여 국민의 삶의 질이 향상되도록 지원하는 제도를(제4호) 말한다. 노인장기요양보험제도는 사회보험제도 또는 사회서비스제도에 속하기 때문에 「사회보장기본법」을 적용받게 된다. 구체적으로는 기본이념(사회보장기본법 제2조), 「노인장기요양보험법」 등 사회보장에 관한 법률의 제·개정 시 사회보장기본법에 부합되도록 하여야 할 의무(동법 제4조), 국가와 지방자치단체의 책임(제6조), 국민의 책임(제7조), 사회보장 수급권의 보호(제12조) 등이 있다.

(2) 노인복지법

법에 따른 장기요양기관으로 지정받기 위하여 노인요양시설·노인요양 공동생활가정은 「노인복지법」 제34조의 노인의료복지시설을, 방문요양·주야간보호·단기보호·방문목욕·방문간호 및 복지용구 서비스를 제공하는 기관은 「노인복지법」 제38조의 재가노인복지시설을 먼저 설립하여야 한다(법 제31조).

「노인복지법」상 노인의료복지시설 또는 재가노인복지시설을 설립하여 장기요양기관으로 지정된 기관은 「노인장기요양보험법」과 별도로 「노인복지법」상의 상담·입소조치(제28조), 시설·인력 등의 기준 및 설치 신고(제35조 제4항, 제39조 제2

항), 시설의 변경·폐지·휴지신고(제40조), 입소위탁 등 거부 금지(제41조), 사업의 정지 명령(제43조), 비용수납·청구의무(제46조), 건축법에 대한 특례(재가노인복지시설·노인공동생활가정·노인요양공동생활가정 등에 적용, 제55조) 및 미신고 노인공동생활가정 및 노인요양시설 등의 운영 시 벌칙규정(제57조) 등의 규정을 적용받는다.

장기요양기관은 장기요양기관의 인정 이전에 「노인복지법」상의 노인복지시설(노인의료복지시설 또는 재가노인복지시설)에 해당하는 지위를 취득하였기 때문에 「노인복지법」상의 인권교육(제6조의3), 사회복지시설 신고면제(제31조의2), 노인학대신고의무(제39조의 6), 노인에 대한 금지행위(제39조의9), 실종노인신고 의무(제39조의10), 공무원의 조사(제39조의11), 노인관련기관의 취업제한(제39조의17), 위반사실의 공표(제39조의18), 감독(제42조), 비용의 보조(제47조), 상속인 없는 재산의 처리(제48조), 조세감면(제49조), 이의신청(제50조), 노인복지명예지도원(제51조), 위 의무조항 위반 시 벌칙조항(제55조의2 내지 제55조의4) 등의 규정을 적용받으며, 이외에 미신고 기관 등에 대한 벌칙조항(제56조, 제57조)을 별도로 두고 있다.

(3) 사회복지사업법

「사회복지사업법」 제2조 제1호에 규정된 "사회복지사업"의 개념에서 열거한 28개 법률 중에 「노인복지법」에 따른 사업을 포함하고 있으며, 장기요양기관은 「노인복지법」의 적용을 받는 노인복지시설이기 때문에 결국 장기요양기관의 사업은 「사회복지사업법」상의 사회복지사업에 해당된다. 또한, 「노인복지법」에 따른 노인복지시설인 장기요양기관의 사업은 「사회복지법」상의 사회복지사업이기 때문에 사회복지사업을 할 목적으로 설치된 시설에 해당되므로 「사회복지사업법」 제2조 제4호상의 사회복지시설에 해당된다고 볼 수 있다. 따라서 「노인복지법」에 의거 설립되어 「노인장기요양보험법」에 따라서 장기요양기관으로 지정된 시설은 「사회복지사업법」의 적용을 받는 사회복지시설이라고 할 수 있다.

이에 장기요양기관에 적용되는 「사회복지사업법」의 사회복지시설 관련 조항을 살펴보면, 제6조의2(사회복지시설 업무의 전자화), 제10조(지도·훈련), 제34조(사회복지시설의 설치), 제34조의2(시설의 통합 설치·운영 등에 관한 특례), 제34조의3(보험가입 의무), 제34조의4(시설의 안전점검 등), 제35조(시설의 장), 제35조의2(종사자),

제35조의3(종사자 채용 시 준수사항), 제36조(운영위원회), 제37조(시설의 서류 비치), 제38조(시설의 휴지·재개·폐지 신고 등), 제40조(시설의 개선, 사업의 정지, 시설의 폐쇄 등), 제41조(시설 수용인원의 제한), 제43조(시설의 서비스 최저기준), 제43조의2(시설의 평가), 제44조(비용의 징수), 제45조(후원금의 관리), 제45조의2(상속인 없는 재산의 처리), 제47조(비밀누설의 금지), 제48조(압류 금지), 제51조(지도·감독 등) 및 이들에 대한 벌칙규정(제54조) 및 과태료 조항(제58조) 등이 있다.

(4) 장기요양기관의 노인복지법 및 사회복지사업법의 적용관계

2018년 12월 11일 일부개정된 「노인장기요양보험법(법률 제15881호, 2019. 12. 12. 시행)」에 따르면 법 제32조에 따라 지정 의제된 방문요양, 방문목욕, 방문간호, 주·야간보호, 단기보호 및 복지용구 서비스를 제공하기 위하여 설립된 재가장기요양기관은 「노인복지법」의 규정에 의거 설립된 기관이 아닌, 「노인장기요양보험법」에 의하여 설립된 기관이기 때문에 「노인복지법」이나 「사회복지사업법」을 직접적으로 적용받지 않게 된다.

「노인복지법」에 따른 노인복지시설에 해당하는 장기요양기관은 운영위원회, 재무회계 규정 등은 「사회복지사업법」의 규정의 적용을 받고, 교육 등에 관한 규정은 「노인장기요양보험법」과 「노인복지법」을 중복하여 적용받고 있으며, 평가 규정 등은 「사회복지사업법」과 「노인장기요양보험법」을 중복 적용받게 되며, 지도·감독 규정 등은 「노인장기요양보험법」, 「노인복지법」 및 「사회복지사업법」에 이중 또는 삼중으로 적용받는 구조로 되어 있는 등 장기요양기관입장에서 볼 때 법률적용 관계가 복잡하고 혼란스러운 상황이다.

장기요양기관이 「노인장기요양보험법」, 「노인복지법」 및 「사회복지사업법」의 규정을 동시에 적용받음에 따라, 동일한 사항에 대하여 이들 법률들에 2-3개 관계조항 등 중복하여 규정된 부분이 있어 법률 간의 충돌이 발생하는 경우, 「노인장기요양보험법」이 우선 적용된다고 봄이 타당할 것이다. 그 이유는 「노인장기요양보험법」은 장기요양기관에 관하여 직접적으로 규율하는 체계를 마련하고 있는 바, 장기요양기관에 국한하여 본다면 「노인장기요양보험법」이 「노인복지법」에 대하여 특별법적인 지위에 있어, 특별법 우선의 원칙을 적용하여야 하기 때문이다.

그러나 「노인복지법」과 「사회복지사업법」의 내용상 충돌이 발생하는 경우에는 각 조문의 내용이나 취지 등에 따라 우선 적용 여부 등을 판단해야 할 것이다.

다 노인장기요양급여제도의 구조

국가는 공법인 형태인 공단을 보험자로 하여 장기요양기관이 제공한 보험급여 서비스에 대한 비용의 심사와 지급(시행규칙 제31조 등)에 관한 권한을 행정처분의 형식으로 행사하도록 구조화한 것으로 파악할 수 있다. 모든 국민과 장기요양기관에 대한 요양서비스의 행위와 허용범위도 고시 등과 같은 행정입법으로 규정하고 있는데, 국가는 공단으로 하여금 장기요양급여 제공자인 장기요양기관과 이용자인 수급자 사이에 이루어지는 서비스의 내용과 비용 체계에 개입하는 방식으로 법이 설계되어 있다.

장기요양급여 제도의 대부분에 해당하는 재가급여와 시설급여(법 제23조 제1항 제1호, 제2호)는 장기요양기관을 통하여 제공되며 장기요양급여비용은 본인부담금과 공단부담금으로 충당된다. 장기요양급여의 제공기준과 급여비용의 단가는 행정입법인 고시로 정해진다(법 제23조 제3항, 제39조 제1항, 시행규칙 제12조 제2항). 또한 이러한 고시는 이른바 '법령 보충적 행정규칙'이기 때문에 법적 구속력을 갖는다.

장기요양기관이 제공한 장기요양급여비용은 공단의 심사·지급절차(법 제38조)를 통하여 사전적인 통제가 이루어진 이후, 부당이득의 환수(법 제43조)와 같은 사후적 통제장치에 의하여 엄격히 관리되고 있다. 이 외에도 급여비용 지급보류 등 업무정지, 과징금 부과, 위반사실의 공표 등 장기요양기관에 대한 제재적 행정처분제도를 통하여 제도 및 관계시설을 규율하고 있다.

라 노인장기요양보험의 특성

우리나라의 장기요양보험제도는 사회보험으로서 일정한 요건에 해당하면 가입을 사실상 강요하는 의무보험 내지 강제보험(법 제7조 제2항, 제3항)에 해당하고,

개인의 경제력에 따라 보험료를 부담(법 제8조, 제9조)하고, 혜택은 납부하는 보험료와 관계없이 돌봄 서비스가 필요한 정도 및 등급에 따라 필요한 서비스를 차등적으로 제공받는(법 제15조, 법 제27조 등) 일종의 사회보험형태로 운영되는 제도이다.

장기요양급여 제공 기관의 경우, 일단 개설되면 개설자의 지정 신청 여하와 관계없이 법에 따른 서비스 제공기관으로 당연히 지정되는 국민건강보험에 따른 의료기관과 달리, 당사자의 신청에 의한 지정제도(법 제31조)를 도입하여 지정을 원하지 않으면 장기요양보험 수가를 적용하지 않고, 본인이 관련 비용을 전액 부담하는 일반수가를 적용하는 형태로 서비스 제공이 가능한 구조이다.

그렇지만 장기요양급여의 제공 기준·절차·방법·범위 등에 관하여 「장기요양급여 제공기준 및 급여비용 산정방법 등에 관한 고시(이하 "요양급여고시"로 약칭한다)」 등의 규정을 두어 제도권 내로 편입된 후에는 일률적·획일적이고 효율적인 관리와 규율이 가능하도록 통제 구조를 도모하고 있다.

노인장기요양보험은 국민의 보험료를 재원으로 하여 운영되는 사회보험제도의 성격상 보험료 수입과 급여지출 사이의 수지균형을 유지해야 하므로, 수급자의 심신 상태에 따른 돌봄서비스의 제공량 및 수준 등을 사회가 부담할 수 있는 적정 수준에 한정하여야 할 필요성이 인정되며, 이에 따라 불가피하게 서비스가 필요한 국민 개개인이 자유롭게 무한정 서비스의 자원과 양을 사용할 수 없는 구조이다.

3 노인장기요양보험관련 고시 및 공고

가 고시 및 공고의 의의

고시는 행정규칙의 일종으로, 법에서 고시 등 행정규칙으로 위임하는 것은 전문적·기술적 사항이나 경미한 사항으로서 수시로 개정할 필요가 있는 경우에 허용되며,[3] 고시 등 법규 사항을 보충하기 위한 행정규칙은 고시형식 등으로 발령

---

[3] 법제처, 『법령안 입안·심사기준』, 2017년 12월, 22쪽 참조.

해야 한다. 고시 등 행정규칙 등을 제·개정하는 행정의 입법활동은 일반 국민 및 이해관계자로부터 의견 수렴절차 등을 거쳐야 하며, 고시를 포함한 법령 등을 제정·개정·폐지할 때에는 헌법과 상위 법령을 위반해서는 아니되며, 헌법과 법령 등에서 정한 절차를 준수하여야 하는 등(「행정기본법」 제38조) 일정한 형식과 절차가 요구된다. 규제는 법률에 직접 규정하되, 규제의 세부적인 내용은 법률 또는 상위법령에서 구체적으로 범위를 정하여 위임한 바에 따라 대통령령·총리령·부령 또는 조례·규칙으로 정할 수 있다. 다만, 법령에서 전문적·기술적 사항이나 경미한 사항으로서 업무의 성질상 위임이 불가피한 사항에 관하여 구체적으로 범위를 정하여 위임한 경우에는 고시 등으로 정할 수 있다(「행정규제기본법」 제4조 제2항).

이 책에서 소개하는 고시는 예시적으로 법 제38조 제6항의 "장기요양기관은 지급받은 장기요양급여비용 중 보건복지부장관이 정하여 고시하는 비율에 따라 그 일부를 장기요양요원에 대한 인건비로 지출하여야 한다"에서 '보건복지부장관이 정하여 고시하는' 부분 규정과 같이 법(「노인장기요양보험법」: 법률), 영(「노인장기요양보험법 시행령」: 대통령령) 및 시행규칙(「노인장기요양보험법 시행규칙」: 보건복지부령) 등에서 고시의 형식으로 위임된 사항에 대하여 '고시'라는 형태로 제정된 행정규칙을 말한다.

위 법령의 위임에 의거 제정·시행 중인 고시에는 「요양보호사 실무경력자의 재가장기요양기관 관리책임자 양성 교육과정(보건복지부 고시 제2013-184호, 2013. 11. 29., 제정)」, 「장기요양급여비용 청구 및 심사·지급업무 처리기준(보건복지부 고시 제2024-268호, 2024. 4. 12., 일부개정)」, 「장기요양급여 제공기준 및 급여비용 산정방법 등에 관한 고시(보건복지부고시 제2024-295호, 2024. 12. 31., 일부개정)」, 「장기요양기관에 대한 업무정지명령에 갈음한 과징금 적용기준(보건복지부 고시 제2020-328호, 2020. 12. 30., 일부개정)」, 「장기요양기관 평가방법 등에 관한 고시(보건복지부고시 제2024-251호, 2024. 12. 11., 일부개정)」, 「장기요양기관 폐쇄회로 텔레비전의 해상도 등 고시(보건복지부 고시 제2023-92호, 2023. 5. 23., 제정)」, 「장기요양 등급판정기준에 관한 고시(보건복지부 고시 제2018-146호, 2018. 7. 23., 일부개정)」, 「거동불편자에 해당하는 자(보건복지부고시 제2016-166호, 2016. 08. 30.)」, 「장기요양보험료 경감 고시(보건복지부 고시 제2019-130호, 2019. 6. 26., 일부개정)」, 「장기요양 본인부담금 감경에 관한 고시(보건복지부 고시 제2021-283호, 2021. 11. 25., 일부개정)」, 「재가장기요양기관 대상 인권교육 운영 및 교육기관 지정 등에 관한 고시(보건복지부 고시 제2019-6호, 2019. 1. 7., 제정)」 및 「복지용구 급여범위 및 급여기준 등에 관한 고시」 등이 있다. 이 중 「재가장기요양기관 대상 인권교육 운영 및 교육기관 지정 등에 관한 고시」 제1조를 살펴보면, "이 고시는 「노인장기요양보험법 시행규칙」 제27조의2 제6항에 따른 인권교육 실시를 위하여 필요한 세부사항을 정하는 것을 목적으로 한다."라고 규정하고 있어, 상위법령의 위임근거에 의하여 고시가 제정되었음을 명확히 규정하고 있다.

또한 편의상 이 책에서의 공고라 함은 예컨대 요양급여고시 제7조 제3항의 "급여제공기록지 제공 방법 등은 공단 이사장이 정한다."와 같이 공단의 이사장에게 위임된 사항을 공단에서 정한 규정을 말한다. 공단에서는 위 고시의 개별 조항에서 위임된 사항을 총괄하여 「장기요양급여 제공기준 및 급여비용 산정방법 등에 관한 세부사항(공단 공고 요양기준실-제2024-2호., 2024.12.31., 일부개정)」을 통하여 사업에 필요한 사항을 구체적으로 규정하여 종합적으로 운영하고 있다.

나 고시 및 건강보험공단의 공고의 법적 성격과 효력

(1) 법적 성격

보건복지부 고시 중 하나인 「요양급여고시」가 장기요양기관과 국민을 규율하는 법적 성격에 대한 문제를 살펴봄으로써 권리관계 내지 제도의 타당성을 확보할 수 있을 것이다. 위 고시는 법 제13조 제3항, 제23조 제1항·제3항, 제24조 제2항, 제28조 제2항, 제35조의5 제3항, 제38조 제6항과 제7항, 제39조 제1항과 제3항, 제42조 그리고 시행령 제12조 제1항 그리고 시행규칙 제4조 제1항, 제11조, 제12조, 제18조, 제22조, 제32조 및 제36조 제1항의 위임에 따라 제정·시행되고 있는 법규명령이라고 할 것이다.

예컨대 법 제39조 제3항에서 "재가 및 시설 급여비용과 특별현금급여의 지급금액의 구체적인 산정방법 및 항목 등에 관하여 필요한 사항은 보건복지부령으로 정한다."라는 규정에 터잡아 시행규칙 제32조가 만들어졌고, 시행규칙 제32조에서는 재가급여의 산정방법의 개괄적 사항 내지 대강만을 정하는 한편, 다시 "이 경우 세부적인 산정기준은 보건복지부장관이 정하여 고시한다"라고 고시로 재위임함으로써 요양급여고시에서 장기요양급여비용(이른바 '수가')에 대한 세부사항들을 규정하고 있는바, 이러한 형태의 고시를 법령의 위임에 따른 법규명령이라고 한다.

고시의 법규성에 관하여 살펴보면, 법원[4]은 『고시는 그 내용과 형식에 비추어 볼 때 구 노인장기요양보험법 제39조 제1항, 제3항, 구 노인장기요양보험법 시행규칙 제32조의 위임에 따라 그 법령의 내용이 될 사항을 구체적으로 정한 것으로서 구 노인장기요양보험법의 관계 규정들과 결합하여 대외적으로 구속력이 있는 법규명령으로서의 효력을 가진다고 봄이 상당하다』고 판시하고 있다. 또한 다른 판결[5]에서도 『구 노인요양보험법 제39조 제1항, 제3항 및 같은 법 시행규칙 제32조는 보건복지부장관에게 시설 급여비용의 구체적인 산정방법 및 항목 등에 관하여 장기요양 등급 및 급여제공일수를 산정기준으로 제시하면서 그 세부적인 산정기준은 보건복지부장관이 정하여 고시하도록 위임함에 따라 보건복지부장관이 요양급여고시를 정한 것인바, 이와 같은 각 규정의 내용과 형식을 종합하면 위 고시는 각 상위의 법령인 노인요양보험법 및 같은 법 시행규칙의 위임 범위를 벗어나지 않는 한 이와 결합하여 대외적으로 구속력이 있는 법규명령으로서의 효력을 가진다고 볼 수 있다』고 판시하였다.

또한 고시의 근거에 관한 합헌성에 관련하여, 급여비용을 고시로 정하도록 위임한 「노인장기요양보험법」 제39조 제1항 등 관련 헌법재판소에서도 법률유보의 원칙, 포괄위임 금지의 원칙 등에 반하지 않는다고 판시한 바 있다.[6]

아울러, 「장기요양급여 제공기준 및 급여비용 산정방법 등에 관한 세부사항(개정 2024.12.31., 공고 요양기준실-제2024-2호)」은 요양급여고시의 위임을 받아 공단 이사장이 정하여 공포한 사항으로, 이 또한 법규명령인 복지부장관의 고시사항의

---

4   서울행정법원 2020. 3. 26. 선고 2019구합65023 판결.

5   서울행정법원 2022. 1. 27. 선고 2020구합88183 판결.

6   헌법재판소 2021. 9. 6.자 2019헌바73 결정.

효력을 보완하는 법적기능이 있느냐에 대한 문제도 존재한다. 공단 이사장의 공고인 「장기요양급여 제공기준 및 급여비용 산정방법 등에 관한 세부사항(이하 "공고"라 약칭한다)[7]」의 법적 성격과 관련하여, 판결[8]에서는 『이 사건 고시 제4장 제4절 5.는 "급여비용 감액산정기준, 방법 등에 관한 세부사항은 급여심사위원회의 심의를 거쳐 공단 이사장이 정한다."고 정하고 있고, "그 위임에 따른 이 사건 공고는 장기요양급여비용을 감액산정하기 위한 근무인원의 계산, 근무시간의 계산 등을 구체적으로 규정하고 있으므로, 이 사건 공고 역시 노인장기요양법령의 관계 규정들과 결합하여 대외적으로 구속력이 있는 법규명령으로서의 효력을 가진다고 봄이 상당하다.』고 판시하고 있어, 공단의 공고 또한 장기요양기관과 수급자 등을 구속하는 법규명령으로서의 성격을 인정할 수 있다.

나아가, 장기요양급여비용환수결정 취소청구소송에서 법원[9]은 『이 사건 고시와 이 사건 공고가 상위법률의 위임을 받지 않거나 상위법률의 위임한계를 일탈하여 법률유보의 원칙을 위반하였다거나, 사적자치의 원칙 등에 반한다고 볼 수 없으므로, 이 사건 고시·공고의 규정에 근거하여 이루어진 이 사건 처분은 적법하다.』고 판시하여 고시와 공고의 법적 효력을 인정하고 있다.

고시·공고 등은 행정기관이 일정한 사항을 일반에게 알리는 공고문서이며(「행정업무의 운영 및 혁신에 관한 규정」 제4조 제3호), 공고문서에는 연도 표시 및 일련번호를 부여하여야 한다(「행정업무의 운영 및 혁신에 관한 규정 시행규칙」 제8조 제3호). 고시·공고를 제·개정하는 경우 정책적 사항은 장관의 결재사항이고, 경미한 경우는 국장 등의 결재사항이다(「보건복지부 위임전결규정」, 보건복지부훈령 제252호, 2024. 6. 21.). 또한 고시 등 행정규칙은 「법령정보의 관리 및 제공에 관한 법률」에 따라 법령정보시스템에 등재되어야 한다.

---

7 이하에서는 명칭의 혼선 방지차원에서 '공고'라는 약칭과 '장기요양급여 제공기준 및 급여비용 산정방법 등에 관한 세부사항'이라는 명칭을 혼용하여 사용한다.

8 서울행정법원 2020. 3. 26. 선고 2019구합65023 판결.

9 서울고등법원 2021. 6. 18. 2020누38630 판결.

(2) 고시 및 공고의 효력

우리나라 「헌법」 제75조는 대통령은 법률(예컨대 「노인장기요양보험법」을 말함)에서 구체적으로 범위를 정하여 위임받은 사항과 법률을 집행하기 위하여 필요한 사항에 관하여 대통령령(「노인장기요양보험법 시행령」이 해당됨)을 발할 수 있다고 명시하고 있고, 헌법 제95조는 국무총리 또는 행정각부의 장은 소관사무에 관하여 법률이나 대통령령의 위임 또는 직권으로 총리령 또는 부령(「노인장기요양보험법 시행규칙」)을 발할 수 있다고 규정하고 있다.

법률, 대통령령 또는 부령에서 구체적인 사항을 규정하지 아니하고 고시로 정하도록 그 입법사항을 위임하더라도, 위임의 범위를 초과하여 국민의 권리와 이익을 침해하거나 의무를 부담하게 하는 새로운 법규정사항을 규정하는 등 위임의 한계를 초과하지 않는 한 법규로써의 효력을 인정할 수 있다. 따라서 요양급여고시의 내용 중 상위법령인 노인장기요양보험법령의 위임 없이 일정한 요건을 확장하거나, 상위법령에 저촉되는 내용을 규정하거나, 그러한 위임 없이 국민의 권리와 이익을 침해하거나, 새로운 요건 및 기준을 설정하는 내용은 효력이 없어 위법성을 면하기 어렵다 할 것이다. 그러나 다른 한편으로, 위임한계를 벗어난 고시의 규정은 당연히 효력이 없는 것으로 여겨져야 하지만 재판 등의 절차를 거쳐 그것이 효력이 없는 것으로 확정되기 전까지는 일반 국민들을 기속하고 적용되게 된다는데 그 문제가 있다.

「노인장기요양보험법」과 유사한 구조인 「국민건강보험법」의 위임을 받아 제정·시행 중인 '국민건강보험 요양급여기준규칙'의 효력에 대한 판례에서도 "국민건강보험법은 보험급여의 기준을 법으로 정하여 건강보험제도 자체의 목적을 위하여 설정된 일정한 범위 내에서만 건강보험 요양급여를 인정하고 요양급여의 범위나 방법에 대한 판단에 있어 의료기관의 재량권을 제한하고 있고, 요양급여기준은 법이 요양급여의 기준을 법정하도록 한 것과 마찬가지로 불필요한 요양급여를 방지하고 요양급여와 비용의 합리성을 확보하여 한정된 건강보험재정으로 최대한의 건강보험 혜택을 부여하고자 하는 것인바, 결국 위 요양급여기준은 「국민건강보험법」 제39조 제2항 의 위임에 따른 것으로 법률상 위임근거가 있는 법규명령이고 강행규정으로서의 성질을 가진다. 따라서 요양기관이 요양급여기준에 정한 바에 따르지 아니하고 임의로 이에 어긋나는 원외처방을 하는 것은, 그것이 환자에 대한 최선의 진료를 위하여 의학적 근거와 임상적 경험에 바탕을 둔 것으로서 정당행위에 해당한다는 등의 특별한 사정이 없는 한, 일응 위법성이 인정된다."고 판시하고 있다.[10]

이에 장기요양제도에 있어 공단의 공고인 「장기요양급여 제공기준 및 급여비용 산정방법 등에 관한 세부사항」과 관련하여 아직까지 그 효력을 부정하는 판례는 없기 때문에 법규적 효력이 있다고 보아야 할 것이다. 그러나 법령이 아닌 고시에서 공단 이사장에게 재위임한 공단의 공고인 「장기요양급여 제공기준 및 급여비용 산정방법 등에 관한 세부사항」이 법적 구속력이 있는지에 대하여는 논란의 여지가 계속 있다고 보인다. 물론 위 공단 이사장의 공고 내용 중 모법에 근거가 없는 규정이 있거나, 그 내용에 명확성·예측가능성 및 엄격성이 없거나, 집행자의 자의적인 집행 부분이 있는 경우에는 당연히 위법성 소지가 있다.

법적 구속력의 효력은 「노인장기요양보험법」 등 법률, 「노인장기요양보험법 시행령」 등 대통령령, 「노인장기요양보험법 시행규칙」 등 부령, 요양급여고시 등 행정규칙의 순서로 상·하위법이 자리매김하고, 상위법이 하위법에 우선 적용된다. 그러나 법령 및 그에 따른 고시·공고의 구체적 내용을 살펴볼 때, 관련 사업의 주체나 기관, 사업의 내용에 대한 구체적인 방법이나 절차 등은 고시나 공고에 규정되는바, 이러한 고시 등의 내용이 수급자나 장기요양기관에게 끼치는 구체적이고 현실적인 영향이 더욱 크다고 할 수 있다.

다 고시 등 행정규칙 입안 시 요구되는 원칙[13]

고시 등 행정규칙을 입안할 때에는 법령에서 구체적으로 위임받은 범위에 속한 것만을 규정하여야 하고, 상위법령의 내용에 반하지 않아야 하며, 상위법령이 정한 규제내용을 강화해서 정해서도 안 된다. 또한 상위법령의 집행에 관한 사항

---

10 서울고등법원 2009. 8. 27. 선고 2008나89189 판결.
11 법제처, 법제논단, 『행정규칙의 위법사례 및 대책』, 2009. 01. 01.

을 정하는 경우에도 상위법령의 내용이 불명료하거나 불완전한 것에 한하여 당해 법령을 집행하기 위해서 필요한 보충적 사항만을 정해야 한다. 또한 그 내용에 있어서도 법적 안정성과 예측가능성이 보장되어야 하고 규정 상호간 모순과 중복이 없어야 하며 표현이 명료해야 한다.

때로는 법령보충적 행정규칙이 법령에서 정한 내용과 배치되게 규정되거나 위임범위를 벗어나 법령에서 정하지 않는 사항 등을 규율하는 경우, 당해 행정규칙은 위임한계를 벗어난 것으로서 당연히 효력이 없는 것으로 여겨져야 하지만, 전술한 바와 같이 재판 등의 절차를 거쳐 그것이 효력이 없는 것으로 선고 내지 확정되기 전까지는 일반 국민을 기속하고 적용된다. 이 경우 일반 국민은 법령에 반하는 위법한 행정규칙에 의하여 상당기간 그 적용을 받게 된다.

또한 내용이 불명확하여 자의적용 소지가 있거나 조문 내용이 서로 모순되는 것 등을 규율하는 경우도 문제의 소지가 있다. 일선 공무원으로서는 법령에 앞서 구체적 지침이 되는 행정규칙에 따라 업무를 처리하는 경우가 있고, 이 경우 불명확한 규정은 저마다의 해석에 따라 자의 적용의 소지가 있어 이로 인한 피해 발생 시 고스란히 국민에게 돌아간다. 즉, 법령을 정교하게 잘 마련하였다 하더라도 그 하위의 잘못된 행정규칙 등이 마련될 경우, 법령 및 제도의 본래 취지나 목적이 왜곡되거나 퇴색되어 제도가 운영될 우려가 있는 것이다.

라 고시의 효력과 부당이득 등과 관련된 쟁점

각종 권리의무 관계에 관한 세부사항이 고시에 규정되는 경우가 많아, 실무에서는 고시 내용을 중시하게 되는바 이러한 고시의 규정 형식 및 내용이 명확하고 구체적이어야 혼란 소지를 줄일 수 있을 것이다. 이와 관련, 일반적으로 고시의 규정 내용에는 '할 수 있다.'라는 규정과 '하여야 한다.'는 규정이 자주 사용되는데, '할 수 있다.'는 재량의 영역에 해당하는 재량규정으로, 재량규정의 위반 시를 곧 부당이득으로 하여 환수대상으로 삼기에는 어려운 측면이 있다. 반면 일반적으로 '하여야 한다.'는 규정은 장기요양기관에게 의무를 부과하는 강행규정으로 볼 수 있다. 그러나 장기요양의 급여(서비스)는 수급자의 욕구, 의사 및 동의 등이 전제되어야 제공될 수 있는 서비스이므로 수급자에게까지 강행규정으로 해석하는 데에는 일정한 한계가 있는 것 또한 사실이다. 이와 관련하여 이러한 규정을 위반한 경우 강행규정 위반으로 부당이득에 따른 환수대상이 되는지 즉, 위반에 대한 제재조항이 없을 경우 이를 훈시규정의 영역에 포함시켜야 하는지 등이 문제된다. 강행규정과 임의규정과의 구별은 법문의 표현 기타 법규가 가지고 있는 가치 등을 고려하여 각 규정에 대하여 구체적으로 판단하는 수밖에 없기 때문이다. 일례로, 「요양급여고시」 제17조 제5항의 인지활동형 방문요양급여 제공 시 '수급자당 1일 1회에 한하여 1회 120분 이상 180분 이하로 제공하며, 그 중 60분은 반드시 인지자극활동을, 나머지 시간은 수급자의 잔존기능 유지·향상을 위한 일상생활 함께하기 훈련을 제공하여야 한다.'는 규정에 있어, 인지자극활동 서비스를 60분을 제공하지 않고 나머지는 합법적으로 제공하여 당해 급여비용을 지급받은 경우, 인지자극제공을 실시하지 않은 부분 위반 시, 특정 금액으로 분리할 수 없는 포괄수가의 성격상 시간당 금액 전체를 부당이득으로 보아야 하는지, 혹은 위반한 부분만 임의로 분리하여 환수할 수 있는지 등의 문제가 쟁점이 된다.

마　고시의 상위법령 등 위반 관련 쟁점

　법에는 ▶ 장기요양급여는 월 한도액 범위 안에서 제공되어야 하고(제28조 제1항), ▶ 본인부담금은 「의료급여법」 제3조 제1항 제1호에 따른 수급자 이외에는 모두 소정의 본인부담금을 부담하여야 하며(제40조), ▶ 장기요양급여비용은 제공시간, 장기요양 등급별 제공일수 등을 기준으로 산정하도록 규정되어 있다(제39조 제3항, 동법 시행령 제32조).

　그러나 요양급여고시에는 ▶ 월 한도액과 관계없이 소정의 횟수 내에서 방문간호를 이용할 수 있는 규정(제27조 제3항 등), ▶ 계약의사의 방문비용에 대하여 수급자의 본인부담금을 면제하는 규정(제44조의2 제2항), ▶ 장기요양급여 제공시간과 장기요양 등급별 제공일수와 관계 없이 급여비용이 산정되는 주·야간보호

미이용일 급여비용(제32조 제3항), 수급자 개별의 이용비용이 아닌 전체 수급자급여비용을 기준으로 가산하는 제도와 그 가산금에 대한 본인부담율을 적용하지 않는 급여비용 가산제도(제5장 제2절), 그리고 ▶ 장기근속 장려금(제11조의4), 계약의 사활동비용(제44조의2) 등 새로운 제3의 급여비용제도 등이 규정되어 있다.

위 고시의 이러한 규정은 소송 등을 통하여 효력유무가 확정되기 전까지는 법규로서의 효력이 있기 때문에 「요양급여고시」와 관련 상위법령의 위임 범위를 초과하거나 위임하지 않은 사항에 대한 효력과 타당성 등에 대한 이견이 존재한다. 대표적으로 법의 규정과 다르게 월 한도액 범위 밖에 사항에 대하여 보험혜택을 부여하거나, 법의 위임근거 없이 본인부담금을 면제하여 보험재정을 위험하게 하고 나아가 국민의 보험료 부담 증가요인이 된다는 지적도 있다. 자세한 내용은 해당 부분을 참고하기 바란다.

바 국민건강보험공단의 공고 관련 쟁점

공단의 공고를 법적 구속력이 있다고 한 위의 판례와 달리, 법령이 아닌 고시에서 공단 이사장에게 재위임한 공단의 공고인 「장기요양급여 제공기준 및 급여비용 산정방법 등에 관한 세부사항」이 법적 구속력이 있는지에 대하여는 아래와 같은 판례를 참고해 볼 필요가 있다.

일례로, 「요양급여고시」에서 공단 이사장에게 재위임한 사례는 위 고시의 제11조의4 제7항, 제51조 제4항 등에서 찾아볼 수 있는데, 제11조의4의 장기근속 장려금관련 동조 제7항에서 '근무기간 및 근무시간 산정에 대한 세부적인 사항은 공단 이사장이 정한다.'고 규정하고 있다. 또한 제51조 제4항의 "「근로기준법」 제60조 제1항부터 제6항에 의한 연차 유급휴가 등 공단 이사장이 정하는 사유에 해당하는 경우에는 근무시간으로 인정한다."라고 규정하고 있다. 이와 같이 고시에서 그 대강만을 정하고 세부사항을 공단의 이사장에게 재위임한 것에 근거하여 공단에서는 「장기요양급여 제공기준 및 급여비용 산정방법 등에 관한 세부사항(공단공고)」을 제정·운영하고 있다.

참고로 건강보험제도 관련 판례에서 대법원은 『심사평가원의 원장이 국민건강보험법의 위임을 받아 제정 시행되고 있는 보건복지부장관의 고시(「요양급여비용 심사·지급업무 처리기준」)에 따라 진료심사평가위원회의 심의를 거쳐 정한 요양급여비용의 심사기준 또는 심사지침은 심사평가원이 법령에서 정한 요양급여의 인정 기준을 구체적 진료행위에 적용하기 위하여 마련한 내부적 업무처리 기준으로서 행정규칙에 불과하므로, 그 기준에 부합하지 않는다고 하여 반드시 법령상 인정되는 적정한 요양급여에 해당하지 않는다고 할 것은 아니다. 다만 그 기준이 국민건강보험법령의 목적이나 취지에 비추어 객관적으로 합리성이 없다고 볼만한 특별한 사정이 없는 이상 이를 재판절차에서 요양급여의 적정성 여부를 판단하는 세부기준으로 참작한다고 하여 하등 문제될 것은 없다.』고 판시하고 있다.[12] 즉, 법적 구속력을 인정하지 않는다는 기본적인 입장을 설시하기는 하였으나, 다른 한 편으로는 심사평가원장이 고시의 위임을 받아 정한 행정규칙이 소송절차에서 위법성 판단기준으로 사실상 영향을 미칠 수는 있다는 것이다.[13]

한편 「국민건강보험법」의 위임을 받아 제정된 보건복지부장관 고시 「요양급여비용 심사·지급업무 처리기준」에서는 심사평가원의 원장이 요양급여비용의 심사기준을 정할 수 있도록 하고 있다. 이 경우 심사기준은 공개하여야 한다(요양급여비용 심사·지급업무 처리기준 제4조 제1항). 심사평가원 원장이 수립하는 심사기준은 심사평가원이 심사의 주체이고 여기에 가장 구체적인 내용이 담겨있기 때문에 현실적으로는 매우 큰 영향력을 갖는다. 그러나 앞서의 고시와 달리 법률이나 법률에 근거한 대통령령·부령에서 위임하고 있지 않기 때문에 법적 구속력은 갖지 못한다. 이에 대해 헌법재판소도 『의사가 준수하여야 할 검사방법을 정한 심사평가원 심사지침은 법령에서 요구하는 '정확한 진단을 토대로 의학적으로 인정되는 범위'를 준수하였는지 여부를 심사하는 기준을 정한 것에 불과하므로 헌법소원의 대상이 되는 공권력의 행사라고 할 수 없다.』고 판단하였다.[14] 즉, 헌법재판소나 대법원은 법(법률), 시행령(대통령령) 및 시행규칙(부령)에서의 위임근거 없이 고시에

---

12 대법원 2012. 11. 29. 선고 2008두21669 판결.

13 『국민건강보험의 행정법적 쟁점』, 최규영, 『서울대학교 法學』 제55권 제2호, 2014. 6.

14 헌법재판소 2013. 9. 26. 2010헌마204 결정.

서 직접위임을 받아 심사평원장이 정한 규정은 법적 구속력이 없다고 보고 있다.

또 헌법재판소는 『「국민건강보험법」 제62조 제4항이 지역가입자의 월별 보험료액을 부과표준소득에 따라 법시행령이 정하는 등급구분에 의하여 재정운영위원회의 의결을 거쳐 공단의 정관이 정하는 금액으로 하도록 한 것 등은 국민건강보험법의 전반적 체계와 관련규정을 종합하여 볼 때 그 범위와 한계를 객관적으로 충분히 예측할 수 있고, 또한 보험재정에 관한 사실관계는 매우 다양하고 수시로 변화될 것이 예상되므로 보험료율 또는 등급구분·등급별금액의 규율을 대통령령과 공단정관에 위임하는 것은 불가피한 것이어서 위임입법의 한계를 넘는 것이 아니라 할 것이다.』라고 판시하여[15] 시행령의 위임에 따라 공단의 정관에서 규정한 사항의 효력을 인정하고 있다.

따라서 법, 시행령 및 시행규칙상 위임근거 없이 고시에서 직접적·창설적으로 위임한 규정에 근거하여 제정된 「장기요양급여 제공기준 및 급여비용 산정방법 등에 관한 세부사항(공단 공고)」은 법원에서 법규명령의 효력을 인정하고 있으나,[16] 위 다른 판례에서와 같이 다른 견해도 있으므로 여전히 쟁점이 될 수 있다고 보인다.

---

15 헌법재판소 2003. 10. 30. 2000헌마801.
16 서울행정법원 2020. 3. 26. 선고 2019구합65023 판결.

장기요양기관

P/A/R/T

02

장기요양기관

1 장기요양기관의 개설

가 장기요양기관의 개설절차

노인요양시설, 노인요양공동생활가정, 주야간보호기관, 단기보호기관, 방문요양기관 및 방문간호기관 등을 설립하여 장기요양급여제공기관으로 지정받은 기관을 장기요양기관이라 한다. 법상의 장기요양사업을 하기 위하여는 먼저 「노인복지법」상의 노인요양시설, 노인요양공동생활가정, 방문요양서비스 기관, 주·야간보호서비스기관, 단기보호서비스기관, 방문목욕서비스기관, 방문간호서비스기관또는 복지용구기관을 설립하여 법에 따라 시장·군수·구청장으로부터 장기요양기관으로 지정받아야 한다. 즉, 「노인복지법」상의 기관설립과 「노인장기요양보험법」상의 지정 절차를 이행하여야 한다(「노인복지법」 제31조, 법 제31조 등).

노인요양시설 또는 노인요양공동생활가정을 설립하고자 하는 자는 「노인복지법 시행규칙」 제20조의 규정에 따라 별지 제16호서식의 노인의료복지시설 설치신고서를 시장·군수·구청장에게 제출하여야 한다. 방문요양·방문목욕·방문간호·복지용구· 주·야간보호 또는 단기보호 서비스업을 설립하고자 하는 자는 「노인복지법 시행규칙」 제28조의 규정에 따라 별지 제20호서식의 재가노인복지시설 설치신고서를 제출해야 한다. 장기요양기관으로 지정받으려는 자는 설치신고서 제출과 같이 또는 별도로 법 시행규칙 제23조 제1항에 따라 별지 제19호서식의 장기요양기관 지정신청서를 시장·군수·구청장 등에게 제출해야 한다.

나 장기요양기관의 의의

(1) 장기요양기관의 정의와 기능

장기요양기관은 법상의 재가급여와 시설급여를 제공하기 위한 사업을 목적으로 지정된 기관이다. 장기요양급여(서비스)의 대부분을 차지하는 재가급여 및 시설급여는 장기요양기관에 소속된 요양보호사, 사회복지사, 간호사, 간호조무사, 물리치료사 또는 작업치료사 등 장기요양요원이 수급자에게 제공한다. 장기요양기관은 장기요양요원이 수급자의 욕구에 맞게 수급자의 최선의 이익을 위하여 적절한 서비스를 제공하는지 관리하는 기능을 한다. 또한 장기요양기관은 수급자의 욕구를 파악하여 그에 맞는 서비스 제공계획을 수립하여 이행해야 하고, 장기요양요원의 서비스 제공과정을 감독·관리하는 기능을 한다. 장기요양기관은 장기요양급여제공에 대한 비용을 일부는 수급자 본인에게, 나머지는 공단에 청구하여 지급받게 된다.

일부 장기요양기관에서 방문요양 등 방문서비스의 경우 요양보호사를 고용하여 수급자 가정에 파견하고, 이후 수급자의 욕구나 요양보호사 등의 서비스 제공과정에 참여하여 품질관리를 하지 않는 등 단순 서비스 비용만 청구하는 형태의 기관이 있어, 이와 같이 장기요양기관이라기보다는 인력 송출기관과 유사한 형태를 띠고 있는 기관도 있다. 그리고 수급자의 가족인 요양보호사만을 대상으로 가족인 요양보호사가 제공하는 방문요양업만을 전적으로 수행하는 장기요양기관이 등장하여 요양보호사의 서비스 제공과정에 전혀 개입하지 않고 단순 급여비용만 공단에 청구하여 지급받은 자금으로 요양보호사 인건비를 지불하고 그 차액으로 경영을 영위하는 장기요양기관도 있어 본래의 장기요양기관으로의 기능을 하지 못하는 기관도 있다. 이러한 인력송출업 또는 급여비용 청구대행 기능만 하는 장기요양기관은 장기요양급여의 품질을 떨어뜨리는 근원이 되고 있어 문제점으로 등장하고 있다.

(2) 장기요양기관의 유형

장기요양기관은 설립주체에 따라 국·공립시설과 사립시설로 분류된다. 국·공립시설에는 국가나 지방자치단체가 직접 운영하는 국·공립 공영시설과 국가나 지자체가 설립하여 민간에 운영을 위탁하는 국·공립 민영시설이 있다. 사립시설은 개인이 설립·운영하는 개인운영시설이다. 이를 다시 주식회사 등 법인이 설립하는 시설과 자연인인 개인이 설립하는 시설로 분류하기도 한다.

(3) 장기요양기관의 특징

「법인세법」 및 「소득세법」에서 노인요양사업은 비영리사업으로 분류되기 때문에 장기요양기관은 소득세와 법인세 납부의무가 없는 비과세 대상기관이다. 세무 실무에서는 고유번호증을 통하여 관리되고 있다. 비영리기관의 경우 경영에서 수익이 발생할 경우 자유로이 이를 처분할 수 없으나, 장기요양기관의 특수성을 고려하여 장기요양급여를 제공한 대가로 받은 수입금 중 인건비와 운영비 등으로 지출하고 남은 수익금은 제한적으로 소정의 절차를 거쳐 기타전출금으로 예산을 편성하여 설립자 등에게 지출할 수 있는 구조이다.

다 장기요양기관의 개설 주체, 요건 및 절차

장기요양기관은 개인이나 주식회사를 포함한 법인, 지방자치단체 등 누구나 설립할 수 있으며, 허가사항이 아닌 지자체에 신고함으로써 설립 가능하다(「노인복지법」 제35조, 제39조). 설립 후 장기요양기관으로 지정 또한 설립주체의 종류에는 다른 지정의 제한을 하지 않는다(법 제31조, 제32조의2).

(1) 노인요양시설 및 노인요양공동생활가정 기관의 설립요건

노인요양시설, 노인요양공동생활가정의 경우 「노인복지법 시행규칙」 별표4의 소정의 시설, 설비 및 인력 기준을 갖추어야 한다. 노인요양시설은 입소정원 10명 이상을, 노인요양공동생활가정은 입소정원 5명 이상 9명 이하의 인원이 입소할 수 있는 시설을 갖추어야 한다. 노인요양시설은 입소정원 30명 이상과 10명 이상-30명 미만을 기준으로 시설·직원 배치기준이 다르게 적용된다.

시설 설치자는 시설 입소자에 대한 안정적인 서비스 확보를 위하여 시설을 설치할 토지 및 건물의 소유권을 확보해야 하고, 시설 설치목적 외 목적에 따른 저당권, 그 밖에 시설로서의 이용을 제한할 우려가 있는 권리를 해당 토지 및 건물에 설정해서는 안 된다. 당해 시설 설립을 위하여 금융기관에 저당을 설치하는 경우 등 시설의 설치목적에 따른 저당권을 설정하는 경우 저당권의 피담보채권액과 입소보증금의 합이 건설원가의 80퍼센트 이하여야 한다. 그러나 예외적으로 입소자로부터 입소비용의 전부를 수납하여 운영하는 노인요양시설을 설치하려는 경우, 보건복지부장관이 지정하여 고시하는 지역에 입소자 30명 미만의 노인요양시설을 설치하는 경우와 노인요양공동생활가정을 설치하는 경우 등에 해당 시, 사용하려는 토지 및 건물에 선순위 권리자 및 그 밖에 시설로서의 이용을 제한할 우려가 있는 권리가 설정되어 있지 않을 것 등 특례조항에 해당하는 소정의 요건 충족 시 타인 소유의 토지 및 건물을 사용하여 설치할 수 있다(「노인복지법 시행규칙」 [별표 4] 2. 시설 설치에 관한 특례).

또한 노인요양시설과 노인공동생활가정을 설립·운영하고자 할 때에는 「노인복지법 시행규칙」이 정하는 기준에 적합한 시설·인력을 갖추고 수행사업의 성격 및 이용대상자 등을 감안하여 적정한 규모와 시설을 갖추어 노인의료복지시설을 설치하여야 하며(「노인복지법 시행규칙」 제22조, 별표4), 「소방시설 설치 및 관리에 관한 법률」에 따라 강화된 소방시설을 설치하여야 한다. 또한 건축관계 법령, 「장애인·노인·임산부 등의 편의증진 보장에 관한 법률」에 따른 적법한 시설을 갖추어야 하고, 「식품위생법」상 1회 50명 이상(종사자 포함)에게 식사를 제공하는 경우 집단급식소 신고대상 이므로 설치신고 전 관할 시·군·구 식품위생담당과 문의하

여 관련 준수사항을 확인하여야 한다.[17]

노인요양시설과 노인요양공동생활가정을 설치하려는 자는 위와 같이 시설 및 인력 등을 갖추어 노인의료복지시설 설치신고서(「노인복지법 시행규칙」 별지 제16호 서식)에 위치도·평면도 및 설비구조내역서 등 「노인복지법 시행규칙」 제20조 제1항 소정의 서류를 첨부하여 시장·군수·구청장에게 제출하여야 한다.

(2) 방문요양서비스 등 재가노인복지시설(재가기관)의 설립요건

재가노인복지시설의 경우 「노인복지법 시행규칙」 별표9에 규정된 시설·설비 및 인력요건을 갖추어야 한다. 방문요양, 방문목욕·방문간호 제공시설은 시설전 용면적 16.5제곱미터 이상(연면적 기준)을, 주·야간보호, 단기보호를 제공하는 시설은 시설 연면적 90제곱미터 이상을 갖추어야 한다. 기관의 종류에 따라 갖추어야 할 시설·설비, 인력배치기준이 다르게 적용된다.

또한 주·야간보호시설을 노인요양시설에 병설하여 운영하는 경우 노인요양시설의 장은 사업에 지장이 없는 범위에서 주·야간보호시설시설의 장을 겸직하여 운영할 수 있다는 등 다양한 겸직제도가 있다.

방문요양서비스, 주야간보호서비스, 단기보호서비스, 방문목욕서비스, 방문간호서비스, 복지용구지원서비스를 제공하려는 자는 「노인복지법 시행규칙」 제29조에 따른 재가노인복지시설 시설기준, 직원배치기준, 운영기준(「노인복지법 시행규칙」 별표9, 10)을 갖추어 재가장기요양기관 설치신고서(「노인복지법 시행규칙」 별지 제20호 서식)에 사업계획서(사업대상 및 서비스내용 포함) 등 「노인복지법 시행규칙」 제28조 제1항의 자료를 첨부하여 시장·군수·구청장에게 제출하여야 한다.

17　보건복지부, 2023 노인복지사업안내, 104쪽 외.

라 노인요양시설 등의 설립과 관련된 건축법 등

(1) 다양한 법률에서 요구하는 사항 등의 충족 필요

노인요양시설을 설립하기 위하여는 「건축법」, 「주차장법」, 「노인복지법」, 「소방시설 설치 및 관리에 관한 법률」 및 「장애인·노인·임산부 등의 편의증진 보장에 관한 법률」에 의거 설비 등을 구비해야 한다. 노인요양시설은 「건축법」상 노유자시설로, 용도변경과 관련하여 '교육 및 복지시설군'으로 분류(「건축법」 제19조 제4항)되므로 노유자시설에서 요구하는 건축 조건을 충족해야 한다. 또한 「주차장법」에 따른 노유자시설에 설치해야 하는 주차대수에 해당하는 주차장 면적을 확보하여야 하며, 「장애인·노인·임산부 등의 편의증진 보장에 관한 법률」에 따른 출입구 문, 복도, 대변기, 소변기, 승강기 등의 편의시설을 갖추어야 한다. 「노인복지법 시행규칙」에서는 침실, 사무실, 비상재해 대비시설 등 구체적인 설비요건을 규정하고 있다. 또한 「소방시설 설치 및 관리에 관한 법률」에서는 규모에 따라 스프링쿨러, 실내소화전, 비상구, 자동화재탐지설비 등 복잡한 소방안전설비를 갖추어야 한다.

(2) 행정해석 등

법 제31조 제1항 전단에 따른 재가장기요양기관 중 같은 법 제23조 제1항 제1호 라목의 주·야간보호 장기요양급여를 제공하는 재가장기요양기관이 단독주택에 설치된 경우, 해당 건축물이 「화재예방, 소방시설 설치·유지 및 안전관리에 관한 법률」 제2조 제1항 제3호에 따른 특정소방대상물에 해당하는지에 대하여 법제처에서는 「화재예방, 소방시설 설치·유지 및 안전관리에 관한 법률」 제2조 제1항 제3호에 따른 특정소방대상물에 해당한다고 회신하였다(법제처, 안건번호 18-0279, 회신일자 2018-08-07).

또한, 법에 따른 재가장기요양기관을 건축법령상 소개소, 사무소 등과 같은 것으로 보아 제2종 근린생활시설에 해당하는 것으로 볼 수 있는지 여부 관련, 국토해양부에서는 재가장기요양기관이 노인을 머무르게 하면서 복지서비스를 제공하는 시설이 아니라 가정봉사원 파견을 위한 사무소로 이용되는 경우에는 당해 건축물의 용도를 「건축법 시행령」 별표1 제4호 바목 또는 제14호 나목의 규정에 의하여 그 규모 등에 따라 제2종 근린생활시설 또는 업무시설로 분류할 수 있을 것으로 사료되나, 이의 사실판단은 건축허가권자가 당해 건축물에 대한 건축물대장과 실질적인 이용현황·형태·구조·기능 등을 종합적으로 확인·검토하여 판단하여야 할 것이라고 회신한 바 있다(국토해양부 고객만족센터-건축반, 2008.08.19.).

마 사업자 등록과 고유번호증

노인요양시설을 개설·운영하려는 자는 사업개시 전 또는 사업을 시작한 날로부터 20일 이내에 구비서류를 갖추어 관할 세무서 또는 가까운 세무서 민원봉사실에 사업자 등록을 신청하여야 한다(「부가가치세법」 제8조). 홈택스에 가입되어 있고 공인인증서가 있는 경우 세무서에 방문하지 않고 인터넷을 통하여 사업자등록 신청 및 구비서류 전자제출이 가능하며 사업자 등록이 완료되면 사업자등록증 발급도 가능하다.

한편 사업자등록증을 대체하는 고유번호증이 있는데, 사업자등록증은 영리 목적으로 사업을 수행하는 경우에 필요한 사업자의 정보를 담은 증서이므로, 영리를 목적으로 하는 사업을 개시하고자 하는 경우 「부가가치세법」 제8조에 따라 사업장마다 사업개시일로부터 20일 이내에 사업장관할 세무서장에게 사업자 등록을 해야 한다. 그러나 장기요양보험사업의 소득은 비과세대상으로, 법인(「법인세법」)이나 개인(「소득세법」)이 운영하는 노인장기요양사업은 사업소득에서 제외시켜 비과세하고 있다. 따라서 노인장기요양사업의 경우 발급받을 수 있는 고유번호증은 비영리단체에 대하여 사업자등록에 준하는 고유번호를 부여하여 납세관리에 활용하는 증서로서, 장기요양기관은 모두 고유증 번호로 등록된다.

사업자등록증과 고유번호증의 가장 큰 차이는 세금계산서(면세사업자의 경우 계산서) 발행 가능 여부이다. 즉, 사업자 등록을 한 경우 업종에 따라 일반과세사업자 또는 면세사업자로 구분되어 일반과세 사업자는 세금계산서를, 면세사업자는 부가가치세가 없는 계산서를 발행하게 된다. 그러나 사업자등록증이 아닌 고유번호증만 가진 법인(단체)의 경우에는 세금계산서 및 계산서를 발행할 수 없다.

고유번호증을 소지한 법인 또는 단체는 직원에 대한 갑근세 등 관련 소득세에 대한 원천징수와 연말정산, 매입세금계산서(매입계산서) 합계표 제출만 하면 되나, 사업자등록증이 있는 법인 또는 단체의 세금납부 의무는 법인세 또는 소득세, 부가가치세, 소득세에 대한 원천징수, 연말정산 신고 등 많은 의무조항에 해당될 수 있다. 이에 장기요양기관이 수익사업을 할 경우에는 사업자등록증을 발급받아야 한다.

다만, 장기요양기관의 세금 부담이나 신고사항이 상당히 줄어든 반면, 장기요양기관재무회계규칙을 준수해야 하는 등 이에 따른 의무도 발생한다. 즉, 장기요양기관의 수익은 영리를 목적으로 하지 않기 때문에 잉여금으로 남게 되며 사업주 임의대로 사용할 수 없는 구조이다. 잉여금은 일반적으로 직원급여, 운영비, 재투자비용, 대출비용 상환 등에 사용된다. 한편 이러한 상황을 역으로 이용하여 장기요양기관 경영자의 임금을 높게 책정하여 지급받는 등의 문제가 실무에서 발생하고 있다.

2 노인요양시설의 화재 및 안전관리[17]

노인요양시설의 안전관리 및 화재안전 등은 「노인복지법」, 「건축법」, 「소방시설 설치 및 관리에 관한 법률」 등의 법규에서 각 관련된 내용을 명시하고 있다. 「노인복지법」에 의한 노인요양시설의 설치·운영 기준은 보건복지부, 「건축법」상의 노인요양시설의 피난안전구역 및 방화구획의 설치기준 등은 국토교통부, 「소방시설 설치 및 관리에 관한 법률」에서 노인요양시설이 갖추어야 하는 소방시설의 종류·기준은 소방청에서 관리하고 있다.

---

18 고양양시정연구원, 「고양시 노인요양시설 안전실태 현황 및 안전관리 제고방안 연구」, 이정철 외, 2020. 11. 30.

가 　노인복지법상의 안전 및 화재안전 관련 내용

　　입소자가 통상 이용하는 설비에 있어 휠체어 등이 이동 가능한 공간을 확보해야 하며 문턱 제거, 손잡이시설 부착, 바닥 미끄럼 방지 등 노인의 활동에 편리한 구조를 갖춰야 한다. 「소방시설 설치 및 관리에 관한 법률」이 정하는 바에 따라 소화용 기구를 비치하고 비상구를 설치해야 한다. 다만, 입소자가 10명 미만인 시설의 경우에는 소화용 기구를 갖추는 등 시설의 실정에 맞게 비상재해에 대비해야 한다. 복도, 화장실, 그 밖의 필요한 곳에 야간 상용등을 설치해야 한다. 계단의 경사는 완만해야 하며, 치매노인의 낙상을 방지하기 위하여 계단의 출입구에 출입문을 설치하고, 그 출입문에 잠금장치를 갖추되, 화재 등 비상시에 자동으로 열릴 수 있도록 해야 한다. 바닥재는 부드럽고 미끄럽지 않은 소재여야 한다. 주방 등 화재위험이 있는 곳에는 치매노인이 임의로 출입할 수 없도록 잠금장치를 설치해야 한다. 배회환자의 실종 등을 예방할 수 있도록 외부 출입구에 잠금장치를 갖추되, 화재 등 비상시에 자동으로 열릴 수 있도록 해야 한다. 침실이 2층 이상에 있는 경우 경사로를 설치해야 한다. 다만, 「승강기 안전관리법 시행규칙」에 따른 승객용 엘리베이터를 설치한 경우에는 경사로를 설치하지 않을 수 있다(노인복지법 시행규칙 별표9).

나 　건축법상 노인요양시설 화재안전 관련 법·제도 현황

　　「건축법」은 「건축물의 피난·방화구조 등의 기준에 관한 규칙(이하 '건축물방화구조규칙'이라고 약칭한다)」을 별도로 두어 건축물의 피난·방화 등에 관한 기술적 기준을 정하고 있다. 「건축법」은 "제5장 건축물의 구조 및 재료 등"에서 규정된 노유자시설의 안전 및 화재안전 관련 규정을 두고(제48조~제53조의2), 세부적인 기준이나 구조 등은 「건축법시행령」 혹은 「건축물방화구조규칙」으로 규정하고 있으며, 「건축법」 제50조는 건축물의 주요 구조부를 내화구조로 해야 함을 명시하고 있다.

이에 따라 노인요양시설은 「건축법시행령」 및 「건축물방화구조규칙」에 따른 노유자시설의 화재 안전 관련 규정 등을 준수해야 한다. 「건축법시행령」은 '제5장 건축물의 구조 및 재료 등'에서 구조물의 안전에 관한 내용을 규정하고 있는데, 해당 장의 각 조항에 직통계단, 피난계단, 개방공간, 출구, 옥상광장, 통로 등과 같이 화재 시 대피가 용이한 구조에 대한 사항, 화재 피해를 최소화하는 건축자재에 관한 사항 등을 명시하고 있다.

다   소방시설법 및 관계법령상 안전 및 화재안전 관련 내용[18]

「소방시설 설치 및 관리에 관한 법률(약칭: 소방시설법)」 및 「화재의 예방 및 안전관리에 관한 법률(약칭: 화재예방법)」 등에서는 노인요양시설 등을 재해약자 시설로 구분하여 화재대피 등의 세부기준 마련, 화재안전 창문(상부개폐형 배연창)의 설치 지원 등 화재·피난안전 강화 방안을 제시하고 있다. 소방시설법 시행령상 특정 소방대상물의 관계인이 특정소방대상물의 규모 용도 및 수용인원 등을 고려하여 갖추어야 하는 소방시설의 종류로는 ① 소화설비, ② 경보설비, ③ 피난시설, ④ 피난구조설비, ⑤ 소화용수설비, ⑥ 소화활동설비로 구분된다(소방시설법 시행령 별표4). 이 중 노유자시설로 분류되는 노인요양시설이 의무적으로 구비·설치해야 하는 소방시설에는 다음 사항이 있는바, 그 구체적인 내용으로, 우선 소화설비와 관련하여 갖추어야 할 소방시설로는 소화기구, 옥내소화전설비, 스프링클러설비, 간이스프링클러 등이 있다. 경보설비와 관련해서는 비상경보설비, 비상방송설비, 누전경보기, 자동화재탐지설비, 자동화재속보설비, 시각경보기, 가스누설경보기 등을 적용기준에 따라 갖추어야 한다. 피난설비의 주요 종류로는 미끄럼대, 피난사다리, 구조대, 완강기, 피난교, 피난밧줄, 공기안전매트, 다수인피난장비, 그밖의 피난기구, 방열복, 공기안전매트 및 인공소생기(일명 '인명구조기구'), 피난유도선, 유도등 및 유도표지, 비상조명등 및 휴대용비상조명등 등을 기준에 따라 갖

---

19 「소방시설 설치·유지 및 안전관리에 관한 법률」이 2015. 1. 20., 「화재예방, 소방시설 설치·유지 및 안전관리에 관한 법률」로 개정되었고, 2021. 11. 30., 다시 전부개정되어 「소방시설 설치·유지 및 안전관리에 관한 법률」로 법률명이 변경되었다.

추어야 하며 자세한 사항은 '피난기구의 화재안전기준(NFSC 301)'에서 정하고 있다. 소화활동설비로는 제연설비, 연결송수관설비, 비상콘센트설비, 무선통신보조설비, 연소방지설비 등을 기준에 맞게 갖추어야 한다.

위 기준에 따르면 별표5에 따라 소규모 노인복지시설(바닥면적 합계 300㎡ 미만)도 화재초기진압장비인 "간이 스프링클러, 자동화재탐지설비, 자동화재속보설비"를 반드시 설치하여야 한다. 또한 노유자시설의 안전 및 화재안전 관련 법규는 「건축법」 "제5장 건축물의 구조 및 재료 등"에 함께 규정되어 있고, 「건축물의 피난·방화구조 등의 기준에 관한 규칙」을 별도로 두어 건축물의 피난·방화 등에 관한 기술적 기준을 정하고 있다. 이외에도 규율을 받는 건축물의 안전 관련 조항으로는 건축물관리법 시행령 제15조(소규모 노후 건축물등 점검의 실시) 및 건축물관리법 제27조(기존 건축물의 화재안전성능보강) 등이 있다.

한편 「노인복지법 시행규칙」 별표4에 따라 치매노인의 낙상을 방지하기 위하여 계단의 출입구에 출입문을 설치하고, 그 출입문에 잠금장치를 갖추되, 화재 등 비상시에 자동으로 열릴 수 있도록 하여야 하고, 배회환자의 실종 등을 예방할 수 있도록 외부 출입구에 잠금장치를 갖추되, 화재 등 비상시에 자동으로 열릴 수 있도록 하여야 한다.

라 장기요양급여의 관리 평가 및 정기점검

법 제54조 및 시행규칙 제38조에는 장기요양시설 등 노인요양시설의 평가항목과 사회복지시설 안전점검 항목에 관하여 규정하고 다. 보건복지부, 지방자치단체, 안전관리전문기관에서 노인요양시설의 소방안전, 자연재난안전 등을 연2회 정기점검하는 항목으로는 「건축법」과 「소방시설법」을 기준으로 피난안내도의 부착 여부, 소화기 및 자동화재 탐지설비 설치, 소방차 진입로 확보, 소화 작업공간 확보, 유도등 설치와 수방자재 확보, 비상 의약품과 비상식량의 구비, 배수펌프 및 물막이 자재 등 하절기 대응물품 비축과 제설장비 등 폭설로 인한 시설고립에 대비한 동절기 대응물품 비축 등이 포함된다. 구체적인 예로 안전관리 전반의 측면에서 안전관리계획서의 작성 및 관리 여부, 시설 이용자와 종사자들을 대상으로 한 안전교육·훈련 실시 정도, 매뉴얼의 비치 및 활용 등에 대한 점검이 이루어지며 소방안전관리 측면에서는 소화기와 스프링클러 등의 소화설비, 자동화재탐지설비, 피난설비 등의 적정 관리, 출입통제구역 관리 등의 점검이 수행된다. 그 밖에도 사회복지시설 안전점검에서는 책임보험 가입여부, 전기안전관리, 가스안전관리, 시설안전관리, 급식위생안전관리 등의 안전에 관한 전반적인 점검이 실시된다(시행규칙 제38조, 「장기요양기관 평가방법 등에 관한 고시」 등).

3 장기요양기관의 지정

가 장기요양기관제도의 의의와 운영체계

장기요양기관제도는 「노인복지법」상의 노인요양시설 등을 장기요양기관으로 지정하여 이들 지정된 기관으로 하여금 장기요양급여를 실시하는 운영체계이다. 즉, 「노인복지법」상 노인요양시설, 노인공동생활가정 및 재가노인복지시설 중 법에 의하여 지방자치단체에 장기요양기관 지정 신청을 하여 지정된 기관을 '장기요양기관'이라고 한다(법 제2조 제4호).

수급자는 장기요양기관에서 장기요양급여를 받고 소정의 본인부담금을 지불하고 장기요양기관은 보험자인 공단(법 제7조 및 제48조)에 그 장기요양급여에 소요된 비용 중 공단부담금을 청구하는 관계가 성립되는 구조이다. 따라서 법에 의하여 장기요양급여를 실시하고자 하는 자는 「노인복지법」에 의하여 재가노인복지시설, 노인요양시설 또는 노인요양공동생활가정을 설립하여 법에 의하여 시·군·구로부터 지정을 받아야 한다. 지정된 장기요양기관은 법령에 따라 수급자에게 장기요양급여를 제공하여야 한다.

나   장기요양기관으로의 지정 절차와 방법

(1) 개설신고와 지정신청

장기요양기관으로 지정을 받기 위하여는 「노인복지법」 제34조·제38조에 따른 노인의료복지시설 또는 재가노인복지시설을 설립한 후 소재지를 관할 구역으로 하는 특별자치시장·특별자치도지사·시장·군수·구청장으로부터 지정을 받아야 한다. 장기요양사업을 실시하기 위하여 노인복지법상의 시설을 설치하였다 하더라도 장기요양기관으로 지정받아야 장기요양사업을 할 수 있으므로, 실무에서는 노인의료복지시설 또는 재가노인복지시설 설립신고(노인의료복지시설 설치신고서, 재가노인복지시설 설치신고서)와 동시에 혹은 병행하여 장기요양지정신청도 이루어진다. 장기요양지정신청은 장기요양기관 지정신청서(시행규칙 별지 제19호 서식)에 일반현황, 인력현황 및 시설현황, 고유번호증 사본 등 시행규칙 제23조 제1항 소정의 서류를 첨부하여 시장·군수·구청장에게 제출하여야 한다.

노인의료복지시설(노인요양시설, 노인공동생활가정)을 설치하려는 자는 노인의료복지시설 설치신고서에 재가노인복지시설(방문요양, 주·야간보호, 단기보호, 방문목욕, 복지용구)을 설치하려는 자는 재가노인복지시설설치신고서에 ① 설치하려는 자가 법인인 경우에는 정관 1부, ② 노인요양시설, 노인공동생활가정, 주·야간보호서비스 또는 단기보호서비스를 제공하려는 경우 위치도·평면도 및 설비구조내역서 각 1부, ③ 입소보증금·이용료 기타 입소자의 비용부담 관계서류 1부, ④ 사업계획서 1부, ⑤ 시설을 설치할 토지 및 건물의 소유권을 증명할 수 있는 서류를 첨부하여 시장·군수·구청장에게 제출해야 한다. 그리고 노인요양시설, 노인공동생활가정, 주·야간보호, 단기보호기관은 「전기사업법 시행규칙」 제38조제3항에 따른 전기안전점검확인서를, 복지용구지원서비스를 제공하려는 경우에는 「의료기기법 시행규칙」 제37조제2항에 따른 의료기기 판매(임대)업 신고증 사본 1부를 추가로 제출하여야한다(「노인복지법」 제35조제2항·제39조, 「노인복지법 시행규칙」 제20조·제28조).

「노인복지법」상의 노인의료복지시설 및 재가노인복지시설이 법에 따른 장기요양급여를 제공하고자 할 때에는 법에 장기요양지정신청을 하여 지정을 받아야 한다. 장기요양기관으로 지정받으려는 자는 장기요양기관 지정신청서에 일반현황·인력현황 및 시설현황 각 1부, 사업자등록증 또는 고유번호증 사본 1부, 사업계획서 및 운영규정 각 1부를 첨부하여 시장·군수·구청장에게 제출하여야 한다(법 제31조, 시행규칙 제23조).

한편 재가급여(기타재가급여인 복지용구 제외)기관을 설치하는 경우 방문요양, 방문목욕 등의 개별서비스기관으로 설립하는 것이 아니라 재가노인복지시설설치신고서(「노인복지법 시행규칙」 별지 제20호 서식)에 방문요양, 방문목욕 등 해당 서비스의 제공여부를 기재하여 지방자치단체에 신고하는 방법으로 설치된다. 설치신고와 병행하여 지방자치단체에 장기요양기관으로 지정을 신청할 때에도 장기요양기관지정신청서(노인장기요양보험법 시행규칙 별지 제19호 서식)의 기관유형(급여종류)란에 해당 급여종류를 체크하여 제출하는 방법으로 이루어진다.

(2) 지정절차 및 방법

시장·군수·구청장이 장기요양기관을 지정을 하는 경우 1. 장기요양기관을 운영하려는 자의 장기요양급여 제공 이력, 2. 장기요양기관을 운영하려는 자 및 그 기관에 종사하려는 자가 「노인장기요양보험법」, 「사회복지사업법」 또는 「노인복지법」 등 장기요양기관의 운영과 관련된 법에 따라 받은 행정처분의 내용, 3. 장기요양기관의 운영 계획, 4. 해당 지역의 노인인구 수 및 장기요양급여 수요 등 지역 특성, 5. 그 밖에 특별자치시장·특별자치도지사·시장·군수·구청장이 장기요양기관으로 지정하는 데 필요하다고 인정하여 정하는 사항을 검토하여 장기요양기관을 지정하여야 한다(법 제31조 제3항).

장기요양기관 지정신청을 받은 시장·군수·구청장은 장기요양기관을 지정하려는 경우 장기요양기관 지정 심사위원회를 구성하고 법 제31조 제3항 각 호의 사항 및 시설 및 인력기준에 적합한지를 심사하게 해야 하며, 심사위원회의 구성·운영 및 심사기준 등에 관하여 필요한 사항은 시장·군수·구청장이 정한다(시행규칙 제23조). 시장·군수·구청에서는 일반적으로 「장기요양기관 지정 심사위원회 구성 및 운영에 관한 규칙」을 제정·운영하고 있는데, 보건복지부의 장기요양기관 지

정제 강화 및 지정 갱신제 운영 안내 지침(2019. 11.)에 따라 각 위원의 심사기준표
점수의 평균이 80점 이상이면 의결하고, 80점 미만이면 부결하는 것으로 규정하
여 운영하고 있다(심사기준은 아래 다호의 '지정위원회 심사 기준(예시)'를 참조).

그러나 이 지정위원회 심사기준에는 법인이나 개인이 여러 개소의 장기요양기
관을 운영하는 경우 그 중 한 곳에서 행정처분을 받았거나, 휴·폐업 등에 대하여
새로운 기관의 지정이나 갱신에 영향을 미치는 것이 갈등 소지가 있다. 이는 지정
의 효력이 사람(법인을 포함)에 미치는 것인지 당해 기관 자체에 미치는 것인지, 시
간적, 장소적 효력 범위 등과 관련한 문제이다. 또한 소속 장기요양요원에 대한 근
로계약서 등에 대하여도 지정신청 당시에는 소속직원을 배치할 수 없어 근로관계
와 관련사항 자체가 발생할 수 없고, 향후 계획의 경우 지정 후 변경이 가능함에도
향후계획을 기준으로 이러한 심사규정을 두는 경우가 문제점으로 등장하고 있다.
이에 장기요양기관 운영규정이나 예산서 등이 주요 심사대상인 관계로 불필요하
거나 과도한 요식절차라는 지적도 있다.

다 지정위원회 심사 기준(예시)

보건복지부의 장기요양기관 지정제 강화 및 지정 갱신제 운영 안내 지침(2019.
11.)의 장기요양기관 지정 심사위원회의 심사기준의 예시는 〈표 2-1〉과 같다.

<표 2-1> 지정위원회 심사 세부 기준(예시)

항목	〈지정위원회 심사 세부 기준(예시)〉	배점
설치운영자 및 장기요양 요원의 서비스 제공 능력 (50점)	심사자료: 행정처분 내용 및 급여제공 이력 등	
	□ 대표자(법인) 또는 장기요양요원의 행정제재 처분이력: 부당청구, 노인학대, 재무회계규칙 위반(예 · 결산 미승인 등), 평가 · 조사 거부 등으로 인한 행정처분이 내려진 경우	

설치운영자 및 장기요양 요원의 서비스 제공 능력 (50점)	**〈행정처분 경중에 따른 감점 기준(예시)〉** ① 대표자(법인) 또는 장기요양요원의 기관 행정제재 처분 이력 　△ 업무정지일이 총(누적) 180일 이상인 경우(지정취소, 폐쇄명령 포함) 　　또는 노인학대, 평가·조사 거부에 따른 행정처분 발생 시: 20점 　△ 업무정지일이 총 91일~180인 경우: 감점 15점 　△ 업무정지일이 총 31~90일 이하인 경우: 감점 10점 　△ 업무정지일이 총 30일 이하인 경우: 감점 5점 　　※ 위 감점기준은 6년 이내 업무정지 일수의 합으로 산출 ② 장기요양요원의 행정처분 이력 　△ 급여제공제한 처분이 6개월인 경우: 종사자 인당 감점 5점 　△ 급여제공제한 처분이 1년인 경우: 종사자 인당 감점 10점 □ 급여제공 이력: 장기요양기관은 운영하려는 자의 잦은 휴폐업사유가 행정제재처분 또는 평가 회피로 추정되는 경우 (ex. 현지조사 실시 직후 부당청구 사실이 적발되었으나 폐업 또는 매매 등을 통해 처분을 회피한 경우) **〈급여제공 이력 감점 기준(예시)〉** 　△ 휴폐업 이력이 3번 이상이며, 휴폐업 이전 현지조사 시 부당청구 　　등의 위반사실 적발 또는 평가 회피 등이 확인된 경우: 감점 20점 　△ 휴폐업 이력이 2번 이상이며, 휴폐업 이전 현지조사 시 부당청구 　　등의 위반사실 적발 또는 평가 회피 등이 확인된 경우: 감점 15점 　△ 휴폐업 이력이 1번 이상이며, 휴폐업 이전 현지조사 시 부당청구 　　등의 위반사실 적발 또는 평가 회피 등이 확인된 경우: 감점 10점 □ 설치 기관의 운영이념, 사업목표 등의 공익성 □ 대표자 또는 시설장의 요양, 의료 등 노인복지 관련 서비스 제공 관련 전문성 □ 대표자의 이전 기관 평가결과 등
서비스 제공 계획의 충실성 및 적절성 (15점)	**심사자료: 운영규정, 사업계획** □ 운영규정, 급여제공지침 등이 노인복지법 시행규칙 등에 따라 적정하게 마련되었는지 여부 □ 급여제공지침 및 운영규정 관련 직원 교육계획이 적정하게 수립되었는지 여부(ex. 연1회 이상) □ 이용자 고충처리계획 마련 여부

	심사자료: 사업계획, 시설 현황 등	
자원 관리의 체계성 및 적절성 (15점)	□ 운영위원회 구성이 사회복지사업법 등에 따라 적정하게 구성되었으며, 개최 및 활용 계획이 적정한지 여부 □ 사업 계획에 따라 예산을 수립하였는지 여부 및 재무회계규칙 위반사항이 있는지 여부 □ 지역사회 보건의료복지 서비스자원 연계계획 □ 지역사회자원 활용 및 교류를 통한 다양한 서비스 제공 계획이 마련되었는지 여부(ex. 자원봉사자 활용 계획, 보호자 또는 지역주민이 참여하는 행사 개최 계획 등) □ 시설 설치 부채비율 준수 등 재무상태가 건전하여 시설이 정상적으로 운영 가능한지 여부(차입금 사전신고서상 부채상환 계획의 적정성, 등기부등본, 자산현황서 등 관련 서류 확인)	
	심사자료: 사업계획, 인력 현황 등	
인력 관리의 체계성 및 적절성 (15점)	□ 표준근로계약서 사용 등 근로계약서에 필수사항 포함 여부 및 요양보호사와 월급제로 근로계약을 체결하였는지 여부 □ 장기요양요원의 4대 보험, 상해보험, 배상책임 보험가입 계획이 적정한지 여부 □ 퇴직급여 제도 운영계획이 근로자 퇴직급여지급법 등에 따라 적정하게 마련되었는지 여부 □ 직원의 처우개선을 위한 다양한 복지제도(포상, 휴가 제도 등)를 마련하였는지 여부 □ 시설장 및 종사자 채용 절차의 투명성 확보 계획(ex. 공개모집 여부 등) □ 장기요양요원 추가 배치 등 인력 확보 계획 □ 직원의 건강검진, 근골격계 질환 검사(연 1회 이상) 및 조치계획 등 직원의 건강관리를 위한 계획마련 여부 □ 직원 의견 및 고충 처리절차 마련 여부 등	
	지자체별 심사 기준	
지자체별 심사항목 등 (20점)	□ ex) 소방 안전 보완장치 마련 여부 등	

※ 장기요양기관으로 지정하고자 하는 기관은 심사점수 평균이 80점 이상(예시)이어야 함

라 | 지정의 법적성격

'지정'제도의 대표적인 유형은 다음의 네 가지로 나누어 볼 수 있다.[20] 첫 번째 유형은 일정한 영업행위에 대하여 행정기관이 지정을 함으로써 실질적으로 허가·인가·특허 등의 법적 효과를 드러내는 경우이다. 담배소매인의 지정, 별정우체국의 지정, 부동산거래정보망 사업자의 지정 등이 그 예가 된다. 이들은 행정기관이 특정한 영업행위를 허가하고, 허가한 자에게 일정한 권리를 부여하며, 경우에 따라 행정기관이 독점해 오던 영업권을 부여하기도 하고, 행정기관으로서의 법적 지위까지 수여하기도 한다. 두 번째 유형은 행정청이 지정한 자에 대하여 일정한 행정업무를 하게 하는 경우이다. 투표참관인의 지정, 자동차운전전문학원의 지정, 기부금품 모집기관의 지정, 출납기관의 지정, 인증기관의 지정 등이 그 예이다. 이들은 특정인에게 짧은 기간 동안 행정기관의 임무를 대행하게 하는 경우부터 시작하여, 일부 기능에 대하여 행정청의 지위를 의제하거나, 행정업무의 일부를 위탁하거나, 특정한 행정업무 전부를 위임하거나, 아예 이양하기도 한다. 세 번째 유형은 행정청이 일정한 자를 지원하기 위하여 지원대상자를 지정하는 경우이다. 전문예술법인의 지정이 그 대표적인 예이다. 네 번째 유형은 행정청이 일정한 자를 규제하기 위하여 규제대상자를 지정하는 경우이다. 대규모기업집단의 지정이 그 대표적인 예이다.

장기요양기관 지정의 성격은 1) 장기요양기관으로 지정받고자 할 때에는 시·군·구청장에게 장기요양기관으로의 지정신청을 하여야 하고(시행규칙 제23조), 시·군·구청장은 장기요양기관의 운영계획, 장기요양기관을 관리·운영하려는 자의 급여제공이력 등을 검토하여 지정(법 제31조)하여야 하는 것으로 보아 상대방의 신청을 전제로 한 협력을 요하는 쌍방적 행정행위이며, 지정거부, 지정취소 등은 행정쟁송의 대상이 되므로 지정행위는 행정처분으로 보아야 한다.[21] 또한 위 분류

---

20 「指定」制度의 立法構造 分析, 吳峻根, 법제, 2002. 6.

21 공법상의 계약과 행정처분의 구분과 관련 공법상 계약의 해지에 의해 발생하는 법률효과의 이행강제를 위해 관계법령에 행정상 강제수단이 규정되어 있는 경우에는 행정처분이라고 보고, 이러한 행정상 강제수단에 관한 규정이 없는 경우에는 공법상 계약의 해지에 불과한 것으로 보고 있다(김대인, 행정기본법상 공법상 계약에 대한 고찰, 법조 2022년 12월호 통권 756호, 2022, 210쪽).

기준 두 번째 유형에 가까운 형태로 사료된다.

마 장기요양기관 지정의 효력과 지정 신청을 할 수 없는 자

「노인복지법」에 따라 노인요양시설, 노인요양공동생활가정, 방문요양, 방문목욕, 방문간호, 주·야간보호, 단기보호, 복지용구 기관을 설립하였다 하더라도 「노인장기요양보험법」상의 장기요양기관으로 지정을 받지 않게 되면 「노인장기요양보험법」상의 장기요양급여를 제공할 수 없고 따라서 장기요양급여비용을 청구할 수 없다. 즉, 장기요양기관으로 지정을 받지 않게 되면 본인이 전부 부담하는 비용 등으로 「노인복지법」상의 요양서비스를 제공할 수 있고, 지정을 받을 경우 「노인장기요양보험법」에 따라 정하여진 비용(수가)을 적용한 장기요양급여비용 중 수급자 본인부담과 공단부담으로 나누어 비용을 지불받게 된다. 장기요양기관은 「노인장기요양보험법」 소정의 절차에 따라 요양서비스를 제공하고 비용을 청구하여야 한다. 한편 미성년자, 피성년후견인 또는 피한정후견인 등 소정의 결격사유에 해당하는 자는 지정을 받을 수 없다(법 제32조의2).

바 지정제도의 문제점 내지 쟁점

(1) 서비스 개시 전 인력배치

「노인복지법」에 따른 시설을 갖추더라도 지정을 행하는 절차기간이 30일이 소요되어 업무의 공백이 발생하고, 지정 전에는 행정행위가 이루어지기 전 단계이므로 사업 시행 자체가 불가능한 관계로 현실적으로 이용 또는 입소 수급자가 존재할 수 없으나, 「노인복지법」상의 설립이나 「노인장기요양보험법」상의 지정 시 요구되는 인력배치의 기준을 요구하고 있다. 지정신청 시 36명이 입소할 수 있는 노인요양시설을 설립하였을 경우라 하더라도 지정신청서의 첨부서류인 일반현황의 직원 현황란에 기재할 직원을 지정신청 당시 배치된 인력으로 할 것인지, 정원 36

명에 해당하는 인력으로 할 것인지에 대하여는 행정당국의 민원창구 현장에서 협의로 정해야 할 것이며 지정 및 사업 시행 후 장기요양기관 변경사항 및 사회복지시설 정보시스템상의 변경신고 등으로 해결되어야 할 것이다. 인력변경 신고절차를 소홀히 할 경우「요양급여고시」소정의 인력가감산의 적용을 받지 못하거나 부당이득으로 보아 서비스 비용을 환수될 수 있음에 유의하여야 한다.

(2) 서비스 제공 내역과 기관의 명칭과의 정합성

「노인복지법 시행규칙」상의 노인요양시설, 노인요양공동생활가정, 주·야간보호, 방문요양, 방문목욕, 방문간호, 복지용구 등 각 서비스 및 사업의 종류별 시설과 인력배치기준이 상이하나, 지정신청 절차에 있어서는 노인요양시설과 노인요양공동생활가정 서비스를 제공하는 업을 행하는 자는 노인의료복지시설을, 방문요양·방문목욕·주야간보호 등의 서비스업을 하는 자는 재가노인복지시설로 하나의 묶음으로 지정신청을 하도록 규정되어 있다. 따라서 「노인복지법 시행규칙」상의 각 서비스 종류별 시설 및 인력이 다름에도 불구하고 장기요양기관은 하나의 기관으로 지정하고, 지정서상에는 실시할 수 있는 서비스 종류를 기재하는 형태로되어 있어 지정기관의 명칭과 실시하는 서비스 내용이 일치하지 않는 문제점[22]이 있다(시행규칙 별지 제20호 서식).

(3) 기관 양도 · 양수시의 공백 및 기관 단위의 행정처분

개인사업장인 장기요양기관을 양도·양수하는 경우 양도인이 양수인에게 당해 기관의 토지와 건물을 매도한 후 양도인은 폐업 및 지정취소를, 양수인은 개설 및 지정을 받는 행정절차가 필요하다. 이 과정에서 노인요양시설 입소자에 대한 장기요양급여가 중단 없이 계속 제공되도록 하기 위해서는 선제적으로 양수인 명의로 장기요양기관의 지정이 이루어지도록 함과 동시에 양수인 명의로 등기부상의 소유권이 이전되어야 한다. 그러나 이를 위해서는 실무상 일정기간 동안 등기부상

---

22 이러한 문제로 실무에서 장기요양기관의 명칭을 정할 때 노인요양시설과 노인요양공동생활가정 모두를 제공할 때의 기관의 명칭에는 "ㅇㅇ요양원"을 많이 사용하고 있다. 방문요양, 방문목욕 등 2가지 이상의 재가서비스를 제공할 때의 기관의 명칭에는 "ㅇㅇ재가센터"라는 명칭을 사용하고 있다.

소유권을 이전하지 않은 상태에서 당해 노인요양시설 등을 양수인이 장기요양기관으로 지정받아 운영하게 되어, 토지를 소유하지 않은 상태에서 일정기간 경영이 이루어지는 입법상의 모순점이 존재한다. 예컨대 ○○재가센터로 하나의 지정기호를 부여받고, 지정서상의 제공가능한 장기요양급여의 종류에 방문요양과 방문목욕으로 되어 있는 재가기관이 방문요양서비스비용을 부당청구하였다 하더라도 ○○재가센터의 방문요양과 방문목욕 전체의 급여비용을 기준으로 업무정지 등 행정처분을 실시하는 등 행정저분의 효력은 방문요양뿐만 아니라 방문목욕 등 기관 전체에 미친다. 이는 급여 유형별로 지정취소 등 행정처분이 이루어지는 것이 아니라 기관 단위로 지정취소 등 행정처분이 이루어지기 때문이다.

사 장기요양기관 지정기준의 한계성

장기요양기관 지정기준은 크게 「노인장기요양법」과 「노인복지법」의 이원화 구조로, 「노인복지법」상 시설·인력기준요건 및 1) 장기요양급여 제공 이력, 2) 장기요양기관의 운영과 관련된 법에 따라 받은 행정처분의 내용, 3) 장기요양기관의 운영 계획, 4) 해당 지역의 노인인구 수 및 장기요양급여 수요 등 지역 특성, 5) 그 밖에 시장·군수·구청장이 장기요양기관으로 지정하는 데 필요하다고 인정하여 정하는 사항에 대하여 장기요양기관 지정 심사위원회의 심사를 거쳐 지정 여부가 결정된다(법 제31조, 시행규칙 제23조). 여기서 "그 밖에 시장·군수·구청장이 장기요양기관으로 지정하는 데 필요하다고 인정하여 정하는 사항"이란 지방자치단체의 조례 및 규정 등에서 정하는 사항을 말하므로 지방자치단체의 조례 등도 지정의 기준이 된다는 점에 주의하여야 한다. 예컨대 경기도 고양시의 경우 「고양시 노인의료복지시설 장기요양기관 지정 조례」에서 노유자 시설 이외의 타 용도와 혼합된 건축물에 해당하는 경우 신규 지정되는 시설이 지상1층 또는 직접 지상으로 통하는 출입구가 있는 층으로부터 4개 층(지하층 제외) 이내에 입지하였는지 여부 등 지정기준을 강화하고 있다.[23]

---

23 고양시 노인의료복지시설 장기요양기관 지정 조례 제7조(지정기준 등) ① 시장은 신규 지정신청을

'장기요양급여 제공 이력' 및 '장기요양기관의 운영과 관련된 법에 따라 받은 행정처분의 내용'이 지정기준에 포함된 것은 장기요양기관이 고의적으로 자진 폐업 등을 통해 법망을 피하였다가 다시 지정을 받는 이른바 '모자 바꿔쓰기'의 폐단을 방지하려는 데에 그 입법취지가 있다고 본다. 그러나 이와 같은 예방적 규정을 도입하였더라도 행정처분을 받은 자가 폐업 후 다시 가족의 명의로 장기요양기관을 개설하여 계속하여 운영하고 있는 사례가 여전히 있는 등 제도 개선에 일정한 한계가 있다.

특히 논란이 있는 영역은 「노인복지법」상 시설·인력기준이 충족되더라도 지정을 신청기관의 장기요양급여 제공 이력, 장기요양기관의 운영과 관련된 법에 따라 받은 행정처분의 내용, 장기요양기관 운영계획, 해당 지역의 노인인구 수 및 장기요양급여 수요 등 지역 특성 등에 따라 지정 여부 혹은 지정거부 대상을 어떻게 결정할 것인지가 문제이다. 시장·군수·구청장이 장기요양기관을 지정하려는 경우 위원회를 구성하여 노인장기요양보험 법령상의 기준에 적합한지를 심사하게 하고 있으나(시행규칙 제23조제3항), 법령상 인정기준 자체가 구체적이지 않고 지정조건 또한 세부적으로 공개되고 있지 않아, 지정 거부 시 재량권의 일탈과 남용의 논란이 발생될 수 있는 내용을 담고 있다.

받은 경우 다음 각 호에 대한 장기요양기관 지정 심사위원회의 심사결과 등을 고려하여 장기요양기관으로 지정할 수 있다.

1. 「노인장기요양보험법」 제31조에 따른 장기요양기관의 지정기준
2. 「건축법」 제2조제2항에 따른 건축물의 용도가 노유자 시설 이외의 타 용도와 혼합된 건축물에 해당하는 경우 신규 지정되는 시설이 지상1층 또는 직접 지상으로 통하는 출입구가 있는 층으로부터 4개 층(지하층 제외) 이내에 입지하였는지 여부
3. 그 밖에 시장이 장기요양기관으로 지정하는데 필요하다고 인정하는 사항
② 시장은 제1항제2호의 요건을 구비하지 못하였더라도 「고양시 재난 및 안전관리 기본 조례」 제74조제2호에 따른 안전자문 등을 통하여 추가적인 안전장비 구비 또는 구조적 설비 등이 강화된 경우에는 장기요양기관으로 지정할 수 있다.
③ 시장은 입소노인의 안전 확보가 미비하다고 판단되는 경우에는 해당 신청기관에 보완을 권고할 수 있다.
④ 시장은 제1항 및 제2항의 심사결과에 따라 장기요양기관으로 지정하는 경우에는 장기요양기관 지정서를 발급하고, 장기요양기관으로 지정하기를 거부하는 경우에는 그 사유를 밝혀 신청인에게 서면으로 알려야 한다.

(1) 지정의 유효기간

장기요양기관 지정의 유효기간은 지정을 받은 날부터 6년이다(법 제32조의3). 장기요양제도 도입 당시 유효기간제도가 없었으나 이후 신설되었다. 이는 장기요양기관 지정 당시의 시설·인력의 기준 미달을 방지하고, 서비스 품질이 부실한 장기요양기관을 예방 내지 퇴출하려는 입법취지로 보인다. 지정 유효기간제도가 시행되기 전 2019년 12월 11일 이전에 지정을 받은 기관의 장기요양기관 지정 유효기간은 2019년 12월 12일부터 기산되므로 지정의 유효기간 만료일은 2025년 12월 11일이 된다(법률 제15881호, 2018.12.11. 부칙 제7조, 「민법」 제160조 제2항). 지정의 유효기간이 끝나기 전에 지정 갱신 신청을 하지 않은 경우 지정의 유효기간의 만료일로 장기요양기관 지정의 효력은 상실된다.

(2) 지정의 갱신

(가) 의의

장기요양기관의 지정의 갱신제도는 지정의 유효기간(6년)마다 장기요양기관의 운영성과 등을 평가하여 그 지정목적의 달성이 불가능하다고 인정하는 경우 장래를 향하여 지정의 효력을 잃게 하는 데 있다. 장기요양기관의 설립 및 지정기준의 완화로 누구나 용이하게 장기요양기관을 운영할 수 있어 장기요양기관의 난립과 그에 따른 장기요양급여의 품질저하 및 수급질서의 문란 등이 지적되어 왔다. 사회통념상 장기요양기관으로의 지정관계를 계속 유지할 수 없을 정도로 장기요양급여제공 등이 열악한 기관에 대하여는 장기요양기관의 지정의 관계를 단절하기 위한 제도적 장치이다. 지정의 갱신이 거절될 경우 장기요양기관 측면에서는 장기요양급여사업 자체를 더 이상 할 수 없게 된다. 이러한 제도는 「가맹사업 공정화에 관한 법률」 제13조 제1항의 가맹 계약의 갱신 거절제도, 「주택임대차보호법」 제6조의3 또는 기간제 근로자의 근로계약 갱신 거절등의 입법례를 찾아볼 수 있다.

지정의 갱신제도는 지정의 유효기간 및 갱신제도가 도입되지 않았을 때 지정을 받은 장기요양기관도 소급하여 적용하고 있다. 그리고 지정의 갱신을 거부할 수 있는 구체적인 기준-예컨대 장기요양기관에 대한 평가 결과를 어떠한 기준으로 반영할 것인지 등—을 정하여 법령이나 지방자치단체의 조례 등에 공포하여야 한다(「행정절차법」 제20조 제3항 참조). 조례 등이 제정되지 않은 상태에서 막연히 '고려'하여 심사한다고만 규정되어(시행규칙 제24조 제1항) 있다.

(나) 갱신의 절차

장기요양기관이 지정의 유효기간이 끝난 후에도 계속하여 그 지정을 유지하려는 경우에는 관할 시장·군수·구청장에게 지정의 유효기간이 끝나기 90일 전부터 30일 전까지 지정 갱신을 신청하여야 한다(법 제32조의4, 시행규칙 제8조). 지정의 갱신 신청을 받은 시장·군수·구청장은 장기요양기관의 운영과 관련된 법에 따라 받은 행정처분의 내용, 시설 및 인력 기준, 장기요양기관에 대한 평가 결과, 해당 장기요양기관의 장기요양급여 제공 이력, 시장·군수·구청장이 심사에 필요하다고 인정하여 정하는 사항을 고려하여 심사한다. 지정기준과 마찬가지로 갱신 심사기준 또한 지방자치단체의 조례 등으로 위임되어 있으므로 갱신을 받으려는 자는 지방자치단체의 갱신관련 조례 등도 살펴보아야 한다(시행규칙 제24조).

참고로, 법 제36조 제4항의 "장기요양기관의 장이 유효기간이 끝나기 30일 전까지 지정 갱신 신청을 하지 아니한 경우 장기요양기관의 장이 제3항 각 호에 따른 수급자의 권익을 보호하기 위한 조치를 취하였는지의 여부를 확인하고, 인근지역에 대체 장기요양기관이 없는 경우 등 장기요양급여에 중대한 차질이 우려되는 때에는 지정 갱신 신청을 권고하거나 그 밖의 다른 조치를 강구하여야 한다"는 규정으로 미루어 보아 유효기간 만료일 30일 전까지는 지정 갱신 신청을 하지 않은 기관은 지정의 갱신에 대한 의사가 없는 것으로 보는 것이 합당할 것이다. 이와 연장선상에서, 시행규칙 제30조에서는 수급자의 지정 갱신 신청 기간을 유효기간 만료 90일 전부터 30일 전까지 인정하고 있는 점에 미루어 보더라도 동일법령 내 정합성 등을 고려할 때 기관에 대한 갱신요청 인정기한도 동일한 기준으로 하는 것이 합당할 것이다. 한편, 장기요양기관의 지정의 갱신 신청이 일시적으로 집중될 경우 행정기관의 갱신심사 지연에 따른 장기요양기관의 피해를 방지하기 위하여 지정 갱신이 유효기간 내에 완료되지 못한 경우 지정의 갱신심사 결정이 이루어질 때까지 지정이 유효한 것으로 본다(법 제32조의4 제3항).

지정 갱신제도는 2019년에 도입된 관계로 2019년 12월 12일 이전에 지정받았거나 설치의 신고를 한 장기요양기관의 경우에는 2025년 12월 11일까지 지정의 갱신절차를 진행하여야 한다.[24]

(다) 갱신심사의 고려 대상 검토

지정의 갱신과 관련 고려하여야 할 심사기준은 ▶ 해당 장기장기요양기관의 운영과 관련된 법에 따라 받은 행정처분의 내용, ▶ 시설 및 인력 기준, ▶ 장기요양기관에 대한 평가 결과, ▶ 해당 장기요양기관의 장기요양급여 제공 이력, ▶ 그 밖에 시장·군수·구청장이 심사에 필요하다고 인정하여 정하는 사항(규칙 제24조 제1항)과 지역별 장기요양급여의 수요 등(법 제32조의4 제6항)[25]이다. 지정 갱신에 대한 구체적인 심사기준은 지방자치단체의 조례 등으로 규정되는 체계이다(시행규칙 제24조 제3항).

지방자치단체의 조례 등에서 사실상 장기요양급여제공 사업을 하지 않는 기관 등에 대하여만 갱신을 거절하는 등 갱신심사기준을 완화할 경우 입법자의 입법정책이 무력화되는 문제점이 있고 갱신 거절 기준을 강화할 경우 그 거절사유의 정당성 등에 대해 다툼의 소지가 발생될 수 있다. 갱신의 심사기준마련에 있어 법 제32조의4 및 규칙 제24조에 규정된 사항 중 하나 이상에 해당되면 갱신을 거절할 것인지, 각 항목을 총괄 즉, 각 항목에 점수를 부여하여 일정점수 이상에 대하여 갱신을 거절할 것인지 등이 관심으로 등장하고 있다. 다음은 지정의 갱신 신청을 받은 시장·군수·구청장이 고려하여 심사해야 할 사항이다.

① 행정처분(규칙 제24조 제1항 제1호)

지방자치단체는 "해당 장기요양기관의 장, 대표자 또는 그 기관의 종사자가 법 제37조 및 제37조의5와 「사회복지사업법」 또는 「노인복지법」 등 장기요양기관의

---

24 법률 제15881호, 2018.12.11. 개정, 부칙 제7조 참조.
25 해당 조항 개정 2024. 1. 2., 시행일: 2024. 7. 3.

운영과 관련된 법에 따라 받은 행정처분의 내용"을 고려하여 지정의 갱신 여부를 결정하여야 한다(시행규칙 제24조 제1항 제1호). 여기에는 업무정지처분(법 제37조)을 받은 장기요양기관은 당연히 포함되나 업무정지처분에 갈음하여 과징금처분(법 제37조의2)을 받은 장기요양기관이 포함되는지에 대하여는 논란이 될 수 있다. 왜냐하면 과징금처분이 지정의 고려대상에 명시적으로 규정되지 않았으며 과징금처분은 장기요양기관을 이용하는 수급자에게 심한 불편을 줄 우려가 있는 등 특별한 사유가 있다고 인정되는 장기요양기관(법 제37조의2 제1항)이기 때문에 이를 다시 지정의 갱신 거절을 통하여 지정의 효력을 배제시킬 사회적 필요성이 적기 때문이다. 장기요양기관의 종사자가 거짓이나 그 밖의 부정한 방법으로 재가급여비용 또는 시설급여비용을 청구하는 행위에 가담하여 해당 종사자에 대한 장기요양급여를제공 제한하는 처분을 한 당에 장기요양기관도 지정의 갱신 고려대상이다.

"「사회복지사업법」 또는 「노인복지법」 등 장기요양기관의 운영과 관련된 법에 따라 받은 행정처분의 내용" 관련하여서는 행정처분의 범위에 행정심판이나 행정소송의 대상이되는 행정처분에 한정하는 것인지 노인복지법 제7장 소정의 벌칙규정에 의한 징역 또는 벌금처분까지 포함할 것인지가 문제이다. 그리고 '행정처분'에는 법 제37조의4의 행정제재처분 효과의 승계까지 적용할 것인지가 문제이다.

② 시설 및 인력기준(규칙 제24조 제1항 제2호)

지방자치단체는 "규칙 제23조제2항 각 호의 구분에 따른 시설 및 인력 기준"을 고려하여 지정의 갱신 여부를 결정하여야 한다(규칙 제24조 제1항 제2호). 이는 곧 「노인복지법 시행규칙」 별표4 및 별표9의 시설 및 인력기준 충족 여부이다. 「노인복지법 시행규칙」 별표4 및 별표9의 시설 및 인력기준 위반은 장기요양기관의 지정의 취소요건에 해당되므로(법 제37조 제1항 제2호) 지정의 갱신절차규정보다 지정 취소 규정이 우선적으로 적용되어야 할 것이다. 한편, 이와 관련한 문제는 방문요양기관의 요양보호사의 수에 있다. 「노인복지법 시행규칙」 별표9의 인력기준에 따르면 방문요양의 경우 15명 이상(농어촌지역의 경우에는 5명 이상)을 두어야 하는데 여기서 배치하여야 할 요양보호사에 대한 정의를 수급자에게 실제 장기요양급여를 제공하지 않고 그냥 장기요양기관에 등재만 되어 있는 요양보호사를 의미한다고 해석하기에는 노인요양시설 등의 요양보호사의 인력배치기준과 연계하여 볼 때 무리가 있기 때문이다. 방문요양의 경우 실제 수급자에게 장기요양급여를 제공하는 요양보호사의 수가 15인 미만인 기관이 상당히 존재하고 있기 때문에 이들 영세 장기요양기관을 지정의 갱신절차를 통해 갱신을 거절하려는 입법정책인지 또는 가정방문급여를 제공하는 기관의 인력구조의 특성을 고려하여 실제 수급자에게 급여를 제공하지 않는 인력도 인력배치기준에 포함할 것인지 등에 대한 문제이다.

③ 장기요양기관에 대한 평가 결과(규칙 제24조 제1항 제3호)

지방자치단체는 "규칙 제38조제1항에 따른 해당 장기요양기관에 대한 평가 결과"를 고려하여 지정의 갱신 여부를 결정하여야 한다(규칙 제24조 제1항 제3호). 평가 결과와 관련하여서는 평가 결과 갱신여부에 고려할 하위 등급의 범위 그리고 평가를 회피하기 위하여 고의적으로 폐업한 이후 타인 명의로 장기요양기관을 개설하여 실제 6년 동안 한 번도 평가를 받지 않은 기관과의 형평성 등이 문제이다.

④ 장기요양급여 제공 이력(규칙 제24조 제1항 제3호)

지방자치단체는 "해당 장기요양기관의 장기요양급여 제공 이력"을 고려하여 지정의 갱신 여부를 결정하여야 한다(규칙 제24조 제1항 제3호). '장기요양급여 제공 이력'에는 장기요양기관을 운영하려는 자의 행정제재처분 또는 평가 회피로 추정되는 휴폐업, 장기요양기관이 수급자에 대한 급여제공과정상의 품질관리가 가능한 장기요양기관과 수급자의 거주지와의 거리 등이 될 수 있다.

⑤ 지역별 장기요양급여의 수요 등(법 제32조의4 제4항〈개정 2024. 1. 2., 시행일: 2024. 7. 3.〉)

법 제32조의4 제4항〈개정 2024. 1. 2., 시행일: 2024. 7. 3.〉에서는 '그 밖에 지역별 장기요양급여의 수요 등 지정 갱신의 기준, 절차 및 방법 등에 필요한 사항은 보건복지부령으로 정한다'는 규정을 두어 지정의 갱신제도를 통하여 지역별로 지역별 수급자의 수를 고려하여 장기요양기관의 갯수나 규모 등을 조정 하려는 의도로 보이는바 아직 이러한 내용이 보건복지부령이 존재하지 않아 구체적인 사항은 알 수 없다.

(라) 지정의 갱신 요구권과 거절권

법 제32조의4 제1항의 "장기요양기관의 장은 법 제32조의3에 따른 지정의 유효기간이 끝난 후에도 계속하여 그 지정을 유지하려는 경우에는 소재지를 관할구역으로 하는 특별자치시장·특별자치도지사·시장·군수·구청장에게 지정 유효기간이 끝나기 90일 전까지 지정 갱신을 신청하여야 한다"는 장기요양기관의 지정의 갱신 요구권은 규칙 제24조 제1항 각호에서 제한적으로 인정하고 있는 정당한 사유가 없는 한 지정의 갱신을 받아들여야 한다.

지방자치단체의 장이 조례 등으로 지정의 갱신관련 심사 세부 기준을 정하거나 지정의 갱신 거부 처분을 할 때에는 장기요양기관으로 계속 존속시킬 경우 수급자의 수급권 및 급여의 품질보장이 어려운 정도 등과 신의칙, 갱신 거절의 목적과, 갱신 거절의 효과와 영향, 상대방이 입게 되는 불이익의 내용과 정도 등을 고려하여 장기요양기관과의 지정의 효력관계를 단절하는 데 있어 정당하고 합리적인 이유가 존재하여야 한다. 지정의 갱신 거절 처분이 자칫 재량권 일탈시 손해배상으로 이어 지기 때문이다. 지방자치단체는 갱신 거절에 대한 정당하고 합리적인 이유 즉, 사회통념상 장기요양기관과의 지정관계를 계속할 수 없을 정도의 책임이 장기요양기관에게 있다고 증명해야 할 것이다.

4 장기요양기관의 지정의 취소와 업무정지

가 노인장기요양보험법상 지정의 취소와 업무의 정지

장기요양기관 지정 취소는 장기요양기관으로서의 법률관계를 영원히 단절하는 행정처분이며, 업무정지는 장기요양기관으로서의 법률관계를 일정기간 정지하는 행정처분이다. 법률관계를 단절하거나 일정기간 정지하는 것이므로 그 기간 동안 「노인복지법」상의 요양서비스 제공은 가능하나 「노인장기요양보험법」상의 요양서비스제공은 불가능하다.

지정취소의 효력 발생시기는 지정시기로 소급하여 발생하는 경우와 장래에 대하여 발생하는 경우가 있다. 거짓이나 그 밖의 부정한 방법으로 지정을 받은 경우, 급여 외 행위를 제공한 경우, 지정기준에 적합하지 아니한 경우, 지정기준 결격사유에 해당하는 경우, 장기요양급여를 거부한 경우, 본인부담금을 면제하거나 감경하는 행위를 한 경우, 수급자를 소개, 알선 또는 유인하는 행위 및 이를 조장하는 행위를 한 경우, 폐업 또는 휴업 신고를 하지 아니하고 1년 이상 장기요양급여를 제공하지 아니한 경우, 시정명령을 이행하지 아니하거나 회계부정 행위가 있는 경우, 평가를 거부·방해 또는 기피하는 경우, 거짓이나 그 밖의 부정한 방법으로 재가 및 시설 급여비용을 청구한 경우 등 장기요양보험법 제37조제1항 소정의 사유에 해당하는 경우에는 시장·군수·구청장이 지정을 취소하거나 6개월의 범위 내에서 업무정지를 명할 수 있다(법 제37조).

거짓이나 그 밖의 부정한 방법으로 지정을 받은 경우, 결격사유에 해당하는 경우, 업무정지 기간 중에 장기요양급여를 제공한 경우, 사업자등록이나 고유번호가 말소된 경우에는 업무정지처분대상이 아닌 지정취소처분만을 한다(법 제37조 제1항 후단). 지정취소 또는 업무정지에 대한 행정처분의 세부기준은 시행규칙 별표2에 규정되어 있다.

나　지정취소 대상과 행정처분 개별 기준(법 제37조 제1항)

(1) 거짓이나 부정한 방법으로 지정을 받은 경우(제1호)

지정 신청 당시 제출한 시설이나 인력 등을 허위로 작성하여 지정받은 경우 등과 같이 당초부터 지정의 기준을 충족하지 못한 경우를 말한다. 이 경우는 지정 당시로 소급하여 지정취소의 효력이 발생한다(제1항 단서). 따라서 그동안 지급받았던 급여비용도 당초 지정시기까지 소급하여 환수된다.

(2) 급여외 행위를 제공한 경우(제1호의2)

예컨대 방문요양보호사가 수급자 돌봄과 관련 없는 농사일 거들어주기 등 급여 외 행위를 실시 한 경우, 이는 결국 장기요양보험 재정으로 농사일을 거들어주는 것이 되므로 지정취소라는 엄격한 처분을 받게 된다. 다만 장기요양기관 대표자의 지휘·명령이 미치지 않는 장소적 공간에서 이루어진 급여 외 행위에 대하여 장기요양기관이 지정취소를 당하는 문제가 발생할 수 있다. 이러한 문제를 의식하여 급여 외 행위에 관하여 교육 등 상당한 주의와 감독을 게을리하지 아니한 경우에는 지정취소대상에서 제외한다. 이 경우 1차 위반 시 경고, 2차 위반 시 업무정지 1개월, 3차 위반 시 업무정지 3개월, 4차 위반 시 지정취소 처분을 받는다(시행규칙 별표2).

(3) 지정기준에 적합하지 아니한 경우(제2호)

장기요양기관으로 지정받기 위하여는 「노인복지법 시행규칙」 별표4 및 별표9에서 요구하는 시설·인력기준을 갖추어야 하는데, 지정 당시 이러한 요건을 갖추었으나 지정 후 요건을 충족하지 못한 경우 지정을 취소한다는 것이다. 이 경우 지정취소는 장래에 대하여 효력이 미친다. 소속 장기요양요원의 갑작스러운 퇴사로 소정의 인력기준에 미달되는 경우에는 퇴직 다음날부터 30일까지는 이를 지정취소사유로 볼 수 없으며(요양급여고시 제67조 제2항 유추 해석), 30일을 초과하더라도 채용을 위한 적극적인 절차 등이 입증되는 경우에는 지정을 취소할 수 없다고 본다. 왜냐하면 이는 법적생활의 안정성이 필요한 영역이기 때문이다. 1차 위반 시 경고, 2차 위반 시 업무정지 7일, 3차 위반시 업무정지 15일, 4차 위반 시 지정취소 처분을 받는다(시행규칙 별표2).

(4) 대표자가 결격사유에 해당하는 경우(제2호의2)

대표자가 피성년후견인, 파산선고를 받고 복권되지 아니한 경우 등 법 제32조의2 소정의 결격사유에 해당되는 경우이다. 여기에 해당하는 경우 1차 위반 시 지정취소의 대상이 된다(시행규칙 별표2).

(5) 장기요양급여 제공을 거부한 경우(제3호)

장기요양보험은 노인요양·돌봄 문제라는 사회적 위험에 대응하기 위한 공적 사회보험제도로서, 장기요양급여의 제공은 공익적 성격을 강하게 내포하고 있다. 따라서 장기요양급여의 제공 거부 시 공익목적을 달성할 수 없게 되는 문제를 방지하기 위하여 이를 행정처분의 근거로 삼고 있다. 수급자가 노인요양시설에서 적응할 수 없거나, 수급자의 극한적 이상행동 등으로 도저히 장기요양급여 제공이 불가능하더라도 장기요양기관의 일방적인 퇴소 조치나 방문서비스 제공을 거부하는 경우 지정취소 대상이 될 수 있다. 다만 이와 같은 경우 보호자 등과 상호 협의하거나 노인보호전문기관의 도움 등 사전 절차 진행 등의 과정을 거쳐 사회통념상 합리적 이유가 있는 장기요양급여의 거부는 지정취소의 대상으로 볼 수 없다 할 것이다. 왜냐하면 장기요양기관은 주어진 인력과 설비를 효과적으로 활용하여야 하고, 특정 수급자 1명만을 위하여 무한대의 완벽한 서비스까지 제공할 의무가 있다고 보는 데는 한계가 있기 때문이다. 장기요양급여 거부의 경우 1차 위반 시 경고, 2차 위반 시 업무정지 1개월, 3차 위반 시 업무정지 3개월, 4차 위반 시 지정취소 처분을 받는다(시행규칙 별표2).

(6) 본인부담금 면제 · 감경(제3호의2)

본인부담금의 면제·감경은 서비스의 품질을 떨어뜨리고, 장기요양기관 간 공정한 경쟁을 방해하여 결국 장기요양급여 시장자체를 교란하기 때문에 조치 규정이 도입되었다. 본인부담금 면제·감경 정도와 같은 금액 기준이 아니라 위반횟수에 따라 행정처분이 달라진다. 즉, 1차 위반 시 업무정지 1개월, 2차 위반 시 업무정지 3개월, 3차 위반 시 지정취소 처분을 받는다(시행규칙 별표2).

(7) 수급자 소개 · 알선 · 유인(제3호의3)

장기요양기관 개설·운영을 민간에 개방한 취지는 장기요양기관 간 건전한 경쟁을 통한 서비스 품질향상에 있다. 소개·알선·유인을 통한 수급자 확보는 공정한 거래질서에 해당하지 않으며, 그 핵심은 수급자 유치 과정에서 금전이나 기타의 방법을 동원하여 거래질서의 근본을 훼손한 행위와 관련된다. 1차 위반 시 업무정지 1개월, 2차 위반 시 업무정지 3개월, 3차 위반 시 지정취소 처분을 받는다(시행규칙 별표2).

(8) 장기요양기관이 장기요양요원에게 급여외행위의 제공, 본인부담금 부담을 요구하는 행위(제3호의4)

장기요양기관의 장이 소속 요양보호사 등 장기요양요원에게 급여외 행위를 제공하도록 요구하거나 수급자가 부담하여야 할 본인부담금을 장기요양요원에게 부담시키는 행위를 한 때에는 위반 횟수에 따라 1차 위반 시 경고, 2차 위반 시 업무정지 1개월, 3차 위반 시 업무정지 3개월, 4차 위반 시 지정취소 처분을 한다(시행규칙 별표2).

(9) 폐업 · 휴업 신고를 하지 않고 1년 이상 장기요양급여 미제공 시(제3호의5)

장기요양기관의 장은 폐업하거나 휴업하고자 하는 경우 그 예정일 30일 전까지 시장·군수·구청장에게 신고하여야 한다. 신고를 받은 특별자치시장·특별자치도지사·시장·군수·구청장은 지체 없이 신고 명세를 공단에 통보하여야 한다(법 제36조 제1항). 그러나 장기요양기관으로 지정을 받았음에도 불구하고 장기간 실제 사업을 하지 않고 장기간 방치하거나 해태하는 기관들이 상당히 있다. 이러한 기관을 지정취소하여 행정관계를 명확히 하기 위한 취지이다. 다만 무분별한 지정취소를 방지하기 위하여 이러한 경우 급여를 제공하지 아니한 기간을 1년 이상으로 하여 상당한 기준을 두고 있다(시행규칙 별표2).

(10) 시정명령을 이행하지 아니하거나 회계부정 행위가 있는 경우(제3호의6)

폐쇄회로 텔레비전의 설치·관리 및 영상정보의 보관기준을 위반한 경우, 장기요양기관 재무·회계기준을 위반한 경우 시장·군수·구청장은 당해 장기요양기관에 대하여 6개월 이내의 범위에서 일정한 기간을 정하여 시정을 명할 수 있다(법 제36조의2). 이에 해당하는 시장·군수·구청장의 시정명령을 이행하지 않거나, 회계장부를 작성하지 않는 등의 회계부정행위가 있는 경우 불이행의 고의성 등 여부에 따라 처분수준을 달리 규율하고 있다. 즉, 고의 또는 중과실로 시정명령 불이행 시 또는 회계장부 미작성 등의 경우 1차 위반 시 업무정지 3개월, 2차 위반 시 업무정지 6개월, 3차 위반 시 지정취소 처분을 한다. 그 외의 경우 1차 위반 시 업무정지 1개월, 2차 위반 시 업무정지 3개월, 3차 위반 지정취소처분을 받을 수 있다 (시행규칙 별표2).

(11) 정당한 사유 없이 평가를 거부 · 방해 또는 기피하는 경우(제3호의7)

법 제54조 제2항에 의하면 공단은 "장기요양기관이 장기요양급여의 제공 기준·절차·방법 등에 따라 적정하게 장기요양급여를 제공하였는지 평가를 실시하고 그 결과를 공단의 홈페이지 등에 공표하는 등 필요한 조치를 할 수 있다"고 규정하여, 이처럼 강행규정이 아닌 임의규정으로 인하여 평가 여부가 공단의 재량으로 해석될 여지가 있다.[26] 그러나 장기요양기관 평가관리 시행세칙(공단 공고) 제12조(평가·현장확인 예정통보)에 의하면 "공단은 평가대상 장기요양기관에 평가예정통보서 및 장기요양기관 평가 현장확인 예정통보서를 평가실시 7일 전까지 통지하여야 한다."고 규정하여 공단의 통보에 따라 장기요양기관은 평가를 의무적으로 받는 구조이다.

정당한 사유 없이 평가를 거부·방해 또는 기피하는 경우 공단의 평가업무를 방해하고 결국 평가의 목적인 서비스의 품질 제고와 수급자의 장기요양기관 선택권 확대 등에 지장이 있기 때문에 평가 거부 등에 대한 지정취소규정을 도입하였다. 제3호의7에 규정된 '정당한 사유'라 함은 평가 대상인 장기요양기관이 천재지변이나 집단 전염병 발생 등으로 평가를 제대로 받을 수 없는 사태가 발생한 경우로 보아야 하는데, 이러한 경우는 평가연기요청(장기요양기관 평가관리 시행세칙 제11조) 제도를 통하여 평가 연기가 가능하다. 정당한 사유 없이 평가 거부·방해 시 위반 횟수에 따라 1차 위반 시 경고, 2차 위반 시 업무정지 1개월, 3차 위반 시 업무정지 3개월, 4차 위반 시 지정취소 처분을 한다(시행규칙 별표2).

(12) 거짓이나 그 밖의 부정한 방법으로 재가 · 시설 급여비용 청구 시(제4호)

거짓이나 그 밖의 부정한 방법으로 급여비용을 청구한 경우에 있어 '거짓'이라 함은 적극적으로 은폐하는 허위와 유사한 개념이며, '그 밖의 부정한 방법'이라 함

---

26 장기요양기관과 달리 어린이집의 경우 보건복지부장관이 평가를 의무적으로 실시하도록 규정되어 있다(『영유아보육법』 제30조 제1항).

은 소극적으로 관련 법령의 규정에 따라 지급받을 수 없는 비용임에도 이를 청구한 경우까지를 포함하는 것으로 해석하여 운영되고 있다. 또한 '청구'는 청구행위 자체를 넘어 청구를 통하여 급여비용을 지급받은 경우를 의미한다고 볼 것이다. 청구를 자구 그대로 해석하게 되면 청구하여 심사 삭감된 금액은 곧 '거짓이나 그 밖의 부정한 방법으로 재가 및 시설급여비용을 청구한 경우'에 해당되어 지급이전 심사과정에서 삭감된 금액은 곧 부당청구를 구성하게 되어 요건 충족에 관하여 모순이 발생하기 때문이다.

이를 위반하면 1차 위반 시 월평균 부당금액에 대한 부당청구 비율에 따라서 최소 10일에서 최대 90일까지 업무정지, 2차 위반 시 지정취소 처분을 받게 된다. 이와 관련하여 문제점은 1차 위반 시와 달리 2차 위반 시 부당금액의 범위와 관계 없이 부당청구 자체가 발생하면 즉시 지정취소처분을 하게 되는데(시행규칙 별표), 복잡한 가·감산 기준 등으로 착오청구가 매우 경미하거나 소액 발생하더라도 지정취소 처분을 받게되어, 검토가 필요해 보인다.

(13) 자료제출 명령, 질문 또는 검사를 거부 등(제5호)

보건복지부장관, 시장·군수·구청장이 장기요양기관에게 장기요양급여 제공명세, 재무·회계사항 등 관련 자료제출을 명하거나, 소속 공무원으로 하여금 관계인에게 질문을 하게 하거나, 관계 서류를 검사하는 업무에 대하여, 자료제출 명령에 따르지 아니하거나 거짓 자료 제출 시, 질문 또는 검사를 거부·방해 또는 기피하거나 거짓 답변 시 1차 위반 시 업무정지 6개월, 2차 위반 시 지정취소 처분을 받게 된다(시행규칙 별표2).

(14) 장기요양기관 종사자가 폭행 행위 등을 한 경우(제6호)

장기요양기관의 종사자 등의 폭행 등 위반행위별 행정처분은 세부기준을 두고 있고, 이는 〈표 2-2〉와 같다(시행규칙 별표 2). 다만 장기요양기관의 장이 그 행위를 방지하기 위하여 해당 업무에 관하여 상당한 주의와 감독을 게을리하지 않은 경우는 제외한다. 주의·감독의 정도에 관한 입증책임은 당해 기관에 있어, 종사자 교육사항 및 당사자 진술 등으로 입증하게 되는 것이 일반적이다.

<표2-2> 종사자의 위반행위에 따른 행정처분 기준

위반행위	행정처분 기준		
	1차 위반	2차 위반	3차 위반
가) 수급자의 신체에 폭행을 가하거나 상해를 입히는 행위	업무정지 6개월	지정취소	
나) 수급자에게 성적 수치심을 주는 성폭행, 성희롱 등의 행위	지정취소		
다) 자신의 보호·감독을 받는 수급자를 유기하거나 의식주를 포함한 기본적 보호 및 치료를 소홀히 하는 방임행위	업무정지 3개월	업무정지 6개월	지정취소
라) 수급자를 위하여 증여 또는 급여된 금품을 그 목적 외의 용도에 사용하는 행위	업무정지 1개월	업무정지 3개월	지정취소
마) 폭언, 협박, 위협 등으로 수급자의 정신건강에 해를 끼치는 정서적 학대행위	업무정지 6개월	지정취소	

(15) 업무정지기간 중 장기요양급여 제공 시(제7호)

업무정지기간 중에는 장기요양급여를 제공할 수 없으므로 당연히 위반행위를 하게 되면 곧바로 지정취소처분을 받게 된다. 법률상 업무정지는 장기요양보험으로 서비스를 제공하는 것을 일정 기간 정지한다는 것이므로 장기요양수급자가 아닌 자에게 일반서비스를 제공하는 것은 시행규칙 별표2에 따른 지정취소의 사유로 볼 수는 없다.

(16) 「부가가치세법」에 따른 사업자등록 또는 「소득세법」에 따른 사업자등록이나 고유번호가 말소된 경우(제8호)

장기요양사업을 하기 위해서는 우선적으로 사업자로 등록하여야 하는데 「부가가치세법」에 따른 사업자등록 또는 「소득세법」에 따른 사업자등록이나 고유번호가 말소된 경우에는 사업 자체를 영위할 수 없으므로 당연히 지정취소의 대상이 된다(시행규칙 별표2).

다 행정처분 일반 기준(법 제37조 제1항, 시행규칙 별표2)

위반행위의 횟수에 따른 행정처분의 기준은 최근 5년간 같은 위반행위로 행정처분을 받은 경우에 적용한다. 위반행위가 중대한 경우(위반행위가 고의나 중대한 과실로 인한 경우 등 위반행위의 정도, 위반행위의 동기와 그 결과 등을 고려하여 그 처분 기준을 가중할 필요가 있다고 인정되는 경우를 말한다)로서 장기요양기관의 정상적인 운영이 불가능하다고 인정되는 경우 개별기준에도 불구하고 지정취소를 할 수 있다.

하나의 위반행위에 대한 행정처분이 업무정지처분에 해당하는 경우는 위반행위의 동기, 내용, 정도 및 결과 등을 고려하여 그 처분기준의 2분의 1의 범위에서 감경하여 처분할 수 있다. 다만, 거짓으로 급여비용의 전부 또는 일부를 청구한 경우, 자료제출 명령에 따르지 아니하거나 거짓으로 자료제출을 한 경우나 질문 또는 검사를 거부·방해 또는 기피하거나 거짓으로 답변한 경우에는 그렇지 않다.

한편 이와 관련, 건강보험제도 및 의료급여제도의 경우 「국민건강보험법 시행령」 별표5에 따른 「요양기관 행정처분 감면기준 및 거짓청구 유형(보건복지부 고시)」 제2조에서 행정처분의 감면사유로 ▶ 기관이 부당청구 사실이 적발되기 전에 보건복지부장관 등의 감독관청에 부당청구 사실을 자진하여 신고한 경우, ▶ 요양기관 직원의 면허자격증 위·변조 등 요양기관의 대표자가 인지할 수 없었던 불가항력적인 사유로 요양급여비용 부당청구가 발생한 사실이 객관적으로 증명된 경우, ▶ 행정처분 절차 진행 중 처분원인이 되는 사실과 관련된 법령 및 고시 등이 처분 상대방에게 유리하게 개정된 경우 등을 규정하고 있다. 이에 장기요양기관에 대한 처분은 강력한 처분 위주의 행정이라는 비난이 있을 수 있는바 이를 귀기울여 볼 필요가 있다. 이에 있어서는 특히 불가항력적 사유, 예컨대 가족인 요양보호사가 수급자와의 가족관계를 숨기고 일반 요양보호사로 장기요양기관에 알려주어 가족인 수급자에게 일반 요양보호사 비용으로 청구하게 하는 등 장기요양기관이 인지하기 어려운 불가항력적인 사유로 부당청구가 이루어지는 경우, 이를 참작하여 행정처분을 감경할 수 있는 제도적 장치를 마련할 필요가 있다.

라 | **지정취소를 받은 자가 다시 장기요양기관 지정을 받을 수 있는 기간**

지정취소를 받은 후 3년이 지나지 아니한 자(법인인 경우 그 대표자를 포함), 업무정지명령을 받고 업무정지기간이 지나지 아니한 자(법인인 경우 그 대표자를 포함)는 장기요양기관으로 지정받을 수 없다(법 제37조 제8항). 따라서 지정취소를 받은 후 3년 경과 후 등에는 다시 지정받을 수 있다. 업무정지의 경우 업무정지기간이 경과하면 별도의 지정절차 없이 지정의 효력이 복귀된다 할 것이다.

5 | 업무정지에 갈음한 과징금 제도

가 | **노인장기요양보험법에 따른 과징금제도**

과징금 제도는 장기요양기관의 업무를 정지하여야 할 경우 이를 정지하지 아니하고 장기요양급여 제공 업무를 계속 수행하게 하되, 장기요양급여 제공을 계속함으로써 얻는 이익을 박탈하는 행정 제재금이다. 과징금은 업무정지 대상 중 거짓이나 그 밖의 부정한 방법으로 재가 및 시설 급여비용을 청구한 경우와 일반적인 경우로 구분하여 운영된다(시행령 별표2).

일반적인 경우의 과징금으로, 시장·군수·구청장은 업무정지명령을 하여야 하는 경우로서 그 업무정지가 해당 장기요양기관을 이용하는 수급자에게 심한 불편을 줄 우려가 있는 등 특별한 사유가 있다고 인정되는 경우에는 업무정지명령에 갈음하여 2억원 이하의 과징금을 부과할 수 있다(법 제37조의2 제1항). 이 경우 과징금은 ▶ 방문요양, 방문목욕, 방문간호 급여를 제공하는 기관, ▶ 주·야간보호급여, 단기보호급여를 제공하는 기관, ▶ 복지용구급여를 제공하는 기관 그리고 ▶ 시설급여를 제공하는 기관으로 구분하여 산정된다. 즉, 방문요양과 방문요양 2개의 급여유형을 제공하는 장기요양기관의 경우 2개 유형 급여의 총수입금액을 기준으로 과징금을 산정하고, 주·야간보호급여와 방문요양급여 2개의 급여유형을 제공하는 장기요양기관의 경우 먼저 그 각각의 연간 총 수입금액을 기준으로 각각의 과징금을 산정한 후, 그 각각의 과징금을 합하여 해당 과징금 부과 대상 장기요양기관에 대한 과징금의 총 금액을 산정한다(시행령 별표2 제1호 다목 비고3 참조).

또한 '거짓이나 그 밖의 부정한 방법으로 재가 및 시설 급여비용을 청구한 경우'에는 업무정지명령에 갈음하여 거짓이나 그 밖의 부정한 방법으로 청구한 경우 업무정지 기간을 고려하여 총 부당금액의 5배 이하의 금액 내에서 산정하여 과징금을 부과할 수 있다(법 제37조의2 제2항, 시행령 별표2, 제2호). 다만, 수급자에게 성적 수치심을 주는 성폭행, 성희롱 등의 행위를 한 경우 과징금 부과에서 제외하고 있어 업무정지 등의 처분을 받을 수밖에 없다 할 것이다(법 제37조의2 제1항 단서).

나 │ 과징금으로 대체할 수 있는 경우

법 위반에 따른 업무정지가 해당 장기요양기관을 이용하는 수급자에게 심한 불편을 줄 우려가 있는 등 보건복지부 장관이 정하는 특별한 사유가 있다고 인정되는 경우에는 업무정지명령에 갈음하여 과징금을 부과할 수 있는데(법 제37조의 2), '보건복지부 장관이 정하는 특별한 사유'에는 ① 인근지역에 급여유형이 동일한 장기요양기관이 없거나 수급자 정원의 충족 등의 사유로 인하여 실질적으로 대체 이용이 어려운 경우로서 장기요양기관에 대한 업무정지명령이 수급자 및 그 가족에게 심한 불편을 줄 우려가 있는 경우, ② 시설급여제공 기관으로서 1등급 수급자가 전체 현원의 20% 이상인 장기요양기관, ③ 지방자치단체장이나 국민건강보험공단이 직접 또는 민간에 위탁하여 운영하는 장기요양기관인 경우, ④ 해당 장기요양기관에서 최초로 적발된 위반행위로서 업무정지기간이 30일 이하에 해당하는 경우, ⑤ 업무정지명령을 하게 되면 장기요양급여에 중대한 차질이 우려되는 등 공익상 필요성에 따라 과징금 처분이 타당하다고 판단되는 경우 등 「장기요양기관에 대한 업무정지명령에 갈음한 과징금 적용기준(보건복지부 고시)」 제2조 각 호의 요건에 해당하는 사유를 말한다.

과징금으로 대체할 수 있는 대상은 법 제37조제1항제1호의2·제2호·제3호·제

3호의2·제3호의3·제3호의4·제3호의6·제3호의7·제4호·제5호·제6호(단, 제6호에 해당하는 수급자에게 성적 수치심을 주는 성폭행, 성희롱 등의 행위를 한 경우는 제외한다)로, 업무정지 해당 요건(시행령 별표2) 및 「장기요양기관에 대한 업무정지명령에 갈음한 과징금 적용기준(보건복지부 고시 제2020-328호, 2020. 12. 30., 일부개정)」 제2조의 요건 모두를 충족하여야 한다.

6) 장기요양기관의 시설 등의 변경, 폐업, 휴업, 양도 및 양수

가 | 변경, 폐업 및 휴업 신고 절차

시설 또는 재가기관의 개설은 「노인복지법」상 장기요양기관 지정이 「노인장기요양보험법」에 규정되어 있는 관계로 장기요양기관의 변경, 폐업 및 휴업 신고 절차가 복잡하다. 장기요양기관으로 지정된 기관의 시설·인력 등에 대한 변경신고, 폐업(「노인복지법」에서는 이를 폐지라고 함) 및 휴업(「노인복지법」에서는 이를 휴지라고 함) 신고 절차가 있는데, 「노인장기요양보험법」상 신고는 수급자에 대한 노인장기요양보험법령에 의한 장기요양사업에 대한 신고이며, 「노인복지법」상 신고는 노인보건사업의 신고이므로 각 법에서 정하고 있는 절차에 따라 각각 신고해야 한다. 즉, 장기요양기관이 지정취소되더라도 노인복지법상의 사업은 계속 할 수 있는 것과 마찬기지로 「노인장기요양보험법」상의 폐업·휴업은 노인장기요양보험사업에 대한 폐업·휴업만을 의미하는데, 이는 「노인복지법」상 폐지·휴지는 노인복지사업에 대한 폐지·휴지이기 때문이다.

장기요양기관의 장은 폐업하거나 휴업하고자 하는 경우 폐업이나 휴업 예정일 전 30일까지 특별자치시장·특별자치도지사·시장·군수·구청장에게 신고하여야 한다(법 제36조 제1항). 한편 「노인복지법」에 따라 시설을 변경, 휴지 또는 폐지하기 위해서는 변경 또는 폐지·휴지 3개월 전까지 변경 또는 폐지·휴지신고서에 관련 서류를 첨부하여 시장·군수·구청장에게 신고하여야 한다(「노인복지법」 제40조).

나 │ 장기요양기관 지정 후 변경지정, 변경신고

　장기요양기관이 당초 지정 신청 시 신고 사항이 이후 변경되었을 때 중요한 사항이 변경된 경우에는 변경지정을 받아야 하며 그 이외의 사항이 변경된 경우에는 변경신고만 하면 된다. 장기요양기관 지정 후 시설·인력현황, 장기요양기관의 종류, 장기요양급여의 형태를 변경하여 운영하고자 할 때에는 시장·군수·구청장에게 변경지정신청을 하여 변경지정을 받아야 하며, 위의 변경지정사항 이외의 장기요양기관의 명칭·소재지, 법인대표자, 입소(이용)정원을 변경하려는 경우에는 시장·군수·구청장에게 변경신고를 하여야 한다(법 제33조제1항 및 시행규칙 제25조 제1항·제3항).

　장기요양기관의 대표자가 변경된 경우 개인 사업장의 경우 사업의 양도·양수 절차에 따라 양도인은 당해 기관의 폐업절차, 양수인은 기관의 개설(지정포함) 절차에 따라 업무를 추진하여야 한다.

다 │ 장기요양기관의 변경지정 및 변경신고 위반의 효과

　장기요양기관이 변경사항에 대한 변경지정신청 및 변경신고를 하지 않거나 거짓으로 이를 행한 경우에는 과태료처분(법 제69조)을 받을 뿐 아니라 급여비용(수가) 가감산과 관련 항목에 대한 비용환수처분도 발생될 수 있다.

라 │ 「노인복지법」상의 사업의 정지 및 폐지

　노인주거복지시설 및 노인의료주거시설 등에 관한 기준에 미달하게 된 때, 수급자 등에 대한 수탁을 거부한 때, 보고 또는 자료 제출을 하지 아니하거나 허위로 한 때 또는 조사·검사를 거부·방해하거나 기피한 때, 소요되는 비용을 수납 신고를 하지 않았을 때 등의 사유가 발생하였을 경우 시장·군수·구청장은 1개월의 범위에서 사업의 정지 또는 폐지를 명할 수 있다(「노인복지법」 제43조).

마 장기요양기관의 폐업 등의 신고

(1) 폐업 또는 휴업 등의 신고

장기요양기관의 장은 폐업하거나 휴업하고자 하는 경우 폐업이나 휴업 예정일 전 30일까지 시장·군수·구청장에게 신고하여야 한다(법 제36조 제1항). 장기요양 기관이 폐업 또는 휴업을 하려는 경우 또는 장기요양기관의 지정을 갱신하지 않으려는 경우에는 별지 제26호 서식에 따른 신고서에 다음 각 호의 서류를 첨부하여 시장·군수·구청장에게 제출해야 한다(시행규칙 제28조).

제1호 폐업 또는 휴업 의결서(법인만 제출한다) 1부, 제2호 수급자에 대한 다른 장기요양기관 또는 복지서비스의 연계 등 조치계획서 1부. 제3호 장기요양기관 지정서(휴업의 경우는 제외한다) 또는 재가장기요양기관 설치신고증명서(폐업의 경우에만 제출한다), 제4호 법 제35조 의2에 따른 장기요양기관 재무회계에 관한 서류 중 결산보고서 1부.

법 제36조의 폐업 또는 휴업은 장기요양 수급자에게 장기요양급여를 제공하는 사업을 폐업하거나 휴업하는 것을 말하며, 장기요양 수급자가 아닌 자에게 행하는 노인복지사업을 폐업하거나 휴업하는 것은 아니다. 장기요양 수급자가 아닌 자에게 행하는 노인복지사업을 폐업하거나 휴업할 경우 장기요양기관의 폐업 또는 휴업신고와 병행하여 「노인복지법」상 노인의료복지시설과 재가노인복지지설이 시설의 휴지 또는 폐지신고를 하여야 한다(「노인복지법」 제40조, 제43조).

(2) 장기요양기관의 양도·양수와 대표자 사망의 경우

개인 장기요양기관 양도·양수의 경우 폐업신고와 동시에 신규 설치신고를 해야 하며, 입소(이용)자의 급여제공에 차질이 없도록 가급적 폐업일과 설치신고 수리일을 같은 날로 처리할 필요가 있다. 개인 장기요양기관의 양도·양수는 대표자 변경이 아닌 구 기관의 폐업과 새로운 기관의 신설 형태이다.

개인 장기요양기관의 대표자 사망 시 수급자 보호를 위하여 폐업처리를 일정기간 유예하고, 「행정절차법」 제10조에 따라 상속인 등 망인의 지위를 승계한 자가 폐업신고 후 신규 설치하여야 한다.[27] 장기요양기관을 그대로 두고 상속인이 망인인 장기요양기관의 대표자 지위를 그대로 승계하지 않는다는 점에 주의하여야 한다. 왜냐하면 장기요양기관은 지정받을 당시의 대표자에게만 효력이 있는 대인적효력의 성격이기 때문이다[28.29]. 그리고 영업의 양도·양수, 상속, 합병 등의 경우에는 원칙적으로 개별법령에 근거가 있는 경우에만 지위의 승계가 인정된다 할 것이다.[30] 대표자 사망에도 상속인이 폐업신고 등을 해태하거나 시설·인력 등 변경에도 변경신고하지 않는 경우 행정처분 또는 과태료 부과대상이 된다.[31]

바 | 장기요양기관 폐업 등 신고와 장기요양급여 자료이관(법 제36조)

장기요양급여 제공자료는 개인정보에 해당하고 폐업 이후에도 급여제공 내용에 대한 사실관계 확인 등이 필요하기 때문에 장기요양기관의 장은 ▶ 폐업·휴업신고를 할 때, ▶ 장기요양기관이 지정의 갱신신청을 하지 아니하여 유효기간이 만료된 때에 장기요양급여 제공자료를 공단에 이관하여야 한다. 다만 휴업의 경우 공단의 허가를 받아 자료를 직접 보관할 수 있다. 자료를 공단에 이관하지 아니할 경우 500만 원 이하의 과태료처분 대상이므로 법률관계를 명확히 하기 위하여 장기요양급여를 제공한 사실이 없는 경우에는 이관 대상 자료가 없다는 내용을 공단에 제출하여야 할 것이다. 공단에 이관할 자료는 ▶ 장기요양 급여계약에 관한 서류, ▶ 장기요양급여제공기록지 등 장기요양급여비용의 산정에 필요한 서류 및 이를 증명하는 서류, ▶ 방문간호지시서 ▶ 장기요양급여비용 명세서 부본 등이다 (시행규칙 제28조의2). 공단에 이관하지 않는 서류 중 개인정보에 해당하는 서류는

---

27 보건복지부, 2024년 노인보건복지사업안내, 381쪽.

28 국민건강보험법상의 요양기관에 대한 영업정지처분이 대인적 처분인지, 대물적 처분인지에 관하여, 통상의 이해에 의하면 대인적 행정행위에 해당한다고 보고 있다(김중권, 요양기관 영업정지처분이 과연 소위 대물적 행정처분인가?, 사법 65호, 2023. 9, 528쪽).

29 국민건강보험법(2018. 3. 27. 법률 제15535호로 개정되기 전의 것) 제98조 제1항 제2호에 따라 병원의 요양기관 업무정지처분을 대물적 처분의 성격이 있다고 보는 판례도 있다(서울행정법원 2021. 5. 13. 선고 2019구합65962 판결).

30 김아름, 행정처분효과의 승계, 법제처, 법제논단, 2013. 4., 131쪽.

31 보건복지부, 2024년 노인보건복지사업안내, 381쪽.

「개인정보보호법」이 정하는 절차와 방법에 따라 폐기처분하여야 할 것이다.

사   장기요양기관의 양도·양수와 관련된 사항

(1) 지정의 승계 및 개인정보 등

영업과 함께 상호를 양도하는 경우에 있어 '영업의 양도'는 일정한 영업목적에 의하여 조직화된 일체, 즉 인적·물적 조직을 그 동일성은 유지하면서 일체로서 이전하는 것을 말한다(「상법」제25조 제1항). 장기요양기관을 양도·양수한 경우 위와 같은 상법의 법원리를 적용하여 양도인의 지정취소와 양수인의 신규지정절차 없이 장기요양기관의 변경신고 등으로 행정처리를 할 수 있는지에 대하여는 다툼의 여지가 많다. 장기요양기관이 행하는 장기요양급여가 상법상의 상행위에 해당되는지도 문제이며, 「식품위생법」제39조와 같이 운영자의 사망, 양도 등의 경우 운영자의 지위를 승계하는 지정의 승계규정이 「노인장기요양보험법」에는 없다. 이러한 점을 종합하여 볼 때 장기요양기관은 지방자치단체로부터 지정받는 행정행위에 의하여 개설된 기관인데 장기요양기관 대표자라는 자연인(법인포함) 간의 양도·양수 계약으로 당연히 양도인에게 행한 지방자치단체의 지정의 효력이 양수인에게 승계된다고는 볼 수 없다. 따라서 당사자 간의 장기요양기관의 양도·양수로 장기요양기관의 지정까지 곧바로 승계된다고는 볼 수 없다.[32]

장기요양기관을 양도 할 때 관행적으로 종전과 동일한 상호를 사용하게 하고, 기존 수급자의 개인정보인 장기요양급여정보를 양수인에게 넘겨줄 경우 「개인정보보호법」제27조에 따라 양도인과 양수인은 장기요양기관에 보관 중이던 수급자 개인정보의 이전 사실에 대하여 정보주체인 수급자들에게 통보해야 할 의무가 있으며, 위반 시 최대 1천만 원의 과태료가 부과된다. 따라서 장기요양기관의

---

[32] 다만 이와 관련, 식품위생법 제39조는 영업자의 영업 양도 또는 사망, 법인 합병 시 그 양수인이나 상속인, 합병 후 존속하는 법인 등이 영업자의 지위를 승계하도록 하는 동시에, 승계에 있어 같은 법 제38조를 준용하여 해당 영업 시설이 시설기준에 맞지 않거나 영업취소된 경우 등에 관한 확인 조치가 가능토록 규정하고 있다. 또한 같은법 시행규칙 제48조는 영업자 지위승계 신고절차 및 서류에 관하여 규정하고 있다.

양도·양수가 이루어질 경우 양도인은 폐업을, 양수인은 신규지정(개설)절차에 따라 업무를 처리하는 것이 타당하다고 본다.

법인인 장기요양기관의 대표자가 변경된 경우는 영업의 양도·양수 자체가 발생된 것이 아니므로 법인등기부등본(법인대표자 변경)을 첨부하여 장기요양기관 지정사항의 변경신고절차(규칙 제25조)에 의거 처리한다. 법인이 아닌 장기요양기관의 대표자 변경의 경우 2인 이상의 공동명의자로 설립·지정되었다가 그 중 1인 단독명의로 변경할 경우에는 장기요양기관의 연속성을 인정하여 장기요양기관의 변경신고절차로 처리하고, 대표자 1인에서 2인 이상으로 변경할 경우에는 연속성이 인정되지 않아 폐업신고 후 새로 설립(지정)하는 절차를 따라야 한다.[33]

(2) 노인요양시설의 토지 · 건물의 소유권 이전

노인요양시설 및 노인요양공동생활가정 시설 및 직원배치기준(「노인복지법시행규칙」 제22조 제1항, 별표4)에서는 노인요양시설의 설치자는 시설을 설치할 토지 및 건물의 소유권을 확보하여야 한다고 규정되어 있다. 그리고 장기요양기관으로 지정된 노인요양시설을 양도·양수할 경우 양도인은 폐업(당연 지정 취소)절차를, 양수인은 신설(새로운 지정)절차를 이행하여야 한다. 이 경우 당해 요양시설에 입소한 수급자에 대한 서비스제공이 중단됨이 없이 계속하여 서비스가 제공되도록 새로운 장기요양기관으로 지정을 받을 때 당해 요양시설의 토지·건물의 소유권 취득시기에 있어 간격이 발생하는 데 문제가 있다. 즉, 당해 기관에 대하여 양도인의 폐업과 양수인의 새로운 지정이 동시에 이루어지는데 있어서 토지·건물의 소유권에 간격이 발생한다는 것이다.

양수인이 장기요양기관으로 지정 신청하기 위해서는 양수한 노인요양시설의 토지·건물을 확보하여 지정을 신청하여야 하며, 양도인은 당해 노인요양시설인 장기요양기관의 폐업시기를 양수인이 당해 기관을 새로운 장기요양기관을 지정받는 전날 폐업을 하여야 하므로 장기요양기관의 지정절차에 소요되는 기간을 고려한다면 양수인은 당해 기관이 폐업되기 이전에 토지·건물의 소유권을 확보하여

---

33 보건복지부, 요양보험운영과-332호, 2010. 1. 29.

야 하며, 이 경우 양도인은 폐업 전 일정기간 동안 토지·건물의 소유권이 없는 상태에서 장기요양기관을 운영할 수밖에 없어 '시설 설치자는 시설을 설치할 토지 및 건물의 소유권을 확보하여야 한다'는 규정(「노인복지법 시행규칙」 제22조 제1항 관련 별표4)을 위반하게 되는 문제가 발생하는데, 이러한 점 등을 고려하여 행정당국의 실무에서는 이러한 위반상태가 되더라도 문제를 삼지 않고 있는 것으로 사료된다.[34]

(3) 고용(근로자) 승계, 행정처분의 승계 문제

판례[35]에 따르면 영업을 양도하거나 사업을 매각하면서 인력과 조직이 동일성을 유지한 채 승계될 경우, 영업양도 법리에 따라 양수자는 양수받은 근로자들의 고용승계에 관하여 사용자로서 법적 책임을 지도록 하고 있다. 그러므로 양도인이 양도하기 전에 직원을 부당해고를 하였다면, 양수하는 자가 고용을 승계해야 하므로 양수할 때 양도인이 직원들을 부당해고를 하였는지 꼼꼼하게 살펴야 한다. 대법원은 영업양도 당사자 사이에 근로관계의 일부를 승계의 대상에서 제외키로 하는 특약이 있는 경우에는 그에 따라 근로관계의 승계가 이뤄지지 않을 수 있으나, 근로관계의 일부를 승계의 대상에서 제외키로 하는 특약은 실질적으로 해고나 다름이 없으므로 「근로기준법」 제23조 제1항이 정한 정당한 이유가 있어야 유효하며, 영업양도 그 자체만을 사유로 삼아 근로자를 해고하는 것 역시 정당한 이유가 있는 상황에 해당한다고 볼 수 없다고 판시하고 있다.

당해 영업에 관한 인적·물적 조직이 동일성을 유지하면서 '갑'에서 '을'로 이전된 경우라면 동 사업장이 개인회사로서 사업주와 상호의 변경이 있었고 종전 사업주의 폐업신고(2.28), 새로운 사업주의 설립신고 또는 사업개시신고(3.1) 등 세법상의 행위가 있었다 하더라도 동 사업장이 실질적으로 폐업된 것으로는 볼 수 없는바, 원칙적으로 '갑'에서 '을'로 영업이 양도된 것으로 볼 수 있다. 따라서 B사에서 퇴직한 근로자의 퇴직금 지급의무는 '을'에게 있으며, 퇴직금 산정을 위한 계속

---

34 보건복지부, 2024년 노인보건복지사업안내에 따르면 노인장기요양기관 외의 경우 토지 및 건물의 소유권 또는 사용권을 증명할 수 있는 서류를 요구하고 있어, 노인장기요양기관의 경우도 유사제도의 기준 등을 고려하여 매매계약서 사본 제출 등을 통하여 탄력적으로 적용 중인 것으로 보인다.

35 대법원 2012. 5. 10. 선고 2011다45217 판결 등.

근로년수는 A사와 B사의 근속기간을 통산해야 한다는 행정해석이 있다.[36]

이상을 종합해 보면, 장기요양기관의 양도·양수에 있어 비록 당해 장기요양기관에 대하여 양도인의 폐업, 양수인의 새로운 설립(새로운 장기요양기관의 지정)이 있었다 하더라도 대표자와 상호, 영업장소가 변경된 것 외에 거래 수급자에 대한 영업권, 사무집기 및 기계장치 등 유형의 고정자산 등이 그 동일성을 유지하면서 일체로서 함께 이전되면서 고용되어 있던 근로자들과의 근로관계도 변동 없이 계속 유지되고 있어 사실상 영업양도가 이루어진 것으로 볼 수 있다면, 특별한 사정이 없는 한 근로자들의 고용관계도 그대로 승계된 것으로 보아야 한다.

개인장기요양기관에서 영업양도는 특히 퇴직금 지급문제, 연차휴가일수 문제와 관련해서 문제가 되므로, 양수자는 직원들이 양도인 기관에서 근무한 기간에 대한 퇴직금 지급책임을 부담하여야 한다. 기업을 양도·양수하는 시점에 양수인은 양도인으로 하여금 근로자들에게 퇴직금을 지급하게 하거나, 아니면 그에 상당하는 퇴직충당금 상당액을 받아야 한다(1년 미만 근무자 포함). 연차휴가 산정을 위한 계속근로년수도 양수인에게 승계되므로, 개인마다 복잡한 연차휴가일수 산정에 대한 협정이 있어야 할 것이다. 장기요양기관의 양도·양수에 있어 양도인이 근로자들에게 퇴직금을 지급할 경우 이는 근로자의 퇴직에 따른 지급이 아니라 양수인의 퇴직금 지급 채무관계를 명확히 하기 위해 근로자들의 동의를 받아 퇴직금 중간정산의 성격이라는 것을 명확히 하여야 장기근속 장려금 및 근무인원 1인 산정 등에 있어 근로자들의 연차발생 등과 관련 쟁점의 소지를 방지할 수 있다.

(4) 양도인의 채권·채무에 대한 양수인의 권리·의무관계

장기요양기관을 양도·양수하는 계약을 체결할 때에는 일반 양도·양수 계약이 아닌 '포괄 양도·양수'계약을 많이 한다. 이때 수급자가 양도인에게 갖고 있는 채권과 공단이 양도인에게 갖고 있는 채권(양도 이후에 양도 이전의 청구건이 부당청구로 적발되는 경우 등)에 대하여 양수인이 책임이 있는지가 문제이다. 「상법」상 영업양수인이 양도인의 상호를 계속 사용하는 경우에는 양도인의 영업으로 인한 제3자의 채권에 대하여 양수인도 변제할 책임이 있다(「상법」 제42조 제1항). 따라서

---

36 2001.09.05, 근기 68207-2929.

「상법」의 규정에 의할 경우 포괄 양도·양수 시에는 양도인의 부채까지도 양수인에게 승계되므로 양수인의 피해가 발생한다. 「상법」과 달리 민법에서는 양도인과 양수인 간의 포괄 양수도계약이 이루어졌다고 하여도, 양도인에 대한 수급자의 손해배상채무를 양수인이 인수한다는 사실을 채권자인 수급자가 승낙하여야 양수인이 책임이 발생한다. 따라서 양도인이 공단에 부당이득을 취한 상태에서 영업의 포괄적인 양도·양수계약에 따라 양수인이 당해 장기요양기관을 경영하고 있는 상태에서 종전 양도인이 부당이득을 취한 것이 적발되었을 때 누구에게 납부책임이 있는지 문제된다.

장기요양기관의 양도·양수는 양도인의 폐업과 양수인의 개설 및 신규지정이라는 행정절차에 의하여 이루어지고 있으므로 양도인의 지정의 효력이 양수인에까지 미치지 않으므로 영업의 양도 이후 양도인이 공단에 납부하여야 할 부당이득반환 등의 채무는 양도인이 부담한다. 그러나 수급자가 양도인에게 받아야 할 채권에 대한 변제의무에 대하여는 상법을 적용하여 양수인에게도 채권을 청구할 수 있고, 민법을 적용하여 양도인에게도 청구할 수 있다는 논리가 성립될 여지가 있다. 이러한 복잡한 문제가 발생되지 않게 하려면 양수인이 장기요양기관의 명칭을 변경하여 개설(지정)할 필요가 있다. 또한 장기요양기관의 상호도 바꾸고, 시설(토지포함)만 양도·양수하고 기존의 수급자와 채권과 채무를 승계하지 않는 형태라면 기존의 직원은 퇴사처리하고 새로운 직원을 입사처리할 수 있다고 본다.

(5) 장기근속장려금, 급여비용의 가산 등을 위한 근무인원 산정과의 관계

장기근속 장려금의 경우 소정의 일정기간 동안 기관 기호가 동일한 장기요양기관에서 하나의 직종으로 계속 근무하고 있는 자에 대하여 산정할 수 있고, 장기요양기관이 중간에 합병 또는 포괄적 양수·양도 등으로 인해 장기요양기관기호가 변경되었다고 하더라도 직원에 대한 포괄적 고용승계가 이루어진 경우에는 '기관기호가 동일한 장기요양기관에서 계속 근무한 경우로 보고 있다(「요양급여고시」 제11조의4).

급여비용가산에 있어 연차휴가의 경우 산정단위인 근무시간으로 인정되는데(「요양급여고시」 제51조 제4항), 장기요양기관이 양도·양수되었을 때 연차휴가의 계속근로년수 산정에 있어서 영업양도 전후의 근로기간을 계속근로로 통산하는지가 쟁점으로 등장하고 있다.

장기요양기관의 양도·양수 시 장기근속장려금을 받을 수 있게 포괄적 고용승계에 해당되도록, 그리고 급여비용가산의 연차휴가 산정 시 양도·양수 전후의 근로기간이 계속근로로 통산되도록 양도·양수계약서 작성 시 유의하여야 한다. 영업 양도·양수의 경우 특별한 사정이 없는 한 근로자의 근로관계도 양수인에게 승계된다. 양도·양수관련 임금채권·채무관계를 명확히 하기 위한 행정절차 차원에서 근로자가 퇴직금을 양도인으로부터 수령하고 사직서 제출과 동시에 새로운 양수인에게 근로의 단절기간 없이 다시 고용되었다면, 근로관계의 계속성이 인정되어 종전 양도인 사업장에서의 근로기간도 연차휴가 산정 등에 포함되어야 할 것이다. 다만, 근로자가 자의에 의하여 사직서를 제출하고 퇴직금을 지급받았다면 계속 근로의 단절에 동의한 것으로 볼 수 있지만 회사의 방침에 따른 일방적 결정으로 퇴직 및 재입사의 형식을 거친 것이라면 퇴직금을 지급받았더라도 계속 근로관계는 단절되지 않는 것이다.[37]

7 기타 개설 및 건축 관련 사항

가 노인요양시설, 노인요양공동생활가정의 건축 및 공사 관련

노인의료복지시설(노인요양시설과 노인요양공동생활가정)은 「건축법」에 노유자시설로 분류되어 있어 노유자시설의 건축 규정에 따라 건축이 가능한 용도지역을 확보하여야 한다. 다만, 노인요양공동생활가정의 건축물 용도는 노유자시설 이외에 단독주택·공동주택에도 가능하다.[38] 공동주택(「건축법 시행령」 별표1 참조)에 설치되는 노인요양공동생활가정의 침실은 1층에 두어야 하고, 공동주택에 노인의료

---

37 대법원 2001. 11. 13. 선고 2000다18608 판결.
38 보건복지부, 2024 노인복지사업안내 참조.

복지시설(노인요양시설, 노인공동생활가정)을 설치하려는 자는 「집합건물의 소유 및 관리에 관한 법률」을 고려하여 설치신고를 하여야 한다. 단독주택형태의 노인복지시설은 연면적 496m²(150평) 이하일지라도 건축업등록자가 시공해야 한다(「건설산업기본법」 제41조).

나 노인의료복지시설 설립시의 소유권과 저당권

노인의료복지시설(노인요양시설, 노인공동생활가정) 설치자는 시설을 설치할 토지 및 건물의 소유권을 확보해야 하고, 시설 설치목적 외 목적에 따른 저당권, 그 밖에 시설로서의 이용을 제한할 우려가 있는 권리를 해당 토지 및 건물에 설정해서는 안 된다(「노인복지법 시행규칙」 별표4). 「노인복지법 시행규칙」 별표4에 "시설의 설치목적에 따른 저당권을 설정하는 경우에는 저당권의 피담보채권액과 입소보증금의 합이 건설원가의 80퍼센트 이하여야 한다."고 규정되어 있으나 장기요양보험기관으로 지정받아 운영하려는 요양시설은 입소보증금제도 자체가 없으므로 시설의 설치목적에 따른 저당권을 설정 금액의 한도 등은 제한을 받지 않는다고 본다. 즉, 시설설치를 위해 금융기관으로부터 저당권설정을 통한 자금 차입의 경우 시설설치에 필요한 재원조달을 위한 저당권 설정 한도규정인 '건설원가의 80% 이하' 부분은 장기요양보험으로 운영하려는 노인요양시설에 대하여는 사문화된 규정으로 보이므로 건설원가의 80% 이상의 저당권도 가능하다 할 것이다.[39]

노인요양공동생활가정을 설치하는 경우에는 1) 사용하려는 토지 및 건물에 선순위 권리자 및 그 밖에 시설로서의 이용을 제한할 우려가 있는 권리가 설정되어 있지 않을 것, 3) 토지 또는 건물에 대한 등기 등 법적 대항요건을 갖출 것, 3) 사용계약서에 토지 또는 건물의 사용목적이 시설의 설치·운영을 위한 것이라는 취지의 내용이 포함되어 있을 것, 4) 사용계약서에 계약기간의 연장을 위한 자동갱신조항이 포함되어 있을 것, 5) 사용계약서에 무단 양도(매매·증여 그 밖에 권리의 변동을 수반하는 일체의 행위를 포함한다) 및 전대의 금지조항이 포함되어 있을 것,

---

39 보건복지부, 2024 노인복지사업안내 36쪽 등 참조.

6) 사용계약서에 장기간에 걸친 임차료 등의 인상방법(무상으로 사용하는 경우는 제외한다)이 포함되어 있을 것, 7) 사용계약서에 장기간에 걸친 임차료 등의 인상방법(무상으로 사용하는 경우는 제외한다)이 포함되어 있을 것, 8) 사용계약서에 토지 또는 건물에 대한 사용권자의 우선 취득권에 관한 내용이 포함되어 있을 것 등의 요건을 모두 갖춘 경우에만 타인 소유의 토지 및 건물을 사용하여 설치할 수 있다(「노인복지법 시행규칙」 별표4).

다 방문요양, 주·야간보호, 단기보호, 방문목욕기관의 건축 및 공사 관련

재가노인복지시설(방문요양, 주·야간보호, 단기보호, 방문목욕)을 설치할 수 있는 건축물의 용도는 노유자시설, 단독주택 또는 공동주택이다(「노인복지법」 제55조). 방문서비스(방문요양, 방문목욕, 재가노인지원서비스)의 경우에는 건축 허가권자의 판단에 따라 제1종근린생활시설(「국토의 계획 및 이용에 관한 법률」 등 관계법률에서 정하는 용도제한에 적합한 경우), 제2종 근린생활시설 및 업무시설에도 설치 가능하다.[40] 공동주택의 경우 「집합건물법」 제5조에서 각 구분소유자에게 '공동의 이익에 반하는 행위'를 하지 못하도록 규정하고 있으므로 공동주택에 재가급여를 제공하는 장기요양기관을 설치하기 위해서는 다른 구분소유자의 동의를 얻어야 한다.

라 장기요양기관으로 지정받을 수 없는 결격사유

장기요양기관의 공익성 그리고 돌봄서비스의 특성을 고려하여 장기요양기관의 장(법인인 장기요양기관인 경우 법인의 대표자)이 금고 이상의 실형을 선고받고 그 집행이 종료(집행이 종료된 것으로 보는 경우를 포함)되거나 집행이 면제된 날부터 5년이 경과되지 아니한 사람 등 법 제32조의2 소정의 결격사유에 해당되는 장기요양기관으로 지정받을 수 없다. 또는 지정받은 이후 결격사유가 발생한 경우에는 당연지정취소사유가 된다(법 제37조).

---

40 2011. 8. 26., 국토해양부 건축기획과-7890, 건축물 용도관련 질의회신.

노인요양시설 등의 대표자와 시설의 장의 지위

대표자는 노인요양시설 등을 설립한 자를 말한다. 자연인이 설립한 경우 대표자는 설립자가 되며, 주식회사 등 법인이 설립한 경우에는 당해 법인을 대표하는 자연인이 대표자가 된다. 지방자치단체가 노인요양시설 등을 설립하였을 경우 지방자치단체의 장(시장, 군수 등)이 대표자가 된다. 지방자치단체가 노인요양시설 등을 설립하여 타인에게 관리위탁을 한 경우 지방자치단체는 법률상 권한의 위임과 위탁이 가능하기 때문에 지방자치단체의 장으로서 대표자의 권한을 위탁받은 자에게 위탁하는 체계로 운영된다.

시설의 장은 대표자를 위하여 당해 시설을 경영하는 자의 지위에 있다. 일종의 월급제 사장이다. 그러나 시설의 장은 당해 시설에 대한 대표권이 없다. 시설의 대표권은 오로지 대표자에게 있다.

8 인력의 겸직, 시설의 병용 및 결격사유

가 노인요양시설 및 노인요양공동생활가정(「노인복지법 시행규칙」 별표4)

(1) 시설 또는 장비의 병용 등

노인요양시설 및 노인요양공동생활가정에는 세탁장 및 세탁물 건조장을 두어야 하는데, 세탁물을 전량 위탁하여 처리하는 경우에는 세탁장 및 세탁물 건조장을 두지 않을 수 있다. 의료기관의 일부를 시설로 신고하는 경우에는 물리(작업)치료실, 조리실, 세탁장 및 세탁물 건조장을 공동으로 사용할 수 있다. 다만, 공동으로 사용하려는 물리(작업)치료실이 시설의 침실과 다른 층에 있는 경우에는 입소자의 이동이 가능하도록 경사로 또는 엘리베이터를 설치해야 한다.

(2) 인력의 겸직 및 업무 위탁의 경우

노인요양시설 및 노인요양공동생활가정에는 시설의 장을 1명 두어야 하고, 의료기관의 일부를 시설로 신고한 경우에는 의료기관의 장(의료인인 경우만 해당한다)이 해당 시설의 장을 겸직할 수 있다. 영양사의 경우 노인요양시설에 1명(1회 급식 인원이 50명 이상인 경우)을 두고, 조리원의 경우 노인요양시설은 입소자 25명당 1명, 입소자 30명 미만 10명 이상은 1명을 두어야 하며, 단 영양사 및 조리원이 소속되어 있는 업체에 급식을 위탁하는 경우에는 영양사 및 조리원을 두지 않을 수 있다. 위생원의 경우 노인요양시설에 1명(입소자 100명 초과 시마다 1명 추가)을 두어야 하는데 세탁물을 전량 위탁하여 처리하는 경우에는 위생원을 두지 않을 수 있다.

나 | 재가노인복지시설 (「노인복지법 시행규칙」 별표9)

(1) 시설 또는 장비의 병용 등

재가노인복지서비스를 제공하는 시설이 하나 이상의 다른 재가노인복지서비스를 함께 제공하는 경우 사업에 지장이 없는 범위에서 생활실, 침실 외의 시설은 병용할 수 있다. 주·야간보호 이용자가 10명 이상인 경우, 사무실과 의료 및 간호 사실은 공간을 함께 사용할 수 있으나 각각의 시설에 대한 기능은 모두 갖추고 있어야 한다. 방문요양, 방문목욕 또는 방문간호를 제공하는 시설을 사회복지시설에 병설하여 운영하는 경우 사업에 지장이 없는 범위에서 상호 중복되는 시설·설비를 공동으로 사용할 수 있다.

주·야간보호 또는 단기보호를 제공하는 시설을 사회복지시설에 병설하여 운영하는 경우에는 생활실, 침실 외의 시설은 사업에 지장이 없는 범위에서 병용할 수 있다. 다만, 이 경우 시설의 연면적은 공동으로 사용하는 시설의 면적을 포함하여 각각 90제곱미터 이상이 되어야 한다.

(2) 인력의 겸직 및 업무위탁의 경우

영양사 및 조리원이 소속되어 있는 업체에 급식을 위탁하는 경우, 주·야간보호 서비스 또는 단기보호서비스를 제공하는 시설을 병설하여 운영하는 사회복지시설에 급식을 위탁하는 경우에는 조리원을 두지 않을 수 있다. 물론 관련법령에서 요구하는 시설과 인력 등을 갖춘 기관에의 위탁이어야 한다.

단독주택 및 공동주택에서 이용자 10명 미만의 주·야간보호 서비스를 제공하는 경우에는 시설장이 간호사, 간호조무사, 물리치료사, 작업치료사 또는 요양보호사 1급 자격이 있으면 주·야간보호에 근무하는 간호사, 간호조무사, 물리치료사, 작업치료사 또는 요양보호사 1급과 각각 겸직할 수 있다. 이 경우 상시적으로 근무하는 종사자는 시설장을 포함하여 2인 이상(조리원은 제외한다)으로 한다.

의료기관을 개설·운영하고 있는 자가 방문간호서비스를 제공하기 위한 재가노인복지시설을 개설하는 경우에는 해당 의료기관에 소속된 간호사, 간호조무사 또는 치과위생사 중에서 방문간호서비스를 제공할 수 있는 기준을 충족하는 자가 겸직할 수 있다. 재가노인복지시설의 시설장이 하나 이상의 다른 재가노인복지서비스를 함께 제공하는 경우 사업에 지장이 없는 범위에서 그 다른 서비스의 시설장을 겸직하여 운영할 수 있다.

방문요양서비스와 방문목욕서비스를 제공하는 시설의 요양보호사 1급은 상호 겸직하여 운영할 수 있다. 주·야간보호서비스 또는 단기보호서비스를 제공하는 시설이 방문요양서비스를 함께 제공하는 경우에는 방문요양의 요양보호사를 공동으로 활용할 수 있다.

주·야간보호서비스와 단기보호서비스를 함께 제공하는 경우에는 사회복지사, 간호사, 간호조무사, 물리치료사 또는 작업치료사는 상호 겸직하도록 하여 운영할 수 있다. 다만, 이 경우 사회복지사는 이용자 50명당 1명, 간호사 또는 간호조무사는 이용자 30명당 1명, 물리치료사 또는 작업치료사는 이용자 30명 이상일 경우 1명을 배치하여야 한다. 주·야간보호서비스와 단기보호서비스를 함께 제공하는 경우에는 요양보호사 및 조리원을 주·야간보호서비스와 단기보호서비스 상호간에 공동으로 활용할 수 있다. 주·야간보호서비스와 단기보호서비스를 함께 제공하는 경우 각 서비스 이용자 수의 합이 25명 미만인 때에는 조리원을 겸직하도록 하여 운영할 수 있다.

재가노인복지서비스(재가노인지원서비스 제외)를 제공하는 시설을 사회복지시설에 병설하여 운영하는 경우 사회복지시설의 장은 사업에 지장이 없는 범위에서 재가노인복지서비스 제공시설의 장을 겸직하여 운영할 수 있다. 주·야간보호서비스 또는 단기보호서비스를 제공하는 시설을 사회복지시설에 병설하여 운영하는 경우에는 간호사, 간호조무사, 물리치료사 또는 작업치료사를 겸직하도록 할 수 있다. 주·야간보호서비스 또는 단기보호서비스를 제공하는 시설을 사회복지시설에 병설하여 운영하는 경우에는 해당 조리원과 사회복지시설의 조리원을 공동으로 활용할 수 있다. 주·야간보호서비스 또는 단기보호서비스를 제공하는 시설을 사회복지시설에 병설하여 운영하는 경우 각 시설 이용자 수의 합이 25명 미만인 때에는 조리원을 겸직하도록 하여 운영할 수 있다. 사회복지시설이란 「노인복지법」상의 노인요양시설 등 사회복지사업을 할 목적으로 설치된 시설을 말한다(「사회복지사업법」 제2조 제4호).

다 겸직 및 병용

「노인복지법 시행규칙」 별표9의 재가노인복지시설의 시설기준 및 직원배치기준에 시설장(흔히 실무서에는 센터장이라고 표현함)은 상근 규정이 있어 요양보호사 등에 대한 겸직이 어려우나, 대표자에 대하여는 자격요건, 어떠한 규제나 제한 규정이 없다. 따라서 대표자는 요양보호사 겸직이 가능하다. 다만, 단독주택 또는 공동주택에서 이용자 10명 미만의 주야간보호기관의 시설장은 요양보호사 등과 겸직이 가능하다(「노인복지법 시행규칙」 별표9 제4호 마목).

겸직 및 병용 관련사항을 종합적으로 표로 정리하면 아래와 같다.[41]

---

41 보건복지부, 2024년 노인보건복지사업안내, 321-323쪽.

(1) 겸직규정

병설·운영 유형	겸 직
○ 의료기관(법인이 설립한 의료기관 제외/보건소, 보건의료원, 보건진료소 포함)과 방문간호의 병설운영	○ 당해 의료기관의 간호사, 간호조무사 또는 치과위생사 중 에서 방문간호를 제공할 수 있는 자격기준을 갖춘 자가 방문간호 겸직 가능
○ 재가급여사업을 사회복지시설에 병설운영	○ 시설장 겸직가능(방문간호 포함 시 관리책임 자는 간호사여야 함
○ 재가급여사업의 관리책임자가 어느 하나 이상의재가급여를 동시에 관리하는 경우	○ 시설장 겸직가능(방문간호 포함 시 관리책임 자는 간호사여야 함)
○ 요양시설에서 방문요양사업을 병설하는 경우	○ 당해 요양시설에 배치된 요양보호사의 수가 최근 3개월 동안 법정 배치기준을 초과하는 경우 그 평균초과인력이 방문요양의 요양보호사 겸직 가능
○ 사회복지시설에 주야간보호시설 또는 단기보호시설을 병설하는 경우	○ 당해 시설의 간호(조무)사 또는 물리(작업)치료사가 주·야간시설의 해당 업무 겸직 가능 ○ 조리원을 인력기준에 맞춰 각각 두되 상호간에 공동으로 활용 가능(단, 각 서비스 이용자 수의 합이 25명 미만이면 조리원을 1명만 배치하고 겸직 가능)
○ 단독주택, 공동주택에 10인 미만의 주·야간보호시설을 설치하는 경우	○ 시설장이 요양보호사 자격보유자이면 요양보호사 겸직가능, 간호(조무)사 또는 물리(작업)치료사 자격보유자이면 간호(조무)사 또는 물리(작업)치료사 겸직가능 → 상시 2인으로 운영 가능
○ 하나의 재가노인복지시설에서 방문요양과 방문목욕을 함께 제공하는 경우	○ 요양보호사 1급 상호 겸직 가능

	○ 사회복지사, 간호(조무)사, 물리(작업)치료사 상호 겸직 가능(주야간보호와 단기보호 이용자를 합쳐 사회복지사는 이용자 50명당 1명, 간호 (조무)사는 이용자 30명당 1명, 물리(작업)치료사는 이용자 30명 이상일 경우 1명 배치)
○ 하나의 재가노인복지시설에서 주야간보호와 단기보호를 함께 제공하는 경우	○ 요양보호사와 조리원을 인력기준에 맞춰 각각 두되 상호간에 공동으로 활용 가능(단, 각 서비스 이용자 수의 합이 25명 미만이면 조리원을 1명만 배치하고 겸직 가능

(2) 병용규정

병설 유형	공동 사용
○ 의료기관(보건소, 보건의료원, 보건진료소 포함)과 방문간호의 병설운영	○ 중복되는 시설·설비·비품 공용 가능
○ 방문요양, 방문목욕 또는 방문간호사업을 사회복지시설과 병설운영	○ 중복되는 시설·설비 공용 가능
○ 재가급여를 제공하는 기관이 어느 하나 이상의 재가급여를 동시에 제공하는 경우	○ 중복되는 시설·설비 공용 가능(생활실, 침실 제외)
○ 사회복지시설에서 주야간보호 또는 단기보호사업을 병설 운영하는 경우	○ 중복되는 시설·설비 공용 가능(생활실, 침실 제외)

장기요양요원의 근로관계

P/A/R/T

03

장기요양요원의 근로관계

1 장기요양요원

가 장기요양요원과 그 업무 범위

법 제2조 제5호에서는 "장기요양요원이란 장기요양기관에 소속되어 노인등의 신체활동 또는 가사활동 지원 등의 업무를 수행하는 자를 말한다."고 규정되어 있다. 여기서 '신체활동 또는 가사활동 지원 등의 업무'를 보다 더 구체적으로 나열할 수 없는데, 이는 의료법상의 '의료행위'를 구체적으로 법령에 나열할 수 없는 것과 마찬가지로 노인인 장기요양수급자에게 돌봄서비스를 제공하여야 할 범위가 다양하기 때문이다. 그러나 장기요양법령에서 '신체활동 또는 가사활동 지원 등의 업무의 범위'를 유추해석할 수 있는 규정이 시행규칙 별지 제12호~제16호의2 서식(장기요양급여제공기록지)에 나열되어 있는 사항으로 볼 수 있다. 장기요양급여제공기록지에 나열되어 있지 않은 간단한 도배, 화장실 틈새메우기 등은 장기요양요원의 업무영역에 포함되지 않는 것으로 해석되지만, 단순한 전구끼우기 등 간단히 해소될 수 있는 영역은 가사활동 지원의 영역으로 보와도 무방할 것으로 보이는 등 업무의 아주 세밀한 부분까지의 경계를 제도에서 획정짓기에는 복지 및 돌봄서비스의 특성상 한계가 있고 당사자 간 해결되어야 할 영역들로 남겨두어야 할 부분들이 있다고 본다.

방문요양에 관한 업무를 수행하는 장기요양요원은 요양보호사와 사회복지사, 방문목욕에 관한 업무를 수행하는 장기요양요원은 요양보호사, 방문간호에 관한 업무를 수행하는 장기요양요원은 2년 이상의 간호업무경력이 있는 간호사와 3년 이상의 간호보조업무경력이 있는 자 중에서 소정의 교육을 이수한 간호조무사 그리고 치과위생사이다(영 제11조 제1항 제1~3호). 주·야간보호, 단기보호 및 시설급여에 관한 업무를 수행하는 장기요양요원은 요양보호사, 사회복지사, 간호사, 간호조무사, 물리치료사, 작업치료사이다(영 제11조 제1항 제4호).

나 장기요양요원의 법적 지위

장기요양요원은 장기요양기관과 근로계약이 체결된 장기요양기관의 근로자이다(「노인복지법 시행규칙」 별표9 등). 장기요양기관은 수급자와 장기요양급여의 종류, 내용 및 비용 등이 포함된 장기요양급여제공계약을 체결한다(시행규칙 제16조 제16조 제1항). 장기요양요원은 장기요양기관이 수급자에게 제공하여야 할 장기요양급여(서비스) 제공의무를 이행하는, 즉 장기요양기관의 이행보조자의 지위에 해당한다. 따라서 장기요양요원에 대한 지휘 명령권은 장기요양기관에 있고, 장기요양요원의 불법행위에 대한 손해배상은 당해 장기요양기관에게 사용자로서의 책임을 지울 수 있으며, 장기요양기관과 불법행위를 행한 장기요양요원 간에는 구상의 문제가 남게 된다. 장기요양기관의 대표권은 대표자에게 있다.

다 장기요양요원의 권리와 의무

장기요양요원은 수급자에게 돌봄노동을 제공하는 근로자이다. 장기요양요원은 수급자에게 돌봄서비스를 제공하여 수급자의 인간다운 생활을 보장하여야 할 의무가 있는 동시에 장기요양요원 자신의 인간다운 생활도 보장받아야 할 지위에 있다. 장기요양요원은 장기요양기관과의 관계에서는 피용자로써의 지위에 있고, 일상활동을 스스로 할 수 없는 의존도가 높은 수급자의 인권을 보호하고 안전사고를 방지할 의무가 있다.

장기요양요원은 국가 등으로부터 처우 개선과 복지 증진으로부터 보호받을 권리(법 제4조 제5항), 수급자 및 그 가족으로부터 폭언·폭행·상해 또는 성희롱·성폭력으로부터의 보호와 수급자의 가족만을 위한 행위 등 급여외행위로부터 보호받을 권리가 있다(법 제35조의4 제1항). 또한 「산업안전보건법」상의 건강장애 예방조치와 안전보건조치를 받을 권리 등이 있다.

장기요양요원은 보수교육을 받을 의무(법 제23조 제2항), 인권교육을 받을 의무(법 제35조의3), 수급자에 대한 비빌보장·차별 또는 학대 금지 의무(요양급여고시 제9조), 업무상 주의의무[42] 등이 있다.

2) 장기요양기관 종사자(장기요양요원)의 근로관계

가 | 장기요양요원의 근로관계와 국가 등의 관계

장기요양사업의 보험자는 공단이지만 장기요양보험제도의 법령, 고시 등의 제·개정권한은 국가(보건복지부)에 있으며, 특히 장기요양요원에게 지급하는 임금은 보건복지부가 정한 요양급여비용(통상 '수가'라고 명명함)범위 이내에서 책정될

---

42 판례상의 주의의무로는 수급자가 부상을 입지 않도록 주의할 의무와 의사의 진료를 받도록 주의할 의무(서울중앙지방법원 2006. 3. 2. 선고 2005나17784 판결), 낙상사고 등 안전사고 방지의무와 사고 발생이후 적절한 치료를 받도록 할 주의의무(인천지방법원 2010. 12. 16. 선고, 2010가합2981 판결) 및 쉽게 삼킬 수 있는 식사제공 의무와 식사 중 도움을 주어야 할 주의의무(제주지방법원 2012. 9. 14. 선고 2011가단10401 판결), 수급자가 사례가 들린 듯 기침을 하는 장면을 목격하면 완전히 회복되었는지를 확인할 주의의무를 부담하는데 단지 기침을 멈추었다는 이유로 식사현장을 떠나는 등 적정한 조치를 취하지 않아 '이물질에 의한 기도폐색'으로 사망한 경우 업무상과실치사죄 판례(의정부지방법원 2015. 10. 14. 선고 2014노2767 판결) 등이 있다(오대영, 장기요양요원과 수급자의 법적 관계, 사회보장법학 제9권 제1호, 2020)에서 재인용.

수밖에 없는 구조이다. 급여제공기준과 절차를 규율하는 요양급여기준 등은 장기요양요원의 근로환경에 직접적으로 영향을 미치게 되므로 이들 규정을 모두 담고 있는 요양급여고시를 보건복지부가 제·개정하고 있으므로 보건복지부는 장기요양요원의 근로조건과 근로환경에 실질적인 영향력을 갖고 있다.

법 제4조 제5항에서는 국가 및 지방자치단체는 장기요양요원의 처우를 개선하고 복지를 증진하며 지위를 향상시키기 위하여 적극적으로 노력하여야 한다고 정하고 있고, 요양급여고시 제11조 제1항에서는 "장기요양기관은 요양보호사 등 장기요양요원이 수급자 보호 및 업무능력 향상 등을 위한 교육을 받을 수 있도록 하고, 종사자의 근로환경이 개선될 수 있도록 노력하여야 하며, 급여비용에 포함되어 있는 최저임금과 요양보호사의 처우개선을 고려한 인상분을 지급하여야 한다."고 규정하고 있는 것으로 보아 보건복지부는 장기요양요원의 처우개선에 많은 영향력과 의무가 있다고 본다.

나 | 장기요양기관 종사자의 근로자성과 사용자 책임

장기요양기관에 소속되어 노인 등에게 신체활동 또는 가사활동 지원 등의 업무를 수행하는 자, 즉 장기요양요원(법 제2조 제5호)은 시설의 설치·운영자와 근로계약이 체결된 사람이어야 하므로(「노인복지법 시행규칙」 별표4, 별표9) 장기요양기관의 요양보호사 등 종사자는 근로기준법상 장기요양기관의 근로자이다. 방문요양기관 등 재가장기요양기관은 직업소개소의 알선방식과 유사하게 수급자가 확보되면 해당 수급자에게 서비스를 제공할 요양보호사를 연결하여 근로계약을 체결한 후 업무를 수행하는 구조이다. 직업소개소와 달리 재가장기요양기관은 방문요양보호사와 근로계약을 맺는 사용자이므로 알선·중개에 따른 책임만 지는 직업소개소와 달리 노동법령상 책임을 져야 한다.

소속 장기요양기관에 출근하지 않고 수급자의 가정을 방문하여 일정시간 동안 노동을 제공한 후 퇴근하는 방문요양보호사의 경우 그 구조의 특성상 근로자성이 문제된다. 고용노동부는 2008년에는 방문요양보호사의 근로자성을 부정하는 취지의 행정해석을 하였으나,[43] 방문요양보호사가 ① 사업주가 지정한 장소에서 지정된 시간에 근무하고, 근무시간을 변경하기 위해서는 사업주에게 사전에 통보하여 조정해야 하며, 장기요양급여제공기록지 등을 통해 사업주에게 근무상황을 보고해야 하는 등 사용자의 상당한 지휘·감독을 받고, ② 제3자를 고용하여 업무를 대행케 하는 등 독립하여 자신의 계산으로 사업을 영위할 수 없으며, ③ 시간당 일정액에 정해진 근무시간을 곱한 금액을 보수를 지급받을 뿐 노무제공을 통한 이윤의 창출과 손실의 초래 등 위험을 스스로 안고 있지 아니할 경우 근로자로 인정하는 것으로 행정해석을 변경하였다.[44] 이후에도 시행규칙 별표1에 따라 근로계약서를 작성하는 점, 기관에서 수급자를 발굴하여 요양보호사로 하여금 해당수급자의 자택에 가서 요양업무를 행할 것을 지시하고 요양업무를 수행함에 있어 유의사항 등을 교육하는 점, 근무시간 및 근무지가 정하여지면 요양보호사는 임의로 다른 사람을 대체시킬 수 없고, 기관을 통해서만 대체가 가능한 점 등을 근거로 요양보호사의 근로자성을 인정하고 있다(근로기준과-5761, 2009.12.30.). 대법원도 요양보호사의 근로자성을 인정한 바 있다.[45]

또한 퇴직한 방문요양보호사의 임금 등을 퇴직일로부터 14일 이내에 지급하지 않았다고 하여 근로기준법 위반으로 기소된 사안에서, 요양보호사가 근로기준법상 근로자에 해당한다는 이유로 장기요양기관 대표자에게 유죄를 인정한 한 대법원 사례에서도 ① 관계 법령상 요양보호사가 개인적으로 요양대상자를 맡을 수 없고, 이 사건 회사와 같은 기관을 통하여서만 요양대상자를 맡을 수 있는 점, ② 이 사건 회사가 요양대상자와 요양계약을 체결하고 그 계약 내용에 따라 요양보호사

---

[43] 근로조건지도과-3266, 2008.08.19., 근로조건지도과-2479, 2009. 04. 30.

[44] 근로기준과-5241, 2009.12.19.

[45] 대법원 2012. 11. 15. 선고 2011도9077 판결.

의 근무시간, 장소, 내용이 모두 정해지는 점, 요양보호사가 근무시간을 변경하거나 휴가를 내기 위해서는 요양대상자와 협의하여 처리할 수는 없고 회사에 사전에 보고하여 조정하여야 하는 점, 매일 근무시간 및 근무 내용을 기록한 근무상황일지를 작성하여 이를 매달 회사에 보고하도록 되어 있는 점, 요양보호사가 임의로 제3자를 고용하여 업무를 대행케 하는 등 독립하여 자신의 계산으로 사업을 영위할 수 없고, 회사에 보고하여 회사가 대체근무를 시키도록 되어 있는 점, 요양보호 시의 주의사항 등을 회사가 교육하도록 되어 있는 점, ③ 요양보호사의 업무성격에 따라 기본급이나 고정급이 정하여져 있지 않지만, 시간당 일정액에 정해진 근무시간을 곱한 금액을 보수로 지급받을 뿐 이윤창출과 손실 등을 부담하는 것이 아닌 점 등을 종합하여 이 사건 회사의 요양보호사는 업무수행 전반에서 회사로부터 상당한 지휘·감독을 받아 종속적인 관계에서 노무를 제공하는 근로자에 해당한다고 판단하였다.[46]

라 근로계약기간

근로계약기간에 대해 「근로기준법」 제16조에서는 "기간의 정함이 없는 것과 일정한 사업 완료에 필요한 기간을 정한 것을 제외하고는 그 기간은 1년을 초과할 수 없다"고 규정하고 있다. 근로계약기간은 기간의 정함이 없는 형태와 기간이 정하여져 있는 형태로 나누어 볼 수 있는데, 기간의 정함이 없는 근로계약이 체결된 경우에 근로자는 사직의 자유가 보장되므로 언제든지 계약을 해지할 수 있으나 사용자는 근로기준법 제24조의 정당한 사유가 없는한 근로계약을 해지할 수 없다.

월급제 형태의 입소시설 장기요양기관 종사자는 주로 기간의 정함이 없는 근로계약을 체결하고, 방문요양 등 재가장기요양기관 종사자는 주로 1년 이내의 근로계약을 체결하고 있는 것이 현실이다. 1년 미만의 근로계약을 반복하여 갱신하는 경우 「기간제 및 단시간근로자 보호 등에 관한 법률」의 규정에 의거 2년을 초과하여 근로자를 계속 사용하는 경우에는 기간의 정함이 없는 근로자로 간주된다.

---

46 대법원 2012. 11. 15. 선고 2011도9077 판결.

근로계약기간을 둘러싼 쟁점

(1) 수급자와의 서비스제공 종료 시 등으로의 계약

서비스 제공시간에 따라 비용(수가)이 책정되는 장기요양제도의 특성상 방문요양과 같이 가정을 방문하여 일정시간동안 서비스를 제공하는 요양보호사에 대한 근로계약기간이 문제된다. 특히 기간의 정함이 없이 계약을 체결할 경우 수급자가 사망하거나 수급자가 해당 요양보호사로부터 서비스를 제공받기를 거부하는 경우가 문제시된다. 이 문제를 해결하기 위해 수급자가 바뀔 때마다 입사와 퇴사를 반복하는 형태로 계약을 체결할 경우 즉,「기간제 및 단시간근로자 보호법」제4조 제1항 제1호의 '사업의 완료 또는 특정한 업무의 완성에 필요한 기간을 정한 경우'의 규정을 적용하여 특정 수급자에 대한 방문요양 서비스가 종료될 때까지로 계약기간을 정하는 방법이 있다. 그러나 대법원은 근로자나 사용자의 사정이 아닌 제3자의 사정, 그것도 예측 불가능한 사정은 근로관계의 자동소멸사유로 정할 수 없다고 판결하고 있으므로,[47] 방문요양보호사의 계약기간을 '수급자가 사망 또는 장기간 입원중이거나 타 기관으로 옮겨갈 때까지'로 정하여 근로계약기간 종료사유(수급자가 사망 또는 장기간 입원중이거나 타 기관으로 옮겨갔을 경우)가 발생하였을 경우 당해 규정의 효력이 문제될 수 있다.

(2) 기간의 정함이 없거나 1년 이내의 계약

기간의 정함이 없는 근로계약 또는 1년 이내의 기간을 정한 경우에도 수급자가 사망하는 등의 사유로 방문요양서비스를 제공할 수 없게 되고 또한 다른 수급자를 연계해 주지 못하여 더 이상 고용이 불가능하게 될 경우 휴업하거나 해고하여야 하는 문제가 발생한다. 휴업을 할 경우 휴업기간동안 평균임금의 70% 이상을 수당으로 지급하여야 하며(「근로기준법」제46조), 퇴직처리할 경우 해고에 해당되어 정당한 사유가 인정되지 않는 한 부당노동행위에 해당될 소지가 있다. 정당한 사유가 있더라도 해고사유와 해고시기를 사전에 서면으로 통보하여야 한다.「근로

---

47 대법원 2009. 2. 12. 선고 2007다62840 판결 등.

기준법」 제26조(해고의 예고)에 따라 사용자는 근로자를 해고(경영상 이유에 의한 해고를 포함한다)하려면 적어도 30일 전에 예고를 하여야 하고, 30일 전에 예고를 하지 아니하였을 때에는 30일분 이상의 통상임금을 지급하여야 한다. 다만, 근로자가 계속 근로한 기간이 3개월 미만인 경우에는 그러하지 아니하다.

(3) 계약기간은 유지하되 임금이 지급되지 않는 형태

방문요양기관에서 요양보호사와 기간의 정함이 없는 근로계약 또는 1년 이내의 기간을 정한 경우 수급자의 사망 등 수급자의 사정으로 요양보호사가 당해 수급자에게 방문요양서비스를 제공할 수 없고, 방문요양 서비스를 제공할 수 있는 다른 수급자도 없어 요양보호사가 일정기간 동안 또는 더 이상 장기요양기관에서 방문요양서비스를 제공할 수 없게 된 경우 퇴직처리 등이 현실적인 문제로 등장하고 있다.

근로계약기간은 만료되지 않았지만 사실상 근로를 제공할 수 없는 상태가 지속되어 장기간 동안 임금지불이 되지 않는 상태로 방치된 경우이다. 실무상 방문요양보호사의 경우 근로계약이 1년 또는 기간의 정함이 없는 상태에서 수임건에 대한 근로제공에 따라 임금을 지급하는 구조에서 수급자의 사망 등으로 요양보호사가 해당 수급자에게 더 이상의 방문요양급여를 제공할 수 없게 되면 다른 수급자가 확보될 때까지 건강보험 등 사회보험은 자격상실신고 처리하였지만 사용자로부터 해고통보 없이 노동의 제공없이 임금은 지급되지 않는 상태에서 서류상으로만 장기요양기관 소속의 요양보호사로 등재되어 있는 상태가 지속되고 있는 사례가 상당수 존재하고 있다. 그러므로 방문요양급여를 제공할 수급자가 확보되지 않아 요양보호사가 근로를 제공 할 수 없어 임금을 받고 있지 않는 상태가 지속되더라도 근로계약기간이 도과되지 않았다면 무급 휴직 중인자, 파업참가자, 무급의 노조전임자 등의 사례에서와 같이 「근로기준법」상의 근로자에 해당하는 것으로 보아야 하는지, 근로자로 볼 경우 노무제공과 임금지급이 없는 고용관계의 지속범위는 어디까지인지, 근로자성 자체게 부정되는 것인지 등에 대한 판례, 행정해석 및 전문가들의 연구가 필요한 영역이다.

방문형 장기요양기관 측면에서 볼 때 수급자가 바뀔 때마다 입사와 퇴사를 반복하는 형태로 계약을 체결할 경우 위의 대법원 판결[48]에 위배되고, 「근로기준법」 제26조의 규정에 따라 근로자가 계속 근로한 기간이 3개월 이상인 경우 30일 전에 예고를 하여야 하나 수급자의 사망 시점 등을 미리 예측할 수 없는 등 현실적으로 30일 전에 해고를 예고할 수도 없기 때문에 30일분 이상의 통상임금을 지급하고 해고를 하여야 하는 문제가 발생한다.

「근로기준법」 제23조 제1항에는 사용자는 근로자에게 정당한 이유 없이 해고, 휴직 등을 하지 못한다고 규정되어 있고, 「근로기준법」 제26조 제2호에 따르면 '그 밖의 부득이한 사유로 사업을 계속하는 것이 불가능한 경우'에는 30일 전에 해고를 예고하지 아니하더라도 30일분 이상의 통상임금을 지급하지 않아도 되는 예외규정이 있다. 방문요양서비스 제공대상인 수급자가 사망하거나 수급자가 서비스 제공받기를 거부한 경우 등의 사유로 근로자인 요양보호사의 근로제공 자체가 불능이된 경우 이를 「근로기준법」 제23조 제1항의 '정당한 이유', 「근로기준법」 제24조 제1항의 '긴박한 경영상의 필요'에 해당되어 해고할 수 있는지 그리고 「근로기준법」 제26조 제2호의 '그 밖의 부득이한 사유로 사업을 계속하는 것이 불가능한 경우'로 보아 30일분 이상의 통상임금을 지급하지 않고 해고를 할 수 있는지가 쟁점이 될 수 있다. 「근로기준법」 제23조 제1항의 '정당한 이유'란 사회통념상 고용관계를 지속할 수 없을 정도로 근로자에게 책임있는 사유를 말하고[49] 「근로기준법」 제24조 제1항의 긴박한 경영상의 필요성과 관련 판례와 학설은 도산회피설에서 합리성필요성설, 장래대비설 등으로 긴박한 경영상의 필요성의 정도를 완화하는 경향이 있다.[50] 또한 「근로기준법」 제26조 제2호의 '그 밖의 부득이한 사유로 사업을 계속하는 것이 불가능한 경우' 중 '부득이한 사유'란 일반적으로 천재·사변에 준하는 불가항력적이고 돌발적인 사유를 말하며 불황이나 경영난은 이에 포함되지 않고[51] '사업을 계속하는 것이 불가능한 경우'란 해당 근로자가 소속한 사업장 또는 부서의 사업장이 상당기간 중지될 수밖에 없는 것을 말하는 것으로 사업의 전부 또는 대부분을 계속하는 것이 불가능한 경우여야 하며, 사업 계속

---

48 대법원 2009. 2. 12. 선고 2007다62840 판결 등.
49 대법원 2016. 10. 27. 선고 2015다5170 판결.
50 노동법실무연구회, 제2판, 근로기준법 주해 Ⅱ, 442-445쪽.
51 노동법실무연구회, 제2판, 근로기준법 주해 Ⅱ, 483쪽.

의 불가능성에 대한 판단은 사용자가 사회통념상 취할 수 있는 모든 조치를 다하였음에도 어찌할 도리가 없는 정도를 기준으로 한다.[52]

이를 다시 정리하면, 방문요양서비스를 제공받고 있던 수급자가 사망하거나 수급자가 서비스 제공받기를 거부하여 요양보호사의 근로제공 자체가 불능이 된 경우 근로계약기간이 존속하는 기간 동안 당해 요양보호사에게 해고나 퇴직처리 등을 행하지 않고 4대 사회보험만 상실 처리한 상태를 유지하다가 다른 수급자가 확보되면 그때 다시 근로를 제공하게 하는 형태로 운영하더라도 근로기준법 등의 위반의 문제 여부에 대하여는 업무처리 기준이나 판례 등 명확한 근거가 존재하지 않아 쟁점으로 남아있는 상태라 볼 수 있다.

아울러 방문요양, 방문목욕 등 방문형 재가장기요양기관에 대하여 수급자의 사망 및 서비스 거부 등으로 부득이 요양보호사 등을 사전 예고 절차 없이 해고할 경우 30일분 이상의 통상임금 지급대상인지 여부에 대해 정립할 필요성이 있으며, 지급 대상일 경우 30일분 이상의 통상임금을 장기요양보험비용(수가)에 반영시키는 등 이 부분에 대한 제도적인 안정장치가 강구되어야 방문형 재가장기요양기관이 안정적으로 운영될 수 있을 것이다.

3 장기요양기관 종사자의 임금

가 월급제와 시급제 임금 구조

노인장기요양보험제도상의 장기요양급여비용지불 체계가 노인요양시설 등 입소시설은 1일당으로, 방문요양 등(복지용구 제외) 방문형 재가기관은 시간당으로 책정되어 있는 관계로 시설장기요양기관 종사자의 경우 월정급 임금구조이나 방문요양기관 등 방문형 재가기관은 시급형태의 임금구조로 책정되고 있다. 따라서 방문요양보호사는 장기요양급여 제공 시간이 일정하지 않고, 일거리가 생겼을 경

---

52 노동법실무연구회, 제2판, 근로기준법 주해 II, 483쪽.

우 일정기간 동안만 일을 하는 일일(호출)근로 형태이며, 급여 제공 시간에 대해서만 임금을 받기 때문에 실무에서는 수급자에 대하여 서비스를 제공한 실적이 없을 경우에는 임금이 0원이 되는 경우가 많이 있다.

나 방문요양보호사의 임금구성과 주휴수당 및 휴일근로수당

수급자를 방문하여 장기요양급여를 제공하는 형태의 요양급여비용(요양서비스 제공 대가, 소위 '수가')이 시간당으로 책정되어 있으므로 방문요양보호사의 임금은 시급으로 책정되고 있는 실태이다. 수급자에게 서비스를 제공한 시간에 따라 책정되는 기본급과 연차휴가를 사용하지 못했을 때 받는 연차수당, 주 15시간 이상 근로 시 주휴수당, 공휴일에 근로할 경우 휴일근로수당, 무급휴일에 일할 경우 연장근로수당 등으로 구성된다. 시급임금을 적용받는 방문요양보호사의 임금은 "기본시급+주휴수당+휴일근로수당+연장근로수당+연차수당"으로 구성되어 있다. 기본시급은 최저임금이상의 금액을 기초로 산정된다.

주휴수당은 「근로기준법」 제55조 및 제18조의 규정을 종합해 보면 일주일에 15시간 이상 일을 한 근로자에게는 근로로 인한 피로를 풀기 위하여 하루의 주(週-일주일의 주)휴일을 유급휴일로 보장하고 있다. 시급제나 일급제의 경우 특별히 주휴수당을 분리하여 명시하지 않는 한 시급·일급 금액에 주휴수당이 포함되어 있다고 볼 수 없으며, 주휴수당을 시급이나 일급에 포함하여 지급하기 위하여는 주휴수당을 명시적으로 구분하여 근로자의 사전 동의를 얻어야 한다. 주휴수당은 연봉제, 월급제, 시급제, 일급제와 같은 급여지급형태에 따라 지급하는 방식에 차이가 있고, 주에 40시간 이상을 근로하는지, 40시간 미만인지에 따라 계산방식에도 차이가 있다. 주 40시간 미만을 근로한 자는 40시간 이상 일을 한 자와 주휴수당 계산방법이 다르다. 왜냐하면 유급휴일은 주5일 근로를 기준으로 하루 평균 일당을 지급하는 것이기 때문이다. 그러므로 최저시급 표기에 있어 주휴수당을 포함해 표기하면 안 된다. 그러니까 한 주에 40시간 혹은 그 이상의 시간 동안 일한 근로자는 단순히 하루치 일당(8시간 분)을 그대로 주휴수당으로 계산해서 지급해 주면 되는데, 40시간 미만이거나 일주일에 5일 미만으로 이틀이나 3일씩 근로하는 사람의 경우는 그 2~3일 근로분을 5일치로 나누고, 그 중 하루의 평균값을 주휴수당으로 지급한다. 따라서 방문요양보호사의 주휴수당은 통상적으로 기본시급의 1/5로 지급되고 있다.

유급휴일에 근무를 하였다면 8시간 이내의 노동은 통상임금의 250%(유급휴일 그 자체 주휴수당의 100%+가산수당 150%), 8시간을 초과하는 부분에는 총 300%(유급휴일 그 자체 주휴수당의 100%+가산수당 200%)를 별도로 지급해야 한다.

다 연차휴가와 연차수당

상시 4명 이하의 근로자를 사용하는 사업장은 연차휴가제도가 적용되지 않고 5명 이상의 근로자를 사용하는 사업장에만 연차휴가제도가 적용된다(「근로기준법」 제11조, 동법 시행령 별표1). 상시 사용하는 근로자 수는 연차휴가 적용여부를 판단하여야 하는 사유 발생일 전 1개월(사업이 성립한 날부터 1개월 미만인 경우에는 그 사업이 성립한 날 이후의 기간) 동안 사용한 근로자의 연인원을 같은 기간 중의 가동일수로 나누어 산정한다(「근로기준법시행령」 제7조의2 제1항). 연인원의 경우 예를 들어 5명이 열흘 걸려서 완성한 일의 연인원은 50명이다. 상시 근로자 수가 5명 미만이라 하더라도 5명 미만인 일수가 1/2 미만인 사업장의 경우에는 연차휴가가 적용되고, 상시근로자수가 5명 이상이더라도 5명 미만인 일수가 1/2 이상인 사업장의 경우에는 연차휴가가 적용되지 않는다(「근로기준법시행령」 제7조의2 제2항). 또한 1주 평균 15시간 미만으로 근로하는 근로자에게는 연차휴가제도뿐만 아니라 주휴일, 퇴직급여제도가 적용되지 않는다(「근로기준법」 제18조).

「근로기준법」 제60조에 따라 입사한지 1년 이상 지난 후, 즉 〈표 3-1〉과 같이 2년 차부터는 1년간 80% 이상 출근 시 최대 15일의 연차 유급휴가를, 3년 이상 계속해서 근로했다면 25일을 한도로 그 이후로 2년마다 1일씩 더 늘어나는 연차유급휴가를 부여해야 한다. 그리고 계속하여 근로한 기간이 1년 미만인 근로자 또는 1년간 80퍼센트 미만 출근한 근로자에게 1개월 개근 시 1일의 유급휴가를 주어야 한다.

<표 3-1> 근로연수별 연차휴가 발생일

근로연수	1년	3년	5년	7년	-------	25년
연차일수	15일	16일	17일	18일	-------	25일

입사일 기준 연차휴가 계산방법은 아래 〈입사일 기준 연차휴가일수 계산방법〉과 같다.

〈입사일 기준 연차휴가일수 계산방법〉[53]

o 입사일 기준 연차휴가일수 = 15+(n-1)/2(25일 이하, 소수점 이하 버림)
  - n=입사일 기준으로 한 만근무년수
  - n이 1또는 2인 경우 그냥 15일로 계산
※ 입사일로부터 8년 5개월 근무한 경우 ⇒ n=8
  15+(8-1)/2 = 18.5 → 18일

근로자인 요양보호사 등이 연차휴가를 사용하지 않았을 경에는 취업규칙 등에서 정하는 통상임금 또는 평균임금을 지급하여야 한다.

라 연차수당을 포괄적으로 시급에 포함할 수 있는지 여부

요양보호사 임금에 연차수당을 포괄적으로 시급에 포함하여 지급하는 것은 「근로기준법」 위반소지가 있다. 왜냐하면 연차수당은 근로자가 연차휴가를 사용하지 않았을 때 지급하는 것이기 때문이다. 그리고 월급으로 정해진 임금을 시간급 통상임금으로 환산하는 방법은 "월급금액 ÷ {[1주 소정근로시간(40시간)＋주휴일(8시간)] × 365일/7일 ÷ 12월} → 월급금액 ÷ 209시간"으로 시간급 통상임금을 구하여야 할 것이다. 즉, 연차휴가 미사용수당은 통상임금에 해당하지 않고 별도로 지급하여야 하므로 '기본급+주휴수당+연차수당＝시급'과 같이 연차수당을 시급으로 녹여 산정하여 지급하는 것은 바람직하지 않다.

---

53 손원준, 혼자서 따라 하기 쉬운 모든 업무6, 지식만들기, 2024, 206쪽.

마   가불된 연월차휴가와 수가 가산제도

사용자가 근로자에게 「근로기준법」에서 정한 기준을 초과하여 부여한 유급휴가가 사용자와 근로자 사이에서 「근로기준법」이 정한 기준에 따라 장차 개근 시 부여될 연차 유급휴가를 미리 사용하기로 합의한 이른바 '가불된 연차 유급휴가'에 해당하더라도, '가불된 연차 유급휴가'는 근로기준법에 따른 유급휴가가 발생하지 않았음에도 근로자와 사용자의 합의하에 연차 유급휴가를 사용한 연차 유급휴가는 가불된 연차 유급휴가로서 「근로기준법」 제60조 제1항 내지 제5항에 따른 연차 유급휴가가 아니어서 월 근무시간에 포함될 수 없으므로 「장기요양급여제공기준 및 급여비용 산정방법 등에관한 고시」 소정의 인력배치기준과 인력추가배치 가산기준에 위반된다.[54]

바   장기근속장려금 등과 임금

이외에도 요양급여고시에 의거 공단이 장기요양보험재정에서 월 60시간 이상 계속하여 근무한 기간이 36개월 이상인 요양보호사 등에게 별도로 지급하는 장기근속 장려금(요양급여고시 제11조의4)과 수급자의 실 거주지에서 방문요양기관 등까지의 거리에 따라 지급되는 원거리교통비(요양급여고시 제21조)도 임금의 구성요소로 볼 수 있다. 공단으로부터 재원의 일부를 지원받아 장기요양기관이 요양보호사에게 지급하는 장기근속장려금 또는 원거리교통비는 「최저임금법 시행규칙」 별표1에 따른 최저임금에 산입하지 아니하는 임금으로 보아야 할 것이다.[55]

장기근속장려금의 임금 여부 및 세무 등에 대하여는 'Part 10. 8.' 및 'Part 12. 마.'를 참고하기 바란다.

---

54   서울행정법원 2020. 5. 15. 선고 2019구합76290 판결.
55   법제처 안건번호 16-0058, 2016. 11. 2. 회신.

4   장기요양기관 종사자의 임금과 근로형태의 특수성

가   근무시간 유연화제도, 연장근로 가산임금 및 휴게시간

노인요양시설에서 요양보호사 등이 선호하는 형태는 실무상 24시간 근무 후 48시간 휴무하는 형태 혹은 주간 2일·야간 2일 및 휴무 2일 등의 근로형태가 있다. 24시간 돌봄이 필요한 요양시설의 특성상 탄력적·선택적 근로시간 제도를 많이 활용하고 있다.[56] 이러한 근로형태라 하더라도 1주 간의 근로시간은 휴게시간을 제외하고 40시간을 초과할 수 없고, 1일의 근로시간은 휴게시간을 제외하고 8시간을 초과하여서는 아니된다(「근로기준법」 제50조 제1-2항). 그러나 탄력적 근로시간제 등을 활용할 경우 일정 단위 시간범위 내에서는 연장근로로 보지 않는다.

노인요양시설 등 24시간 돌봄서비스를 제동하는 입소형 장기요양기관에서는 요양보호사 등 근로자들의 교대 근무시간, 휴게시간 및 연장근로 등과 관련 근무시간표 작성뿐 아니라 요양급여고시 제49조 및 제60조의 월 기준 근무시간 및 야간직원배치 가산 등까지 고려해야 하기 때문에 직원의 근무시간 배치에 어려움이 있는 것이 현실이다.

(1) 탄력적 근로시간제와 연장 가산임금

상시 5인 이상의 근로자를 사용하는 사업장의 경우 법정근로시간인 1주 40시간, 1일 8시간을 초과하는 연장근로시간에 대하여 통상임금의 50% 이상을 가산하여 지급하여야 한다. 1주 40시간을 초과하지 않더라도 1일 8시간을 초과하거나, 1일 8시간을 초과하지 않더라도 1주 40시간을 초과하는 것은 연장근로이므로 그에 해당하는 연장 가산임금을 지급하여야 한다.

사용자는 취업규칙(취업규칙에 준하는 것을 포함한다)에서 정하는 바에 따라 2주 이내의 일정한 단위기간을 평균하거나(「근로기준법」 제51조), 근로자대표와의 서면

---

[56] 수급자의 서비스 품질을 고려할 때 요양보호사 등이 8시간 이상 계속 근무하는 형태는 바람직하지 않으나 실제에서는 요양보호사 등이 8시간 순환 근무형태를 크게 선호하지 않고 있다.

합의에 따라 3개월을 초과하고 6개월 이내의 단위기간을 평균하여(「근로기준법」 제51조의2) 1주의 근로시간이 40시간을 초과하지 않는 경우에는 법정근로시간(1일 8시간, 1주 40시간)을 초과하더라도 그 초과된 부분을 연장근로로 보지 않기 때문에, 그에 대한 연장근로 가산임금이 발생하지 않는 제도이다. 3개월을 초과하고 6개월 이내에서 탄력적 근로시간제를 실시하기 위하여는 근로자대표와의 합의가 필요한데, 「근로자참여 및 협력증진에 관한 법률」에 따라 선출된 노사협의회 위원도 근로자대표로 합의할 수 있다. 근로자 과반수의 개별적 동의를 받은 경우에도 근로자 대표와의 서면합의가 없다면 탄력적 근로시간제를 도입할 수 없다.[57] 우리나라 근로기준법은 탄력적 근로시간을 6개월의 범위 이내에서 허용하고 있다는 점에서 주의해야 한다.

취업규칙에 따라 2주 이내 또는 3개월 이내의 기간을 단위로 하여 탄력적 근로시간제를 실시할 수 있으며, 2주 단위 탄력적 근로시간제 실시에 동의한다고 기재되어 있는 요양원의 탄력적 시간제에 관한 휴식시간 등 합의조건에 관하여 대법원은 아래 〈탄력적 근로시간 관련 판례〉와 같이 판시하고 있다.

〈탄력적 근로시간 관련 판례〉

근로계약서상 24시간 근무 후 48시간 휴무를 하는 것으로, '제1일 16시간(휴게시간 제외) 근로-제2일 휴무-제3일 휴무-제4일 16시간 근로-제5일 휴무-제6일 휴무-제7일 16시간 근로···'의 순서로 근무를 하게 되므로, 첫째 주는 3일, 둘째, 셋째 주는 각 2일 근로를 하는 셈이 된다. 따라서 임의의 어떤 2주 단위를 선택하더라도 피고들은 그 기간 동안 4일 또는 5일만 근무를 하게 되고, 그 기간 동안 근로시간은 64시간(16시간×4일) 또는 80시간(16시간×5일)이 된다. 그러므로 2주 단위기간을 평균하면 피고들의 1주간 근로시간은 어떤 경우에도 40시간을 넘지 아니한다. 그렇기에 원고가 취업규칙이나 근로계약서에 2주 단위기간의 시작일과 종료일을 특정하지 않고, 1일 16시간 근로, 2일 휴무 등의 방식으로 2주 단위의 탄력적 근로시간제를 설정하더라도 유효하다.
그러나 이 사건에 있어서 피고들의 소정근로일에 대한 실제 근로시간은 야간휴식시간 6시간 중 2시간이 제대로 보장되지 않아 근로계약서와 달리 실질적으로 18시간에 이른다. 이런 경우에는 2주 동안 적게는 72시간(18시간×4일), 많게는 90시간(18시간×5일) 근로를 하게 되

---

57 근로조건지도과-1167, 2008. 4. 29.(김성권, 채용에서 퇴직까지,삼원사, 2019, 444쪽 재인용)

어 2주 평균한 근로시간이 1주 기준근로시간인 40시간을 초과하는 경우가 생길 뿐 아니라 1주에 3일을 근로하는 주에는 1주간의 근로시간이 48시간을 초과하는 54시간(18시간×3일)에 이르는 경우도 생기므로 탄력적 근로시간제에 관한 법정 요건을 갖추지 못하게 된다. 따라서 원고와 피고들 사이의 이 사건 탄력적 근로시간제에 관한 합의는 강행규정에 반하여 무효이므로 유효임을 전제로 하는 원고의 이 부분 주장도 이유 없다[(대법원 2020. 3. 26. 2019다293845(본소), 2019다293852(반소)).

(2) 선택적 근로시간제도와 탄력적 근로시간제도의 차이

사용자는 취업규칙(취업규칙에 준하는 것을 포함한다)에 따라 업무의 시작 및 종료 시각을 근로자의 결정에 맡기기로 한 근로자에 대하여 근로자대표와의 서면 합의에 따라 1개월 이내의 정산기간을 평균하여 1주간의 근로시간이 40시간을 초과하지 아니하는 범위에서 1주 간에 40근로시간을, 1일에 8근로시간을 초과하여 근로하게 할 수 있다(「근로기준법」 제52조). 24시간 또는 수급자와 약정된 시간에 근로를 제공하는 장기요양기관은 근로자에게 출·퇴근시간을 선택할 여지를 줄 수 없기 때문에 선택적 근로시간제를 적용에 한계가 있다. 선택적 근로시간제는 특정한 주 특정한 날에 법정근로시간을 초과하여 근로하더라도 일정한 기간 동안의 평균 근로시간이 1주 40시간 이내라면 연장근로수당을 지급하지 않아도 된다는 점에서 탄력적 근로시간제와 동일하지만, 근로자의 시간표를 사용자가 아닌 근로자가 자율적으로 결정한다는 점에서 근로자의 시간표를 사용자가 결정하는 탄력적 근로시간제와 구별된다.[58]

나 24시간 근무 48시간 휴무 등 근로형태의 연장근로수당과 휴게시간

탄력적 근로시간제를 운영하지 않는 사업장에서 근로자가 24시간 근무하는 경우 연장근로 인정시간이 문제될 수 있다. 이와 관련하여 대법원은 24시간을 일한 후 24시간을 쉬는 격일제 형식의 아파트 경비원들의 실제 근무시간을 인정함에

---

58 김성권, 채용에서 퇴직까지, 삼원사, 2019, 459쪽.

있어, 휴게시간 및 심야 수면시간의 경우 사용자의 실질적 지휘명령으로부터 완전히 해방되어 근로자들의 자유로운 이용이 보장된 시간만을 근로시간에서 제외해야 한다고 판시하였다. 즉, 탄력적 근로제를 운영하지 않는 사업장에서 24시간 근무(예: 오전 9:00시부터 익일 오전 9:00시까지) 후 48시간 휴무 방식으로 근무하였고, 근무일에는 근로계약서상 8시간의 휴게시간이 주어져 16시간 근무한 경우 소정근로일마다 1일 8시간을 초과하여 8시간의 연장근로를 하였음이 인정되므로 이 연장근로시간에 해당하는 연장근로수당은 지급할 의무가 있다. 사용자는 근로시간이 4시간인 경우에는 30분 이상, 8시간인 경우에는 1시간 이상의 휴게시간을 근로시간 도중에 주어야 하고, 휴게시간은 근로자가 자유롭게 이용할 수 있다(「근로기준법」 제54조). 이에 대법원은 『휴게시간이란 근로시간 도중에 사용자의 지휘·감독으로부터 해방되어 근로자가 자유로이 이용할 수 있는 시간을 말한다. 따라서 근로자가 작업시간 도중에 실제로 작업에 종사하지 않은 대기시간이나 휴식·수면시간이라 하더라도 근로자에게 자유로운 이용이 보장된 것이 아니라 실질적으로 사용자의 지휘·감독을 받고 있는 시간이라면 근로시간에 포함된다고 보아야 한다.』[59]고 판단하였다. 따라서 요양보호사 등의 근로시간 및 휴게시간 등에 있어서는 사용자의 업무지시 등에서 완전히 자유로운 상태에서 휴게할 수 있는 여건인지 등을 면밀히 고려해야 할 것이다.

한편, 요양원 1층에 침상, 샤워실 등이 있는 휴게실 공간이 마련되어 있었고, 3인 1조를 이룬 요양보호사들 중 교대로 4시간씩 휴게실에서 휴식을 취할 수 있었으며, 휴게실에서는 벨을 누르는 소리가 들리지 않았으므로 근무 상태에서 벗어나 실질적으로 휴식할 수 있었을 것으로 보이는 경우에는 휴게시간으로 인정한 대법원 판례가 있다.[60] 이처럼 휴게시간 중에는 업무와의 실질적 단절성이 유지되는 것이 중요하므로 이에 유의하여야 할 것이다.

---

59 대법원 2006. 11. 23. 선고 2006다41990 판결 등 참조.

60 대법원 2020. 3. 26. 선고 2019다293845(본소), 2019다293852(반소) 판결.

다 | 교대제 근로에 있어서의 휴일과 휴무일

휴일이란 근로자가 근로할 의무가 없는 날을 의미한다. 휴일에는 법정휴일과 약정휴일이 있다. 법정휴일은 「근로기준법」 제55조에 따라 사용자가 근로자에게 반드시 부여해야 하는 휴일로서 ① 1주일간 소정근로일수를 개근한 경우에 부여하는 주휴일(제1항), ② 3·1절, 광복절, 개천절, 한글날, 1월 1일, 설날 전날, 설날, 설날 다음날, 부처님오신날, 5월 5일, 6월 6일, 추석 전날, 추석, 추석 다음날, 12월 25일, 「공직선거법」 제34조에 따른 임기만료에 의한 선거의 선거일, 기타 정부에서 수시 지정하는 날(제2항, 동법 시행령 제30조 제2항)이다. 약정휴일은 회사의 창립기념일 등 단체협약이나 취업규칙이 정하는 바에 따라 특정한 날을 휴일로 정한 것을 말한다. 근로기준법상 가산임금의 지급대상이되는 휴일은 법정휴일 뿐 아니라 약정휴일도 포함된다고 보아야 한다.[61]

주휴일은 특정일로 정하는 것이 원칙이나, 교대제의 경우 교대조별로 각각 다른 날을 주휴일로 부여할 수 있다. 다만, 이 경우에도 조별로 주휴일이 미리 예측될 수 있도록 사전에 지정되어야 한다.[62] 24시간 근무 48시간 휴무 등 조별 교대근무 형태의 경우 소정근로일의 만근 시 달력상 7일의 비번 중 하루를 유급주휴일로 부여하여야 하며[63](「근로기준법」 제55조 제1항, 주휴일), 당연히 3·1절, 광복절, 개천절, 한글날, 1월 1일, 설날 전날, 설날, 설날 다음날, 부처님오신날, 5월 5일, 6월 6일, 추석 전날, 추석, 추석 다음날, 12월 25일, 공직선거법 제34조에 따른 임기만료에 의한 선거의 선거일, 기타 정부에서 수시 지정하는 날에도 유급 주휴일을 부여하여야 한다(제2항, 동법 시행령 제30조 제2항).

휴무일은 교대제 근로에 있어서 '비번일'과 같이 소정근로일에 포함되지 않아 근로의 의무가 없는 날이다. 휴무일에 대해서는 별도 정함이 없는 한 무급으로 처리하는 것이 원칙이다. 단체협약 등에서 휴무일을 휴일로 정하였다고 볼 수 없다면 휴무일에 근로를 제공한 경우 휴일근로 가산수당이 발생하지 않고 임금의

---

61 대법원 2020. 8. 20. 선고 2019다14110 판결.
62 김성권, 채용에서 퇴직까지(2019), 삼원사, 536쪽.
63 김성권, 채용에서 퇴직까지(2019), 삼원사, 550쪽(계약서 서식).

100%만 지급하면 된다. 다만, 휴무일 근로가 1일 또는 1주 법정근로시간을 초과한 경우에는 연장근로가산수당을 지급하여야 한다.[64]

라 포괄임금제 형태의 근로계약

포괄임금제란 사용자와 근로자가 기본임금을 미리 정하지 않은 채 법정수당까지 포함된 금액을 월 급여액이나 일당임금으로 정하거나 기본임금을 미리 정하면서도 법정 제 수당을 구분하지 않은 채 일정액을 법정 제 수당으로 정하여 이를 근로시간 수와 관계없이 지급하는 것을 말한다.[65]

입소한 수급자를 하루 24시간 365일 돌봐야 하는 노인요양시설과 같이 특수한 사업장의 경우 연장근로, 야간근로, 휴일근로가 불가피하므로 소위 '퐁(24시간근무) 당당(24시간×2일 휴무), 주주야야(주간, 주간, 야간, 야간)' 등의 형태로 근무하게 되므로 대부분 포괄임금계약 형태의 근로계약이 이루어지고 있는 것이 현실이다. 이와 관련된 문제는 대법원이 포괄임금에 대해 근로시간 산정이 어렵고 정액 임금 외에 추가로 어떠한 수당도 지급하지 않기로 하는 당사자 간 명백한 합의가 있어야 이러한 계약이 가능하다는 등 엄격한 조건을 제시하고 있다는 점에 있다.

감시·단속적 근로 등과 같이 근로시간, 근로형태와 업무의 성질을 고려할 때 근로시간 산정이 어려운 것으로 인정되는 경우에는 사용자와 근로자 사이에 기본임금을 미리 산정하지 아니한 채 법정수당까지 포함된 금액을 월급여액이나 일당임금으로 정하거나, 기본임금을 미리 산정하면서도 법정 제 수당을 구분하지 아니한 채 일정액을 법정 제 수당으로 정하여 이를 근로시간 수에 상관없이 지급하기로 약정하는 내용의 이른바 포괄임금제에 의한 임금 지급계약을 체결하더라도 그것이 달리 근로자에게 불이익이 없고 여러 사정에 비추어 정당하다고 인정될 때에는 계약이 유효하다. 그러나 위와 같이 근로시간의 산정이 어려운 경우가 아니라면 근로시간 수에 상관없이 일정액을 법정수당으로 지급하는 내용의 포괄임금제

---

64 김수복, 채용에서 퇴직까지 법률지식(개정증보28), 중앙경제, 2022, 313-314쪽.
65 대법원 2022. 2. 10. 선고 2018다298904 판결.

방식의 임금 지급계약을 체결하는 것은 그것이 근로기준법이 정한 근로시간에 관한 규제를 위반하는 이상 허용될 수 없다.[66]

노인요양시설의 경우 근로형태나 업무의 성격상 요양보호사들의 연장·야간근로가 당연히 예상된다고 하더라도 실제 근로시간의 산정이 어려워서 「근로기준법」상 근로시간에 관한 규정을 그대로 적용할 수 없다고 볼 만한 특별한 사정이 있다고 볼 수 없으므로, 포괄임금 약정이 유효하게 성립할 수 있는 경우라고 보기 어렵다.[67]

따라서 포괄임금제를 운영하려는 경우, 포괄임금형태의 최저임금, 법정근로시간,[68] 소정근로시간[69] 등을 위반하지 않는 한 사업장의 특수한 사정상 미리 예정된 연장근로, 야간근로, 휴일근로 등에 대한 임금을 포괄적으로 약정하여 운영할 필요가 있다. 이 경우 근로계약서에 필연적으로 발생되는 연장근무, 야간근무, 휴일근무 등 초과근무에 대한 제수당이 포함되며, 근로계약서에는 구체적으로 기본급, 연장근무수당, 휴일근무수당, 야간근무수당 등에 대한 항목별 임금 금액을 나열하여 계약을 체결하는 것이 법적 분쟁을 피할 수 있는 방법일 것이다. 「근로기준법」 제17조에 의거 사용자는 임금의 구성항목, 계산방법, 지급방법, 소정근로시간, 휴일, 휴가 등의 사항을 명시하여야 하기 때문이다.

이와 관련하여 주의할 점은 연차유급휴가 미사용수당을 미리 포괄하여 산정하여 임금에 포함 시 휴가사용권 박탈의 문제가 발생하여 계약무효가 될 수 있고, 퇴직금 명목의 일정 금원을 임금에 포함하여 지급하더라도 퇴직이라는 근로관계의 종료를 요건으로 하는 것이므로 무효가 될 수 있다.

---

66 대법원 2010. 5. 13. 선고 2008다6052 판결 등 참조.

67 대법원 2020. 3. 26. 선고 2019다293845(본소), 2019다293852(반소) 판결.

68 「근로기준법」 제50조의 1일8시간, 1주일 40시간을 말하며, 당사자간 1주간에 12시간을 한도로 연장가능하다(「근로기준법」 제53조제1항).

69 법정근로시간 이내에서 사업장의 취업규칙이나 단체협약에서 정한 근로시간을 말한다.

마   가산 임금과 보상휴가 제도

교대근무제 운영 시 근무일이 휴일인 경우는 임금 적용이 문제될 수 있다. 상시 근로자수가 5명 이상인 경우, 법정 근로시간(1일 8시간, 주 40시간) 이상의 연장근로 및 휴일, 야간(22:00~익일06:00) 근로 시에는 통상시급의 50%를 가산하여 지급하여야 한다. 「근로기준법」상 임금 지급의무가 있는 유급휴일은 "1주 동안의 소정근로일을 개근한 자에게 주어지는 1회 이상의 휴일(사업장에서 1주에 1회 이상의 휴급휴일로 정한 날(주휴일), 일반적으로 일요일을 유급휴일로 정하고 있음, 「근로기준법」 제55조 제1항, 동법 시행령 제30조 제1항)"과 "3·1절, 광복절, 개천절, 한글날, 1월 1일, 설날 전날, 설날, 설날 다음날, 부처님오신날, 5월 5일, 6월 6일, 추석 전날, 추석, 추석 다음날, 12월 25일, 공직선거법 제34조에 따른 임기만료에 의한 선거의 선거일, 기타 정부에서 수시 지정하는 날(「근로기준법」 제55조 제2항, 동법 시행령 제30조제2항)"이다.

주휴일, 3·1절 등 「근로기준법」상 임금 지급의무가 있는 유급휴일은 「근로기준법」 제56조 소정의 가산임금을 지급하여야 한다. 그러나 「근로기준법」 제57조에서 "사용자는 근로자대표와의 서면 합의에 따라 제51조의3, 제52조제2항제2호 및 제56조에 따른 연장근로·야간근로 및 휴일근로 등에 대하여 임금을 지급하는 것을 갈음하여 휴가를 줄 수 있다."고 하여 보상 휴가제를 도입하고 있다.

교대 근무형태에서 주휴일은 달력상 7일의 비번 중 하루를 유급주휴일로 부여하는 것으로 처리하면 주휴일에 근로자체가 발생하지 않아 임금가산이나 보상휴가의 문제가 발생하지 않지만, 3·1절 등 「근로기준법」 제55조 제2항, 동법 시행령 제30조 제2항에 해당되는 유급휴일의 날에도 근무를 할 수 밖에 없는 경우가 문제된다. 이 경우 소정의 가산임금을 지급하거나 사용자와 근로자 대표와의 서면합의에 의거 근무일에 대한 대체휴가를 부여하여야 한다(「근로기준법」 제57조).

바 가족인 요양보호사의 근로관계와 사회보험 가입

(1) 근로기준법상의 근로자 여부

「근로기준법」 제2조 제1호에서 "근로자"란 직업의 종류와 관계없이 임금을 목적으로 사업이나 사업장에 근로를 제공하는 사람을 말한다. 원칙적으로 방문요양보호사는 근로자성이 인정되지만 오로지 자기 가족에게만 요양서비스를 행하는 가족인 요양보호사(요양급여고시 제23조)도 근로자에 해당되는지에 대한 문제가 발생한다. 가족인 요양보호사의 경우에도 현실적으로 또는 실무 관행상 가족인 요양보호사도 근로자성을 인정하고 있다. 그러나 수급자에게 장기요양급여를 제공하는 시간대 확정이 어렵고, 실제 서비스를 제공한 시간이라기보다는 서비스 비용을 청구하기 위한 산정 시간을 특정하고 있으며, 특정된 근로시간에도 개인적인 가사일 등을 자유로이 할 수 있는 여건 등으로 보아 사용자의 지휘·명령이 미치는 범위가 일반 방문요양보호사보다 비교적 좁아, 회사로부터 상당한 지휘·감독을 받아 종속적 관계하 노무 제공정도가 약하다는 점에서 근로자성에는 논쟁이 있을 수 있다고 본다.

가족인 요양보호사 역시 장기요양기관이라는 사업장에 고용되어 자신의 가족에 대한 장기요양급여를 제공함에 있어 서비스 제공시간, 서비스 제공내용 등 소정의 장기요양급여 제공기록지(시행규칙 별지 제12호 서식)를 작성하여 장기요양기관에 제출하고 있다. 정확히 말하면 가족인 요양보호사의 경우 장기요양급여를 제공하는 시간대는 특정되어 있지 않고 1일 60분 이상의 장기요양급여를 제공하더라도 장기요양급여비용을 청구할 수 있는 시간대를 1일 60분 이상(60분 이상, 90분 미만)에 해당되는 비용(요양급여고시 제18조의 표 중 '가-2'의 급여비용)을 적용하고 있다(요양급여고시 제23조 제4항). 또한 실제 서비스 제공횟수와 기간을 적용하는 것이 아니라 1일 1회에 한하여 매월 20일의 범위 내에서 비용을 청구할 수 있다(요양급여고시 제23조 제4항). 이는 가족인 요양보호사가 가족인 수급자에게 행한 방문요양서비스의 실제 제공시간과는 다른 개념인 것이다.

당초 노동부에서 요양보호사의 근로자성을 부정한 근거는 ① 출·퇴근시간 등 근로시간이 정해져 있지 않은 점, ② 업무수행 과정에서 구체적인 지휘·감독을 받지 않는 점, ③ 다른 요양보호사로 업무대체가 가능한 점, ④ 개인적으로 싫어하는 수급자로부터 서비스 요청이 오면 이를 거절할 수 있는 점 등을 이유로 근로자성을 부정하였는바,[70] 가족인 요양보호사의 경우 일반 요양보호사보다 위의 부정한 근거 중 ① 출·퇴근시간 등 근로시간이 정해져 있지 않은 점, ② 업무수행 과정에서 구체적인 지휘·감독을 받지 않는 점이 더 강하게 작용하고 있어 가족인 요양보호사의 근로자성에 대하여는 별도의 논의가 필요한 영역이다.

(2) 퇴직금 지급의무

「근로자퇴직급여보장법」제4조에서 "사용자는 퇴직하는 근로자에게 급여를 지급하기 위하여 퇴직급여제도 중 하나 이상의 제도를 설정하여야 한다. 다만, 계속근로기간이 1년 미만인 근로자, 4주간을 평균하여 1주간의 소정근로시간이 15시간 미만인 근로자에 대하여는 그러하지 아니하다."고 규정하여, 4주간을 평균하여 1주간의 소정근로시간이 15시간 미만인 가족인 요양보호사에게는 퇴직금을 지급할 의무가 없다.

가족인 요양보호사는 1일 60분 이상 방문요양서비스를 제공하더라도 60분이상에 해당하는 비용을 산정할 수 있고, 1일 1회에 한하여 매월 20일 범위 내에서 산정할 수 있다(요양급여고시 제23조 제4항, 제5항). 그러나 65세 이상인 요양보호사가 그 배우자에게 방문요양급여를 제공하는 경우, 의사소견서에 치매상병이 있거나 최근 2년이내 치매진료내역이 있는 수급자로서 장기요양인정조사표 '행동변화영역' 중 폭력성향, 피해망상, 부적절한 성적 행동과 같은 문제행동을 보이는 경우에는 1일당 90분 이상에 해당하는 급여비용을 월 20일을 초과하여 산정할 수 있다(요양급여고시 제23조 제6항). 실무상 장기요양기관이 가족인 요양보호사와 근로계약을 체결할 때 '월 60분×20일=1,200분(20시간)'으로 계약을 체결하고 있으므로 1주간의 소정근로시간 15시간 이상을 근로하지 않게 되어 퇴직금 지급의무가 없다. 그러나 65세 이상인 요양보호사가 폭력성향 등이 있는 치매환자인 배우자에

---

[70] 근로조건지도과-3266, 2008. 8. 19; 근로조건지도과-2479, 2009. 4. 30.

게 제공하는 방문요양서비스의 경우 90분 이상에 해당하는 급여비용을 월 20일을 초과하여 산정할 수 있으므로, 요양급여고시 제13조의 월 한도액을 고려할 때 이론상 1주간의 소정근로시간이 15시간 이상 방문요양서비스 제공이 가능하므로 이에 해당하는 가족인 요양보호사는 퇴직금 지급대상이 된다. 즉, '하루 90분의 경우, 월 31회'까지 계산하더라도 월 46.5시간 근무하게 되어 1주에 15시간 미만 근로자에 해당된다고 볼 수 있으나, 요양급여고시 제18조 '가-3'의 90분 이상이란 자구로 해석할 때는 1일 90분 이상(예를 들어 240분 등) 근로하더라도 '가-3'에 해당하는 비용을 청구할 수밖에 없다는 것이므로 이론상으로는 1일 240분 이상 매일 근로를 제공할 수 있다는 것이다.

(3) 4대 사회보험 가입

(가) 고용보험

해당 사업에서 3개월 이상 계속하여 근로를 제공하는 근로자는 1개월간 소정근로시간이 60시간 미만이거나 1주간의 소정근로시간이 15시간 미만인 근로자에 해당하더라도 고용보험 적용대상이다(「고용보험법 시행령」 제3조). 따라서 가족인 요양보호사의 1주간 소정근로시간이 15시간 미만이라도 3개월 이상 계속 근로를 제공하는 근로자에 해당 시 고용보험 적용대상이 된다. 가족인 요양보호사가 65세 이후에 고용된 경우에는 고용보험 적용대상에서 제외된다(「고용보험법」 제10조).

(나) 산업재해보상보험

산업재해보상보험은 근로시간 등에 대한 제한이 없이 모든 근로자는 산재보험에 가입하는 것이 원칙이다(「산업재해보상보험법」 제6조). 오로지 가족인 수급자에게만 서비스를 제공하는 가족인 요양보호사가 근로기준법상의 근로자로 인정된다면 당연히 산재보험적용대상이 된다.

(다) 국민연금과 국민건강보험의 직장가입자 자격

가족인 요양보호사와 방문요양 제공시간을 1일 60분 또는 90분으로 근로계약을 체결할 경우 국민연금 및 건강보험은 가입할 수 없다. 관계법령에 국민연금과 건강보험은 '월 60시간 미만의 단시간 근로자'는 의무가입 대상자가 아님을 명시하고 있기 때문이다(「국민연금법 시행령」 제2조, 「국민건강보험법 시행령」 제9조). 그러나 방문요양을 1일 120분 이상 등으로 근로계약을 체결하고 임금 및 청구는 분류번호 '가-2'의 60시간 이상 또는 분류번호 '가-3'의 90분 이상에 해당하는 금액으로 하는 계약을 체결하고 실제 계약상 근로시간 이상을 제공하여 월 60시간 이상 근로자에 해당되는 경우에는 국민연금과 건강보험적용대상이 될 수 있다고 본다. 기본적으로 건강보험과 달리 국민연금은 18세 이상 60세 미만인 근로자를 가입대상으로 하고 있다(「국민연금법」 제6조, 제13조).

5 손해배상과 장기요양요원에 대한 사용자의 구상권

가 손해배상의 일반론

「민법」 제750조에 따르면 고의 또는 과실로 인한 위법행위로 타인에게 손해를 가한 자는 그 손해를 배상할 책임이 있다. 또한 「민법」 제756조 제1항은 "타인을 사용하여 어느 사무에 종사하게 한 자는 피용자가 그 사무집행에 관하여 제삼자에게 가한 손해를 배상할 책임이 있다. 그러나 사용자가 피용자의 선임 및 그 사무감독에 상당한 주의를 한 때 또는 상당한 주의를 하여도 손해가 있을 경우에는 그러하지 아니하다"는 사용자의 손해배상책임을 규정하고 있다. 즉, 장기요양기관 소속 장기요양요원 등이 수급자에게 서비스를 제공하는 과정에서 낙상사고 등 수급자에게 손해가 발생한 경우 장기요양요원을 고용하고 있는 장기요양기관의 대표자가 수급자에게 손해를 배상할 책임이 있다는 것이다.

수급자에게 장기요양급여를 제공하는 요양보호사 등에게는 서비스제공과 더불어 안전사고 방지 등의 정상의 주의의무가 있는데, 이러한 주의의무 위반을 과실이라 한다. 따라서 수급자에게 장기요양급여를 제공하는 데 있어 요양보호사 등에게 요구되는 주의의무를 게을리 하였는지에 대한 여부로써 과실 여하 등이 결정된다.

요양보호사의 통상적 업무상 식사보조 등에서 사고가 발생하는 경우도 많은데, 요양보호사가 떠 먹여주는 음식이 위로 제대로 내려가지 않고 식도에 적체되고 기도와 폐기관지로 넘어가 구토를 하는 등 수급자에게 이상이 발견되었음에도 장기요양기관 측이 응급후송을 지연시켜 수급자가 기도폐색의 질식으로 사망한 사건에 대하여, 법원은 기도폐색의 위험성에 대하여 적극적으로 확인을 하고 적절한 조치를 하였어야 할 책임이 있다고 보아 장기요양기관에게 입소계약상의 의무를 다하지 아니한 채무불이행책임, 요양보호사의 업무상의 과실에 의한 손해배상의 책임을 인정한 바 있다.[71]

또한 손해배상과 별도로 요양원에 입소자가 임의로 혼자서 밖으로 나가지 않도록 출입구에 사람을 배치하거나, 시건장치를 설치하거나 또는 출입시 경보음이 울리는 장치를 설치하는 등의 적절한 조치를 취할 주의의무를 위반하여 입소자가 사망한 경우 업무상 과실치사죄가 성립된 판례[72] 등이 있다.

나   장기요양 요원의 불법행위와 사용자의 구상권

장기요양기관의 사용자는 장기요양요원의 수급자에 대한 가해행위 등 불법행위와 관련하여 이행보조자의 고의, 과실에 대한 책임(「민법」 제391조) 또는 불법행위 책임으로서의 사용자 책임(「민법」 제756조 제1항)을 진다. 장기요양요원의 불법행위에 대하여 수급자는 당해 장기요양요원이나 장기요양기관 모두에게 손해배상을 청구할 수 있으나, 변제능력이 비교적 우위인 장기요양기관에 손해배상을 청구하는 경우가 많을 것이다. 이에 따라 장기요양기관은 수급자에게 손해배상을 하고 당해 장기요양요원에게 구상권을 행사할 수 있다. 판례는 피용자에 대한 구상권의 행사는 『그 사업의 성격과 규모, 시설의 현황, 피용자의 업무내용과 근로조건 및 근무태도, 가해 행위의 발생원인과 성격, 가해 행위의 예방이나 손실의 분산에

---

71   서울중앙지방법원 2021. 11. 23. 선고 2018가단 5228793 판결.
72   청주지방법원 2013. 12. 13. 선고 2013고단1019 판결.

관한 사용자의 배려정도, 기타 제반 사정에 비추어 손해의 공평한 분담이라는 견지에서 신의칙상 상당하다고 인정되는 한도내에서만 피용자에 대하여 손해배상을 청구하거나 구상권을 행사할 수 있다」고 판결하여[73] 사용자의 피용자에 대한 구상권 행사범위를 어느정도 제한하고 있다. 한편 실무상 장기요양의 전문배상책임보험 가입을 의무화하고 있어 책임보험의 한도 내 처리하는 경우가 많을 것으로 보인다.

---

73 대법원 2014. 5. 29. 선고 2014다202691 판결 등.

장기요양인정과 등급판정

P/A/R/T
04

장기요양인정과 등급판정

1 장기요양인정과 등급판정제도 개관

가 등급판정제도의 의의

장기요양보험료를 납부하는 자에 해당하더라도 납부자 누구에게나 본인의 필요에 따라 장기요양급여인 식사도움, 설거지, 빨래 서비스 등을 이용하게 할 수는 없다. 장기요양 등급판정제도를 두어 혼자의 힘으로 일상생활이나 활동을 할 수 없는 자에 대하여만 이들이 인간다운 삶을 영위하는 데 필수적인 서비스를 제공하는데 제도의 의의가 있다. 이러한 장기요양 등급판정의 핵심은 개인의 장기요양급여 필요도에 있다.

나 등급판정의 기준

등급판정은 단순히 노인 등의 기능상태만으로 결정하는 것이 아니라, 기능상태에 대하여 요양서비스가 필요한 정도에 따라 등급을 결정한다. 요양서비스가 필요한 정도는 노인 등에게 제공되는 객관적인 요양서비스의 시간을 말한다. 하루 종일 누워 있는 와상상태의 노인과 경증 치매로 온종일 배회하는 노인의 경우 기능상태는 와상 노인이 훨씬 나쁠지라도 요양서비스를 제공해야 하는 시간은 경증 치매 노인이 더 오래 걸릴 수 있으므로 경증치매 노인이 높은 등급이 될 수 있는 것이다. 두 발을 사용할 수 없는 장애인이라 하더라도 장애인 판정기준과 달리 혼자 힘으로 옷입기 등 일상가사활동이나 신체활동이 가능하고 휠체어에 의존하여 이동 등이 가능하다면 장기요양등급이 인정되지 않는 이유가 여기에 있다.

한편 등급판정을 할 때는 노인 등의 수발자 유무나 경제적 상황 등은 고려하지 않는다. 즉, 사회보험의 정책적 특성상 요양서비스가 필요한 정도만으로 등급을 판정하게 되는데, 장기요양급여는 노인의 요양필요도(요양서비스가 필요한 정도) 수준에 따라 차등하여 판정을 실시하고, 요양필요도는 '요양인정점수'를 기준으로 한다. 장기요양인정은 '장기요양급여가 어느 정도 필요한가'를 판단하는 것으로, 개인 질병의 중증도 내지 '요양이 힘들겠다' 등과 같은 주관적 사정에 의하여 결정되지는 않는다.

다 │ 장기요양등급의 분류 및 개수

2008년 7월 장기요양보험제도 시행 당시 장기요양등급은 요양인정점수에 따라 다음의 3개 등급으로 출발하였으나, 현재는 6등급으로 변경되었다. 또한 다음에 따른 장기요양인정 점수는 장기요양이 필요한 정도를 나타내는 점수로서 보건복지부장관이 정하여 고시하는 심신의 기능 저하 상태를 측정하는 방법에 따라 산정한다(시행령 제7조 참조).

등급	요양인정점수 기준
장기요양 1등급	심신의 기능상태 장애로 일상생활에서 전적으로 다른 사람의 도움이 필요한 자로서 장기요양인정 점수가 95점 이상인 자
장기요양 2등급	심신의 기능상태 장애로 일상생활에서 상당 부분 다른 사람의 도움이 필요한 자로서 장기요양인정 점수가 75점 이상 95점 미만인 자

장기요양 3등급	심신의 기능상태 장애로 일상생활에서 부분적으로 다른 사람의 도움이 필요한 자로서 장기요양인정 점수가 60점 이상 75점 미만인 자
장기요양 4등급	심신의 기능상태 장애로 일상생활에서 일정부분 다른 사람의 도움이 필요한 자로서 장기요양인정 점수가 51점 이상 60점 미만인 자
장기요양 5등급	치매(영 제2조에 따른 노인성 질병에 해당하는 치매로 한정한다)환자로서 장기요양인정 점수가 45점 이상 51점 미만인 자
장기요양 인지지원 등급	치매(영 제2조에 따른 노인성 질병에 해당하는 치매로 한정한다)환자로서 장기요양인정 점수가 45점 미만인 자

라 | 등급판정 체계

　등급판정은 1차 판정과 2차 판정의 단계를 거쳐 최종적으로 확정된다. 1차 판정은 방문조사원(공단 각 지사의 장기요양운영센터 소속 직원)이 방문조사를 통해 파악한 조사결과를 수형분석도(통계 패키지)에 적용하여 산출한 점수를 기준으로 하여 등급판정위원회의 2차 판정(최종판정)을 위한 장기요양인정 여부 및 장기요양 등급을 제시하는 과정이다. 2차 판정은 등급판정위원회에서 1차 판정결과와 특기사항 및 의사소견서, 기타 심의 참고자료 등을 종합적으로 검토·확인하여 장기요양인정 여부 및 장기요양등급을 최종 결정한다.

2 장기요양 등급인정의 신청

가 장기요양 등급인정을 신청할 수 있는 자

(1) 65세 이상과 65세 미만 요건

심신기능 상태의 노화 현상 등으로 혼자 힘으로 거동, 일상생활 및 일상활동이 어려운 65세 이상 또는 치매 또는 뇌혈관 질환 등을 가진 65세 미만의 자는 장기요양인정(장기요양 등급인정)을 신청할 수 있다(법 제2조, 제12조). 구체적으로는, 65세 이상의 노인과 〈표4-1〉의 노인성 질병을 가진 65세 미만의 자 중에서 스스로 대변 처리, 식사, 옷입기 등 일상 생활 활동을 할 수 없어 다른 사람의 돌봄이 필요한 자가 장기요양 인정신청을 할 수 있다.

<표4-1> 65세 미만의 노인성 질병의 종류(시행령 제2조, [별표1])

구분	질병명	질병코드
한국표준 질병·사인 분류	가. 알츠하이머병에서의 치매	F00*
	나. 혈관성 치매	F01
	다. 달리 분류된 기타 질환에서의 치매	F02*
	라. 상세불명의 치매	F03
	마. 알츠하이머병	G30
	바. 지주막하출혈	I60
	사. 뇌내출혈	I61
	아. 기타 비외상성 두개내출혈	I62
	자. 뇌경색증	I63
	차. 출혈 또는 경색증으로 명시되지 않은 뇌졸중	I64
	카. 뇌경색증을 유발하지 않은 뇌전동맥의 폐쇄 및 협착	I65
	타. 뇌경색증을 유발하지 않은 대뇌동맥의 폐쇄 및 협착	I66

한국표준 질병·사인 분류	파. 기타 뇌혈관질환	I67
	하. 달리 분류된 질환에서의 뇌혈관장애	I68*
	거. 뇌혈관질환의 후유증	I69
	너. 파킨슨병	G20
	더. 이차성 파킨슨증	G21
	러. 달리 분류된 질환에서의 파킨슨증	G22*
	머. 기저핵의 기타 퇴행성 질환	G23
	버. 중풍후유증	U23.4
	서. 진전(震顫)	R25.1
	어. 척수성 근위축 및 관련 증후군	G12
	저. 달리 분류된 질환에서의 일차적으로 중추신경계통에 영향을 주는 계통성 위축	G13*
	처. 다발경화증	G35

<비고>

1. 질병명 및 질병코드는 「통계법」 제22조에 따라 고시된 한국표준질병·사인분류에 따른다.

2. 진전은 보건복지부장관이 정하여 고시하는 범위로 한다.

(2) 만성적 장애 요건

위와 같이 신청자격이 충족되더라도 6개월 이상 동안 혼자서 일상생활을 수행하기 어렵다고 인정되어야 소정의 장기요양 등급을 인정받을 수 있다(법 제15조 제2항). 장기요양보험제도는 신체의 자연적인 노화현상에 따른 거동불편으로 혼자 힘으로 일상 동작이나 생활을 할 수 없는 자에게 돌봄서비스를 제공하는 제도이므로, 사고 등으로 신체의 일시적인 장애가 있어 거동이 불편하더라도 6월 미만의 기간 이내에 치료되는 경우에는 이를 서비스 대상으로 하지 않겠다는 취지이다. 즉, 장애가 만성적으로 고정된 상태에 있는 자를 그 보호대상으로 하는 것을 이 제도의 목적으로 보는 것이 합당하다.

치매, 중풍 등 노인성질병 또는 노화 현상으로 혼자 힘으로 6개월 이상의 기간 동안 거동불편 및 대소변처리 등 일상 생활 활동이 어려워 타인의 돌봄이 필요한 경우, 본인 또는 대리인이 장기요양인정 신청서(시행규칙 별지 제1호의2 서식) 등 구비서류를 갖추어 공단 지사에 신청할 수 있다. 본인 또는 대리인이 신청하기 편리한 공단 지사 또는 장기요양보험 홈페이지[74]를 통해 신청이 가능하다. 장기요양인정신청을 하여 장기요양등급판정을 받았으나 그 이후 심신기능 상태가 변경된 경우 장기요양 등급의 변경을 신청할 수 있다. 장기요양인정신청을 하였으나 소정의 등급을 판정받지 못한 경우 심사청구를 받은 날부터 60일 이내에 심사 결정을 하도록 한 법 조항(법 제55조)에 의거 심사청구를 제기할 수 있다. 그리고 등급을 판정받지 못한 이후에도 신청 당시보다 심신의 기능상태가 악화된 경우에는 재신청(최초신청의 반복)을 할 수 있다.

65세 이상 노인은 '장기요양인정신청서 + 의사소견서(인정신청 이후 공단에서 별도 통보한 경우 제출)'가 필요하다. 65세 미만의 노인성 질환자는 '장기요양인정신청서 + 의사소견서(다만, 의사소견서 대신 진단서 등을 제출하는 경우에는 별도로 의사소견서를 제출해야 함)'가 필요하다. 65세 미만으로서 노인성 질병을 가진 신청인은 장기요양인정신청서를 공단에 제출 시 노인성 질병이 기재된 의사소견서를 함께 제출하여야 한다. 다만, 신청인이 65세 미만인 자로서 신청시에 의사소견서를 제출하지 아니하는 경우에는 시행령 제2조에 따른 노인성 질병을 확인할 수 있는 진단서 등의 증명서류를 장기요양인정신청서에 첨부하여야 한다(법 제13조, 시행규칙 제2조·제3조). 장기요양인정신청서가 공단에 접수되면 공단 직원이 방문조사를 한 이후 '의사소견서' 제출여부에 대하여 신청자에게 통보한다. 또한 의사소견서 제출 제외가 가능한 경우는 신청인의 심신상태나 거동상태 등이 보건복지부령으로 정하는 기준에 따라 현저하게 불편한 자 등으로 규정하여 신청인의 사정을 감안하여 처리한다(시행령 제6조).

다   장기요양인정신청서를 대신 제출할 수 있는 자

장기요양 인정신청서(시행규칙 제1호의2 서식)는 인구고령화로 인한 고령자의 권익보호, 특히 치매로 판단능력이 저하된 노인의 자기결정권과 관련된다. 법 제22조 제1항에서는 "장기요양급여를 받고자 하는 자 또는 수급자가 신체적·정신적인 사유로 이 법에 따른 장기요양인정의 신청, 장기요양인정의 갱신신청 또는 장기요양등급의 변경신청 등을 직접 수행할 수 없을 때 본인의 가족이나 친족, 그 밖의 이해관계인은 이를 대리할 수 있다."고 규정하고 있다. 이 외에도 사회복지전담공무원, 치매안심센터의 장은 본인 또는 본인의 가족의 동의를 받아 장기요양인정신청을 대리 할 수 있고, 시장·군수·구청장이 지정하는 자는 이를 대리할 수 있도록 대리의 범위를 확대하여 놓고 있다(법 제22조 제2항, 제3항).

장기요양인정신청의 경우 심신상의 문제로 대부분 신청자(장기요양급여를 받고자 하는 자 또는 수급자) 본인이 직접 신청하기 어렵다. 장기요양인정 신청인이 신체적·정신적 사유로 신청행위를 직접 할 수 없을 때 신청인의 가족이나 친족, 그 밖의 이해관계인 등이 신청서를 대신하여 작성하거나 대리하여 신청할 수 있다. 여기서 이해관계인을 어느 정도 범위로까지 볼 수 있느냐에 관한 문제가 발생하는데, 법령 및 사회통념상 원칙적으로 직계비속 등이 없어 대신 신청이 어려운 경우에 한하여 대리 신청토록 해석하여야 할 것이며, 실무상 장래의 수급자를 유인·알선할 목적으로 하는 자와 장기요양기관 시설의 장 등 종사자는 이해관계인에 포함시키지 않고 있다.[75]

장기요양 인정의 신청(갱신신청, 변경신청 포함)은 수급자의 권익을 신장시키는 부분이 있기 때문에 이를 대리할 수 있는 자의 범위를 본인의 가족, 친족, 이해관계인, 사회복지전담공무원, 시·군·구청장이 지정하는 자까지 넓게 인정하고 있다. 이는 판단능력이 저하된 고령자의 권리를 적절하게 대변할 수 있는 제도적 장치로 볼 수 있다. 「민법」상 가족의 범위에는 ▶ 배우자·직계혈족 및 형제자매, ▶ 생계를 같이 하는 직계혈족의 배우자, 배우자의 직계혈족 및 배우자의 형제자매가

---

75   장기요양보험법 해설, 2020.7, 국민건강보험공단 124쪽.

해당된다(「민법」 제779조). 「민법」상 친족의 범위에는 8촌 이내의 혈족, 4촌 이내의 인척, 배우자가 포함된다(「민법」 제777조).

대리인의 유형별 구비서류는 〈표 4-2〉와 같다(시행규칙 제10조 참조).

〈표4-2〉 장기요양 인정신청의 대리인 유형별 구비서류

대리인의 유형	내용	구비서류
신청인 본인의 가족, 친족, 그 밖의 이해관계인인 경우	- 가족: 『민법』 제779조에 따른 가족으로서 배우자, 직계혈족 및 형제자매, 직계혈족의 배우자(이하 생계를 같이 하는 경우), 배우자의 직계혈족 및 배우자의 형제자매 - 친족: 『민법』 제777조에 따른 친족으로서 8촌 이내 혈족, 4촌 이내 인척, 배우자 - 이해관계인: 이웃 등 가족, 친족을 제외한 그 밖의 자	1.신청인 본인과의 관계를 입증할 수 있는 서류 (다만 대리인이 가족이나 친족인 경우, 공단이 행정정보망을 통해 주민등록표등본을 확인하는 것에 동의할 때에는 제출 생략) 2. 위임장과 신분증 (단, 건강보험가입자 또는 피부양자임이 확인된 경우 신분증만 필요)
『사회복지사업법』에 따른 사회복지전담공무원인 경우	- 신청인 본인 또는 가족의 동의를 얻어 관할 지역안에 거주하는 자에 대하여 대리	공무원임을 증명하는 신분증
시장·군수·구청장이 지정한 자인 경우	- 가족, 친족, 이해관계인 또는 사회복지전담공무원이 대리할 수 없는 경우 시장·군수·구청장이 지정하는 자	1. 대리인지정서(규칙 별지 제9호 서식) 2. 신분증
치매안심센터의 장	장기요양급여를 받으려는 사람 또는 수급자가 『치매관리법』 제2조제2호에 따른 치매환자인 경우로 한정	대리인의 신분증 및 치매안심센터의 장임을 증명하는 서류

(1) 제출기한과 제출 대상

의사소견서(시행규칙 별지 제2호 서식)는 공단 직원이 신청자를 방문하여 인정에 필요한 항목을 조사한 후 공단이 안내한 의사소견서 발급의뢰서에 따라 정해진 기한 내 반드시 제출하여야 한다. 다만, ▶ 장기요양인정 조사결과 장기요양 1등급 받을 것으로 예상되는 자, ▶ 장기요양인정 조사결과 장기요양 2등급 받을 것으로 예상되는 자로서 규칙 제5조 별지 제5호서식 '장기요양인정조사표' 제2호 가목 '신체기능(기본적 일상생활기능)영역' 중 "⑨ 방밖으로 나오기"의 기능자립정도가 완전도움이면서 "⑥ 체위변경하기", "⑦ 일어나 앉기", "⑧ 옮겨 앉기" 항목의 기능자립정도의 합계가 6점 이상인 자는 의사소견서를 제출하지 않아도 된다. 의사소견서는 공단이 등급판정위원회에 자료를 제출하기 전까지 제출하여야 한다(법 제13조, 시행규칙 제3조, 「거동불편자에 해당하는 자(보건복지부 고시 제2016-166호)」).

노인성 질병을 가진 65세 미만인 경우와 관련, 노인성 질병이 있는 자만이 장기요양인정신청을 할 수 있으므로 장기요양인정 신청서를 공단에 제출할 때 노인성 질병이 기재된 의사소견서를 함께 제출하여야 하며(시행규칙 제2조 등), 의사소견서 발급비용은 전액 본인이 부담하고 장기요양등급이 인정된 경우 또는 최초로 장기요양인정을 신청하거나 인정 갱신 신청 시에는 공단 부담금을 공단에 청구하여 돌려받는 구조이다. 65세 이상의 경우에는 의사소견서 없이 장기요양인정을 하게 되면 공단이 신청자를 방문하여 심신기능상태 조사 후 의사소견서 발급의뢰서를 발급한 자에 한하여 의사소견서제출이 필요하며, 의사소견서 발급의뢰서에 의하여 의료기관으로부터 의사소견서를 발급한 경우에는 65세 미만의 자와 달리 사후 정산절차 없이 본인부담금만 납부하고 의사소견서를 발급받을 수 있다. 의사소견서는 대부분 의료기관에서 인터넷을 통하여 공단에 제출된다.

(2) 치매관련 양식의 의사소견서

보건복지부장관이 정하는 치매진단 관련 양식은 보건복지부에서 정한 의사소견서 작성교육을 이수한 의사, 한의사(한방신경정신과 전문의에 한한다)가 발급한 경우에 한하여 인정하므로(요양급여고시 제78조 제3항) 의사소견서 작성교육을 이수한 의사만이 치매관련 양식이 필요한 의사소견서를 발급할 수 있다. 치매진단은 주로 MMSE[76], GDS[77] 또는 CDR[78] 도구를 통하여 알츠하이머병에서의 치매, 혈관성 치매, 달리 분류된 기타 질환에서의 치매, 상세불명의 치매 등으로 진단하고 있다.[79]

마 | 장기요양기관의 등급인정신청의 문제

신청자를 대신하여 신청 등을 하는 경우는 장기요양기관의 종사자가 직접 신청자의 대리인이 되어 신청하는 경우[80]와 단순히 신청서 작성만 장기요양기관에서 대신 작성해 주는 경우 등이 있다. 현장에서는 미래의 수급자를 확보하는 차원에서 장기요양기관이 장기요양 인정신청절차에 개입하는 경우가 있고, 장기요양기관을 통하여 신청하면 장기요양등급이 보다 잘 인정되는 것처럼 인식하도록 홍보하는 경우도 있다. 그러나 결과적으로는 장기요양기관을 통하여 등급인정신청을 하는 것과 직접 신청하는 것에 차이는 없다.

이러한 문제, 즉, 신청 주체 내지 결과는 신청자의 심신기능 상태뿐만 아니라 등급판정을 위한 조사과정에서의 신청자의 학습된 행동, 조사자의 조사기법 및 능력, 의사소견서의 정확성 등과 관련되는 영역이다.

법 제35조 제6항에는 "누구든지 영리를 목적으로 금전, 물품, 노무, 향응, 그 밖의 이익을 제공하거나 제공할 것을 약속하는 방법으로 수급자를 장기요양기관에 소

---

76 Minimental Status Examination.

77 Global Deterioration Scale.

78 Clinical Dementia Rating.

79 국민건강보험공단, 의사소견서 업무매뉴얼, 2023, 8쪽 등(의사소견서 보완서류) 참조.

80 공단의 접수창구에서 장기요양기관의 종사자가 대리 신청하는 경우에는 공단의 직원이 신청자의 가족 등 대리신청할 수 있는 가족이 있는 경우 등을 확인하여 가족 등이 있는 경우 종사자에 의한 대리신청을 인정하지 않고 있으나, 현실적으로 대리인이 장기요양기관 종사자인지 확인하는 데는 한계가 있다.

개, 알선 또는 유인하는 행위 및 이를 조장하는 행위를 하여서는 아니된다"고 규정되어 있고 이를 위반하면 장기요양기관 지정취소대상이 되며(법 37조 제1항), 2년 이하의 징역 또는 2천만원 이하 벌금(제67조 제2항)의 대상이 된다. 따라서 장기요양인정신청을 가족 등이 대리할 수 있는 여건이 되는 자에 대하여 장기요양기관이 장기요양인정신청을 대행하는 경우는 위의 알선·유인에 해당될 소지가 있다.

3 장기요양등급인정(판정)

가 공단 직원의 방문조사 내용

장기요양 인정신청서가 접수되면 공단은 장기요양인정 신청자 또는 장기요양등급변경 신청자에 대하여 기본적 일상생활활동(ADL)·인지기능·행동변화·간호처치·재활 등 요양욕구 영역의 기능상태 및 신청자의 환경적 상태, 서비스 욕구 등을 파악하고 그에 따른 장기요양인정 여부 및 등급을 결정하고, 개인별 장기요양이용계획서(법 제17조 제3항) 작성을 위하여 신청자를 방문하여 조사를 실시한다(법 제14조). 조사항목은 옷 벗고 입기 등 신체기능영역, 집안 일하기 등 사회생활기능영역, 인지기능영역, 환청 등 행동변화영역, 욕창 등 간호처치능력, 재활영역, 질병(증상)영역 등이 있다(시행규칙 별지 제5호 서식).

방문조사는 소정의 교육을 받은 공단 지사 장기요양운영센터 소속 직원인 간호사, 사회복지사, 물리치료사 등이 시행한다. 공단 직원은 신청인을 방문하여 장기요양인정조사표(시행규칙 별지 제5호 서식)에 의해 신청인의 심신상태 등에 대하여 각 영역별로 '완전자립, 부분도움, 완전도움' 또는 '증상의 유, 무' 등의 형태로 조사를 한다. 장기요양인정조사표의 구성은 다음과 같으며, 각 항목별 세부 조사항목이 구체적으로 마련되어 있다.

I . 일반사항	신청인의 주거상태, 동거인, 수발자, 현재 받고 있는 급여, 희망하는 급여 종류 등
II . 장기요양 인정·욕구사항	가. 신체기능(기본적 일상생활기능) 영역 나. 사회생활기능(수단적 일상생활기능) 영역 다. 인지기능 영역 라. 행동변화 영역 마. 간호처치 영역 바. 재활 영역 사. 복지용구 아. 지원 서비스 자. 환경 평가 차. 시력·청력상태 카. 질병 및 증상

'장기요양인정조사표'의 항목에는 장기요양인정과 관련된 항목과, 개인별 장기요양 이용계획[81]과 관련된 항목이 혼재되어 있다. 조사사항 90개 항목 중 심신의 기능상태와 관련된 〈표 4-3〉의 65개 항목은 등급판정에, 사회생활기능, 환경평가, 지원서비스 등에 대한 항목은 욕구조사 항목으로써 개인별 장기요양 이용계획서 작성에 활용된다.

---

[81] 개인별 장기요양이용 계획서는 수급자가 월 한도액 범위 내에서 급여를 원활하게 이용할 수 있도록 수급자 개인별 기능상태 및 욕구를 반영하여 작성한 것이다. 대상자의 상태와 등급, 발급일, 대상자가 지원받을 수 있는 금액의 한도와 본인 부담금액, 본인부담률 등이 구체적으로 나와 있기 때문에 장기요양기관과 계약할 때 적정한 급여를 원활히 이용할 수 있도록 도와주는 서류이다. 수급자는 급여이용 희망 시 장기요양인정서와 개인별 장기요양이용계획서를 장기요양기관에 제시해야 하며, 장기요양기관은 수급자가 제시한 장기요양인정서 및 개인별 장기요양 이용계획서를 바탕으로 장기요양급여 제공 계획서를 작성하고 수급자의 동의를 받아 그 내용을 공단에 통보해야 한다. 따라서 개인별 장기요양이용계획서 상 작성되지 않은 급여종류로는 장기요양기관의 급여제공계획서 작성이 불가능하다(법 제27조, 시행령 제13조, 시행규칙 제21조, 제21조의2).

<표 4-3> 등급판정을 위한 조사대상 항목

영역	항목		
신체기능 (기본적 일상생활 기능) (13항목)	• 옷 벗고 입기 • 세수하기 • 양치질하기 • 목욕하기	• 식사하기 • 체위변경하기 • 일어나 앉기 • 옮겨 앉기	• 방 밖으로 나오기 • 화장실 사용하기 • 대변 조절하기 • 소변 조절하기 • 머리감기
인지기능 (10항목)	• 단기 기억장애 • 날짜불인지 • 장소불인지 • 나이·생년월일 불인지	• 지시불인지 • 상황 판단력 감퇴 • 의사소통·전달장애	• 계산을 하지 못함 • 하루일과 이해 못함 • 가족이나 친척을 알아 보지 못함
행동변화 (22항목)	• 망상 • 환각, 환청 • 슬픈 상태, 울기도 함 • 불규칙수면, 주야혼돈 • 도움에 저항 • 화기관리 • 공공장소에서 부적절한 성적행동	• 서성거림, 안절부절 못함 • 길을 잃음 • 폭언, 위협행동 • 밖으로 나가려함 • 물건 망가트리기 • 불리불안 • 이식증 • 식습관 및 식욕변화를 보이거나 이유없이 식사 거부	• 의미없거나 부적절한 행동 • 돈,물건 감추기 • 부적절한 옷입기 • 대소변불결행위 • 이유없이 고함침 • 쓸데없이 간섭안고 참견 • 귀찮을 정도로 따라 다니기
간호처치 (10항목)	• 기관지 절개관 간호 • 흡인 • 산소요법	• 욕창간호 • 경관 영양 • 암성통증간호	• 도뇨관리 • 장루간호 • 투석간호 • 당뇨발간호

영역	운동장애(4항목)		관절제한(6항목)
재활 (10항목)	• 우측상지 • 좌측상지	• 우측하지 • 좌측하지	• 어깨관절, · 팔꿈치관절, · 손목 및 수 지관절, · 고관절, · 무릎관절, · 발목 관절

나 방문조사 방법과 장기요양인정점수 산출과정

소정의 교육을 받은 간호사, 사회복지사, 물리치료사 등 공단 소속 장기요양직 직원이 신청인을 직접 방문하여 장기요양인정조사표에 따라 옷 벗고 입기, 목욕하기 등의 일상생활 자립여부와 인지기능, 치매로 인한 행동변화, 간호처치, 팔다리의 운동장애 및 제한 여부 등을 조사하고, 일반적으로 다음의 단계별 업무 프로세스에 따라 진행된다.

(1단계) 인정점수는 「장기요양등급판정기준에 관한 고시」의 영역별 조사항목의 판단기준에 따른 원점수를 아래와 같이 기능상태 영역별 원점수를 조사한다〈예시〉.

영역	조사항목의 판단기준		원점수
신체기능	기능자립정도	완전자립	1
		부분도움	2
		완전도움	3
인지기능	증상여부	예	1
		아니오	0
행동변화	증상여부	예	1
		아니오	0
간호처치	증상유무	있다	1
		없다	0
재활	운동장애 정도	운동장애없음	1
		불완전운동장애	2
		완전운동장애	3
	관절제한 정도	제한없음	1
		한쪽관절제한	2
		양쪽관절제한	3

(2단계) 1단계에서 조사한 기능상태 영역별 원 원점수를 합산하고, '영역별 원점수'를 아래 '영역별 100점 득점 환산표(영역별 점수가 총 100점으로 환산되도록 만든 장치 표)'에 따라 영역별 100점 환산 점수로 산출한다〈예시〉.

영역	영역별 원점수	영역별 100점 환산 점수
신체기능	28점	61.71점
인지기능	0점	0점
행동변화	0점	0점
간호처치	4점	55.81점
재활	25점	70.53점

(3단계) 2단계에서 산출한 영역별 100점 환산 점수를 바탕으로 서비스 군별 수형분석도(일종의 통계 패키지)에 적용하여 장기요양 인정점수를 다음과 같이 산정한다〈예시〉.

서비스 군	장기요양인정점수
청결	9.0
배설	10.2
식사	15.1
기능보조	6.4
행동변화대응	0.4
간접지원	19.7
간호처치	14.6
재활훈련	4.8

(4단계) 3단계에서 산정한 각 서비스군의 장기요양 인정점수의 합계를 다음과 같이 구한다〈예시〉.

서비스 군	요양인정점수
① 청결	9.0
② 배설	10.2
③ 식사	15.1
④ 기능보조	6.4
⑤ 행동변화대응	0.4
⑥ 간접지원	19.7
⑦ 간호처치	14.6
⑧ 재활훈련	4.8
장기요양인정점수의 합(①~⑧)	80.2

이와 같이 「장기요양등급판정기준에 관한 고시」 별표1의 청결·배설·식사·기능보조·행동변화대응·간접지원·간호처치·재활훈련의 총 8개 서비스 군의 수형분석도에 적용하여 각 서비스 군별로 해당 요양인정점수를 산출하여 합산한다. 즉, 「요양인정점수＝청결 서비스 군 해당 요양인정점수＋배설 서비스 군 해당 요양인정점수＋식사 서비스 군 해당 요양인정점수＋기능보조 서비스 군 해당 요양인정점수＋행동변화대응 서비스 군 해당 요양인정점수＋간접지원 서비스 군 해당 요양인정점수＋간호처치 서비스 군 해당 요양인정점수＋재활훈련 서비스 군 해당 요양인정점수」이다.

1) 청결 서비스 군의 요양인정점수는 영역별 '신체기능 영역 100점 환산점수'의 수형분석도를, 2) 배설 서비스 군의 요양인정점수는 인정조사표의 '체위변경하기' 항목의 기능자립정도에 따른 수형분석도를, 3) 식사 서비스 군의 요양인정점수는 인정조사표의 '식사하기' 항목의 기능자립정도에 따른 수형분석도를, 4) 기능보조 서비스 군의 요양인정점수는 환산표의 '신체기능 영역 100점 환산점수'가 47.64점을 기준으로 한 수형분석도를, 5) 행동변화대응 서비스 군의 요양인정점수

는 '행동변화 영역 100점 환산점수'가 34.69점을 기준으로 한 수형분석도를, 6) 간접지원 서비스군의 요양인정점수는 환산표의 '신체기능 영역 100점 환산점수'가 25.14점을 기준으로 한 수형분석도를, 7) 간호처치 서비스 군의 요양인정점수는 인정조사표의 '욕창간호' 항목의 증상유무에 따른 수형분석도를, 8) 재활훈련 서비스 군의 요양인정점수는 환산표의 '재활 영역 100점 환산점수'가 0점과 39.46점을 기준으로 한 수형분석도를 각각 적용하여 산출된 점수이다.

이처럼 8개 서비스 군 수형분석도는 요양시설에서 제공되는 다양한 서비스를 청결, 배설, 식사, 기능보조, 행동변화대응, 간접지원, 간호처치, 재활훈련으로 분류하여, 각 서비스 군별로 실제 서비스 제공시간을 장기요양인정 항목과 영역별 100점 환산점수에 의한 심신상태의 패턴에 따라 적절하게 분류하는 수형분석의 통계기법을 활용한 것이다.

(5단계) 위의 단계별 〈예시〉와 같이 산출된 결과는 장기요양등급판정위원회의 심의·의결을 거쳐, 예컨대 장기요양인정점수가 80.2점으로 확정되면 시행령 제7조 제1항 제2호의 "장기요양인정 점수 75점 이상 95점 미만인 자"에 해당되어 최종적으로 장기요양 2등급을 판정받게 된다(법 제15조, 시행령 제7조, 「장기요양등급판정기준에 관한 고시」 참조).

위의 〈예시〉를 통하여 살펴본 바와 같이 장기요양등급은 요양(돌봄)서비스의 필요정도에 따라 장기요양등급이 결정되며, 공단 각 지사에 설치된 장기요양등급판정위원회의 최종적인 의결을 거쳐 1~5등급 또는 장기요양인지지원등급으로 최종 확정된다. 등급판정위원회는 신청인이 신청서를 제출한 날부터 30일 이내에 법 제15조에 따른 장기요양등급판정을 완료하여야 한다. 다만, 신청인에 대한 정밀조사가 필요한 경우 등 기간 이내에 등급판정을 완료할 수 없는 부득이한 사유가 있는 경우 30일 이내의 범위에서 이를 연장할 수 있어(법 제16조 제1항), 신청서 제출일로부터 60일 내에 판정을 완료해야 한다.

다 치매 가점

    일정한 요양인정점수를 받은 자 중에서 치매 증상이 인정된 자에게는 가점을 부여하여 거동불편자인 수급자에게 안정적 서비스를 도모하도록 하고 있다. 즉, 1) 요양인정점수가 75점 미만이고, 2) '장기요양인정조사표'중 질병 및 증상에 치매가 있다고 조사된 자이고, 3) '장기요양인정조사표'의 일상생활 자립도 중 치매노인(인지증) 항목이 불완전자립·부분의존 또는 완전의존에 해당하는 자의 요건을 모두 충족한 신청자가 소정의 회귀모형의 값을 충족한 경우 당해 신청인의 개별 요양인정점수는 한 단계 위 등급의 최저점수로 한다(「장기요양등급판정기준에 관한 고시」 제2조 제5호).

라 장기요양등급판정위원회의 등급 판정

    장기요양등급판정위원회는 국민들의 장기요양보험급여 대상자 인정여부, 즉 장기요양 등급판정을 심의·의결하는 기능을 수행하는 기구로서, 노인장기요양사업에서 장기요양인정여부에 대한 객관성과 전문성을 담보하기 위하여 전문가 그룹과 공익의 대표자로 구성하여, 시·군·구 단위로 공단 각 지사의 장기요양운영센터에 설치된 위원회이다. 장기요양인정신청인에 대한 심신상태 등 공단 직원의 방문 조사결과 및 신청인이 제출한 의사소견서를 바탕으로 장기요양인정 및 장기요양등급 판정 등을 최종적으로 심의·의결한다.

    등급판정위원회의 개최 횟수와 상정건수 등은 공단 지사(장기요양운영센터)의 관할 인구, 장기요양 인정신청건수에 따라 차이가 있으나, 많게는 1회에 250여건에 달하기도 하는 등 등급판정위원회의 심사 업무에 한계가 있어 실무상으로는 공단직원이 조사하여 산정한 점수가 주로 등급별 경계선상에 해당되는 건과 급성기 상병 등 특수건에 대하여만 상세한 심의가 이루어지고 있는 실정이다.[82] 또한 조

---

82 이러한 문제를 해결하고자 등급판정위원은 등급판정관련 조사건에 대한 사전 열람을 한 이후 등급판정위원회에 참석하고 있으나, 이 또한 현실적인 한계가 있다고 본다.

사결과서와 의사소견서 및 조사한 사항을 일정한 로직(평가방법)에 의한 도구에서 산출된 점수를 기준으로 등급판정위원회에서 심의할 수 밖에 없는 구조이고, 그렇다고 위원회가 신청 건별로 모두 현장검증을 할 수도 없는 등 일정부분 구조적인 어려움이 있다.

4 등급판정 도구에 대한 이해

가 등급판정도구의 기초이론

장기요양등급판정의 항목과 등급의 수(세분화) 및 등급판정방법은 국가마다 다르다. 장기요양급여는 옷입혀드리기, 배설, 몸씻기, 설거지, 말벗, 지켜보기 등을 도와드리는 돌봄(요양)서비스인 관계로, 각 개인의 돌봄서비스 필요량(요양필요도)을 객관적으로 측정하는 데는 한계가 있는 영역이기 때문에 모든 사람에게 공통적으로 적용되는 판정도구나 장치가 필요하다. 즉, 등급판정도구의 개발은 '걸을 수 없다'와 같은 지극히 단편적인 기능상태 자체만으로는 곧 돌봄필요도(요양필요도)를 측정해 낼 수 없다는 사실에서 출발한다. 와상노인이라고 해서 반드시 요양필요도가 그에 비례해서 크다고 할 수는 없다고 볼 수 있는 것처럼, 기능상태에 기반하여 구체적인 요양필요도를 측정해 낼 수 있는 어떠한 구체적이고 세밀한 별도의 측정도구가 필요하였다.

이에 따라 이러한 측정도구는 통계적 분석 및 처리를 통해서 만들어졌고, 수천명, 수 만명의 기능상태를 일일이 조사하고, 다른 한편으로 이들에게 실제로 제공된 장기요양급여(요양, 돌봄 또는 수발 서비스 등) 시간도 1분 단위로 조사한다. 그리고 양자(기능상태와 제공시산) 사이를 통계적으로 처리해서 어떤 pattern(패턴)별로 분류해 낸다. '장기요양인정점수'는 노인요양시설 등에서 서비스를 받고 있는 사람을 대상으로 심신상태를 평가하고 서비스 제공량을 조사한 후, 심신상태의 유형과 서비스 제공량 간의 관계를 분석하여 개발되었다.

장기요양보험 시행 당시에는 조사 대상자의 심신 기능상태와 서비스 제공시간과의 관계를 파악하기 위하여 294개의 서비스 종류를 아래의 8개 서비스 군으로 유형화하여 조사 대상자의 심신 기능상태를 나타내는 52개 항목의 조사결과에 따라서 서비스 제공량을 추계하였다. 이와 같이 수형분석도를 통하여 서비스를 필요한 신청인에게 필요한 서비스 제공 시간을 조사하지 않고도 오로지 심신의 기능상태를 나타내는 52개 항목의 조사결과만으로 신청인의 '요양필요도' 수준을 나타내는 '장기요양인정점수'를 얻을 수 있게 되었다.

처음 만들어진 등급판정도구는 실제로 약 2,200명의 시설에 입소해 있는 어르신을 대상으로 심신 기능상태 조사를 실시하였고 그 어르신들이 24시간 동안 제공받고 있는 서비스량을 1분 단위로 조사하였다. 서비스 제공 내용이 유사한 것끼리 8개의 서비스군별로 분류하여 수형분석도를 만들어, 모든 신청인은 각각의 서비스군별로 뿌리마디에서 시작하여 최종마디까지 가지치기를 해가며 자신의 심신 상태에 따라 서비스 제공시간이 비슷한 그룹을 찾아 신청인에게 필요한 점수를 찾아가게 되는 구조였다.

장기요양인정점수는 요양필요도를 측정하기 위한 개념인 동시에, 하루동안 실제 직접서비스가 필요한 시간과 관련되는 개념이다. 즉, 직접 서비스 시간만을 계산해서 일년 365일 매일 평균 어느정도 시간에 해당하는 서비스를 실제로 받을 것으로 예상되는지, 또는 어느정도 시간의 서비스를 실제로 받고 있다고 추정할 것인지 등 일반화 관점에서의 통계적 개념으로 풀이된다고 할 것이다. 앞서 관련 절차 및 내용을 설명한 바와 같이 장기요양인정점수의 산출도구는 법 제15조제2항, 시행령 제7조 및 「장기요양등급판정기준에 관한 고시」에 규정되어 있다.

나 등급판정도구의 개발과정[81,82]

등급판정도구는 아래와 같은 절차로 개발되었다.

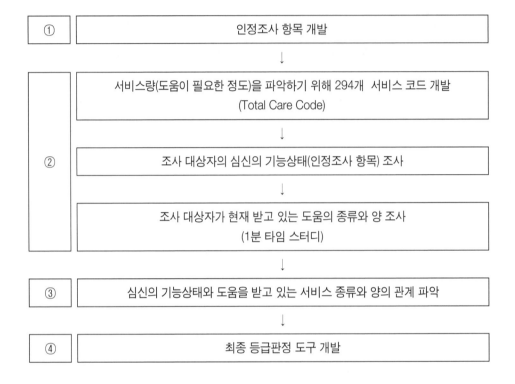

① 인정조사 항목 개발

② 서비스량(도움이 필요한 정도)을 파악하기 위해 294개 서비스 코드 개발
(Total Care Code)

조사 대상자의 심신의 기능상태(인정조사 항목) 조사

조사 대상자가 현재 받고 있는 도움의 종류와 양 조사
(1분 타임 스터디)

③ 심신의 기능상태와 도움을 받고 있는 서비스 종류와 양의 관계 파악

④ 최종 등급판정 도구 개발

(1) 인정조사 항목 개발

인정조사 항목은 노인의 기능상태만을 판단하는 것이 아니라, 서비스 필요량을 예측할 수 있도록 1) 외국의 등급판정 도구 검토, 2) 우리나라에서 서비스 량을 측정할 수 있는 서비스 내용을 총 망라한 실태조사표 마련, 3) 선별된 요양원에 입소한 자를 대상으로 실제 서비스 제공 내용 및 시간 파악, 4) 시범사업을 통한 반복적인 조사 및 검증과정을 통해 요양필요도를 예측할 수 있는 최종 조사항목이

---

83 2008년 7월 1일 노인장기요양보험법 시행 당시의 등급판정도구를 기준으로 설명한다. 현재의 등급판정도구는 시행당시의 등급판정도그를 보완하여 시용하고 있으므로 현재와는 다소 차이가 있다.

84 『국민건강보험공단, 2008. 4, 등급판정 이렇게 합니다.』 참조.

선정되었다.

　인정조사 항목은 심신의 기능상태 특성에 따라서 신체기능, 인지기능, 행동변화, 간호처치, 재활 등 5개 영역으로 구분되며, 각 영역별 항목은 앞서 소개한 〈표 4-3〉과 같다(제4장-3. 장기요양등급인정(판정) 내용 참조).

(2) 심신의 기능상태 및 서비스량 조사(1분 타임스터디 조사)

　서비스 코드를 개발하여 심신기능상태 및 서비스 제공량을 조사하고 있는데, 서비스 코드 개발(Total Care Code; TCC)은 실제 서비스를 받고 있는 서비스 현장에서 도움이 필요한 대상자에게 어떠한 서비스가 제공되고 있는지를 파악하기 위해 개인위생, 옷갈아입기, 목욕, 배설, 식사 등의 신체수발, 전문간호 및 처치, 기능훈련 및 평가, 보고회의, 기타 행정적 활동 등의 내용을 294개로 나누고 코드화(TCC)하여, 서비스 내용을 체계적으로 조사하고 서비스 내용을 수량화하기 위한 것이다.

　위와 같이 개발된 인정조사 항목과 서비스 코드를 사용하여 1분 타임스터디 방법으로 심신의 기능상태와 서비스량을 조사(1분 타임 스터디)하게 되었다. 2003년도에는 요양시설에 거주하는 919명에 대한 기능상태 평가와 1분 타임 스터디 조사를, 2004년도에는 요양시설에 거주하는 2,036명에 대한 노인의 기능상태 평가조사를, 2004년도에는 전국노인실태조사를 통해 3,278명에 대한 노인의 기능상태 평가조사를 각 실시하였다. 심신의 기능상태와 서비스량을 조사(1분 타임 스터디)는 〈그림 4-1〉과 같은 절차로 진행하였다.

〈그림 4-1〉 1분 타임스터디 진행 방법

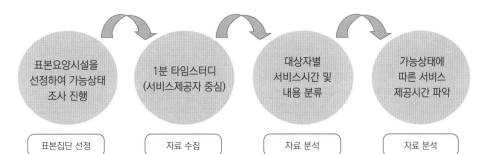

표본요양시설을 선정하여 기능상태 조사 진행 → 1분 타임스터디 (서비스제공자 중심) → 대상자별 서비스시간 및 내용 분류 → 기능상태에 따른 서비스 제공시간 파악

표본집단 선정　　자료 수집　　자료 분석　　자료 분석

1분 타임스터디는 조사 대상자의 심신의 기능 상태와 필요한 서비스의 관계를 분석하기 위해서 실시하였고, 여기서 얻어진 결과 값을 일반화하여 장기요양인정 점수를 산출하게 된다. 이는 요양시설에 입소한 노인들의 심신의 기능상태와 1분 단위로 제공되는 서비스 내용을 24시간(1일간) 동안 기록하는 방법으로 실시되었다. 구체적으로 살펴보면, 각 시설에서 요양서비스에 종사하는 직원을 조사자가 24시간 동안 따라다니면서 제공하는 모든 서비스 내용을 1분 단위로 기록하였다. 이렇게 조사된 결과는 조사 대상자들의 심신의 기능상태를 나타내는 52개 항목의 조사 결과와 294개 종류의 요양서비스 내용별 서비스 제공시간으로 구성하였다. 조사 대상자의 심신 기능상태와 서비스 제공시간과의 관계를 파악하기 위해 294개 서비스 종류를 〈표 4-4〉의 8개 서비스 군으로 유형화하여 조사대상자의 심신 기능상태를 나타내는 52개 항목의 조사결과에 따른 서비스 제공량을 추계하였다.

<표 4-4> 8개 서비스 군

8개 서비스 군	청결	세면도움, 구강관리, 몸 청결, 머리감기, 몸단장 기타 청결관련 서비스
	배설	이동보조, 배뇨도움, 배변도움, 기저귀 교환, 기타 배설관련 서비스
	식사	상차리기, 식사보조, 음료수 준비, 기타 식사관련서비스
	기능보조	일어나 앉기 · 서 있기 연습도움, 기구사용 운동보조, 이동도움, 체위변경, 신체기능 유지 등 기능보조
	행동변화대응	배회, 불결행위, 폭언 · 폭행 등 행동변화에 대한 대처 그 밖의 행동변화에 대응
	간접지원	청소, 세탁, 설거지, 요리 및 식사준비, 의사소통, 침구린넨교환, 환경관리, 주변정돈, 물품, 장보기, 산책, 외출시 동행, 기타 가사지원서비스
	간호처치	관찰 및 측정, 투약 및 주사, 호흡기간호, 피부간호, 영양 간호, 온냉요법, 배설간호, 의사진료 보조, 기타 간호처치
	재활훈련	신체기능훈련, 기본동작훈련, 일상생활동작훈련, 물리치료, 언어치료, 작업치료, 기타 기능훈련

(3) 심신 기능상태와 서비스 제공시간과의 관계 파악(1분 타임스터디 결과 분석)

1분 타임스터디 결과 개개인의 심신 기능상태와 서비스 제공시간은 반드시 비례하지는 않았다. 왜냐하면 무의식 상태로 항상 누워있는 어르신보다 치매, 중풍 등이 있으나 거동이 가능한 어르신은 항상 옆에서 대기하고 사고의 위험에 대비하는 등 필요한 것들을 챙겨주어야 하기 때문에 심신의 기능상태가 중증인 경우라고 해서 반드시 많은 서비스 제공량(시간)이 필요한 것만은 아니기 때문이다.

따라서 노인장기요양보험은 신청인의 개별적인 '요양필요도'를 측정하기 위해서 서비스 제공시간 즉, '도움을 받고 있는 종류와 양'을 통해 장기요양인정점수를 산정하는 도구를 개발한 것이다.

(4) 최종 등급판정 도구 개발: 수형분석도

서비스를 필요로 하는 신청인과 1분 타임스터디 조사에 의하여 실제 서비스를 받고 있는 사람 중 심신 기능상태 조사결과가 완전히 일치하는 사람이 있다면, 서비스를 필요로 하는 신청인이 대략 하루에 어느 정도 서비스가 필요한지 알 수 있을 것이다. 그러나 심신 기능상태가 완전히 일치하는 사람을 찾는 것은 거의 불가능하기 때문에 노인장기요양보험에서는 서비스를 필요로 하는 신청인과 심신의 기능상태가 유사한 대상자를 찾기 위해서 '1분 타임스터디'라는 방법에 의하여 유형화된 8개 서비스 군별 수형분석도를 개발하여 사용하고 있다.

수형분석도를 통하여 서비스를 필요한 신청인에게 필요한 서비스 제공시간을 조사하지 않아도 오로지 심신 기능상태를 나타내는 52개 항목의 조사결과만으로 신청인의 '요양필요도' 수준을 나타내는 '장기요양인정점수'를 얻을 수 있게 된다. 여기서 유의해야 할 점은 위와 같이 개발된 등급판정 도구에 의하여 산출된 장기요양인정점수는 심신 기능상태를 조사한 결과만으로 산출하므로 신청인에게 실제로 필요한 서비스 시간과는 반드시 일치하지 않을 수 있기 때문에 의료, 보건, 복지 분야의 학식과 경험이 있는 전문가로 구성된 등급판정위원회에서 조사결과 및 관련사항 등을 고려하여 최종 장기요양인정점수를 결정하게 된다.

(5) 수형분석도에 대한 이해

수형분석이란 데이터 마이닝 기법에 의하여 결과를 예측하거나 분류하고자 할 때 사용하는 통계적인 방법이다. 수형분석은 노인장기요양보험에서 서비스를 필요로 하는 신청인의 기능상태에 따라 필요한 서비스 량을 측정하기 위해 사용하고 있다. 수형분석도가 마련된 과정을 살펴보면, 실제로 약 2,200명의 시설에 입소해 있는 어르신을 대상으로 심신의 기능상태 조사를 실시하였다. 그리고 그 어르신들이 24시간 동안 제공받고 있는 서비스량을 1분 단위로 조사한 다음에 서비스 제공 내용이 유사한 것끼리 8개의 서비스군별로 분류하여 수형분석도가 개발되기에 이르렀다.

다 │ 치매를 둘러싼 문제

공단의 인정조사나 의사의 소견서 발급 시 치매 여부를 판단하는 방법은 혈액검사나 화상·영상검사 등과 같이 객관적인 자료에 의하여 판단하는 것이 아니라, 신청인과의 질문·답변을 통하여 단기기억장애, 장소와 날짜 불인지 등을 판단하는 구조이다. 따라서 학습효과가 반영될 여지도 배제할 수 없는데, 예컨대 장시간 동안 지켜보거나 대화를 하는 등의 방법이 아닌 단시간에 걸친 문답 형태로 진행되므로 이러한 학습효과의 문제를 완전히 배제하기는 어렵다. 또한 조사를 시행하는 공단의 직원이나 의사의 능력도 문제로 등장하고 있다.[85] 치매 판정의 문제는 어느 나라를 막론하고 그 객관성과 전문성의 문제가 발생하고 있는 분야로 보인다.

장기요양보험 등급판정에서의 치매란 혼자 스스로 일상생활을 할 수 없을 정도이어야 한다. 의사소견서 발급 시 치매진단에 주로 사용되는 MMSE[86]는 11개의 설문항목마다 점수가 부여되어 있고 총 점수는 30점이며, 연령과 성별 등에 따라

---

[85] 저자가 2000년도 초에 장기요양제도 설계를 위한 독일 출장시 독일의 전문가들의 이야기를 빌리자면, 독일은 장기요양보험제도 시행 초기에는 치매를 객관적으로 판단할 입증방법이 없어 치매(와상 상태의 치매 등은 제외)를 등급판정의 객체로 하지 않았다가 민원 등이 많아 2000년도 중반에 도입할 예정이라는 이야기가 있었다.

[86] Minimental Status Examination: 치매선별용 간이 정신상태 검사.

26점~16점 이하는 치매로 판정한다. 그러나 MMSE의 점수만으로 치매를 판정하여서는 아니 되며, 환자의 증상과 영상판독 결과 등을 종합적으로 고려해여 치매 여부를 판단해야 한다는 의견이 있다.[87]

5 등급인정의 유효기간과 등급의 관리

가 장기요양인정 등급의 유효기간

장기요양등급을 인정받은 자(수급자)는 고령이나 노인성 질환 등으로 심신 기능상태가 수시로 변하며 그 변동폭이 크다. 따라서 처음 인정받은 등급을 그대로 계속하여 적용하는 데는 개인적·사회적 문제 등이 복잡하게 결부되어 있는바, 일정기간이 경과하면 등급을 다시 판정하는 제도가 필요한데, 이를 장기요양인정의 유효기간제도라고 한다.

현재 장기요양을 인정받은 등급의 유효기간은 2년이다(시행령 제8조 제1항). 등급을 판정받은 이후 2년 경과 후 다시 장기요양인정의 갱신을 위하여 등급을 판정받은 결과 직전 등급과 같은 등급으로 판정된 경우의 등급의 유효기간은 장기요양 1등급의 경우 4년, 장기요양 2등급부터 4등급까지의 경우 3년, 장기요양 5등급 및 인지지원등급의 경우 2년으로 한다. 장기요양등급판정위원회는 장기요양 신청인의 심신상태 등을 고려하여 장기요양인정 유효기간을 6개월의 범위에서 늘리거나 줄일 수 있다(시행령 제8조 제2항).

등급 유효기간이 경과하면 장기요양급여를 받을 수 없으므로 유효기간이 만료되기 전 30일까지 장기요양인정의 갱신신청을 해야 한다(법 제20조).

---

87 다카노 키쿠오·그로다 마키(김일천·이상석 번역), 치매의 올바른 지식과 최신치료·효과적인 간병, 한양애드, 2018, 17쪽.

나 등급인정의 소급 여부

장기요양급여가 신청되어 등급을 판정받기 전에 요양원에 입소하는 등의 경우가 있다. 이 경우 장기요양등급판정을 위하여 장기요양인정신청서를 공단에 제출하여 등급이 인정된 경우 장기요양인정신청서를 제출한 날 등으로 인정서의 효력이 소급할 수 있느냐에 대한 것이다.

법 제27조 제2항 및 시행령 제13조에 따르면 주거를 같이하는 가족이 없는 경우 또는 주거를 같이하는 가족이 미성년자 또는 65세 이상의 노인 이외에 다른 가족이 없는 수급자의 경우에는 장기요양인정신청서를 제출한 날부터 장기요양인정서가 도달되는 날까지의 기간 중에도 재가급여 및 시설급여를 받을 수 있다. 이와 같이 소급하여 장기요양급여를 받기 위해서는 이를 증명하는 서류를 공단에 제출하여야 한다.

다 등급판정 이후의 직권 재조사

(1) 취지

장기요양 등급판정을 위한 조사과정에서 사전 학습을 통한 고의적인 거짓 행동과 답변 그리고 급성기 상병 등의 문제가 상존한다. 신체기능 조사 시 또는 의사소견서 발급 시 거짓으로 일어서거나 걸을 수 없는 행동을 보이고, 인지기능 조사 시 금방 들은 사항을 고의적으로 모르는 척하는 경우 등 등급조사의 허점을 악용하여 등급인정(판정)을 시도하거나 받게 되는 경우가 있다. 이러한 경우 중 일부는 장시간 동안 운전을 하거나, 수영장이나 헬스장을 정기적으로 다니는 등 서비스 제공 여부 자체의 확인이 어려운 가족요양서비스를 받는 것으로 청구하여 장기요양보험 재정의 누수 현상을 초래하고 있다. 이들은 장기요양급여 자체가 불필요하기 때문에 요양보호사로 하여금 안마만을 요구하는 등의 사회적 문제를 발생시키기도 한다.

이러한 문제를 해결하고자 거짓이나 그 밖의 부정한 방법으로 장기요양인정을 받은 경우, 고의로 사고를 발생하도록 하거나 본인의 위법행위에 기인하여 장기요양인정을 받은 경우로 의심되는 경우 공단은 다시 수급자의 심신기능 상태를 조사하고, 그 결과를 등급판정위원회에 제출하여 등급 조정 및 철회 등을 할 수 있는 제도를 두고 있다(법 제15조 제4항, 제5항).

(2) 한계와 문제점

수급자의 심신기능 상태를 직권으로 재조사하여 새로이 등급을 조정하는 데 있어서의 전제조건은 거짓이나 그 밖의 부정한 방법으로 장기요양인정을 받은 경우, 혹은 고의로 사고를 발생하도록 하거나 본인의 위법행위에 기인하여 장기요양인정을 받은 경우가 의심되는 경우이다.

이와 관련하여 실무상 어려운 점은 당초 장기요양인정 신청자에 대한 조사 당시 수급자의 '거짓이나 그 밖의 부정한 방법'과 관련하여, 수급자의 거짓 행동과 진술 등 '거짓이나 그 밖의 부정한 방법'으로 말미암아 인과관계가 형성되어 공단이 장기요양 인정등급으로 판정되었다는 것을 공단이 입증해야 하는 데 있다. 수급자의 심신기능상태는 어제와 오늘, 혹은 시시각각 달라질 수 있어, 당초 조사 시에는 심신 기능상태가 열악하였으나 현재 즉, 재조사 당시에는 상태가 호전되었다고 항변할 경우 공단이 이를 부정하고 그 반대 상황이었다는 것을 어떻게 입증할 것이냐에 대한 영역이다. 이에 따라 공단이 이를 입증하지 못하였을 경우 재조사 당시 수급자의 심신기능상태가 장기요양인정대상이 아닐 정도로 양호하더라도 등급을 하향 조정하거나 등급 외 경우로 판정할 수 없다는데 이 조항 적용상의 문제점이 있다.

또한 수급자 본인의 무면허운전에 의한 교통사고 등 '고의로 사고를 발생하도록 하거나 본인의 위법행위에 기인하여 장기요양인정을 받은 경우'를 살펴보면, 무면허 운전으로 인한 교통사고 발생 직후 당해 교통사고가 오로지 원인이 되어 심신의 기능이 열악하여 장기요양등급을 판정받은 경우에는 등급의 직권재조정대상이 된다. 그러나 무면허 운전에 의한 교통사고 후 상당한 기간 경과한 뒤에 장기요양 인정신청을 하여 심신기능상태를 조사한 결과 교통사고 후유증과 노화현상이 결합되어 장기요양인정 등급이 판정된 경우까지 등급을 직권 재조정할 수는 없다고 보아야 할 것이다. 왜냐하면 이러한 경우 신청 시기를 고려할 때 무면허 운전 행위와 관련한 고의성 여부와는 별개로 등급인정 신청에 관한 고의성까지 속단하기 어려울 수 있고, 등급 인정 당시 내용적 측면을 고려하더라도 노화현상 등이 주요한 판정요인으로 작용하였다면, 주로 오로지 이 건의 등급판정이 무면허운전이라는 '본인의 위법행위'에 기인하여 장기요양인정을 받은 경우라 단정할 수 없기 때문이다.

장기요양급여(서비스)의 종류와 이용

P/A/R/T

05

장기요양급여(서비스)의 종류와 이용

1 장기요양급여의 종류

　장기요양급여의 종류 즉 장기요양보험으로 서비스를 받을 수 있는 상품은 크게 재가급여, 시설급여 및 특별현금급여가 있다. 재가급여에는 방문요양, 방문목욕, 방문간호, 주·야간보호, 단기보호, 복지용구(기타재가급여)가 있다. 시설급여에는 장기요양기관으로 지정된 노인요양시설과 노인요양공동생활가정에서의 서비스가 있다. 특별현금급여는 가족요양비, 특례요양비, 요양병원 간병비가 있다.

　법 제23조 제3항에는 "장기요양급여의 제공 기준·절차·방법·범위, 그 밖에 필요한 사항은 보건복지부령으로 정한다."고 규정되어 있고, 이에 터잡아 제정된 시행규칙 제12조 제1항에는 "장기요양기관은 수급자 개인의 장기요양급여의 종류 및 내용에 대한 선택권을 존중하고 자립생활을 할 수 있도록 지원하여야 하며, 수급자의 심신상태에 따라 적정한 급여를 제공하여야 한다"고 하고, 제2항에는 "제1항에 따른 적정한 급여제공을 위한 세부기준은 보건복지부장관이 정하여 고시한다"고 규정되어 있다. 따라서 수급자의 이용관련 세부적인 사항은 보건복지부장관이 정한 '요양급여고시'에 대부분 규정되어 있다. 한편 시행규칙 제12조 제2항 등의 위임 규정에 따른 고시는 요양급여고시를 말하며, 이에 적정 급여제공의 세부사항은 위 고시에 따른다.

가 재가급여

(1) 방문요양

방문요양은 요양보호사 등 장기요양요원이 수급자(공단으로부터 장기요양 등급을 인정받은 사람. 즉, 1~5등급 및 장기요양인지지원등급으로 최종 확정된 자. 법 제6조의2 제1항 제2호)의 가정 등을 방문하여 신체활동 및 가사활동 등을 지원하는 장기요양급여이다(법 제23조 제1항 제1호 가목). 방문요양에 관한 업무를 수행할 수 있는 장기요양요원은 요양보호사와 사회복지사이다(시행령 제11조 제1항 제1호). 즉, 방문요양 서비스를 제공할 수 있는 자격을 가진 자는 요양보호사와 사회복지사이며 그 외의 자가 방문요양 서비스 제공 시 무자격자에 의한 서비스 제공이 된다. 방문요양은 다시 요양급여고시 규정에 의거 인지활동형 방문요양급여(요양급여고시 제17조 제7항)와 종일 방문요양급여(제36조의2 제1항)로 세분화되어 있다.

(2) 방문목욕

방문목욕은 장기요양요원이 목욕설비를 갖춘 장비를 이용하여 수급자의 가정 등을 방문하여 목욕을 제공하는 장기요양급여이다(법 제23조 제1항 제1호 나목). 방문목욕급여는 요양보호사 2인 이상이 수급자의 가정을 방문하여 욕조를 활용한 전신입욕 등의 방법으로 제공한다. 방문요양급여는 차량, 이동식 욕조, 가정 내 욕조 등의 장비를 이용하여 제공하거나 대중목욕탕을 활용하여 제공한다(요양급여고시 제24조 제1항).

(3) 방문간호

방문간호는 장기요양요원인 간호사 등이 의사, 한의사 또는 치과의사의 지시서(이를 '방문간호지시서'라 한다)에 따라 수급자의 가정 등을 방문하여 간호, 진료의 보조, 요양에 관한 상담 또는 구강위생 등을 제공하는 장기요양급여이다(법 제23조 제1항 제1호 다목). 방문간호는 건강상태 확인, 활력징후 및 혈당 측정, 통증관리, 감염관리, 구강관리, 투약관리, 관절구축 예방 및 근력 강화, 의료기관 의뢰, 장기요양기관 연계, 기초검사 등의 서비스를 제공하는 방식으로 이루어진다(요양급여 고시 제27조 제1항).

(4) 주 · 야간보호

주·야간보호는 수급자를 하루 중 일정한 시간동안 장기요양기관에 보호하여 신체활동 지원 및 심신기능의 유지·향상을 위한 교육·훈련 등을 제공하는 장기요 양급여이다(법 제23조 제1항 제1호 라목). 수급자를 하루 중 일정 시간 동안 장기요양 기관에 보호하면서 수급자의 기능상태 및 욕구 등을 반영하여 신체활동 지원 및 심 신기능의 유지·향상을 위한 교육·훈련 등을 제공한다(요양급여고시 제30조 제1항).

(5) 단기보호

단기보호는 수급자를 보건복지부령으로 정하는 범위 안에서 일정 기간 동 안 장기요양기관에 보호하여 신체활동 지원 및 심신기능의 유지·향상을 위한 교 육·훈련 등을 제공하는 장기요양급여(법 제23조 제1항 제1호 마목), 단기보호급여 제공 기간은 월 9일 이내로 한다(시행규칙 제11조 제1항). 다만, 가족 등의 외유·외 출, 병원치료, 집안 경조사 등 갑작스러운 사정으로 인해 수급자를 돌볼 가족 등이 없는 경우 등의 사유로 수급자의 특별한 요청이 있는 경우에는 연간 4회까지 연장 하여 이용할 수 있다(요양급여고시 제36조 제3항).

(6) 기타 재가급여

기타 재가급여는 수급자의 일상생활·신체활동 지원 및 인지기능의 유지·향상 에 필요한 용구를 제공하거나 가정을 방문하여 재활에 관한 지원 등을 제공하는 장기요양급여로서 대통령령으로 정하는 것을 말한다(법 제23조 제1항 제1호 바목). 한편 대통령령에서는 복지용구를 제공하거나 대여하는 급여로 규정(시행령 제9조) 하고 있어, 기타재가급여는 복지용구를 제공하거나 대여하는 급여로 이해할 수 있다.

나 　시설급여

장기요양기관에 장기간 입소한 수급자에게 신체활동 지원 및 심신기능의 유지·향상을 위한 교육·훈련 등을 제공하는 장기요양급여이다(법 제23조 제1항 제2호). 시설급여는 노인요양시설과 노인요양공동생활가정 중에서 장기요양기관으로 지정된 기관에서 제공한다. 시설급여는 수급자를 장기간 입소시켜 숙박, 급식과 심신기능 유지·향상을 위한 교육·훈련 등을 제공한다. 시설급여 제공기관은 ▶ 하루에 3회 이상 영양, 수급자의 기호 및 건강상태 등을 고려하여 규칙적인 식사 제공, ▶ 주 1회 이상 목욕서비스 제공, ▶ 매일 배변관리 및 구강청결 등 위생관리 제공, ▶ 적절한 이동지원 및 체위변경 등을 제공한다(요양급여고시 43조 제4항).

다 　특별현금급여

특별현금급여에는 가족요양비, 특례요양비 및 요양병원간병비 제도가 있다(법 제23조 제1항 제3호).

(1) 가족요양비

가족요양비는 수급자가 도서·벽지에 거주하는 등 지리적 여건 또는 천재지변 등과 유사한 사유로 방문요양 등 장기요양급여를 이용할 수 없는 경우에 현금을 지급하는 제도이다. 법 제24조 제1항의 규정에 따라 도서·벽지 등 장기요양기관이 현저히 부족한 지역으로서 보건복지부장관이 정하여 고시하는 지역에 거주하는 수급자 또는 천재지변이나 그 밖에 이와 유사한 사유로 인하여 장기요양기관이 제공하는 장기요양급여를 이용하기가 어렵다고 보건복지부장관이 인정하는 수급자가 가족 등으로부터 방문요양에 상당한 장기요양급여를 받은 때에는 월 233,400원의 현금을 가족요양비로 지급한다(시행령 제12조, 요양급여고시 제79조). '도서·벽지 등 장기요양기관이 현저히 부족한 지역으로서 보건복지부장관이 정하여 고시하는 지역'은 경기도 안산시 육도 등 「가족요양비 지급 및 의사소견서 제

출 제외대상 섬·벽지지역 고시」 별표1의 섬·벽지 지역이다. 그러나 '천재지변이
나 그 밖에 이와 유사한 사유로 인하여 장기요양기관이 제공하는 장기요양급여를
이용하기가 어렵다고 보건복지부장관이 인정하는 수급자'는 아직 인정된 사례가
없는 것으로 보인다.

(2) 특례요양비

특례요양비는 수급자가 장기요양기관으로 지정되지 않은 노인요양시설 등에
서 서비스를 받았을 때 현금으로 지급하는 제도이다. 공단은 수급자가 장기요양기
관이 아닌 노인요양시설 등의 기관 또는 시설에서 재가급여 또는 시설급여에 상당
한 장기요양급여를 받은 경우 대통령령으로 정하는 기준에 따라 해당 장기요양급
여비용의 일부를 해당 수급자에게 특례요양비로 지급할 수 있다고 하고, 장기요양
급여 인정기관 및 지급절차 등 필요한 사항을 보건복지부령으로 정하도록 하고 있
다(법 제25조 제1항, 제2항). 그러나 하위법령에서 이에 관한 세부사항은 규정하지
않고 있어, 법령에 의한 정식 시행은 되지 않고 있는 것으로 보인다.

(3) 요양병원간병비

요양병원간병비제도는 수급자가 요양병원에 입원하고 있을 때 간병비의 일부
를 현금으로 지급하는 제도이다. 공단은 수급자가 요양병원에 입원한 때 대통령령
으로 정하는 기준에 따라 장기요양에 사용되는 비용의 일부를 요양병원간병비로
지급할 수 있다(법 제26조 제1항). 그러나 특례요양비와 마찬가지로 보건복지부령
등 하위법령에서 이를 규정하지 않아 시행되지 않고 있는 것으로 보인다. 요양병
원간병비제도는 의료서비스를 사회보험방식으로 해결하는 건강보험제도의 영역
과 중복되기도 하고, 한편으로는 의료제도 중 하나인 간호간병통합서비스의 영역
으로 볼 여지도 있다. 특히, 요양병원과 노인요양시설과의 상호 기능 정립이 어렵
고 그 기준이 모호한 현실 등이 제도 시행 여부 등에 관한 근저에 있는 것으로 사
료된다. 이에 해당 영역의 구체적 내용 등을 고려하여 의료와 복지서비스 전달체
계차원에서 요양병원간병비 제도의 시행여부 등이 결정되어야 할 것이다.

2 장기요양급여 이용 절차

가 이용절차 개요

장기요양 수급자는 공단으로부터 제공된 장기요양인정서, 개인별 장기요양이용계획서 및 복지용구 급여확인서를 선택한 장기요양기관에 제출 후 장기요양기관과 급여계약을 체결하여 장기요양급여를 이용한다(법 제27조 제3항).

수급자는 장기요양인정서에 기재된 '장기요양등급', '유효기간' 및 개인별 장기요양 이용계획서에 작성된 '장기요양급여의 종류 및 내용'에 따라 급여계약을 체결하여야 한다. 본인부담금을 면제 또는 감경 받고자 하는 경우 「국민기초생활보장법」에 따른 수급자증명서 등 본인부담 감경대상자임을 확인할 수 있는 서류를 제출하여야 한다. 서비스 수령 개시 시점의 기준은 수급자는 장기요양인정서와 개인별 장기요양 이용계획서가 도달한 날부터 장기요양급여를 받을 수 있도록 규정되어 있다(법 제27조 제1항).

나 장기요양 등급별 이용 대상

대부분의 수급자는 본인이 평소 거주하는 가정에서 서비스를 제공받기를 원하기 때문에 장기요양급여는 수급자가 가족과 함께 생활하면서 가정에서 장기요양을 받는 재가급여를 우선으로 제공한다(요양급여고시 제2조 제1항). 수급자의 욕구와 장기요양제도의 재정 상태, 장기요양급여 제공 자원을 효율적으로 활용하기 위하여 요양급여고시에서는 장기요양등급에 따른 이용절차를 규정하고 있다.

(1) 장기요양등급이 1등급 또는 2등급인 수급자

1등급 내지 2등급인 수급자는 모든 재가급여 또는 모든 시설급여 이용이 가능하다(요양급여고시 제2조 제2항).

(2) 3등급부터 5등급인 수급자

3등급부터 5등급인 수급자는 원칙적으로 재가급여만을 이용할 수 있다. 다만, 이들 중 주 수발자인 가족구성원으로부터 수발이 곤란한 경우, 주거환경이 열악하여 시설입소가 불가피한 경우, 치매 등에 따른 문제행동으로 재가급여를 이용할 수 없는 경우에 해당하여 등급판정위원회로부터 시설급여가 필요한 것으로 인정받은 자는 시설급여를 이용할 수 있다(요양급여고시 제2조 제2항 단서). 실무에서는 수급자가 가족인 보호자와 멀리 떨어져 혼자 거주하는 경우, 맞벌이 등으로 수급자를 돌볼 수 없는 경우 등 조건별 세부 방침을 정하여 등급판정위원회의 상정하여 이를 인정하여 주고 있는 것으로 보인다.

한편 5등급 수급자는 모두 치매환자이므로(시행령 제7조 제1항 제5호) 재가급여 외 방문요양급여를 이용할 경우 요양급여고시 제17조 제7항의 규정에 따라서 인지활동형 방문요양급여와 종일방문요양급여만을 이용할 수 있고, 주야간보호를 이용할 때에는 제30조 제6항의 규정에 따라 반드시 인지활동형 프로그램을 제공받아야 한다.

(3) 인지지원등급 수급자

인지지원등급 수급자는 주·야간보호급여(주·야간보호 내 치매전담실 포함), 단기보호급여 및 종일 방문요양급여(방문요양급여를 1회당 12시간 동안 이용할 수 있는 제도, 2회 이용한 경우 1일로 산정: 요양급여고시 제36조의 2 참조)와 기타 재가급여만을 이용할 수 있다. 단기보호급여 및 종일 방문요양급여는 연간 11일 이내에서 이용할 수 있으므로 인지지원등급자는 사실상 주·야간보호급여와 복지용구급여만을 이용할 수 있다(요양급여고시 제2조 제3항). 인지지원등급 수급자는 주·야간보호 급여를 이용할 때마다 인지활동형 프로그램을 제공받아야 한다(요양급여고시 제30조 제6항). 경증 치매질환자의 장기요양급여이용 확대에 따라 2018년 1월 1일 인지지원등급이 신설되었다.

3 개인별 장기요양 이용계획서 및 장기요양급여 제공 계획서

가 의의

개인별 장기요양 이용계획서는 공단이 작성하여 수급자에게 통보하는 것이며, 장기요양급여 제공계획서는 장기요양기관이 작성하여 장기요양급여 제공에 활용하는 것이다. 개인별 장기요양 이용계획서는 장기요양 인정등급을 받은 수급자가 본인의 심신상태에 알맞게 적절히 서비스를 받을 수 있도록 도와주는 사항과 방문요양, 주야간보호 및 노인요양시설 등 이용 가능한 급여종류, 본인부담금 등 장기요양급여이용에 필요한 내용이 기재된 서류다(시행규칙 별지 제7호서식). 공단은 수급자에게 장기요양인정서를 송부하는 때 장기요양급여를 원활히 이용할 수 있도록 월 한도액 범위 안에서 개인별 장기요양이용계획서를 작성하여 이를 함께 송부하여야 한다(법 제17조제3항).

공단은 개인별 장기요양 이용계획서 작성 시 수급자의 심신 기능상태, 수급자와 그 가족의 욕구 및 선택, 수급자의 생활환경 및 자립적 일상생활 수행 등을 고려해야 한다(시행규칙 제6조 제3항). 개인별 장기요양 이용계획서는 수급자의 적정 급여 이용을 지원하기 위해서 공단에서 제공하는 계획서이므로 담당 직원이 수급자와 그 가족의 욕구 및 희망급여, 수급자의 심신 기능상태, 돌봄을 받을 수 있는 여건 등을 종합적으로 고려하여 발급한다. 또한 수급자는 장기요양기관과 서비스 이용계약 체결 시 제출해야 한다.

보다 구체적으로, 요양급여고시 제3조제1항에는 "장기요양급여는 장기요양인정서의 장기요양급여의 종류 및 내용에 따른 개인별 장기요양 이용계획서(장기요양 욕구, 장기요양 목표, 장기요양 필요영역, 장기요양 필요내용, 수급자 희망급여, 유의사항, 장기요양 이용계획 및 비용 등)에 따라 필요한 범위 안에서 적정하게 제공하여야 한다"고 규정되어 있다.

또한 공단은 ▶ 수급자의 심신 기능상태, ▶ 수급자와 그 가족의 욕구 및 선택, ▶ 수급자의 생활환경 및 자립적 일상생활 수행 등의 사항이 변경되어 개인별 장기요양 이용계획서의 변경이 필요한 경우에는 이를 반영하여 재작성할 수 있다(규칙 제6조 제4항). 개인별 장기요양 이용계획서의 내용 변경이 필요한 경우, 공단에 재작성 발급 신청을 하면 담당 직원이 수급자의 욕구, 기능상태를 재확인 후 새로운 계획서를 작성하여 교부해 준다. 개인별 장기요양 이용계획서 재발급은 수급자 또는 가족관계가 확인되는 보호자가 신청 가능하며, 부득이한 경우 가족 외 대리인이 위임을 받아 신청 가능하다.

장기요양기관은 수급자가 제시한 장기요양 인정서와 개인별 장기요양 이용계획서를 바탕으로 장기요양급여 제공 계획서를 작성하고, 수급자의 동의를 받아 그 내용을 공단에 통보해야 한다(법 제27조 제4항). 장기요양기관은 장기요양급여의 제공을 시작하기 전에 장기요양급여 제공 계획서를 작성해야 하며, 장기요양급여의 제공 중 수급자 심신의 기능상태, 수급자의 욕구 및 장기요양등급 등이 변경된 경우에는 지체 없이 이를 반영하여 장기요양급여 제공 계획서를 다시 작성하고, 수급자의 동의를 받아 그 내용을 공단에 통보해야 한다(시행령 제13조 제4항, 제5항).

나 | 개인별 장기요양 이용계획서의 기능과 성격

개인별 장기요양 이용계획서는 장기요양 인정서의 급여종류 범위 내에서 장기요양급여가 효과적으로 제공될 수 있도록 수급자 개인의 기능상태, 욕구 및 특성을 고려하여 가장 적합하고 개별화된 계획서이다. 수급자는 장기요양인정서와 개인별 장기요양 이용계획서가 도달한 날부터 장기요양급여를 받을 수 있으며(법 제27조 제1항), 수급자가 장기요양급여를 받으려면 장기요양기관에 장기요양인정서와 개인별 장기요양 이용계획서를 제시해야 한다(법 제27조 제3항). 따라서 개인별 장기요양 이용계획서가 없으며 장기요양급여를 받을 수 없다.

개인별 장기요양 이용계획서는 수급자에게 장기요양 인정서를 송부할 때 함께 송부하는 것이므로(법 제17조 제3항) 장기요양등급을 최초 판정하였을 때, 장기요양등급을 변경 또는 갱신하였을 때 발급된다. 즉, 요양급여고시 제2조 제2항에서 장기요양등급에 따라 이용할 수 있는 급여의 종류가 규정되어 있다 하더라도 실제로는 개인별 장기요양 이용계획서에 따라 비로소 장기요양급여를 적절하게 제공받을 수 있는 것이다(요양급여고시 제3조 제1항). 수급자가 장기요양기관과의 이용계약을 체결하면 당해 장기요양기관에서 수급자에게 장기요양급여 제공을 위한 장기요양급여 제공 계획서를 작성하는데, 이는 서비스 수준 등에 관한 가이드라인을 제시하는 기능을 한다(법 제27조 제4항).

공단은 개인별 장기요양 이용계획서 작성 시 수급자의 심신 기능상태, 수급자와 그 가족의 욕구 및 선택, 수급자의 생활환경 및 자립적 일상생활 수행 등을 고려하도록 시행규칙 제6조 제3항에 규정되어 있으나, 해당 조항은 어디까지나 수급자의 동의가 전제되지 않은 공단의 일방적인 행정행위의 성격이 있다. 즉, 개인별 장기요양 이용계획서는 행정처분의 성격이 있다는 것이다.

한편 개인별 장기요양 이용계획서는 시행규칙 별지 제7호서식으로 규정되어 있다. 주요 내용으로는 재가급여의 원한도액, 장기요양 필요영역, 장기요양 욕구, 장기요양 필요내용 등으로 구성되어 있다. 그러나 '장기요양 필요영역', '장기요양 필요내용' 등에 대한 개념이 설명되어 있지 않아 그 이해와 작성에 상당부분 한계가 있다고 볼 여지도 있다.

'장기요양 필요영역'은 실제 공단에서 발급되고 있는 내용으로 미루어 보아 신체활동지원, 인지활동지원, 인지관리지원, 정서지원, 일상생활지원 및 환경관리, 개인활동지원, 지역자원연계 항목으로 획일화되어 있다. 급여제공기록지(서식)와 유사하지만 일치하지는 않고 있다. 장기요양기관에서 작성하는 시행규칙 별지 제11호의3 서식인 장기요양급여 제공계획서에도 '장기요양 필요영역'이 있는데 그 작성방법에서 "개인별 장기요양 이용계획서의 영역과 급여제공에 필요한 영역을 적습니다."라고 규정되어 있어 장기요양급여 제공계획서상의 '장기요양 필요영역'은 장기요양 이용계획서상의 『장기요양 필요영역+∂』의 개념으로 이해된다.

'장기요양 필요내용' 또한 공단에서 실제 발급하고 있는 내용으로 볼 때 머리 감기 도움, 정확한 복약 도움, 지역사회의 다양한 자원 연계 등 일반적이고 원론적인 사항만을 기재한 내용으로 보인다. 즉, 시행규칙 별지 제11호의3 서식인 장기요양급여 제공계획서상의 '장기요양 필요내용'의 작성방법에는 "개인별 장기요양 이용계획서의 장기요양 필요내용 또는 제공할 급여내용을 적습니다."라고 규정되어 있어 개인별 장기요양 이용계획서와 장기요양급여 제공계획서의 기능과 성격이 상호 모호한 측면이 있다. 즉, 법 제27조 제4항에 따라 장기요양기관은 수급자가 제시한 장기요양 인정서 및 개인별 장기요양 이용계획서를 바탕으로 장기요양 급여 제공계획서를 작성하고, 수급자의 동의를 받아 이를 공단에 통보해야 하는데, 공단이 수급자에게 통보한 '이용계획서'를 바탕으로 작성하는 '제공계획서'는 실무상 개인별 이용계획서의 내용에 '급여제공 횟수와 시간'만을 구체화하는 형태로 운영되고 있다는 지적이 있다. 더구나 요양급여고시 제3조 제1항의 "장기요양 급여는 장기요양인정서의 장기요양급여의 종류 및 내용에 따른 개인별 장기요양 이용계획서(장기요양 욕구, 장기요양 목표, 장기요양 필요영역, 장기요양 필요내용, 수급자 희망급여, 유의사항, 장기요양 이용계획 및 비용 등)에 따라 필요한 범위 안에서 적정하게 제공하여야 한다."는 규정까지 결부시켜 본다면 서비스 제공현장에서의 혼선이 우려된다.

수급자는 개인별 장기요양 이용계획서에 작성된 급여종류 내에서 장기요양기관과 계약을 체결할 수 있으며, 개인별 장기요양 이용계획을 벗어나지 않는 범위 내에서 장기요양기관이 수립한 급여제공계획에 따라 서비스가 제공되고 있다(요양급여고시 제3조, 제12조). 따라서 수급자의 현실적 서비스 필요도를 각 사안마다 완벽히 충족시키기는 매우 어렵겠으나, 다른 한편으로는 이용계획서 및 제공계획서에 수급자의 실질적 어려움과 필요사항을 기재하여 이를 도울 수 있는 방안을 점진적으로 마련해 나가야 할 것이다.

한편 장기요양기관은 수급자와 계약을 체결할 때 장기요양급여를 받으려는 수급자의 본인 여부, 장기요양등급, 장기요양인정 유효기간, 장기요양급여의 종류 및 내용, 개인별 장기요양 이용계획서, 본인부담금 감경여부 등을 확인해야 한다(시행규칙 제16조 제2항).

다 장기요양급여 제공 계획서의 기능과 성격

장기요양기관은 수급자와 급여제공계약을 체결하여 장기요양급여를 제공하기 전단계에 장기요양급여 제공 계획서를 작성하여 공단에 통보해야 한다. 장기요양기관이 작성하는 장기요양급여 제공 계획서는 시행규칙 별지 제11호의3·4의 서식에 의하여 작성된다. 시행규칙 별지 제11호의3·제11호의4의 서식에는 장기요양 필요영역, 장기요양 세부목표, 장기요양 필요내용, 세부 제공내용, 횟수, 시간 등 작성항목이 있는데, 실무에서는 장기요양 필요영역과 세부 제공내역은 공단의 전자문서교환방식(노인장기요양보험포털)에서 자동으로 입력되며,[88] 장기요양 필요내용, 횟수, 시간 등은 장기요양기관에서 기재하고 있다.

장기요양기관은 ▶ 장기요양급여를 재계약 하는 경우(갱신, 등급변경, 급여중단 후 재계약 등), ▶ 수급자의 기능 상태와 욕구 변화를 확인한 경우, ▶ 급여제공계획서의 서비스 내용의 변화가 필요한 경우, ▶ 공단과의 사례회의를 통한 급여제공계획서의 변경이 필요한 경우, ▶ 욕구조사 결과 반영한 급여제공계획서의 변경이 필요한 경우, ▶ 개인별 장기요양 이용계획서가 변경된 경우에는 장기요양 급여제공계획서를 다시 작성하고, 수급자의 동의를 받아 그 내용을 공단에 통보해야 한다.[89] 장기요양급여 제공 계획서는 개인별 장기요양 이용계획서뿐만 아니라 욕구사정, 낙상위험도 평가, 욕창위험도 평가 및 인지기능검사를 반영하여 연(회계연도 기준) 1회 이상 작성하도록 평가매뉴얼에서 요구하고 있다.[90]

장기요양급여 제공 계획서를 작성하고 수급자의 동의를 받아 그 내용을 공단에 통보하여야 할 대상은 모든 장기요양기관에 해당하나(법 제27조 제4항), 복지용구를 제공하는 장기요양기관은 급여 제공계획서 통보 대상기관에서 제외시키고 있다.[91] 장기요양급여 제공계획서를 작성할 수 있는 자에 대한 기준은 특별히 규정된바 없으므로 장기요양기관에 소속되어 있는 사회복지사, 간호사 또는 기타 종사자 등의 면허자격을 고려하여 적당한 자에게 작성업무를 부여하면 될 것이다.

---

88 브라보 시니어케어, 요양인구 100만명! 방문요양바이블, 좋은땅, 2023, 103쪽.

89 국민건강보험공단, 2024년 장기요양기관 업무안내, 86-87쪽.

90 국민건강보험공단, 2024년도 장기요양기관 재가급여 평가매뉴얼 I -방문요양, 방문목욕, 방문간호, 복지용구-, 2024.; 해당 내용은 방문요양 평가지표번호 21,22 등 참조.

91 국민건강보험공단, 2024년 장기요양기관 업무안내, 86-87쪽.

라 | 개인별 장기요양 이용계획서의 법적 성격과 쟁점사항

(1) 법적 성격

개인별 장기요양 이용계획서에는 재가급여(월 한도액), 장기요양 필요내용, 수급자 희망급여, 급여종류와 횟수, 필요한 복지용구 등이 기재된다(시행규칙 별지 제7호서식). 수급자는 급여이용 희망 시 장기요양 인정서 및 개인별 장기요양 이용계획서를 장기요양기관에 제시해야 하며, 장기요양기관은 수급자가 제시한 장기요양인정서 및 개인별 장기요양 이용계획서를 바탕으로 장기요양급여 제공 계획서를 작성하고 수급자의 동의를 받아 그 내용을 공단에 통보해야 하므로 개인별 장기요양 이용계획서상 작성되지 않은 급여종류로는 장기요양기관의 급여제공 계획서 작성이 불가능하다. 따라서 개인별 장기요양 이용계획서는 장기요양기관과 수급자를 구속하는 법적 효력이 있다고 본다.

(2) 법적 쟁점사항

장기요양보험 서비스는 행정기관이 일방적으로 제공하는 공적부조와 달리 장기요양보험료 부담에 대한 반대급부로 제공되는 수급자의 권리이다. 이와 관련하여 수급자의 방문요양 등 장기요양급여의 종류를 공단이 결정하게 되는데, 예컨대 '방문요양 주6회(방문당 180시간 이상)', 주야간보호 주5회(8시간 이상 10시간 미만, 1일당) 등 급여횟수를 공단이 결정하고, 월한도액의 범위 내에서 월 사용할 수 있는 급여비용을 공단이 수급자의 동의 등의 절차 없이 일방적으로 결정하는 등 이러한 결정방식은 어느정도 문제가 있다고 본다. 비록 공단이 수급자의 희망사항을 파악하여 급여종류를 결정하고 있으나, 이는 등급판정을 위한 방문조사 시점에서 파악된 수급자의 희망사항에 불과하며, 서비스 제공시점에 수급자에게 필요한 구체적인 돌봄내용과는 괴리가 있을 수 있다.

또한 개인별 장기요양 이용계획서에 대한 구체적 작성기준이 부족한 것도 문제로 보인다. 즉, 시행규칙 별지 제11호의3서식 등의 장기요양급여 제공 계획서와 같이 작성방법에 대한 설명사항란이 필요함에도 시행규칙 별지 제7호서식의 개인별 장기요양 이용계획서의 '장기요양 필요영역', '장기요양 욕구', '장기요양 목표' 및 '장기요양 필요내용'란에는 공단이 어떠한 내용을 기재하는지에 대하여 설명사항이 없어 국민이 이해할 수 없는 구조이다. 공단이 어떠한 근거와 절차에 따라 수급자의 욕구와 수급자의 심신기능상태를 계획서에 반영하는지 그리고 시행규칙 별지 제11호의3서식의 장기요양급여 제공계획서와의 관계 등에 대한 설명이 없다. 물론 이용계획서 작성자의 공익성 및 전문성 등에 기초하여 작성될 것으로 어느정도 신뢰할 수 있는 반면, 일률적인 규율체계나 작성방법 등이 부족하여 자칫 작성자의 주관성이나 상황에 따른 부정확한 기재, 불성실한 기재 등을 배제하기도 어려운바, 이에 관한 개선이 이루어질 필요도 있다고 본다.

한편, 수급자가 공단에 급여(장기요양급여) 종류 또는 서비스 횟수 변경을 요청하는 경우 이를 희망수준과 같이 변경해 주고는 있으나, 이 또한 수급자의 서비스 이용을 불편하게 하는 문제가 있다. 수급자가 사용할 수 있는 월 한도액이 책정되어 있고(시행규칙 제22조), 장기요양 인정등급별로 수급자가 이용할 수 있는 급여종류가 설정되어 있는 상태에서(요양급여고시 제2조) 공단이 개인별 장기요양 이용계획서를 통하여 수급자의 급여이용을 앞서 원칙적으로 제한하고 있다고 볼 여지가 있어, 이를 관련기준 및 실무상 어떻게 조화롭게 해석 및 적용해야 하는지의 문제가 있다.

구체적으로, 실무상 공단이 1) 수급자의 심신 기능상태, 2) 수급자와 그 가족의 욕구 및 선택, 3) 수급자의 생활환경 및 자립적 일상생활 수행 등을 고려하여 개인별 장기요양 이용계획서를 작성한다고 하더라도, 이는 장기요양등급판정을 위한 조사당시의 욕구를 기준으로 작성할 수 있을 뿐, 실제 서비스를 이용할 당시의 욕구가 아니라는 것이다. 장기요양 인정서상의 급여종류와 내용도 마찬가지로 서비스 이용 직전이 아닌 장기요양등급 판정을 위한 조사당시 수급자측의 의견이라는 문제점이 있다. 또한 공단의 장기요양기관 평가매뉴얼 항목상의 『급여계약 체결할 때 개인별 장기요양 이용계획서 반영여부』의 확인방법 기준(공단 공고 요양심사실 2022-제2호, 23년 방문요양 평가지표 번호 20)에 "급여계약 체결시 수급자의 상태나 보호자의 요구 등을 종합하여 판단하여 개인별 장기요양 이용계획서와 일치하지 않는 내용으로 계약할 수 있되, 그 일치하지 않는 사유를 급여제공계획서 종합의견 등에 기록되어 있어야 한다"고 규정되어 있는 것으로 보아 수급자의 상태나 보호자의 요구 등이 있으면 그 사유를 기록하여 장기요양기관이나 수급자는 개인별 장기요양이용계획서와 다르게 서비스를 제공할 수 있다고 해석된다.

즉, 시행규칙 별지 제11호의3서식 장기요양급여 제공 계획서의 종합의견란의 작성방법에 "개인별 장기요양 이용계획서의 필요내용과 다르게 급여를 제공하는 경우 그 사유를 적습니다."라고 되어 있고, 같은 서식의 장기요양 필요영역란의 작성방법에 "개인별 장기요양 이용계획서의 장기요양 필요내용 또는 제공할 급여 내용을 적습니다."라는 내용으로 되어 있음을 미루어 볼 때, 장기요양기관은 수급자의 욕구 등을 고려하여 공단이 작성한 개인별 장기요양 이용계획서와 다소 다르게 제공 계획서에 이를 반영하여 서비스를 제공할 수 있다고 해석된다.

추가적인 문제로, 위의 장기요양기관 평가매뉴얼 항목 '급여계약 체결할 때 개인별 장기요양 이용계획서 반영여부'의 확인방법 기준(평가지표 번호 20)에 의거 개인별 장기요양 이용계획서상의 공단이 정한 급여종류까지 장기요양기관과 수급자 간의 계약으로 변경할 수 있는지에 대하여는 해석상의 논란이 있으나, 실무에서는 급여종류변경은 불가능한 것으로 운영되고 있다.

다만 이용계획서의 내용에 기초한 제공계획서 작성 및 계약이 이루어지더라도 서비스 제공시점을 기준으로 구체적인 욕구나 필요도 등에 따른 돌봄 제공이 이루어져야 함은 물론이나, 현 제도상 자칫 행정편의적인 서비스 제공이 이루어질 우려는 있다. 즉, 요양급여고시 제3조 제1항의 '장기요양급여는 개인별 장기요양 이용계획서에 따라 필요한 범위 안에서 적정하게 제공하여야 한다.'는 규정이 있어 개인별 장기요양 이용계획서의 '장기요양 필요영역' 및 '장기요양 필요내용' 등 공단이 작성한 내용과 급여제공 당시의 수급자의 욕구가 다르다 하더라도 이용계획서 내용과 동일하게(내용을 그대로 복사하는 등) 장기요양기관의 장기요양급여 제공 계획서에 반영하는 경향이 있다. 즉, 공단이 케어플랜 등에 깊숙이 관여함에 따라 수급자의 서비스 이용을 도와주기보다는 오히려 서비스가 관료화되고 수직적·획일적으로 제공되고 있다는 지적이 있다.

또한, 계획수립 시 서비스 제공에 대한 예측에 있어, 간호사·간호조무사 가산금 등 월 한도액에 포함되지 않는 급여(요양급여고시 제13조 제2항), 치매전담실 이용시 등 월 한도액이 추가로 산정되는 급여(요양급여고시 제13조 제7항), 월 한도액과 관계없이 이용할 수 있는 방문간호 급여(요양급여고시 제27조 제3항) 등과 같이 월 한도액의 경우 급여이용 상황에 따라 가변적임에도 이를 급여를 이용하기 전에 개인별 장기요양 이용계획서에 미리 이를 어떻게 확정하여 월 한도액의 범위 내에서 급여이용계획을 수립할 수 있는지도 문제이다. 특히, 개인별 장기요양 이용계획서와 함께 수급자에게 통보되는 장기요양인정서(시행규칙 별지 제6호 서식)의 수급자 안내사항에 "장기요양급여는 월 한도액 범위 내에서 이용이 가능하며, 이를 초과하는 비용 및 비급여비용은 본인이 전액 부담합니다."라는 내용과 개인별 장기요양 이용계획서에 기재되어 통보된 월 한도액, 나아가 요양급여고시 제13조 제7항과 제27조 제3항 등에서 월 한도액의 적용을 배제시키는 사항 등과의 충돌 및 연계성이 문제시되고 있다.

마 장기요양급여 제공 계획서 관련 문제

장기요양급여 제공 계획서가 욕구사정, 낙상위험도 평가, 욕창위험도 평가 및 인지기능검사를 반영하여 작성되더라도 개인별 장기요양 이용계획서의 범위 안에서 작성되어야 하며(요양급여고시 제3조 제1항 참조), 장기요양급여 제공 계획서상 세부 제공내용, 횟수, 시간 등이 급여제공 기록지 및 급여비용(수가)청구 체계와도 연계되지 않아 사업자가 평가를 잘 받기 위한 요식행위로 볼 여지가 있다는 지적이 있다. 또한 장기요양급여 제공 계획서가 수시로 급변하는 수급자의 심신 기능 상태를 즉시 반영할 수 없을 뿐 아니라, 시간당 정액 및 1일당 정액으로 구성된 비용지불(수가)체계와의 정합성 문제에 따라서 장기요양급여 제공 계획서대로 서비스를 제공하지 않더라도 비용청구에는 지장이 없는 것도 문제가 된다.

수급자의 욕구나 서비스 제공 당시의 상태로 보아 서비스 제공환경이 개인별 장기요양 이용계획서와 다르다 하더라도 그 이용계획서에 좇아 서비스 계획을 수립하고 이행하는 것이 기관 평가나 행정조치 등에서 유리한 구조이기 때문에 별다른 관리장치나 규율체계를 두지 아니하고 막연히 개인별 장기요양 이용계획서의 내용대로 서비스를 이행하는 경향이 있는 것이다.

아울러, 장기요양 급여제공계획서 수립시 사용하는 욕구사정, 낙상위험도 평가, 욕창위험도 평가 및 인지기능검사 도구의 경우 전문 기관으로부터의 인증되거나 의료·복지계 또는 국제적으로부터 인증되거나 널리 사용되는 도구인지에 대한 문제도 해결하여야 할 과제이다. 즉, 이들 도구의 과학성과 객관성 그리고 전문성의 문제가 제기되거나 발생하지 않도록 조치해야 할 필요도 있다고 할 것이다.

부연하여, 개인별 장기요양 이용계획서, 장기요양급여 제공 계획서, 급여제공기록지 및 장기요양급여비용 청구체계(청구명세서 서식, 서비스 코드 등)가 상호 일관성 및 연계성에 기반한 통일성 있는 단일 시스템으로의 개발이 필요한 영역이라 본다. 개인별 장기요양 이용계획서를 포함한 장기요양급여 제공 계획서 수립에 소요되는 인력과 행정 대비 서비스 제공의 효율성 및 효과성 등도 검토해 볼 실익이 있어 보인다.

바 | 장기요양 이용계획서 및 제공계획서 운영체계에 대한 문제점과 개선방안

장기요양 등급을 판정받아 수급자가 되면 공단에서 수급자에게 '장기요양 인정서' 및 '개인별 장기요양 이용계획서'를 통보한다. 이후 장기요양기관은 수급자에게 서비스 제공 시 장기요양인정서 및 개인별 장기요양 이용계획서에 기초하여 '장기요양급여 제공계획서'를 수립하여 이에 따라 서비스를 제공한다. 이러한 일련의 시스템을 '케어매니지먼트 시스템'이라고 한다. 케어매니지먼트 시스템은 장기요양급여비용(수가)의 구성체계와도 밀접히 관련된다. 케어매니지먼트 시스템은 시간당, 방문당 그리고 1일당 책정된 수가구조의 문제점을 해소하기 위한 제도적 장치이다. 즉, 수가구조가 장기요양급여에 드는 시간·노력 등의 업무량과 인력·시설·장비·재료 등 자원의 양, 위험도 등이 세부적 행위나 재료비 등의 단위로 단가가 책정되지 않고 포괄적으로 책정되어 있기 때문에, 서비스를 제공하는 장기요양기관은 최소한의 자원 투입욕구가, 공단은 이를 방지하려는 욕구가 작동하여 만들어진 시스템이 현재의 이용계획서 및 제공계획서 체계이다.

케어매니지먼트 시스템은 수급자의 욕구에 알맞게 서비스를 제공하여 수급자가 현 상태유지, 기능회복 또는 자립을 하는 데 도움을 주는 것을 목적으로 한다. 따라서 개인별 장기요양 이용계획서 및 장기요양급여 제공계획서는 수급자에게 장기요양급여 제공 당시 수급자의 욕구를 중심으로 수립되어 수급자의 욕구에 맞는 서비스를 적기에 제공받을 수 있어야 한다. 우리나라의 케어매니지먼트 시스템은 공단과 장기요양기관으로 이원화되어 있고, 장기요양기관에 대한 평가제도를 통하여 개인별 장기요양 이용계획서의 범위 내에서 급여제공을 강요하고 있기 때문에 서비스 제공현장에서 수시로 변동되고 있는 수급자의 다양한 욕구보다는 평가나 부당청구를 의식한 서비스계획 및 제공이 이루어지고 있는 실정이 문제로 등장하게 된다. 개인별 장기요양 이용계획서와 장기요양급여 제공계획서를 소비자가 별도의 비용으로 지불하고 구매할 의사가 있을 정도의 수준에 해당할 정도로 구체성과 실질성을 확보할 수 있다면, 수급자에 대한 양질의 서비스 제공 및 법 취지를 달성할 수 있을 것인바, 이러한 제도의 장기적 존립가능성 등을 고려하여 계획서 수립에 소요되는 비용적 측면도 관계제도와 함께 고려해 볼 필요가 있다.

다만 이러한 문제점들이 해소되기 위해서는 공단의 개인별 장기요양 이용계획서를 폐지하고 장기요양기관에서 작성하는 서비스 제공계획과 실제 서비스의 세부적인 제공내용 단위별로 청구명세서가 연계되어야 하고, 세부 제공내역 단위별로 수가가 책정되는 체계가 바람직할 것이다. 그리고 장기요양기관에 대한 평가제도는 서비스 제공현장을 중심으로 수급자의 욕구에 따른 계획이 수립되고 그 욕구에 맞는 서비스가 적기에 유효 적절하게 제공되고 있는지 등을 직접 확인하고 판단하는 방식으로 개선되어야 할 것이다.

사 개인별 장기요양 이용계획서 등에 대한 외국비교와 분석

미국, 호주, 영국, 독일 등의 전형적인 노인장기요양제도의 형태는 등급판정 관련 방문 조사상의 특이점을 감안하여 서비스 종류 및 내용의 정도를 제시하고, 구체적인 케어플랜(care plan)은 각각의 장기요양기관에서 별도로 수립하고 있다. 일본은 등급판정과 케어플랜(care plan)이 이원화되어 있는데, 73개의 심신기능상태 항목에 대하여 등급판정을 판정하고, 제3의 자격을 가진 케어 매니저(care manager)[92]가 중간자적 입장에서 6개 사정도구를 활용하여 케어플랜(care plan)을 작성하면 이에 의무적으로 따르도록 하고 있다. 우리나라도 장기요양 인정신청을 하게 되면 방문하여 어르신의 심신 기능상태를 조사하는데 그 조사항목은 「장기요양인정조사표(시행규칙 별지 제5호 서식)」상의 항목이고, 앞에서 살펴본 바와 같이 조사사항 90개 항목 중 심신 기능상태와 관련된 65개 항목은 등급판정에 활용되고, 사회생활기능·환경평가·지원서비스 등에 대한 항목은 개인별 장기요양 이용계획서 작성에 활용된다.

공단 직원이 짧은 시간 동안 시행하는 조사내용을 근거로 작성되는 개인별 장기요양 이용계획서는 학계의 기준으로 보았을 때 케어플랜(care plan)이라고 할 수 없고, 장기요양기관이 작성하는 장기요양 급여제공계획서에 대한 기초적 가이드라인을 제공하는 기능과 그 내용의 구체성 등을 기준으로 본다면 초보적 형태의 케어플랜으로 볼 수 있을 것이다.

우리나라의 장기요양기관에서 작성하는 장기요양 급여제공계획서가 학계에서 말하는 케어매니지먼트(care management) 혹은 케어플랜(care plan)이라 할 수 있으나 이 또한 학계에서 요구하는 정도를 기준으로 본다면 미흡한 점이 많이 있다. 참고로 케어플랜도구의 일종인 RAI는 의료와 복지가 포함된 MDS 300개 항목 조사(기능상태 조사) → Algorithm을 통해서 문제영역을 도출하고 → 서비스 목표를 수립하며 → 이에 따라 서비스 내용(CAPs, client assessment protocol의 약어)을 정하는 절차를 말한다. 결국 케어매니지먼트(care management) 혹은 케어플랜(care plan)이라고 함은 'need assessment → care plan 수립 → 서비스 연결' 등으로 이어지는 일련의 과정이라고 할 것이다.

---

92 일본은 해당 자격 종사기간 5년 이상에 해당되는 의사, 치과의사, 약제사, 보건사, 조산사, 간호사, 이학·작업요법사, 사회복지사, 개호복지사, 치과위생사, 영양사, 정신보건복지사 등이 실무연수 수강시험에 합격한 후 실무연수 과정을 거쳐야 케어매니저가 될 수 있다.

가 노인요양시설 등의 선택권의 대리 및 계약의 법리

치매 내지 심신기능의 문제로 판단능력 등 의사능력이 상실된 고령자의 노인요양시설 입소 등에 대한 보험서비스의 선택권에 대한 사항이 자주 문제시된다. 성년후견제도에 있어 우리 「민법」 947조의2 제2항에서는 "성년후견인이 피성년후견인을 치료 등의 목적으로 정신병원이나 그 밖의 다른 장소에 격리하려는 경우에는 가정법원에 허락을 받아야 한다."고 규정하고 있다. 이는 물론 민법 소정의 절차에 따라 성년후견인이 선임된 고령자 등에 대한 규정이지만 판단능력이 미약한 수급자에 대한 요양시설 등에 대한 입소의 결정권의 행사 주체에 대한 문제와 결부된 것이기도 하다.

요양시설 등의 입소선택권의 행사 문제는 법 제22조의 대리의 범위에 명시되어 있지 않고 있으므로 법 제22조에 규정된 대리인은 요양시설 입소 등 장기요양급여에 대한 대리권은 없다고 본다. 또한 수급자 본인이 「민법」상의 피성년후견인이 아닌 한 「민법」 제947조의2의 절차에 따를 수도 없다고 할 것이다. 따라서 장기요양급여 종류에 대한 선택권의 법리는 「헌법」상의 자기결정권, 「민법」상 부양의무(제826조, 제974조, 제975조부터 제979조) 그리고 「노인복지법」상 부양의무자(제1조의2 등) 등 법리에 따라 처리되어야 할 것이다.

나 판단능력이 상실된 수급자의 자기결정권 문제

최근의 한국사회는 수급자는 물론 돌봄이 필요한 고령자가 요양시설이나 요양병원에서 삶을 마감하는 경우가 많다. 이와 관련하여 치매 등으로 판단능력에 지장이 있는 고령자가 장기요양 등급을 인정받아 수급자가 된 경우 장기요양급여(가정 및 시설서비스)를 선택하고 이용하는 데 있어 수급자의 자기결정권 행사 문제가 발생한다. 치매 등으로 판단능력이 상실되었거나 미약한 수급자의 경우, 노인요양시설에 스스로 입소하기를 원하여 입소하는 경우도 있겠으나, 수급자의 의사에 반하여 보호자의 의사에 따라 노인요양시설에 입소하는 경우가 많다. 부양의무자는 민법이나 노인복지법상의 부양의무를 이행함에 있어 판단능력이 저하된 고령자의 권리를 적절하게 대변하여야 하기에 이러한 현상은 법령상 또는 사회상규나 도덕관념상 일응 불가피한 모습이기도 할 것이다.

일반적으로 방문요양 또는 노인요양시설에의 입소 등 장기요양급여 이용계약은 장기요양기관과 수급자 사이에 체결하는 것이 원칙이다. 그러나 장기요양급여 이용계약의 상대방은 반드시 수급자여야 할 필요는 없다. 법령상 특별한 제약 등이 없다면 제3자를 위한 계약이 가능하므로(「민법」 제539조), 판단능력이 상실된 고령자의 보호자(예를 들어 고령자의 자녀 등)가 그를 위하여 장기요양급여 계약을 체결하는 것이 오히려 부양의무자 관계규정의 전반적인 취지에 더욱 부합한다. 장기요양급여계약에 있어 고령자인 수급자가 부담해야 할 채무인 요양서비스비용 채무(본인부담금)는 고령자의 보호자가 부담하는 것이 통상의 의사일 것이다. 요양시설의 입소에 대한 결정은 수급자의 동의를 받아야 하는 것이 원칙이지만, 수급자가 치매 등으로 판단능력이 없는 경우 또는 민법상의 성년후견인이 선임되지 않은 경우 자녀 등의 보호자가 대신 동의를 하게 되는데, 이는 민법상의 보호의무를 근거로 한다고 본다. 이러한 동의는 판단능력이 상실된 고령자의 자기결정권(「헌법」 제10조)을 대신 행사하는 것이 아니라 보호자의 보호의무를 근거로 직접 행사하는 것으로 보아야 한다.[93]

민법상의 성년후견인 제도와 관련하여 헌법재판소 결정[94]에서는 『가. 성년후견개시심판조항에서 규정하고 있는 '질병, 장애, 노령, 그 밖의 사유로 인한 정신적 제약으로 사무를 처리할 능력이 지속적으로 결여'라는 개념이 다소 추상적일지라도, 그 의미의 대강을 확정할 수 있는데다가 성년후견제도의 입법 취지, 성년후견 업무의 특성, 정신적 장애 등 자기의 행위결과에 대한 판단 능력 결여 원인의 다양

---

93 「자녀에 대한 의료행위에 관한 친권남용통제」, 이봉민, 법조, 2012.5. 통권 668호, 255쪽에는 의료행위에 대한 것이나 집필자가 이를 장기요양급여로 원용하였다. 그러나 자녀에 대한 부모의 친권과 부모에 대한 자녀의 보호의무 법리에는 많은 차이가 있어 위 논문을 여기에서 원용하는 것은 타당하지 않다는 지적이 있을 수 있다.

94 헌법재판소 2019. 12. 27. 선고 2018헌바161 전원재판부.

성 등의 사정 및 가정법원은 성년후견 개시심판에 앞서 피성년후견인이 될 사람의 정신상태에 관하여 전문가인 의사의 감정결과를 참작하여(가사소송법 제45조의2 참조) 정신적 제약과 사무처리 능력의 지속적 결여 여부를 합리적으로 판단할 수 있다는 점을 더하여 보면, 성년후견개시심판조항이 기본권 제한에 관한 명확성의 원칙에 위배될 정도로 지나치게 불명확한 개념이라고 보기는 어렵다. 따라서 성년후견개시심판조항은 명확성원칙에 반하지 않는다. 나. 성년후견인관련조항은 스스로 법률행위를 하거나 신상에 관한 결정을 하고 행위를 하는 데 현실적인 어려움을 겪고 있는 사람이 성년후견인의 지원을 통하여 거래상의 불이익이나 신상에 대한 위해를 입지 않도록 하기 위한 것으로서, 목적의 정당성과 수단의 적합성이 인정된다. 성년후견인의 지원을 통하여 정신적 제약으로 사무를 처리할 능력이 지속적으로 결여된 사람을 효율적으로 보호하기 위해서는 성년후견인에게 피성년후견인의 의사와 이익을 반영하여 포괄적, 지속적으로 사무처리를 할 수 있는 권한을 부여하는 것이 필요하다』고 하였다.

또한 대법원[95]도 『민법상 성년후견인이 형사소송절차에서 반의사불벌죄의 처벌불원 의사표시를 대리할 수 있다고 보는 것은 피해자 본인을 위한 후견적 역할에 부합한다고 볼 수도 없다.』고 하면서 『피해자를 사건본인으로 하는 성년후견개시심판과 피고인 또는 피의자를 당사자로 하는 형사소송절차는 완전히 별개의 절차로, 가정법원에 의한 성년후견인 선임은 형사소송절차에 대한 별도의 고려 없이 가사재판이 추구하는 가치를 충실히 구현할 수 있는 관점에서 이루어진다. 피해자 본인의 의사가 무엇보다 중요한 형사소송절차에서 반의사불벌죄에 대한 처벌불원 의사에까지 성년후견인에게 대리를 허용하는 것은 피해자 보호를 비롯한 형사사법이 추구하는 보호적 기능의 구현과 무관할 뿐만 아니라 오히려 이에 역행한다고 볼 여지도 있다』고 판시하였다.

위와 같은 성년후견제도의 성격과 연계하여 노인장기요양에서 문제되는 점에서는 의료와의 연계성 하에 다음의 제5항에서 상세히 다루기로 한다.

---

95 대법원 2023. 7. 17. 선고 2021도11126 전원합의체 판결.

가 개관

공단에 장기요양인정신청을 하여 장기요양등급(1~5등급, 인지지원등급) 판정을 받은 수급자는 장기요양인정서와 개인별 장기요양 이용계획서를 지참하여 아래 절차에 따라 서비스를 이용하게 된다.

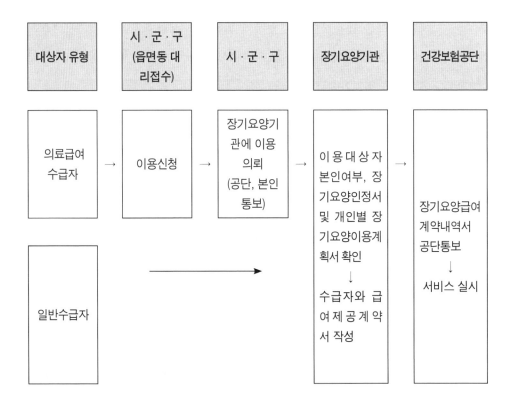

「의료급여법」에 따른 수급권자로서 장기요양등급을 인정받은 자는 입소·이용 신청서를 작성하여 주소지를 관할하는 특별자치시장·특별자치도지사·시장·군 수·구청장에게 장기요양급여를 신청해야 한다(시행규칙 제16조 제5항). 신청을 받

은 특별자치시장·특별자치도지사·시장·군수·구청장은 장기요양기관 입소·이용 의뢰서를 장기요양기관의 장에게 송부하고 그 사실을 수급자와 공단에 통지해야 한다(시행규칙 제16조 제5항).

수급자와 장기요양기관은 장기요양급여 개시 전에 1) 계약 당사자, 2) 계약기간, 3) 장기요양급여의 종류, 내용 및 비용, 4) 비급여대상 및 항목별 비용 등이 포함된 장기요양급여 제공계약서를 체결해야 한다(시행규칙 제16조 제1항). 장기요양기관이 계약을 체결할 때에는 수급자 또는 그 가족에게 제공하려는 장기요양급여의 제공계획 및 비용(비급여대상 및 항목별 비용을 포함한다) 등 장기요양급여 제공과 관련된 사항을 설명한 후 동의서를 받아야 한다(시행규칙 제16조 제3항). 장기요양기관은 계약을 체결하거나 계약서의 내용을 변경한 경우에는 지체 장기요양급여 계약통보서를 팩스나 공단이 운영하는 전자문서교환방식을 통하여 공단에 통보해야 한다(시행규칙 제16조 제4항).

심신기능의 상실이나 장애가 있는 수급자가 노인요양시설이나 노인공동생활가정에 입소하여 서비스를 받는 경우는 평생 살아온 지역사회와 가정을 떠나 다른 사람들과의 공동생활을 하는 서비스이므로 '인간 중심의 돌봄' 가치에 부합되도록 항상 수급자 중심의 의사결정이 이루어지도록 노력하여야 할 것이다.

나 입소 계약과정에서 수급자의 자기결정권과 계약체결의 당사자 문제

(1) 자기결정권 등 헌법상의 기본권

「헌법」 제10조에서는 "모든 국민은 인간으로서의 존엄과 가치를 가지며, 행복을 추구할 권리를 가진다. 국가는 개인이 가지는 불가침의 기본적 인권을 확인하고 이를 보장할 의무를 진다"고 천명하고, 제12조 제1항에는 "모든 국민은 신체의 자유를 가진다."고 하는 한편, 제14조에서는 "모든 국민은 거주·이전의 자유를 가진다."고 행복추구권 및 기본권에 관하여 규정하고 있다. 시설급여기관 입소는 신체의 자유, 행복추구권 등과 밀접한 관련이 있고, 자신의 생활영역을 자유로이 형성할 수 있는 자기결정권과 직결된다. 헌법재판소는 자기결정권을 「헌법」 제10조에서 보장하는 개인의 인격권과 행복추구권을 전제하는 취지로 판시하거나,[96] 「헌법」 제10조의 행복추구권에서 파생하는 것이라 판시하고 있다.[97]

(2) 「민법」상의 가족의 부양의무와[98]의 관계

고령화 및 신체적 기능 내지 인지능력의 한계로 인하여 수급자에게 자기결정권의 자율적 행사를 기대할 수 없는 경우, 가족인 보호자의 부양의무와 수급자의 신체의 자유 및 행복추구권과 관련된 자기결정권 충돌 문제가 발생하게 된다. 수급자와 보호자의 권리의무 관계 중 어느 하나가 언제나 우선한다고 볼 수 없는바, 이는 결국 보호자의 부양의무와 수급자의 자기결권을 어떻게 조화롭게 정리할 것인지의 문제로 귀결된다.

시설급여기관으로의 입소결정은 수급자의 보호자로서는 부양의무와도 밀접히 연관된다. 치매 등으로 노인에게 자기결정권의 행사능력을 인정할 수 없는 경우, 자녀의 의사결정이 노인의 생명·신체를 해하는 결과를 초래하는 때에도 이를 그대로 인정하여야 하는지가 문제될 수 있다. 이와 관련하여 노인의 생명권, 신체에 관한 기본권과 자녀의 부양의무가 충돌하는 경우 우리 헌법에는 자기결정권에 관한 명문 규정이 없다. 수급자의 이익이나 추상적 의사 등에 위반하여 이루어진 자녀 등의 입소결정의 대행 문제는 부양의무의 한계점과 결부되므로 가처분신청,[99] 형사처벌 등으로 해결될 수 없는 영역이라 할 것이다.

이러한 문제는 수급자의 가족의 결정권이 수급자 본인의 자기결정권에 기인하는 것인지를 비롯하여 수급자의 생명권, 행복추구권 및 자기결권과 가족인 보호자의 행복추구권과 자기결정권 그리고 부양의무의 방법·정도 및 한계점의 충돌의 영역이다.

요양시설 입소와 관련된 의사 결정에 있어 의사 결정능력이 없는 수급자의 경

---

96 헌법재판소 2019. 6. 28.자 2018헌마128 결정.

97 헌법재판소 2015. 7. 30.자 2014헌마298 결정 등.

98 의사결정능력에 장애가 있는자에 대한 우리 민법상의 성년후견제도의 후견인제도가 있으나 본고에서는 민법상 부양의무자를 통칭하는 개념으로 기술하였음.

99 아동의 질병치료를 위하여는 수혈이 필요하대도 부모가 종교적인 이유로 수혈을 거부하자 해당 의료기관에서 그 부모를 상대로 가처분 신청을 통하여 수혈을 실시한 사례(서울동부지방법원 2010. 10. 21.자 2010카합2341 결정)

우 평소의 객관적인 자료 등에 의한 '추정적 의사'에 의한 가족인 보호자의 대리 의사결정이 바람직하다. 심신기능 상태에 따라 자기결정권 행사능력이 제한된 수급자의 경우 그 자녀 등 보호자의 부양의무권 행사는 수급자의 인간의 존엄성과 행복추구권 차원에서 수급자를 대신하여야 한다. 그리고 수급자가 자기결정권을 행사할 수 있을 정도의 심신기능 상태를 유지하고 있을 경우 수급자의 자기결정권과 보호자의 부양의무가 충돌하는 문제가 발생하는바, 결국 시설기관으로의 입소 의사 결정 문제는 수급자의 권리와 보호자의 부양의무가 조화롭게 정립되어야 할 영역이다.

우리나라 「민법」은 배우자 상호간의 부양의무(제 826조), 부모의 미성년자에 대한 부양의무(제913조), 기타 친족간의 부양의무(제 974조)를 규정하고 있고 부양의 정도 또는 방법에 관하여 당사자간에 협정이 없는 때에는 법원은 당사자의 청구에 의하여 부양을 받을 자의 생활정도와 부양의무자의 자력 기타 제반사정을 참작하여 이를 정하도록 하고 있다(제 977조). 이와 같이 부양의무의 성격과 내용에 대하여는 규정을 두지 않고 있어 부양의무의 범위에 대하여는 다양한 견해들이 있다. 우리 민법상의 부양은 생활비 보조 등 재산권적인 성질을 가진다는 견해[100]와 경제적인 보조뿐만 아니라 동거·양육·간호·장례에 이르기까지 포괄적인 공적부조의 의미를 가진다는 견해[101]가 있다.

(3) 입소계약의 당사자 및 설명의무의 상대방

장기요양기관은 시행규칙 제16조 제3항에 따라 계약을 체결할 때 수급자 또는 그 가족에게 제공하려는 장기요양급여의 제공계획 및 비용(비급여대상 및 항목별 비용을 포함한다) 등 장기요양급여 제공과 관련된 사항을 설명한 후 동의서를 받아야 한다.

입소계약의 당사자는 수급자 및 시설급여기관이다. 그러나 실무에서는 대부분 수급자의 보호자와 계약이 체결되고 있어 누가 계약당사자인지에 관하여 문제가 된다. 보호자가 계약 체결 시 보호자로서는 제3자를 위한 계약의 하나로 볼 수 있

---

100 김주수, 친족 · 상속법, 법문사, 2005, 453쪽.
101 이은영, 민법 II, 박영사, 2005, 650쪽.

다. 그리고 수급자가 의식불명이거나 의사능력이 없는 경우 의학상 합리성이 인정되는 범위 내에서 시설급여기관의 입소에 대하여 수익의 의사표시가 추정된다고 볼 수 있다.

사회현실과 통념 그리고 수급자의 사전 의사 그리고 추정적 의사 등을 종합하여 볼 때 대체적으로 시설급여기관에 입소를 희망하는 수급자는 상당히 적거나 극소수일 것이 분명할 것임에도 보호자의 일방적인 의사에 따라 입소계약이 이루어지는 것은 문제이다. 의식이 불명확하고, 사전의사 또는 추정의사가 모두 확인되지 않는 수급자의 경우 가족이나 보호자의 대리 결정으로 입소계약이 가능할 것인지 문제된다. 시설급여기관으로의 입소 결정은 수급자를 위한다기보다는 가족이나 보호자의 편의를 위한 결정이 될 가능성이 많다.

「의료법」의 규정으로 볼 때 의료법 제24조의2 제1항 "의사, 치과의사 또는 한의사는 사람의 생명 또는 신체에 중대한 위해를 발생하게 할 우려가 있는 수술 등을 하는 경우 제2항에 따른 사항을 환자(환자가 의사능력이 없는 경우 환자의 법정대리인을 말한다)에게 설명하고 서면으로 그 동의를 받아야 한다."라고 규정하고 있다. 문제는 의료실무에서 환자의 보호자에게 의료행위에 대해 설명하고 그로부터 동의를 받는 일이 매우 빈번하다는 것이다. 이 보호자의 개념은 「의료법」에서 다양하게 등장하지만, 정작 보호자의 자격이나 범위는 명확하게 규정되어 있지 않다.[102]

미성년자와 달리 「민법」상 성년자의 경우 당연히 그를 위한 법정대리인이 존재하는 것이 아니다. 즉 환자의 배우자나 친족이라고 해서 민법상 당연히 환자의 대리인이 되어 의료행위에 대해 대행결정권을 갖지 않는다. 그러나 실무에서는 성년의 보호자를 실제로 대리인으로 취급하고 있다. 외국의 입법례 상당수는, 후견인이 정해져 있지 않은 경우 환자의 가족, 경우에 따라서는 지인에게 동의권의 대행을 인정하는 법률의 규정을 두고 있다. 또는 동의권의 대행을 긍정하지는 않지만 일정 범위 내에서 가족 등의 참여를 인정하는 입법례도 존재한다.[103] 대행결정권자가 여러 명인 경우 그중 일부가 동의에 반대하면 그 의료행위를 할 수 없고 성

---

102 김수정, 의료행위에 대한 동의에서 환자 보호자의 법적 지위와 역할, 의료법학 제20권 제2호, 2019.

103 김수정, 의료행위에 대한 동의에서 환자 보호자의 법적 지위와 역할, 의료법학 제20권 제2호, 2019, 50쪽.

년후견인 선임절차가 개시되어야 한다고 정하는 방법도 가능하다. 문제는 법원의 대행권한 수여나 법원의 후견인 선임과 같은 실질적인 근거 없이, 단지 본인과 일정한 관계에 있다는 이유만으로 본인의 신상에 있어 매우 중대한 의료행위에 관한 대행 결정권을 인정하는 것이 어떻게 정당화될 수 있는지이다. 즉, 대행결정권자는 본인에게 개관적 주관적으로 환자에게 가장 최선의 결정을 할 수 있으리라고 기대될 수 있어야 할 것인데, 우리나라의 관행 내지 실무가 보여주듯이 우리나라에서는 환자와 가족사이의 공동의사결정이 보편적인 현상일 것으로 추측된다. 한국, 중국, 일본에서는 의료행위 결정이 환자의 절대적 사적자치영역에 속한다기보다는 일종의 온정주의적 집단 의사결정의 형태, 다시 말해 가족구성원과 의사가 함께 결정하는 경향이 있다는 분석도 존재한다.[104] 환자의 의지를 확인하는 것은 주치의에게도 쉽지 않으므로, 설령 환자의 의사결정이 환자 가족에 의해 형해화될 정도로 환자의 권리가 침해되었다는 것이 사후적으로 확인된 경우, 의사결정에 대한 절차나 기준 등이 법령상 부재한 상황에서 그 책임을 담당의사에게 물을 수 있을지는 의문이다.[105] 한편 「의료법」 제24조의2 제1항에서는 환자가 의사능력이 없는 경우 환자의 법정대리인에게 설명하도록 규정하고 있는데, 여기서 법정대리인이란 미성년자의 경우 부모, 성년자인 경우 법원이 인정한 성년후견인만을 의미한다. 따라서 대다수 성년환자들에게는 '법정대리인'이 존재하지 않기 때문에 설명의무 이행 상대방이 누구인지 파악하기 곤란한 문제가 있다.[106]

「의료법」상의 설명의무의 상대방 관련, 대법원[107]은 수술 전날에 환자의 시숙이 '수술을 함에 있어 의사의 내용설명을 숙지하고 자유의사로 승낙하며 수술 중 및 수술 후 경과에 대하여 의사와 병원 당국에 하등 민·형사상의 책임을 묻지 아니하기로 하고 수술시행을 승인한다'는 내용의 부동문자로 인쇄된 수술승인서 용지에 서명날인한 사실만으로는, 환자에 대한 수술 및 그 준비로서의 마취를 함에

---

104 김수정, 의료행위에 대한 동의에서 환자 보호자의 법적 지위와 역할, 의료법학 제20권 제2호, 2019, 74쪽.
105 백경희, 자기결정능력 흠결 상태의 환자에 대한 의료행위의 동의에 관한 소고, 법학논총 제33집, 2015, 163-164쪽.
106 의료문제를 생각하는 변호사모임, 의료법 주석서, 박영사, 2020, 173쪽.
107 대법원 1994. 11. 25. 선고 94다35671 판결.

있어서 병원의 의료팀이나 마취담당 의사가 환자나 그 가족에게 수술, 특히 전신 마취가 초래할 수 있는 위험성이나 부작용에 대하여 설명의무를 다하였다고 볼 수 없으며, 환자가 성인으로서의 판단능력을 가지고 있는 이상 인척에 불과한 시숙의 승낙으로써 환자의 승낙에 갈음하는 것은 허용되지 아니한다고 할 것이므로, 환자에 대한 치료행위로서 마취담당 의사의 마취는 환자에 대한 설명의무를 다하지 아니함과 아울러 환자의 승낙권을 침해하여 이루어진 위법한 행위라고 판시하였다.

시행규칙 제16조 제1항에서는 장기요양급여 제공계약서의 내용에 계약 당사자를 포함하라는 규정만 제시되어 있어 계약당사자의 구체적인 범위에 대하여는 언급하지 않고 있다. 또한 동조 제3항에서는 장기요양기관이 계약을 체결할 때에는 수급자 또는 그 가족에게 제공하려는 장기요양급여의 제공계획 및 비용(비급여 대상 및 항목별 비용을 포함한다) 등 장기요양급여 제공과 관련된 사항을 설명한 후 동의서를 받아야 한다고 규정하여 수급자가 아닌 그 가족에게 설명할 수 있도록 하고 있다.

(4) 보건복지부의 노인보건복지사업 안내의 내용

관계법령 및 정부 안내 등에 따르면 수급자 본인의 이익을 위한 경우에는 심신이 미약하여 스스로 온전한 의사결정이나 일상생활을 할 수 없는 수급자의 의사와 상관없이 자녀 등 부양의무자가 후견적으로 그 의사결정에 개입 할 수 있다. 이에 따라 치매 등 노화현상으로 온전한 의사결정을 할 수 없는 노인의 시설에의 입소 결정은 해당 노인의 자기결정권 관점과 자녀 등의 부양의무 관점에 입각하여 살펴보아야 한다.

즉, 보건복지부 사업 안내[108]에 따르면 입소 계약과정에서 노인의 의사가 자유롭게 표현되며, 존중되어야 한다. 가족 등 타인의 강요가 아닌 노인 스스로가 입소 여부를 결정하도록 자기결정권을 보장해야 하며, 그러한 권리가 보장될 수 있도록 지역사회자원연계 등 필요한 노력을 해야 한다. 시설은 돌봄이 어려울 것으로 예상되는 노인을 배척하는 등 편의에 의해 자의적이고 선별적으로 입소노인을

---

[108] 보건복지부, 2024년 노인보건복지사업안내.

선택해서는 안 된다. 다만, 의료적 서비스가 더 필요하거나 입소정원 초과 등 합리적 사유로 입소가 부적합한 것으로 판단된 경우에도 노인 및 보호자에게 타 시설 소개 등 노인이 적합한 서비스를 공백 없이 지원받을 수 있도록 노력해야 한다. 입소 계약 시 당사자(시설, 노인, 보호자 등)들은 노인이 시설생활에 안정적으로 적응할 수 있도록 돕는 기본적인 정보(노인의 성격, 취향 등)를 나누며, 계약서는 서명 후 당사자들이 각 한 부씩 보관한다.

이때 입소 계약 '당사자'는 입소자 본인이 원칙이며, 인지능력 부족 등의 사유로 본인에 의한 입소 계약이 어려운 경우에 한해 대리인 또는 보호자가 당사자가 되어 계약하여야 한다고 정하고 있다.[109]

(5) 성년후견인 제도와의 관계

「민법」상 성년후견인제도에 따라 성년후견 개시 심판 청구를 하여 성년후견인이 선임된 경우라 하더라도 성년후견인의 의사결정만으로 수급자를 노인요양시설 등에 입소시킬 수는 없다. 성년후견인이 치매 등으로 스스로 신상결정을 할 수 없는 수급자를 노인요양시설 등에 입소시키기 위해서는 가정법원의 허가를 받아야 한다.

(6) 노인장기요양보험법령상의 계약체결 당사자 문제

시행규칙 제16조 제1항에는 "수급자와 장기요양기관은 장기요양급여 개시 전에 다음 각 호의 사항이 포함된 장기요양급여 제공계약을 문서로 체결해야 한다. 이 경우 장기요양기관은 계약서를 2부 작성하여 1부는 지체 없이 수급자에게 발급하고 1부는 장기요양기관이 보관해야 하며, 계약을 변경하려는 경우에도 또한 같다. 그리고 제1호에는 "계약 당사자", 제2호에는 "계약기간", 제3호에는 "장기요양급여의 종류, 내용 및 비용 등", 제4호에는 "비급여대상 및 항목별 비용"을 규정하고 있다. 이처럼 시행규칙 제16조 제1항에서는 계약당사자를 특정하지 않고 있다.

시행규칙 제16조 제3항에서는 "장기요양기관이 계약을 체결할 때에는 수급자

109　보건복지부, 2024년 노인복지사업안내, 208쪽.

또는 그 가족에게 제공하려는 장기요양급여의 제공계획 및 비용(비급여대상 및 항목별 비용을 포함한다) 등 장기요양급여 제공과 관련된 사항을 설명한 후 동의서를 받아야 한다.”고 규정하고 있다. 즉, 수급자를 장기요양기관인 노인요양시설에 입소시킬 때에는 수급자 본인이나 수급자 가족 중 1인의 동의만 있어도 가능하다는 것이다. 실무 현장에서 수급자에게 설명하고 동의 받는 경우는 거의 없고 수급자의 가족에게 설명과 동의를 받는 경우가 대부분이다. 「민법」상 미성년자의 경우 친권자가 당연히 그 법정대리인이 되지만(「민법」 제911조), 성년자의 경우 당연히 성년자(여기에서는 수급자를 의미함)를 위한 법정대리인이 존재하지 않는다. 성년자의 경우에는 「민법」상의 성년후견 개시 심판청구를 하여 성년후견인이 관련 의사결정을 대행하는 방식인 성년후견인제도만이 존재할 뿐이다.

이러한 「민법」의 원리에도 불구하고 시행규칙 제16조 제3항에서는 수급자의 가족에게 수급자의 생명권과 거주이전의 자유 등 헌법상의 기본권과 직결되는 중대한 법익행사와 관련된 자기결정권을 수급자의 가족이 관여하도록 하고 있다. 「헌법」이나 법령의 구체적인 근거나 위임 없이 그리고 성년후견제도를 통하지 않고 수급자의 가족이 법정 대행결정권자로 법적 지위를 부여한 것이 당연시되고 있어 위법 내지는 위헌의 문제가 발생되고 있다. 특히, 대다수 또는 상당수의 수급자가 노인요양시설에의 입소를 희망하지 않는 현실과 관련 수급자의 묵시적 동의나 사무관리 그리고 긴급성 등의 차원에서 수급자 가족의 권한 대행권자로서의 지위를 부여하는 것이 가장 바람직한 해결책인지에 대하여는 많은 의문이 있다. 가족의 수급자 돌봄 의무의 고충을 고려할 때 수급자의 가족의 선택이 언제나 수급자에게 최선의 이익이 되는 결정을 할 것이라고 기대하기 어려울 수 있기 때문이다. 그러나 다른 한편으로는, 가장 밀접한 관계에 있는 가족의 지위에 있지 않은 자가 수급자에게 보다 이익이 되는 결정을 할 것이라고 단언하기도 어려울 것이다. 이러한 사항을 극복하면서도 수급자에게 최선의 이익이 되는 정책이나 제도를 마련하는 것이 우리가 극복해야 할 과제로 보인다. 수급자는 가정에서의 안락함과 적정 돌봄의 욕구를 느끼는 반면, 가족은 전문적이고 바람직한 돌봄에 대한 전문적 지식이나 실력, 나아가 경제활동 등으로 인하여 24시간 돌봄을 제공하기 어려운 현실적인 측면에 큰 부담을 느끼는 것을 부정하기 어렵기 때문이다. 이에 대해서는 현 제도에 대한 장단기적 고민이 필요할 것이다.

(7) 장기요양급여이용 표준약관[110]

공정거래위원회의 표준약관 중 시설급여 약관을 기준으로 볼 때 시행규칙 제16조 제3항의 규정과 달리 수급자(이용자) 외에 수급자의 대리인 또는 보호자도 입소계약서에 기명과 날인을 하도록 되어 있다. 즉, 입소계약서에는 수급자와 수급자의 대리인 또는 보호자가 공동으로 기명날인하도록 되어 있다. 실무에서는 의사능력이 없는 수급자의 기명날인의 효력과 의사능력이 없는 수급자에 대하여 그 보호자가 수급자의 최선의 이익을 위한 입소계약인지, 입소자를 대리한 계약인지가 다소 모호하다. 특히, 의사능력이 없는 수급자의 경우 수급자와 보호자 등이 공동으로 기명날인하는 것과 관련 법적성격이 수급자와 보호자의 공통된 공유의사 결정인지, 수급자에 대한 의사결정지원 형태인지 등 계약의 효력 등과 관련하여서는 수급자의 「헌법」상의 자기결정권보호와 「민법」상의 자녀인 보호자의 부양의무의 한계점 등의 차원에서 여러가지 현실적인 문제들이 있다.

(8) 계약관련 의사결정의 법적 성격과 입법의 필요성

시행규칙 제16조 제3항에 따르면 장기요양기관이 계약을 체결할 때에는 수급자 또는 그 가족에게 장기요양급여 제공과 관련된 사항을 설명한 후 동의서를 받아야 한다. 요양급여고시 제6조 제2항에 의하면 장기요양기관은 시행규칙 제16조 제3항에 따라 급여계약을 체결할 때 수급자별 급여제공 계획을 수립하고 수급자 등의 동의를 받아야 한다. 요양급여고시 제16조 제2항에 규정된 '수급자 등'은 수급자 또는 그 가족을 말한다(요양급여고시 제3조 제2항 괄호).

따라서 시행규칙 제16조 제3항 및 요양급여고시 제6조 제2항에서 설명의무의 상대방을 수급자 또는 그 가족으로 규정하고 있고, 실무에서 장기요양기관이 수급자에 대한 장기요양급여 제공에 대한 계약체결 상대방을 '수급자 또는 그 가족', '수급자 단독', '가족 단독' 또는 '수급자와 그 가족 공동' 중 선택하여 체결하고 있

---

110   공정거래위원회 표준약관 제10068호.

는 것이 묵시적으로 당연시되는 현상이 있다. 그러나 노인요양시설에의 입소계약 등에 있어 수급자의 의사에 반하여 돌볼 의무가 있는 가족이 어떠한 입법기준이나 견제장치 없이 수급자를 대리하는 것은 정당화 될 수 없다 할 것이다. 대부분의 수급자가 노인요양시설에 입소를 원하지 않는 현실에서-아니면 적어도 입소 희망여부를 확인할 수 없는 현 체계 내에서-과연 수급자의 가족이 의사결정 능력이 없거나 낮은 수급자에게 객관적으로 최선의 이익이 되는 결정을 하였다고 볼 수도 없다. 그렇지만 다른 한편으로는 가족에게 수급자에게 최선의 이익이 되는 방법으로 돌보게 하는 의무를 부여하는 것도 한계가 있음은 물론, 수급자 개개인에게 최선의 이익이 되는 돌봄의 방법이 무엇인지 규명하거나 그 방법을 수립하는 것도 매우 어려운 일이다.

위와 같은 계약 관련 규정 및 인지기능이 온전하지 아니한 수급자와의 입소 등 계약의 경우 수급자 본인의 확정의사인지, 가족 등 보호자가 평소 수급자의 추정적 의사를 반영한 의사표시인지, 가족 등이 수급자를 실질적으로 대리한 의사 결정인지 또는 가족 등 부양의무자와 수급자가 함께 결정하는 공유의사결정인지가 문제된다.

노인요양시설 입소 등 문제는 수급자의 인간의 존엄성, 거주이전의 자유 및 자기결정권과 그 보호자의 부양의무의 한계와 밀접히 관련되는 사항이므로 인지기능이 온전하지 아니하여 스스로 의사결정이 불가능한 수급자의 범위와 이들의 장기요양급여 계약절차 보호자인 가족 등이 개입할 수 있는 절차와 방법 등에 대한 보완적 입법이 필요한 영역이라 본다. 왜냐하면 현행 「민법」상의 성년후견제도는 그 절차의 복잡성과 비용의 문제 등으로 활용이 어려운 경우가 있기 때문이다.

다 계약기간을 둘러싼 문제

일반적으로 계약기간은 장기요양등급의 유효기간까지로 체결하고 있다. 장기요양급여 제공계약서에는 장기요양급여의 비용이 포함되기 때문에 매년 수가(급여비용)가 변동되거나 장기요양인정등급이 변경될 때마다 이를 변경하여야 한다.

실무에서는 당초 계약서와 다른 별지의 변경계약서를 작성하는 방법으로 운영된다.

계약서 내용에 장기요양인정서 유효기간 갱신 시 자동연장문구를 삽입하는 경우가 있다. 그러나 이는 시행규칙 제16조에 계약서의 효력을 명확하게 하기 위하여 급여제공계약은 계약기간 등을 포함하여 문서로 체결하라는 취지에 반한다 할 것이며, 인정서의 유효기간 갱신은 계약을 변경하는 효과를 가져오므로 계약서를 변경(새롭게 작성)하는 것이 타당하다고 본다.

6 중복수급 및 등급판정을 받지 못한 자의 서비스

가 중복수급 문제

장기요양급여는 국가와 지방자치단체 또는 국민건강보험 등 다른 사회보장제도로부터 받는 서비스와 중복하여 받게 되면 불필요한 재정 낭비가 초래되므로 중복수급을 금지하고 있다(요양급여고시 제4조).

(1) 사회복지시설에 입소 중인 때

사회복지시설에 입소 중인 수급자는 장기요양급여를 제공받을 수 없다. 다만 국가나 지방자치단체로부터 보조금을 지원받지 않는 사회복지시설에 입소중인 수급자, 노인복지주택에 입소중인 수급자 등 전액 수급자 본인의 비용부담으로 서비스를 받는 사회복지시설에 입소 중인 때에는 개인의 가정과 유사한 형태이므로 장기요양급여를 제공받을 수 있다.

(2) 의료기관 입원 및 가정간호 서비스를 받고 있을 때

의료기관(공공보건의료기관을 포함한다)에 입원 중인 수급자는 장기요양급여를 제공받을 수 없다. 또한 방문간호(치과위생사가 제공하는 것은 제외한다)는 「국민건강보험 요양급여의 기준에 관한 규칙」 별표1의 가정간호와 동일한 날에 제공하여서는 아니된다. 가정간호서비스를 받는 날에 방문간호를 제외한 방문요양 등 다른 재가서비스는 가능하다. 의료기관 입원 중인 때에는 물리적으로 장기요양급여가 불가능할 뿐만 아니라 건강보험이나 의료급여제도에서 급여를 실시하므로 이중(중복) 급여가 되기 때문이다.

이는 가정간호는 의사와 간호사가 가정을 방문하여 건강보험 등으로 의료서비스를 제공하는 것이므로 같은 성격인 장기요양의 방문간호를 배제하는 데 그 목적이 있다. 즉, 같은 시간일 경우에는 건강보험 등의 가정간호가 우선 적용되어야 한다는 것이다. 특히, 가정간호는 장기요양인정등급을 받지 않더라도 의료적인 서비스가 필요한자는 가정간호서비스를 제공하는 의료기관으로부터 소정의 절차에 따라 받을 수 있는 구조이다.

(3) 시설급여를 받고 있을 때

노인요양시설, 노인요양공동생활가정에 입소한 수급자에게는 재가급여 및 특별현금급여를 제공할 수 없다. 시설급여는 노인요양시설, 노인요양공동생활가정에서 제공하는 서비스를 말한다.

(4) 인지지원 등급자의 치매안심센터로부터 서비스를 받고 있을 때

인지지원등급 수급자가 「치매관리법」 제17조에 따라 설치된 치매안심센터에서 인지기능향상을 위한 쉼터 프로그램 등을 제공받는 기간 동안에는 주야간보호급여를 제공할 수 없다. 치매안심센터의 치매환자쉼터서비스는 경증치매환자를 치매안심센터에서 낮시간 동안 보호하며, 치매악화방지 및 사회적 교류를 증진시키고, 치매환자를 돌봄으로써 주보호자의 부양부담을 경감시킬 수 있도록 도와드리는 제도이다. 따라서 장기요양급여 중 주야간보호급여와의 이중(중복) 수급을 방지하기 위한 것이다.

치매안심센터의 치매환자쉼터를 이용하는 수급자 중 인지등급 수급자에 대하여만 주야간보호급여가 제한되는 것에는 형평성의 문제가 있다. 인지지원등급이 아닌 수급자의 경우 치매안심센터에서 인지기능 향상을 위한 쉼터 프로그램 등을 받는 경우 해당 시간과 중복되지 않는 범위 내에서 주야간보호서비스는 가능하다.

나 등급판정을 받지 않은 자의 서비스제공 관련 사항

부양의무자로부터 적절한 부양을 받지 못하는 65세 이상의 자(입소자로부터 입소비용의 전부를 수납하여 운영하는 노인요양시설 또는 노인요양공동생활가정의 경우는 60세 이상의 자)는 법 제15조에 따른 장기요양등급을 받지 못하더라도 「노인복지법」상 설립된 노인요양이설이나 노인요양공동생활가정에 입소할 수 있다(「노인복지법 시행규칙」 제18조). 입소자로부터 입소비용의 전부를 수납하여 운영하는 노인요양시설 또는 노인요양공동생활가정에 입소하는 경우에는 건강진단서와 입소계약서가 필요하다.

「노인장기요양보험법」에 의한 보험급여(서비스) 대상은 법 제15조에 따라 장기요양등급을 판정받은 수급자이므로 요양급여고시 등 장기요양보험법령상의 보험급여(장기요양급여)에 관련되는 규정은 장기요양등급판정을 받은 자(수급자)에게만 적용된다. 따라서 등급판정을 받지 못한 자(등급외의 자)는 노인복지법령을 적용받는다.

장기요양급여의 대상(객체), 비급여 항목 및 월 한도액

P/A/R/T

06

장기요양급여의 대상(객체), 비급여 항목 및 월 한도액

1 장기요양 급여(서비스)의 대상(객체)

가 장기요양(long-term care)의 서비스 기본내용과 명칭 등

　장기요양급여대상은 노화현상 등으로 심신기능의 쇠태로 일상생활을 혼자 힘으로 할 수 없는 자에 대한 '돌봄 서비스'이다. 그러나 장기요양보험제도의 '돌봄 서비스'의 범위는 너무나 막연하다. 이는 국민이 납부하는 보험료를 재원으로 거동이 불편한 수급자에게 어떤 내용의 서비스를 어느 정도의 범위까지 제공하는 것이 합리적인지에 대한 영역이다. 독일의 경우 장기요양보험의 서비스 객체를 질병이나 부상과 구별하여 신체의 자연스러운 노화현상으로 하고 있다.

　장기요양급여(서비스)의 내용과 체계는 장기요양보험에서 급여의 정의와 종류, 내용과 관련된다. 여기에는 '장기요양(long-term care)', '돌봄', '수발', '양호' 및 '간병' 등 다양한 명칭이 등장하기도 한다. 장기요양 내지 롱텀케어(Long-Term Care) 서비스는 대인적 지원서비스와 사회적 지원서비스가 있는데, ⅰ) 대인적 지원서비스는 주로 걷기, 앉았다 일어서기, 옷 갈아입기, 목욕하기, 화장실 이용하기, 식사하기, 옷 챙겨 입기(갈아입기), 세수, 양치질 및 머리감기, 누웠다가 일어나 방문 밖으로 나오기, 소변 조절하기(실금) 등 ADL(Activities of Daily Living) 활동과 관련되는 일상생활의 기초적 욕구해결 서비스에 해당된다. ii) 사회적 지원서비스는 ① 집안일 하기, ② 교통수단 이용하기, ③ 물건사기, ④ 전화걸기, 머리빗질, 손발톱 깎기, 화장 또는 면도하기, 식사 준비하기(음식재료를 준비하고, 요리하고, 밥상을 차리는 일), 빨래하기, 걸어서 외출하기(가까운 거리 외출하기), 교통수단 이용하기(원거리 외출하기), 금전 관리하기(용돈, 통장, 및 재산관리), 약 복용하기 등 IADL(Instrument Activities of Daily Living)활동과 관련되는 사회적 문제해결과 건강보호서비스 항목에 해당된다.[111]

나 | 노인장기요양보험법령상의 서비스 내용

돌봄서비스의 내용과 범위는 말벗, 식사제공, 거주환경제공 등 다양하고 넓어 이를 구체적으로 목록화하기는 어렵다. 그러나 장기요양보험에서는 이 돌봄서비스를 장기요양급여의 종류로 나열하고 있는데, 장기요양보험으로 서비스를 받을 수 있는 상품은 크게 재가급여, 시설급여 및 특별현금급여가 있다. 재가급여에는 방문요양, 방문목욕, 방문간호, 주·야간보호, 단기보호, 복지용구(기타재가급여)가 있다. 시설급여에는 장기요양기관으로 지정된 노인요양원과 노인요양 공동생활가정에서의 서비스가 있다. 특별현금급여는 가족요양비, 특례요양비, 요양병원 간병비가 있다.

장기요양보험제도에서는 방문요양, 주야간보호, 노인요양시설 등에서 제공되는 돌봄서비스의 유형별 세부 항목을 나열하고 있는데, 그 구체적인 항목은 급여종류별로 장기요양급여 제공기록지(규칙 별지 제12호~제16호의2 서식)에 구체적으로 나열되어 있다. 따라서 장기요양급여 즉 장기요양급여 대상의 항목 및 서비스 객체는 장기요양급여 제공기록지상에 장기요양급여 유형별로 분류된 항목으로 정

---

111   선우덕, 『노인요양의 실태와 사회적 보호방안노인요양실태와 사회적 보호필요성』, 한국보건사회연구원, 한국여성개발원, 한국노년학회토론자료, 2001.9.20, 2면

의할 수 있다.

한편 장기요양급여 대상이란 장기요양급여비용(수가)이 적용되는 항목이라고 정의할 수 있으며, 장기요양급여비용은 공단 부담금과 수급자 부담금으로 구분된다. 아래에서 살펴보는 비급여대상(항목)은 장기요양급여비용에 포함되지 않으며, 장기요양급여비용(수가)이 적용되지 않기 때문에 그 서비스 비용을 본인이 전액 부담하는 구조이다.

다 장기요양급여 대상(객체)의 범위

법 제23조 제3항에서 "장기요양급여의 제공 기준·절차·방법·범위, 그 밖에 필요한 사항은 보건복지부령으로 정한다."고 규정하고 있고 이에 터잡아 제정된 시행규칙 제14조 제1항에서는 장기요양급여의 범위에서 제외되는 사항(비급여대상)을 규정하고 있다. 따라서 비급여대상의 체계는 네거티브 시스템(negative system)의 형태라 볼 수 있다. 즉, 장기요양보험에서 시행하는 급여(서비스)항목은 장기요양급여 제공기록지(시행규칙 별지 제12호~제16호의2 서식)에 나열된 항목인데, 이 중 식사재료비 등 시행규칙 제14조에서 정한 항목이 비급여에 해당한다.

장기요양급여 중 방문간호를 제외한 대부분의 서비스는 돌봄 즉 복지서비스이며 돌봄서비스 항목을 구체적으로 정하여 이를 비용체계로 제도화하는 데는 상당한 어려움이 있다. 장기요양(long-term care) 서비스 객체의 특성상 서비스 대상(객체)을 법령에 구체적으로 나열하여 규정하는 데는 입법기술상 한계가 있다. 가령 방문요양급여에 있어 수급자 가정의 창문을 닦아주거나 전구를 갈아끼워주는 업무가 방문요양급여의 서비스 대상(객체)인지에 대하여 살펴보면, 방문요양의 급여목록으로 볼 수 있는 시행규칙 별지 제12호 서식(장기요양급여제공기록지, 방문요양)의 '가사 및 일상생활지원'의 '식사준비, 청소 및 주변정돈, 세탁' 항목에는 "수급자를 위한 음식물 조리, 설거지, 주방정리, 청소 및 주변정리 정돈, 의복세탁 및 관리"로 규정되어 있다. 여기서의 '청소 및 주변정리 정돈'이 창문 닦기와 전구를 끼워주는 업무에 포함되는지에 대하여는 창문과 전구의 위치와 구조 그리고 이 업무가 수급자만을 위한 것인지 등에 따라 판단되어야 할 영역이라 본다.

2   비급여 항목

가   비급여 항목의 구성체계

비급여 항목은 장기요양급여 대상(객체)의 범위와 밀접히 관련된다. 장기요양급여 목록표(Positive List)가 별도 규정화되어 있지 않고 급여종류별 장기요양급여 제공기록지(시행규칙 별지 제12호~제16호의2 서식)에 간략하게 규정되어 있어 급여제공 현장에서 급여 항목 또는 비급여 항목 중 어디에 해당하는지 모호한 영역이 상존할 수 밖에 없는 구조이고, 방문시간당 또는 1일당 책정된 급여비용(수가)에 특정 서비스내용(객체)가 포함되었는지도 객관화하기 어렵다고 할 것이다.

비급여의 경우 환자가 전액 부담하는 형태의 항목으로, 급여대상(객체)을 구체화하여 법령에 규정할 수 없는 입법기술상의 한계로 급여대상 항목인지 여부에 관하여 파악하기 어려운 영역이 발생하게 된다. 구체적으로 급여 항목으로 지정되지도 않고 그렇다고 비급여 항목으로도 지정되지 않은 서비스 영역에 대하여 요양기관에서 환자에게 소정의 비용을 지급받는, 소위 건강보험제도의 경우에 문제시 되는 임의비급여의 영역도 발생될 수 있다. 이러한 임의비급여에 대한 비용은 장기요양급여비용 중 일부를 본인이 부담하는 법 제40조 제1항의 본인부담금과는 구별되는 개념이다.

나   비급여 항목

법 제23조제3항의 위임을 받아 제정된 시행규칙 제14조에서 장기요양급여의 범위에서 제외되는 사항(비급여대상)을 〈제1호〉 식사재료비, 〈제2호〉 상급침실 이용에 따른 추가비용(노인요양시설 또는 노인요양공동생활가정에서 본인이 원하여 1인실 또는 2인실을 이용하는 경우 장기요양에 소요된 총 비용에서 제1호·제3호 및 제4호의 비용과 장기요양급여비용을 제외한 금액), 〈제3호〉 이·미용비, 〈제4호〉 그 외 일상생활에 통상 필요한 것과 관련된 비용으로 수급자에게 부담시키는 것이 적당하다고 보건복지부장관이 정하여 고시한 비용[112]으로 규정하고 있다. 이 외에도 비급여사항과 관련되는 법 28조의2의 제1항의 급여 외 행위의 제공 금지대상인 "급여 외 행위"인 ▶ 수급자의 가족만을 위한 행위, ▶ 수급자 또는 그 가족의 생업을 지원하는 행위, ▶ 그 밖에 수급자의 일상생활에 지장이 없는 행위[113]는 당연히 보험급여 대상(객체)에 포함되지 않기 때문에 넓은 의미의 비급여 대상으로 보아야 할 것이다.

급여와 비급여의 영역은 서비스의 종류(법 제24조의 장기요양급여의 종류를 말함)별 범위와 해석 여하에 따라 달라질 수 있다. 즉, 법에서 정한 각 급여 종류별 서비스 내용에 해당하는 사항[114]은 모두 보험급여 대상이며 시행규칙 제14조에서 정한 사항만 비급여라는 것이며, 보험급여 영역에 포함되는 명목에 대한 비용은 임의로 지급받을 수 없다는 것이다. 또한 비급여대상은 법에서 수급자에게 실시하는 서비스의 범위와 내용에 포함되지 않는다는 것이다. 비급여 대상은 보험재정과 사회보험의 원리와 밀접히 관련된다. 비급여영역은 노인장기요양보험법령의 규율대상 밖의 영역이므로 사적계약의 법리에 따라 서비스 제공여부가 결정되는 영역이라 볼 수 있다. 이와 관련 복지부에서는 아래와 같이 〈비급여 대상 항목 세부기준〉이라는 행정해석을 하고 있다.

---

112 노인장기요양보험법 제14조제4호의 위임으로 제정 시행되고 있는 보건복지부 고시는 없으므로 사실상 제4호는 사문화된 규정으로 보아야 할 것인지 주·야간보호를 이용하는 수급자의 기저귀의 경우 시설에서 실비로 비용을 받을 수 있거나 수급자가 직접 구입하여 이용하도록 한 보건복지부의 지침(2023년 노인보건복지사업안내, 468쪽)이 제4호의 위임으로 제정된 것인지에 대하여는 논란이 있다.

113 그 밖에 급여외행위의 범위 등에 관한 구체적인 사항은 보건복지부령으로 정하도록 위임되어 있으나(법 28조의2 제2항) 보건복지부령에서 아직까지 정해진 바가 없어 사실상 사문화된 것으로 보인다.

114 장기요양급여 종류별 보험급여 항목에 대한 구체적인 사항은 노인장기요양보험법시행규칙 별표 서식의 장기요양급여제공기록지(급여종류별서식)상의 각 항목에 나타나 있다고 볼 수 있다.

〈비급여 대상 항목 세부기준(2008.6.18., 요양보험제도과-804호)〉
(보건복지부, 2023 노인보건복지사업안내 466쪽 이하에 수록)

1) 식사 재료비

가. 경관영양 유동식을 자체 조제하거나 완제품을 사용한 경우에 소요된 비용은 식사 재료비
  의 일종으로서 본인이 전액 부담. 단, 경관영양튜브를 관리하고 유동식을 주입하는 데 소
  요되는 간호사 행위료는 수가에 포함되어 있으므로 비급여 항목으로 수납할 수 없음
  * 식사 제공을 위한 인건비(영양사, 조리원 등)와 조리비용(연료비, 수도요금 등)은 수가에
    포함되어 있음
나. 간식도 식재료비의 일종으로 비급여 항목으로 수납 가능
  * 명목상은 식사 재료비 등 합법적인 비급여 항목으로 설정하였으나, 실제로는 인건비 및
    기타 관리운영비를 충당하기 위해 추가적으로 비용을 징수하는 것은 불가함
  예) 식사 재료비의 실제 소요액이 20만원 내외인데 사실상 다른 명목의 비용들을 이에 포
    함하여 50만원을 수납(×)

2) 상급침실 이용료

가. 1인실 또는 2인실을 이용하는 경우 일반실에 비해 추가적으로 소요되는 비용에 대하여 상
  급침실 이용료를 수납
  * 예) 일반실 이용 비용이 월 150만원(수가+기타 비급여 비용)이고 1인실 이용 총비용이
    월 170만원인 경우 그 차액(20만원)에 대해 비급여 비용으로 수납함
나. 상급침실은 (ㄱ)반드시 고정된 벽으로 다른 공간과 *구분되어 있고, (ㄴ)독립된 출입문을 갖
  추며, (ㄷ)노인복지법 시설·설비기준에 의거한 1인당 면적기준(6.6㎡)을 충족하여야 함
  * 벽면을 불완전하게 차단하는 파티션이나 커튼 등은 불가함

3) 이·미용비

가. 수급자의 희망에 의해 이·미용사를 초빙해서 컷트, 파마, 염색 등의 서비스를 받을 경우
  비급여 가능. 다만, (정기적으로) 시설종사자·자원봉사자에 의해 제공되는 기본적인 위생
  관리 차원의 이·미용 서비스는 비급여 항목으로 수납 할 수 없음
나. 손·발톱 정리 등의 명목으로 이·미용비를 별도 수납하는 것은 불가함
  * 손·발톱 정리 등 일상적인 용모손질은 기본적인 신체활동 서비스에 포함

위 행정해석 〈비급여 대상 항목 세부기준(2008.6.18., 요양보험제도과-804호)〉상
의 식사재료비, 상급침실 이용에 따른 추가비용 및 이·미용비는 시행규칙 제14조
제1호~제3호에 규정된 사항에 대한 해석이므로 위법성 문제가 발생되지 않는다.

그러나 아래 〈비급여 항목 외 실비 수납기준〉[115]과 같이 보건복지부에서 비급여 항목 외에 실비로 수납할 수 있는 항목을 열거하고 있는데, 이 부분이 시행규칙 제14조 제1항 제4호의 "그 외 일상생활에 통상 필요한 것과 관련된 비용으로 수급자에게 부담시키는 것이 적당하다고 보건복지부장관이 정하여 고시한 비용"의 위임에 근거한 것인지는 모호하다. 설사 위임에 근거한 것일 경우 반드시 고시로 제정되어야 함에도 고시로 제정되지 않고 행정해석(지침)으로 운영하고 있어 법적 효력에 문제가 제기되고 있다. 그리고 2023 노인보건복지사업안내에서 "장기요양기관은 장기요양급여를 제공하는 과정에서 법정 급여에 기본적으로 포함 되는 항목과 비급여 대상으로 별도로 정한 항목 외에 다른 비용을 임의로 수납할 수 없으나, 수급자가 개별적으로 요구하는 물품 및 용역을 시설에서 구매하여 제공하는 경우, 지불 또는 대납한 실제 비용(실비)을 수납할 수 있음. 장기요양기관은 이 경우 실비 이외에 어떤 명목으로도 그 외의 추가 비용을 수납하지 못함"으로 안내하고 있어, 급여 항목 및 비급여 항목 어디에도 해당하지 않는 일종의 실비항목을 창설한 것으로 보이는데, 이 실비항목의 근거는 해당 법령에서 그 근거를 찾기 어렵다.

그리고 고시는 행정기관이 일정한 사항을 일반에게 알리는 공고문서로(「행정업무의 운영 및 혁신에 관한 규정」 제4조 제3호), 공고문서에는 연도 표시 및 일련번호를 부여해야 하며(「행정업무의 운영 및 혁신에 관한 규정 시행규칙」 제8조 제3호), 고시 제·개정 시에는 정책적 사항은 장관 결재를, 경미한 경우 국장 등의 결재사항이며(「보건복지부 위임전결규정」). 고시 등 행정규칙은 「법령정보의 관리 및 제공에 관한 법률」의 규정에 따라 법령정보시스템에 등재되어야 하는 등 행정지침과는 그 제정과 관리 그리고 공표 등에 있어 일정 부분 차이가 있다. 법령에서 '고시'로 위임하였으나 행정당국이 이를 고시로 정하지 아니하고 지침이나 행정해석으로 운영하는 것과 관련, 이러한 지침이나 행정해석의 효력 여부에 대한 판례나 문헌 등을 찾아볼 수 없어 단정적으로 결론을 내리기에는 한계가 있다.

115　2008. 6. 18., 요양보험제도과-804호; 2023 노인보건복지사업안내 467-468쪽.

〈비급여 항목 외 실비 수납기준〉[116]

1) 주·야간보호를 이용하는 수급자의 기저귀 비용

  – 시설에서 수급자의 사용량에 따른 기저귀 실비 수납 가능
  – 또는 수급자가 원할 경우 이용자가 직접 구입한 기저귀를 이용토록 할 것(수급자의 자비 부담)

2) 원거리 외출을 위해 택시·버스 등 다른 교통수단을 이용하는 데 드는 비용

  – 시설에서 교통비를 먼저 지불하고 수급자로부터 동 비용 수납 가능
  – 수급자의 직접 비용지불도 가능(자비 부담)
    * 예) 친척방문 등 개인적인 외출시 드는 택시비용 등

3) 외출 또는 병원방문을 위해 시설 또는 의료기관의 차량을 이용한 경우 소요되는 비용

  – 시설에서 기본적으로 수급자의 편의를 위해 제공되어야 할 서비스 영역이므로 별도로 비용 수납은 불가함
    * 예) 의료기관 구급차를 이용하여 수급자를 병원에 이송한 경우
  – 다만 개인적 필요에 의해 원거리에 위치한 병원 등을 이용하고자 할 경우 상기 2)사례에 준하여 별도 비용수납 가능

4) 기호품 등 수급자의 희망에 의한 일상용품 구입비용

  – 시설에서 일률적으로 제공되는 일상용품(휴지, 비누, 수건, 실내화, 가운 등)에 대해서는 비용 수납 불가
  – 다만, 시설에서 통상적으로 제공하지 않는 물품으로서 수급자의 요청에 의한 개별적인 물품·용역의 구입에 따른 비용은 그 실비를 수급자가 부담
    * 예) 전동칫솔, 개인용 화장품, 향수, 미용용품, 개인 취미생활 용품, 건강기능식품 등에 드는 비용

5) 각종 프로그램 비용

가. 원칙적으로 프로그램 운영은 장기요양급여의 일환으로서 제공되는 기본 서비스 범주에 들어가므로 별도로 비용 수납은 불가함
    * 예) 음악치료, 미술치료, 레크리에이션, 웃음치료 등 프로그램을 운영하는데 드는 비용 (강사료와 재료비 포함)

---

116   2008.6.18., 요양보험제도과-804호; 보건복지부, 2023 노인보건복지사업안내 468쪽.

나. 다만, 수급자의 개별적인 희망에 의해 외부의 서비스 제공자가 개인을 대상으로 제공하는 프로그램·서비스에 대해서 수급자가 그 실비를 부담하는 것은 가능

6) 기타 비용
가. 욕창처치, 인슐린 주사, 복막투석 등 전문간호 비용은 별도로 비용을 수납할 수 없음
나. 방문서비스(방문요양·목욕·간호) 제공시 요양보호사나 간호사의 교통비는 수급자 본인에게 별도로 추가 부담시킬 수 없음

위 〈비급여 항목 외 실비 수납기준〉의 내용 중 '주·야간보호를 이용하는 수급자의 기저귀 비용'은 노인요양시설에서의 기저귀는 장기요양급여 항목인 점 등을 고려할 때 시행규칙 제14조 제4호의 규정에 따라 비급여 항목으로 고시할 사항이며, '원거리 외출을 위해 택시·버스 등 다른 교통수단을 이용하는 데 드는 비용'과 '시설에서 통상적으로 제공하지 않는 물품으로서 수급자의 요청에 의한 개별적인 물품·용역의 구입에 따른 비용' 등은 장기요양 급여의 대상(객체) 자체가 될 수 없으므로 급여 또는 비급여 항목 밖의 영역이라 본다. 장기요양급여의 대상(객체)을 구분하여 살펴보면, 장기요양급여의 대상(객체)인 급여 항목, 비급여 항목 그리고 장기요양급여의 대상(객체) 자체가 될 수 없는 항목(제도권 외 영역)으로 구분된다.

다 임의비급여와 부당이득

장기요양기관에서 수급자에게 고가의 의복(옷)을 제공하고 그 비용을 수납하는 경우 등과 같이 임의비급여영역은 급여의 대상(객체) 자체가 될 수 없는 항목(급여 항목 또는 비급여 항목 밖의 영역)과 관련된다. 임의비급여는 장기요양보험급여의 범위(객체)에도 포함되지 않고 그렇다고 비급여사항에도 포함되지 않는데, 만약 이러한 서비스가 필요한 경우 이를 희망하는 수급자가 동의하여 그 비용을 수급자 본인에게 부담시키는 경우가 발생한다. 위의 의복(옷)에 대하여 장기요양기관이 이를 임의로 수급자에게 그 비용을 청구할 경우 의복(옷)비용은 임의비급여가 되는 것이다. 그리고 장기요양보험급여의 범위(객체)에 포함되는 항목 중 보험

급여 대상임에도 수급자 본인에게 전액 부담시키는 경우가 있다. 수급자에게 비용을 부담시키는 과정에서 수급자가 동의하였다 하더라도 이는 임의비급여에 해당된다. 이 경우 임의비급여가 부당이득 징수대상 규정인 법 제43조 제1항 제4호의 "거짓이나 그 밖의 부정한 방법으로 재가 및 시설 급여비용을 청구하여 이를 지급받은 경우"에 해당되는지가 문제이다. 건강보험 관련 대법원 판례[117]는 요양기관이 의료보험 요양급여기준과 의료보험 진료수가 기준에서 정한 기준과 절차에 따르지 아니하고 임의로 비급여 진료행위를 하고 수진자 본인과 사이에 보험 비급여로 하기로 상호 합의하여 그 진료비용 등을 수진자 본인으로부터 지급받은 경우에도 「국민건강보험법」상의 부당이득에 해당한다고 보고 있었다. 그러나 대법원 전원합의체 판결을 통하여[118] 『국민건강보험의 틀 밖에서 임의로 비급여 진료행위를 하고 비용을 가입자 등으로부터 지급받은 경우 ① 진료행위 당시 시행되는 관계 법령상 이를 국민건강보험 틀 내의 요양급여대상 또는 비급여대상으로 편입시키거나 관련 요양급여비용을 합리적으로 조정할 수 있는 등의 절차가 마련되어 있지 않은 상황에서, 또는 그 절차가 마련되어 있다고 하더라도 비급여 진료행위의 내용 및 시급성과 함께 절차의 내용과 이에 소요되는 기간, 절차의 진행 과정 등 구체적 사정을 고려해 볼 때 이를 회피하였다고 보기 어려운 상황에서, ② 진료행위가 의학적 안전성과 유효성뿐 아니라 요양급여 인정기준 등을 벗어나 진료해야 할 의학적 필요성을 갖추었고, ③ 가입자 등에게 미리 내용과 비용을 충분히 설명하여 본인 부담으로 진료받는 데 대하여 동의를 받았다면, 이러한 경우까지 '사위 기타 부당한 방법으로 가입자 등으로부터 요양급여비용을 받거나 가입자 등에게 이를 부담하게 한 때'에 해당한다고 볼 수는 없다. 다만 요양기관이 임의로 비급여 진료행위를 하고 비용을 가입자 등으로부터 지급받더라도 그것을 부당하다고 볼 수 없는 사정은 이를 주장하는 측인 요양기관이 증명해야 한다.』고 당초의 판례를 변경하였다.

---

117 대법원 2001. 3. 23. 선고 99두4204 판결 등.
118 대법원 2012. 6. 18. 선고 2010두27639, 27646 전원합의체 판결.

3 월 한도액

가 월 한도액 제도의 의의와 성격

장기요양급여의 서비스는 6개월 이상 혼자서는 일상생활을 하기 어려운 자에게 밥해주기, 부축하기, 세탁, 배설지원, 목욕, 인지자극활동 등 신체활동, 가사활동 또는 인지활동 등을 지원하는 장기요양급여의 성격상 수급자의 서비스 필요도와 관계없이 무한대의 장기요양급여가 제공될 수 있으므로 수급자가 월간 사용할 수 있는 서비스의 한도를 미리 책정하는 제도이다. 또한 한정된 재원을 효율적으로 쓰기 위해 월 한도액 제도를 도입하였다. 월 한도액은 급여(서비스) 종류별 어떠한 묶음 단위로 정하여 지느냐에 따라 수급자의 서비스 이용형태에 밀접히 영향을 미친다.

장기요양급여는 월 한도액 범위 안에서 제공한다. 이 경우 월 한도액은 장기요양등급 및 장기요양급여의 종류 등을 고려하여 산정한다(법 제28조 제1항). 시설급여의 월 한도액은 장기요양급여에 소요되는 장기요양기관의 각종 비용과 운영현황 등을 고려하여 등급별로 보건복지부장관이 정하여 고시하는 1일당 급여비용에 월간 일수를 곱하여 산정한다(시행규칙 제22조 제2항). 시설급여의 수가는 일당 정액제이기 때문에 월 한도액은 『등급별 1일당 급여비용(수가) × 해당월의 일수』이므로 요양급여고시에서 등급별 1일당 급여비용을 정하면 별도의 월 한도액을 책정할 필요 없이 그 자체가 월 한도액이 되는 형태이다. 그러나 노인요양시설의 계약의사 활동비용(요양급여고시 제44조의2, 제44조의3)과 급여비용 가·감산(요양급여고시 제5장) 등은 등급별 1일당 급여비용(수가)형태가 아니므로 월 한도액 적용의 대상이 되는 급여인지 모호하다.

재가급여(복지용구제외)비용(수가)은 서비스 제공시간과 서비스 제공 횟수에 따라서 월간 총액이 결정되는 구조인 관계로 월간 이용 가능한 총 한도액이 정해져 있다. 또한 장기요양등급에 따라 요양이 필요한 정도와 서비스 양이 다르기 때문에 등급별로 월 한도액을 차등하고 있다(법 제28조, 시행규칙 제22조 제1항). 시행규칙 제22조 제1항에서 재가급여(복지용구 제외)의 월 한도액은 등급별로 보건복지부 장관이 정하여 고시하는 것으로 규정되어 있으나, 요양급여고시에서는 등급별 월 한도액 이외에 특정 서비스에 대하여는 월 한도액에서 제외시키는 규정을 두거나 (요양급여고시 제13조 제2항), 일정조건에 해당하는 자에게 주·야간보호의 월 한도액을 추가로 늘려주거나(요양급여고시 제13조 제7항), 월 한도액과 관계없이 방문간호나 단기보호를 이용하게 하고 있다(요양급여고시 제27조 제5항, 요양급여고시 제36조 제3항).

나 월 한도액 적용대상 서비스와 제외되는 서비스

방문요양, 방문목욕, 방문간호, 주·야간보호, 단기보호서비스는 요양급여고시 제13조 제1항에서 책정된 월 한도액 범위 안에서 서비스를 받아야 한다(법 제28조 제1항). 그러나 ⅰ) 원거리교통비용, ⅱ) 1·2등급 수급자 및 장기요양 인정조사표 '간호처치 영역'의 증상유무의 '있다'란에 하나 이상 표시된 자의 월 1회에 방문간호급여, ⅲ) 등급을 처음 판정받은 1~5등급 치매수급자가 등급을 받은 날부터 60일 이내에 방문간호급여를 총 4회 범위 내에서 월 2회까지 이용하는 경우, ⅳ) 방문간호급여의 간호(조무)사 가산금, ⅴ) 주·야간보호급여의 이동서비스비용과 주 1회 목욕 서비스 가산금, ⅵ) 가정에서 치매가 있는 수급자를 돌보는 가족의 휴식을 위하여 치매가 있는 수급자가 이용하는 소정의 단기보호급여와 종일 방문요양급여, ⅶ) 1등급 또는 2등급 수급자에게 방문요양을 1회 180분 이상 제공하는 경우 수급자 1인당 일 3,000원을 가산하는 비용, ⅷ) 의사소견서 및 방문간호지시서 발급비용, ⅸ) 인력 추가 배치, 방문요양 사회복지사 등 배치, 간호사 배치, 야간직원배치, 맞춤형서비스 제공으로 발생되는 가산금은 월 한도액산정에 포함되지 않는다(요양급여고시 제13조 제2항).

요양급여고시 제13조 제2항에서 월 한도액 산정에서 제외시키는 대상을 다양하고 폭넓게 규정한 것은 원거리 교통비용과 같이 월 한도액에 포함시킬 경우 오지에 거주하는 이유로 서비스를 받을 수 있는 양이 줄어드는 문제를 해소하거나,

특정서비스 이용을 장려하기 위한 정책 또는 서비스 특성상 월 한도액에 포함시키기 어려운 경우 등을 반영하여 수급권을 보호하려는 것으로 보인다. 그러나 법 제28조 제1항에서 '장기요양급여는 월 한도액 범위 안에서 제공한다.'는 강행규정이 있음에도 요양급여고시 제13조 제2항에서 월 한도액 산정에 포함되지 않는 항목을 규정할 경우 법 제28조 제1항의 한도액 범위내 서비스 제공이라는 규율 체계가 무력화 되는 문제가 있다.

한편 복지용구는 월 한도액의 적용대상 서비스가 아니며(요양급여고시 제13조 제1항 괄호), 연 한도액으로 운영되며 수급자 1인당 연간 160만원으로 한다(「복지용구 급여범위 및 급여기준 등에 관한 고시」 제3조).

다 등급별 월 한도액 금액

재가급여(복지용구 제외) 월 한도액은 등급에 따라 다음과 같다(요양급여고시 제13조 제1항).

등급	1등급	2등급	3등급	4등급	5등급	인지지원등급
월 한도액(원)	2,306,400	2,083,400	1,485,700	1,370,600	1,177,000	657,400

월 한도액을 등급에 따라 차등하여 책정한 것은 장기요양등급 인정제도가 장기요양급여 필요도에 따라 등급이 책정되는 원칙과 관련되기 때문이다. 즉, 돌봄서비스 필요도가 높을수록 높은 등급이 책정되며 등급이 높은 사람은 낮은 사람에 비하여 서비스를 더 많이 필요로 하기 때문에 등급이 높을수록 월 한도액이 높게 책정되는 구조이다.

월 한도액은 노인요양시설 등 입소서비스 이용자와의 형평성 및 장기요양 재정규모와도 관련된다. 노인요양시설 입소자의 경우 가정에서 서비스를 받는 자와 비교할 때 전세나 월세에 상당하는 비용과 전기·수도 사용료 및 냉난방비용 등을 장기요양급여로 혜택을 받는 구조인 것이다. 이는 장기요양재정의 부담 능력과 노인요양시설 입소자와의 형평성과 재가서비스의 적정규모 등이 고려된 것이라 볼 수 있다. 장기요양급여에서 월 한도액 계산은 월 단위로 관리된다. 따라서 당월에 한도액을 모두 사용하지 않으면 그 금액은 소멸되며, 다음 달로 이월하여 사용할 수 없다.

라 급여종류 변경 또는 최초로 장기요양인정 등급을 받은 경우

월 한도액은 수가구조의 특성상 시설급여에는 적용되지 않고 재가급여에 적용된다. 월 중 재가급여를 이용하다가 시설급여를 받게 되거나 반대로 시설급여를 받다가 재가급여를 이용하는 경우, 당해 재가급여의 월 한도액을 어떻게 책정하느냐에 대한 문제이다. 수급자는 해당 월(1일부터 말일 사이의 기간)에 시설급여를 이용한 금액과 관계없이 소정의 등급별로 책정된 월 한도액을 모두 사용할 수 있고, 최초로 장기요양 인정등급을 월 중에 받은 경우에도 소정의 등급별로 책정된 월 한도액을 모두 사용할 수 있다(요양급여고시 제15조 제4항). 월 중 장기요양등급이 변경되는 경우에는 높은 등급의 월 한도액을 적용한다(요양급여고시 제15조 제5항).

마 특별현금급여에서 재가급여로 변경하는 경우

가족요양비 등 특별현금급여를 받던 수급자가 재가급여를 이용하고자 하는 경우에는 책정된 월 한도액에서 기 지급된 특별현금급여액을 제외한 금액을 월 한도액으로 한다(요양급여고시 제15조 제9항).

바 주·야간보호의 월 한도액 특례

(1) 일반 수급자

요양급여고시 제13조 제7항의 규정에 따라 주·야간보호 내 치매전담실을 월 15일(1일 8시간 이상) 이상 이용한 경우 등급별 월 한도액 50% 범위 내에서 월 한도액을 추가로 산정할 수 있다(제1호). 주·야간보호급여를 월 15일(1일 8시간 이상) 이상 이용한 경우(제1호에 해당하는 경우는 제외)에는 1등급 또는 2등급 수급자는 월 한도액 10% 범위 내에서 추가 산정할 수 있고, 3등급부터 5등급까지의 수급자는 월 한도액 20% 범위 내에서 추가로 월 한도액을 산정할 수 있다. 단, 가족인 요양보호사로부터 방문요양급여를 제공받은 월에는 등급별 월 한도액을 추가 산정하지 아니한다(2호). 이와 같이 주·야간보호급여(치매전담실 포함)를 월 15일(1일 8시간 이상) 이상 이용한 경우 월 한도액을 추가로 늘려주는 제도는 주·야간보호급여를 장려하기 위한 정책으로 보인다.

요양급여고시 제13조 제7항 단서 규정에서 "다만, 천재지변, 수급자의 입원·사망, 주·야간보호기관의 폐업·지정취소 및 업무정지 등 부득이한 사유로 급여를 이용하지 못한 경우에는 월 5일의 범위 내에서 이용일수에 포함할 수 있다."고 규정한 것은 월 한도액을 추가로 인정받기 위해서는 주·야간보호급여(치매전담실 포함)를 월 15일(1일 8시간 이상) 이상 이용해야 하는데, 수급자의 입원이나 사망, 주·야간보호기관의 폐업·지정취소 등으로 수급자가 주·야간보호기관을 15일 이상 이용하지 못한 경우, 5일까지는 실제 이용하지 않았어도 주·야간서비스를 이용한 일수로 의제해 준다는 것이다. 주·야간보호 서비스를 활성화하고 주·야간보호기관의 경제적 어려움을 도와주기 위한 배려로 보이나, 수급자가 병원 입원이나 사망 이후 그리고 주·야간보호기관이 영업을 하지 않는 기간에도 주·야간보호 서비스가 이루어진 것으로 행정처리가 되는 모순이 있다.

(2) 인지지원등급 수급자

요양급여고시 제13조 제8항에 따라 인지지원등급 수급자가 주·야간보호 내 치매전담실을 월 9일(1일 8시간 이상) 이상 이용한 경우 월 한도액의 30% 범위 내에서 월 한도액을 추가 산정할 수 있다. 단, 천재지변, 수급자의 입원·사망, 주·야간보호기관의 폐업·지정취소·업무정지 등 부득이한 사유로 급여를 이용하지 못한 경우에는 월 3일의 범위 내에서 이용일수에 포함할 수 있다.

사 　월 한도액 초과 사용 시 책임주체

　　월 한도액을 초과하는 장기요양급여는 본인이 부담하도록 규정되어 있다(법 제40조제3항, 요양급여고시 제13조 제6항). 공단은 장기요양인정서를 송부하는 때 장기요양급여를 원활히 이용할 수 있도록 월 한도액 범위 안에서 개인별 장기요양 이용계획서를 작성하여 이를 함께 송부하고 있지만(법 제17조제3항), 월 한도액 체계가 복잡하고, 월 중 장기요양기관을 변경하는 경우에는 기관별로 월 한도액을 구분하여 계산하여야 하는 등 수급자가 월 한도액 사용을 관리하는 데는 어려움이 있다. 특히, 요양급여고시에서 월 한도액에서 제외시킨 급여 항목, 월 한도액을 추가로 늘려준 항목 등의 경우까지 개인별 장기요양 이용계획서의 월 한도액에 반영할 수 없는 한계를 고려한다면, 수급자의 월 한도액 관리에는 많은 현실적 어려움이 있다. 그러나 월 한도액을 초과하여 장기요양급여를 이용한 경우에는 그 초과사용 금액은 부당이득이 되어 공단으로부터 환수 대상이 되며, 납부의무자는 월 한도액을 초과 사용한 수급자가 된다.

아 　월 한도액에 포함여부가 애매한 급여비용

(1) 월 한도액과 장기요양급여비용과의 관계

　　법 제28조 제1항의 "장기요양급여는 월 한도액 범위 안에서 제공한다. 이 경우 월 한도액은 장기요양등급 및 장기요양급여의 종류 등을 고려하여 산정한다."는 규정에 따라 요양급여고시에서 장기요양급여에 포함되는 각종 항목은 월 한도액에 포함되는 것이 타당하다. 그러나 재가급여(복지용구 제외)의 월 한도액은 요양급여고시 제13조 제1항의 등급별로 책정된 금액으로 하는 한편, 동조 제2항에서 제외되는 항목을 규정하여 월 한도액 범위 밖의 장기요양급여비용을 발생시키고 있다. 시설급여의 월 한도액은 요양급여고시 제44조 제1항의 시설급여기관과 요양급여고시 제74조의 치매전담형 장기요양기관의 등급별 1일당 책정된 금액에 월간 일수를 곱하여 산정된 금액을 말한다 할 것이나(시행규칙 제22조), 계약의사 활동비의 경우 1일당 정액수가가 아닌 형태로 규정하고 있어(요양급여고시 제44조의2), 법 제28조 제1항의 "장기요양급여는 월 한도액 범위 안에서 제공한다."는 규정에도 불구하고 월 한도액 범위 밖의 장기요양급여비용이 부득이 존재하는 것이 현실이다. 또한 재가급여(복지용구 제외)나 시설급여 모두 가·감산제도를 두고 있고(요양급여고시 제5장) 이 중 가산급여비용은 수급자 개인별 비용이 아닌 가·감산이 적용되는 기간 동안 해당 장기요양기관을 이용하는 전체 수급자를 포괄하여 산정되는 형태이므로, 월 한도액 규정 자체가 의미가 없어지거나 퇴색되어 "장기요양급여는 월 한도액 범위 안에서 제공한다."는 법 제28조 제1항과 충돌이 발생하고 있다.

(2) 월 한도액 포함여부가 모호한 급여 내용

요양급여고시에서는 월 한도액에 포함되지 않는 급여비용을 규정하고 있어(요양급여고시 제13조 제2항) 법 제28조 제1항과 충돌을 야기하고 있다. 요양급여고시에서 급여비용 체계는 시간당 정액과 1일당 정액 급여비용을 기본적으로 하여 각종 가산비용과 월 한도액과 관계없는 비용 등을 규정하고 있어 시간당 정액 및 1일당 정액 급여비용 외 항목에 대한 월 한도액 포함여부가 복잡하게 구성되어 있다.

(가) 종사자에 직접 지급되는 비용

장기근속장려금(요양급여고시 제11조의4), 요양보호사 보수교육비용(제11조의5) 또는 선임요양보호사 수당(제11조의7) 등 장기요양기관을 통하여 종사자에게 직접 지급되는 비용의 경우 명시적인 규정이 없어 장기요양급여비용인지 여부, 그리고 월 한도액에 포함되는 것인지 여부가 불분명하다.

(나) 수급자의 본인부담금 없이 종사자에게 직접 지급하는 급여비용

방문요양급여 중증수급자 가산(요양급여고시 제19조의2), 원거리 교통비용(제21조, 제22조), 간호사·간호조무사 가산(제29조) 및 계약의사 방문비용(제44조의2) 등 수급자가 비용을 부담하지 않고 장기요양기관을 통하여 서비스를 제공한 종사자에게 직접 지급되는 비용이 장기요양급여비용인지가 문제된다. 방문요양급여 중증수급자 가산(제19조의2), 원거리 교통비용(제21조, 제22조), 간호사·간호조무사 가산(요양급여고시 제29조)의 경우 월 한도액에 포함되지 않는다고 요양급여고시 제13조 제2항에 규정되어 있어, 수급자 본인부담금이 없고 월 한도액에도 포함되지 않는 제3의 새로운 장기요양급여의 창설이 문제시되고 있는 것이다. 그리고 계약의사 방문비용(요양급여고시 제44조의2)의 경우 월 한도액에 포함된다는 명시적인 규정도 없다.

(다) 방문요양 등의 가산비용 등 특이한 비용

방문요양 및 방문간호 야간 등 급여비용 가산(요양급여고시 제20조)의 경우 방문요양급여 중증수급자 가산(요양급여고시 제19조의2)과 달리 수급자비용부담 면제규정과 종사자에 대한 직접지급 규정이 없고, 요양급여고시 제13조 제2항에서 월 한도액에 포함되지 않는다는 규정이 없어 월 한도액에 포함되는 급여비용인지가 모호하다.

인정조사표상의 간호처치영역에 증상이 있는 자에 대한 방문간호급여비용(요양급여고시 제27조 제3항)의 경우 월 한도액에 관계없이 급여를 받을 수 있도록 하였고, 최초 등급판정 받은 자에 대한 방문간호급여비용(요양급여고시 제27조 제5항)의 경우, 수급자 부담 없이 월 한도액과 관계없이 급여를 받을 수 있도록 하고 있는 급여가 법 제28조 제1항의 "장기요양급여는 월 한도액 범위 안에서 제공한다."는 원칙에 비추어 볼 때 장기요양급여로 볼 수 있는지 모호한 측면이 있는 것이다.

또한 주·야간보호 미 이용일 급여비용(요양급여고시 제32조)의 경우 실제 이용하지도 않은 비용임에도 본인부담금까지 부담하게 하면서 월 한도액에 대한 제외 규정이 없어 월 한도액에 포함되는 급여비용인지가 모호하다. 주·야간보호급여 특장차량 구비 한시적 지원금(요양급여고시 제34조의2)의 경우 수급자 본인부담이 없어 월 한도액 적용 자체가 불가능하다.

(라) 계약의사 활동비용과 가·감산 급여비용

요양급여고시에는 재가급여(복지용구 제외)의 월 한도액에 대하여만 규정되어 있고(요양급여고시 제13조) 시설급여의 월 한도액에 대하여는 규정된 사항이 없다. 그렇다면 시행규칙 제22조 제2항에 따라 시설급여의 월 한도액은 등급별로 보건복지부장관이 정하여 고시하는 1일당 급여비용에 월간 일수를 곱하여 산정한 금액을 월 한도액으로 보아야 한다. 결국 시설급여의 월 한도액은 요양급여고시 제44조 및 제74조의 등급별 1일당 책정된 금액에 월간 일수를 곱하여 산출된 금액을 월 한도액으로 보아야 한다. 여기까지만 보면 요양급여고시 제44조의2의 계약의사 활동비용과 요양급여고시 제5장의 가·감산 급여비용은 월 한도액에 포함되지 않는 것처럼 보인다. 특히, 요양급여고시 제5장의 가·감산 급여비용은 수급자 개인별로 책정되는 급여비용이 아닌, 해당기간동안 당해 장기요양기관을 이용하는 수급자 전체에 대한 급여비용이기 때문에 수급자 개인별로 적용되는 월 한도액 체계 자체의 적용문제와 충돌이 발생하기도 한다.

법 제28조 제1항의 "장기요양급여는 월 한도액 범위 안에서 제공한다."는 규정에 따라 장기요양급여는 월 한도액의 적용체계 안에서 운영되어야 한다. 그러나 요양급여고시 제5장의 가·감산 급여비용과 요양급여고시 제44조의2의 계약의사 활동비용은 결과적으로 또는 서비스 제공 후 시점에 비로소 알 수 있게 되는 사후확인(인지)적 측면이 있으므로, 결과적으로 월 한도액 적용체계 밖의 급여에 해당하게 된다. 그렇다면 요양급여고시 제5장의 가·감산 급여비용과 요양급여고시 제44조의2의 계약의사 활동비용은 장기요양급여비용으로 볼 수 없는 제3의 급여체계인지 등 그 근본적 성격과 한도 등에 관하여 근본적인 문제를 갖고 있다고 본다.

자 월 한도액과 개인별 장기요양이용계획서

공단은 수급자에게 장기요양인정서를 송부할 때 장기요양급여를 원활히 이용할 수 있도록 월 한도액 범위 안에서 개인별 장기요양 이용계획서를 작성하여 이를 함께 송부하여야 한다(법 제17조 제3항). 이 규정으로 볼 때 월 한도액은 장기요양등급에 따라 그 한도액이 책정되는 형태에 해당해야 수급자에게 장기요양인정서를 배부할 때 월 한도액의 범위 안에서 개인별 장기요양 이용계획서를 작성할 수 있다. 그러나 장기요양보험급여의 항목에는 월 한도액에서 제외되는 급여, 월 한도액과 관계없이 이용할 수 있는 급여, 월 한도액이 추가로 인정되는 급여, 월 한도액과 관계없이 발생되는 급여 등이 존재하게 되므로, 서비스 이용의 범위는 수급자의 급여 이용형태에 따라서 가변적이고 사후 확정적일 수밖에 없는데, 어떻게 월 한도액 범위 내에서 개인별 장기요양 이용계획서를 작성할 수 있는지 의문이다.

차 월 한도액 초과와 계약의사 활동비용, 가족휴가제 등

월 한도액을 초과하는 급여비용은 본인이 전부 부담하고(법 제40조 제3항 제3호), 월 한도액을 초과하여 이용한 급여비용은 부당이득으로 징수(법 제43조 제1항 제2호)하므로 월 한도액의 개념과 범위는 수급권에 중요한 위치를 차지한다. 시설급여에 있어 월 한도액을 요양급여고시 제44조 및 요양급여고시 제74조의 등급별 1일당 책정된 금액에 월간 일수를 곱하여 산출된 금액이라고 정의할 경우 노인요양시설에 입소한 수급자의 월 한도액은 『등급별 1일당 정액 × 해당 월의 월간 일수』이다(시행규칙 제22조 제2항). 노인요양시설에 입소한 수급자에게는 『등급별 1일당 정액 × 해당 월의 월간 일수』를 초과한 장기요양급여비용은 전액 본인부담이거나 부당이득징수대상이 된다는 것이다. 그러나 실무에서는 요양급여고시 제44조의2의 계약의사 활동비용과 요양급여고시 제5장의 가산 급여비용이 지출되고 있어 법 체계적 또는 법적 안정성의 문제가 발생되고 있다.

월 한도액과 관계없이 일정한 범위 내에서 단기보호 또는 방문요양을 이용할 수 있는 장기요양 가족휴가제 등 월 한도액과 관계없이 이용을 다양하게 허용하고 있는 요양급여고시(요양급여고시 제 27조 제3항, 27조 제5항, 36조 제3항, 36조의2 제1항)의 규정이 존재하고 있는바, 이렇게 요양급여고시에서 월 한도액을 초과하여 이용할 수 있도록 허용하고 있는 것이 법령의 어떠한 위임근거에 의하여 만들어졌다고 볼 것인지, 그리고 법 제28조 제1항의 "장기요양급여는 월 한도액 범위 안에서 제공한다."는 규정에 위반되는 것은 아닌지 등에 대한 논란이 있다. 요양급여고시의 월 한도액제도는 법령의 월 한도액 규정과의 연계성 등에 대해 많은 검토가 요구된다고 보인다. 왜냐하면 법 제28조 제1항에서는 "장기요양급여는 월 한도액 범위 안에서 제공한다. 이 경우 월 한도액은 장기요양등급 및 장기요양급여의 종류 등을 고려하여 산정한다."고 규정되어 있고, 법 제28조 제2항의 "제1항에 따른 월 한도액의 산정기준 및 방법, 그 밖에 필요한 사항은 보건복지부령으로 정한다."는 규정에 터잡아 제정된 시행규칙 제22조 제1항에는 "법 제28조제1항에 따라 재가급여(복지용구는 제외한다)의 월 한도액은 영 제16조제3호에 따라 장기요양위원회의 심의를 거쳐 등급별로 보건복지부장관이 정하여 고시한다."고 하며, 제2항에는 "시설급여의 월 한도액은 장기요양급여에 소요되는 장기요양기관의 각종 비용과 운영현황 등을 고려하여 등급별로 보건복지부장관이 정하여 고시하는 1일당 급여비용에 월간 일수를 곱하여 산정한다."고 규정되어 있기 때문에 재가급여(복지용구는 제외한다)의 월 한도액의 경우 요양급여고시에서 등급별로 정하는 것까지 위임되었다 할 것이며, 법 제28조 제1항의 규정에도 불구하고 월 한도액을 초과하여 이용할 수 있는 규정까지 위임하였다고 보기는 어렵기 때문이다.

장기요양급여의 제공

P/A/R/T

07

장기요양급여의 제공

1 **재가급여의 제공기준과 원칙**

가 재가급여의 제공기준

재가급여를 제공하는 장기요양기관은 수급자가 가족과 함께 생활하면서 가정에서 스스로 일상생활을 유지할 수 있도록 하는 데 도움을 주는 방향으로 제공해야 하며, 수급자의 재가급여 월 한도액 범위 내에서 개인별 장기요양 이용계획서를 바탕으로 급여제공 계획을 수립하여 비용효과적인 방법으로 제공해야 한다(요양급여고시 제12조).

나 재가급여의 중복급여 금지

재가급여(복지용구 제외)의 성격상 2종류 이상의 서비스를 동시에 제공할 수 없으므로 2종류 이상의 재가급여를 동일시간, 동일 수급자에게 함께 제공할 수 없다. 다만, 응급처치, 수급자 상태로 인한 보조자 필요 등 수급자의 원활한 급여 이용을 위해 부득이한 경우에 한해 방문요양급여와 방문간호급여, 방문목욕급여와 방문간호급여는 함께 제공할 수 있다. 이러한 중복급여 제공 시에는 그 부득이한 사유를 급여제공 기록지에 기재해야 한다(요양급여고시 제14조 제1항, 제2항).

다 | 가정 안에서의 제공과 예외사항

가정방문급여[119]는 수급자의 가정(가정집 등 수급자의 사적인 공간)에서 수급자에게 제공하는 것을 원칙으로 한다. 다만, 수급자의 신체활동, 가사활동 또는 일상생활 지원과 직접적인 관련이 있는 병원동행, 식사준비를 위한 시장보기, 관공서 방문 등 특별한 사유가 있는 경우에는 가정이 아닌 곳에서도 급여를 제공할 수 있으나, 수급자의 여행(수련회, 나들이 등) 또는 취미활동에 동행하는 것은 그러하지 아니하다(요양급여고시 제15조 제1항).

수급자의 여행(수련회, 나들이 등) 또는 취미활동에 동행하는 것 이외의 수급자의 신체활동, 가사활동 또는 일상생활 지원과 직접적인 관련이 있는 특별한 사유가 있는 경우에는 가정이 아닌 곳에서도 급여를 제공할 수 있다. 이와 관련, '취미활동에 동행하는 것'은 허용되지 않고 '신체활동 지원과 직접적인 관련이 있는 특별한 사유'가 있는 경우는 급여가 가능하므로 문제가 발생할 수 있다. 예컨대 제3의 장소에서 수급자가 율동과 함께 노래를 부르는 프로그램에 요양보호사가 동행할 경우 이를 취미활동으로 보아 서비스 대상에서 제외할 것인지 신체활동 지원으로 보아 서비스 대상에 포함시켜야 할 것인지 기준이 모호한데, 이러한 경우 수급자 입장에서 포함시키는 것으로 해석하여야 할 것이다. 또한 방문요양서비스 제공시간에 수급자의 문화교실 이용을 요양보호사와 같이 행한 경우 문화교실의 프로그램이 수급자의 인지나 신체활동에 관련된다면 예외적으로 방문요양에 포함될 수 있다고 보인다.

요양급여고시 제15조 제1항에서 '취미활동에 동행'을 급여제공대상에서 배제

---

119 방문요양, 방문목욕, 방문간호 급여를 약칭하여 "가정방문급여"라 한다(요양급여고시 제6조 제4항 제3호).

한 것은 주야간보호 등의 작업치료의 세부내용인 운동놀이, 미술활동 등에 대하여 서비스를 행하는 것(시행규칙 별표제15호 서식, 주야간보호 급여제공기록지 참조)과 비교해 보면 문제가 있는 규정이라 할 것이므로 취미활동 중 수급자의 심신기능 향상에 도움이 되는 동행의 경우에는 급여 항목인 신체활동지원이나 기능회복훈련 등의 항목에 포함시켜 급여대상이 되는 것으로 보아야 할 것이다.

라 │ 집단적 재가급여 제공 금지(요양급여고시 제15조 제2항, 제3항)

가정방문 재가급여는 가정에 거주하는 수급자에게 제공되는 급여이나 일부에서는 이를 악용하여 다수의 수급자를 한 개의 가정에 함께 수용하여 방문요양 등의 서비스를 집단적으로 제공하는 경우가 발생하여 수급자의 삶의 질을 떨어뜨리는 경우가 있었다. 이러한 경우를 방지하기 위하여 요양급여고시 제15조 제2항에서 가정방문급여는 해당 방문시간 동안 수급자 1인에 대하여 전적으로 제공하여야 한다고 규정하고 있다. 같은 조 제3항에 따라 인지활동형 방문요양급여가 아니라면 동일 가정에 거주하는 수급자 간의 관계가 가족관계인 경우 2인 이상에 대하여 동 시간대에 서비스 제공이 가능하고, 가족이 아닌 경우 동일 가정에 거주하는 수급자 2인 이내까지는 동 시간대에 서비스 제공이 가능하다.

종전의 요양급여고시 제15조 제3항의 "동시 또는 순차적으로 급여를 제공할 수 있다"는 규정을 "동 시간대"로 개정하여 2025년부터는 종전의 '순차적'으로 급여를 제공하는 것은 허용하지 않겠다는 것인지가 문제이다. 가령 부부수급자 2인 중 1인(A)에게 1시간 20분 급여를 제공한 이후 연이어서 나머지 1인(B)에게 2시간 급여를 제공한 경우 25년부터는 B는 허용 않겠다는 것인지 단순 자구 정비차원인지 해석상의 논란이 있다.

또한 요양보호사가 수급자의 가정에 입주하여 소정의 월 한도액 안에서는 장기요양보험으로 서비스를 제공하고 초과 부분은 수급자와의 사적계약에 의하여 서비스가 제공되는 경우가 있는데 이 또한 요양보호사가 수급자 2인 이상과 동일 가정에 동거하면서 급여를 제공하면 안 되도록 규정하고 있다.

2 방문요양 급여의 제공

가 방문요양의 정의

재가급여 중 방문요양이란, 장기요양요원이 수급자의 가정 등을 방문하여 신체활동 및 가사활동 등을 지원하는 장기요양급여이다(법 제23조 제1항 제1호). 방문요양급여는 요양보호사가 신체활동지원(세면, 목욕, 식사도움, 체위변경 등), 인지활동지원, 인지관리지원, 정서지원, 가사 및 일상생활지원(취사, 청소, 세탁 등) 등을 수급자의 기능상태 및 욕구 등을 반영하여 제공되는 서비스이다(요양급여고시 제17조 제1항).

시행규칙 별지 제12호서식의 장기요양급여 제공기록지(방문요양)에 의하면 지원활동의 구체적 내용이 나와 있는데, 구체적으로는 다음과 같다. 1) 신체활동지원은 개인위생(옷갈아입기, 세면, 구강청결, 몸단장 도움 등), 몸 씻기 도움, 식사 도움(영양관리 등), 체위변경, 이동 도움(보행, 보장구 사용 등 도움) 및 화장실 이용하기 등을 제공하는 서비스이다. 2) 인지활동지원은 인지자극활동 및 일상생활 함께하기 등을 제공하는 서비스이다. 3) 인지관리지원은 인지행동변화 관리 등을 제공하는 서비스이다. 4) 정서지원은 의사소통 도움, 말벗 및 격려 등을 제공하는 서비스이다. 5) 가사 및 일상생활지원은 식사준비, 청소 및 주변정리 정돈, 세탁 및 개인활동지원(외출시 동행 등) 등을 제공하는 서비스이다. 수급자의 인지관련 서비스 영역의 경우 요양급여고시 제17조 제1항에서 인지활동지원, 인지관리지원 및 정서지원으로 분류하고 있으나 각 서비스 내용의 영역을 사전에 모두 구분해 놓는 것은 어려운 일이다.

나 인력 및 시설기준

방문요양을 제공할 수 있는 장기요양요원은 요양보호사와 사회복지사이다(시행령 제11조 제1항 제1호). 그 외의 자가 방문요양서비스를 제공하는 경우에는 무자격자에 의한 서비스 제공이므로 법 위반사항이 된다. 방문요양은 사무실과 통신설비, 집기 등 사업에 필요한 설비 및 비품 등 「노인복지법 시행규칙」 별표9에서 요구하는 소정의 시설의 규모와 시설 및 설비기준을 충족하여야 한다.

다　가사활동지원, 정서지원의 제공범위(요양급여고시 제17조)

방문요양급여의 다양한 서비스 중 가사활동지원과 정서지원 부분은 오남용의 소지를 방지하여 방문요양서비스의 품질 및 수급자의 삶의 질을 향상하고자 소정의 제한을 하고 있다.

(1) 가사활동지원

요양급여고시 제17조 제2항에 방문요양급여[120] 중 가사 및 일상생활지원은 수급자 본인만을 위해 제공하여야 하며, "가사활동지원은 1회 방문당 최대 90분 범위내에서 제공하도록 노력하여야 한다."고 규정되어 있다. 가사활동지원이란 식사준비, 청소 및 주변정리 정돈, 세탁 등이다. '노력하여야 한다.'는 규정은 강행규정이 아니므로[121] 가급적, 특별한 사정이 없는 한 준수하라는 것인 바 수급자의 요구 또는 케어에 필요하여 1회 방문당 최대 90분을 초과하더라도 규정 위반으로는 볼 수 없다. 그러나 장기요양기관 평가매뉴얼을 통하여 간접적으로 강제할 수 있는 성질의 서비스라고 할 것이다.

(2) 정서지원

요양급여고시 제17조 제3항에 "정서지원은 1회 방문당 최대 60분 범위내에서

120　신체활동지원(세면, 목욕, 식사도움, 체위변경 등), 인지활동지원, 인지관리지원, 정서지원, 가사 및 일상생활지원(취사, 청소, 세탁 등) 등 방문요양급여의 각 항목별 구체적인 내용은 「노인장기요양보험법 시행규칙」 별지 제12호 서식 장기요양급여제공기록지(방문요양)에 표로 상세히 기재되어 있다.

121　이는 일종의 책무조항으로 볼 수 있는데, 노력해야 한다는 의무부과적 성격이 있으므로 이를 일종의 강행규정이라고 보는 견해도 있을 것이다. 다만 강행적 성격이 있다고 보더라도 그 의무이행의 정도에 관하여 판단하기 어려운 점이 있다고 볼 것이다.

제공하여야 한다."고 규정되어 있다. '한다.' 또는 '하여야 한다.'는 규정은 강행규정의 성격이므로 정서지원서비스를 1회 방문당 60분을 초과한 경우는 위법성을 띄게 된다. 정서지원이란 의사소통 도움, 말벗 및 격려·위로 등 정서적 지원, 사회적 지지체계 연계와 관계망 연결, 비상연락망 준비 등 안부확인을 위한 방문 및 생활상의 문제 상담, 대화·편지·전화 등의 방법으로 수급자의 욕구 파악 및 의사 전달 대행 등을 말한다.

신체활동, 가사활동 지원 등 방문요양의 급여비용(수가)의 객체(식사도움, 인지자극 등)를 구성하는 요소가 다양하다. 또한 말벗, 의사소통 등 정서지원이라는 서비스의 구체적인 내용 또한 명확히 그 한계를 설정할 수 없고, 수가 또한 시간당, 분당 포괄수가로 되어 있는 상태에서 정서지원서비스를 60분으로 구분하는 것은 현실적으로 어려움이 있다.

라 인지활동형 방문요양급여(요양급여고시 제17조 제4항~제7항)

(1) 의의, 특성 및 비용(수가)

(가) 의의

인지활동형 방문요양급여는 의사 또는 한의사의 소견서에 치매상병이 있거나 최근 2년 이내 치매진료내역이 있는 1등급부터 5등급까지 수급자(1~5등급 치매수급자)에게 인지기능 악화방지 및 잔존능력 유지를 위하여 제공되는 방문요양급여이다(요양급여고시 제17조 제4항). 인지활동형 방문요양급여는 인지활동형 프로그램 관리자가 수립한 프로그램 계획에 따라 치매전문교육을 이수한 요양보호사(치매전문요양보호사)가 제공한다(제17조 제5항).

(나) 성격

법상 방문요양급여나 요양급여고시에서 치매수급자에게 특화된 서비스를 제공하기 위하여 방문요양급여 중 하나의 서비스 종류로 '인지활동형 방문요양급여'라는 새로운 급여종류가 탄생하였다. 요양급여고시 제17조 제4항에는 "치매상병이 있거나 최근 2년이내 치매진료내역이 있는 1등급부터 5등급까지 수급자의 인지기능 악화방지 및 잔존능력 유지를 위해 제공되는 인지활동형 방문요양급여는 주 3회 또는 월 12회 이상 제공할 수 있도록 노력하여야 한다."고 규정되어 있는바, 제2항과 마찬가지로 강행규정이 아니므로 사정이 있을 경우 이를 지키지 않더라도 위법하다고 보기 어렵다.

(다) 비용(수가) 체계

인지활동형 방문요양급여는 별도의 비용(수가)체계를 도입하지 않고 기존의 방문요양급여 비용(시스템)인 요양급여고시 제18조의 규정을 원용하고 있다. 즉, 요양급여고시 제17조 제5항에서 "수급자당 1일 1회에 한하여 1회 120분 이상 180분 이하로 제공하며, 그 중 60분은 반드시 인지자극활동을, 나머지 시간은 수급자의 잔존기능 유지·향상을 위한 일상생활 함께하기 훈련을 제공하여야 한다."고 규정하여 1회당 120분 이상 180분 이하의 제공시간에 해당하는 방문요양급여비용이 곧 인지활동형 방문요양급여비용(수가)으로 보인다.

(2) 인지활동형 프로그램관리자

인지활동형 프로그램관리자란 해당기관에 상근하는 시설장(관리책임자), 사회복지사, 간호(조무)사, 물리(작업)치료사로서 치매전문교육을 이수한 후 ⅰ) 매달 급여제공 전에 수급자의 개인별 특성, 욕구, 기능상태 등을 종합적으로 고려하여 프로그램 계획(내용, 일정, 횟수 등)을 수립, ⅱ) 프로그램 계획에 따른 요양보호사의 급여 제공을 모니터링하고 요양보호사에게 적정한 급여 제공을 지도, ⅲ) 치매가 있는 수급자의 가족을 대상으로 상담 진행 등의 업무를 하는 자를 말한다(요양급여고시 제17조 제6항).

(3) 치매전문요양보호사

인지활동형 방문요양급여를 제공 할 수 있는 자는 치매전문교육을 이수한 요양보호사이다. 인지활동형 프로그램은 프로그램 관리자―시설장(관리책임자), 사회복지사, 간호(조무)사, 물리(작업)치료사로서 치매전문교육을 이수한 후 해당기관에 상근하며 관련 업무를 하는 자가 수립한 프로그램 계획에 따라 제공하여야 한다. 위 급여는 수급자당 1일 1회에 한하여 1회 120분 이상 180분 이하로 제공하며, 그 중 60분은 반드시 인지자극활동을, 나머지 시간은 수급자의 잔존기능 유지·향상을 위한 일상생활 함께하기 훈련을 제공하여야 한다.

(4) 인지자극활동 60분 실시의무 등과 관련된 문제

(가) 관련 규정

인지활동형 방문요양급여는 수급자당 1일 1회에 한하여 1회 120분 이상 180분 이하로 제공하며, 그 중 60분은 반드시 인지자극활동을 제공하여야 한다(요양급여고시 제17조 제5항). 인지활동형 방문요양은 제17조 제5항에 따라 급여를 제공한 경우에만 급여비용을 산정한다. 그러나 ① 천재지변, 수급자 입원, 사망 등의 부득이한 사정이 발생한 경우, ② 급여 제공을 시작한 지 1개월에 이르지 않아 제공자와 수급자간 친밀한 관계가 형성되지 않은 경우, ③ 가족인 요양보호사가 제공하는 급여로 인지자극활동을 60분 이상 제공하는 경우에는 급여를 120분 미만 제공하거나 인지자극활동을 60분 미만 제공하더라도 급여비용을 산정할 수 있다(요양급여고시 제19조 13항).

(나) 문제의 제기

수급자의 요구에 의해 천재지변, 수급자 입원, 급여 제공을 시작한 지 1개월에 이르지 않아 제공자와 수급자간 친밀한 관계가 형성되지 않은 경우 등 요양급여고시 제19조 제13항 단서 사유에 해당되는 사유가 아닌 상태에서 인지자극활동을 60분 실시하지 못한 경우에도 위법이 되어 부당이득으로 환수대상이 될 수 있는지에 대한 문제가 발생한다. 이러한 문제와 함께 당초의 인지활동형 프로그램 도입취지와 달리 인지자극활동 프로그램(꽃에 색칠하며 꽃말에 대해 알아보기, 물건과 이름 연결하기, 고향을 회상해보고 이야기하기 등)의 내용상의 모호성과 한계성을 악용한 급여비용 청구를 위한 형식적인 서비스 제공도 문제이다. 즉, 요양급여고시 제17조 제5항 및 제19조 제13항의 인지자극활동 등과 같이 돌봄서비스 전문가의 전문 영역까지 깊숙이 들어가 법제도에서 규율하여 가이드라인을 제시할 경우 실효성 등의 문제가 제기될 수 있다.

이와 관련, WHO(세계보건기구)에서 정의한 치매란 대개 만성 또는 진행성 뇌질환으로 인해 생기며, 사고, 지남력, 이해, 계산, 학습, 언어, 판단 등 다양한 뇌기능장애가 발생하는 증후군으로 정의되고 있다. 치매의 본질은 지금까지의 일상생활을 지속할 수 없는 상태이다. 치매의 종류에는 기억을 놓치는 알츠하이머형 치매, 감정기복이 심한 혈관성 치매, 환시 현상을 보이는 루이소체형 치매, 사회성 저하와 관련되는 전두측두형 치매 등 다양하다. 사람에 따라 치매유형이 다르고 증상도 다양하며 비정상적이 상태가 일정 시간이나 기간 동안만 계속되는 경우도 있다. 따라서 치매의 이러한 특성과 심신기능 상태와 욕구에도 불구하고 특정 시간대에 "60분은 반드시 인지자극활동을 제공하여야 한다"라는 강행 규정에 따라 부당청구를 피하기 위해 서비스 제공자는 어쩔 수 없이 거의 의무적으로 인지자극활동을 60분 동안 실시하여야 하는지에 대한 문제가 발생한다. 이러한 지적은 수급자의 잦은 심신기능상태의 변화로 서비스 제공당시 와상상태 등으로 인지자극활동 자체가 불가능함에도 형식상으로라도 인지자극을 60분 동안 실시하여야 한다는 규정으로 해석하여야 되는지에 있다.

검토컨대, 인지자극활동을 60분 동안 실시하여야 할 의무를 규정한 제17조 제5항은 장기요양기관 측면에서는 강행규정의 성격이 있으나 수급자의 의사까지 강요하는 규정으로까지 보는 데는 한계가 있으로 이를 위반한 행위가 부당청구에 해당하는 지의 여부는 수급자의 의사·욕구·수급자의 협조 및 당시의 상황 등에 따라 달라질 수 있는 영역이라 할 것이다. 또한 당해 수가는 인지자극활동 60분을 포함한 일상생활 함께하기훈련, 일상가사지원 등 다른 서비스와 포괄하여 일정 시간당 정액으로 가격이 책정되어 있어 인지자극활동 60분만 분리할 수 없는 불가분 관계에 있는데 해당 서비스 건의 시간당 책정액 전액을 부당이득으로 볼 수 있는지 아니면 인지자극활동 60분만 분리하여 해당금액만 부당금액으로 할 수 있는지 등의 문제도 발생되고 있다.

(다) 의견

부당이득의 구성요소인 '속임수나 그 밖의 부당한 방법'이란 요양기관이 요양급여비용을 받기 위하여 허위의 자료를 제출하거나 사실을 적극적으로 은폐할 것을 요하는 것은 아니고, 국민건강보험법령과 그 하위 규정들에 따르면 요양급여비용으로 지급받을 수 없는 비용임에도 불구하고 이를 청구하여 지급받는 행위를 모두 포함한다.[122] 그리고 요양급여고시 제19조 제13항 단서에 해당하는 경우를 제외하고는 요양급여고시 제17조 제5항에 따라 급여를 제공한 경우에만 급여비용을 산정하도록 규정하고 있다.

요양급여고시는 상위법령과 결합하여 대외적으로 구속력 있는 '법령보충규칙'에 해당하므로 장기요양기관이 요양급여고시 규정에서 정한 절차와 요건을 준수하여 요양급여를 실시한 경우에 한하여 장기요양급여비용을 지급받을 수 있다고 보아야 한다. 따라서 요양급여고시 제19조 제13항 단서사유에 해당되는 사유가 아닌 상태에서 인지자극활동을 60분 실시하지 못한 경우에는 해당 방문시간대의 방문요양급여비용은 원칙적으로 청구할 수 없다고 본다. 그러나 수급자에 대한 장기요양급여 제공은 수급자의 욕구·의사 및 협조 등이 전제되어야 가능한 영역이다. 따라서 수급자의 의사에 반하여 강제로 인지자극활동이 제공되어서는 아니 되므로 수급자의 욕구·의사 및 협조 등 서비스 제공 당시의 수급자의 심신상태의 상황상 인지자극활동제공이 불가능한 경우에는 급여비용 청구가 가능하다 할 것이다.

즉, 강행규정이라 함은 당사자의 의사 여하에 관계없이 강제로 적용되는 법을 말하는 바, 급여고시에서 '하여야 한다.', '한다.' 등의 강행규정의 요소가 있는 경우 법문의 표현 기타 법규가 가지고 있는 가치 등을 고려하여 각 규정에 대하여 강행규정 여부를 구체적으로 판단하는 수밖에 없다고 본다.

엄격하게 해석할 때 요양급여고시상의 허용되는 사유 또는 사회통념상 납득할 수 있는 사유 없이 인지자극활동을 60분 제공하지 아니한 경우는 부당이득징수의 대상이 된다 할 것이나 시간당·분당 책정된 총 장기요양급여비용 중 인지자극활동 60분만 분리하여 부당금액을 산출할 수 없는 점, 그리고 인지자극활동 프로그램 내용상의 한계점 등을 고려 할 때 인지자극활동을 제공하지 아니하여도 되는 허용범위를 넓게 해석하여야 할 것이며, 또한 인지자극활동의 구체적인 범위도 넓게 해석하여야 할 것이다. 나아가, 인지자극활동 건 이외에 같은 날 방문횟수 또는

---

122 대법원 2020. 6. 25. 선고 2019두52980 판결 등 참조.

방문시간을 달리하여 제공한 방문요양급여비용의 경우 인지자극활동과 분리 가능하여 구분산정이 가능한 부분은 부당이득 환수 대상이 아니라 할 것이다.[123]

사실, 서비스 제공현장에서는 '인지자극활동을 60분 동안 실시'가 정상적으로 이루어질 수 없다는 의견이 많다. 치매 간병의 기본은 알츠하이머, 레루이소체형 등 그 질병의 종류에 따라 달라져야 하며 기본적으로 치매수급자에 대한 인간으로서의 존엄성을 바탕으로 치매환자 입장에서 이해하고 환자의 행동을 잘 관찰하고 환자의 발병 이전의 인생을 파악하여 환자와의 신뢰 관계를 구축, 증상에 따라 적절하게 간병하여야 할 영역[124]이기 때문에 요양급여고시에서 '인지자극활동을 60분동안 실시' 등을 강제하는 것은 바람직하지 않다고 본다.

여기서의 "60분은 반드시 인지자극활동을 제공하여야 한다."는 규정에 대하여 저자와 같이 해석하여 운영하는 장기요양기관은 많지 않을 것으로 보인다. 일부의 경우 부당청구에 따른 행정처분과 장기요양기관 평가를 두려워하여 대부분 수급자의 심신기능상태로 볼 때 인지자극활동제공 자체가 불가능하더라도 그냥 제공한 것으로 서류를 갖추어 놓고 향후 이 서류가 허위로 작성된 것으로 적발될까 두려워하는 악순환이 계속되고 있는 것이 현실이다. 그러나 이와 같이 현실을 도외시한 이러한 규정은 장기요양기관으로 하여금 서비스 제공을 획일화·요식화하도록 유도하는 역할을 한다고 본다.

마 5등급 수급자의 방문요양급여 제공의 범위 등

(1) 인지활동형 방문요양급여와 종일 방문요양급여

5등급 수급자에게는 인지활동형 방문요양급여와 요양급여고시 제36조의2 제1항에 따른 종일 방문요양급여[125]가 아닌 방문요양급여를 제공할 수 없다(요양급

---

123 대법원 2021. 1. 14. 선고 2019두61502 판결(심리불속행 기각으로 확정)의 하급심인 서울행정법원 2019. 8. 22. 선고 2018구합64566 판결 참조.

124 다카노 키쿠오/쿠로다 마키, 『인지증(치매)-치매의 올바른 지식과 최신치료·효과적인 간병』, 김일천/이상석 번역, 도서출판 한양 애드, 2018, 78-97쪽.

125 법상의 방문요양급여를 요양급여고시 제36조의2 제1항에서 1회당 12시간 동안 이용할 수 있는

여고시 제17조 제7항). 5등급 수급자는 노인성 치매환자로서 장기요양인정 점수가 45점 이상 51점 미만인 자이므로(시행령 제7조 제1항 제5호) 인지기능은 문제가 있지만 신체기능은 비교적 활동이 가능한 정도의 수급자이므로 방문요양급여 중 인지활동형 방문급여와 종일 방문급여만을 받을 수 있도록 급여범위를 제한하였다. 5등급 수급자에게 방문요양급여를 제공할 때에는 주·야간보호급여 제공시간 전·후로 가정에서 옷 벗고 입기 및 식사도움 지원 등 요양급여고시 제17조 제7항 각호에 해당되는 경우 이외에는 인지활동형 방문요양급여를 전적으로 제공하여야 한다. 주의해야 할 것은 5등급 수급자가 방문요양급여를 받을 때에는 인지활동형 방문요양급여와 종일 방문요양급여만을 받을 수 있다는 것이지, 방문간호, 주·야간보호 등 요양급여고시 제2조에서 정하는 소정의 다른 급여는 받을 수 있다. 그리고 ① 5등급 수급자가 주·야간보호급여를 1일 8시간 이상 이용하는 경우, ② 5등급 수급자가 천재지변, 입원, 사망 등으로 주·야간보호급여를 1일 8시간 미만으로 이용하는 경우에는 주·야간보호급여 제공시간 전·후로 가정에서 옷 벗고 입기 및 식사도움 등 인지활동형 방문요양 외의 방문요양급여를 1일 2회 범위 내에서 1회 2시간까지 제공할 수 있다(요양급여고시 제17조 제7항 단서).

(2) 주야간보호급여와 동일한 날에 인지활동형 방문요양 제공 금지

인지활동형 방문요양은 5등급 치매수급자에게 주야간보호급여와 동일한 날에 제공하여서는 아니된다(요양급여고시 제17조 제8항). 이는 주·야간보호기관에서 5등급 수급자가 주·야간보호 급여를 이용할 때마다 인지활동형 프로그램을 의무적으로 제공하여야 되므로(요양급여고시 제30조 제6항) 같은 날 이중으로 인지활동형 서비스가 제공되는 것을 방지하기 위한 것이다.

방문요양급여 제도를 만들어 이를 "종일 방문요양급여"라 부르고 있는데 방문요양급여 중의 한 종류이다.

바 | 인지활동형 방문요양급여 제공자 등 관련 문제점

(1) 문제의 제기

인지활동형 프로그램관리자는 장기요양기관에 상근하는 시설장(관리책임자), 사회복지사, 간호(조무)사, 물리(작업)치료사 중에서 요양급여고시 제77조 및 「장기요양급여 제공기준 및 급여비용 산정방법 등에 관한 세부사항」 제22조의2에 따라 교육을 이수한 자이어야 한다.

치매전문요양보호사 또한 요양보호사 중에서 요양급여고시 제77조 및 공고 제22조의2에 따라 교육을 이수한 자이어야 한다.[126,127] 그리고 인지활동형 방문요양급여는 방문요양급여에 속한다. 즉, 방문요양급여 안에 인지활동형 방문요양급여가 있다는 것이다. 방문요양에 관한 업무를 수행할 수 있는 자는 요양보호사와 사회복지사이다(법 제23조제2항, 시행령 제11조제1항). 요양보호사는 「노인복지법」 제39조의2 제1항의 규정에 의거 노인 등의 신체활동 또는 가사활동 지원 등의 업무를 전문적으로 수행하는 업무를 수행하며, 「노인복지법 시행규칙」 별표10의2의 교육과정과 교육내용을 이수하여 소정의 절차에 따라 자격을 취득하여야 한다.

문제는 인지활동형 방문요양급여는 방문요양에 관한 업무를 수행할 수 있는 자는 일반 요양보호사와 사회복지사가 아닌 요양급여고시 제17조 제5항의 규정에 의하여 치매전문요양보호사만이 인지활동형 프로그램관리자가 수립한 프로그램 계획에 따라 제공하여야 한다는 데 있다.[128] 즉, '인지활동형방 방문요양급여도 방문요양급여에 포함되며, 방문요양급여는 법상 요양보호사와 사회복지사가 행하는 서비스인데 왜 요양급여기준에서 치매전문요양보호사에게만 인지활동형 방문요양급여 제공을 허용하느냐'라는 것이다. 2024년 이전의 「노인복지법 시행규

---

126 공단의 교육신청 공고문에는 장기요양기관에 소속된 요양보호사만이 치매전문요양보호사교육신청 자격이 있다.

127 2024년 1월 1일 이후 시행되는 「노인복지법 시행규칙」 제29조의2제2항 별표10의2에 따라 요양보호사의 표준교육과정을 모두 이수하고, 같은 법 제39조의2제2항 및 제3항에 따라 요양보호사 자격증을 교부받은 자는 치매전문교육을 이수한 것으로 본다(요양급여고시 제77조 제2항).

128 한편 해당 조항에는 치매전문요양보호사 또는 제62조 제1항 제4호에 따른 외부강사(관련 자격증을 소지한 외부강사)가 제공할 수 있도록 되어 있다.

칙」별표10의2의 교육과정과 교육내용으로는 요양보호사가 치매수급자에 대한 장기요양급여제공을 실시할 능력이 되지 않는다는 것이라면 「노인복지법 시행규칙」별표10의2의 교육과정상의 문제를 일반요양보호사에게 전가하는 것이 될 수 있다. 요양급여고시 제77조 제2항의 규정에 의거 2024년 개정된 표준교육 요양보호사과정을 이수한 요양보호사는 치매 교육을 이수하지 않아도 치매전문요양보호사의 업무를 할 수 있지만, 2023년 이전에 요양보호사 자격을 취득한 자는 별도의 치매전문요양보호사 교육과정을 이수하여야 한다.

(2) 인지활동형 방문요양급여 인력제도의 위법성

인지활동형 방문요양급여를 포함한 방문요양급여를 제공할 수 있는 자는 요양보호사와 사회복지사인데 요양보호사나 사회복지사가 아닌 시설장(관리책임자), 간호(조무)사, 물리(작업)치료사인 인지활동형 프로그램관리자가 작성한 프로그램에 따라 방문요양급여(인지활동형 방문요양급여)가 제공됨으로써 결국 법령상 방문요양급여를 제공할 수 없는 시설장(관리책임자), 간호(조무)사, 물리(작업)치료사가 방문요양급여 제공의 일부분을 담당하게 되어 요양급여고시 제17조의 인지활동형 방문요양급여 규정은 상위 규정인 「노인장기요양보험법 시행령」 제11조제1항 제1호에 위반된다고 볼 여지가 있다.

그리고 「노인장기요양보험법 시행령」 제11조제1항 제1호에서 방문요양을 제공하는 인력을 요양보호사로 규정하고 있음에도, 요양급여고시 제17조에서 방문요양급여 중 인지활동형 방문요양급여를 제공할 수 있는 자를 치매전문교육을 이수한 요양보호사(치매전문요양보호사)로 제한하고 있는데 이 또한 「노인장기요양보험법 시행령」 제11조제1항 제1호의 방문요양 제공인력인 요양보호사의 업무영역을 요양급여고시에서 위임 근거 없이 제한하고 있다고 볼 여지가 있다. 즉, 2023년 이전에 요양보호사 자격을 취득한 자의 경우 방문요양급여 중의 하나인 인지활동형 방문요양급여를 제공할 수 있는 법상의 권한을 요양급여고시에서 제한하고 있다는 것이다.

법 및 시행령에 요양보호사는 방문요양서비스를 제공하는 전문인력이라 규정되어 있기 때문에 요양보호사는 모든 분야의 방문요양급여를 누구의 통제나 지도 및 간섭 없이 자기의 전문성으로 자기책임하에 자율적으로 할 수 있음에도 요양급여고시에서 법령에도 없는 '인지활동형 프로그램관리자'와 '치매전문 요양보호사'라는 새로운 자격제도를 만들어 일반요양보호사는 방문요양의 한 분야인 인지활동형 방문요양급여 제공을 금지하고, 아울러 마치 간호사가 의사의 지도에 따라 의료행위를 하는 것과 유사하게 인지활동형 프로그램관리자의 지도와 지휘에 따라 방문요양급여를 제공하게 함으로써 법령상 인지활동형 방문요양급여(방문요양급여의 일부분)를 제공할 수 있는 권한을 박탈하였을 뿐만 아니라, '인지활동형 프로그램관리자'에 종속되게 함으로써 직업행사의 자유권을 침해하였다는 논란이 있다. 법과 시행령의 최초 시행 시부터 요양보호사는 방문요양서비스를 제공하는 전문인력으로 규정되어 있는 것을 고려할 때, 일반 요양보호사는 치매수급자를 포함한 모든 수급자에게 장기요양급여를 제공할 수 있도록 2024년에 개정된 「노인복지법 시행규칙」 별표10의2의 교육과정 이전부터 치매수급자에 대한 장기요양급여를 제공 할 수 있는 교육과정을 담고 있다고 보아야 한다.

「의료법」상 가정간호 등 전문 업무에 종사 할 수 있는 전문간호사제도의 경우 「의료법」 제78조 및 「전문간호사 자격인정 등에 관한 규칙(보건복지부령)」으로 그 근거를 명확히 하고 있으나, 치매전문 요양보호사는 이러한 법적근거 없이 요양급여고시에서 새로이 제정된 제도인 점 역시 이러한 문제를 촉발시키거나 의견이 거론된 이유 중 하나로 볼 수도 있다.

(3) 치매상병 및 치매진료내역과 관련 개인정보 문제

인지활동형 방문요양급여는 의사 또는 한의사의 소견서에 치매상병이 있거나 최근 2년 이내 치매진료내역이 있는 1등급부터 5등급까지 수급자 에게 제공되는 것이다(요양급여고시 제17조 제4항). 5등급 수급자는 치매환자에게 부여되는 등급이므로(시행령 제7조 제1항 제5호) 치매가 있다는 것을 장기요양기관이 알 수 있다. 그러나 1등급~4등급 수급자의 경우 치매상병이 있거나 최근 2년 이내 치매진료 내역이 있는 자에 해당하는지를 어떻게 장기요양기관이 이를 확인하여 인지활동형 방문요양급여를 제공할 수 있는지에 대한 문제가 있다.

수급자의 치매상병 또는 치매진료내역은 「개인정보보호법」 제23조의 민감정보에 해당되며 민감정보는 다른 개인정보보다 더 엄격히 보호 및 관리되고 있다. 「개인정보보호법」에 저촉되지 않는 범위 내에서 장기요양기관이 이를 알 수 있는 제도적 장치가 요양급여고시 등에 확인되지 않고 있어 실무현장에서 1~4등급 수급자에 대한 인지활동형 방문요양급여가 작동되고 있는지가 의문이다.

(4) 부득이한 사유로 인지활동형 방문요양급여를 제공 할 수 없는 경우

요양급여고시 제19조 제13항 단서에 따라 ① 천재지변, 수급자 입원, 사망 등의 부득이한 사정이 발생한 경우, ② 급여 제공을 시작한지 1개월에 이르지 않아 제공자와 수급자간 친밀한 관계가 형성되지 않은 경우, ③ 가족인 요양보호사가 제공하는 급여로 인지자극활동을 60분 이상 제공하는 경우에는 급여를 120분 미만 제공하거나 인지자극활동을 60분 미만 제공하더라도 급여비용을 산정할 수 있다. 그러나 요양급여고시 제19조 제13항 단서에서는 천재지변 등 부득이한 경우에는 비용을 특정하지 않고 막연히 '급여비용을 산정할 수 있다'고 규정만 하고 있어 어떤 비용으로 청구하여야 하는지가 문제이다. 가령 인지활동형 방문요양급여를 제공하는 과정에서 수급자가 갑자기 의료기관을 방문하여야 하는 사유가 발생하여 방문요양급여를 40분만 제공하였을 경우 '120분 이상'에 해당하는 비용을 청구하여야 하는지 '30분 이상'에 해당하는 비용을 청구하여야 하는지 문제이다.

3 가족 요양보호사 제도

가 제도의 도입 배경

이 제도 도입 당시 장기요양 수급자의 가족인 요양보호사가 수급자와 동거하면서 방문요양 서비스에 해당하는 서비스를 제공한 경우 장기요양제도에서 그 서비스 비용을 부담하는 것에 대한 논쟁이 있었다. 도입 반대논리는 가족이 본인의 부모에 대하여 직접 수발 등을 제공하는 것은 민법상의 당연한 의무인데 이를 장기요양보험재정에서 지원하는 것은 사회보험의 원리에 부합하지 않는다는 것이다. 도입찬성 논리는 의사가 자기 가족을 치료했을 때에도 건강보험에서 재정을 부담하는 것과 같이 요양보호사가 자기 가족에게 요양서비스를 제공하였다 하여 이를 지급하지 않는 것은 형평하지 않다는 것이다. 당시 요양보호사 확보의 시급성 등의 차원과 결합하여 후자의 논리가 채택되어 가족인 요양보호사제도가 도입된 것으로 보인다.

나   가족인 요양보호사의 자격

수급자의 배우자, 직계혈족 및 형제자매, 직계혈족의 배우자, 배우자의 직계혈족 및 배우자의 형제자매 관계(이를 '가족'이라 함)에 있는 요양보호사가 '가족인 요양보호사'가 된다(요양급여고시 제23조 제1항, 제2항). 다만, 소속된 직장(장기요양기관 포함)에서 근무한 시간의 합이 월 160시간 이상인 자는 가족인 요양보호사가 될 수 없다(요양급여고시 제23조 제3항).

수급자 본인기준으로 ① 직계혈족이란 부모, 조부모 등 직계존속과 자녀, 손자녀 등 직계비속을, ② 직계혈족의 배우자란 계부(새아버지), 계모(새어머니) 등, ③ 배우자의 직계혈족이란 장인, 장모, 시아버지, 시어머니, 장인의 부모, 시아버지의 부모 등을 말한다.

다   가족인 요양보호사가 제공할 수 있는 장기요양급여(서비스)

가족인 요양보호사는 방문요양과 방문목욕 급여를 제공할 수 있으며, 장기요양기관의 장은 수급자와 요양보호사의 가족관계를 확인하여 이를 공단에 통보하여야 한다(요양급여고시 제23조 제2항).

한편 가족인 요양보호사와 수급자와의 동거여부는 가족인요양보호사 자격과 관련이 없다.

(1) 방문요양급여 중 '신체활동 지원 등'만을 제공하여야 하는지 여부

(가) 관련 규정의 형태와 연계성

요양급여고시 제23조 제4항에는 "가족인 요양보호사가 방문요양급여(인지활동형 방문요양급여를 포함한다)를 1일 60분 이상 제공하더라도 수급자 1인에 대하여 요양급여고시 제18조의 표 중 '가-2'의 급여비용을 산정하고 가산 규정을 적용하지 아니한다"고 규정되어 있다. 요양급여고시 제23조 제4항의 '방문요양급여'에는 신체활동지원을 포함한 가사 및 일상생활지원 등을 포함하는 것임에도 이와 다르게 요양급여고시 제23조 제1항 후단의 규정에서는 "수급자 외 가족을 위한 행위에 대하여는 급여비용을 산정하지 아니하고 신체활동 지원 등 수급자만을 위한 행위에 대하여만 급여비용을 산정한다."고 규정하고 있다.

이와 관련, 요양급여고시 제23조 제4항의 '방문요양급여(인지활동형 방문요양급여를 포함한다)'가 방문요양급여 중 구체적인 내용에 제한 없이 모든 항목의 방문요양급여에 인지활동형 방문요양급여까지도 방문요양급여에 포함시킨다는 의미인지, 그리고 이때의 방문요양급여를 방문급여의 항목 중 요양급여고시 제23조 제1항의 '신체활동 지원 등'만을 의미하여 결국 『'신체활동 지원 등' + '인지활동형 방문요양급여'』로 해석하여야 할지 모호한 측면이 있다.

가족인 요양보호사가 그 가족인 수급자에게 행하는 방문요양급여의 경우 '신체활동 지원 등'의 서비스만 행할 수 있고 시행규칙 별지 제12호의 장기요양급여 제공기록지(방문요양)상의 '신체활동 지원' 영역 밖의 인지활동지원, 가사 및 일상생활지원 등은 제공할 수 없다는 견해가 등장하고 있다. 즉, 요양급여고시 제23조 중 제1항 후단과 제4항의 규정이 충돌하고 있다는 것이다. 그리고 요양급여고시 제23조 제4항에서 "가족인 요양보호사가 방문요양급여(인지활동형 방문요양급여를 포함한다)를 1일 60분 이상 제공하더라도 수급자 1인에 대하여 제18조의 표 중 '가-2'의 급여비용을 산정하고 가산 규정을 적용하지 아니한다"는 규정에서 괄호의 '인지활동형 방문요양급여를 포함한다'는 의미는 치매교육을 받은 가족인 요양보호사가 본인의 가족인 5등급 수급자에게 요양급여고시 제17조 제5항에 따라 인지활동형 방문요양급여를 1회 120분 이상 180분 이하로 제공하였다 하더라도 요양급여고시 제18조의 표 중 '가-2'의 급여비용을 산정하고 가산 규정을 적용하지 아니한다는 의미라는 해석도 있다.

(나) 신체활동 지원 등의 개념

요양급여고시 제23조 제1항 후단의 '신체활동 지원 등'의 개념에서 '등'이란 몸씻기 도움 등 장기요양급여 제공기록지(방문요양)의 신체활동 지원의 세부영역과 유사한 항목을 말하는 것인지, 나아가 신체활동 지원 밖의 인지활동 지원 및 일상생활지원 등에까지 확대해석할 수 있는지 문제된다. 그리고 여기서의 '등'의 개념이란 요양급여고시 제23조 제4항 괄호의 '인지활동형 방문요양급여'를 포함하는 개념으로 해석할 수 있는지에 대한 문제이기도 하다.

요양급여고시 제23조 제4항의 괄호 내용으로 볼 때 장기요양급여 제공기록지(방문요양)상의 '신체활동 지원 등'의 영역 밖에 있는 인지활동형 방문요양급여도 제공 가능하다고 규정하고 있는 것으로 보이므로 제4항은 제1항의 '신체활동 지원 등'의 영역으로 제한한 규정을 확대하는 것으로 해석된다. 그리고 "등"이라는 자구에 비추어 볼 때 신체활동과 방문요양급여의 일부 항목까지만 포함하는 것으로 해석하는 데도 현실적인 한계가 있어 다양한 해석이 존재할 가능성이 높다.

(다) 의견

일본의 방문요양급여경우 신체지원서비스 분야와 생활지원서비스 분야로 급여비용(수가)이 각각 책정되어 있고,[129] 수급자와 동거하는 가족이 없거나 동거하는 가족이 있더라도 수급자에 대한 생활지원서비스가 불가능한 경우에 한하여 생활지원서비스를 실시하고 있으며, 신체지원서비스는 수급자의 동거가족 유무에 관계없이 모두 제공하고 있다. 우리의 방문요양급여비용(수가)구조는 일본과 달리 신체활동지원, 인지활동지원 및 일상가사와 일상생활 지원 등 다양한 항목을 포괄한 하나의 단일비용(수가)으로 구성되어 있는 체계이다.

특히, 가족인 요양보호사로부터 장기요양급여를 받는다 하여 '신체활동 등'의 서비스만 제공하여야 한다는 합리적인 이유를 찾을 수 없고 급여 제공시간과 관계없이 급여비용 청구에 있어 요양급여고시 제18조의 표 중 '가-2'의 급여비용으

---

[129] 정경희 등, 『공적노인요양보장제도 평가·판정 체계 및 급여·수가 개발』, 한국보건사회연구원·보건복지부, 2005, 238쪽 이하 '제3편 공적노인요양보장서비스 급여·수가 개발' 참조.

로 제약을 받고 있는 점 등으로 볼 때 요양급여고시 제23조 제4항의 '방문요양급여(인지활동형 방문요양급여를 포함한다)'를 인지활동형 방문요양급여를 포함한 모든 방문급여 항목으로 해석하거나, 요양급여고시 제23조 제1항 후단의 '신체활동 등'에서 '등'에는 방문요양급여의 모든 항목이 포함되는 개념으로 해석하여 결과론적으로는 가족인 요양보호사의 방문요양은 인지활동형을 포함한 장기요양급여 제공기록지(방문요양)상의 모든 항목 전체에 대하여 서비스 제공이 가능한 것으로 해석할 수도 있다 할 것이다. 그러나 다른 한편으로 가족인 요양보호사가 자기 가족에게 방문요양서비스를 제공하는 데 있어 식사준비, 청소, 주변정리 등 일상가사지원 항목은 요양보호사 개인을 위한 서비스와 구별할 수 없는 영역이어서 이러한 일상가사지원 항목까지 장기요양재정에서 부담해야 하느냐에 대한 반론도 있다. 따라서 가족인 요양보호사가 가족인 수급자에 행하는 방문요양급여의 범위는 모든 방문요양 항목 중 일상가사지원 영역을 제외한 부분으로 해석하는 것이 합리적이라 본다.

(2) 5등급 수급자에 대한 방문요양서비스 제공 영역

5등급 수급자의 인지활동형 방문요양제도를 살펴보면 5등급 수급자의 경우 주·야간보호급여 제공시간 전·후 등 요양급여고시 제17조 제7항 단서의 규정에 해당되는 경우를 제외하고는 인지활동형 방문요양급여와 종일 방문요양급여가 아닌 방문요양급여를 제공할 수 없다(요양급여고시 제17조 제7항). 그리고 인지활동형 방문요양급여는 인지활동형 프로그램관리자가 수립한 프로그램 계획에 따라 치매전문교육을 이수한 치매전문요양보호사가 제공하여야 한다(요양급여고시 제17조 제5항). 인지활동형 방문요양급여는 의무적으로 수급자당 1일 1회에 한하여 1회 120분 이상 180분 이하로 제공하며, 그 중 60분은 반드시 인지자극활동을, 나머지 시간은 수급자의 잔존기능 유지·향상을 위한 일상생활 함께하기 훈련을 제공하여야 한다(요양급여고시 제17조 제5항). 그리고 가족인 요양보호사의 방문요양제도관련 규정을 살펴보면 가족인 요양보호사가 방문요양급여(인지활동형 방문요양급여를 포함한다)를 1일 60분 이상 제공하더라도 수급자 1인에 대하여 '가-2'의 급여비용을 산정하여야 한다(요양급여고시 제23조 제4항). 가족인 요양보호사가 제공하는 급여로 인지자극활동을 60분 이상 제공하는 경우에는 급여를 120분 미만 제공하더라도 급여비용을 산정할 수 있다(요양급여고시 제19조 제13항 단서).

양 제도를 종합하여 볼 때 인지활동형 방문요양급여제도와 가족인 요양보호사의 방문요양제도와의 연계성에 대한 문제가 제기된다. 즉, 가족인 요양보호사가 가족인 5등급 수급자에게 방문요양서비스를 제공할 때에는 치매전문 요양보호사가 아니어도 되고 인지활동형 방문요양급여 이외의 방문요양 급여를 제공하여도 되는지에 대한 논쟁이다. 반대로 5등급 수급자에게 방문요양 서비스를 제공하기 위하여는 가족인 요양보호사가 치매전문 요양보호사 자격을 취득하여야 하며, 그 급여 또한 가족인 수급자에게 '1일 1회에 한하여 1회 120분 이상 180분 이하로 제공하며, 그 중 60분은 반드시 인지자극활동을, 나머지 시간은 수급자의 잔존기능 유지·향상을 위한 일상생활 함께하기 훈련을 제공'하고 그 비용 청구는 '가-2'의 급여비용인 '60분 이상 유형'으로 청구하여야 하는지에 대한 논의가 있다. 특히, 비용 청구는 '가-2'의 급여비용인 '60분 이상 유형'으로 제한하면서 '1회 120분 이상 180분 이하로 제공하여야 하며, 그 중 60분은 반드시 인지자극활동'을 하여야 하는 인지활동형 방문요양급여의 강행규정과의 연계관계가 문제시되기 때문이다.

그러나 요양급여고시 제23조 제4항의 "가족인 요양보호사가 방문요양급여(인지활동형 방문요양급여를 포함한다)를"이라는 내용에서 괄호안의 내용은 인지활동형 방문요양급여가 괄호 밖의 방문요양과 별개로 해석되는 혼란을 방지하는 차원에서 특별이 괄호를 두어 인지활동형 방문요양급여를 포함한 방문요양급여를 받을 수 있다는 것을 강조한 것으로 보이고, 이 규정 적용대상을 특정 장기요양 등급으로 한정하는 내용이 없다는 것은 일반적인 가족인 요양보호사의 방문요양급여를 전제로 규정한 것으로 보이며, 5등급 수급자의 인지활동형 방문요양급여까지 포함하는 규정으로까지 확대해석하여서는 아니된다고 보인다. 따라서 5등급 수급자에 대한 방문요양급여는 치매전문 요양보호사 자격을 가진 가족인 요양보호사가 소정의 인지활동형 방문요양급여를 제공하되(다만, 요양급여고시 제19조 제13항 단서 규정에 따라 가족인 요양보호사가 제공하는 급여로 인지자극활동을 60분 이상 제공하는 경우에는 120분 미만 제공하더라도 급여비용 산정가능) 급여비용 청구에 있어서는 '가-2'의 급여비용(요양급여고시 제23조 제6항에 해당하는 경우에는 '가-3'의 급여비용)

으로 청구해야 하는 것으로 해석된다.

라 가족인 요양보호사의 방문요양급여비용 산정방법

(1) '가-2'(60분 이상 단위) 비용, 매월 20일 범위 안에서 1일 1회, 같은 날 방문요양급여 중복 금지

가족인 요양보호사가 방문요양급여(인지활동형 방문요양급여를 포함한다)를 1일 60분 이상 제공하더라도 수급자 1인에 대하여 요양급여고시 제18조의 표 중 '가-2'의 급여비용을 산정하고 가산 규정을 적용하지 아니한다(요양급여고시 제23조 제4항).

가족인 요양보호사가 제공한 방문요양 급여비용은 1일 1회에 한하여 매월 20일 범위 내에서 산정하고, 가족인 요양보호사가 제공한 방문요양 급여비용을 산정하는 날에는 동 비용 이외의 방문요양 급여비용을 산정하지 아니 한다(요양급여고시 제23조 제5항). 가족이 아닌 요양보호사가 제공하는 일반 방문용급여는 월 한도액 범위 내에서 가족인 요양보호사가 제공한 방문요양과 같은 날에 중복되지 아니하면 그 제공이 가능하며, 방문간호나 방문목욕 또한 월 한도액 범위 안에서 제공받을 수 있다.

(2) '가-3'(90분 이상 단위)의 급여비용 산정 대상

▶ 65세 이상인 요양보호사가 그 배우자에게 방문요양급여를 제공하는 경우,
▶ 의사소견서에 치매상병이 있거나 최근 2년 이내 치매진료내역이 있는 수급자로써 폭력성향, 피해망상, 부적절한 성적 행동과 같은 문제행동을 보이는 경우 등 요양급여고시 제23조 제6항 제2호 가목의 요건에 모두 해당되는 경우에는 1일당 제18조의 표 중 '가-3'의 급여비용을 월 20일을 초과하여 산정할 수 있고, 이 경우 가산 규정은 적용하지 아니 한다(요양급여고시 제23조 제6항). 참고로 이 규정의 집행에 있어 실무상 장기요양기관이 수급자의 개인정보인 의사소견서에 치매상병이 있는지, 치매진료내역이 있는지를 확인 할 수 있는 절차와 방법 등이 현실적인 문제이다.

가 방문목욕의 개념과 내용

　방문목욕이란 장기요양요원이 목욕설비를 갖춘 장비를 이용하여 수급자의 가정 등을 방문하여 목욕을 제공하는 장기요양급여를 말한다(법 제23조 제1항 나목). 방문목욕은 요양보호사 2인 이상이 수급자의 가정을 방문하여 욕조를 활용한 전신입욕 등의 방법으로 제공하되 수급자의 신체 상태에 따라 목욕차량(욕조, 급탕기, 물탱크, 펌프, 호스릴 등을 갖춘 차량으로 시장·군수·구청장에게 신고된 차량), 이동식 욕조, 가정 내 욕조 등의 장비를 이용하여 제공하거나 대중목욕탕에서 제공한다(요양급여고시 제24조 제1항).

(1) 목욕 차량 이용 여부에 따른 방문목욕의 구분

　목욕 차량을 이용하는 방문목욕은 수급자의 신체적 상태로 인하여 특수욕조 등 장비를 이용한 목욕이 필요한 경우와 가정 내 욕조나 온수를 이용할 수 없는 경우에 한하여 급여제공이 가능하다(요양급여고시 제24조 제1항 제1호). 차량을 이용하지 않은 방문목욕급여는 목욕차량에 부속되지 않은 이동식 욕조, 가정 내 욕조 등의 장비를 이용하여 제공하거나, 목욕실이 갖추어진 장기요양기관 또는 「공중위생관리법」에 따라 목욕설비가 갖추어진 대중목욕탕에서 제공한다(요양급여고시 제24조 제1항).

(2) 방문목욕의 내용과 제공인력의 수

　방문목욕급여에는 목욕준비, 입욕시 이동보조, 몸 씻기, 머리 감기기, 옷 갈아입히기, 목욕 후 주변정리까지가 포함되며 수급자의 안전을 위하여 입욕시 이동보조와 몸 씻기의 과정은 2인 이상의 요양보호사가 제공하여야 한다(요양급여고시 제24조 제1항, 제2항). 일상생활을 혼자서 수행하기 어려운 수급자의 특성상 돌발상황이나 안전사고 관점에서 요양보호사 2인 이상이 서비스를 제공하도록 하였다. 다만 수급자의 수치심 등의 이유로 성별이 다른 요양보호사의 참여를 거부하거나 특정 요양보호사의 참여를 요구하는 등의 사유가 있고 1인이 몸 씻기과정을 제공하더라도 안전에 별다른 문제가 없는 경우 등 예외적인 경우에 한하여 1인이 제공할 수 있다. 다만 일부 서비스를 1인이 제공한 경우 요양급여고시 제26조 제2항에 따라 급여비용의 80-70%를 산정할 수 있도록 하고, 그 불가피한 사유를 급여제공기록지에 기재해야 한다.

이에 관한 판례로, 수급자가 동성 요양보호사 1인에게 몸 씻기를 하도록 요청한 구체적인 사유가 기재된 사실확인서 등이 있고, 요양보호사가 방문목욕 서비스를 제공하는 과정에서 2인의 요양보호사가 목욕 튜브 등 장비 설치, 욕조 이동, 탈의 등의 업무를 함께 수행하고, 단지 몸 씻기만을 동성 요양보호사가 수행하며, 다른 요양보호사가 관련 업무를 하면서 인근에서 대기하다가 몸 씻기 이후의 업무를 함께 수행한 경우에는 정당한 급여라고 판시한 바 있다.[130]

나 │ 인력 및 시설 기준

방문목욕기관은 사무실, 통신설비, 집기 등 사업에 필요한 설비 및 비품, 이동용 욕조 또는 이동목욕차량 등을 갖추어야 한다. "이동목욕차량"이란 욕조, 급탕기, 물탱크, 호스릴 등을 갖춘 차량으로서 자동차등록증 상 차량용도에 "이동목욕용"으로 표시되어 있거나 이동목욕용으로 구조변경한 내용을 기재·등록한 차량을 말한다(「노인복지법 시행규칙」 별표9). 방문목욕을 제공하는 시설은 시설장 1명, 요양보호사2명 이상의 인력을 배치하여야 한다(「노인복지법 시행규칙」 별표9).

다 │ 방문요양서비스의 일종인 몸 씻기 도움과의 차이

방문요양 신체활동지원의 서비스 중의 하나인 몸 씻기 도움은 장기요양급여

---

[130]　서울고등법원 2020. 10. 15. 선고, 2019누66486.

제공기록지상 신체활동 지원(방문요양으로서 시행규칙 별지 제12호서식)으로, 이는 방문목욕의 핵심인 전신 입욕이 아니라 수급자의 가정에 있는 장비를 이용하여 부분목욕, 이동, 정리 등을 해주는 것으로서 방문목욕과 다르다. 실무에서 방문목욕의 몸씻기의 경우 목욕에 필요한 용품(물, 비누, 수건, 욕조, 목욕의자, 로션 등)은 장기요양기관의 부담으로 제공되지만(요양급여고시 제25조 제2항) 방문요양의 몸 씻기에 필요한 용품(물, 비누, 수건, 욕조, 목욕의자, 로션 등)은 수급자의 비용으로 제공된다. 실무상 방문요양의 몸 씻기와 방문목욕의 구분은 전신입욕 여부에 있다고 본다.

방문목욕의 경우 목욕급여 제공과정 전체를 요양보호사 1인이 단독으로 제공한 경우에는 일체의 급여비용을 산정할 수 없는 반면(요양급여고시 제26조 제2항), 방문요양의 몸 씻기 도움은 요양보호사 1인이 제공할 수 있다.

5 방문간호급여

가 방문간호급여의 의의와 내용

(1) 방문간호의 의의

방문간호급여는 장기요양요원인 간호사 등이 의사, 한의사 또는 치과의사의 지시서(이를 "방문간호지시서"라 한다)에 따라 수급자의 가정 등을 방문하여 간호, 진료의 보조, 요양에 관한 상담 또는 구강위생 등을 제공하는 장기요양급여이다(법 제23조 제1항 제1호 다목). 요양급여고시 제27조 제1항에 따르면 방문간호의 내용은 간호·진료의 보조·구강위생, 기본관리(건강상태 확인, 활력징후 및 혈당 측정, 지남력 평가 등), 교육 및 상담(통증관리, 식이관리, 감염관리, 구강관리, 투약관리, 보호자 교육 등), 신체훈련(관절구축 예방 및 근력 강화, 낙상예방, 운동교육 등), 의뢰 및 검사(의료기관 의뢰, 장기요양기관 연계, 기초검사 등)로 나열되어 있다.

(2) 의사의 방문간호 지시서가 필요한 영역

요양급여고시 제27조 제1항 제1호에는 "의사, 한의사 또는 치과의사의 방문간호지시서에 따른 간호, 진료의 보조, 구강위생 등"으로, 제2호에는 "다음 각 목의 예방관리적 간호행위"로 구분하여 제1호는 '의사의 방문간호지시서에 따라'라는 문구가 있는 반면 제2호에는 '의사의 방문간호지시서'라는 문구가 없다. 즉, 요양급여고시 제27조 제1항 제1호와 2호를 구분하여 해석하여 보면 제1호의 간호·진료의 보조·구강위생은 의사·한의사 또는 치과의사의 방문간호지시서에 따라야 한다는 것에 그 차이가 있다.

이와 같이 제2호의 기본관리, 교육 및 상담, 신체훈련, 의뢰 및 검사에는 의사 지시서에 따라야 한다는 규정이 없어 간호사 등이 단독으로 할 수 있는 것으로 보인다. 즉, 「의료법」상 의사의 지시 없이 간호사가 독자적으로 할 수 있는 임무영역으로는 환자의 간호요구에 대한 관찰, 자료수집, 간호판단 및 요양을 위한 간호를 들 수 있는데(「의료법」 제2조 제2항 가목), '요양을 위한 간호'의 경우 의사가 행하지 않아도 위생상 위해를 발생시킬 우려는 없으나 진료의 효과에 대해서는 영향을 주는 요소이므로, 요양상의 간호에 있어 구체적인 사항은 의사의 지시를 받지 않고 간호사의 독자적인 판단으로 행할 수 있다고 파악되기 때문이다. 다만 요양간호는 간호사의 주체적인 임무이기 때문에 그 사고에 대한 책임도 주체적으로 부담하게 된다고 할 것이다.[131]

그러나 법 제23조 제1항 제1호 다목에서 방문간호를 "장기요양요원인 간호사 등이 의사, 한의사 또는 치과의사의 지시서에 따라 수급자의 가정 등을 방문하여 간호, 진료의 보조, 요양에 관한 상담 또는 구강위생 등을 제공하는 장기요양급여"라고 정의하고 있는 점과 요양급여고시 제27조 제1항을 종합하여 보면 '기본관리, 교육 및 상담, 신체훈련, 의뢰 및 검사'라 하더라도 의사의 지시서 자체가 있는 수급자에게 간호사가 단독으로 행할 수 있는 서비스로 보여지며, 의사의 간호지시서 이후 필요한 서비스를 부수적으로 간호사 등이 단독으로 할 수 있다는 것으로 해

---

131   이는 간호사가 주체성을 가지고 하여야 하는 업무이기 때문에 의사의 지시를 요하지 않는다는 견해와 병원에서 의료활동의 일환으로 행하는 경우는 의사의 지시에 따르지 않으면 안 된다고 하는 견해가 대립하고 있다.; 주호노, 의사법학론 제3판, 법문사, 2022, 146-147쪽.

석된다. 따라서 지시서에 의한 급여가 주된 것인 동시에 본질적인 것으로, 법을 다소 엄격하게 해석할 경우 지시서 없이 행할 수 있는 급여는 방문간호의 영역으로 볼 수 없다는 의견이 제기될 수도 있겠으나, 이는 해당 급여의 성격 등을 고려할 때 위법이라기보다는 수급자의 구체적인 상태를 고려하여 적정 수준의 급여가 제공될 수 있도록 고시가 마련된 것으로 보이는바, 관계조항 간 체계적인 해석 내지 추후 일부 조항을 조화롭게 개정하는 등 부수적인 보완이 필요한 영역으로 보인다.

(3) 방문간호의 서비스 내용

시행규칙 별지 제14호서식의 장기요양급여 제공기록지(방문간호)에 의하면 방문간호 서비스 내용을 건강관리와 간호관리로 구분한다. 그리고 ⅰ) 건강관리는 관절오그라듦 예방, 투약관리(먹는약 투여 및 도움·확인, 바르는 약 도포 및 좌약 십입, 자가주사 교육 및 관찰, 기초건강관리(관찰 및 기초건강사정, 감염간호, 치매돌봄 정보제공, 교육 및 상담, 의료기관 의뢰 등), 인지훈련(인지기능장애 완화를 위한 훈련 제공)으로, ⅱ) 간호관리는 욕창관리(욕창예방, 욕창간호 등), 영양관리[튜브영양공급, 비위관(鼻胃管, L-tube) 교환 등], 통증관리, 배설관리[소변배출관(도뇨관) 관리, 방광간호, 회음부 간호, 요루(요도샛길) 간호, 장루(창자샛길)간호, 배설간호 등], 당뇨발관리(당뇨발 간호, 상처관리 등), 호흡기간호(흡인 간호, 기관절개관 관리, 산소요법 관리 등), 투석간호, 구강간호(구강감염 예방 등)로 구분하고 있다.

일반적인 간호업무를 세부적으로 정리하면 〈표 7-1〉과 같다.

<표 7-1> 간호업무의 세부 내용

구분	주요 업무	수행 형태
기본 간호	간호사정 및 진단, 온·냉요법, 체위변경, 등 마사지, 구강간호, 개인위생 관리 등	간호사 독자적 판단에 의해 가능
간호	비위관 교환, 단순도뇨 및 정체도뇨관 삽입·교환·관리, 기관지관 교환·관리, 산소요법, 욕창치료, 단순 상처치료, 염증성 처치, 봉합선 제거, 방광 및 요도세척	의사 지시
검사 관련 업무	(가정에서 실시할 수 있는 단순검사) 뇨당검사, 반정량 혈당검사, 산소포화도 검사(검사물 수집 및 운반) 필요한 검사물 수집 후 의료기관으로 운반	의사 지시

투약 관리 지도	(투약행위 및 투약 지도) (주사) 주사행위는 의사의 처방에 의하여 실시하고, 수액요법은 수 액감시와 속도조절 등에 대한 관리 포함	의사 지시
교육 훈련	환자·가족 대상 건강관리에 필요한 식이요법, 운동요법, 기구 및 장비 사용법 등에 대한 교육·훈련	간호사 독자적 판 단에 의해 가능
상담	환자의 상태변화시에 대처방법, 질병의 진행과정 및 예후, 주수발 자와 가족문제, 환경관리 등	간호사 독자적 판 단에 의해 가능
의뢰	가정간호 서비스 종결 이후에도 계속적인 건강관리가 요구되는 경 우에는 의료기관 등으로 의뢰	간호사 독자적 판 단에 의해 가능

나 시설 및 인력 기준

방문간호서비스를 제공하는 기관이 되기 위하여 사무실, 통신설비, 집기 등 사업에 필요한 설비 및 비품, 혈압계, 온도계 등 방문 간호에 필요한 비품을 갖추어야 한다. 그리고 시설장 1명, 간호사 또는 간호조무사 1명 이상을 배치해야 하며, 구강위생을 실시하는 경우 치과위생사 1명이상을 배치하여야 한다.

다 방문간호를 제공할 수 있는 장기요양요원

방문간호를 할 수 있는 장기요양요원은 간호사, 간호조무사, 치과위생사로서 아래의 자격요건을 갖추어야 한다(시행령 제11조 제1항 제3호).

간호사	「의료법」 제2조에 따른 간호사로서 2년 이상의 간호업무경력이 있는 자
간호 조무사	「의료법」 제80조에 따른 간호조무사로서 3년 이상의 간호보조업무경력이 있고, 보건 복지부장관이 지정한 교육기관에서 소정의 교육을 이수한 자
치과 위생사	「의료기사 등에 관한 법률」 제2조에 따른 치과위생사(구강위생 업무를 하는 경우로 한정한다)

방문간호지시서 발급 이후의 상태변화

간호사 등은 수급자의 상태변화 등으로 당초의 방문간호지시서와 다른 내용의 간호, 처치 등이 필요한 경우 방문간호지시서 발급의사와 상의한 후 지시에 따라 간호를 시행하며, 반드시 그 내용을 급여제공기록지에 기재하여야 한다(요양급여고시 제27조 제2항). 방문간호지시서의 유효기간은 발급일부터 180일 동안 사용할 수 있다(시행규칙 별지 제29호서식). 한편 요양급여고시 제27조 제2항은 간호사 등은 수급자의 상태변화 등으로 당초의 방문간호지시서와 다른 내용의 간호, 처치 등이 필요한 경우 방문간호지시서 발급의사와 상의한 후 지시에 따라 간호를 시행하며, 반드시 그 내용을 급여제공기록지에 기재하여야 한다고 규정하고 있는데, 이는 당초의 방문간호지시서 발급이후 180일 사이에 수급자의 심신기능상태가 변동될 경우 그때마다 방문간호지시서를 다시 발급받아야 하는 불편을 방지하기 위하여 당초의 방문간호지시서 변경 없이 방문간호지시서 발급의사와 상의한 후 지시에 따라 간호를 시행할 수 있는 근거를 마련한 규정이다.

방문간호지시서는 유선 또는 비대면방법으로 발급할 수 없으며 수급자를 직접 진찰한 후 발급하여야 한다. 다만 이와 관련한 쟁점으로 대법원 판결[132]에서 『간호사가 '진료의 보조'를 함에 있어서는 모든 행위 하나하나마다 항상 의사가 현장에 입회하여 일일이 지도·감독하여야 한다고 할 수는 없고, 경우에 따라서는 의사가 진료의 보조행위 현장에 입회할 필요 없이 일반적인 지도·감독을 하는 것으로 족한 경우도 있을 수 있다 할 것인데, 여기에 해당하는 보조행위인지 여부는 보조행위의 유형에 따라 일률적으로 결정할 수는 없고 구체적인 경우에 있어서 그 행위의 객관적인 특성상 위험이 따르거나 부작용 혹은 후유증이 있을 수 있는지, 당시의 환자 상태가 어떠한지, 간호사의 자질과 숙련도는 어느 정도인지 등의 여러 사정을 참작하여 개별적으로 결정하여야 할 것이다』고 하였다. 따라서 요양급여고시 제27조 제2항의 규정에 따라 "수급자의 상태변화 등으로 당초의 방문간호지시서와 다른 내용의 간호, 처치 등이 필요한 경우 방문간호지시서 발급의사와 상의

---

132   대법원 2003. 8. 19. 선고 2001도3667 판결.

한 후 지시에 따라 간호를 시행"에 따른 발급의사와의 상의 방법이 실무상 문제된다. 간호사의 진료보조관련 행위 중 의사의 현장 입회 등 구체적·개별적 지시·감독이 필요한 행위가 아닌 의사의 일반적 지시·감독으로 가능한 행위[133] 중 방문간호지시서와 관련된 경미한 사항은 발급의사와의 상의 등은 반드시 의사가 수급자를 현장 대면 방법이 아니더라도 간호사와의 통신 수단 등을 활용하더라도 무방하다고 본다. 다만 이는 「의료법」 제34조의 원격의료와 관련된 쟁점의 소지는 존재할 것이다.[134] 그리고 앞서 살펴본 바와 같이 간호사 독자적 판단에 의해 행할 수 있는 기본간호, 교육훈련, 상담 및 의료기관으로의 의뢰 등이 발급의사와 상의 대상인지에 대하여 논란이 있을 수 있으나, 그 행위의 성질에 비추어 이 또한 발급의사와의 상의 대상은 아니라고 할 것이다.

마 방문간호급여의 특례

(1) 간호처치영역의 증상이 있는 수급자에 대한 특례

(가) 월 한도액 특례 내용

방문요양급여 또는 방문목욕급여를 이용하는 1·2등급 수급자 및 인정조사표(시행규칙 별지 제5호 서식) 제2호 마목 '간호처치 영역' 증상유무의 '있다'란에 하나 이상 표시된 3등급부터 5등급까지의 수급자는 월 1회에 한하여 월 한도액과 관계없이 예방관리 등을 위한 방문간호급여를 이용할 수 있다(요양급여고시 제27조 제3항). 이는 방문간호급여 이용이 활성화되지 않아 수급자의 서비스 제공에 있어 "장

---

[133] '의사의 일반적 지시·감독으로 가능한 행위 및 의사의 현장 입회 등 구체적·개별적 지시·감독이 필요한 행위'에 대하여는 백경희·장연화, 진료지원 간호사의 업무 범위와 무면허 의료행위에 대한 고찰, 일감법학 제57호, 2024, 172-173쪽을 참조하기 바란다.

[134] 「의료법」 제34조 제1항 및 제33조 제1항의 해석상 의료인과 환자간 원격의료는 「의료법」에 위반되며, 의료인이 개설된 의료기관 내에서 원격지에 있는 환자를 진료하더라도 처벌대상에 해당되며, 환자나 보호자의 요청에 따라 원격진료가 이루어지는 경우에도 「의료법」 제33조 제1항에 위반된다는 대법원 판례(대법원 2020. 11. 12. 선고 2016도309 판결)에 대한 검토 등 원격의료의 쟁점에 대한 사항은 현두륜, 원격의료에 대한 법적 규제와 그 문제점, 의료법학 제23권 제1호, 대한의료법학회, 2022, 3쪽 이하 참조.

기요양급여는 의료서비스와 연계하여 이를 제공하여야 한다."는 장기요양급여제공의 기본원칙(법 제3조 제4항)에 충실하려는 것으로 보인다. 수급자는 월 1회에 한하여 월 한도액을 초과하더라도 방문간호급여를 받을 수 있다. 이 경우 본인부담금은 면제되지 않아 부담하여야 한다(요양급여고시 제27조 제3항 후단).

(나) 월 한도액 특례대상 수급자

월 한도액 특례대상 수급자는 방문요양급여 또는 방문목욕급여를 이용하는 1등급과 2등급 수급자 그리고 인정조사표 제2호 마목 '간호처치 영역'의 증상유무의 '있다'란에 하나 이상 표시된 3등급부터 5등급까지의 수급자이다(요양급여고시 제27조 제3항). 방문간호의 월 한도액 특례대상 수급자가 되기 위하여는 ① 방문요양급여 또는 방문목욕급여를 이용하는 요건과 ② 1등급부터 5등급까지의 등급인정 요건 그리고 ③ 3등급부터 5등급까지의 수급자의 경우 장기요양 인정조사표(시행규칙 별지 제5호서식)상의 '간호처치 영역'란에 증상이 있는 것으로 표시된 요건 등 위 3가지의 요건을 모두 충족하여야 한다. 즉, 방문요양급여 또는 방문목욕급여를 이용하고 있는 1등급부터 5등급까지의 수급자 중 1·2등급은 인정조사표의 간호처치영역상의 증상 유무와 관계없이, 3·4·5등급은 간호처치영역상의 증상이 있다라고 기재된 수급자만이 월 1회에 한하여 월 한도액과 관계없이 예방관리 등을 위한 방문간호급여를 이용할 수 있다.

방문요양급여 또는 방문목욕급여를 이용하는 요건의 경우 요양급여고시 제17조 제3항에서 "방문요양급여 또는 방문목욕급여를 이용하는"으로 규정되어 있어 그 이용단위가 연 단위인지 그리고 '이용하는'이라는 것이 현재 진행형을 말하는지 등에 있어 모호한 표현이지만 월간 재가급여(복지용구 제외)를 이용할 수 있는 한도 금액을 설정한 월 한도액제도의 성격상 특례가 적용되는 해당 월에 방문요양급여나 방문 목욕급여 중 1회 이상을 이용하고 있는 자로 해석된다.

공단이 장기요양인정을 위하여 개인의 심신기능상태를 조사하여 기록한 장기요양 인정조사표(시행규칙 별지 제5호서식)는 개인정보 중에서도 민감정보에 해당되기 때문에 엄격하게 관리되고 있는 바(「개인정보보호법」 제23조) 수급자가 인정조사표 제2호 마목'간호처치 영역'의 증상유무의 '있다'란에 하나 이상 표시된 자에 해당되는지 등에 대해 이를 확인할 수 있는 절차 규정이나 공단이 이를 수급자에게 통보하여 주는 절차 규정이 없다.

(2) 처음 판정받은 1~5등급 치매수급자의 월 한도액 특례

(가) 대상과 내용

요양급여고시 제27조 제5항의 규정에 따라 등급을 처음 판정받은 1~5등급 치매수급자는 등급을 받은 날부터 60일 이내에 월 한도액과 관계없이 방문간호급여를 총 4회 범위 내에서 월 2회까지 이용할 수 있다. 여기서 '등급을 처음 받은'이란 등급 유효기간의 갱신 등으로 다시 등급을 받은 경우가 아닌 생애 최초로 처음 장기요양 등급을 받은 경우를 말한다고 보아야 할 것이다. '치매수급자'란 의사소견서에 치매상병이 있거나 최근 2년 이내 치매진료내역이 있는 1등급부터 5등급까지 수급자를 말한다 할 것이다(요양급여고시 제17조 제4항). 장기요양기관이 개인정보인 치매수급자 여부를 확인할 수 있는 방법이 실무상의 문제이다. 월 한도액 초과 금액에 대한 본인부담금 배제 등의 사항이 별도로 규정되지 않았기 때문에 당연히 본인부담율을 적용하여야 할 것이다.

(나) 급여를 제공할 수 있는 간호사의 범위와 법적 쟁점

요양급여고시 제27조 제6항에는 "제5항에 따른 방문간호급여는 치매돌봄 정보제공, 교육·상담 등을 위해 치매전문교육을 이수한 간호(조무)사가 제공한다."고 규정하고 있다. 즉, 등급을 처음 판정받은 1~5등급 치매수급자에게 등급을 받은 날부터 60일 이내에 월 한도액과 관계없이 방문간호급여를 제공할 수 있는 자는 일반 간호(조무)사가 아니라 치매전문교육을 이수한 간호(조무)사만이 제공할 수 있다는 것이다.

방문간호급여는 간호사로서 2년 이상의 간호업무경력이 있는 자와 간호조무사로서 3년 이상의 간호보조업무경력이 있는 자 중에서 보건복지부장관이 지정한 교육기관에서 소정의 교육을 이수한 자이면 방문간호급여를 제공할 수 있도록 시행령 제11조 제1항 제3호에서 규정하고 있다. 그러나 상위법령에서 요양급여고시 등에 위임한 근거규정도 없이 치매전문교육을 이수한 간호(조무)사만이 방문간호급여를 제공할 수 있는 권한을 요양급여고시에서 새로 창설하는 한편, 이와 반대로 기존의 상위규정에서 일반 간호(조무)사에게는 부여된 업무권한을 하위규정인 요양급여고시에서 제한하고 있어, 위법한 것이 아닌지 문제된다. 왜냐하면 시행령 제11조 제1항 제3호에서 소정의 간호(조무)사 경력과 교육을 이수한 자는 방문간호급여를 제공할 수 있도록 규정하고 있음에도 요양급여고시에서 치매전문교육 이수요건을 추가로 규정하여 요양급여고시가 상위법령의 위임근거 없이 간호(조무)사의 업무영역을 제한하거나 새로운 자격요건을 부과한 것으로 보이기 때문이다.[135]

즉, 요양급여고시 제27조 제5항과 제6항을 종합하여 보면 같은 1~5등급 치매수급자에 대한 방문간호급여 제공이라도 요양급여고시 제27조 제5항에 따라 월한도액과 관계없이 방문간호급여를 이용하는 수급자에게는 치매전문교육을 이수한 간호(조무)사만 서비스를 제공할 수 있고, 월 한도액 범위 내에서 일반적인 방문간호급여에 대하여는 일반 간호(조무)사도 그 급여제공이 가능하기 때문에 요양급여고시 제27조 제6항의 규정은 제정 목적뿐 아니라 법규로써의 존립성에 의문이 생기고 있어 법규의 본질적인 문제점이라기 보다는 현 체계 내에서 조항 정비등을 통하여 개선 내지 해결이 가능한 입법 기술상의 오류로 보인다.

바 | 5등급 수급자에 대한 방문간호급여 제공 의무

요양급여고시 제27조 제4항에는 "방문간호기관은 5등급 수급자에게 최초 방문간호지시서 발급일부터 6개월 동안 매월 1회 이상 방문간호급여를 제공하여야 한다."고 규정되어 있다. 이 규정은 "제공하여야 한다"는 문구로 인하여 어디서부터 접근하여 해석을 하여야 할지 모호하다. 방문간호기관이 5등급 수급자와 방문간호급여제공 계약을 체결할 때에는 수급자의 의료서비스 필요성 유무와 관계없이 그리고 수급자의 의사와 관계 없이 의무적으로 최초 방문간호지시서 발급일부터 6개월 동안 매월 1회 이상 방문간호급여를 제공하여야 한다는 것으로 해석되

---

135 한편 의료법 제78조는 전문간호사제도를 규정하고 있어, 비록 다른 법률이기는 하나 요양급여고시에 근거를 두고 있는 치매전문교육을 이수한 간호(조무)사제도에 대한 개별 제도의 시행이 전면 불합리하다고 단정하기는 어려운 측면도 있을 것이다.

기 때문이다.

구체적으로, 방문간호서비스 이용이 극히 저조한 문제를 의식한 규정으로 보이고는 있으나 장기요양급여를 수급자의 의사나 욕구와 관계없이 수급자와 방문간호기관간의 사적 이용계약에 국가가 관여하여 일정기간 동안 매월 1회 이상 강제적으로 방문간호급여를 제공하라고 장기요양기관에 의무를 부과하는 규정으로 해석한다는 것은 상식을 초월하는 해석이 되기 때문이다. 이는 관계조항의 목적 및 준수에 대한 기대가능성, 특히 수급자의 욕구나 필요성 등을 종합 고려하여 볼 때 비록 "하여야 한다"는 문구가 있다 하더라도 이를 효력에 영향을 미치지 않는 훈시규정으로 새겨야 할 것이다. 가사 이를 의무조항으로 해석한다고 하더라도 이는 무조건 해당 서비스를 제공해야 한다는 의미보다는 발급일로부터 6개월 동안은 적정 서비스가 제공될 수 있도록 즉, 해당 서비스가 필요함에도 이를 제공하지 않는 등의 해태사유가 발생하지 않도록 하는 주의적 성격이 강한 규정으로 보아 방문간호기관이 그 돌봄의무를 소홀히 하지 않도록 하는 규율적 성격이 강한 조항으로 이해하는 것도 가능한 측면이 있다고 본다.

사 가족인 간호사 제도

방문요양과 방문목욕에서의 수급자의 가족인 요양보호사제도와 같이 방문간호에서도 가족인 간호사제도가 있다. 수급자의 가족인 간호사에 대한 가족관계의 공단으로의 통보는 가족인 요양보호사 절차를 준용한다(요양급여고시 제27조 제7항). 가족인 간호사 등이 방문간호를 제공한 경우 수급자 1인에 대하여 1일 1회에 한하여 월 8일 범위 내에서 급여비용을 산정하고, 급여비용 산정 시 가산 규정을 적용하지 아니한다(요양급여고시 제28조 제5항).

아 「의료법」상의 가정간호와 「지역보건법」상의 방문간호 비교

간호사 등이 가정을 방문하여 의료 서비스를 제공하는 제도는 법에 따른 방문간호급여이외에 「의료법」상의 가정간호와 「지역보건법」상의 방문간호제도가 있다. 핵심적인 사항은 노인장기요양보험의 방문간호급여는 장기요양 등급을 인정받은 수급자가 방문간호를 제공할 수 있는 기관으로 지정된 장기요양기관으로부터 소정의 절차에 따른 서비스와 본인부담금을 지불하는 형태라는 데에 있다. 국민건강보험 등으로 가정을 방문하여 의료서비스를 제공하는 가정간호는 장기요양의 등급 인정과 관계없이 의료적 필요에 따라 「의료법」상 개설된 방문간호기관(「의료법」 제33조 제1항 제4호, 같은법 시행규칙 제24조)으로부터 가정을 방문하게 하여 건강보험 등으로 의료서비스를 제공받는 제도이다. 그리고 「지역보건법」에서 행하는 방문간호는 보건소 등에서 무료로 행하는 서비스이다.

장기요양수급자는 이 법에 따른 방문간호와 「의료법」상의 가정간호를 선택하여 이용할 수 있다. 다만, 방문간호(치과위생사가 제공하는 것 제외)는 「의료법 시행규칙」 제24조에 따른 가정간호와 동일한 날에 제공하여서는 아니된다(요양급여고시 제4조 제4호).

자 │ 방문간호급여의 활성화 관련 문제점

법에 따른 방문간호급여를 받기 위해서는 수급자가 의료기관을 방문하여 방문간호지시서를 발급받아야 하는 불편, 의료기관과의 이동거리가 비교적 가까워 외래로 의료를 이용하기 용이한 구조, 요양병원 등 만성기 병상이 발달되어 있어 입원하기가 쉬운 현실 여건, 의료사고의 책임소재의 불명확성 등으로 의사들의 방문간호지시서 발급에 소극적인 현상, 방문간호지시서 비용을 포함한 방문간호비용의 부담 등으로 방문간호가 활성화되고 있지 않다.

(1) 의사의 지도 · 감독 범위와 간호사의 방문간호 행위와의 관계

「의료법」 제2조 제1항 제5호에 의하면 간호사는 ⅰ) 환자의 간호요구에 대한 관찰, 자료수집, 간호판단[136] 및 요양을 위한 간호, ⅱ) 의사, 치과의사, 한의사의

---

[136] 의사 · 치과의사 · 한의사의 진단후 요양상 간호를 행하는데 있어 선행하는 간호적 판단(이상돈 외,

지도하에 시행하는 진료의 보조, iii) 간호 요구자에 대한 교육·상담 및 건강증진을 위한 활동의 기획과 수행, iv) 보건활동(「농어촌 등 보건의료를 위한 특별조치법」 제19조에 따라 보건진료 전담공무원으로서 하는 보건활동, 「모자보건법」 제10조제1항에 따른 모자보건전문가가 행하는 모자보건 활동, 「결핵예방법」 제18조에 따른 보건활동, 그 밖의 법령에 따라 간호사의 보건활동으로 정한 업무), v) 「의료법」 제80조에 따른 간호조무사가 수행하는 가목부터 다목까지의 업무보조에 대한 지도 등의 업무를 수행한다.

방문간호에 있어서 문제가 되는 부분인 의사의 지도하에 실시되어야 하는 '진료의 보조'이다. 즉, 의사의 책임하에 이루어져야 하고 범위와 한계가 애매한 간호사의 '진료의 보조'[137.138]와 관련 요양급여고시 제27조 제1항 제1호상의 방문간호의 진료의 보조는 의료기관 밖에서 의사가 옆에 없이 실시되어야 하기 때문이다. 그리고 의료현장에서 요양상의 간호 등 의사의 지도가 필요하지 않은 영역과 진료의 보조 영역을 명확하고 엄격하게 그 경계를 구분하는 데 한계가 있기도 하다.

(2) 의료사고 및 무면허 의료행위에 대한 의사와 간호사간의 책임의 한계

위에서 살펴본 진료의 보조의 특성상 방문간호서비스 현장에서 의료사고 발생 시 진료의 보조 영역과 방문간호 지시서를 발급한 의사와 간호사 간의 책임 소재가 모호하거나 애매한 문제가 있고, 이와 같은 이유 등으로 방문간호서비스가 활성화기 어려운 측면이 있다. 즉, 의료행위로서 진료의 보조에 대한 의사와 간호사 간의 지시 및 관리감독 관계는 의료행위나 방문간호급여 제공상 중요사항이 될 수

『의료법 강의』 제4판, 33쪽, 법문사)

137 대법원 2003. 8. 19. 선고 2001도3667 판결.

138 의사가 간호사로 하여금 의료행위에 관여하게 하는 경우에도 그 의료행위는 의사의 책임 아래 이루어지는 것이고 간호사는 그 보조자에 불과하다. 간호사가 '진료의 보조'를 하는 경우 모든 행위 하나하나마다 항상 의사가 현장에 입회하여 일일이 지도·감독하여야 한다고 할 수는 없고, 경우에 따라서는 의사가 진료의 보조행위 현장에 입회할 필요 없이 일반적인 지도·감독을 하는 것으로 충분한 경우도 있을 수 있으나, 이는 어디까지나 의사가 그의 주도로 의료행위를 실시하면서 그 의료행위의 성질과 위험성 등을 고려하여 그 중 일부를 간호사로 하여금 보조하도록 지시 내지 위임할 수 있다는 것을 의미하는 것에 그친다. 이와 달리 의사가 간호사에게 의료행위의 실시를 개별적으로 지시하거나 위임한 적이 없음에도 간호사가 그의 주도 아래 전반적인 의료행위의 실시 여부를 결정하고 간호사에 의한 의료행위의 실시과정에도 의사가 지시·관여하지 아니한 경우라면, 이는 무면허의료행위에 해당한다고 볼 것이다(대법원 2012. 5. 10. 선고 2010도5964 판결).

있고, 악결과 발생 시 책임소재에 있어 지시의 내용 또는 관리감독의 구체적인 수준 등이 문제시되기 때문이다. 간호사가 별도로 장기요양기관을 개설하여 운영하고 있는 현실은 이러한 문제나 갈등을 심화시킨다. 수급자에 대한 방문간호 서비스는 방문간호 지시서를 발급한 의료기관과 장기요양기관(방문간호기관)이라는 2개의 기관에서 이루어지기 때문이다.

(3) 방문간호 지시서 발급 절차의 불편과 의료기관 접근의 용이성

장기요양의 수급자는 심신 기능상태가 열악하여 거동이 어렵기 때문에 의료기관을 방문하여 방문간호 지시서를 발급받는 절차에 어려움이 있다. 수급자의 가정과 의료기관과의 거리가 가깝고 실시간 진료가 가능한 의원과 응급실 등 의료접근도가 높은 의료공급체계 등으로 실제로 가정에서의 방문간호에 대한 수요가 적다고 보인다.

(4) 의료서비스 영역을 장기요양보험제도에서 실시하는 문제

방문간호급여는 의료의 개념에 속한다. 그리고 의료서비스를 사회보험방식으로 국민들에게 제공하는 제도가 국민건강보험제도(「국민건강보험법」)와 의료급여제도(「의료급여법」)이므로, 방문간호는 같은 사회보험방식으로 운영되고 있는 국민건강보험제도 등에서 규정하여 건강보험재정 등으로 운영되는 것이 우리나라의 법체계에 타당하다고 본다.[139]

이와 연계하여, 방문간호 등이 장기요양보험제도에서 실시하더라도 현재와 같이 건강보험제도 등의 편리성으로 인하여 수급자가 방문간호를 장기요양보험 제도권 내에서 원활히 이용하지 않는 상황, 다른 한편으로는 수급자에 대한 방문간호를 전국민으로 확대하여 국민건강보험 적용 시 재정이나 서비스 범위, 제공인력 등에 대한 근본적 개혁이 요구되므로 향후 어떻게 조율 내지 개선해 나갈 것인지 논의가 필요하다. 이와 관련하여 「의료·요양 등 지역 돌봄의 통합지원에 관한

---

[139] 같은 방문간호서비스라 하더라도 국민건강보험제도(법)에서 운영할 경우 모든 국민들이 방문간호를 이용할 수 있는 반면 노인장기요양제도(법)에서는 소정의 장기요양등급을 인정받은 자만이 방문간호서비스를 이용하는 차이점은 있다.

법률」이 2024. 3. 26 법률 제20415호로 제정되어 2026. 3. 27. 시행 예정에 있으나 통합지원 대상자는 장기요양보험의 수급자 자격에서 탈락한 자를 그 대상으로 하고 있으며(같은법 제10조 제2항), 의료·요양 등 지역 돌봄의 통합지원 업무는 지방자치단체, 건강보험과 노인장기요양보험 업무는 공단으로 그 조직이 이원화되어 있고, 의료·요양에 필요한 재정이 지방자치단체에 없는 등 의료·요양 등 지역 돌봄의 통합지원제도가 제대로 작동되기까지는 선결되어야할 과제들이 많이 있다고 본다. 실제 이와 유사한 일본의 의료·요양 등 지역 돌봄의 통합지원 업무를 담당하는 지역포괄센터의 경우 시정촌이 건강보험과 장기요양보험의 관리 운영주체임에도 제대로 작동되고 있지 않는 문제점도 참고해 볼 필요가 있다.

6 주·야간보호급여

가 주·야간보호급여의 개념

주·야간보호급여는 수급자를 하루 중 일정한 시간 동안 장기요양기관에 보호하여 신체활동 지원 및 심신기능의 유지·향상을 위한 교육·훈련 등을 제공하는 장기요양급여이다(법 제23조 제1항 제1호 라목). 주야간보호기관은 수급자를 하루 중 일정시간동안 장기요양기관에 보호하면서 수급자의 기능상태 및 욕구 등을 반영하여 신체활동 지원 및 심신기능의 유지·향상을 위한 교육·훈련 등을 제공하여야 한다(요양급여고시 제30조 제1항).

나 세부적인 기준의 준수 의무(요양급여고시 제30조 제1항 단서)

주·야간보호기관은 ① 상시적으로 수급자 건강관리 및 위생관리를 하고 수급자의 신체상태를 고려하여 적절한 운동을 제공한다. ② 정기적으로 사회적응 훈련을 제공한다. ③ 정기적으로 가족교육 등 가족지지 및 참여프로그램을 제공하고,

반기 1회는 가족이 직접 내방하여 참여하는 프로그램을 운영하도록 노력한다. 위 ①·②에서 '제공한다'라고 규정하여 형식적으로는 강행규정의 성격으로 보이나 수급자의 의사까지 강요하는 정도의 강행규정은 아니라 본다. ③은 '노력한다'라고 하여 임의규정 성격이지만 주야간보호기관의 평가기준상의 평가항목(평가지표 27호 등, 2024년)에 포함되어 있어 사실상 장기요양기관에게는 이를 강제하는 효과가 있다.

다 │ 인력 기준

(1) 일반기준

주·야간보호서비스를 제공할 수 있는 인력은 사회복지사, 간호사, 간호조무사, 물리치료사, 작업치료사이다(시행령 제11조 제1항 제4호). 주·야간보호시설에는 시설장, 사회복지사, 이용자 7명당 1명 이상의 요양보호사(치매전담실의 경우에는 4명당 1명 이상), 이용자 25명 이상일 경우 사무원 1명, 조리원 1명, 보조원(운전사) 1명 그리고 간호사 또는 간호조무사 물리치료사 또는 작업치료사 중 1명 이상을 배치하여야 한다(「노인복지법 시행규칙」 [별표9]).

(2) 치매전담실

주·야간보호시설 내 치매전담실의 경우에는 보건복지부장관이 정하여 고시하는 자격을 갖춘 프로그램관리자를 두어야 하며 해당 시설의 장, 요양보호사 및 프로그램관리자는 보건복지부장관이 정하여 고시하는 치매전문교육을 이수하여야 한다(「노인복지법 시행규칙」 별표9). "보건복지부장관이 정하여 고시하는 자격을 갖춘 프로그램관리자"의 경우 「노인복지법 시행규칙」 별표9의 위임을 받아 제정·시행되고 있는 고시는 찾아볼 수 없기 때문에 이제도는 시행되지 않고 있는 것으로 보인다. 그러나 노인장기요양보험법령의 위임에 따른 요양급여고시 제17조 제6항의 프로그램관리자 제도가 존재한다. 주·야간보호기관의 인지활동형 프로그램은 요양급여고시 제17조제6항에 따른 인지활동형 프로그램관리자가 수립하여야 한다(요양급여고시 제30조 제7항).

(3) 급식위탁과 조리원 배치를 둘러싼 문제

(가) 쟁점

주·야간보호시설에서 영양사 및 조리원이 소속되어 있는 업체에 급식을 위탁하는 경우 또는 주·야간보호서비스, 단기보호서비스를 제공하는 시설을 병설하여 운영하는 사회복지시설에 급식을 위탁하는 경우에는 조리원을 두지 않을 수 있다(「노인복지법 시행규칙」 별표9). 여기서 "영양사 및 조리원이 소속되어 있는 업체에 급식을 위탁하는 경우"와 관련하여, 급식을 전량이 아닌 일정부분 위탁하는 경우 주·야간보호기관에서 조리원을 파트타임으로 고용할 수 있는지 여부, 간식을 제외하고 위탁한 경우가 '급식을 위탁한 경우'에 해당되는지, 급식을 위탁한 상태에서 배달된 국이나 반찬 등을 데우는 것이 '급식을 위탁한 경우'에 해당되지 않는지, 그리고 영양사와 조리원을 파트타임으로 사용하고 있는 급식업체에 위탁한 경우 등이 실무에서 논란이 되고 있다.

(나) 조리원 배치제도의 취지와 급식위탁

조리원 배치 및 급식위탁 관련 쟁점의 핵심은 조리원을 의무적으로 배치하도록 한 취지와 관련하여, 수급자의 식사 품질보장 내지 요양보호사나 기타 종사자가 급식과 관련된 업무를 수행할 경우 요양보호사 등의 본연의 업무에 소홀히 하여 장기요양급여의 품질이 떨어진다는 데 있다.

급식이란 수급자가 곧바로 취식할 수 있는 상태에서 제공되는 상태를 말한다고 보아야 한다. 「식품위생법 시행령」 제21조 제8호 마목에서 '위탁급식영업'을 집단급식소를 설치·운영하는 자와의 계약에 따라 그 집단급식소에서 음식류를 조리하여 제공하는 영업으로 정의하고 있다. 장기요양기관과 위탁급식업체와의 계약에 따라 단순히 식은 음식상태로 장기요양기관에 제공되는 경우, 운송과정이나 장기요양기관에서 배식을 지체하는 등의 사유로 음식이 식는 경우 등 다양한 현상이 발생하기도 한다. 「노인복지법 시행규칙」 별표9에서의 '급식을 위탁하는 경우'란 사실상 조리원이 장기요양기관에 고용되어 음식을 조리하고 제공하는 즉, 위탁업체로부터 수급자가 즉시 또는 특별한 가공과정 등 없이 온도 등이 유지된 상태로의 제공되는 수준의 위탁을 말한다 할 것이다. 왜냐하면 조리원 배치의무 면제수준은 조리원이 배치된 상태의 수준과 실질적으로 동등한 수준에 해당해야 자체급식 기관과 위탁급식기관과의 음식제공 상태 및 서비스질 등에 있어 차이가 없을 것이기 때문이다.

라 시설기준

주·야간보호시설에는 생활실, 침실, 사무실, 의료 및 간호사실, 프로그램실, 물리(작업)치료실, 식당 및 조리실, 화장실, 세면장 및 목욕실, 세탁장 및 건조장을 갖추어야 한다(「노인복지법 시행규칙」 별표9).

마 급여제공시간

주·야간보호기관은 8시부터 22시까지를 표준급여제공시간으로 하되 기관의 운영규정에 따라 탄력적으로 정할 수 있다. 이 경우 특별한 사유가 없는 한 24시 이후에는 수급자를 보호하여서는 아니된다(요양급여고시 제30조제2항). "주·야간보호기관은 수급자를 24시간 이상 보호하여서는 아니된다."는 규정은 제도시행 초기 주야간보호기관에서 사실상 노인공동생활 가정과 같이 일정한 수급자를 계속하여 거주하게 하면서 주야간보호서비스를 제공하는 문제를 방지하기 위하여 마련되었다. 다만, 천재지변 등 부득이한 경우는 수급자를 연속하여 다음 날까지 계속보호할 수 있되 이 경우 급여제공자는 그 사유를 급여제공기록지에 기재하여야 한다(요양급여고시 제30조 제4항). 천재지변 등 부득이한 사유가 있는 경우에는 24시 이후까지 보호할 수 있으며 천재지변 등 부득이한 사유란 갑작스러운 교통 두절, 보호하여야 할 가족의 부재 등 매우 제한적인 범위에서 해석되어야 할 것이다.

수급자에게 1회 13시간을 초과하여 주·야간보호급여를 제공한 경우 급여제공기록지에 수급자 등의 동의 내용과 요청사유를 기재하여야 하며, 이 경우 주·야간보호기관은 수급자의 휴식권을 충분히 보장하도록 노력하여야 한다(요양급여고시 제30조 제8항).

바 인지활동형 프로그램 제공

(1) 1~4등급 치매수급자

주·야간보호기관은 1~4등급 치매수급자[140]에게는 인지기능 악화방지 및 잔존 능력 유지를 위한 인지활동형 프로그램을 제공할 수 있다. 이 경우 주 3회 또는 월 12회 이상 제공하도록 노력하여야 한다(요양급여고시 제30조 제5항). "노력하여야 한다."는 것은 사정이 허락하는 한 그 이행을 사실상 하여야 한다는 것으로 해석 되며,[141] 장기요양기관 평가매뉴얼상 수급자의 욕구반영이나 서비스 품질향상 등 의 영역에 포함되는 전형적인 규정이다.

(2) 5등급 수급자 및 인지지원등급 수급자

주·야간보호기관은 5등급 수급자 및 인지지원등급 수급자가 주·야간보호 급 여를 이용할 때마다 인지활동형 프로그램을 제공하여야 한다(요양급여고시 제30조 제6항). 이 규정은 강행규정[142]의 성격이 있으므로 주·야간보호기관은 5등급 수급 자 및 인지지원등급 수급자에게 인지활동형 프로그램을 제공할 의무가 있다. 그러 나 인지활동형 프로그램은 수급자의 욕구나 의사에 반하지 않는 범위 내에서 이루 어져야 할 것이다.

---

140 의사 또는 한의사의 소견서에 치매상병이 있거나 최근 2년이내 치매진료내역이 있는 1등급부터 5 등급까지 수급자를 '1~5등급 치매수급자'라고 하는데(요양급여고시 제17조 제4항). 요양급여고시 제30조 제5항에서는 '1~4등급 치매수급자'로 한정하고 있다.

141 대법원 1994. 3. 25. 선고 93다32668 판결 참조.

142 강행규정과 임의규정과의 구별은 법문의 표현 기타 법규가 가지고 있는 가치 등을 고려하여 각 규 정에 대하여 구체적으로 판단하는 수밖에 없다.

(3) 인지활동 프로그램의 제공시간 및 제공자

인지활동형 프로그램은 요양급여고시 제17조 제6항에 따른 인지활동형 프로그램관리자가 수립한 프로그램 계획에 따라 프로그램관리자, 치매전문요양보호사 또는 요양급여고시 제62조 제1항 제4호에 따른 수급자 상태별 맞춤형 프로그램은 관련 자격증을 소지한 외부강사가 1회 60분 이상 제공한다(요양급여고시 제30조 제7항). 인지활동형 프로그램을 반드시 1회 60분 이상 제공할 것을 강제하고 있는 규정이다.

요양급여고시 제30조 제5항 및 제6항에 따라 프로그램관리자가 프로그램 제공 계획 수립 등 업무를 수행한 경우 그 내용을 각각 「장기요양급여 제공기준 및 급여비용 산정방법 등에 관한 세부사항(공단 공고)」 별지 제24호서식 및 제24호의2서식에 작성·보관하여야 한다.

(4) 외부강사의 인지활동 프로그램 제공 규정의 위법성

주·야간보호기관에서 수급자 상태별 맞춤형 프로그램은 관련 자격증을 소지한 외부강사도 인지활동프로그램을 제공할 수 있다(요양급여고시 제30조 제7항). 외부강사에게도 인지활동 프로그램을 제공할 수 있도록 규정한 요양급여고시 제30조 제7항의 경우 외부강사는 주·야간보호업무를 수행하는 장기요양요원에 해당되지 않기 때문에(시행령 제11조 제1항 제4호) 장기요양급여를 제공할 수 있는 인력을 규정한 법 제2조 제5호, 제23조 제2항과 시행령 제11조 제1항의 규정 위반여부에 대한 논란이 있다. 장기요양보험법령에 급여유형별 급여(서비스)를 제공할 수 있는 인력을 구체적으로 규정한 취지는 여기에 규정되지 않은 자는 해당 급여를 제공할 수 없다고 보아야 한다. 이는 요양보호사 등의 국가자격제도의 근간을 위협하는 규정이라 할 수 있다.

이는 장기요양급여는 전문서비스 영역으로 국가에서 장기요양급여를 제공할 수 있는 인력(자격)제도를 두고 법령에서 해당 자격증 소유자의 업무영역을 규정하는 한편, 해당 자격자를 의무적으로 고용(배치)하도록 규정하고 있는 노인복지법령이나 장기요양보험법령의 존립성 자체와도 관련된다고 보인다. 주야간보호기관에 배치하여야 할 직접서비스 제공인력이 아닌 사무원, 조리원 및 운전원의 경우도 「노인복지법」 제29조에 근거하여 「노인복지법 시행규칙」 별표9에 이를 규정하고 있다.

「노인복지법 시행규칙」 별표9에 "주·야간보호시설 내 치매전담실의 경우에는 보건복지부장관이 정하여 고시하는 자격을 갖춘 프로그램관리자를 두어야 한다."고 규정되어 있지만 동 별표9의 위임에 근거한 고시는 존재하지 아니하여 사실상 사문화된 규정이다. 그리고 관련 자격증을 소지한 외부강사가 요양급여고시 제17조 제6항의 프로그램관리자의 업무와 달라 외부강사는 프로그램관리자와 연계성도 없다고 보여진다. 또한 외부강사는 「노인복지법 시행규칙」 별표9의 인력기준에 규정된 인력도 아니다.

7 단기보호

가 단기보호서비스의 개념

단기보호는 수급자를 일정기간 장기요양기관에 보호하여 신체활동 지원 및 심신기능의 유지·향상을 위한 교육·훈련 등을 제공하는 장기요양급여이다(법 제23조 제1항 제1호 마목). 단기보호는 수급자를 위한 제도라기보다는 보호자를 위한 제도에 가깝다. 왜냐하면 보호자가 개인적인 사정으로 일시적으로 수급자를 돌볼 수 없거나 보호자의 휴식이 필요할 때 수급자를 단기보호시설에서 짧은 기간 동안 일시적으로 수급자를 돌보는 제도이기 때문이다. 다만 가정에서 단기적으로나마 수급자에게 양질의 돌봄 제공을 통해 수급자의 삶의 질을 개선시키고 가족들이 돌봄에 대한 간접적 교육의 기회를 제공받을 수 있는 측면도 함께 고려한다면, 단기보호서비스는 때로는 수급자 본인에게도 상당한 도움이 되는 제도라고 할 수 있다.

나　급여제공 기간

시행규칙 제11조 제1항에 따라 단기보호 급여를 받을 수 있는 기간은 월 9일 이내로 한다. 다만, 수급자를 돌볼 가족이 없는 경우, 이사, 공사 등 주거환경의 일시적인 변화가 발생한 경우 등의 사유로 수급자의 특별한 요청이 있는 경우에는 월 한도액과 관계없이 1회 9일 이내의 범위에서 연간 4회까지 연장하여 이용할 수 있다(요양급여고시 제36조 제3항). 다만, 시행규칙 제11조 제2항의 규정에 따라 2017년 12월 31일 이전에 지정 또는 설치 신고를 한 재가장기요양기관에서 단기보호 급여를 받는 경우에는 단기보호 급여를 받을 수 있는 기간을 월 15일 이내로 한다(수급자를 돌볼 가족이 없는 경우 등의 사유에 해당하는 경우에 1회 15일 이내의 범위에서 연간 2회까지 그 기간을 연장할 수 있다).

2017년 12월 31일을 기준으로 급여를 받을 수 있는 기간을 달리한 것은 2017년 12월 31일 이전에는 단기보호기간이 월 15일 이내였던 것을 그 이후부터는 월 9일 이내로 축소하였기 때문에 2017년 12월 31일 이전에 지정 또는 설치 신고를 한 단기보호기관의 기득권을 보호하기 위한 것으로 보인다.

이와 관련한 중요한 경우는 월 한도액 적용을 받지 않는 사항에 대한 것으로, 요양급여고시의 월 한도액과 관계없이 급여를 받을 수 있는 가족 등의 여행, 병원치료, 집안 경조사 등 갑작스러운 사정으로 인해 수급자를 돌볼 가족 등이 없는 경우 등 요양급여고시 제36조 제3항 각호의 사유로 "수급자의 특별한 요청이 있는 경우에는 월 한도액과 관계없이 1회 9일 이내의 범위에서 연간 4회까지 연장하여 이용할 수 있는 경우"에 한정된다 할 것이다(요양급여고시 제36조 제3항 단서).

다　단기보호급여 제공기준

단기보호기관은 수급자를 일정 기간동안 그 기관에 보호하면서 수급자의 기능상태 및 욕구 등을 반영하여 신체활동 지원 및 심신기능의 유지·향상을 위한 교육·훈련 등을 제공하여야 한다. 단기보호기관은 하루에 3회 이상 영양, 수급자의 기호 및 건강상태 등을 고려하여 규칙적인 식사를 제공하여야 하며, 상시적으로 수급자 건강관리 및 위생관리를 하고, 수급자의 신체상태를 고려하여 적절한 운동을 제공한다(요양급여고시 제36조).

8 장기요양 가족 휴가제도

가 장기요양 가족 휴가제의 의의

가정에서 1·2등급 수급자 또는 치매가 있는 수급자를 돌보는 가족의 휴식을 위하여 1·2등급 수급자 또는 치매가 있는 수급자는 연간 11일 이내에서 월 한도액과 관계없이 단기보호급여를 이용하거나 방문요양급여를 1회당 12시간 동안 이용(이를 "종일 방문요양급여"라 한다)할 수 있는 제도를 "장기요양 가족휴가제"라 한다(요양급여고시 제36조의2). 수급자가 장기요양급여를 이용하지 않거나 재가급여 등을 이용하여 가정에서 보호자로부터 돌봄서비스를 받을 경우 그 돌봄서비스를 제공하는 가족의 고충을 조금이나마 해소해 주기 위한 제도이다. 가정에서 돌보는 1·2등급 수급자 또는 치매가 있는 수급자에게 단기보호급여를 이용하거나 방문요양급여를 이용하게 하고, 그 기간동안 치매 수급자를 돌보는 가족은 휴식을 취하게 된다. 이는 수급자를 위한제도가 아닌 가정에서의 돌봄가족을 위한 제도이다.

나 적용대상

1·2등급 수급자 또는 치매가 있는 수급자 요건과 가정에서 수급자를 돌보아야 하는 요건을 모두 충족하여야 한다. 치매가 있는 수급자란 의사 또는 한의사의 소견서에 치매상병이 있거나 최근 2년이내 치매진료내역이 있는 수급자를 말한다. 장기요양 5등급 및 인지지원등급 수급자는 당연히 치매가 있는 수급자에 포함된다(시행령 제7조). 가족인 요양보호사로부터 서비스를 받고 있는 수급자도 1·2등급

수급자 또는 치매가 있는 수급자 요건에 해당되면 단기보호 또는 다른 요양보호사의 종일방문요양급여 적용대상이 된다.

다 │ 이용 범위

월 한도액을 초과하더라도 단기보호급여를 연간 11일 또는 방문요양급여를 1회당 12시간 동안 이용할 수 있는 종일 방문요양급여를 연간 22회 이용할 수 있다(요양급여고시 36조의2 제1항). 이 규정은 특별규정의 성격이 있으므로 5등급과 인지지원등급 수급자의 경우 단기보호뿐 아니라 종일 방문요양급여도 이용할 수 있다. 종일 방문급여 이용의 경우 인지활동형 방문요양급여뿐 아니라 일반 방문요양급여도 제공받을 수 있다. 월 한도액과 관계없이 단기보호급여 또는 종일 방문요양급여를 이용할 수 있도록 규정한 요양급여고시 36조의2 제1항은 "장기요양급여는 월 한도액 범위 안에서 제공한다."는 법 제28조 제1항의 규정에 위반될 소지가 있다. 비록 같은 조 제2항 및 시행규칙 제22조 제1항에서 '월 한도액의 산정기준 및 방법, 그 밖에 필요한 사항'을 요양급여고시로 위임하였다 하더라도 그 위임한 범위는 월 한도액 범위내에서 월 한도액의 산정기준 및 기타 필요한 사항을 요양급여고시로 규정하여 운영하라는 취지로 이해되기 때문이다.

장기요양 등급을 인정받은 수급자에게 공단이 통보하는 장기요양인정서의 주의사항에 "장기요양급여는 월 한도액 범위 내에서 이용이 가능하며, 이를 초과하는 비용 및 비급여비용은 본인이 전액 부담합니다."라고 기재되어 있으며(시행규칙 별지 제6호서식), 같이 통보되는 개인별 장기요양 이용계획서에 월 한도액이 금액으로 기재되어 통보되는 구조에서(시행규칙 별지 제7호서식) 월 한도액과 관계없이 단기보호급여 또는 종일 방문요양급여를 이용할 수 있도록 규정한 요양급여고시 제36조의2 제1항은 규칙과 연계성의 문제가 있을 뿐 아니라 수급자의 서비스 이용과 장기요양기관의 서비스 제공에 혼선이 초래될 수 있다.

라 | 서비스를 제공할 수 있는 장기요양기관과 서비스 제공방법

단기보호기관과 방문요양기관에서 서비스를 제공한다. 그러나 1회당 12시간의 종일 방문요양급여를 제공할 수 있는 방문요양기관은 시행규칙 별지 제20호서식(장기요양기관지정서)상 '제공 가능한 장기요양급여' 항목에 '방문요양급여'가 '방문간호, 주·야간보호 또는 단기보호급여'와 함께 표기된 기관에서 제공할 수 있다(36조의2 제5항). 방문요양이외에 방문간호, 주·야간보호 또는 단기보호급여 중 1종 이상을 제공하는 기관에 한정하여 종일 방문요양급여를 제공할 수 있도록 한 것은 2회 이상 연속제공 시 간호(조무)사로 하여금 당해 가정을 방문하게 하기 위함으로 보인다.

기관의 시설장(관리책임자)은 응급상황 등에 대처할 수 있도록 대비하여야 하며, 동일 기관에서 1회당 12시간의 방문요양급여를 2회 이상 연속하여 제공(1회 제공 후 2시간 이내에 연속하여 제공)하는 경우 간호(조무)사는 급여제공 중 1회 이상 수급자의 가정을 방문하여 수급자의 상태확인 및 요양보호사의 급여제공내용을 지도·감독하여야 한다(요양급여고시 제36조의2 제6항). 문제는 간호(조무)사와 요양보호사는 각 개별법에서 독자적인 전문가로서의 자격이며, 상하관계도 아니고 간호(조무)사의 업무영역과 요양보호사의 업무영역이 다른데, 간호(조무)사에게 '요양보호사의 급여제공내용을 지도·감독하여야 한다'는 규정은 갈등의 소지가 있다. 간호사와 간호조무사와의 관계와 관련 「의료법」 제2조 제2항 제5호 및 「간호법」 제12조 제1항 제4호에서 간호사의 임무 중에는 간호조무사에 대한 업무지도가 규정되어 있는 입법례를 고려할 때 요양급여고시의 경우에도 간호(조무)사가 요양보호사의 급여제공내용을 지도·감독하기 위하여는 법에 그 근거규정이 있어야 하며, 법에 근거 없이 요양급여고시에서 관리감독 관계를 직접 혹은 새로이 규정하는 것은 위법하다 할 것이다. 특히, 방문간호기관 소속의 간호(조무사)의 경우 의사의 지시서에 의거 서비스를 제공하는데 의사의 지시서와 관계없는 요양보호사의 방문요양급여 내용을 지도·감독하는 구조라는 의견도 있을 수 있다.

9 시설급여

가 시설급여의 개념

시설급여란 장기요양기관에 장기간 입소한 수급자에게 신체활동 지원 및 심신기능의 유지·향상을 위한 교육·훈련 등을 제공하는 장기요양급여를 말한다(법 제23조 제1항 제2호). 이는 구체적으로 노인요양시설, 노인요양공동생활가정에서 제공하는 서비스를 말한다(요양급여고시 제4조 제3호). 시설급여기관은 수급자를 장기간 보호하면서 수급자의 기능상태 및 욕구 등을 반영하여 신체활동 지원 및 심신기능 유지·향상을 위한 교육·훈련 등을 제공하여야 한다(요양급여고시 제43조 제1항).

나 수급자의 신체 제한과 그 문제점

(1) 신체제한의 금지 및 허용 범위

시설급여기관은 급여제공과정에서 수급자를 격리하거나 억제대 등을 사용하여 묶는 등 신체를 제한하여서는 아니된다. 다만, 수급자 또는 시설급여기관 종사자 등의 생명이나 신체에 위험을 초래할 가능성이 현저히 높은 경우에 한해 수급자 본인의 치료 또는 보호를 도모하는 목적으로 신체적 제한이 행해질 수 있다. 이 경우 시설급여기관의 장은 수급자 본인이나 가족에게 이 사실을 통지하여 동의를 받고, 수급자의 심신상태, 신체적 제한을 가한 시간, 신체적 제한을 가할 수밖에 없는 사유 등을 급여제공기록지에 자세히 기재·관리한다(요양급여고시 제43조 제3항). 수급자를 격리하거나 억제대 등으로 묶는 등 신체제한은 원칙적으로 금지된다.[143] 사실 요양급여고시 제43조 제3항의 규정이 없더라도 헌법상의 신체의 자유,

---

[143] 이와 관련하여, 장기요양기관의 종사자 등이 노인을 격리시키거나 묶는 등 신체적 제한을 가하는 행위를 한 경우 장기요양기관 지정을 취소하거나 6개월의 범위에서 업무정지를 명할 수 있도록 하는 노인장기요양보험법 일부개정법률안이 발의되어 국회 보건복지위원회에 계류되어 있다(김예지의원 대표발의, 2024. 10. 2., 의안번호 4506호).

인간의 존엄성 등 수급자의 기본권 보장차원에서 신체적 제한은 당연히 금지되어야 한다. 그러나 요양급여고시 제43조 제3항 단서에서 "수급자 또는 시설급여기관 종사자 등의 생명이나 신체에 위험을 초래할 가능성이 현저히 높은 경우에 한해 수급자 본인의 치료 또는 보호를 도모하는 목적으로 신체적 제한이 행해질 수 있다."고 제한적인 신체 제한을 허용하고 있는데, 이는 원칙적으로 수급자의 존엄성과 인격권 등을 우선적으로 배려함과 더불어, 예외적으로 수급자 및 종사자 등의 생명권 등이 침해받을 수 있는 급박한 상황의 경우와 같은 예외적 경우를 상정하여 위급상황 하에서는 보다 큰 위기에 처한 자의 생명권을 보호하려는 취지인 바, 타당하다고 본다.

(2) 신체제한의 제한된 필요성과 법적 문제

(가) 신체제한의 필요성과 문제의 제기

요양급여고시 제43조 제3항의 규정에 따르면 수급자 또는 시설급여기관 종사자 등의 생명이나 신체에 위험을 초래할 가능성이 현저히 높은 경우에 한하여 수급자 본인의 치료 또는 보호를 도모하는 목적이라는 범위 안에서 수급자 본인이나 가족에게 동의를 받으면 신체적 제한이 가능하다. 심신기능 상태의 노화현상으로 이상행동 등이 다양하게 발생되고 있는 노인요양시설이나 노인공동생활가정에서 수급자를 제한된 인력으로 신체제한 없이 돌보고 케어하는 데는 한계가 있으며, 치매 등으로 수급자 본인에게 신체제한 동의를 받는 것도 사실상 불가능하다. 그런데 비록 시설급여기관에서 수급자의 심신상태, 신체적 제한을 가한 시간, 신체적 제한을 가할 수밖에 없는 사유 등을 급여제공기록지에 자세히 기재·관리한다 하더라도(요양급여고시 제43조 제3항 후단) 문제는 시설급여기관의 수급자의 가족의 동의 부분이다. 가족이 어떠한 권한으로 수급자의 신체적 제한조치에 대한 결정권이 있는지, 그리고 보건복지부장관이 요양급여고시의 규정을 통하여 수급자의 신체제한 동의권을 가족에게 부여할 수 있는지가 문제가 된다. 수급자의 신체제한에 대한 가족의 동의권 부분에 한하여 볼 때, 요양급여고시 제43조 제3항의 가족의 동의권 부분은 상위법인 법에 구체적인 위임근거 없이 만들어진 것으로 보인다.

법 제22조 제1항에서 "장기요양급여를 받고자 하는 자 또는 수급자가 신체적·정신적인 사유로 이 법에 따른 장기요양인정의 신청, 장기요양인정의 갱신신청 또는 장기요양등급의 변경신청 등을 직접 수행할 수 없을 때 본인의 가족이나 친족, 그 밖의 이해관계인은 이를 대리할 수 있다"고 가족 등이 장기요양인정 신청을 대리할 수 있도록 규정한 것과 같은 형태로 수급자의 신체제한을 대리할 수 있는 법률적 근거 없이 요양급여고시에서 바로 대리할 수 있도록 규정한 것은 불법적인 요소가 있다고 본다. 실무에서는 급여신청의 대리인인 가족 또는 실무상 확보하고 있는 가족(들)에게 이에 관하여 통지 및 동의받는 관행이 많을 것으로 보인다. 이와 관련, 의료법 시행규칙에서는 신체 억제대 사용 시 의사가 처방하여 환자 동의를 받도록 하고, 동의를 받을 수 없는 예외적인 경우에는 환자 보호자의 동의를 얻을 수 있도록 예외사항을 규정하고 있음을 참고할 필요가 있다(의료법 시행규칙 제39조의7, 별표7).[144]

(나) 입법의 필요성

수급자의 기본권이 보호되기 위해서는 수급자의 입소결정권 및 장기요양기관이 제한된 범위에서 신체제한 등에 대하여 수급자의 직접적인 의사표시, 부득이한 경우 가족 등이 대리 할 수 있는 법적 근거와 절차 마련이 필요하다고 본다.[145]

성인에 대해서는 성인 자신을 제외하고는 누구도 거주장소를 정할 수 없고, 본인의 동의 없이 가족 중 누군가가 자신(수급자)의 거주장소를 지정하여 거주하게 하거나 억제대 등으로 신체적 제한을 할 수 없으며, 이러한 불법행위가 이루어질 경우 형법상 감금죄, 권리행사방해죄 등이 발생할 수 있다. 이는 가족의 부양의무 이행 차원에서 수급자 본인의 동의권을 가족이 대행하는 법리에 입각하여 가족인

---

[144] 다만, 이는 이 법만의 문제라기보다는 의료법의 규율을 받는 수술 등 의료행위에 있어 환자에 대한 설명의무 이행이나 환자가 의사능력이 있음에도 그 실질적 보호자인 가족에 대한 설명만을 이행하는 일부 관행이 있는 현실, 또는 나아가 의료법 시행규칙에 따른 신체억제대 사용 시 환자의 동의를 얻을 수 없는 경우 환자 보호자의 동의를 얻을 수 있도록 한 규정이 있는 바, 이를 참고할 필요가 있다. 요컨대 신체 억제와 관련한 보호자의 동의 부분은 의료행위 내지 장기요양제도에 있어 사회적 정서 등에 대한 사항과 결부되어 있다고 보인다.

[145] 의사를 표현할 수 없는 환자의 연명의료 중단결정관련 환자의 배우자 및 직계존비속 등의 전원합의절차 등「호스피스·완화의료 및 임종과정에 있는 환자의 연명의료결정에 관한 법률」상의 연명의료 결정절차를 참고할 필요가 있다. 또한 신체 억제대에 대한 처방 및 동의, 사전동의 불가 시 보호자에 대한 설명 등을 규정한 의료법 시행규칙 제39조의7도 참고 가능할 것이다.

보호자는 수급자 본인의 이익을 위하여 그 부양의무(일종의 동의 권한)가 행사되는 방향으로 입법정책이 강구되어야 할 것이다.

다 | 서비스(급여) 관리

(1) 내용

시설급여기관은 수급자의 건강상태 등을 고려하여 식사, 구강관리, 주 1회 이상 목욕, 배변관리, 이동지원 등의 급여를 제공하고, 그 내용을 급여제공기록지에 기재·관리한다. 다만, 수급자의 상태에 따라 급여가 제공되지 못한 경우 그 사유를 구체적으로 기재한다(요양급여고시 제43조 제4항). 시설급여기관은 수급자의 신체·인지기능 유지 및 향상, 여가지원을 위해 프로그램을 제공하고, 심리정서적 안정을 위해 정기적으로 상담을 실시하고 그 내용을 급여제공기록지에 기재·관리한다(요양급여고시 제43조 제5항). 수급자에 대한 급여(서비스)관리는 수급자의 생명권, 인간의 존엄성, 자기결정권 그리고 수급자 학대와 밀접히 관련되는 영역이므로 엄격히 관리되어야 한다.

(2) 법적 효력

요양급여고시 제43조 제4항에서는 시설급여기관은 수급자의 건강상태 등을 고려하여 하루에 3회 이상 규칙적인 식사를, 주 1회 이상 목욕서비스를, 매일 배변관리 및 구강청결 등 위생관리를, 적절한 이동지원 및 체위변경 등, 기타 일상생활지원과 관련한 서비스를 적절히 제공하도록 규정하고 있다. 수급자의 건강상태로 인하여 하루에 3회 미만으로 식사를 제공하였거나 1주에 1회 목욕을 제공하지 못한 경우 등 위 규정위반 행위가 곧 부당청구를 구성하는지가 문제된다. 요양급여고시 제43조 제4항은 가능한 한 위 규정과 같은 방향으로 서비스를 제공하라는 취지이며 예시에 불과한 성격의 것으로, 직접적 내지 구체적인 법적 구속력이 있는 규정이 아니라 훈시·예시적 규정에 해당되는 것으로 보인다. 따라서 이 규정을 위반할 수밖에 없는 특별한 사정이 인정되는 경우에는 규정 위반을 이유로 위법 및 부당청구로 단정할 수는 없다고 봄이 타당할 것이다.

라 | 계약의사제도 등을 통한 입소자에 대한 의료서비스 제공

(1) 계약의사 제도 등을 통한 의료연계체계 구축

「노인복지법」상의 노인의료복지시설(노인요양시설, 노인요양공동생활가정을 말하며 시설급여를 제공하는 기관과 같은 개념)에는 입소자 건강관리를 위한 책임자를 두고 의사(한의사 포함)·간호사 기타 자격이 있는 자가 그 임무를 수행하여야 한다. 전담 의사(한의사 포함)를 두지 아니한 시설은 가급적 신경과, 정신과 또는 한방신경정신과 등 노인의 질환과 관련한 전문의로서의 시간제 계약의사를 두거나 의료기관과 협약을 체결하여 의료연계체계를 구축하여야 한다(「노인복지법 시행규칙」 별표5). 즉, 시설급여기관은 의사를 직접고용하거나(이를 '전담의사'라 함) 의사와의 시간제 계약에 의한 계약의사(이를 '계약의사'라 함)를 두거나 의료기관과 계약을 통한 소속 의사(이를 '협약의료기관'이라 함)를 통해 연계체계를 구축하여 수급자에게 의료서비스를 실시하여야 한다는 것이다. 계약의사제도는 시설급여기관과 의사와 계약을 통해 당해 의사와 연계체계를 구축하는 것이며 협약의료기관 제도는 시설급여기관과 의료기관이 계약을 체결하여 소속 의사와 연계체계를 구축하는 것이다.[146]

한편 요양급여고시 제43조 제6항 제1호에서는 "시설급여기관은 수급자의 건강관리를 위해 간호사를 우선 배치하도록 노력하고 의사협회·한의사협회·치과의사협회의 추천을 받아 지정된 계약의사를 배치하거나 협약의료기관과의 협력을 통하여 수급자의 심신상태나 건강 등이 악화되지 아니하도록 적절한 의료서비스를 제공하고 그 내용을 급여제공기록지에 기재·관리한다."고 규정하고 있다.

참고로 「노인복지법 시행규칙」 별표5의 '노인의료복지시설의 운영규정'과 달리 「노인복지법 시행규칙」 별표4의 '노인의료복지시설의 시설기준 및 직원배치기

---

146 보건복지부, 2025년 노인보건복지사업안내, 59쪽 이하(「협약의료기관 및 계약의사 운영규정」 제2조, 제3조, 제4조).

준'의 의사 또는 계약의사 배치 인원수에 노인요양시설은 1명을 배치해야 한다고 규정한 반면 노인요양공동생활가정은 배치의무 규정이 없다.

(2) 계약의사 또는 협약의료기관과의 연계절차

「노인복지법 시행규칙」 별표5 제1호 가·나목 및 요양급여고시 제43조 제6항에 따르면 시설급여기관은 의사협회·한의사협회·치과의사협회의 추천을 받아 지정된 계약의사를 배치하거나 협약의료기관과의 협력을 통하여 수급자의 심신상태나 건강 등이 악화되지 아니하도록 적절한 의료서비스를 제공하도록 하고 있다.

입소시설에 계약의사를 두는 경우 지역의사회로부터 의사추천을 받아 계약의사를 지정할 수 있고, 복수로도 지정할 수 있다. 지정된 계약의사의 임기는 1년으로 한다(「협약의료기관 및 계약의사 운영규정」 제3조, 제4조). 의료기관과 협약을 체결하는 경우, 위 운영규정 붙임 5-1의 서식상의 협약 사항을 반드시 포함하여 해당 의료기관과 협약을 체결하여야 한다(「협약의료기관 및 계약의사 운영규정」 제2조).

(3) 계약의사 등의 시설 방문 의료서비스

계약의사를 두거나 의료기관과 협약을 체결한 경우 해당 계약의사 또는 의료기관의 의사는 매월 시설을 방문하여 입소자의 건강상태를 확인하고 건강상태가 악화된 입소자에 대하여 적절한 조치를 하여야 한다(「노인복지법 시행규칙」 별표5). 계약의사 등은 시설을 방문하여 입소자 별로 월 2회 이상 진찰 등을 실시하여야 하고(「노인복지법 시행규칙」 별표5-1-다, 「협약의료기관 및 계약의사 운영규정」 제6조 및 요양급여고시 제6항 제2호), 계약의사의 진찰의 대상은 1일 최대 50명까지로 한다 (요양급여고시 제43조 제6항). 계약의사는 필요한 경우 간호지시 및 투약처방을 할 수 있다(「협약의료기관 및 계약의사 운영규정」 제7조 제2항). 또한 계약의사는 입소자 (수급자)의 건강상태확인 후 포괄평가기록지를 작성하여야 하며(「협약의료기관 및 계약의사 운영규정」 제8조 제1항), 원외처방(투약처방)의 경우 입소자에 대해서는 「의료법 시행규칙」 제14조제1항제1호에 따른 진료기록부에 기록하고 그 원본을 의료기관에 10년간 보관하여야 한다(「협약의료기관 및 계약의사 운영규정」 제8조 제2항).

(4) 계약의사 등의 의료서비스 비용과 본인부담금

계약의사가 시설급여기관을 방문하여 수급자에게 의료서비스를 실시하는 데에는 진찰비용(요양급여고시 제44조의2 제1항), 방문비용(요양급여고시 제44조의2 제2항) 및 원외처방전발급비용(보건복지부 고시, 「건강보험 행위 급여·비급여 목록표 및 급여 상대가치점수」 제1편 제2부 제1장 가-1-나) 3종류의 비용이 발생한다. 이 3종의 비용 중 진찰비용과 방문비용은 장기요양급여비용으로 적용되며, 원외처방전발급비용은 건강보험요양급여비용(의료급여비용 포함)으로 적용된다.[147]

시설급여기관은 진찰비용 중 본인부담금을 계약의사가 소속된 의료기관의 계좌로 지급한다(요양급여고시 제43조 제6항 제3호). 이 규정은 시설급여기관이 본인부담금을 수급자에게 부담하게 하여 이를 계약의사가 소속된 의료기관으로 대신 전달하라는 의미로 해석된다. 수급자가 진료를 거부하거나 진료 후 본인부담금 납부를 거부할 경우 본임부담제도의 성격상 시설급여기관이 이를 대신 납부할 의무는 없다고 본다. 본인부담금은 법 제40조 및 시행령 제15조의8의 본인부담율을 적용한 금액을 수급자가 부담하며, 시설에서는 이를 계약의사가 소속된 의료기관에 지급한다.[148] 또한 방문비용은 본인부담금이 없다(요양급여고시 제44조의2 제2항). 원외처방전발급비용은 장기요양보험제도가 아닌 건강보험제도(의료급여제도 포함)이므로 그 비용지급절차에 대하여는 건강보험(의료급여 포함)에서 정하는 절차에 의하여야 할 것이다.

여기서 주의해야 할 부분은 협약의료기관의 의사의 경우 「노인복지법 시행규칙」이나 「협약의료기관 및 계약의사 운영규정」에는 시설급여기관을 정기적으로 방문하여 월 2회이상 입소자에게 의료서비스를 제공하여야 한다는 규정은 있으나, 계약의사와 달리 요양급여고시에서 활동비용 등을 규정하지 않아 협약의료기관의 입소자에 대한 의료서비스의 경우 봉사차원인지 건강보험이나 의료급여제도에서 별도의 비용을 지불받고 있는지, 또한 협약의료기관에서 행한 서비스가 장기요양급여인지 등에 대하여는 검토가 필요하다.

---

147 국민건강보험공단, 계약의사 및 협약의료기관 운용매뉴얼, 2024, 4-5쪽.

148 국민건강보험공단, 계약의사 및 협약의료기관 운용매뉴얼, 2024, 4-25쪽.

마 계약의사 제도의 문제점

(1) 개요

계약의사가 시설급여기관을 방문하여 진찰 및 원외처방전을 발급하는 것은 「의료법」상의 의료행위에 해당한다. 의료서비스는 일반적으로 「국민건강보험법」이나 「의료급여법」에 의하여 보장 내지 규율되는 구조인데 의료서비스를 장기요양보험제도에서 규율하는 것이 문제 소지가 있는 경우가 있다. 의료서비스인 방문간호의 경우 이러한 문제점을 의식하여 법 제23조 제1항 제1호 다목에 급여의 종류로 규정하여 장기요양급여에 포함시키고 있으나, 계약의사제도는 요양급여고시에서 규정하고 있다. 같은 시설급여기관에서의 의료서비스임에도 원외처방전발급비용은 건강보험이나 의료급여 재정에서 부담하고, 진찰비용과 방문비용은 장기요양보험제정에서 부담케 하고 있다. 특히 진찰비용과 방문비용은 장기요양급여비용으로 적용되며, 원외처방전 발급비용은 건강보험요양급여비용(의료급여비용 포함)으로 적용된다.[149]

(2) 의료서비스와 장기요양보험제도의 규율대상

법에 따르면 법의 목적(제1조), 장기요양급여의 개념(제2조 제2호), 시설급여의 개념(제23조 제1항 제2호), 장기요양급여를 제공할 수 있는 장기요양기관의 종류 및 기준과 장기요양급여 종류별 장기요양요원의 범위·업무(제23조 제1항 제2항), 개인별 장기요양 이용계획서 제도(제17조, 제27조), 장기요양기관 지정제도(제31조) 등을 종합하여 볼 때, 의사가 행하는 의료서비스는 법에서 규율하고 보장하는 제도가 아님이 명백함에도 요양급여고시에서 이를 장기요양서비스의 내용에 포함하고 있어 살펴볼 필요가 있다.

의사의 지시서에 의한 간호사의 방문의료서비스인 방문간호의 경우 법(제23조 제1항 제1호 다목)에 근거가 있다. 반면 계약의사의 활동비용(요양급여고시 제44조의2의 진찰비용과 방문비용)이 장기요양급여비용 체계로 규정되기 위하여는 방문간호

---

149 국민건강보험공단, 계약의사 및 협약의료기관 운용매뉴얼, 2024, 4-5쪽.

(법 제23조 제1항 제다목)와 같이 법에 장기요양급여의 종류에 규정되어야 함에도 법적 근거 없이 계약의사의 활동비용이라는 형태로 요양급여고시에서 새로운 급여제도를 규정하고 있다. 즉, 의료기관의 의사가 행하는 의료서비스 비용은 건강보험이나 의료급여 제도에서 부담하는 구조임에도 상위 규정에서 구체적인 위임근거도 없이 요양급여고시에서 국민들이 부담하는 장기요양보험 재정에서 계약의사의 의료서비스비용을 부담케 하고 있다. 요양급여고시 제44조의2에 규정된 계약의사 활동비용은 요양급여고시의 체계로 볼 때 제4장의 시설급여에 포함된다. 그러나 시설급여는 사회복지사·요양보호사·간호(조무)사·물리(작업)치료사인 장기요양요원이 행하는 급여이다(시행령 제11조 제1항). 의사 또는 계약의사는 장기요양요원은 아니지만 노인요양시설의 경우 의사 또는 계약의사를 배치하여야 한다(「노인복지법 시행규칙」 별표4). 장기요양요원의 범위에 포함되지는 않지만 노인요양시설에 배치하여야 하는 영양사, 조리원 등의 서비스를 별도의 급여체계로 분리하지 않고 있으나 계약의사 활동비용은 별도의 급여체계로 규정하고 있다.

의사 또는 계약의사를 노인요양시설에 의무적으로 배치하는 규정이 있더라도 노인요양시설에서 이들이 행하는 의료행위는 법에서 규율하는 장기요양급여에 포함되지 않으므로 장기요양급여인 시설급여에 포함시킬 수 없다. 의사 또는 계약의사가 장기요양기관에서 제공한 진찰비용과 방문비용은 원외처방전발급비용제도와 같이 의료법을 기반으로 「국민건강보험법」이나 「의료급여법」에서 건강보험재정이나 의료급여재정에서 보장하여야 할 영역이며, 노인장기요양보험법의 위임을 받은 요양급여고시에서 이를 규율할 근거는 없고 그 합리성도 없다 할 것이다.

장기요양보험제도 시행초기에 장기요양기관과 의료기관사이의 계약으로 장기요양기관이 당해 계약의료기관에 방문의료서비스 비용을 지급하는 형태에 있어서는 이러한 형태가 활성화 되지 않고 사회봉사차원에서 시행되는 등 시설급여기관 입소자에 대한 의료서비스 사각지대가 발생하는 등의 문제가 발생한 바 있다. 이러한 과정을 거치며 현 제도가 마련된 것으로, 현 계약의사제도의 시행배경 내지 탄생을 감안하더라도 제도의 기본틀이 훼손되지 않는 범위에서 입법이 이루어져야 할 것이다.[150]

---

[150] 대법원 2011. 4. 14. 선고 2010두26315 판결은 의사의 사회복지시설(노인거주시설) 방문진료에

(3) 장기요양급여비용의 개념

장기요양급여의 종류는 재가급여, 시설급여, 특별현금급여가 있고(법 제23조), 시설급여란 장기요양기관에 장기간 입소한 수급자에게 신체활동 지원 및 심신기능의 유지·향상을 위한 교육·훈련 등을 제공하는 장기요양급여라고 정의되어 있다(법 제23조 제1항 제2호). 시설급여는 요양보호사, 사회복지사, 간호사, 간호조무사, 물리치료사 및 작업치료사가 제공한다(시행령 제11조 제1항 제4호). 재가급여와 시설급여를 제공하기 위하여는 장기요양기관으로 지정받아야 하고(법 제31조), 재가급여 또는 시설급여를 제공한 경우 공단에 장기요양급여비용을 청구하여야 한다(법 제38조 제1항). 이러한 규정을 종합하여 볼 때 시설급여비용인 장기요양급여비용은 노인요양시설과 노인공동생활가정 중 장기요양기관으로 지정받은 기관에서 제공한 서비스비용이라 할 것이다. 즉, 노인요양시설에서 계약의사, 조리원 등이 행하는 서비스는 노인요양시설의 서비스이며 이는 곧 시설서비스를 제공하는 장기요양기관의 서비스(급여)라는 것이다. 요양급여기준에서 시설급여와 분리하여 별도의 급여비용체계로 규정하고 있는 계약의사 활동비용 즉, 계약의사가 노인요양시설 등 시설급여기관을 방문하여 행하는 진찰 및 처방전 발행은 「의료법」 제12조 제1항의 의료행위로 의료행위는 의료기관에서 행하는 것이다. 그러나 요양급여고시에서는 「의료법」상 의료기관에서 행하는 의료행위를 「노인장기요양보험법」상의 급여에 포함하고 있다.

요양급여고시에 따른 계약의사 제도를 「노인복지법 시행규칙」 별표4의 직원배치기준에 노인요양시설의 경우 의사 또는 계약의사를 의무적으로 배치하도록 규정하고 있으며, 별표5 제1호 가·나·다목에 계약의사를 배치하거나 협약의료기관과의 협력을 통하여 수급자의 심신상태나 건강 등이 악화되지 아니하도록 적절한 조치를 취하도록 하며, 별표5-1-다의 규정에 의거 계약의사 등은 시설을 방문하여 입소자 별로 월 2회 이상 진찰 등을 실시하여야 한다는 규정에 터잡아, 요양급

대하여 『요양기관인 병원을 운영하는 甲 의료법인이, 소속 의사로 하여금 사회복지시설을 1주에 1, 2회 방문하여 환자들을 진료하도록 한 후 진찰료를 요양급여비용 등으로 청구하여 지급받은 사안에서, 甲의 위 방문진료는 의료법 제33조 제1항 각 호에서 정한 의료인이 개설한 의료기관 밖에서 진료행위를 할 수 있는 경우에 해당하지 않으므로, 위 사회복지시설에서 진료 후 그에 따른 요양급여비용 등을 청구한 것은 의료법 제33조 제1항 등을 위반한 행위라고 보아 과징금 부과가 정당하다』고 하였다.

여고시 제4장(시설급여 제공기준 및 급여비용 산정방법)에 요양급여고시 44조의2의 계약의사의 활동비용이 규정되어 있는 점 등으로 볼 때, 계약의사 활동비용은 장기요양의 시설급여비용의 일종이라는 견해도 있다. 다만 계약의사 활동비용을 장기요양의 시설급여비용이라고 본다면 조리원 비용을 별도 비용체계로 규정하지 않고 시설급여비용 속에 포함해야 하듯이, 계약의사 활동비용도 별도의 급여비용 체계가 아닌 시설급여비용에 포함시켜 계약의사와 장기요양기관 간 사적 계약으로 비용정산이 이루어지는 형태로 적용해야 계약의사 활동비용을 시설급여라고 보기에 보다 무리가 없을 것이라고 본다.

시설급여비용이란 시설급여 제공에 대한 대가로 지불되는 것이며 시설급여는 요양보호사, 사회복지사, 간호사, 간호조무사, 물리치료사 또는 작업치료사인 장기요양요원이 제공한 장기요양급여(규칙 제11조 제1항 제4호)에 대한 비용으로 보아야 하며, 「노인복지법 시행규칙」 별표4 및 별표5의 의사 또는 계약의사 배치와 의료연계체계 구축 등의 규정은 법, 「노인복지법」 및 「의료법」의 체계로 볼 때 「의료법」에 의한 의료행위(의료서비스)를 노인요양시설 등에서 제공하라는 취지라고 보인다. 또한 방문간호와 같이 법상의 급여의 종류로 규정되지 않는 한, 이러한 의료서비스 규정이 곧 장기요양급여의 일부분을 구성한다고 볼 수는 없으므로 계약의사 활동비용을 시설급여비용으로 보는 것은 일정부분 한계가 있다. 비록 요양급여고시에서 계약의사 등의 제도를 규정한 부분은-의료기관에서 행하는 의료행위에 대한 진찰비용과 방문비용은 장기요양기관이 사적으로 이를 의료기관에 구매하는 형태는 별론으로 하더라도-요양급여고시에서 직접 이를 장기요양급여로 규정한 것은 법체계상 많은 문제를 내포하고 있다고 본다.

요양급여고시에서 계약의사 등의 진찰비용에 직접 법에 따른 본인부담율을 적용·산정하는 구조는 진찰비용이 장기요양급여비용이라는 것인데, 시설에서의 장기요양급여비용은 장기요양기관이 제공한 서비스비용이 유일하기 때문이다. 같은 의료서비스 비용인 계약의사의 활동비용인 요양급여고시 제44조의2의 진찰비용(제1항)과 방문비용(제2항) 중 진찰비용은 법에 따른 본인부담율을 적용하여 본인부담금을 적용하고 방문비용은 본인부담 자체를 적용하고 있지 않는 것도 법 제40조의 본인부담금 규정 위반 문제가 제기되고 있다.

(4) 계약의사와 노인요양시설 소속 간호(조무)사의 업무

　계약의사의 업무와 관련, 「협약의료기관 및 계약의사 운영규정」 제7조 제1항에서 "의사는 입소노인의 행동문제, 낙상, 탈수, 실금, 영양상태, 통증, 피부손상, 빈혈, 약물 부작용 등 입소자 건강상태를 확인하고 건강상태가 악화된 입소자에 대하여 적절한 조치를 하여야 한다."고 하고, 제2항에서 "의사는 필요한 경우 간호지시 및 투약처방을 할 수 있으며, 그 이행여부를 확인할 수 있다."고 하며, 제3항에서 "의사는 의료기관으로의 전원이 필요한 경우 전원을 권유하여야 한다."고 각 규정하고 있다.

　위 규정 제7조와 관련 실무사례를 살펴보면 노인요양시설에 입소한 수급자에게 계약의사가 소변줄 교환 등을 직접 하여야 하는지, 노인요양시설에 소속된 간호(조무)사에게 간호지시를 통하여 간호(조무)사로 하여금 계약의사가 지켜보는 가운데 소변줄 교환을 해야 하거나 할 수 있는지, 아니면 계약의사의 간호지시가 있으면 계약의사의 지켜보기 등 없이 간호(조무)사가 단독으로 이행할 수 있는지, 소변줄 교환은 계약의사의 업무가 될 수 없는지 등에 대하여 정립된 것은 없다. 이는 요양병원과 노인요양시설간의 기능정립문제 그리고 노인요양시설 내 전문요양실 시범사업과도 밀접히 관련된다.

　「의료법」상의 간호사의 진료보조의 범위 그리고 의사의 지시·감독하에 이루어지는 진료의 보조가 동일한 의료기관 내 공간이 아닌 노인요양시설 소속의 간호사에 의하여 진료의 보조인 의료행위가 이루어 질 수 있는지 등에 대한 쟁점 해결이 선행되지 않은 상태에서 노인요양시설의 계약의사제도가 운영되고 있다. 즉, 「협약의료기관 및 계약의사 운영규정」 제7조 제1항의 계약의사의 입소자에 대한 적절한 조치, 제2항의 간호지시에 대한 구체적인 범위나 절차 등에 대한 정립이 선행되어야 계약의사제도가 효율적으로 운영될 수 있을 것으로 보인다. 노인요양시설의 경우 계약의사로부터 정기적인 진료가 이루어지고 있음에도 별도의 「의료법」상의 방문의료 서비스인 가정간호 서비스가 제공되고 있어, 노인요양시설이 의료의 사각지대인지 혹은 의료의 오남용지대인지, 나아가 바람직한 의료이용 시스템이라고 볼 수 있는지 등에 관하여 다양한 의견이 있을 수 있어, 신중한 검토가 필요하다.

시설급여기관은 수급자의 낙상 및 욕창 등을 예방하고 시설 내 안전사고를 방지할 수 있도록 노력하며, 화재발생 등 응급상황에 신속히 대처하기 위한 매뉴얼을 구비하고 정기적인 직원교육을 실시하여야 한다(요양급여고시 제43조 제7항). 시설급여기관은 수급자의 감염병 예방 및 확산을 막기 위하여 식품 등에 대한 위생관리 및 소독관리를 적극적으로 수행하고, 그 내용을 기재·관리한다(요양급여고시 제43조 제8항). 수급자의 안전 및 감염병 예방은 다중 입소시설이 관련 법령에 의하여 당연히 지켜야할 의무이다. 시설급여기관은 요양급여고시의 이러한 규정 외에도 「노인복지법 시행규칙」 별표5 노인의료복지시설의 운영규정 등 관계법령상 관리의무에 세심한 주의를 하여야 한다.

시설급여기관의 수급자에 대한 불성실한 조치로 인하여 악결과가 초래된 사례로, 요양원 운영자 피고인 甲과 요양보호사 피고인 乙이, 요양원에 입소한 치매 노인 丙이 음식물을 제대로 삼키지 못한 채 사레가 들린 듯 기침을 하는 장면을 목격하고도 식사 현장을 떠나는 등 적정한 조치를 취하지 않아 '이물질에 의한 기도폐색'으로 사망에 이르게 하였다고 하여 업무상과실치사로 기소된 사안에서, 법원[151]은 요양원에 입소한 치매 노인 丙은 폭력성 치매 증상으로 노인전문병원에서 입원치료를 받은 후 혼자 거동을 하거나 식사를 할 수 없고 의사소통도 불가능한 상태에 이르러 요양원에 입소하였고, 사고 발생 약 두 달 전부터 폐렴 증상으로 통원치료를 받을 당시 작성된 진료기록지에 '사레가 자주 들린다고 함, 혼자서는 식사 못한다고 함'이라는 기재가 있는 점, 요양원에 입소한 치매 노인의 경우 식사를 할 때 유사한 돌발 상황이 자주 발생한다는 것은 요양원 종사자들에게 널리 알려진 사실로서 피고인들은 이를 충분히 예견할 수 있었던 점 등 제반 사정을 종합하면, 요양원 운영자 피고인 甲과 요양보호사 피고인 乙이 업무상 주의의무를 위반하여 그 결과 丙이 사망에 이르렀다고 판단하였다.

---

151 의정부지방법원 2015. 10. 14. 선고 2014노2767 판결(확정) 참조.

사   입소자 건강진단

(1) 입소 시 건강진단

노인요양시설 또는 노인요양공동생활가정에 입소하고자 하는 자는 국·공립병원, 보건소 또는 건강진단기관이 발행한 건강진단서를 당해시설의 장에게 제출하여야 한다(「노인복지법 시행규칙」 제19조 제8항). 여기서 건강진단서라 함은 일반적으로 검진을 받은 사람의 검진 결과를 적은 문서이고, 건강진단을 하여 시설 입소에 필요한 서류이다. 문제는 실무에서는 폐결핵, 매독 및 B형간염 등 건강진단에서 감염병(「감염병의 예방 및 관리에 관한 법률」 참조) 환자로 확인된 경우 입소 거부에 대한 문제가 빈번히 발생한다는 점이다.

보건복지부 '노인보건복지사업안내' 내용에 의하면 "시설은 입소예정자의 감염병에 관한 사항도 포함한 건강상태를 확인하여야 하며, 그 결과 감염병에 대한 병력이 있어도 특별한 경우를 제외하고는 서비스 제공을 거절하지 않아야 한다. 다만 감염병 병력이 있는 생활노인에 대해서는 감염대책 담당자가 다른 시설 종사자에게 감염병에 대한 지식, 수발시 주의 사항 등에 대하여 주지시켜야 한다."고 규정하여 다소 모호하고 구체적이지 않은 듯한 입장을 취하고 있다. 또한 공단의 시설평가 매뉴얼상의 평가기준에는 "신규수급자는 결핵검진을 포함한 감염병에 대한 건강진단을 급여개시 전에 실시한다."고 규정되어 있고, 그 확인방법 기준에는 "신규수급자의 결핵검진을 포함한 감염병 건강진단은 입소전 1개월 이내의 결과를 확인한다."고 규정되어 있다.[152] 이에 보건복지부 사업안내 및 평가 매뉴얼 내용을 고려할 때, 입소 예정자가 감염병 과거력이 있다는 사정만으로는 입소 거부를 할 수 없도록 한 취지가 있는 것으로 보이고, 다만 과거력의 내용이 중요한 내용이라면 관계자에게 알려 수급자 및 관계업무 종사자의 건강을 함께 보호하려는 것으로 보인다. 다만 감염병예방법 및 위 기준 등을 함께 고려할 때, 특정 감염병을 보유하고 있어 전파가능성이 높거나, 과거력의 정도 등이 심하여 입소에 일정부분 제한이 필요한 경우에는 구체적인 상태나 진단 등을 거쳐 입소를 배제할

---

152   자세한 사항은 '장기요양급여 제공거부 금지' 부분 참조.

수 있는 여지 또한 어느정도 남겨둔 취지로 이해되는 측면도 있다.

(2) 입소 후 건강진단

입소자 및 직원에 대해서는 연 1회 이상의 결핵 검진을 포함한 건강진단을 하고, 매월 입소자의 구강건강 상태를 확인해야 하며, 그 결과 건강이 좋지 않은 사람에 대해서는 그 치료를 위하여 필요한 조치를 하여야 한다. 직원 신규 채용 시 건강진단서를 확인하여야 하며, 이 경우 건강진단은 신규 채용 전 1년 이내에 받은 것이어야 한다(「노인복지법 시행규칙」 별표5).

아 | 수급자의 건강 기록 및 관찰 등

시설급여기관은 수급자의 건강상태를 정기적으로 관찰 기재하고, 수급자의 투약 관련 정보를 숙지하며 의약품의 정기적인 점검을 실시한다(요양급여고시 제43조 제6항 제7호). 시설의 장은 시설의 간호(조무)사로 하여금 입소자(수급자)의 시설 입소 시 입소자마다 건강수준 및 간호기록을 작성·보관하게 하여 시설을 방문하는 의사가 이를 활용하도록 하여야 한다(「협약의료기관 및 계약의사 운영규정」 제9조).

10) 급여외 행위의 제공금지

가 | 제도의 의의

장기요양급여는 ⅰ) 요양보호사 등 장기요양요원이 수급자의 가정 등을 방문하여 신체활동 및 가사활동 등을 지원하는 방문요양, ⅱ) 장기요양요원이 목욕설비를 갖춘 장비를 이용하여 수급자의 가정 등을 방문하여 목욕을 제공하는 방문목욕, ⅲ) 장기요양요원인 간호사 등이 의사, 한의사 또는 치과의사의 지시서에 따라 수급자의 가정 등을 방문하여 간호, 진료의 보조, 요양에 관한 상담 또는 구강위생 등을 제공하는 방문간호, ⅳ) 수급자를 하루 중 일정한 시간 동안 장기요양기관에 보호하여 신체활동 지원 및 심신기능의 유지·향상을 위한 교육·훈련 등을 제공하는 주·야간보호, ⅴ) 수급자를 일정 기간 동안 장기요양기관에 보호하여 신체활동 지원 및 심신기능의 유지·향상을 위한 교육·훈련 등을 제공하는 단기보호, ⅵ) 장기요양기관으로 지정된 노인요양시설이나 노인요양공동생활가정에 장기간 입소한 수급자에게 신체활동 지원 및 심신기능의 유지·향상을 위한 교육·훈련 등을 제공하는 시설급여 등이 있다(법 제23조 제1항).

장기요양급여는 노인성 질환 등으로 일상생활을 혼자 힘으로 할 수 없는 자로써 소정의 장기요양인정 등급을 받는 수급자에 대하여 실시하고 있다. 그러나 현장에서는 장기요양급여가 수급자가 아닌, 수급자의 가족에 대한 식사나 세탁 등의 서비스, 잡초제거 등 수급자나 수급자의 가족의 생업을 위한 서비스 등을 행하는 경우가 있다. 장기요양기관과 요양보호사는 수급자 유치차원에서 이를 거절하기가 어려워 어쩔 수 없이 요구에 응하는 경우가 많아 요양보호사의 근로환경을 떨어뜨리고 장기요양급여의 품질을 저해하는 요인이 되고 있다. 이러한 행위를 요구하거나 제공하는 것을 차단하기 위한 제도가 급여행위 외의 제공금지 제도이다.

급여외 행위는 장기요양 급여의 대상(객체)과 범위 및 비급여 항목과 밀접히 관련되므로 '장기요양 급여(서비스)의 대상(객체)' 및 '비급여 항목' 파트를 참고 및 연계하여 이해하기 바란다.

나 금지행위(급여외행위)의 내용

금지행위(급여외행위)는 수급자의 가족만을 위한 행위, 수급자 또는 그 가족의 생업을 지원하는 행위, 그 밖에 수급자의 일상생활에 지장이 없는 행위이다(법 제28조의2 제1항). 그러나 법 제28조의2 제2항에서 "그 밖에 급여외행위의 범위 등에 관한 구체적인 사항은 보건복지부령으로 정한다"고 규정하여 급여외행의의 구체적인 사항을 시행규칙으로 위임하고 아직 시행규칙에서 이를 구체적으로 정하지 않고 있어 금지행위(급여외행위)의 구체적인 범위와 내용에 대하여는 다툼의 여지가 있다. 가령 동거가족 없이 단독으로 거주하는 수급자가 요양보호사에게 김장을 하여 달라는 요구를 받았을 경우 김장서비스가 금지행위(급여외행위)에 해당되는지, 공단에서 장기요양 등급을 인정받은 수급자에게 안내하는 급여외행위의 수급자의 일상생활에 지장이 없는 행위의 예시로 제시한 '신체기능 개선을 위한 목적 외 통상적으로 무리하다고 판단되는 안마'가 실제 현장에서 신체기능 개선을 위한 목적이 아닌 안마인지를 가려낼 수 있을 것인지 등의 문제가 있다는 것이다.

다   금지행위(급여외행위) 위반의 효과

시장, 군수, 구청장은 장기요양기관이 급여외행위를 제공한 경우 그 지정을 취소하거나 6개월의 범위에서 업무정지를 명할 수 있다. 다만, 장기요양기관의 장이 그 위반행위를 방지하기 위하여 해당 업무에 관하여 상당한 주의와 감독을 게을리하지 아니한 경우는 제외한다(법 제37조 제1항 제1호의2).

이 규정은 장기요양기관에 대한 행정규제 규정이며 이러한 행위를 요구한 수급자 측에 대한 제재규정이 없어 장기요양기관 입장에서는 수급자의 부당한 급여행위 외 사항의 요구와 행정처분 등 이중적인 위험에 노출되어 있어 문제가 되고 있다. 수급자측의 부당한 요구를 거절할 경우 요양보호사 교체를 요구하는 등 요양보호사나 장기요양기관에서는 냉정히 이를 거부할 수 없는 여건을 고려한다면 수급자측에 대한 규제 없이 요양기관에게만 책임을 지우는 불합리한 점이 있다.

한편 "장기요양기관의 장이 그 위반행위를 방지하기 위하여 해당 업무에 관하여 상당한 주의와 감독을 게을리하지 아니한 경우"에 대한 입증은 장기요양기관이 하여야 하는데 요양보호사에 대한 교육과 수급자측에 대한 안내 등을 입증하기 위한 증빙자료 확보 등 또 다른 행정부담의 증가가 발생되고, 교육과 수급자 측에 대한 안내가 곧 "상당한 주의와 감독을 게을리하지 아니한 경우"에 해당되어 지정취소 등으로부터 면책되는지에 대하여도 불안감이 상존하고 있다. 이에 상당한 주의의무의 준수에 관한 유권해석이나 가이드라인 등 마련이 쉽지 않더라도 일정부분 지침 등이 마련될 경우 성실한 급여제공기관이 부당한 행정처분을 받는 경우가 적어질 것으로 보인다.

장기요양급여의
비용(수가)

P/A/R/T

08

장기요양급여의 비용(수가)

가 장기요양급여비용(수가)의 의의

흔히 '수가'라고 일컫는 장기요양급여비용은 보건복지부장관이 매년 급여종류 및 장기요양등급 등에 따라 장기요양위원회의 심의를 거쳐 다음 연도의 재가 및 시설 급여비용과 특별현금급여의 지급금액을 정하여 고시하여야 한다(법 제39조 제1항). 장기요양급여비용(수가)은 장기요양급여의 가격이며 장기요양기관(서비스 제공자)의 서비스 제공에 따른 수입액과 직결되는데, 서비스 수요자(수급자, 이용자)는 수가의 약 15~20%만 본인이 납부하며, 나머지는 공단이 부담하게 된다. 수가는 장기요양등급에 따라 서비스 제공량의 정도가 다르기 때문에 일반적으로 1등급이 수가 수준이 가장 높고, 2등급과 3등급 등 등급이 내려갈수록 낮아지게 되는 구조이다.

방문요양, 방문목욕 및 방문간호는 엄밀히 말하면 시간제 수가라고 할 수 있다. 방문요양과 방문간호는 시간제 수가이며, 장기요양 인정등급에 따른 구별이 없다. 방문목욕 수가는 등급이나 시간에 따라 차등화되지 않고, 1회당 정액제이다. 그러나 재가급여에는 장기요양 인정등급별 월 한도액이 책정되어 있어 등급별 이용할 수 있는 서비스량에는 차등이 있다.

　　장기요양급여 중 방문요양은 주로 신체수발·가사지원·정서지원·치매관리·개인활동지원을, 요양시설은 주로 신체수발·정서지원·치매관리·욕창간호·통증간호·영양간호·신체기능훈련·일상생활동작훈련·기본동작훈련·물리치료·인지기능훈련·배설간호 등의 서비스를 행하기 때문에 각 서비스 항목별·행위별로 비용(수가)을 책정할 수 없다. 따라서 시행규칙 제32조에서 방문요양 및 방문간호는 방문당 제공시간을 기준으로, 방문목욕은 방문횟수를 기준으로, 주·야간보호는 장기요양 등급 및 1일당 급여제공시간을 기준으로, 단기보호는 장기요양 등급 및 급여제공일수를 기준으로, 노인요양시설은 장기요양 등급 및 급여제공일수를 기준으로 산정하도록 하고 있다. 장기요양보험의 수가는 기본적으로는 포괄수가제를 토대로 하되, 부분적으로 가·감산 제도를 도입하고 있다.[153]

　　복지용구(법 제23조제1항 제1호 바목, 시행령 제9조, 시행규칙 제19조)의 급여방식은 구입방식과 대여방식으로 구분되며(「복지용구 급여범위 및 급여기준 등에 관한 고시」 제2조제2항), 그 품목은 〈표 8-1〉과 같다.

<표 8-1> 구입 및 대여 품목

구입품목	대여품목	구입 또는 대여품목
이동변기, 목욕의자, 성인용 보행기, 안전손잡이, 미끄럼방지용품(미끄럼방지매트, 미끄럼방지액, 미끄럼방지양말), 간이변기(간이대변기·소변기), 지팡이, 욕창예방방석, 자세변환용구, 요실금팬티	수동휠체어, 전동침대, 수동침대, 이동욕조, 목욕리프트, 배회감지기	욕창예방매트리스, 경사로(실내용, 실외용)

　　위의 구입 및 대여품목 중 제품에 대하여 장기요양급여 적용을 원하는 복지용구 제조·수입업자는 공단 이사장에게 해당 제품의 급여결정신청을 하여야 한다(「복지용구 급여범위 및 급여기준 등에 관한 고시」 제8조). 복지용구 구입가격 및 대여

153　구체적인 급여종류별 비용(수가)는 요양급여고시 제18조 이하 참조.

가격은 보건복지부장관이 장기요양위원회의 심의를 거친 후 고시하는 방법으로 정한다(「복지용구 급여범위 및 급여기준 등에 관한 고시」 제6조, 제11조 제6항).

나 ⎮ 장기요양급여비용(수가) 수준의 결정[150]

수가는 정책적 의지를 포함한 매우 복잡한 절차와 검토를 거쳐 결정된다. 수가는 노인장기요양 시장에서의 수요와 공급의 원리를 고려하여 정책적으로 설정된다. 수가수준의 구성요소는 『재료 원가 + 이윤 + α(시장의 수요-공급)』 등이다. 재료원가는 장기요양요원의 임금, 시설운영비, 시설건축비와 설비비이다. 실무에서 수가는 원가분석 또는 경영수지 분석 방법 등을 택하게 된다. 어떠한 방법을 택하더라도 현재 운영 중인 장기요양기관의 운영 실태를 반영하며, 이를 위한 광범위한 기초 실태조사를 실시한다. 실태조사에는 보통 기관의 총수입과 총지출 규모, 수입 및 지출의 상세 내역, 현재 근무 중인 인력 및 시설·설비 현황 등이 포함된다.

수입 항목은 주로 장기요양급여비용 수입과 비급여 수입으로 구성된다. 지출 내역은 크게 인건비, 관리운영비로 나눌 수 있다. 외형상으로 지출보다 수입이 커서 수익을 남기고 있는 것 같더라도 실제 인건비가 과도하게 낮은 수준일 경우 기관 운영이 잘 되고 있다고 보기 어렵다. 반대로 수입보다 지출이 커서 적자가 나더라도, 시설 투자비용에 일시적으로 많은 금액을 사용하는 경우가 있을 수 있다. 따라서 지출내역은 총액 규모만으로 판단해서는 안 되고, 각각의 세부항목까지 분석하여야 한다.

실태조사를 통하여 전반적인 장기요양기관의 운영 현황이 분석되면 그 해의 적정 수가를 어느 정도로 결정할 것인지 다시 검토하게 된다. 그 해의 경제상황이나 평균적인 물가상승률, 장기요양기관의 운영 결과 나타난 제반 문제점들과 민원사항 등을 종합적으로 고려하여 수가를 인상할 것인지, 동결할 것인지, 인하할 것인지를 정한다.

보건복지부에서 실무적인 초안과 여러가지 대안을 1차적으로 검토하여 공급자

---

154 이 부분은 주로 장재혁 외, 『장기요양보험의 이해』, 들샘, 2010, 287쪽 이하에서 인용 및 발췌함.

대표·가입자 대표·공익 대표로 구성된 장기요양위원회에 상정하여 심의를 거치게 된다. 특히 수가결정은 연구 분석뿐 아니라, 정책 방향이나 정치적 고려 등 요인에도 영향을 받게 된다. 그러한 토론의 장이 장기요양위원회라 할 것이다.

장기요양위원회에서는 앞서 말한 현재의 우리나라 경제상황, 기관 운영현황 등을 종합적으로 고려하여 토론을 진행하지만, 대개의 위원들은 각 단체를 대표하는 입장이므로 자신들의 관점에서 주장을 펼치게 된다. 보통 공급자 대표는 수가 인상을 요구하며, 가입자 대표는 그 반대를 주장한다. 수가를 인상할 경우 재정 추계에 따라서 그 해 장기요양보험료율을 인상하여야 하기 때문에, 가입자 대표는 최대한 보험료율 인상을 막고자 수가 인상도 반대하게 된다. 공익 대표는 이들 간의 중재를 맡으며, 특히 정부의 경우에는 향후 노인장기요양보험제도에 대한 정책 방향을 제시하며 논의를 이끈다. 장기요양위원회에서는 최종적으로 수가가 결정되면 이에 연동되는 장기요양보험료율도 함께 결정한다. 수가는 결정되는 즉시 보건복지부장관이 고시 개정을 통하여, 장기요양보험료율은 대통령령 개정을 통하여 적용한다.

다 장기요양급여비용 구성과 고시의 규정 형태

(1) 법령상의 비용의 구성 원칙

법 제39조 제1항, 제3항의 규정에 따라 보건복지부장관은 매년 급여종류 및 장기요양등급 등에 따라 다음 연도의 재가 및 시설 급여비용과의 지급금액을 정하여 고시하여야 하며, 재가 및 시설 급여비용의 지급금액의 구체적인 산정방법 및 항목 등에 관한 사항은 보건복지부령으로 정하도록 위임하였다. 그리고 법의 위임에 따라 시행규칙 제32조에서는 방문요양 및 방문간호는 방문당 제공시간을 기준으로, 방문목욕은 방문횟수를 기준으로, 주·야간보호는 장기요양 등급 및 1일당 급여제공시간을 기준으로, 단기보호는 장기요양 등급 및 급여제공일수를 기준으로, 시설급여(노인요양시설과 노인공동생활가정)는 장기요양 등급 및 급여제공일수를 기준으로 산정하도록 규정하는 한편, 그 세부적인 기준은 보건복지부장관의 고시로 재위임하였다. 법과 시행규칙의 내용으로 볼 때 장기요양급여비용(수가)는 방문당 제공시간, 방문횟수, 장기요양 등급 및 급여제공일수와 1일당 시간 등을 기준으로 산정하여야 한다.

장기요양보험제도의 재정은 가입자가 부담하는 보험료와 국고지원으로 이루어지며(법 제8조, 제58조),[155] 공단이 수급자에게 서비스를 제공한 장기요양기관으로부터 장기요양급여(서비스)의 제공 시간, 급여제공 횟수, 급여제공 1일당 책정된 가격(수가)으로 이를 구매하는 형태이다(법 제38조). 장기요양기관은 공단으로 지급받은 장기요양급여비용(수가)으로 종사자의 인건비 지급 등 관리운영비를 공제하고 나머지 차액을 이윤으로 실현하게 된다.

요양급여고시의 관련 규정을 살펴보면 ① 방문요양 급여비용은 1회 방문당 급여제공시간 30분 단위로(요양급여고시 제18조), ② 방문목욕 급여비용은 1회 방문당(제25조), ③ 방문간호 급여비용은 1회 방문당 소정의 급여제공시간별로(제28조), ④ 주·야간보호 급여비용은 수급자의 장기요양등급과 1일당 급여제공시간별로(제31조), ⑤ 단기보호는 수급자의 장기요양등급별 1일당 급여비용으로(제37조), ⑥ 노인요양시설은 요양보호사 배치 비율에 따른 장기요양등급별 1일당으로(제44조), ⑦ 노인요양공동생활가정은 수급자의 장기요양등급별 1일당으로 각각 급여비용(수가)을 산정한다.

(2) 고시상의 급여비용(수가)의 구성체계

시행규칙 제32조 후단에서 재가 및 시설 급여비용의 세부 산정기준을 고시로 위임하였다 하더라도 요양급여고시에서 그 세부적인 규정을 정할 때에는 법 제39조와 시행규칙 제32조 전단에 따라 장기요양급여(서비스)의 급여제공 시간, 급여제공 횟수, 급여제공 1일당 책정된 가격(수가)으로 장기요양급여비용(수가)을 지불하는 것이 원칙이다. 그러나 요양급여고시에서는 위와 같이 책정된 비용(수가)이 아닌 장기요양기관에서 청구한 장기요양급여비용과 관계없이 장기근속 장려금(요

---

155 이와 함께 법에서는 국가 및 지방자치단체가 공단에 행정적, 재정적 지원을 할 수 있도록 하거나 (법 제4조 제4항) 국가와 지방자치단체의 관계사업 등에 대한 비용지원이나 적정 서비스 제공을 위한 적정 기관 수 관리 등에 대한 책무조항을 함께 두어(법 제4조 제3항, 제5항~제6항), 국가와 지방자치단체가 함께 또는 개별적으로 노력해야 함을 명시하고 있다.

양급여고시 제11조의4), 팀장급 요양보호사 수당(요양급여고시 제11조의7), 방문요양급여 중증 수급자 가산(요양급여고시 제19조의2), 주·야간보호급여 특장차량 구비 한시적 지원금(요양급여고시 제34조의2), 주·야간보호급여 목욕서비스 가산(요양급여고시 제35조), 단기보호기관 한시적 장려금(요양급여고시 제38조의2), 계약의사 활동비용(제44조의2) 및 급여비용 가·감산(요양급여고시 제5장) 등 별도의 제3의 장기요양급여비용 형태의 새로운 소정의 정액으로 책정하고 있다. 즉, 시행규칙 제32조의 시간당, 회당 및 등급별 1일당 산정원칙과 다르게 하위 규정인 고시에서 규정하고 있다는 지적이 있는 것이다.

이러한 장기근속 장려금(요양급여고시 제11조의4), 팀장급 요양보호사 수당(제11조의7), 방문요양급여 중증 수급자 가산(제19조의2), 원거리교통비용(제22조) 단기보호기관 한시적 장려금(제38조의2) 및 계약의사 활동비용(제44조의2) 등이 장기요양보험법령에 규정된 장기요양급여비용에 해당하는지, 그리고 이러한 새로운 제3의 제도를 요양급여고시에서 창설한 위임근거는 어디에서 기인하는지에 대한 문제가 발생한다. 그리고 장기근속 장려금, 팀장급 요양보호사 수당(요양급여고시 제11조의7), 단기보호기관 한시적 장려금(요양급여고시 제38조의2) 및 계약의사 활동비용 중 방문비용은 수급자 본인부담금 자체가 없는 구조이다.

또한 노인요양시설 등에 적용되는 요양급여고시 제5장의 장기요양급여비용 가·감산 제도의 경우, 수급자 개인별 장기요양등급별 1일당 급여비용(수가)으로 책정되는 구조가 아닌, 가·감산이 적용되는 기간 동안 당해 장기요양기관에 입소한 수급자 전체를 포괄하는 총 비용에 대하여 가·감산을 적용하고 있다. 감산의 경우 그 감산된 비용을 수급자 개인별 본인부담금(율)에 반영하고 있으나 가산의 경우에는 그 가산된 비용을 수급자 개인별 본인부담금(율)에 반영하지 않는 구조이다. 즉, 가산의 경우 가산금을 수급자의 등급별 1일당 금액으로 구분하여 산정하지 아니하고 가산되는 총금액자체를 공단부담금만으로 책정하는 구조이다.

장기요양급여비용 체계는 ① 장기요양기관에서 제공한 서비스를 급여제공 시간, 급여제공 횟수, 급여제공 1일당 책정된 가격(수가)으로 공단이 구매하는 체계와, 이와는 별도로 ② 장기요양보험재정에서 장기요양기관의 관리운영비용(장기근속장려금, 팀장급 요양보호사 수당 등)을 직접 지원하는 체계 및 ③ 수가 가산과 같이 수급자 개인별 비용이 아닌 해당기간의 전체 수급자의 총비용으로 구성된 3원화된 체계라고 볼 수 있다.

장기요양급여비용(수가)에는 장기요양기관 종사자의 인건비가 포함되어 있는 상태에서 요양보호사의 처우개선 등 특정 행정목적 달성을 위해 요양급여고시에서 새로운 인건비 성격의 장기근속장려금, 팀장급 요양보호사 수당 등을 만들어 장기요양급여비용(수가)체계 밖에서 별도의 지불 체계를 운영하고 있다. 이러한 경우 장기요양급여비용의 기본적인 구조의 틀을 훼손하는 문제도 함께 고민하여야 할 것이다. 특히 장기요양급여 비용을 수가를 통해 구매하는 부분이 줄어들고 장기요양보험재정에서 직접 지원하는 체계와 수급자의 본인부담금(율)이 적용되지 않는 급여비용 가산제도가 확대될수록 수급자의 본인부담금은 줄어드는 반면, 국민들의 보험료부담은 증가되는 구조이므로 이러한 법령상 원칙 외 제3의 제도는 법적 근거를 마련하거나 구체화되어 신중한 검토와 사회적 합의 등이 요구된다고 본다.

다음으로, 요양급여고시 제5장의 장기요양급비용의 가·감산제도에서 발생되는 가·감산 비용의 문제도 있다. 이러한 가·감산 비용은 그 성격상 급여비용에 해당하는지 이견이 있다. 방문형 재가급여의 제공시간당 급여비용과 시설 입소형태의 1일당 급여비용 이외의 가·감산 비용의 형태는 제공시간당 급여비용 및 1일당 급여비용제도의 단점을 보완하는 기능도 있지만 특정 분야의 수가를 비교적 편리하게 인상 또는 인하하는 효과도 있다. 특히, 시간당 또는 1일당 급여비용체계와 달리 가·감산 비용은 수급자 개인별 비용으로 산정하는 데 한계가 있어 가산 비용에는 본인부담율을 적용하지 않고 있다는 데 큰 문제가 있다. 가산비용은 월 한도액에도 포함되지 않아 장기요양급여비용은 월 한도액의 범위안에서 이루어져야 한다는 법의 기본원칙과도 상충되며, 재정 안정성을 위태롭게 하는 요인이 될 수 있다.

2 방문요양 급여비용

가 방문요양 급여비용의 의의

방문요양 급여비용은 1회 방문당 급여제공시간에 따라 〈표 8-2〉와 같이 산정된다(요양급여고시 제18조).

<표 8-2> 방문요양 급여비용

분류번호	분류	금액(원)
가-1	30분 이상	16,940
가-2	60분 이상	24,580
가-3	90분 이상	33,120
가-4	120분 이상	42,160
가-5	150분 이상	49,160
가-6	180분 이상	55,350
가-7	210분 이상	61,670
가-8	240분 이상	68,030

장기요양의 경우 수급자의 심신기능상태를 바탕으로 장기요양인정서, 개인별 장기요양 이용계획서 등 범위내에서 방문요양 서비스 횟수 등이 정해진다.

나 방문요양 급여비용 산정방법의 기본원칙

(1) 일반 수급자

일반 수급자에 대한 방문요양 급여비용 산정은 서비스의 비용대비 효과 등 차원에서 동일 수급자에 대하여 분류번호 '가-1'부터 '가-6'까지의 급여비용을 1일 3

회까지 산정할 수 있고, 방문간격은 2시간 이상이어야 하며, 방문간격이 2시간 미만인 경우 각 급여제공시간을 합산하여 1회로 산정한다(요양급여고시 제19조 제1항).

요양급여고시 제19조 제1항에서 "식사도움, 외출시 동행 등이 필요한 경우 동일 수급자에 대하여 '가-1'부터 '가-6'까지의 급여비용을 1일 3회까지 산정할 수 있다."라는 규정에서 '수급자'란 장기요양 1등급에서 5등급까지 수급자와 인지지원등급 수급자 모두를 포함하는 개념으로 해석될 수 있다. 그러나 같은 방문요양급여라도 5등급 수급자는 주·야간보호이용자에 허용되는 제한적인 방문요양급여 외에는 인지활동형 방문요양급여와 종일 방문요양급여가 아닌 방문요양급여를 제공할 수 없고(요양급여고시 제17조 제7항), 인지지원등급 수급자가 방문요양급여를 받을 때에는 종일 방문요양급여만 받을 수 있다는 규정(요양급여고시 제2조 제3항)이 있으므로 각 개별조항에 따라 방문요양급여의 허용범위가 달라진다는 점에 주의하여야 한다.

(2) 1등급 또는 2등급 수급자

1등급 또는 2등급 수급자는 분류번호 '가-1'부터 '가-6'까지는 물론 '가-7'과 '가-8'의 급여비용을 이용할 수 있다. '가-7'과 '가-8'의 급여비용은 1등급 또는 2등급 수급자에 한하여 1일 1회 산정할 수 있으며, 요양급여고시 제18조의 '가-1'부터 '가-6'과 같은 날에 산정할 수 없다(요양급여고시 제19조 제2항). 1등급 또는 2등급 수급자에게 1회 240분 이상 270분 미만 방문요양급여를 제공한 경우에는 '가-8'의 급여비용을 산정한다(같은조 제3항).

다 | 연속 방문요양급여의 제공

(1) 연속방문 금지 및 방문간격 2시간 이상의 적용 대상

연속방문 금지 및 방문간격 2시간 이상과 관련되는 "방문간격은 2시간 이상이어야 하고, 방문간격이 2시간 미만인 경우 각 급여제공시간을 합산하여 1회로 산정한다."는 규정은 분류번호 '가-1'부터 '가-6'까지의 급여비용에 대하여만 규정되어 있고(요양급여고시 제19조 제1항), '가-7' 내지 '가-8'의 급여비용에 대하여는 연속방문금지 및 방문간격 2시간 이상에 대한 명시적 규정이 없다. 그러나 요양급여고시 제19조 제4항의 '연속방문을 특별히 허용한다'는 규정과 같은 조 제6항의 '다음 날 급여비용 산정을 위한 방문간격은 2시간 이상이어야 한다.'는 규정을 종합하여 볼 때 '가-7' 내지 '가-8'의 급여비용에 대하여도 즉, 요양급여고시 제18조의 분류번호 '가-1' 내지 '가-8'의 모든 방문요양 급여비용에 대하여 각 분류에 연속하여 방문요양을 제공할 수 없고 그 간격은 2시간 이상이어야 한다는 것이 원칙이라 본다.

(2) 연속 방문급여 허용 내용

수급자 등의 특별한 요청이 있는 경우 1등급 또는 2등급 수급자에게는 월 8일에 한하여 270분 이상, 3등급 또는 4등급 수급자에게는 월 4일에 한하여 210분 이상 연속하여 방문요양급여를 제공할 수 있다(요양급여고시 제19조 제4항). 즉, 1등급 또는 2등급 수급자는 분류번호 '가-1' 내지 '가-8'의 모든 방문요양 급여를 월 8일까지 270분 이상, 3등급 또는 4등급 수급자는 '가-1'부터 '가-6'의 방문요양급여를 월 4일까지 210분 이상 2시간 이상의 방문간격유지 의무 없이 연속하여 받을 수 있다는 것이다. 이 경우 급여비용은 2회로 분할하여 요양급여고시 제19조 제1항 제1호·제2호의 소정금액으로 산정하되 급여비용 산정은 1일 1회에 한하며, 같은 날 동 비용 이외의 방문요양 급여비용은 산정하지 아니한다(같은조 제5항 제3호).

(3) 방문간격 2시간동안 수급자의 가정에서 휴식을 취한 경우

방문요양요원이 방문요양을 제공한 후 수급자의 가정 등에 머물면서 2시간 동안 휴식을 취하고 다시 방문요양을 제공한 경우에는 방문요양급여비용에 포함되어 있는 교통비 등의 비용이 소요되지 않으므로, 방문요양요원이 일정시간 동안 방문요양을 제공한 후 수급자의 가정 등에서 나와 다시 2시간 뒤에 수급자의 가정 등에 방문하여 소정의 시간 동안 방문요양을 제공한 경우와 그 방문요양 급여비용

을 동일하게 산정할 수 없으므로 방문요양급여비용은 1회로 산정하여야 한다.[156]

라 요양보호사 2인이 동시에 급여를 제공한 경우

수급자 등의 신체적·정신적 상태 등에 따라 불가피하게 동일기관의 요양보호사 2인이 동시에 급여를 제공한 경우 급여비용은 요양보호사별로 각각 요양급여고시 제18조 소정의 '가-1'부터 '가-5'까지의 비용을 산정한다(요양급여고시 제19조 제7항). 즉, '가-6'부터 '가-8'까지의 방문요양급여비용에 해당하는 서비스는 인정하지 않는 것이다.

마 5등급 수급자의 인지활동형 방문요양급여와 일반 방문요양급여

5등급 수급자에게 인지활동형 방문요양급여를 제공하는 경우 요양급여고시 제19조 제8항에서는 "제17조 제7항에 따라 방문요양급여를 제공하는 경우 1회 방문당 급여제공시간에 따라 제18조의 '가-1', '가-2', '가-3' 및 '가-4'의 급여비용을 산정한다."고 규정하고 있다. 요양급여고시 제17조 제7항 본문의 규정에는 인지활동형 방문요양급여와 종일 방문요양급여 등 방문요양급여 2종류가 규정되어 있고, 단서에는 일반 방문요양급여가 규정되어 있기 때문에 어떤 방문요양급여를 의미하는지가 문제이다. 이 규정은 요양급여고시 제17조 제7항 단서의 규정에 의하여 5등급 수급자 중 주·야간보호급여 제공시간 전·후로 가정에서 옷 벗고 입기 및 식사도움 등 인지활동형 방문요양 외의 방문요양급여를 1일 2회 범위 내에서 1회 2시간까지 제공하는 방문요양급여에 대하여 '가-1', '가-2', '가-3' 및 '가-4'의 급여비용을 산정한다는 것으로 이해된다.

왜냐하면 요양급여고시 제17조 제4항, 제5항 및 제7항 그리고 제19조 제8항을 종합해보면 법에 따른 방문요양급여의 개념과 달리 인지활동형 방문요양급여를

---

156 대법원 2018. 10. 4. 선고 2016두33841 판결(확정), 서울행정법원 2016. 1. 15. 선고 2015누37756 판결.

일반 방문요양급여와 구분하여 규정하고 있고, 인지활동형 방문요양급여에 대하여는 요양급여고시 제17조 제5항에서 "수급자당 1일 1회에 한하여 1회 120분 이상 180분 이하로 제공하며, 그 중 60분은 반드시 인지자극활동을, 나머지 시간은 수급자의 잔존기능 유지·향상을 위한 일상생활 함께하기 훈련을 제공하여야 한다."고 특별히 규정하고 있기 때문이다. 즉, 5등급 수급자의 경우 ① 요양급여고시 제17조 제5항의 인지활동형 방문요양급여는 분류번호 '가-4부터 가-6'까지에 해당하는 방문요양급여비용에 해당하는 서비스를 제공하여야 하는 것으로 풀이되며 (요양급여고시 제19조 제13항 참조), ② 주·야간보호급여 제공시간 전·후로 가정에서 옷 벗고 입기 및 식사도움 등 인지활동형 방문요양 외의 방문요양급여는 요양급여고시 제19조 제8항의 규정에 의하여 분류번호 '가-1', '가-2', '가-3' 및 '가-4'의 급여비용을 산정하여야 한다는 것으로 해석된다 할 것이다.

또한 5등급 수급자에 대한 인지활동형 방문요양급여는 주야간보호급여와 동일한 날에 제공할 수 없어 주의하여야 한다(요양급여고시 제17조 제8항).

바 2일에 걸친 급여 및 요양보호사 2인 동시 급여(요양급여고시 제19조 제6항, 제7항)

사례를 중심으로 볼 때 급여제공 중 23일 밤11시 30분부터 그 다음날인 24일 새벽 1시 30분까지 방문요양서비스를 제공하여 일자의 변경이 있는 경우 급여를 개시한 날인 23일의 급여비용으로 산정하며, 다음 날인 24일 방문요양급여비용 산정을 위한 방문간격은 2시간 이상이어야 한다(요양급여고시 제19조 제6항).

한편 전술한 바와 같이 수급자 등의 신체적·정신적 상태 등에 따라 불가피하게 동일기관의 요양보호사 2인이 동 시간대에 급여를 제공한 경우 급여비용은 요양보호사별로 각각 요양급여고시 제18조 '가-1'부터 '가-5'까지의 비용을 산정한다(요양급여고시 제19조 제7항). 수급자의 요청으로 불가피하게 요양보호사 2인이 동 시간대에 '가-6'에 해당하는 방문요양급여를 제공한 경우에는 이를 인정하지 않기 때문에 '가-5' 등에 해당하는 비용으로 청구하여야 한다는 것이다. 2인이 동 시간대에 제공할 수 있는 요양보호사는 같은 장기요양기관 소속이어야 한다.

사 요양보호사가 수급자와 동거하면서 급여제공한 경우(요양급여 고시 제19조 제12항)

요양보호사와 수급자의 관계가 가족이 아님에도 불구하고 요양보호사가 2인 이상의 수급자와 동일 가정에 동거하면서 급여를 제공한 경우에는 일체의 급여비용을 산정하지 아니한다(요양급여고시 제19조 제12항). 이 규정은 방문요양급여를 이용하여 사실상 집단적으로 수급자를 수용하여 시설급여에 준하는 서비스를 제공하는 문제점을 고려한 것으로 보인다.

아 프로그램관리자가 관련 업무를 수행하지 아니한 경우(요양급여 고시 제19조 제14항)

인지활동형 방문요양급여관련 월 중 프로그램관리자가 퇴사하거나 수급자의 입원, 사망 등의 부득이한 사정이 발생한 경우를 제외하고 프로그램관리자가 수급자의 욕구, 기능상태 등을 고려하여 프로그램 계획을 수립하지 않는 등 업무수행을 하지 아니한 경우 해당 월에는 일체의 방문요양급여비용을 산정할 수 없다(요양급여고시 제19조 제12항).

프로그램관리자가 업무수행내용을 작성·보관하지 않아(요양급여고시 제17조 제6항 제6호 참조) 업무수행 근거를 입증하지 못하거나 거짓으로 프로그램을 작성하거나 프로그램 자체를 수립하지 않은 상태에서 방문요양급여가 이루어졌더라도 당해 방문건 전체를 청구할 수 없다는 것이다. 인지활동형 방문요양급여는 프로그램관리자의 프로그램과 치매전문 요양보호사가 제공한 서비스가 합쳐진 불가분적 하나의 서비스이기 때문에 비록 치매전문요양보호사의 서비스가 있었다 하더라도 이는 완전하지 않은 서비스 내지 충분한 근거가 확인되지 않는 급여이므로 당해 건 전체를 청구할 수 없도록 제도화한 것으로 이해된다.

자   방문요양급여비용의 중증 수급자 가산

(1) 내용 및 취지

요양보호사가 1등급 또는 2등급 수급자에게 방문요양을 1회 180분 이상 제공하는 경우 수급자 1인당 일 3,000원을 가산한다(요양급여고시 제19조의2 제1항). 이는 방문요양급여의 비용(수가)체계상 문제점을 시정하기 위하여 가산금을 추가로 책정한 것으로 보인다. 1등급 또는 2등급 등 장기요양 등급이 높을수록 수급자는 서비스의 필요도나 난이도가 높기 때문에 노인요양시설의 비용(수가) 체계와 같이 이에 따른 비용(수가)도 낮은 등급 수급자보다 높아야 하는데, 방문요양의 비용(수가) 체계는 등급과 관계없이 제공시간당 일률적인 단가로 책정되었기 때문이다.

'방문요양을 1회 180분 이상 제공하는 경우'에 있어 2회 이상에 걸쳐 방문한 경우 방문 간격이 2시간 미만인 경우는 합산하여 1회로 산정하여 180분 여부를 산정하며(요양급여고시 제19조 제1항), 2인 이상의 부부 수급자에게 동 시간대 방문요양급여를 제공한 경우 각각 가산금을 산정할 수 있다.

가산비용은 수급자가 부담하지 아니하며, 장기요양기관의 장은 가산비용을 해당 요양보호사에게 지급하여야 한다(요양급여고시 제19조의2 제1항). 요양보호사의 처우개선과 중증인 수급자에 대한 서비스제공 기피 등을 고려한 정책적인 배려에서 법 제39조 및 시행규칙 제32조의 장기요양급여비용의 기본체계 내지 틀과 다르게 요양보호사에게 직접 지급하는 것으로 보인다.

(2) 문제점

가산비용을 수급자 본인부담에서 제외하는 것은 사실상 본인부담금을 감경한다는 것인데 이와 같은 내용을 상위 법령에서 위임한 근거는 찾아볼 수 없다(법 제40조, 시행령 제18조, 시행규칙 제35조 참조). 이 가산비용은 장기요양급여비용 중 재가급여에 포함시켜 일반 수급자의 경우 수급자가 15%를 부담하여야 하는데(시행령 제15조의9), 요양급여고시에서 위임 근거 없이 본인부담금을 감경·면제시켜 주어 장기요양보험 재정의 손실을 초래하고 있다는 문제 제기가 가능하다.

이 건의 가산비용 또한 요양급여비용임에도 장기요양기관 대표자에게 지급하지 않고 대표자를 통하여 보호사에게 직접 지급하게 하는 것도 문제다. 예컨대 실무상 A·B 2명의 요양보호사가 같은 수급자에게 A가 120분 1시간 뒤에 이어서 B가 60분 총 1회 180분 제공한 경우 가산금(3,000원)을 A·B 중 누구에게 지급해야 하는지 명확하지 않다.

이 가산비용을 요양급여비용에 포함시키지 않고 별도로 분리하여 종사자인 요양보호사의 인건비로 직접 지원하는 제3의 비용지불형태로 볼 경우, 법상의 요양급여비용제도와 다른 차원의 쟁점이나 문제가 등장할 뿐만 아니라, 중증수급자 가산비용이 임금에 해당하는지, 그리고 제세공과금 공제대상인지 등 그 성격이 모호하므로 이러한 내용을 요양급여고시에 규정하기 위하여는 상위 법령의 개정을 통하여 근거마련이 선행된 후 요양급여고시에서 제도화할 필요가 있다고 본다. 특히 요양급여고시의 중증수급자 가산비용은 요양급여고시 제20조의 방문요양급여비용 가산제도와 같은 성격의 비용이라 볼 수 있는데, 요양급여고시 제20조의 방문요양급여비용 가산금은 급여비용에 포함시키고 있는 점과 비교할 때 제도적 보완의 필요성이 요구된다.

3 방문목욕비용

가 급여비용의 구성(요양급여고시 제25조)

(1) 목욕차량 이용 여하 및 제공장소에 따른 비용

방문목욕비용은 방문목욕 차량을 이용한 경우와 방문목욕 차량을 이용하지 아니한 경우로 구분되어 비용이 책정되어 있다. 방문목욕 차량을 이용한 경우 차량 내 목욕과 가정 내 목욕으로 세분하여 비용(수가)이 책정되어 있다. '방문목욕 차량을 이용한 차량 내 목욕'이란 목욕장비를 갖춘 차량안에서 행하는 것을 말하며, '방문목욕 차량을 이용한 가정 내 목욕'이란 목욕차량에 부속되지 않은 이동식 욕조 등 장비를 가지고 수급자의 가정을 방문하여 목욕서비스를 제공하는 것을 말한다. '방문목욕 차량을 이용하지 아니한 경우'란 요양보호사가 가정 내 욕조 등의 장비를 이용하여 제공하거나, 대중목욕탕에 수급자를 모셔서 제공하는 것을 말한다. 대중목욕탕을 이용하여 방문목욕을 제공하는 사업은 골절 위험과 요양보호사의 목욕비 등의 문제로 실제 사업은 이루어지지 않고 있다.

방문목욕 급여비용은 1회 방문당 〈표 8-3〉과 같이 책정되어 있다(요양급여고시 제25조 제1항).

<표 8-3> 방문목욕 급여비용

분류번호	분류	금액(원)
나-1	방문목욕 차량을 이용한 경우(차량 내 목욕)	86,480
나-2	방문목욕 차량을 이용한 경우(가정 내 목욕)	77,970
나-3	방문목욕 차량을 이용하지 아니한 경우	48,690

(2) 목욕에 필요한 용품의 비용

방문목욕 급여비용은 목욕에 필요한 용품(물, 비누, 수건, 욕조, 목욕의자, 로션 등)의 구입비용을 포함하며, 이를 별도로 수급자에게 요구하여서는 아니된다(요양급여고시 제25조 제2항). 요양급여고시 제25조 제2항의 '목욕비용'이란 차량 이용여부와 관계없이 모든 목욕 급여비용을 말하는 것으로 해석되므로, 이동식 용조나 가정내 욕조를 이용하여 방문목욕서비스를 제공할 경우 요양급여고시 제25조제2항 괄호의 '물'이 문제시된다. 자구를 그대로 해석하면 목욕에 필요한 '물'도 비누나 수건 등과 같이 공급자인 방문목욕기관의 부담으로 하여야 한다. 그러나 실무에서는 목욕차량을 이용하지 아니한 목욕의 경우 수급자 가정의 '물'을 사용하는 것으로 보인다. 입법 오류가 아닌 가정 내 목욕서비스 또는 차량을 이용하지 아니한 목욕서비스까지 '물'을 장기요양기관의 부담으로 하여야 한다고 해석할 경우 수급자 가정의 '물'을 사용한 경우에는 장기요양기관의 부당청구에 해당되고 총 서비스(급여) 비용 중 '물' 사용비용을 구분산정할 수 없어 총 비용이 곧 부당이득이 될 수 있다.

나 | 방문목욕 급여비용의 산정 방법

방문목욕 급여비용은 2인 이상의 요양보호사가 60분 이상 서비스를 제공한 경우에 산정하고, 소요시간이 40분 이상 60분 미만인 경우에는 요양급여고시 제25조제1항의 각 분류에 따른 급여비용의 80%를 산정한다(요양급여고시 제26조 제1항).

이동보조와 몸 씻기 등 방문목욕급여 제공과정 전체를 요양보호사 1인이 단독으로 제공한 경우에는 일체의 급여비용을 산정하지 아니한다. 다만, 차량을 이용하지 않은 방문목욕급여를 제공하면서 수급자의 수치심을 사유로 부득이하게 몸 씻기 과정만 1인의 요양보호사가 제공한 경우에는 요양급여고시 제25조제1항의 표 중 '나-3' 급여비용의 80%를 산정하되, 방문목욕 소요시간이 40분 이상 60분 미만인 경우에는 요양급여고시 제25조제1항의 표 중 '나-3' 급여비용의 70%를 산정한다. 이 경우 부득이한 사유를 급여제공기록지에 기재하여야 한다(요양급여고시 제26조 제2항).

요양급여고시 제26조 제2항 단서에서 1인의 요양보호사가 방문목욕을 제공하더라도 제한적으로 급여비용을 산정할 수 있도록 허용한 것은 방문목욕에 있어서 수급자의 안전을 고려할 때 '몸 씻기'의 과정은 2인 이상의 요양보호사에 의하여 제공되어야 함이 원칙이나, 다만 그에 대하여 수급자로부터 합리적인 반대의사가 명시적으로 표시되고 수급자의 안전도 충분히 확보되는 특별한 사정이 인정되는 경우에는 예외적으로 요양보호사 1인에 의하여 제공될 수 있다고 새기는 것이 타당하다. 그 이유는 다음의 대법원 판시사항과 같은 즉, 『① 장기요양보험제도는 일상생활을 혼자서 수행하기 어려운 노인 등의 건강증진 및 생활안정을 도모하여 삶의 질을 향상하고자 함에 그 목적이 있다(법 제1조). 따라서 장기요양급여는 노인 등의 심신상태·생활환경뿐 아니라 노인 등과 그 가족의 욕구·선택을 종합적으로 고려하여 필요한 범위 안에서 적정하게 제공되어야 한다(법 제3조 제1항). 나아가 수급자는 각자 심신 상태나 건강 정도, 장애 여부 등에 따라 일상생활 수행능력에 차이가 있을 수 있다. ② 통상의 경우 고령이나 노인성 질병 등의 사유로 일상생활을 혼자서 수행하기 어려운 수급자의 특성상 몸 씻기 도중 발생할 수 있는 돌발상황이나 안전사고에 철저히 대비하는 것이 필요하다. 이러한 관점에서 보면, 수급자의 안전을 위하여 원칙적으로 2인 이상의 요양보호사에 의하여 몸 씻기 과정이 제공되도록 하는 데에는 충분한 합리성이 인정된다. ③ 다만, 예외적으로 수급자가 수치심 등을 이유로 하여 성별이 다른 요양보호사의 참여를 거부하거나 친척 등 친밀도가 높은 요양보호사만의 참여를 요구하는 등 합리적 이유를 들어 요양보호사 1인이 몸 씻기 과정을 진행하여 달라는 의사를 명시적으로 표시하고, 요양보호사 1인이 몸 씻기 과정을 제공하더라도 수급자의 안전에 별다른 문제가 없는 경우에까지 오로지 2인 이상의 요양보호사에 의하여만 몸 씻기가 진행되도록 강제할 합리적 근거가 인정된다고 보기는 어렵다. ④ 따라서 안전문제를 고려하여 원칙적으로 2인 이상의 요양보호사에 의하여 몸 씻기 과정이 이루어지도록 강제한 규정 취지는 충분히 합리적이라고 볼 수 있고, 다만 수급자가 수치심 등을 이유로 하여 2인 이상의 요양보호사에 의한 몸 씻기를 명시적으로 거부하는 경우에는 예외적인 상황에 해당하므로, 굳이 쟁점 고시 조항을 위헌 내지 위법이라고 보아 그 효력을 전면적으로 부인할 것이 아니라 헌법과 상위법령에 합치되도록 해석하여 문제를 해결하면 충분하다」는 대법원 판결[157]을 반영한 기준으로 보인다.

다 방문목욕급여의 산정 횟수

방문목욕의 급여비용은 주 1회까지 산정 가능하다. 다만, 변실금 및 요실금 등으로 인하여 피부의 건강유지·관리가 불가피한 경우에는 초과산정할 수 있으며, 이 경우 그 불가피한 사유를 급여제공기록지에 기재하여야 한다(요양급여고시 제26조 제3항).

---

157 대법원 2018. 10. 4. 선고 2016두33841 판결.

가 급여비용(수가)의 구조, 범위 및 비급여

(1) 급여비용의 구조와 범위

방문간호 급여비용은 1회 방문당 급여제공시간(30분 미만, 60분 이상 등)에 따라 정액으로 〈표 8-4〉와 같이 구성되어 있다(요양급여고시 제28조제1항).

<표 8-4> 방문간호 제공시간별 금액

분류번호	분류	금액(원)
다-1	15분 이상 ~ 30분 미만	41,710
다-2	30분 이상 ~ 60분 미만	52,310
다-3	60분 이상	62,930

방문간호의 급여비용(수가)은 의사의 방문간호 지시서 및 의료서비스 내용과 밀접히 관련되어 있다. 방문간호 급여비용은 처치에 사용된 유치도뇨관, 기관지 삽입관, 거즈 등의 재료비와 검사료(가정에서 직접 시행되는 검사)를 포함하며, 이를 별도로 수급자에게 요구하여서는 아니된다(요양급여고시 제28조 제1항). 따라서 건강보험의 가정간호와 달리 재료비는 기본 방문당 정액 수가에 포함되는 구조이다.

(2) 비급여 항목관련 문제

급여의 범위 및 대상에 포함되지 아니하는 장기요양급여는 수급자 본인이 전부 부담한다(법 제40조 제3항). 장시간 소요되는 수액이나 영양주사 등의 경우 현행 수가구조에 포함되는지가 모호하며, 수액이나 영양주사가 비급여대상인지도 문제이다.[158] 수가 구조의 문제점과 경영수지 차원에서 방문요양기관에서는 폼드레싱,

---

[158] 건강보험의 가정간호의 경우 수액이나 영양주사 등의 경우 별도의 비용산정체계가 있다. 의사의 처방이 있는 경우 장기요양보험 방문간호에서 영양제투여의 경우 서비스가 장시간 필요한 이유

식염수 등의 경우 수급자의 비용으로 준비하게 하는 경우가 있다. 장기요양보험 제도에서 방문간호의 급여의 범위 및 대상은 앞에서 살펴본 요양급여고시 제27조 제1항과 시행규칙 별지 제14호서식의 장기요양급여 제공기록지(방문간호)에 규정된 내용에서 그 범위와 대상을 찾아보아야 한다.

나 | 치매수급자의 급여비용 및 수급자 부담 제외 문제

(1) 처음 등급판정을 받은 치매수급자의 급여비용

요양급여고시 제27조 제5항의 규정에 의하여 등급을 처음 판정받은 1~5등급 치매수급자에게 등급을 받은 날부터 60일 이내에 월 한도액과 관계없이 방문간호급여를 총 4회 범위 내에서 월 2회까지 급여를 제공한 경우 급여비용은 위 표에 따른 다-1을 산정한다. 다만, 최초 1회에 대해서는 급여제공 시간에 따라 〈표 8-4〉의 다-2까지 급여비용을 산정할 수 있다(요양급여고시 제28조 제3항). 월 한도액을 적용받지 않는 특례제도의 특수성을 고려하여 최소 시간대인 다-1만을 허용 (최초 1회는 다-2까지 허용)하겠다는 것으로 보인다.

(2) 수급자 부담 제외 문제

요양급여고시 제27조 제5항의 규정에 의하여 등급을 처음 판정받은 1~5등급 치매수급자에게 등급을 받은 날부터 60일 이내에 월 한도액과 관계없이 방문간호급여를 총 4회 범위 내에서 월 2회까지 급여를 제공한 급여비용은 수급자가 부담하지 아니한다(요양급여고시 제28조 제4항). 이는 치매수급자에게 비용부담을 경감하여 방문간호 이용을 장려하기 위한 정책이다. 그러나 등급을 받은 날부터 60일 이내의 기간과 총 4회로 제한적이지만, 수급자에게는 사실상 본인부담금 경감 혜택을 주는 반면, 보험료를 부담하는 가입자에게는 그만큼 보험료 증가요인이 된다는 점에서 상위법령에서 위임을 받아 규정된 것인지는 의문이 있다. 그리고 '장기

등으로 이를 비급여로 처리하는 장기요양기관도 있다.

요양급여는 월 한도액 범위 내에서 이용이 가능하다.'는 법 제28조 및 장기요양인 정서(시행규칙 별지 제6호서식)와 요양급여고시 제27조 제5항과의 충돌문제, 개인별 장기요양 이용계획서(시행규칙 별지 제7호서식)에 기재되어 있는 월 한도액과 이를 초과하여 이용할 수 있도록 한 요양급여고시 제27조 제5항과의 연계성 문제 등이 있다.

다   가족인 간호사의 방문간호급여 비용

가족인 간호사 등이 방문간호를 제공한 경우 수급자 1인에 대하여 1일 1회에 한하여 월 8일 범위 내에서 〈표 8-4〉의 급여비용을 산정하고, 급여비용 산정 시 가산 규정을 적용하지 아니한다(요양급여고시 제28조 제5항). 가족인 요양보호사의 방문요양의 경우 그 서비스가 수급자만을 위한 서비스로 보는 데는 한계가 있으므로 가족인 요양보호사의 방문요양급여 비용에 대하여는 급여비용의 일부를 제한하고 있지만(요양급여고시 제23조 제4항), 가족인 간호사의 경우에는 오로지 수급자만을 위한 서비스이므로 1일 1회 월 8일로의 제한하고 가산 수가를 지급하지 않겠다는 것이다.

가족인 간호사가 급여비용을 산정하는 날에는 동 비용 이외의 방문간호 급여비용을 산정하지 아니한다(요양급여고시 제28조 제6항). 즉, 가족인 간호사가 자기 가족인 수급자에게 방문간호급여를 제공한 날에는 다른 방문간호(조무)사로부터는 방문간호급여를 받을 수 없다는 것이다. 물론 방문요양이나 방문목욕 등은 급여를 받을 수 있다.

라   2인의 간호(조무)사가 동시에 방문간호급여를 제공한 경우

수급자 등의 신체적·정신적 상태 등에 따라 불가피하게 동일기관의 간호사 등 2인(2인 중 1인은 반드시 간호사 포함)이 동시에 급여를 제공한 경우 급여비용은 급여를 제공한 종사자별로 각각 기준 '다-1'부터 '다-2'까지의 비용을 산정한다(요양급여고시 제28조 제7항). 2인이 동시에 제공할 수 있는 요건은 동일 기관의 간호(조무)사 2명이어야 하며 2명 중 1명은 반드시 간호사를 포함하여야 한다. 간호조무사 2인의 경우에는 동시급여를 인정하지 않겠다는 것인데 그 구체적인 이유는 찾기 어렵다. 다만, 이는 간호사와 간호조무사 간의 면허 및 자격의 차이와 의료법상 간호사와 간호조무사의 업무범위 등에 대한 고려가 작용한 것은 아닌지 생각되는 측면은 있다. 간호급여비용은 각각 즉, 2건으로 산정한다.

마 | 간호사 등 가산비용과 수급자 부담 제외 및 직접 지급 의무

(1) 가산비용

간호사가 방문간호급여를 제공한 경우에는 방문당 3,000원을, 간호조무사가 치매전문교육을 이수하고 ① 요양급여고시 제27조제5항에 따라 "등급을 처음 판정받은 1~5등급 치매수급자에게 등급을 받은 날부터 60일 이내에 월 한도액과 관계없이 방문간호급여를 총 4회 범위 내에서 월 2회까지 제공한 경우" 및 ② 5등급 수급자에게 급여를 제공한 경우 방문당 1,500원을 가산한다(요양급여고시 제29조).

요양급여고시 제29조 본문에서 "간호사(시설장(관리책임자)인 경우는 제외)"라고 규정하여 시설장(관리책임자)이 간호사인 경우에는 가산을 적용받을 수 없다. 그러나 시설장(관리책임자)이 간호조무사인 경우에는 가산적용 제외규정이 없다. 이 요양급여고시에서 별도의 약칭에 대한 정의 없이 '간호사 등'이라 규정한 조항은 간호사와 간호조무사를 통칭하는 개념으로 이해되는데 요양급여고시 제29조 본문에서는 '등'을 추가하지 않고 그냥 '간호사'로 표기하고 있어 간호조무사에 대한 배려차원인지 혹은 오기인지에 대하여는 논란이 있다.

(2) 수급자 부담제외, 직접지급 의무 및 임금 차별의 문제

(가) 의의

가산비용은 수급자가 부담하지 아니하며, 장기요양기관의 장은 가산비용을 해당 간호(조무)사에게 지급하여야 한다(요양급여고시 제29조 후단). 가산비용에 대하여 수급자의 본인부담에서 제외하는 규정은 상위법령에 위임 근거 없이 요양급여고시에서 일방적으로 규정한 것으로 보여진다. 가산비용을 차등하여 책정하고 그 가산비용을 간호(조무)사에게 직접 지급토록 장기요양기관에게 의무를 부여하였다는 것은 간호사 등의 인건비에 국가가 직접 관여하겠다는 정책적 의지로 보이는 측면이 있다.

(나) 문제점

인건비는 사용자와 근로자의 고용계약에 따라 정하여지는 것인데 국가가 요양급여고시규정을 통하여 직접 개입하여 같은 방문간호서비스를 제공하는 직종임에도 간호사에게는 3,000원을 그리고 간호조무사에게는 1,500원을, 그것도 5등급 수급자 등 특정한 수급자에 서비스를 제공하였을 때 한하여 가산하여 지급하는 제도는 간호조무사의 평등권을 침해하고 있다는 논란이 있다. 「헌법」 제11조 제1항에는 "사회적 신분에 의하여 정치적·경제적·사회적·문화적 생활의 모든 영역에 있어서 차별을 받지 아니한다."고 하고, 「근로기준법」 제6조에는 "사회적 신분을 이유로 근로조건에 대한 차별적 처우를 하지 못한다."고 규정되어 있으며, 「국가인권위원회법」 제2조 제3호 및 같은 호 가목은 합리적 이유없이 사회적 신분이나 기타의 사유를 이유로 고용(임금 등을 포함)과 관련하여 특정한 사람을 우대·배제·구별하거나 불리하게 대우하는 행위를 '평등권 침해의 차별행위'로 규정하고 있다.

장기요양기관에 근무하고 있는 장기요양요원의 임금은 장기요양기관의 대표자와 장기요양요원 간의 사적계약으로 정하여지는 영역임에도, 요양급여고시에 의거 임금 차별이 이루어질 수 있다는 점에서 그 문제점이 크다고 할 수 있다. 수급자에 대한 장기요양급여 제공과 관련된 임금은 자격증에 따라 업무의 전문성이나 성과에서 구별되는 영역이 아니라, 수급자에 대한 존엄성과 전문기술을 바탕으로 수급자의 욕구에 맞는 서비스를 정성을 다하여 제공하는 개인별 차이가 기준이 되어야 할 것이다. 동일한 업무를 제공하는 데 있어 특정 자격증에 따라 가산임금이 차등 적용되는 것은 개인별 차이의 기준이 자격증에 의하여 좌우된다는 논리로 볼 여지도 있으므로 합리적인 이유가 될 수 없다고 본다.

간호사 등에게 직접지급되는 가산비용은 『장기요양급여비용청구바로알기(공단 발간, 2021. 12. 기준)』로 볼 때 간호사 등 가산비용 또한 장기요양급여비용청구시스템에 따라 청구하는 체계를 고려한다면 장기요양급여비용에 포함되어 청구하는 것으로 보인다. 그렇다면 가산비용은 장기요양급여비용에 포함되는 것이며 장기요양급여비용에는 반드시 본인부담율이 적용되는 구조임에도(법 제40조, 시행령 제15조의8, 시행규칙 제35조) 요양급여고시에서 이를 준수하지 않고 있다고 볼 수 있다. 또한 장기요양급여비용은 장기요양기관에 지급하는 것이지 종사자에게 지급하는 것이 아님에도(법 제38조) 종사자에게 직접지급의무를 부과하고 있어 문제가 되고 있다. 동 조항 구조를 고려할 때 가산비용이 간호(조무)사에게 지급 누락되는 등 지급상 불법행위 등을 방지하려는 취지 등도 반영된 것으로 볼 여지도 있겠으나, 이 법 전체 구조와 조화를 이루는 방향으로의 개선이 필요하다.

바　정액 수가와 방문간호지시서의 문제점

「의료법」상 가정간호를 제공하는 의료기관의 가정간호 건강보험 수가는 '정액+행위별'이나, 노인장기요양보험의 방문간호는 '정액'이라서 가정간호와 같이 영양제 투여, 입원 시 행하는 다양한 의료서비스를 받는 데 구조적인 한계가 있어 건강보험의 가정간호를 선호하는 경향이 있다.

시행규칙 별지 제29호서식의 방문간호지시서(의사·한의사용)의 서비스 내용에 따르면 투여중인 약제의 용량·용법, 영양관리, 배뇨관리, 호흡관리, 상처관리, 욕창 소독(dressing), 기타의 항목으로 구성되어 있으며, 이들 각 행위별 서비스는 방문회당 서비스시간별 정액으로 수가가 책정되어 있다. 그러나 건강보험의 의료기관에서 방문하여 행하는 가정간호는 기본방문료 이외에 주사료, 처치료 등을 입원환자 산정기준에 따라 산정할 수 있다.[159] 따라서 장기요양보험 방문간호의 경우 수급자의 상태에 따른 다양한 의료서비스를 의사의 방문간호지시서에 모두 포함할 수 있는지, 다양한 서비스에 대한 비용을 수가에 모두 책정하였는지 등이 쟁점

159　보건복지부 고시 『건강보험요양급여비용의 내역, 건강보험 행위 급여·비급여 목록표 및 급여 상대가치점수』 참조.

이라 할 것이다.

5 방문요양과 방문간호의 급여비용 가산과 원거리 교통비용

가 | 방문요양과 방문간호의 급여비용 가산(요양급여고시 제20조)

이는 방문요양 및 방문간호급여를 야간과 휴일 등에 제공하였을 때 그 비용을 가산한다는 규정이다. 이 규정은 방문급여 중의 하나인 방문목욕에 적용하지 않고 방문요양과 방문간호에 적용한다. 예를 들어 휴일인 광복절 22시 이후 6시 이전에 방문요양 및 방문간호급여를 제공하는 등 동시에 가산이 중복되는 경우에는 중복하여 가산할 수 없다.

(1) 30% 가산

22시 이후 6시 이전에 급여를 제공한 경우 소정의 급여비용의 30%를 가산한다. 다만, 인지활동형 방문요양급여는 그러하지 아니하다(요양급여고시 제20조 제1항 제2호). 일요일에 급여를 제공한 경우 소정의 급여비용의 30%를 가산한다(요양급여고시 제20조 제1항 제3호).

(2) 50% 가산

근로기준법상 유급휴일 및 근로자의 날에는 급여비용의 50%를 가산하는데, 구체적으로 살펴보면 국경일 중 3·1절, 광복절, 개천절 및 한글날, 1월 1일, 설날 전날, 설날, 설날 다음날, 부처님오신날, 5월 5일(어린이날), 6월 6일(현충일), 추석 전날, 추석, 추석 다음날, 12월 25일(기독탄신일), 「공직선거법」 제34조에 따른 임기만료에 의한 선거의 선거일, 기타 정부에서 수시 지정하는 날 등 「근로기준법」 제55조제2항 본문에 따른 유급휴일 그리고 근로자의 날에 급여를 제공한 경우 소정의 급여비용의 50%를 가산한다(요양급여고시 제20조 제1항 제4호).

(3) 가산과 미가산 적용시간대가 같은 서비스 시간에 걸쳐있는 경우

17시에 시작하여 다음날 01시에 종료하는 경우 등과 같이 1회 급여제공 시간 내에서 가산 적용 시간대(22시 이후~6시 전)와 가산 미적용 시간대(22시 전 또는 6시 이후)가 걸쳐 있는 경우 급여비용의 가산금액을 아래와 같이 산정한다(장기요양급여 제공기준 및 급여비용 산정방법 등에 관한 세부사항 제5조).

$$\text{가산 이전 금액} \times 0.3 \times \frac{\text{가산 적용시간대에 급여제공 시간(분)}}{\text{총 급여 제공시간(분)}}$$

나 | 방문요양 및 방문간호급여의 원거리교통비용

(1) 의의

급여비용(수가)이 서비스 제공 시간단위로 책정된 경우 방문요양 및 방문간호 기관으로부터 멀리 떨어져 있는 수급자에게는 방문에 소요되는 이동비용으로 인하여 서비스 제공을 꺼리는 현상이 발생하여 원거리에 위치한 수급자의 서비스 이용에 차질이 발생할 수 있다. 이러한 문제를 해소하기 위하여 원거리 교통비용이라는 수가가 별도로 마련되었다. 이는 같은 방문서비스라 하더라도 방문목욕에는 존재하지 않는다.

(2) 원거리 교통비용 대상 수급자

원거리 교통비용 적용대상 수급자는 요양급여고시 별표1 소정의 원거리교통비 기준요소별 산출점수의 합계가 7점 이상인 수급자와 「가족요양비 지급 및 의사소견서 제출 제외대상 섬·벽지지역 고시」 별표1에 따른 지역에 거주하는 자이다(요양급여고시 제22조 제1항). 물론 방문요양급여와 방문간호급여를 이용할 수 있는 수급자이어야 하며, 방문요양급여에는 인지활동형 방문요양급여와 종일 방문요양급여(방문요양급여를 1회당 12시간 동안 이용할 수 있는 급여, 요양급여고시 제36조의2)가 포함된다 할 것이다.

(3) 원거리 교통비용의 산정

원거리 교통비용 적용대상 수급자의 실거주지부터 운영 중인 가장 가까운 방문요양 및 방문간호기관까지의 거리에 따라 요양급여고시 제21조 제1항 표의 방문거리 단위별 소정의 금액을 방문당 산정한다. 수급자를 방문하는 장기요양요원이 수급자의 가족이거나 수급자의 실 거주지부터 가장 까가운 방문요양 및 방문간호기관까지의 거리가 5km 미만인 경우는 산정할 수 없다(요양급여고시 제21조 제1항 단서).

요양급여고시 제57조 제2항 각 호에 따른 급여관리 업무를 수행하는 사회복지사, 간호(조무)사 및 팀장급 요양보호사가 동일 수급자에 대해 월 중 1회 이상 방문할 경우에도 원거리교통비용은 월 1회만 산정한다(요양급여고시 제22조 제3항).

(4) 원거리 교통비용의 성격

원거리 교통비용은 방문요양 및 방문간호 급여를 제공한 장기요양요원 및 요양급여고시 제57조 제2항 각 호에 따른 급여관리 업무를 수행하는 사회복지사, 간호(조무)사 및 팀장급 요양보호사에게 지급하여야 한다(요양급여고시 제21조 제2항). 원거리교통비용은 제공기관의 신청에 따라 산정하며 그 비용은 수급자가 부담하지 아니한다(요양급여고시 제22조 제2항). 즉, 장기요양기관의 청구에 의하여 지급된 원거리 교통비는 방문요양 또는 방문간호 서비스를 제공한 종사자에게 직접 지급하여야 하며, 원거리 교통비는 수급자 본인부담을 적용할 수 없다. 따라서 원거리 교통비용은 장기요양요원 등이 원거리 방문에 소요되는 교통비 실비를 변상하여 주는 성격과 유사한 금품으로써 일반적인 요양급여비용체계와 다른 형태의 비용이다.

일반적인 요양급여비용에는 장기요양급여 제공비용으로써 이 서비스 비용에는 장기요양기관 종사자의 인건비와 관리운영비 그리고 적정 이윤 등이 포함된 비용(수가)을 서비스 제공 대가로 지불받아 장기요양기관을 경영하는 형태이며 이 장기요양급여비용에는 수급자 본인부담이 포함되는 개념이다.

본인부담금 면제의 경우 비록 원거리에 거주하는 수급자를 정책적으로 배려하는 합리적인 이유가 있다 하더라도 법적 근거가 없다는 데 문제가 있다. 따라서 원 거리 교통비용은 중증수급자 가산 제도와 동일하거나 유사한 성격과 문제점이 있다고 본다.

6 주·야간보호 급여비용

가 급여비용(수가)의 구조

주·야간보호 급여비용은 장기요양등급과 1일당 급여제공시간에 따라 정액으로 책정되어 있다(요양급여고시 제31조 제1항). 서비스 성격상 대소변 케어 실시횟수 등 구체적인 서비스 항목별 제공 정도에 따른 행위별 수가를 정할 수 없기 때문에 1일 제공시간당 가격이 책정되어 있으며, 장기요양등급이 높을수록 돌봄서비스의 필요도가 높기 때문에 등급에 따른 가격을 차등화하였다. 책정된 급여비용은 〈표 8-5〉와 같다(요양급여고시 제31조 제1항).

<표 8-5> 등급별 주·야간급여비용

분류번호	분류		금액(원)
라-1	3시간 이상 ~ 6시간 미만	장기요양 1등급	40,650
		장기요양 2등급	37,630
		장기요양 3등급	34,740
		장기요양 4등급	33,160
		장기요양 5등급	31,580
		인지지원등급	31,580

라-2	6시간 이상 ~ 8시간 미만	장기요양 1등급	54,490
		장기요양 2등급	50,470
		장기요양 3등급	46,590
		장기요양 4등급	45,000
		장기요양 5등급	43,400
		인지지원등급	43,400
라-3	8시간 이상 ~ 10시간 미만	장기요양 1등급	67,770
		장기요양 2등급	62,780
		장기요양 3등급	57,960
		장기요양 4등급	56,380
		장기요양 5등급	54,780
		인지지원등급	54,780
라-4	10시간 이상 ~ 13시간 이하	장기요양 1등급	74,660
		장기요양 2등급	69,160
		장기요양 3등급	63,900
		장기요양 4등급	62,290
		장기요양 5등급	60,710
		인지지원등급	54,780
라-5	13시간 초과	장기요양 1등급	80,060
		장기요양 2등급	74,170
		장기요양 3등급	68,520
		장기요양 4등급	66,930
		장기요양 5등급	65,350
		인지지원등급	54,780

주·야간보호 급여비용은 신체활동지원 및 심신기능의 유지·향상을 위한 교육·훈련비용 등을 포함하며, 이를 별도로 수급자에게 요구하여서는 아니된다(요

양급여고시 제31조 제2항). 이는 주·야간보호기관에서 외부인 초청 공연이나 프로그램 진행 등에 대한 비용도 위의 표의 금액에 포함되어 있다는 것을 명확히 한 규정이다.

나 | 주·야간보호 급여비용 산정방법

(1) 24시 이후 또는 24시간 이상 보호한 경우

24시 이후에 수급자를 보호한 경우 또는 수급자를 24시간 이상 보호한 경우에는 일체의 급여비용을 산정하지 아니한다. 다만, 천재지변 등 부득이한 사유로 수급자를 연속하여 24시간 이상 또는 24시 이후에 보호한 경우에는 그러하지 아니하다(요양급여고시 제32조 제1항). 수급자가 가정에 거주하면서 일정시간 동안 서비스를 제공받는 주·야간보호 급여제도의 성격을 반영한 것으로써 주·야간보호기관에서의 숙박금지가 핵심으로 보인다. '천재지변 등 부득이한 사유'란 교통두절 등 장기요양기관이나 수급자측에 그 책임을 돌릴 수 없는 예외적인 사정을 말한다할 것이다.

(2) 목욕서비스의 중복 청구 금지

주·야간보호급여와 방문목욕급여를 동일한 대표자가 운영하는 기관 또는 주·야간보호급여와 방문목욕급여를 함께 운영하는 장기요양기관에서 수급자에게 같은 날 주·야간보호급여와 방문목욕급여를 모두 제공한 경우에는 한 종류의 급여비용만 산정한다(요양급여고시 제32조 제2항). 주·야간보호급여에 목욕서비스가 포함되기 때문에(요양급여고시 제35조), 같은 기관의 유형에 해당하는 장기요양기관에서의 서비스의 오남용을 방지하려는 차원으로 보인다. 다만 대표자가 각각 다른 장기요양기관에서 같은 날에 주·야간보호급여와 방문목욕급여가 중복되는 경우에는 각각 비용을 산정할 수 있다.

(3) 계약체결 이후 미이용 시 비용산정

이는 수급자가 주·야간보호기관을 이용하기로 계약한 후 이용하지 않을 경우 장기요양기관은 인력 등을 계약내용에 따라 미리 배치하여야 하는 등 경영상의 어려움이 있어 이를 보전하기 위한 제도이다. 주·야간보호 급여계약 체결 후 해당월 급여 이용 중 수급자 본인의 사정으로 이용하지 아니한 날의 급여비용은 주·야간보호 급여를 월 15일 이상 이용하고자 계약을 체결하고 급여가 개시되는 해당월 전월 말일까지 공단에 급여계약통보가 된 경우에 한해 산정한다(요양급여고시 제32조 제3항 제1호).

구체적으로, 「관공서의 공휴일에 관한 규정」에 따른 공휴일, 대체공휴일 및 토요일을 제외한 평일(월~금요일) 기준으로 월 5일의 범위 안에서 급여계약통보서의 이용 예정 급여비용의 50%(요양급여고시 제31조 제1항의 '라-3'의 50%를 한도로 함)를 산정한다(요양급여고시 제32조 제3항 제2호). 공단에 통보된 급여계약통보서의 이용 예정 급여비용이 요양급여고시 제31조 제1항의 '라-4', '라-5'에 해당하더라도 '라-3'의 50%를 한도로 산정할 수 있다.

한편 이와 관련한 고지 조항으로, 요양급여고시 제32조 제4항에서 "주·야간보호기관은 수급자와의 급여계약시 미이용일 급여비용 산정으로 발생하는 본인부담금 등에 대해 사전에 안내하여야 한다."고 규정하고 있어, 미이용일에 산정되는 급여비용에 대하여 본인부담금에 대한 민원설득에 어려움이 있기도 하다. 따라서 이용하지도 않은 비용인데 요양급여고시에서 미이용 비용 산정제도를 두어 본인부담금이 발생하기 때문에 본인부담금 관련 분쟁의 소지를 해소하기 위하여는 수급자와 계약체결 시 미이용하는 경우 일정한 본인부담금이 발생할 수 있다는 내용을 계약서에 명시하고 주지시켜야 할 필요가 있다.

(4) 미이용일 비용산정기간의 다른 재가급여 이용

주·야간보호 미이용일 급여비용 산정기간 중에는 수급자의 원활한 급여이용을 위해 주·야간보호 급여가 아닌 다른 재가급여를 제공할 수 있고 비용산정이 가능하다. 다만, 주·야간보호급여와 방문요양, 방문목욕, 방문간호급여를 동일한 대표자가 운영하는 기관 또는 주·야간보호급여와 방문요양, 방문목욕, 방문간호급여를 함께 운영하는 장기요양기관에서는 다른 재가급여의 급여비용을 산정한 날에 주·야간보호 미이용일 급여비용을 산정하지 아니한다(요양급여고시 제제32조 제5항). 15일 이상 주·야간보호기관을 이용하고자 계약을 체결한 이후 당해 주·야간보호서비스를 이용하지 않고 주·야간보호 미이용일 급여비용 산정기간 중에 주·야간보호기관과 같은 대표자가 운영하는 노인요양시설에 입소한 경우 주·야간보호의 미이용비용과 노인요양시설 급여비용을 각각 청구할 수 있는지가 문제이다.

(5) 미이용 비용산정 제도의 문제점

(가) 의의

방문요양 등 방문서비스의 경우 주·야간보호의 미이용 비용 보전제도와 같은 보전 규정이 없어 계약체결 후 수급자의 일방적인 서비스 미이용이나 다른 기관 이용 등의 경우 요양보호사 등의 손실 또는 방문형 장기요양기관의 경영상 어려움이 있다. 또한 수급자가 주·야간보호급여를 이용하지 않더라도 이용 예정 급여비용의 50%를 산정하는 것이 서비스 대가로 지급하는 장기요양급여비용인지 경영지원비용인지 등 모호한 성격을 띠게 된다. 특히, 이용하지 않은 것에 본인부담금이 발생하는 것과 반대로 실제 이용한 이동비용에는 본인부담금이 발생하지 않는 등 본인부담금제도를 둘러싼 쟁점이 발생하고 있다.

(나) 미이용비용 제도와 민법상의 손해배상 법리

장기요양기관은 수급자에게 재가급여 또는 시설급여를 제공한 경우 공단에 장기요양급여비용을 청구하여야 하고(법 제38조 제1항), 본인부담금은 장기요양급여를 받은 자가 부담하는 것이다(법 제40조 제1항). 즉, 주야간보호급여비용을 포함한 장기요양급여비용과 본인부담금은 장기요양기관이 수급자에게 장기요양급여를 제공하여야 발생하는 채권관계이다. 그러나 요양급여고시 제32조 제3항·제4항 등에서는 수급자가 이용하지 않은 장기요양급여비용에 대하여 이를 산정하여 공단에 청구할 수 있는 규정과 이에 따른 본인부담금을 부과할 수 있도록 하고 있다.

주야간보호기관을 비롯한 장기요양기관이 수급자에게 장기요양급여(재가급여 또는 시설급여) 제공를 위해서는 수급자와 계약을 체결하여야 하며, 계약을 위반하였을 때에는 장기요양기관과 수급자 사이에 민사상 계약위반에 따른 손해배상법리가 적용되어야 한다. 즉, 미이용비용은 장기요양기관과 수급자 간 사적 계약위반에 다른 손해배상으로 해결되어야 할 영역이다. 그러나 요양급여고시 제32조 제3항 등에서 미이용비용 제도를 규정하여 수급자가 장기요양기관으로부터 장기요양급여를 제공받지 않았음에도 소정의 비용을 장기요양급여비로 산정하여 공단부담금은 공단에, 본인부담금은 수급자에게 청구할 수 있는 제도를 규정하여 가입자들이 납부한 장기요양보험재정에 손실을 초래하였다는 쟁점이 등장하고 있다. 해당 조항 및 기준은 사인 간 계약위반에 따른 손해배상 등 해결을 계약당사자가 아닌 국가가 과도하게 개입한다는 의견이 제기될 수 있는 반면, 한편으로는 사회보험 영역에 관한 계약관계를 국가가 방임할 경우 과도한 손해배상이나 보상청구 등 노인장기요양보험시장이 문란해질 우려도 있는 바, 법령체계 내 적정 기준을 마련하여 급여청구를 허용함으로써 사인 간 분쟁해결을 예방하고 제공자의 일정 이윤을 보장하는 형태라고 할 것이다.

(6) 동일 부지 내의 동일 대표자가 운영하는 시설급여기관 등과의 중복급여

이러한 경우에는 ① 동일 부지 내의 동일 대표자가 운영하는 복수의 주·야간보호기관, 단기보호기관 또는 시설급여기관이 동일 수급자에게 같은 날 복수의 급여를 제공한 경우와, ② 기관기호가 동일한 장기요양기관에서 동일 수급자에게 같은 날 주·야간보호급여 또는 단기보호급여를 제공한 경우가 있고, 하나의 급여에 대해서만 급여비용을 산정할 수 있다(요양급여고시 제32조 제9항). 위 ①과 관련, 동일 대표자가 운영하는 복수의 주·야간보호기관, 단기보호기관 또는 시설급여기관이 동일 수급자에게 같은 날 복수의 급여를 제공하더라도 동일부지가 아닌 곳에서 운영할 경우에는 각각 비용을 산정할 수 있다고 본다. 위 ②와 관련, 기관 기호가 동일한 장기요양기관에서 동일 수급자에게 같은 날 주·야간보호급여와 시설급여를 제공한 경우 또는 기관기호가 다른 동일 대표자가 운영하는 장기요양기관에서 동일 수급자에게 같은 날 주·야간보호급여 또는 단기보호급여를 제공한 경우 각각 급여비용을 산정할 수 있다고 본다.

(7) 5등급 또는 인지지원등급 수급자에게 인지활동형 프로그램을 제공하지 아니한 경우

5등급 또는 인지지원등급 수급자에게 인지활동형 프로그램을 제공하지 아니한 경우 일체의 급여비용을 산정하지 아니한다. 다만 프로그램관리자가 퇴사한 날로부터 21일(공휴일, 근로자의 날 및 토요일 제외)이 경과하지 않은 경우, 천재지변 등 부득이한 사유로 인하여 수급자에게 인지활동형 프로그램을 제공하지 못한 경우에는 산정할 수 있다(요양급여고시 제32조 제10항). 이와 관련하여 '5등급 또는 인지지원등급 수급자에게 인지활동형 프로그램을 제공하지 아니한 경우 일체의 급여비용을 산정하지 아니한다.'는 규정의 경우 수급자 개인의 전체 서비스 중 일정 부분만 제공하지 않았음을 이유로 전체 비용을 인정(지급)하지 않는다는 것은 형평성과 장기요양기관의 영업권을 침해한다는 논란이 있다. 그러나 1일당 서비스 제공시간 단위로 급여비용이 책정된 포괄비용(수가) 체계의 성격상 제공하지 아니한 인지활동형 프로그램 제공비용을 분리하여 산정할 수 없는 특성을 고려할 때, 당해 서비스 시간대별 분류번호에 책정된 비용 전체를 지급하지 않더라도 위법하다고 볼 수는 없다 할 것이다. 프로그램관리자가 퇴사한 날로부터 21일(공휴일, 근로자의 날 및 토요일 제외)이 경과하지 않은 경우, 천재지변, 수급자의 갑작스런 심신기능 악화로 인한 긴급상황 발생, 병원동행(의료기관 의뢰 등) 등 수급자의 욕구나 귀책사유로 부득이 인지활동형 프로그램을 제공하지 못한 경우에는 급여비용 산정이 가능하다 할 것이다(요양급여고시 제32조 제10항 제2호 참조).

다 주·야간보호 급여비용 가산

(1) 야간 및 공휴일

18시 이후 22시 이전에 급여를 제공한 경우 소정의 급여비용의 20%를 가산한다. 또한 공휴일에 급여를 제공한 경우 소정의 급여비용의 30%를 가산한다(요양급여고시 제33조 제1항). 1회 급여제공 시간 내에서 가산 적용 시간대와 가산 미적용 시간대가 걸쳐 있는 경우, 급여비용은 급여제공시간에 해당하는 기본 급여비용과 다음과 같이 산출한 가산금액을 합하여 산정한다(「장기요양급여 제공기준 및 급여비용 산정방법 등에 관한 세부사항」 제7조, 공단 공고).

가산: 요양급여고시 제31조 표상의 급여비용 × 0.2 × 가산적용시간(분) ÷ 총 급여제고이간(분)

---

(2) 이동서비스

수급자의 실 거주지에서 장기요양기관으로, 장기요양기관에서 수급자의 실 거주지로 이동서비스를 제공한 경우 주·야간보호기관으로부터 수급자의 실거주지까지의 최단거리(편도) 구간별로 산정된 금액을 가산한다(요양급여고시 제34조 제1항). 이동서비스비용은 이용 횟수에 관계없이 1일 1회만 산정하고, 수급자가 이동서비스를 편도만(기관으로 이송 또는 수급자의 거주지로 이송하는 경우) 이용한 경우에는 소정의 비용의 50%를 산정한다(요양급여고시 제34조 제2항). 이동서비스비용은 제공기관의 신청에 따라 산정하며, 그 비용은 수급자가 부담하지 아니한다(요양급여고시 제34조 제3항). 이동서비스비용은 장기요양기관에서부터 수급자의 실 거주지까지의 거리에 따라 산정되기 때문에 1일당 서비스 제공시간당 정액 비용체계에 규정하기 곤란한바 별도의 지불체계를 도입한 것으로 보인다. 이동서비스비용은 위의 공휴일가산비용 등과 달리 수급자 본인부담금이 면제되는 것으로 미루어 볼 때 상위규정인 장기요양급여비용법령 내지 체계가 아닌 요양급여고시에서 제3의 급여비용체계를 새로이 도입한 제도라고 볼 수 있다.

(3) 목욕서비스

주·야간보호기관이 수급자에게 목욕서비스를 제공한 경우 해당 수급자당 주 1회에 한하여 3,000원을 가산하되, 가산비용은 수급자가 부담하지 아니한다(요양급여고시 제35조 제1항). 이처럼 목욕서비스 제공 시 해당 수급자에 대하여 주 1회에 한하여 3,000원을 가산한다는 것인데, 목욕 실시 횟수 기준이 아닌 한 주에 수급자당 1회 산정할 수 있다는 의미로 해석된다. 가산비용은 수급자가 부담하지 아니한다고 정하고 있으므로 공단이 부담한다. 본인부담금이 존재하지 않기 때문에 장기요양급여비용이 아닌 제3의 비용체계로 볼 수 있다. 수급자에 대한 목욕을 장려하기 위한 정책이라 하더라도 '가산비용은 수급자가 부담하지 아니한다(공단이 이를 부담한다는 의미).'는 것은 사실상 본인부담 감면이므로 목욕서비스 가산금에 대한 본인부담 면제 규정은 법령상 근거를 찾아 볼 수 없으며(법 40조, 시행규칙 제35조 등), 장기요양급여비용에는 본인부담율이 적용되는 것이 원칙이므로 목욕서비스 가산금을 법령의 체계와 다른 제3의 비용체계로 볼 수밖에 없다 할 것이다.

목욕서비스를 제공하기 위해서 주·야간보호기관은 전신입욕이 가능한 욕조 또는 전신 샤워를 실시할 수 있는 설비(온수, 샤워기, 목욕의자 등)가 있는 목욕실 또는 세면장을 갖추어야 하고, 목욕서비스 제공 과정 중 몸 씻기는 반드시 요양보호사가 제공하여야 한다(요양급여고시 제35조 제2항). 실무상 요양보호사가 같은 시간대에 수명(복수)의 수급자에게 목욕서비스를 제공함에 있어 부득이 요양보호사가 아닌 다른 사람이 목욕을 실시 또는 보조한 경우 이를 부정청구로 보아 환수 대상인지에 대하여는 논란이 있다. 다만 일률적·확정적 판단기준을 마련하기는 어려울 것으로, 제도의 취지, 목적, 그 실시 방법이나 위반 정도 등에 따라 부정청구 여부를 판단할 필요가 있어 이와 같이 구체적 사정을 고려하여 판단하고 있는 것으로 보인다.

라 | 기저귀 등 비급여

간식에 소요되는 식재료비는 비급여로 수급자가 부담하는 것으로 보아야 한다(법 제23조 제3항, 시행규칙 제14조). 그러나 주·야간보호를 이용하는 수급자에게 제공하는 기저귀는 비급여 항목외 실비 항목으로 규정하고 있어,[160] 비급여 항목이 아닌 제3의 실비항목 제도를 창설하였다. 비급여대상을 규정한 시행규칙 제14조 제1항에는 기저귀에 대한 내용은 없고 동조 제1항 제4호에서 "그 외 일상생활에 통상 필요한 것과 관련된 비용으로 수급자에게 부담시키는 것이 적당하다고 보건

160　보건복지부, 2023년 노인보건복지사업안내, 467-468쪽.

복지부장관이 정하여 고시한 비용"으로 고시로 위임하였으나, 고시 자체를 마련하지 않고 공공기관의 행정지침(공단의 노인보건복지사업안내)을 통해 운영하고 있기 때문이다.

고시 등 법규사항을 보충하기 위한 행정규칙은 공고 또는 고시의 형식으로 발령해야 한다.[161] 그리고 고시 등 행정규칙 등을 제·개정하는 행정 입법활동은 일반 국민 및 이해관계자로부터 의견 수렴절차 등을 거쳐야 하는 등(「행정기본법」 제38조) 일정한 형식과 절차 등이 요구된다. 「행정규제기본법」 제2항 단서는 "법령에서 전문적·기술적 사항이나 경미한 사항으로서 업무의 성질상 위임이 불가피한 사항에 관하여 구체적으로 범위를 정하여 위임한 경우에는 고시 등으로 정할 수 있다."라고 규정하고 있고, 같은 법 제3항에는 "행정기관은 법률에 근거하지 아니한 규제로 국민의 권리를 제한하거나 의무를 부과할 수 없다."라고 규정되어 있다. 이에 시행규칙 제14조 제1항 제4호에서는 이러한 형식과 절차를 거친 고시에 비급여사항을 규정하도록 보건복지부장관에게 위임하였으나, 실제로는 보건복지부장관의 고시는 마련되어 있지 않고, 고시가 아닌 행정지침 형식으로 기저귀를 제도권 내의 비급여 사항이 아닌 '비급여 항목 외 실비 항목'으로 규정하고 있다.

기저귀를 실비 항목으로 규정하는 행위는 국민의 권리를 제한하는 사항이므로 이러한 행정지침은 관련 법령에 그 근거가 있어야 될 것으로 본다. 보건복지부의 『노인보건복지사업안내』에서 주야간보호급여에서의 기저귀를 비급여 항목으로 규정하였다면 적어도 상위법령인 시행규칙 제14조 제1항 제4호에 그 근거를 두고 있는 것으로 해석될 소지가 있으나, 비급여 항목 외 실비항목으로 기저귀를 규정하고 있어 상위법령의 위임 근거가 없는 위법한 지침이 될 가능성이 높다고 본다. 주야간보호급여에 있어 기저귀서비스는 장기요양급여의 객체가 아니기 때문에 『노인보건복지사업안내』에서 기저귀비용을 실비비용으로 운영하라고 규정하였다는 주장은 주·야간보호의 급여제공기록지(시행규칙 별지 제15호서식)에 '기저귀교환'이 화장실이용 영역에 규정되어 있고 같은 성격 같은 내용의 노인요양시설에서는 기저귀를 보험급여대상으로 하고 있다는 점으로 볼 때 설득력이 부족하다고 볼 수 있을 것이다.

---

161   법제처, 법령안 입안·심사기준, 2017년 12월, 22쪽 참조.

마 수급자에 대한 병원 동행·외출 등

시행규칙 별지 제15호서식의 장기요양급여 제공기록지(주·야간보호)에는 이동서비스항목이 있고 그 항목의 세부내용에는 병원 동행이 있어 주야간보호기관에서 수급자에게 행하는 병원동행도 주야간보호의 서비스 영역이라고 보아야 한다. 그러나 병원 동행은 다른 수급자의 서비스에 영향을 미치게 되므로 제한적으로 제공되어야 할 영역이다. 한편 주야간보호기관 안에서 주야간보호서비스를 받고 있던 중 수급자가 기관 종사자의 동행 없이 단독으로 외출한 경우 그 외출시간은 서비스 제공시간에서 제외하여야 할 것이다.

바 주·야간보호 특장차량 한시적 지원금(요양급여고시 제34조의2)

주·야간보호기관이 시장·군수·구청장에게 신고된 특장차량(휠체어 리프트 차량 등)을 이용하여 1·2등급 수급자에게 요양급여고시 제34조의 이동서비스를 월 1회 이상 제공한 경우 주·야간보호급여 특장차량 구비 한시적 지원금을 지급하는 제도이다. 특장차량을 '휠체어 리프트 차량 등'으로 규정하고 있어 특장차량의 개념과 범위 등에 대한 논란이 발생할 수 있다. 일반적으로 휠체어 리프트 차량이란 휠체어 리프트 전동 문과 내부에 설치된 레일을 이용해 휠체어를 손쉽게 싣고 내릴 수 있도록 제작한 차량을 말한다.

지원금은 2027년 12월 31일까지 주·야간보호기관에서 특장차량을 신고한 경우에 한하여 지급한다(보건복지부고시 제2024-295호, 2024.12.31., 부칙 제3조). 2028년 1월 1일 이후 신고 기관은 지원금 지급대상이 될 수 없으며, 2027년 12월에 특장차량을 신고하여 12월부터 1·2급 수급자에게 특장차량 이동서비스를 제공한 경우에는 2027년 12월부터 36개월까지 지원금을 받을 수 있다.

지원금은 월 170,000원을 산정할 수 있으며, 최초 산정 월부터 36개월까지 월 1회 산정할 수 있다(요양급여고시 제34조의2 제2호). 1·2등급 수급자에게 이동서비스를 월 1회 이상 제공한 경우 최초 산정월부터 36개월까지 산정할 수 있으므로

1·2급 수급자의 특장차량 이용여부와 최초 산정월 여하에 따라 지급받는 지원금 규모가 달라지는 구조이다.

지원금 산정대상기간인 최초 산정 월부터 36개월의 기간 중 1·2등급 수급자에게 이동서비스를 제공하지 못한 해당 월에는 지원금을 산정할 수 없으며, 산정대상이 아닌 해당 월이라 하더라도 산정 가능기간(36개월)에는 포함된다.

1·2등급 수급자의 이동서비스에 한하여 지원금제도를 규정하고 있어 휠체어를 이용하여 이동하는 3·4·5등급 수급자와의 형평성의 문제 그리고 리프트 작동에 필요한 인력과 안전관리자 등에 대한 규정이 없는 점 등도 문제로 제기되고 있다.

이동서비스를 이용하는 수급자는 지원금을 부담하지 않도록 규정되어 있기 때문에 상위 법령에 규정된 본인부담금제도 등에 대한 위임범위의 한계 등에 대한 논란이 있다. 또한 지원금제도의 성격으로 볼 때 상위법령에 규정된 주·야간보호급여의 급여비용체계 등과 관련하여서도 위임범위 및 위임 근거에 대한 논란이 있다.

7 단기보호 급여비용

가 급여의 비용(요양급여고시 제37조, 제38조)

(1) 원칙

단기보호 급여비용은 〈표 8-6〉과 같이 장기요양등급에 따라 1일(0시부터 24시까지)당 정액으로 구성되어 있다. 1일 급여제공 시간이 12시간 이상인 경우에는 해당 급여비용의 100%를 산정하고, 12시간 미만인 경우에는 50%만 산정한다(요양급여고시 제38조 제2항).

<표 8-6> 단기보호 등급별 비용(요양급여고시 제37조 제1항)

분류번호	분류	금액(원)
마-1	장기요양 1등급	71,970
마-2	장기요양 2등급	66,640
마-3	장기요양 3등급	61,560
마-4	장기요양 4등급	59,940
마-5	장기요양 5등급	58,300

(2) 90일 초과의 경우

2017년 12월 31일 이전에 지정을 받은 장기요양기관 또는 설치 신고한 재가장기요양기관에서 단기보호 급여를 받는 경우 이용일 91일째부터 150일까지는 1일당 급여비용의 5%를, 151일째부터 210일까지는 15%를 감산하여 산정한다(요양급여고시 제38조 제5항). 단기보호제도의 취지와 달리 장기간 입소하는 수급자를 방지하기 위하여 이용일 91일 이후부터는 감산제도를 도입하였다. 퇴소 후 재입소하는 경우에는 입소기간에 이전 단기보호 이용일수를 합산하여 적용한다(요양급여고시 제38조 제5항 제3호). 시행규칙 제11조 제2항 단서의 '연간 2회까지 그 기간을 연장할 수 있다'는 규정으로 볼 때 기간 계산의 단위기간은 연간(1월 1일부터 12월 31까지)으로 보아야 할 것이다.

(3) 중복 수급의 경우

동일 부지 내의 동일 대표자가 운영하는 복수의 단기보호기관에서 단기보호급여를 제공받은 경우 하나의 급여에 대해서만 급여비용을 산정할 수 있다(요양급여고시 제38조 제3항). 단기보호와 시설급여를 병설하는 기관이 동일 수급자에게 같은 달 단기보호와 시설급여를 모두 제공한 경우에는 한 종류의 급여비용만 산정한다(요양급여고시 제38조 제4항).

나 단기보호기관 한시적 지원금

(1) 의의

장기요양급여 제공에 대한 대가로 지불하는 장기요양급여비용과 별개로 장기요양보험재정에서 단기보호기관에 지원하는 제도이다. 장기요양급여 제공에 대한 대가로 지불하는 장기요양급여비용은 아니나, 수급자에게 단기보호급여를 제공한 경우에 한하여 지급된다. 장기요양급여비용 지불체계가 아닌 수급자당 월 정액을 장기요양기관에 지원하는 형태이므로 상위 규정에서 지원할 수 있도록 위임한 근거를 찾아볼 수 없어 국민이 납부한 보험료를 요양급여고시에서 임의로 사용한다는 지적이 있다.[162] 이 제도는 2024년 도입되어 2028년 12월 31일까지 단기보호기관으로 사업을 개시한 기관에 한하여 지급하는 한시적 제도이다(요양급여고시 제2023-289호, 2023. 12. 29, 부칙 제2조).

(2) 지원대상 및 지원금액

단기보호기관 한시적 지원금은 단기보호기관이 수급자에게 급여를 제공한 경우 수급자 1인당 월 100,000원(이용일수가 월 4일 이하인 수급자의 경우 월 50,000원)을 산정한다(요양급여고시 제38조의2 제1항 제1호). 지원금은 해당월에 수급자에게 단기보호 급여를 제공한 경우에 지급하는 것이므로 해당월에 일체의 급여제공을 하지 못한 단기보호기관의 경우 지원금은 산정될 수 없다. 급여를 제공하지 않은 월에는 지원금을 산정하지 아니한다(요양급여고시 제38조의2 제3항).

(3) 지원금액 산정 대상기간

지원금은 최초 산정 월부터 36개월까지 월 1회 산정한다(요양급여고시 제38조의2 제1항 제2호). 또한 최초 산정월 이후 특정 월에 입소한 수급자가 없어 급여를 제공하지 못한 경우 지원금을 산정하지 않는 그 특정 월은 기간계산의 법리에 따라

---

162 비록 한시적이기는 하나 국가 등의 재원이 단기보호기관 한시적 지원금으로 운용된다면 위임근거나 구체적 근거가 필요할 것으로 생각되며, 다만 법 제4조 제4항은 국가 및 지자체가 공단에 필요한 행정적 또는 재정적 지원 근거가 마련되어 있는 바, 이러한 포괄적 지원조항이나 책무조항에 의거하여 집행되는 정책이 상당수 있는 것으로 보인다.

'최초 산정 월부터 36개월'의 기간에 산입된다. 최초 산정 월부터 36개월을 초과하면 더 이상 지원금은 산정될 수 없다.

(4) 지원금 산정 기간의 만료 시기

지원금은 2028년 12월 31일까지 단기보호기관으로 사업을 개시한 기관에 한하여 한시적으로 지급할 수 있다(요양급여고시 제2023-289호, 2023. 12. 29, 부칙 제2조). 2029. 1. 1.부터 사업을 개시하는 경우 한시적 지원금 지급 기한이 일몰되어 지급이 불가하다. 다만, 2028. 12. 31. 이전에 단기보호사업을 개시하여 급여를 제공한 기관이 2029. 1월 이후에 수급자에게 급여를 제공한 경우 최초 급여제공 월부터 36개월 간 지급 가능하다.[163]

(5) 본인부담금

한시적 지원금에 있어 비용은 수급자가 부담하지 않는다(요양급여고시 제38조의2 제1항 제3호). 한시적 지원금은 장기요양급여비용이 아닌 공단의 장기요양보험재정(예산)에서 별도로 지급하는 제도이며, 수급자에게 장기요양급여를 제공한 대가로 지급하는 것이 아니므로 당연히 수급자 본인부담금은 발생할 수 없는 구조이다. 지원금 형태로 운영할 경우 수급자는 본인부담금이 없어 유리하지만 장기요양보험료를 부담하는 국민은 부담이 증가하는 구조이므로 그 법적 근거와 부담에 대하여 사회적 논란이 될 수 있다.

8 　장기요양 가족휴가제의 급여 비용

가 　가족휴가제 적용대상 수급자가 단기보호를 이용하는 경우

수급자를 돌보는 가족의 휴식을 위하여 1·2등급 수급자 또는 치매가 있는 수

163　공단 장기요양홈페이지, 2024년 『달라지는 장기요양급여 제공기준 및 급여비용 산정방법 관련 주요 개정사항 및 개정내용』 관련 Q&A

급자가 연간 11일 이내에서 월 한도액과 관계없이 단기보호급여를 이용하는 경우에는 단기보호급여의 급여비용 산정 방식인 요양급여고시 제37조의 장기요양 등급별 1일당 정액 및 요양급여고시 제38조의 단기보호 급여비용 산정방법을 준용한다. 요양급여고시 제37조의 장기요양 등급별 1일당 정액 자체가 책정되지 않은 인지지원등급 수급자의 급여비용은 제37조 제1항 표에 따른 마-5를 산정한다(요양급여고시 제36조의3 제1항).

나 | 가족휴가제 적용 대상 수급자가 종일 방문요양을 이용하는 경우

수급자를 돌보는 가족의 휴식을 위하여 1·2등급 수급자 또는 치매가 있는 수급자가 연간 11일(22회) 이내에서 월 한도액과 관계없이 종일 방문요양급여를 이용하는 경우에는 1회당 정액을 기본으로 야간(22시부터 다음 날 6시), 일요일 및 유급휴일(근로자의 날 포함)에는 소정의 금액을 가산하며 여기에 1회 제공당 소정의 정액을 추가하여 가산한다. 즉, 가족휴가제의 종일 방문요양의 급여비용은 '기본 정액＋야간 등 가산＋1회 제공당 가산'으로 구성되어 있다.

종일 방문요양급여를 제공하는 요양보호사가 가족인 요양보호사이거나 생계를 같이하는 자인 경우에는 종일 방문요양 급여비용을 산정하지 아니한다(요양급여고시 제36조의3 제3항). 왜냐하면 수급자를 가정에서 돌보는 가족의 휴식제공을 위한 제도의 특성상 수급자의 가족인 요양보호사 또는 수급자와 생계를 같이 하는 요양보호사가 직접 종일 방문요양급여를 제공하는 것은 제도의 취지에 부합하지 않기 때문이다.

(1) 『기본 정액＋야간 등 가산』과 일요일과 유급휴일 가산의 문제

1회 12시간 이상 정액을 기본으로 야간(22시부터 다음 날 06시), 일요일 및 유급휴일(근로자의 날 포함)에는 소정의 금액을 가산한다(요양급여고시 제36조의3 제2항 제1호). 유급휴일이란 근로기준법상 임금 지급의무가 있는 유급휴일을 말하는데, 구체적으로는 다음의 『①＋②』을 말한다. ① 1주 동안의 소정근로일을 개근한 자에게 주어지는 1회이상의 휴일로써 사업장에서 1주에 1회이상의 휴급휴일로 정한 날(주휴일)이다(「근로기준법」제55조제1항, 동 시행령 제30조 제1항). ② 3·1절, 광복절, 개천절, 한글날, 1월 1일, 설날 전날, 설날, 설날 다음날, 부처님오신날, 5월 5일, 6월 6일, 추석 전날, 추석, 추석 다음날, 12월 25일, 공직선거법 제34조에 따른 임기만료에 의한 선거의 선거일, 기타 정부에서 수시 지정하는 날이다(「근로기준법」제55조제2항, 동 시행령 제30조제2항).

일반적으로 사업장에서 일요일을 유급휴일로 정하고 있는 경우가 많은데, 요양급여고시 제36조의3 제2항 제1호에서는 가산 대상을 일요일과 유급휴일로 구분하여 일요일에 급여를 제공한 경우에는 급여비용의 30%를 가산하고, 유급휴일에 급여를 제공한 경우에는 급여비용의 50%를 가산하도록 규정하고 있으며, 중복될 때에는 급여비용의 50% 규정을 따르도록 하고 있다. 그렇다면 장기요양기관에서 유급휴일을 일요일로 정한 경우 30%를 적용해야 할지 50%를 적용해야 할지 문제된다. 특히, 유급휴일을 일요일로 정한 장기요양기관은 유급휴일과 일요일이 겹쳐 1회만 가산을 산정할 수 있는 반면, 유급휴일을 일요일로 정하지 않는 장기요양기관은 일요일 가산과 유급휴일 가산을 각각 적용할 수 있다.

요양급여고시 제36조의3 제2항 제4호에 따른 종일방문요양 급여비용 가산 계산 방법은 다음과 같다. 다만, 가산 적용되는 서비스 제공한 시간은 최대 12시간(720분) 범위 내에서 실제 제공한 시간으로 한다(공고 제5조 제3항).

---

① 기본수가 × 0.3 × 22시-06시 사이, 일요일 서비스 제공한 시간(분) ÷ 총 급여 제공시간(720분)
② 기본수가 × 0.5 × 유급휴일, 근로자의 날 서비스 제공한 시간(분) ÷ 총 급여 제공시간(720분)

---

(2) 1회 제공당 가산과 그 법적 성격

위 (1)에 더하여 1회 제공 당 소정의 금액을 가산금으로 추가하여 산정하며, 이 가산금은 수급자의 본인부담금 없이 전액 공단부담금으로 산정한다(요양급여고시 제36조의3 제2항 제2호). 같은 가산금임에도 요양급여고시 제36조의3 제2항 제1호의 가산금과 달리 제2호의 가산금은 본인부담금이 면제됨으로써 이 가산금은 장기요양기기관이 청구한 장기요양급여비용이 아닌 제3의 지원금 등의 성격으로 본다. 왜냐하면 장기요양급여비용에는 본인부담율이 적용되는데 여기서는 이를 배척하고 있기 때문이다. 법령의 구체적인 위임 없이 요양급여고시에서 새로이 탄생한 제도인 바 상위규정의 위임과 관련된 쟁점이 있다. 즉, 권리 의무관계에 대한 법률위임 등 없이 고시에서 창설된 제도에서 본인부담금을 적용하지 않게 됨으로써 국민의 보험료 부담증가의 요인이 될 수 있기 때문이다.

(3) 요양보호사가 2명의 1·2등급 수급자 또는 치매수급자와 거주하며 서비스를 제공한 경우

이는 1·2등급 수급자 또는 치매가 있는 2명의 수급자를 가정에서 돌보는 가족의 휴식을 위해 요양보호사가 일시적으로 수급자의 가정에 입주하여 2명의 수급자에게 동시에 종일 방문요양급여를 제공할 경우에 대한 급여비용 제도이다. 1·2등급 수급자 또는 치매가 있는 수급자 2명이 동일 가정에 거주하며 1명의 요양보호사에게 급여를 제공받은 경우, 각 수급자에 대하여 『기본 정액 + 야간 등 가산』의 80%를 각각 산정하되 1회 제공 당 산정하는 가산금은 1명에 한해서 추가하여 산정한다(요양급여고시 제36조의3 제2항 제3호).

1·2등급 수급자 또는 치매가 있는 수급자 2명이 동일 가정에 거주하며 1명의 요양보호사에게 급여를 제공받은 경우, 각 수급자에 대하여 『1회당 정액을 기본으로 야간, 일요일 및 유급휴일(근로자의 날 포함)에는 소정의 금액을 가산한 급여비용(요양급여고시 제36조의3 제2항 제1호의 규정에 의하여 산정된 금액)』의 80%를 적용한다. 다만, 1회 제공당 소정의 금액을 가산금으로 추가하여 산정된 금액(요양급여고시 제36조의3 제2항 제2호의 규정에 의하여 산정된 금액)은 1명에 한해서 산정한다(요양급여고시 제36조의3 제2항 제3호). '1회 제공당 소정의 금액을 가산금으로 추가하여 산정된 금액(요양급여고시 제36조의3 제2항 제2호의 규정에 의하여 산정된 금액)은 1명에 한해서 산정한다.'는 기준은 요양급여고시 제36조의3 제2항 제3호 단서 규정은 요양보호사 2명이 같은 서비스를 제공하였더라도 가산금은 그 중 1명에게만 산정한다는 점을 명확히 규정하고 있다.

가　시설급여비용의 기본구조

(1) 노인요양시설

(가) 기본구조

노인요양시설의 급여비용의 경우 장기요양 1·2등급은 1일당 장기요양등급에 따라 차등하여 정액으로, 3등급부터 5등급까지의 수급자[164]는 등급별 차등 없이 1일당 정액으로 책정되어 있다(요양급여고시 제44조 제1항).

여기에 노인요양시설에서 배치한 요양보호사 수가 입소자 2.1명당 1명 이상인지 여부에 따라 아래 표와 같이 수가를 차등화하였다. 이는 종전에는 입소자 2.5명당 요양보호사 1명이었으나 2022년 10월 1일부터 입소자 2.3명당 1명으로 그리고 2025년 1월부터 2.1명당 1명으로 변경되었기 때문이다. 이와 함께 「노인복지법 시행규칙」 부칙(보건복지부령 제1082호, 2024. 12. 31.) 제2조에서 "이 규칙 시행 당시 종전의 규정에 따라 설치·운영 중인 노인요양시설은 2026년 12월 31일까지 별표4 제6호의 개정규정에 따른 직원의 배치기준을 충족해야 한다"고 규정하였다. 따라서 2024년 12월 31일 이전에 설립된 노인요양시설은 2026년 12월 31일까지는 입소자 2.3명당 요양보호사 1명 배치가 가능하기 때문에 급여비용(수가)이 이원화되었다. 주의하여야 할 것은 2022년 10월 1일 이후에 설립된 노인요양시설은 2026년 12월 31일까지만 입소자 2.3명당 요양보호사 1명 이상을 배치할 수 있고, 2025년 1월 1일 이후에 설립된 노인요양시설은 입소자 2.1명당 요양보호사 1명이상을 배치하여야 규칙 위반이 되지 않는다는 것이다.

---

[164]　1·2등급과 달리 3등급부터 5등급인 수급자는 원칙적으로 재가급여만을 이용할 수 있으나, 예외적으로 주수발자인 가족구성원으로부터 수발이 곤란한 경우, 주거환경이 열악하여 시설입소가 불가피한 경우, 치매 등에 따른 문제행동으로 재가급여를 이용할 수 없는 경우에 등급판정위원회로부터 인정받은 자는 시설급여를 이용할 수 있다(요양급여고시 제2조 제2항).

<표 8-7> 배치한 요양보호사 수가 입소자 2.1명당 1명 이상인 경우

분류번호	분류	금액(원)
바-1	장기요양 1등급	90,450
바-2	장기요양 2등급	83,910
바-3	제2조제2항 단서에 따른 장기요양 3~5등급	79,240

<표 8-8> 배치한 요양보호사 수가 입소자 2.1명당 1명 미만인 경우

분류번호	분류	금액(원)
바-4	장기요양 1등급	86,030
바-5	장기요양 2등급	79,810
바-6	제2조제2항 단서에 따른 장기요양 3~5등급	75,360

(나) 입소자 2.1명당 1명의 계산방법

요양급여고시 제44조 제1항 후단에서 "입소자 2.1명당 1명'이라 함은 입소자 수를 2.1으로 나누어 계산한 결과 소수점 이하는 반올림한 값을 의미한다. 다만, 계산한 결과가 0.5 미만인 경우에는 기본 1명을 배치하여야 한다."고 규정하고 있다. 이와 관련, 사람 수 계산에 있어 반올림 산식을 적용할 경우 0.5 미만에 해당되면 0명으로 되는 계산법에 문제가 있다. 왜냐하면 「노인복지법 시행규칙」 별표 4 제6호의 요양보호사 배치기준인 '입소자 2.1명당 1명'을 계산할 때 가령 입소자가 28명인 경우 『28÷2.1=13.33명』인데 사람은 13.33명이 존재할 수 없으므로 14명으로 계산하는 것이 타당한 측면이 있으나 요양급여고시에서와 같이 '소수점 이하는 반올림한 값'을 적용하면 13명이 되어 결국 「노인복지법 시행규칙」 별표4 제6호 규정 그대로 적용한 13.33명보다 적은 사람을 배치한 것으로 인정되어 합리적이지 않다는 것이다. 한편, "계산한 결과가 0.5 미만인 경우에는 기본 1명을 배치하여야 한다."는 것은 예컨대 입소자가 1명일 경우 『1÷2.1=0.47명』의 요양보호사를 배치하여야 하는데, 이와 같이 입소자가 매우 적은 경우에도 최소한의 요양보호사 배치는 필요하므로 이 경우 1명을 배치하여 최소한의 서비스 제공수준을 확보해야 한다는 취지로 이해할 수 있을 것이다.

(다) 입소자와 수급자의 차이

'입소자'는 장기요양등급 여부와 관계없이 실제 입소한 사람을 말하며, '수급자'는 장기요양등급판정을 받은 사람을 말한다(법 제6조의2 제1항 제2호 괄호). 그리고 「노인복지법 시행규칙」 별표4 제6호와 요양급여고시 제44조 제1항 모두 '입소자'라는 용어를 사용하고 있으므로 '입소자 2.1명당 1명' 계산시 입소자에는 장기요양등급을 판정받지 않은 자도 포함된다.

(라) 급여비용의 재산정 금지

요양급여고시 제44조 제1항 제3호에서 "제1호 또는 제2호에 따라 산정된 급여비용이 지급된 이후에는 기 적용된 제1호 또는 제2호의 급여비용을 변경하여 재산정하지 못한다."고 규정하고 있다. 이 규정의 취지는 입소자의 수가 수시로 변동됨에 따라 요양보호사 배치 인력의 수도 수시로 변동되므로 그 관계비용(공단부담금과 본인부담금) 재산정에 필요한 행정을 간소화하기 위한 것으로 보인다. 즉, 청구 당시에는 '입소자 2.1명당 1명' 이상이 되었다가 그 이후 입·퇴소자 발생으로 '입소자 2.1명당 1명' 미만으로 되거나 그 반대로 될 경우, 이미 급여비용이 지급된 경우에는 비용 정산을 하지 않고 당초의 지급된 금액을 그대로 인정하여 행정비용을 최소화할 필요가 있다는 사회적 약속 규정으로 볼 수 있다. 이러한 취지와 배경 등을 고려할 때 이 규정은 거짓이나 그 밖의 부정한 방법으로 청구한 경우와는 그 성격이 다르다.

(2) 노인공동생활가정

노인요양공동생활가정의 1일당 급여비용은 장기요양등급에 따라 다음 〈표 8-9〉와 같다(요양급여고시 제44조 제2항).

<표 8-9> 노인요양공동생활가정의 급여비용

분류번호	분류	금액(원)
바-7	장기요양 1등급	72,480
바-8	장기요양 2등급	67,250
바-9	제2조제2항 단서에 따른 장기요양 3~5등급	62,000

(3) 시설급여비용에 포함되는 항목의 범위

시설급여비용은 신체활동지원 및 심신기능 유지·향상을 위한 교육·훈련비용 등을 포함하며, 이를 별도로 수급자에게 요구하여서는 아니된다(요양급여고시 제44조 제3항). 시설급여기관이 외부 프로그램 업체를 초청하여 오락이나 율동 등을 실시하더라도 이에 소용되는 비용은 수가에 포함되어 있으므로 수급자에게 청구할 수 없다는 것이다.

시설급여비용에는 기저귀비용과 주거비용 등이 포함되어 있다. ① 식사재료비, ② 상급침실 이용에 따른 추가비용(노인요양시설 또는 노인요양공동생활가정에서 본인이 원하여 1인실 또는 2인실을 이용하는 경우), ③ 이·미용비 그리고 ④ 그 외 일상생활에 통상 필요한 것과 관련된 비용으로 수급자에게 부담시키는 것이 적당하다고 보건복지부장관이 정하여 고시한 비용은 비급여에 해당되어 전액 본인부담이다(시행규칙 제14조).

시설급여의 구체적인 급여 항목과 범위는 거주와 돌봄에 소요되는 항목의 복잡·다양성으로 인하여 입법 기술상 모두 나열하는 방식에는 한계가 있으므로 포괄주의(negative system, 네거티브 시스템)을 도입하였다. 즉, 위 ①~④에 해당되는 비급여 항목 외에는 모두 보험혜택의 대상이 되는 급여 항목이라는 것이다.

나 시설급여비용의 산정방법

(1) 산정단위

급여비용은 일 단위(0시부터 24시까지)로 산정하며, 입·퇴소 당일 급여제공 시간이 12시간 이상인 경우에는 해당 급여비용의 100%를 산정하고, 12시간 미만인 경우에는 50%만 산정한다(요양급여고시 제45조 제1항에 의거 제38조 제1·2항 준용).

(2) 수급자가 외박한 경우

수급자가 의료기관에 입원하거나 시설장의 허가를 받아 외박을 한 경우 급여비용의 50%를 산정(이를 "외박비용"이라 함)하되, 1회당 최대 10일(1개월에 15일)까지 산정할 수 있다. 외박비용은 1일을 기준으로 하여 수급자가 의료기관이나 가정 등에서 지낸 경우(기준시간은 밤12시)에 산정하며, 이 경우 수급자와의 급여계약 시 외박비용 산정으로 발생하는 본인부담금 등에 대해 사전에 안내하고, 수급자의 외박 시작과 종료 일시, 외박 사유 등을 급여제공기록지에 반드시 기재하여야 한다(요양급여고시 제45조 제2항).

이와 관련, 수급자의 외박으로 외박비용이 산정되는 기간을 시설급여를 받고 있는 기간으로 보아야 하는지가 문제이다. 왜냐하면 시설에 입소한 수급자가 외박한 상태에서 외박비용이 산정되는 기간이 재가급여 이용과 관련되기 때문이다. 개인별 장기요양 이용계획서에서 시설과 재가 급여 모두 이용 가능토록 허용하고 있는 경우 10일간 외박한 상태에서 재입소하지 않고 그대로 퇴소하는 경우도 발생할 수 있다. 외박이란 계속 입소한 상태가 유지되는 개념이고 외박비용이 산정되기 때문에 외박비용이 산정되는 기간에 재가급여를 받게 되면 이중(중복)급여에 해당된다고 보인다. 그러나 개인별 장기요양이용계획서에서 시설과 재가 급여 모두 이용가능토록 허용하고 있는 경우 외박비용이 산정되지 않는 기간은 이중급여의 문제가 발생하지 않으므로 재가급여 이용이 가능하다고 본다.

장기요양 급여비용이란 장기요양급여를 제공한 대가로 지불받는 것인데 외박기간동안에는 실제 급여를 제공하지 않고 장기요양기관의 외박기간 동안의 손실

보전 차원의 비용을 장기요양급여비용으로 하여 여기에 본인부담율을 적용할 수 있는지에 대한 문제가 있다. 그리고 장기요양기관은 수급자에게 재가급여 또는 시설급여를 제공한 경우 공단에 장기요양급여비용을 청구하여야 하는데(법 제38조 제1항), 외박자의 외박기간 동안에는 시설급여를 제공한 사실이 없음에도 이를 청구할 수 있는지도 문제점으로 등장하고 있다.

(3) 동일부지 내 복수기관 이용의 경우

동일부지 내의 동일 대표자가 운영하는 복수의 주·야간보호기관, 단기보호기관 또는 시설급여기관이 동일 수급자에게 같은 날 복수의 급여를 제공한 경우 하나의 급여에 대해서만 급여비용을 산정할 수 있다(요양급여고시 제45조 제3항). 이는 수급자에게 필요하다고 인정할 수 있는 적정 수준의 서비스를 기관의 사정에 의하여 초과하거나 과도하게 제공하는 경우에 대한 적정 견제장치를 둔 것으로 보인다.

(4) 병설의 경우

단기보호와 시설급여를 병설하는 기관이 동일 수급자에게 같은 달 단기보호와 시설급여를 모두 제공한 경우에는 한 종류의 급여비용만 산정한다(요양급여고시 제45조 제1항에 의거 제38조 제4항 준용). 여기서 '한 종류의 급여비용만 산정한다.'는 의미가 단기보호와 시설급여를 병설하는 기관에서 동일 수급자가 같은 달에 단기보호를 1일부터 7일까지 이용하고 그 다음날부터 말일까지 노인요양시설에 입소한 경우 노인요양시설비용과 단기보호비용 중 하나를 선택하여 해당월의 비용을 청구하라는 의미인지 모호하다.

(5) 외박기간동안의 다른 수급자의 입소 특례

(가) 외박자를 대신한 입소 및 정원초과 운영 특례

이는 시설 입소자의 장기간 외박으로 인한 시설급여기관의 손실을 고려한 제도로, 이 제도는 외박자 발생 시 일정기간 정원초과 특례를 인정해 주는 제도이므로 기존 입소중인 자 또는 정원이 미충족인 상태에서는 적용대상이 될 수 없으며,

외박자를 포함한 정원이 충족된 상태에서 외박자를 대신하여 새로 입소한 자(이를 '특례입소자'라 한다)가 대상이 될 수 있다. 시설급여기관은 수급자가 외박하는 경우 최초 10일간은 외박자를 대신하여 다른 수급자를 입소시킬 수 없으며, 외박기간이 10일을 초과한 때부터 외박자를 대신하여 시설급여가 가능한 다른 수급자를 입소시킬 수 있다(요양급여고시 제46조 제1·2항). 대신 입소하는 자의 수는 해당 시설급여기관 정원의 5%(소수점 이하 반올림, 정원 10명 미만인 시설은 1인)범위 내로 산정하되, 노인요양시설 내 치매전담실 가형과 나형, 일반실의 정원은 각각 산정하며, 외박자 1인당 특례입소자는 1명을 초과할 수 없다(요양급여고시 제46조 제3항).

대신하여 입소한 자의 입소 후 외박자의 복귀로 인해 일시적으로 정원이 초과된 경우에는 대신 입소자의 입소일부터 90일이 되는 날 또는 다른 입소자의 퇴소로 인해 정원초과가 해소되는 날 중 먼저 도래하는 날까지 정원을 초과하여 운영할 수 있다(요양급여고시 제46조 제4항). 그러나 대신 입소자에 대한 급여비용은 90일까지 산정할 수 있는 것이 원칙이나, 외박자의 장기외박이 지속될 경우에는 180일까지 산정할 수 있다(요양급여고시 제46조 제5항). 특례입소자에 대한 정원초과 허용기간을 초과한 경우에는 일반 입소자로 전환되기 때문에 정원초과 감산의 문제가 발생한다.

(나) 일시적인 정원초과의 문제

외박자를 대신하여 다른 수급자를 입소시킨 이후 외박자가 복귀한 경우 일시적으로 정원초과 사태가 발생한다. 이는 시설급여기관의 안정적 경영을 위한 불가피한 제도라 하더라도「노인복지법 시행규칙」별표4 정원규정에 위반되며, 정원초과입소의 경우 초과된 수급자의 생활공간 등 윤리적인 문제가 발생되는 기관도 있을 수 있다. 또한 최대 대신 입소자의 입소일부터 90일이 되는 날까지만 정원초과 운영이 가능하므로 90일이 초과된 날 이후에는 수급자를 퇴소시켜야 하는 문제가 발생한다.

급여비용 가·감산 산정과 관련된 입소자의 범위관련 요양급여고시 제47조 제1항 제4호에서 「노인복지법」제28조제1항제2호 및 제3호의 규정에 따라 보건복지부장관이나 지방자치단체장의 위탁으로 정원을 초과하여 입소한 자는 입소자에 포함하지 아니한다."고 규정하고 있어 마치 지방자치단체의 위탁이 있으면 정원 초과 운영이 가능한 것으로 보이나, 노인복지법 등에서 정원초과운영이 가능하도록 규정한 사항을 찾아볼 수 없다. 그러나 지방자치단체의 위탁으로 정원을 초과하여 운영할 경우에도 정원 초과된 수급자의 생활공간 등 윤리적인 문제가 있다.

다 | 계약의사의 활동비용

계약의사 활동비용에는 진찰비용과 방문비용이 있다. 여기서는 입소한 수급자가 그 적용대상이며 수급자가 아닌 입소자는 이 규정의 적용대상이 아니다. 그리고 계약의사뿐만 아니라 협약의료기관 소속 의사도 시설급여제공기관을 방문하여 의료서비스를 제공하고 있으나 이 요양급여고시의 규정에서는 계약의사에 대한 규정만 두고 있어 협약의료기관 소속 의사는 이 규정의 적용대상이 아니다.

(1) 진찰비용과 그 산정범위

(가) 진찰비용

계약의사가 시설급여기관을 방문하여 계약의사가 수급자의 건강상태를 확인하고 진찰한 경우 수급자 1인당 1회 진찰비용은 〈표 8-10〉과 같다(요양급여고시 제44조의2 제1항).

<표 8-10> 수급자 1인당 1회 진찰비용

분류	금액(원)
초진비용	건강보험요양급여비용 중 의원급 외래환자 초진진찰료(기본단가)
재진비용	건강보험요양급여비용 중 의원급 외래환자 재진진찰료(기본단가)

초진비용은 해당 시설급여기관에서 해당 계약의사에게 진찰 받은 경험이 없는 수급자를 진찰한 경우, 재진비용은 초진비용에 해당하지 아니한 경우 산정한다(요양급여고시 제44조의3 제1항 제1·2호). 관련 지침에서는 계약의사가 수급자를 처음

진찰한 경우 초진비용을, 그 외는 재진비용을 적용하는 것으로 안내하고 있다.[165] 그리고 수급자가 시설을 퇴소하였다가 동일 시설로 재입소하는 경우에도 계약의사가 동일하면 재진비용을, 의료기관명 또는 의료기관기호가 변경되었더라도 계약의사가 동일하면 재진 비용을 적용하는 것으로 해석하고 있다.

(나) 진찰비용의 산정범위

계약의사 1인은 1일당 수급자 50명까지, 월 최대 150명까지 진찰비용을 산정할 수 있다(요양급여고시 제44조의3 제1항 제3호). 수급자 1인당 진찰비용을 1일 1회, 월 2회까지 산정할 수 있고, 이 경우 방문간격은 2주 이상 두도록 노력하여야 한다. 다만, 직역이 다른 계약의사가 동일 수급자를 진찰한 경우 수급자 1인의 진찰비용을 일 1회, 월 1회 추가 산정할 수 있다(같은항 제4호). 그러나 동일 의료기관에 소속된 계약의사가 2인 이상인 경우에는 계약의사가 소속된 의료기관당 월 최대 300명까지 진찰비용을 산정할 수 있다(같은항 제5호).

법 제13조 제3항에는 "장기요양급여의 제공 기준·절차·방법·범위, 그 밖에 필요한 사항은 보건복지부령으로 정한다."고 하고, 시행규칙 제12조 제1항에서 "장기요양기관은 수급자 개인의 장기요양급여의 종류 및 내용에 대한 선택권을 존중하고 자립생활을 할 수 있도록 지원하여야 하며, 수급자의 심신상태에 따라 적정한 급여를 제공하여야 한다."고 하며, 시행규칙 제12조 제2항에는 "제1항에 따른 적정한 급여제공을 위한 세부기준은 보건복지부장관이 정하여 고시한다."고 규정되어 있다. 진찰비용에 대한 사항을 규정한 요양급여고시 제44조의3은 법 제13조 제3항 및 시행규칙 제12조 제1항·2항의 위임으로 제정된 것으로 보이는데, 법 제13조 제3항 및 시행규칙 제12조 제1항·2항에서 위임한 사항은 '장기요양 급여제공에 대한 세부 기준'을 고시로 위임한 바, 의료행위에 해당되는 계약의사 활동(비용) 및 진찰(비용)이 '장기요양급여(비용)'에 포함되는지에 대하여는 논란이 있다.

계약의사에 대하여 진찰할 수 있는 범위를 제한하는 것은 이해되나, 수급자에게 1일 1회 월 2회까지로 제한하는 규정은 질병이나 부상에 대한 의료서비스의 특

---

165   국민건강보험공단, 2024년 『계약의사 및 협약의료기관 운영매뉴얼』, 25쪽.

성상 이해하기 어렵다. 이와 관련 공단의 매뉴얼[166]을 살펴보면, "① 계약의사의 진찰은 상시적인 건강관리를 목적으로 하므로 월 2회 또는 3회(직역을 달리한 계약의사 진찰 시)를 초과하여 진찰이 필요한 경우에는 의료기관을 방문하도록 안내하고 있다. ② 또한 요양시설 내 모든 수급자는 계약의사의 주기적인 건강관리를 받는 것이 원칙이며, 시설에서는 수급자 및 가족에게 이를 안내하여야 한다. 다만, 최근 의료기관 방문 및 수급자의 거부 등으로 부득이한 경우에는 계약의사와 상의하여 계약의사 진찰을 받지 않을 수 있으며, 수급자가 다른 병원의 진료를 받기를 원한다면 종전대로 외출을 통해 외래진료를 받을 수 있다."고 안내되어 있다.

결론적으로 위 관련내용으로 유추하여 보면, 시설급여기관에서의 수급자에 대한 진찰은 일반적인 의료체계에서의 특정 질병이나 부상을 치료하기 위한 진찰이라기보다는 정기적, 집단적으로 행하는 건강관리 차원의 진찰이라 보인다.

(2) 방문비용과 그 산정범위

(가) 방문비용

계약의사가 해당 시설급여기관을 방문하여 진찰한 경우 소정의 방문비용을 산정할 수 있다. 이 경우 수급자는 부담하지 아니한다(제44조의2 제2항)고 하여 수급자의 방문비용 부담을 면제하고 있다. 이는 일종의 이른바 왕진에 따른 교통비 성격이다. 진찰비용과 달리 방문비용은 수급자 본인부담금이 없는 것으로 미루어 보아 장기요양급여비용에 포함되지 않는 새로운 제3의 지불체계라 본다. 왜냐하면 「의료급여법」 제3조제1항제1호에 따른 수급자와 외에는 장기요양급여비용에 일정율의 본인부담금을 부담하여야 하기 때문이다(법 제40조).

(나) 방문비용의 산정 범위(요양급여고시 제44조의3 제2항)

방문비용은 장기요양기관당 그리고 계약의사당 산정할 수 있는 한계를 설정하였다. 장기요양기관당 방문비용은 해당 장기요양기관에서 활동하는 계약의사의 수를 불문하고 수급자가 50인을 초과하는 장기요양기관의 경우에는 월 3회, 그 이

166　국민건강보험공단, 2024년 「계약의사 및 협약의료기관 운영매뉴얼」, 26쪽.

외의 장기요양기관은 기관당 월 2회까지 산정할 수 있다(요양급여고시 제44조의3 제1항 제1호). 그러나 해당 장기요양기관에서 활동하는 계약의사가 3인 이상인 경우에는 활동한 계약의사마다 월 1회씩의 방문비용을 산정할 수 있다(같은항 제2호).

계약의사당 방문비용은 계약의사가 활동하는 기관의 수를 불문하고 계약의사당 최대 월 2회까지 산정할 수 있다. 다만, 수급자가 50인을 초과하는 장기요양기관에서 1인의 계약의사가 활동할 경우에는 해당 장기요양기관에 한하여 월 3회까지 산정할 수 있다(같은항 제3호).

(3) 계약의사 활동비용의 청구권

계약의사가 소속된 의료기관은 해당 시설급여기관을 대신하여 진찰비용 및 방문비용(이하 "계약의사 활동비용"이라 한다) 중 공단부담금을 공단에 직접 청구할 수 있다(요양급여고시 제44조의2 제3항). 계약의사 활동비용의 경우 시설급여기관이 공단에 청구하여 지급받은 이후 이를 계약의사가 소속된 의료기관에 지급하는 구조인데, 이러한 절차상 불편을 고려하여 계약의사가 직접 청구할 수 있도록 하였다. 요양급여고시 제44조의2 제3항에서 '시설급여기관을 대신하여'라는 내용으로 볼 때 계약의사 활동비용에 대한 청구권은 시설급여기관에 있는데 계약의사가 소속된 의료기관 이를 대리할 수 있다는 것이다. 이는 행정적 편의와 더불어 계약의사의 지위 및 계약사정 등에 비추어 원활한 임금지급을 보장하려는 보조적인 기능도 담당한다 할 것이다.

(4) 협약의료기관 소속 의사의 활동비용 문제

공단의 『노인요양시설평가지매뉴얼』(평가지표번호 39)에는 계약의사 또는 협약의료기관 의사가 기관을 방문하여 월 2회이상 진찰하고 기록하는 항목이 있다. 「노인복지법 시행규칙」[별표5] 노인의료복지시설의 운영기준에는 "계약의사를 두거나 의료기관과 협약을 체결한 경우 해당 계약의사 또는 의료기관의 의사는 매월 시설을 방문하여 입소자의 건강상태를 확인하고 건강상태가 악화된 입소자에 대하여 적절한 조치를 하여야 한다. 이 경우 시설의 입소정원에 따른 방문횟수 등 세부적인 사항은 보건복지부장관이 정한다."고 규정되어 있다. 그리고 보건복지부장관이 정한 『협약의료기관 및 계약의사 운영규정』 제6조에는 "의사는 시설을 방문하여 입소자 별로 월2회 이상 진찰 등을 실시하여야 한다."고 규정되어 있다. 따라서 협약의료기관 소속 의사도 월 2회 이상 시설급여기관을 방문하여 의료서비스를 시행하고 있다고 볼 수 있다. 계약의사와 달리 협약의료기관 소속 의사의 활동비용은 산정되지 않는 것으로 보인다.

이와 같이 이 요양급여고시 규정에서는 계약의사에 대한 규정만 두고 있어 협약의료기관 소속 의사는 이 규정의 적용대상이 아닌 것으로 보인다. 공단에서는 협약의료기관의 의사는 활동비용을 공단으로 청구할 수 없으며, 협약의료 기관의 경우에도 『협약의료기관 및 계약의사 운영규정』에 따른 포괄평가기록지 등을 작성하여야 한다고 안내하고 있다.[167]

10) 치매전담형 장기요양기관 급여제공기준 및 비용산정방법

가 치매전담형 장기요양기관

(1) 의의

치매전담형 장기요양기관은 「노인복지법 시행규칙」 별표4 및 요양급여고시 제70조에 명시된 것으로, 노인요양시설, 노인요양공동생활가정 또는 같은 주·야간보호기관 안에 치매환자 관리를 위한 별도의 시설, 설비 및 인력으로 구성된 치매전담실을 설치하여 치매가 있는 수급자에게 치매관리에 특화된 장기요양급여를 제공하는 기관을 말한다. 치매전담형 장기요양기관 제도는 치매 수급자가 안정감을 느낄 수 있는 시설환경을 제공하고, 치매전문교육을 받은 인력을 배치하여 인지기능 악화 방지 등 치매수급자 맞춤형 서비스를 제공하기 위한 제도이다. 주·야간보호기관과 노인요양시설은 기관안에 별도의 치매전담실을 설치하는 형태이며, 노인공동생활 가정은 기관 전체를 치매전담형으로 운영하는 형태이다.

---

167   국민건강보험공단, 2024년 『계약의사 및 협약의료기관 운영매뉴얼』, 23쪽.

치매전담형 장기요양기관이 될 수 있는 기관은 「노인복지법 시행규칙」 제22조 제1항 별표4에 따른 노인요양시설 내 치매전담실 가형 및 나형, 치매전담형 노인 요양공동생활가정 또는 같은 규칙 제29조제1항 별표9에 따른 주·야간보호 내 치매전담실에 한정한다(요양급여고시 제70조). 즉, 노인요양시설과 주야간보호기관의 경우 치매전담실에 한하여 치매전담형 장기요양기관이라고 하고, 노인요양공동생활가정의 경우 치매전문교육을 이수한 시설의 장, 요양보호사 및 프로그램관리자를 배치한 기관 자체를 전담형 장기요양기관이라고 정의할 수 있다. 치매전담형 장기요양기관은 시행규칙 별지 제19호서식에 의거 치매전담형에 체크하여 지정받은 기관으로 정의할 수 있다. 기존 운영 중인 기관에서 치매전담실 설치 또는 치매전담형 장기요양기관으로 변경 시 시행규칙 제25조에 의거 변경지정신청을 하여야 한다.

한편, 일반수급자와 치매수급자를 별도의 공간으로 분리하여 서비스를 제공하는 방안과 별도로 분리하지 않고 서비스를 제공하는 방법 중 어떠한 방법이 효율성과 효과성을 제고 할 수 있는 좋은 방법인지에 대하여는 여전히 논란이 있다. 그리고 보다 바람직한 운영모델과 관련하여, 같은 시설에서 공간을 분리하여 운영하는 형태와 시설 전체를 치매전담형으로 운영하는 형태 등이 있음을 참고할 수 있을 것이다.

(2) 시설 및 설비기준(노인복지법 시행규칙 별표4, 별표9)

노인요양시설 안에 두는 치매전담실은 ▶ 정원 1명당 면적이 1.65㎡ 이상인 공동거실을 갖추어야 하며, ▶ 치매전담실 입구에 출입문을 두어 공간을 구분하되, 화재 등 비상시에 열 수 있도록 하여야 하며, ▶ 공동으로 사용할 수 있는 화장실과 간이욕실(세면대 포함)을 갖추어야 한다(침실마다 화장실과 간이욕실이 있는 경우에는 제외). 치매전담실의 입소자 1명당 침실면적은 가형은 1인실 9.9㎡ 이상, 2인실 16.5㎡ 이상, 3인실 23.1㎡ 이상, 4인실 29.7㎡ 이상 그리고 나형은 1인실 9.9㎡ 이상, 다인실 1명당 6.6㎡ 이상이어야 한다.

치매전담형 노인요양공동생활가정은 1층에 설치하여야 하며(엘리베이터가 설치된 경우에는 2층 이상에도 설치가능), 정원 1명당 면적이 1.65㎡ 이상인 공동거실을 갖추어야 한다. 주·야간보호시설 내 치매전담실에는 프로그램실을 두어야 하며, 주·야간보호시설 내 치매전담실 입구에는 출입문을 두어 공간을 구분하되, 화재 등 비상시에 열 수 있도록 하여야 한다.

나 치매전담형 장기요양기관 이용대상자

(1) 대상 등급별 이용범위(요양급여고시 제71조 제1항)

2등급(시행령 제6조제1호에 해당하는 자 제외)부터 4등급까지의 수급자의 경우 의사소견서에 '치매상병'이 기재되어 있거나, 최근 2년 이내 치매진료내역이 있는 자에 한하여 치매전담형 장기요양기관을 이용할 수 있다(요양급여고시 제71조 제1항 제1호).

치매상병이나 치매진료내역이 있는 2등급 중 『거동불편자에 해당하는 자』[168] 즉, ▶ 장기요양인정 조사결과 장기요양 1등급을 받을 것으로 예상되는 자, ▶ 장기요양인정 조사결과 장기요양 2등급을 받을 것으로 예상되는 자로서 노인장기요양보험법 시행규칙 제5조 별지 제5호서식 『장기요양인정조사표』 제2호 가목 '신체기능(기본적 일상생활기능)영역' 중 "⑨ 방밖으로 나오기"의 기능자립정도가 완전도움이면서 "⑥ 체위변경하기", "⑦ 일어나 앉기", "⑧ 옮겨 앉기" 항목의 기능자립정도의 합계가 6점 이상인 자는 치매전담형 장기요양기관을 이용할 수 없는 것으로 해석된다(요양급여고시 제71조 제1항 제1호 괄호, 시행령 제6조 제1호, 시행규칙 제3조, 「거동불편자에 해당하는 자」 보건복지부고시). 이들은 1등급에 준하여 소정의 치매프로그램을 실시하기가 어려울 것으로 보이기 때문이다.

5등급 수급자는 제한없이 치매전담형 장기요양기관을 이용할 수 있는데, 5등급은 노인성 질병에 해당하는 치매환자에게 부여되는 등급이기 때문이다(시행령 제7조 제1항 제5호). 인지지원등급 수급자는 주·야간보호 내 치매전담실에 한하여 이용할 수 있다. 인지지원 등급 수급자는 노인성 질병에 해당하는 치매환자에게 부여되는 등급이며 요양급여고시 제2조 제3항에 따라 주·야간보호급여, 단기보호

---

[168] 보건복지부고시 제2016-166호, 2016. 8. 30.

급여 및 종일 방문요양급여와 기타 재가급여만을 이용할 수 있기 때문이다.

치매전담형 장기요양기관 이용 대상자에 해당하더라도 요양급여고시 제2조에 따른 시설급여를 이용할 수 있는 소정의 등급과 요건이 충족되지 아니하면 해당 노인요양시설 안의 치매전담실 또는 치매전담형 노인요양공동생활가정 등을 이용할 수 없는 점에 주의하여야 한다. 이는 1등급 수급자와 2등급 수급자 중 기능자립정도가 열악한 수급자(시행령 제6조 제1호에 해당자)는 다양한 치매프로그램을 이행하기 어렵기 때문에 이용대상에서 제외한 것으로 보인다.

(2) 1등급 또는 기능자립도가 열악한 것으로 변경된 경우

요양급여고시 제71조 제2항의 규정에 따라 수급자가 노인요양시설 내 치매전담실, 치매전담형 노인요양공동생활가정에 입소 중 1등급 또는 2등급(시행령 제6조 제1호에 해당하는 자)으로 변경된 경우 등급이 변경된 날부터 입소 중인 해당기관에서 90일까지 이용할 수 있다. 등급 갱신 절차 등의 과정에서 치매전담형 서비스를 받고 있는 중에 1등급이나 기능자립도가 열악한 상태로 판명된 경우(시행령 제6조 제1호에 해당하는 자)에는 90일까지의 경과규정을 부여한다는 것이다.

한편, 노인요양시설 내 치매전담실, 치매전담형 노인요양공동생활가정에 입소 중인 수급자와 달리 주·야간보호 내 치매전담실을 이용하고 있는 상태에서 1등급 또는 2등급(시행령 제6조제1호에 해당하는 자)으로 변경된 경우에는 90일 경과 규정 적용대상이 아니다.

다 ┃ 치매전담형 장기요양기관의 배치 인력

(1) 시설장, 프로그램관리자 및 치매전문요양보호사 배치의무

요양급여고시 제72조 제1항에 따라 치매전담형 장기요양기관은 치매전문교육을 이수한 시설장(관리책임자), 프로그램관리자, 치매전문요양보호사를 각각 갖추어야 한다. 프로그램관리자란 시설장(관리책임자), 사회복지사, 간호(조무)사, 물리(작업)치료사로서 치매전문교육을 이수한 후 해당기관에 상근하며 수급자의 개인별 특성, 욕구, 기능상태 등을 종합적으로 고려하여 프로그램 계획(내용, 일정, 횟수 등)을 수립하는 등의 업무를 하는 자를 말한다(요양급여고시 제17조 제6항).[169] 치매전문요양보호사란 치매전문교육을 이수한 요양보호사를 말한다(요양급여고시 제17조 제5항).

(2) 프로그램관리자의 겸직 문제

「노인복지법 시행규칙」 별표4 제6호 직원의 배치기준 비고 9에는 노인요양시설 내 치매전담실과 치매전담형 노인요양공동생활가정의 경우에는 보건복지부장관이 정하여 고시하는 자격을 갖춘 프로그램관리자를 두어야 한다. 그리고 「노인복지법 시행규칙」 별표9 제4호 인력기준 비고 5에는 "주·야간보호시설 내 치매전담실의 경우에는 보건복지부장관이 정하여 고시하는 자격을 갖춘 프로그램관리자를 두어야 한다."고 각각 규정하고 있다. 같은 별표 제6호의 직원의 배치기준과 제4호 인력기준상에는 '프로그램관리자'에 대한 배치 '칸(항목)' 자체가 규정되지 않은 것은 일반 장기요양기관에 대한 것으로 보인다. 즉, 일반장기요양기관의 인지활동형 방문요양급여 등의 경우 의무적으로 배치하여야 할 '프로그램관리자'를 시설장(관리책임자), 사회복지사, 간호(조무)사, 물리(작업)치료사의 치매전문교육 이수를 통해 겸임(활용)하기 때문이다(요양급여고시 제17조 제6항).

치매전담형 장기요양기관의 경우 요양급여고시 제72조 제1항에 "치매전담형 장기요양기관은 치매전문교육을 이수한 시설장(관리책임자), 프로그램관리자, 치매전문요양보호사를 각각 갖추어야 한다. 다만, 단독으로 운영하는 노인요양공동생활가정, 입소자 10인 미만 규모의 주·야간보호기관의 경우 시설장(관리책임자)

---

169 「노인복지법 시행규칙」 별표4 제6호 직원의 배치기준 비고 9에는 "노인요양시설 내 치매전담실과 치매전담형 노인요양공동생활가정의 경우에는 보건복지부장관이 정하여 고시하는 자격을 갖춘 프로그램관리자를 두어야 한다."고 규정되어 있으나, 별표4 제6호의 위임을 받아 제정된 프로그램관리자 관련 고시는 찾아볼 수 없다. 다만 노인장기요양보험법령에 뿌리를 두고 있는 제정·시행되고 있는 「장기요양급여 제공기준 및 급여비용 산정방법 등에 관한 고시」에는 프로그램관리자에 대한 자격 기준 등이 있는데 이 자격 기준이 「노인복지법 시행규칙」 별표4 제6호의 위임에 따라 제정된 것이라면 위임입법 체계상 위법성의 문제가 있다고 볼 수 있다. 왜냐하면 「장기요양급여 제공기준 및 급여비용 산정방법 등에 관한 고시」는 노인복지법 시행규칙의 위임을 받아 제정된 것이 아니기 때문에 그 근거법률에 대한 정당성 내지 타당성을 인정하기 어렵다고 볼 것이다(같은 고시 제1조 참조).

이 프로그램관리자를 겸임할 수 있다."고 규정되어 있다. 따라서 치매전담형 장기요양기관은 치매전문교육을 이수한 시설장(관리책임자), 프로그램관리자, 치매전문요양보호사를 모두 배치하여야 하나 치매전담형 장기요양기관 중 단독으로 운영하는 노인요양공동생활가정, 입소자 10인 미만 규모의 주·야간보호기관의 경우에 한하여 시설장(관리책임자)이 프로그램관리자를 겸임할 수 있는 것으로 해석된다. 여기서의 겸임과 요양급여고시 제75조 제2항의 "월 중 프로그램관리자가 퇴사한 경우 해당월은 시설장(관리책임자)이 그 역할을 수행하여야 한다"는 규정은 그 성격이 다르다는 점에 주의하여야 한다.

여기서 '단독으로 운영하는'이란 병설(동일 부지 내에서 기관기호가 다른 기관을 동시에 운영) 또는 함께 운영(여러 종류의 재가급여를 동일한 기관기호하에서 동시에 운영)하지 않는 것을 의미하므로, 단독으로 운영하는 노인요양공동생활가정과 입소자 10인 미만 규모의 주·야간보호기관의 경우에만 시설장(관리책임자)이 프로그램관리자를 겸임할 수 있는 것으로 해석된다.[170]

(3) 치매전담 장기요양기관 종사자의 업무

시설장(관리책임자)은 수급자의 특성·욕구 등을 고려한 적정한 서비스가 제공될 수 있도록 종사자에 대한 지도·감독 및 안전하고 쾌적한 환경 조성에 노력한다(요양급여고시 제72조 제2항 제1호). 프로그램관리자는 ▶ 수급자의 개인별 특성, 욕구, 기능상태 등을 종합적으로 고려하여 프로그램 계획(내용, 일정, 횟수 등)을 수립하고, 프로그램 계획에 따른 요양보호사의 급여 제공을 모니터링하고 요양보호사에게 적정한 급여 제공을 지도하며, ▶ 수급자 가족을 대상으로 교육·상담 또는 지지 및 참여프로그램 제공 등의 업무를 수행한다(같은항 제2호). 치매전문요양보호사는 프로그램관리자가 수립한 계획에 따라 프로그램을 제공한다(같은항 제3호).

(4) 치매전담실과 일반실 간 요양보호사 공동활용 금지

요양급여고시 제72조 제3항에 따르면 치매전담실과 일반실 간 요양보호사를

---

170   보건복지부 요양보험제도과, '21.11.8

공동활용하여서는 아니된다. 다만, ▶ 야간시간(22시부터 다음날 06시)에 서비스를 제공하는 경우, ▶ 주·야간보호기관이 이동서비스를 제공하는 경우에는 공동으로 활용할 수 있다고 규정하고 있다. 사회복지사 등의 프로그램관리자 겸직과 달리 야간시간과 이동서비스 이외에는 요양보호사를 치매전담실과 일반실간 공동활용을 금지하고 있다. 치매전담실의 요양보호사의 경우 일반실과 달리「노인복지법 시행규칙」별표4에서 노인요양시설은 입소자 2명당 1명, 별표9에서 주·야간보호 기관은 이용자 4명당 1명으로 특화하였기 때문에 요양보호사를 일반실과 공동 사용할 수 없도록 하였다.

요양보호사에 대하여만 치매전담실과 일반실 간 요양보호사 공동활용을 금지하는 규정으로 보아 사회복지사, 간호(조무)사 및 물리(작업)치료사는 치매전담실과 일반실간 공동활용이 가능한 것으로 보인다.

라 치매전담형 장기요양기관 급여비용 산정방법

주·야간보호 내 치매전담실 급여비용은 수급자의 장기요양등급과 1일당 급여 제공시간에 따라 정한 금액으로 하며, 노인요양시설 내 치매전담실 가형 및 나형 그리고 치매전담형 노인요양공동생활의 급여비용은 1일당 수급자의 장기요양등 급에 정하여진 금액으로 한다(요양급여고시 제74조). 치매전담실의 급여비용(수가) 은 일반실의 급여비용과 다르게 적용한다.

(1) 치매전문교육 이수자가 없거나 맞춤형 서비스 미제공 시

요양급여고시 제75조 제1항에 따라 치매전담형 장기요양기관에 치매전문교육을 이수한 시설장(관리책임자) 또는 프로그램관리자가 없거나, 요양급여고시 제72 조 제2항에 해당하는 업무를 수행하지 않은 경우에는 급여비용의 90%를 산정한 다. '요양급여고시 제72조 제2항에 해당하는 업무를 수행하지 않은 경우'란 시설 장(관리책임자), 프로그램관리자 및 치매전문요양보호사가 수급자의 개인별 특성, 욕구, 기능상태 등을 종합적으로 고려한 프로그램 등을 제공하지 아니한 경우를 말한다.

치매전담형 장기요양기관에 치매전문교육을 이수한 시설장(관리책임자) 또는 프로그램관리자가 없거나 수급자 개인별 맞춤형 치매프로그램을 제공하지 않은 경우는 완전하지 않은, 다시 말해 흠결 있는 서비스이다. 소비자인 수급자와의 계약불이행에 해당하는 서비스임에도 소정의 비용을 청구할 수 있다는 것이며 소비자에게는 대가를 지불하고 구매할 것을 사실상 강제당하고 있는 규정으로 볼 수도 있다. 이러한 흠결있는 서비스를 제공한 경우에 해당되어 부당청구에 해당될 수 있음에도 소정의 급여비용의 90%를 지급한다는 것은 국가재정의 효율적 운용 및 적정 서비스 제공 수준, 수급자의 욕구 충족정도 등을 고려할 때 문제가 있다고 본다.

(2) 퇴사로 인하여 일부 업무를 수행하지 못한 경우

요양급여고시 제75조 제1항 단서에서는 "월 중 퇴사로 인해 일부 업무를 수행하지 못한 경우에는 그러하지 아니하다."고 규정하고 있어 월 중 퇴사로 인해 일부 업무를 수행하지 못한 경우에는 온전한 비용을 지급하겠다는 것으로 이해할 수 있다.[171] 장기요양급여의 소비자는 프로그램관리자의 월 중 퇴사로 인해 일부 서비스를 제공받지 않았음에도 그 비용은 온전한 서비스 비용으로 지불하라는 규정은 공정한 거래가 아니다. 여기서 퇴사 대상 직원이 요양급여고시 제57조 제1항 본문에 규정된 치매전문교육을 이수한 시설장(관리책임자) 또는 프로그램관리자를 의미하는 것인지 치매전문요양보호사까지를 포함하는 것인지 모호하나, 본문을 부정하는 단서규정의 특성상 치매전문교육을 이수한 시설장(관리책임자) 또는 프로그램관리자로 한정하여 해석하여야 할 것이다. 그리고 '월 중 퇴사로 인해 일부 업무를 수행하지 못한 경우'란 시설장(관리책임자) 또는 프로그램관리자가 퇴사한 달은 급여비용의 90%를 지급하고 그 이후는 지급자체를 산정할 수 없다는 것인지 일반실의 급여비용을 산정한다는 것인지도 모호하다.

---

171 보건복지부·국민건강보험공단, 치매전담형 장기요양기관 운영 매뉴얼, 2024, 13쪽에 따르면 "치매전문교육을 이수한 시설장 또는 프로그램관리자가 없거나, 고시 제72조 제2항의 업무를 수행하지 않을 경우 급여비용의 90% 산정 * 다만, 월 중 퇴사로 인해 일부 업무를 수행 못한 경우에는 감액산정하지 않음"이라고 되어 있다.

시설장 또는 프로그램관리자(사회복지사, 간호사, 간호조무사, 물리치료사, 작업치료사)의 퇴사는 요양급여고시 제66조의 인력배치기준 위반감액규정의 적용대상으로 이어질 수 있다.

(3) 월 중 프로그램관리자가 퇴사한 경우

월 중 프로그램관리자가 퇴사한 경우 해당 월은 시설장(관리책임자)이 그 역할을 수행하여야 한다(요양급여고시 제75조 제2항). 요양급여고시 제72조 제1항의 규정으로 볼 때 단독으로 운영하는 노인요양공동생활가정, 입소자 10인 미만 규모의 주·야간보호기관의 시설장(관리책임자) 이외의 시설장은 프로그램관리자를 겸임할 수 없음에도 요양급여고시 제75조 제2항에서 특별히 프로그램관리자가 퇴사한 경우 해당 월은 시설장(관리책임자)이 그 역할을 수행하도록 하고 있다. 치매전담형 장기요양기관의 시설장은 치매전문교육을 이수한 자이여야 하므로 시설장으로 하여금 프로그램관리자의 공백을 담당하도록 하고 있다. 시설장(관리책임자)이 그 역할을 수행할 수 있는 기간은 요양급여고시 제75조 제2항의 '월 중'이라는 의미로 볼 때 프로그램관리자가 퇴사한 경우 해당 월에 한정되는 것으로 우선적으로 해석되는 것으로 이해된다.

(4) 치매전담실에 입소한 수급자가 1등급 등으로 변경된 경우

노인요양시설 내 치매전담실, 치매전담형 노인요양공동생활가정에 입소 중 1등급 또는 2등급(시행령 제6조제1호의 기능자립도가 열악한 상태로 판명된 자 등)으로 변경된 경우 등급이 변경된 날부터 입소 중인 해당기관에서 90일까지 이용할 수 있다. 이들의 급여비용은 노인요양시설내 치매전담실의 수급자는 요양급여고시 제44조 제1항 제1호의 표 중 '바-1' 또는 '바-2'의 급여비용을, 치매전담형 노인요양공동생활가정의 수급자는 요양급여고시 제44조 제2항의 표 중 '바-7' 또는 '바-8'의 급여비용을 산정한다(요양급여고시 제75조 제4항).

(5) 같은 기관에서의 수급자 이동

기관기호가 동일한 장기요양기관에서 동일 수급자에게 같은 날 치매전담실(일반실)과 일반실(치매전담실) 간 이동하여 급여를 제공한 경우, 급여제공시간을 모두 합산하여 일반실 기준으로 해당 일의 급여비용을 산정하며, 입소자 수 계산 시 일반실을 기준으로 적용한다(요양급여고시 제75조 제5항).

기관기호가 동일한 장기요양기관에서 같은 날 치매전담실 간 이동하여 동일 수급자에게 급여를 제공한 경우, 급여제공시간을 모두 합산하여 하나의 실을 기준으로 해당 일 급여비용을 산정하며, 입소자 수 계산 시 급여비용을 산정한 실을 기준으로 적용한다. 다만, 동일 수급자에게 같은 날 치매전담실 가형과 나형 간 이동하여 급여를 제공한 경우 급여제공시간을 모두 합산하여 치매전담실 나형을 기준으로 해당 일의 급여비용을 산정하며, 입소자 수 계산 시 급여비용을 산정하는 치매전담실 나형을 기준으로 적용한다(요양급여고시 제75조 제6항).

마 일반 수급자의 치매전담실 입소 및 급여비용의 가·감산

치매전담실에 일부 공실이 발생한 경우 일반 수급자는 입소할 수 없다. 왜냐하면 치매전담실은 시설이나 인력 그리고 프로그램이 치매 수급자에게 특화되어 있기 때문에, 일반 수급자에게 치매에 특화된 서비스를 제공한다는 것은 정상적인 혹은 제도 목적에 부합하는 바람직한 서비스로 보기 어렵기 때문이다.

급여비용의 가산 또는 감액산정을 위한 입소자의 범위 산정시 노인요양시설 및 주·야간보호기관의 경우 치매전담실, 일반실을 각각 구분하여 산정하는 것으로 요양급여고시 제47조 제2항에 규정되어 있다. 그러나 요양급여고시 제56조 제1항 제1호의 월 가산 기준금액 산정 시에는 ▶ 치매전담실과 일반실이 있는 노인요양시설의 경우 해당 월 일반실 수급자별 급여비용 합의 80%를 산정하며, ▶ 치매전담실과 일반실이 있는 주·야간보호기관의 경우 해당 월 일반실 수급자별 급여비용 합의 85%를 산정하고, 입소자 수는 일반실 입소자 수로 산정하는 등 업무의 일관성 등에 있어 정립되지 않은 사항들이 있다. 특히, 치매전담형 노인요양공동생활가정의 요양보호사 인력추가배치 가산의 경우 치매전담실이 있는 노인요양시설과 주·야간보호기관과 달리 일반 노인요양공동생활가정과 같이 적용하여 상대적 차별이 발생하고 있다(요양급여고시 제55조 제1항 제1호 나목).

급여비용의 가산 및 감액
산정 기준

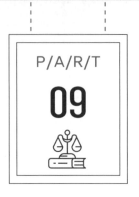

P/A/R/T

09

급여비용의 가산 및 감액산정 기준

1 가·감산 제도의 의의 및 문제점

가 가·감산제도의 취지

가·감산제도는 장기요양 수가(급여비용) 구조 및 서비스의 특성에서 비롯된 것이다. 장기요양 수가(급여비용)는 각 서비스 항목별 그리고 서비스 행위별이 아닌 시간당, 1일당 포괄수가로 책정되어 있다. 서비스 내용은 수가가 적용되는 시간 동안 투입되는 인력 그리고 정해진 수가에 충족되도록 서비스가 제공되었는지에 대한 영역이다.

즉, 장기요양급여 비용의 구조와 인력배치기준이나 서비스 제공기준의 미비점을 보완하기 위하여 급여비용의 가산 및 감액 제도가 제정되기에 이르렀다. 가산 제도는 수급자 개인에게 제공된 서비스의 양, 종류, 난이도, 항목별 제공시간 등과 관계없이 시간당 또는 등급별 일당 정액으로 책정되어 있는 수가체계의 특성상, 기준보다 더 많은 서비스를 제공하더라도 기준으로 정해진 비용만을 지급받는 불합리적 가능성의 영역 등을 의식한 제도로 볼 수 있다. 또한 서비스 제공인력이나 프로그램제공 기준은 최소한의 필요인력 수와 최소한의 서비스 제공기준 등을 규정한 것이므로 이를 초과하여 인력을 배치하거나 서비스를 제공한 경우 인센티브를 주기 위한 제도로 볼 수도 있다.

예컨대 시설급여기관의 인력배치기준의 경우, 이는 장기요양기관에서 입소자가 기본적인 시설급여를 받을 수 있도록 인력 배치기준을 정하여 최소한으로 필요한 인력을 준수하는 것을 전제로 입소자 1인당 1일 요양비용을 정한 것이다. 그러므로 인력배치기준을 반드시 준수하여 기본적인 요양급여가 제공되도록 강제함과 동시에, 서비스의 품질을 높이고자 그보다 더 많은 인력을 배치하여 더 양질의 요양급여를 제공하도록 장려하고 있다. 반대로 인력배치기준보다 적은 인력을 배치한 경우에는 패널티를 주는 제도이기도 하다.

인력의 추가배치 및 인력 배치기준 위반과 관련된 가산 또는 감액 산정 기준에서 월 기준근무시간 등의 제도를 엄격히 규정한 것은 요양보호사 또는 간호(조무)사 등에 대해 수급자에게 직접적인 돌봄과 요양 업무만을 전담하게 하여 수급자에 대한 요양서비스 업무와 관련된 업무능력을 고취시키고, 요양서비스의 질을 높이기 위해 도입된 제도라고 볼 수 있다.

나 가·감산제도의 문제점

(1) 제도의 복잡성

가산 및 감액 산정기준이 복잡하기 때문에 이와 관련된 공단의 장기요양기관에 대한 부당청구환수 건이 많이 발생하고 있어 논란과 쟁점이 많이 대두되고 있다.

가산제도는 규정상 기본적으로 요구되는 기준을 초과하여 인력이나 서비스를 제공한 경우 이를 가산하여 요양급여비용으로 지급하는 제도이다. 그러나 가산제도의 복잡성으로 장기요양기관은 항상 서비스 제공 후 잠재적 불법성의 우려, 즉 서비스 제공 후에 부당이득으로 오인받거나 잘못 판단받는 등 모호한 상황에 대한 부담이 클 뿐 아니라, 다른 시각에서는 기준을 초과한 서비스 수준에 대한 초과비용까지 사회보험에서 지출하여야 되는지에 대한 논란도 있다. 가산제도에 대한 사회적 고려사항을 보다 중시한다면, 가산제도를 폐지하고 이 부분을 비급여로 하여 수급자와 서비스 제공기관 간의 사적 계약의 영역에서 처리하는 것도 고려해 볼 만하다.

근무시간, 근무인원 등의 산정에 있어 기준 위반 시 같은 위반 건에 대하여 가산금으로 기지급된 것을 환수당하는 한편, 감산규정을 적용하여 다시 환수처분을 받는 등 같은 건에 대한 이중환수(처분)의 문제가 있었으나, 2024년 요양급여고시의 개정으로 이러한 불합리성은 어느정도 해소되었다.

가산 또는 감액 산정 관련 월 기준근무시간 등 산정방법이 대단히 복잡하여 IT(정보통신기술)의 도움 없이 수작업으로는 도저히 계산할 수 없는 복잡성이 큰 문제이기 때문에, 장기요양기관의 청구 업무와 이에 따른 착오청구가 곧 부정청구로 이어질 수 있다는 불안감이 상존하고 있다. 특히, 가산 및 감액산정 기준과 절차의 복잡성으로 인하여 단순착오나 실수가 발생하는 경우, 부당청구로 이어져 부당청구 금액 환급나 환수의 문제를 넘어 업무정지 등 행정처분으로 이어지는 문제점을 내포하고 있는 바, 실무상 단순 착오청구와 고의성을 구분하기 어려운 점은 있겠으나, 다른 한편으로는 고의성이나 반복성 등이 없는 착오청구에 대하여 구체적인 고려 없이 업무정지 등 처분을 하는 것은 착오청구의 원인을 고의나 중대한 과실로 취급하는 것으로 이해될 소지가 있는 바 제도 개선이 필요한 영역으로 본다.

(2) 새로운 지불체계의 창설 및 본인부담금 문제

장기요양보험의 급여비용(수가) 체계는 법 제39조 제3항 및 시행규칙 제32조에 따라 ▶ 방문형 재가급여는 수급자 개인별 방문시간당 또는 방문횟수를 기준으로, ▶ 주·야간보호, 단기보호 및 시설급여는 수급자 개인별 장기요양등급별 제공시간과 급여제공일수를 기준으로 산정하여야 한다(시행규칙 제32조). 장기요양급여비용 체계는 각각의 수급자가 장기요양기관으로 제공받은 서비스 비용을 공단과 수급자 본인이 부담하는 체계이므로 급여비용의 책정단위는 수급자 개인별로 산정되어야 한다. 즉, 장기요양급여비용의 체계는 수급자가 장기요양보험료를 납부한 대가로 장기요양급여를 공단과 수급자 개인이 이를 구매하는 형태이므로, 급여비용은 수급자 개인별로 책정되는 구조이다. 그러나 요양급여고시 제5장 제2절의 가산제도는 해당되는 수급자 전체의 급여비용에 대한 소정의 가산비용을 지불하는 구조로 되어 있다. 더구나 『장기요양급여비용 청구 및 심사·지급업무 처리기준』[172]의 별첨1 청구서·청구명세서 작성요령 2-서 내용을 종합하여 보면, 가산 적용 시 그 가산 이전의 장기요양급여비용을 기준으로 본인부담금을 산정하고, 반대로 감산적용 시에는 감산 적용된 장기요양급여비용을 기준으로 본인부담금을 산정하고 있다. 이에 따라 법상 본인부담율 부과 대상인 요양급여비용제도의 근간을 훼손하여 사실상 가산의 경우 본인부담금 일부 면제 효과가 있다. 이러한 문제는 가산 금액을 수급자별로 계산하기가 기술적으로 어렵기 때문인 것인지, 가산으로 본인부담이 증가할 경우 민원을 의식한 것이지 알기 어렵지만 감산적용에 의한 수급자 그리고 가산적용을 받지 않는 수급자에 비해 가산 적용을 받는 수급자가 혜택을 받는 구조이다.

이와 관련, 급여비용의 가산적용으로 총 급여비용이 증가하였음에도 증가하기 이전 금액을 기준으로 본인부담을 적용할 경우 그 차액은 결국 가입자들의 보험료 부담 증가로 이어지는 것은 문제이다. 주·야간보호급여의 경우 미이용일에도 본인부담금을 부담하게 하고(요양급여고시 제32조 제3항), 시설급여의 경우 의료기관에 입원 등 실제 서비스를 받지 않은 일정 기간에 대하여도 본인부담금을 부담하게 하면서(요양급여고시 제45조 제2항), 기준 이상의 인력 등으로부터 양질의 서비스를 가산하여 받음에도 불구하고 그 추가적인 서비스비용에 대하여는 본인부담금이 발생하지 않는 급여비용 가산규정은 상위 규정의 위임의 범위와 관련된 문제와 더불어 수급자 간 형평성 등의 문제가 있다.

(3) 급여비용(수가)제도의 왜곡

가·감산제도의 다른 문제점은 수급자 개인별 시간당, 회당 또는 1일당으로 책정된 기본적인 비용(요양급여고시 제18조, 제44조 등)을 인상하거나 인하하는 방법으로 비용(수가) 정책을 실시할 경우 재정의 대폭적인 증·감 등 복잡한 문제가 발생하기 때문에 이를 회피하기 위하여 비교적 인상정책 등을 용이하게 할 수 있는

---

172   보건복지부 고시 제2024-268호, 2024. 4. 12.

가·감산제도를 선호할 수 있다는 점에 있다. 즉, 기본적인 급여비용(수가) 제도를 활용하지 않고 다양한 수가 가·감산제도를 창설하여 운영할 경우, 제도도입 및 수정 등은 용이할 수 있는 반면, 급여유형 간 그리고 제공인력 간 급여비용(수가) 왜곡 현상이 초래될 수 있는 부작용이 우려된다.

다 | 가·감산 기준 위반 관련 판례의 입장

장기요양보험의 수가(요양급여비용)는 1일당, 시간당으로 수가가 책정되어 있어 구조적으로 장기요양급여 공급자 입장에서는 자원의 투입량(서비스 제공량)을 기준 이상으로 늘리기보다는 최소한의 자원을 투입하려는 기전이 있음을 배제하기 어렵다. 장기요양기관 간 설비나 시설 및 인력배치에 있어 편차가 발생하고, 서비스 품질에서도 장기요양기관 간 격차가 많이 발생하고 있다. 「노인복지법 시행규칙」 (제22조, 제29조)에는 기관 종류별 배치인력의 수만 규정되어 있고 이들 인력의 근무시간 등에 대해서는 언급이 없다. 이러한 문제점을 보완하기 위하여 도입된 것이 인력배치 등에 따른 급여비용 가감산제도이다.

급여비용 가산 유형에는 인력 추가 배치, 방문요양 사회복지사 등 배치, 간호사 배치, 야간직원배치, 맞춤형서비스 제공이 있다(요양급여고시 제53조). 급여비용 감산 유형에는 정원초과, 인력 배치기준 위반, 전문인 배상책임보험 미가입 등이 있다(요양급여고시 제63조).

급여비용의 가산이나 감산 적용규정을 위반하여 비용을 공단으로부터 지급받은 장기요양기관의 경우 법 제43조 제1항 제4호의 '거짓이나 그 밖의 부정한 방법으로 장기요양급여비용을 청구하여 이를 지급받은 경우'에 해당된다.[173]

---

173 서울고등법원 2023. 4. 19. 선고 2021누54516 판결; 서울행정법원 2021. 6. 24. 선고 2020구합 70052 판결.

2 급여비용의 가산 및 감액 산정 일반원칙

급여비용의 가산 및 감액 산정을 하기 위하여 가산 및 감액 산정에 사용되는 기본 개념에 대한 정의를 고려해야 하는데, 여기서의 개념 정의는 일반적인 개념과 달리 가산 및 감액 산정에만 사용됨을 주의하여야 한다. 가산 및 감액 산정에 사용되는 기본 개념에는 입소자의 범위, 인력배치기준 계산방법, 월 기준 근무시간, 근무인원 기준, 근무인원수 산정방법, 가산 및 감액산정이 적용되는 급여비용의 범위 등이 있다.

가 입소자의 범위

(1) 일반원칙

가산 또는 감액산정을 위한 입소자의 범위에는 등급외자는 포함하고, 외박자의 경우 외박비용을 산정하는 기간에는 입소자에 포함하며 산정기간을 초과한 경우에는 포함하지 아니한다. 주·야간보호기관 미이용일에 대한 급여비용이 산정되는 수급자는 입소자에 포함된다. 보건복지부장관이나 지방자치단체장의 위탁으로 정원을 초과하여 입소한 자는 입소자에 포함하지 아니한다. 다만, 다른 입소자 퇴소로 인해 정원초과가 해소되는 경우 그 즉시 바로 입소자에 포함한다. 시설급여기관의 특례입소자(외박자 대신 입소자)는 입소자에 포함한다. 외박자의 복귀로 인하여 일시적으로 정원을 초과하여 운영할 수 있는 기간 동안에는 특례입소자를 입소자에 포함하지 아니한다(요양급여고시 제47조 제1항 제1호~제5호).

(2) 주야간보호기관의 입소자의 범위 특례

요양급여고시 제47조 제1항 제6호에서 "노인돌봄서비스 제공기관으로 지정된 주·야간보호기관을 이용하는 노인돌봄대상자에 대해서는 정원의 10%(소수점 이하 반올림) 범위까지 입소자에 포함하지 아니한다."고 규정되어 있으나, '노인돌봄서비스 제공기관으로 지정된 주·야간보호기관' 제도의 실체가 없다. 노인돌봄서비스 제공기관으로 지정된 주·야간보호기관을 「사회서비스 이용 및 이용권 관리에 관한 법률」 제2조 제4호의 '사회서비스 제공자'로 볼 경우, 사회서비스 이용자(「사회서비스 이용 및 이용권 관리에 관한 법률」 제2조 제3호)에게 주·야간보호기관의 정원의 10%까지는 정원을 초과하여 운영할 수 있는 것으로 해석되므로 상위 규정인 「노인복지법 시행규칙」 별표9의 소정의 인력배치기준(정원규정)의 위반 문제가 쟁점이 될 수 있다.

요양급여고시 제47조 제1항 제7호에서 "주·야간보호기관이 인지지원등급 수급자에게 월한도액 범위 내에서 급여를 제공한 경우, 정원의 10%(소수점 이하 반올림) 범위까지 초과하여 운영할 수 있다. 이 경우 정원을 초과한 인원은 인지지원등급 수급자이어야 하며, 동 수급자는 입소자 수에 포함하지 아니한다."고 규정되어 있다. 그러나 인지지원등급의 수급자에게 정원초과를 허용하고 있는 이 규정은 상위 규정에 위임근거도 찾을 수 없을 뿐만 아니라 상위 규정인 「노인복지법 시행규칙」 별표9의 소정의 인력배치기준(정원규정) 자체의 존립성을 정면으로 부정할 수 있는 자의적인 규정이다.

(3) 입소자의 수 계산방법

월별 입소자 수는 해당 월의 각 일자별 입소자 수의 합계를 그 월의 급여제공 일수로 나누어 계산하며, 주·야간보호기관의 각 일자별 입소자 수는 하루 중 입소자 수가 가장 많은 시간대를 기준으로 산정한다. 일자별 입소자 수에는 입소한 자는 포함하고 퇴소한 자는 포함하지 아니한다(요양급여고시 제47조 제2항).

나 　인력배치기준 계산방법

요양급여고시 제48조 제1항에 따르면 급여비용의 가산 또는 감액산정을 위한 기관유형별·직종별 인력배치기준은 「노인복지법 시행규칙」 별표4호·9호에 따르며, 계산한 결과 소수점 이하는 반올림하며, 반올림하여 계산한 결과가 0.5 미만인 경우에는 기본 1명을 배치하여야 한다. 그러나 소수점 이하 반올림 규정을 적용할 경우 「노인복지법 시행규칙」 별표4 등에서 요구하는 최소 인력배치 기준에 위반함에도 급여비용의 감산대상이 아니라 오히려 가산대상이 될 소지가 있다. 가령 노인요양시설에 입소자가 34명일 경우 요양보호사는 「노인복지법 시행규칙」 별표4에 따라 최소한 『34÷2.1=16.19명』을 배치하여야 하는데 16명을 배치하였을 경우 이는 노인복지법 시행규칙상의 인력배치기준 위반임에도 이 요양급여고시 반올림 규정에 따라 16명만 배치하여도 감산대상이 아니라 오히려 가산대상이 될 수 있다는 것이다.

요양급여고시 제48조 제1항에 규정된 '기관유형'이란 노인복지법상의 시설인력기준관련 규정과 장기요양지정신청서의 서식 등으로 유추하여 볼 때 노인요양시설, 노인요양공동생활가정, 주·야간보호, 방문요양, 방문목욕, 방문간호 등으로 해석된다.

다 월 기준 근무시간

급여비용의 가산 또는 감액산정을 위한 근무인원 1인당 월 기준 근무시간은 『해당 월에 공휴일, 근로자의 날 및 토요일을 제외한 근무가능일수 × 8시간』이다. 월 중 사업을 개시하거나 휴·폐업하는 경우 근무인원 1인당 월 기준 근무시간은 『해당월 중 사업을 운영한 기간 중 공휴일, 근로자의 날 및 토요일을 제외한 근무가능일수 × 8시간』으로 한다(요양급여고시 제49조 제1항). 여기서 공휴일이란 「관공서의 공휴일에 관한 규정」에 따른 공휴일을 말한다(요양급여고시 제32조 제3항 제2호).

근무시간이 매월 말일에서 익일인 다음 날 1일까지 연속되는 경우에는 근무가 시작된 달의 근무시간으로 산정한다(요양급여고시 제49조 제3항). 따라서 이 경우 매월 1일인 근무시간은 전달의 근무시간으로 산정하여야 하는데 실무에서는 1일이 속하는 달의 근무시간으로 산정하는 경우가 있어 환수의 문제가 발생하고 있다.

라 | 근무인원 및 근무인원 1인

(1) 개념 및 의의

근무인원은 시장·군수·구청장에게 신고한 인력 중 해당 장기요양기관에서 신고 당시 기재한 직종으로 근무하는 직원을 말한다(요양급여고시 제50조 제1항). '근무인원 1인'으로 계산하기 위한 직원 1인은 휴게시간을 제외하고 월 기준 근무시간 이상 신고한 직종으로 실 근무한 직원이어야 한다(요양급여고시 제51조 제1항). '근무인원 1인'은 인력배치기준 위반에 따른 감산과 인력추가배치 가산의 기준이 되므로 중요한 개념이다. 실무에서 '신고한 직종으로 실 근무한 직원'이란 규정에 얽매여 사회복지사, 간호(조무)사, 요양보호사 및 물리(작업)치료사 등 겸직이나 타 직종 업무의 일부 수행이 허용되지 않은 직종의 경우, 직종간의 업무 도움이나 지원이 이루어지고 있지 않아 적절한 팀워크 부족 등이 문제로 등장하기도 한다. 휴게시간이란 「근로기준법」 제54조에 따른 "근로시간이 4시간인 경우에는 30분 이상, 8시간인 경우에는 1시간 이상의 휴게시간"의 범위 내에서 장기요양기관의 취업규칙 등에서 부여된 실제 휴게시간을 말한다.

치매전문 요양보호사가 아닌 요양보호사가 치매전담형 장기요양기관에서 월 기준 근무시간 이상 근무한 경우 배치인력 1명을 0.5명으로 산정하되, 요양보호사가 치매전문교육을 이수한 날이 속하는 월은 치매전문요양보호사로 근무한 것으로 본다(요양급여고시 제51조 제1항 단서).

실제 근무여부는 출근부, 장기요양급여 제공기록지, 실제 월급수령액, 직원들의 진술내용, 근로계약서, 교통카드사용 내역, 신용카드사용내역, 진술의 신빙성 등을 종합적으로 고려하여 판단할 수 있다.[174]

(2) 신고한 직종으로 근무 여부의 문제

「노인복지법 시행규칙」 별표4가 시설별 직원의 배치기준을 규정하면서 요양보호사, 간호(조무)사, 사무원, 조리원, 위생원 등을 구분하여 둔 취지는 노인요양시

---

174 서울행정법원 2014. 10. 16. 선고 2013구합64127, 2014구합59535(병합) 판결.

설의 요양서비스 제공에 있어 각 업무분야에 필요한 전문 종사자를 배치함으로써 수급자에게 적정하고 적합한 양질의 서비스가 제공되도록 하기 위한 것이다.[175]

주·야간보호, 단기보호 및 시설급여에 관한 업무를 수행하는 장기요양요원은 그 종류에 따라 요양보호사, 사회복지사, 간호사, 간호조무사, 물리치료사, 「의료기사 등에 관한 법률」 제2조 제2항 제4호에 따른 작업치료사로 규정되어 있다(법 제23조 제2항, 시행령 제11조 제1항). 「노인복지법 시행규칙」 별표4 제6호의 노인요양시설의 인력배치기준에는 시설의 장, 사무국장, 사회복지사, 의사 또는 계약의사, 간호사 또는 간호조무사, 물리치료사 또는 작업치료사, 요양보호사, 사무원, 영양사, 조리원, 위생원, 관리인을 배치하도록 규정되어 있다. 그리고 위 별표4 제6호의 비고란에 "사회복지사는 입소자에게 건강유지, 여가산용 등 노인복지 제공계획을 수립하고, 복지증진에 관하여 상담·지도해야 한다."고 하고, "요양보호사는 요양서비스가 필요한 노인에게 신체활동지원 서비스와 그 밖의 일상생활지원 서비스를 제공해야 한다."고 하며, "영양사 및 조리원이 소속되어 있는 업체에 급식을 위탁하는 경우에는 영양사 및 조리원을 두지 않을 수 있다", "세탁물을 전량 위탁하여 처리하는 경우에는 위생원을 두지 않을 수 있다."고 규정하여 사회복지사, 요양보호사, 영양사와 조리원 그리고 위생원의 '본연의' 또는 '주된' 업무를 간접적으로 규정하고 있다.

간호사의 업무는 「의료법」 제2조에, 간호조무사의 업무는 「의료법」 제80조에, 물리치료사의 업무는 「의료기사 등에 관한 법률」 제2조 제2항 제3호에 그리고 작업치료사의 업무는 「의료기사 등에 관한 법률」 제2조 제2항 제4호에 각 규정되어 있다. 간호사의 경우 의사, 치과의사, 한의사의 지도하에 시행하는 진료의 보조 이외의 요양을 위한 간호 등 의료법 제2조 제2항 제5호 가목, 다목, 라목의 업무 등을 노인요양시설에서 단독으로 할 수 있는 업무영역이라 할 것이다. 그리고 물리치료사나 작업치료사는 의사 또는 치과의사의 지도 아래 진료나 의화학적(醫化學的) 검사를 하는 업무에 종사할 수 있다고 본다(「의료기사 등에 관한 법률」 제1조의2 제1호). 요양보호사는 영양, 운동, 약물사용, 체위변경과 이동 요양보호 등 「노인

---

175   대법원 2019. 8. 9.자 2019두39338 판결 및 서울고등법원 2019. 4. 5. 선고 2018누68126 판결 참조.

복지법 시행규칙」 별표10의2의 교육내용을 이수한 자이므로 이를 고려한 장기요양보험급여 제공상의 업무범위 설정이 가능한 측면이 있을 것이다.

수급자는 대부분 의료·보건·복지(돌봄)서비스가 융합된 종합적인 서비스가 필요한 자로서, 수급자의 일반적 연령과 신체적 특성 등을 고려할 때 요구되는 의료·보건·복지(돌봄)서비스 간의 경계도 모호한 것이 현실이다. 이에 개별 수급자가 구체적으로 필요하거나 욕구하는 서비스의 구체적이고 현실적인 내용과 실제 근무인원이 제공하는 서비스의 내용과 수준, 서비스량 등을 함께 고려하여 볼 때 다음의 사항이 문제시될 수 있다. 즉, '근무인원 1인'으로 계산하기 위해서는 신고한 직종으로 실 근무하여야 하는데(요양급여고시 제51조 제1항), 노인요양시설에서 제공하는 장기요양급여(서비스)내용에 대하여 간호사, 간호조무사, 물리치료사, 작업치료사 및 요양보호사의 '본연의' 또는 '주된' 업무범위를 구별할 수 있는 명시적이고 구체적인 규정이 없는 상황인 바, 요양급여고시 제51조 제1항의 '신고한 직종으로 실 근무'가 현장에서 어떻게 작동되는지 상당한 의문이 생길 수 있는 것이다. 노인요양시설에 종사하는 요양보호사가 투약관리와 걷기운동을 도와주었다면 요양보호사로 신고한 직종으로 실제 근무한 것으로 인정해야 하는지 등에 대한 의문이다.

이는 다음의 문제와도 결부되는데, 즉, 노인요양시설의 물리(작업)치료사, 사무원, 영양사 및 위생원의 경우 입소자 30인 미만의 시설은 두지 않아도 된다(「노인복지법 시행규칙」 별표4). 그렇다면 입소자 30인 미만의 노인요양시설의 경우 물리(작업)치료사, 사무원, 영양사 및 위생원이 하여야 할 업무를 어느 직종이 수행할 수 있는지도 문제이다. 입소자 30인 이상의 시설에서의 물리(작업)치료사의 업무를 입소자 30인 미만의 시설에서 요양보호사가 이를 수행한 경우, 신고한 직종으로 실 근무한 것으로 보아야 하는 것은 아닌지, 그리고 요양보호사가 행한 물리(작업)치료사의 업무가 위법인지 등에 대한 행정해석이나 규정 등이 거의 존재하지 않는 것으로 파악될 뿐만 아니라 '신고한 직종으로 실 근무' 관련 아직까지 판례는 요양보호사의 업무영역과 위생원 및 조리원에 대한 업무영역,[176] 그리고 간호(조

---

176   서울행정법원 2022. 1. 27. 선고 2020구합88183 판결.

무)사의 행정업무 전담시 인력추가배치 가산 불인정[177] 등 다소 한정적으로 형성되어 있는 상태이다.

이와 같이 수급자에게 제공되는 장기요양급여에 대하여 간호사, 물리치료사, 작업치료사 및 요양보호사 등의 업무영역이 명시적·구체적으로 규정되지 않은 상황에서 '근무인원 1인' 등 인력배치 등의 가·감산제도는 급여제공 현장에서 실제 근무인원의 자격과 제공서비스 간 적정성 판단과 수급자의 상황에 부합하는 서비스 제공 등에 차질이 발생할 수 있다. 따라서 이에 관한 구체적인 기준 등이 마련되어야 실무 현장이 원활히 작동될 수 있다고 본다.

마 | 타 직종의 업무를 수행한 경우

일부 종사자가 타 직종의 업무를 수행하더라도 실제 근무로 인정하는 규정이 존재한다. 즉, 요양급여고시 제51조 제2항에서 조리원, 위생원, 보조원(운전사), 사무원, 관리인이 부재하거나 도움이 필요하여 "조리원, 위생원, 보조원(운전사), 사무원, 관리인의 업무를 다른 직원이 일부 수행한 경우 신고한 직종으로 실 근무한 것으로 본다."고 규정하여 요양보호사 등 다른 직원이 조리원, 위생원, 보조원(운전사), 사무원, 관리인의 업무에 한하여 그 업무를 일부 수행한 경우에 신고한 직종으로 근무하지 않더라도 신고한 직종으로 근무한 것으로 인정받을 수 있다. 따라서 요양보호사로 신고된 자가 조리원의 업무를 일부 수행하더라도 요양보호사의 업무를 수행한 것으로 취급된다. 여기서 '일부 수행한 경우'에 대하여 다양한 해석이 존재할 수 있는데, '일부'란 소정의 총 시간 중 50% 미만에 해당되면 일부의 범위에 포함된다고 보아야 할 것이다. 제공 서비스 업무내용 중 50%를 초과하는 내용을 타 직종의 업무로 제공한다면 이는 신고 인력이 그 고유 업무범위를 초과하여 타 직역의 업무를 전적으로 수행한 것으로 보는 것이 합당한 측면이 있기 때문이다. 또한 요양급여고시 일부 조항에서 가산 기준을 50% 등으로 두고 있는

---

[177] 입소자를 직접 간호하거나 대면하여 간병서비스를 제공하지 않고 간호팀의 총괄업무만을 수행한 것으로는 인력추가배치 가산기준 충족을 위한 간호업무를 하였다고 인정하기 어렵다(광주고등법원 2016. 11. 2. 선고 2016누3467 판결).

점을 고려할 때,[178] 타 직종의 업무 인정기준은 50% 내지 기타 법령에서 정하는 비율을 기준으로 상황에 부합하는 유권해석 등을 마련할 수도 있을 것이다. 한편 보조원(운전사)이 배치되지 않은 이용자가 10인 미만의 주·야간보호기관의 경우 요양보호사가 보조원(운전사)업무를 전담하더라도 요양보호사 고유의 업무와 운전 업무를 병행하고 있다면 보조원(운전사)의 업무를 일부수행한 것으로 보아야 할 것이다.

판례[179]에 따르면, 『조리원, 위생원, 사무원, 관리인이 부재하거나 조리원, 위생원, 사무원, 관리인의 업무에 도움이필요하여 다른 직원이 그 업무를 일부 수행한 경우 신고한 직종으로 실근무한 것으로 본다."고 규정하고 있는 이 사건 요양급여고시 제51조 제2항에의 규정은 조리원이 부재하거나 그 업무에 도움이 필요하여 비조리원이 조리원의 업무를 '일부' 수행한 경우, 즉 비조리원으로서 본래 신고한 직종의 업무를 수행하던 자가 조리원의 업무에 도움이 필요한 특별한 사정으로 인하여 조리원의 업무를 일부 대신 수행하는 경우 이를 조리원의 업무를 수행한 것으로 보지 않고 신고한 직종의 업무를 수행한 것으로 인정하여 실 근무 시간에서 제외하지 않는다는 취지로 해석함이 상당하다.』고 판시하고 있다.

바 기준 근무시간에 미달하는 경우의 근무인원수와 주·야간보호기관의 보조원

요양급여고시 제51조 제3항에는 "근무시간이 월 기준 근무시간에 미치지 못하는 동일 직종 종사자들의 근무시간을 합하여 월 기준 근무시간으로 나눈 결과 값을 근무인원 수로 산정할 수 있다."고 규정되어 있다. 이 규정은 월 기준근무시간에 미치지 못하는 동일 직종 종사자들이 있는 경우 이들 모두를 '근무인원 1인'에서 배제하는 모순을 의식하여 비록 개개인으로는 '근무인원 1인'에 해당되지 않지만 이들 근무기간을 합쳐 '근무인원 1인'으로 산정하겠다는 것으로 보인다. 가

---

178   요양급여고시 제34조 제2항, 제58조 제6항, 제64조, 제69조의 등.

179   서울행정법원 2020. 3. 26. 선고 2019구합65023 판결.

령 2024년 4월에 월 기준근무시간이 176시간(22*8)이라고 할 경우 월 기준 근무시간에 미치지 못하는 요양보호사 2인 중 1인은 120시간, 나머지 1인은 90시간 근무하였을 경우 『210시간 ÷ 176 = 1.23명』 즉, 근무인원 1인을 추가로 반영하겠다는 것이다. 그러나 월 기준근무시간에 미달하는 다른 직종과의 합산은 할 수 없다.

주·야간보호기관의 보조원(운전사) 근무시간을 모두 합하여 월 기준 근무시간의 100분의 50 이상인 경우에도 1명으로 본다(요양급여고시 제51조 제5항). 주·야간보호기관의 보조원(운전사)은 주로 이동서비스만 담당하기 때문에 이러한 규정을 둔 것으로 보인다.

사   공단 이사장이 정하는 근무시간의 인정범위

「근로기준법」에 의한 연차 유급휴가 등 공단 이사장이 정하는 사유에 해당하는 경우에는 근무시간으로 인정한다(요양급여고시 제51조 제4항). 이에 터잡아 공단은 해당 공고[180] 제12조에서 다양한 유급휴가, 단축근로시간, 교육시간 및 월 기준 근무시간을 충족하지 못하는 경우의 특례 등에 대하여 기준근무시간에 포함될 수 있도록 하였다. 이러한 위 공고 제12조는 가·감산 산정을 위한 규정이지만 실질적으로 장기요양기관에 소속된 근로자의 근로관계에 매우 구체적이고 결정적인 기준으로 작용하는 경우가 많다.

(1) 월 기준 근무시간에 포함되는 사항[181]

(가) 유급인 경우에 1일 최대 8시간 인정하는 사항

공단의 해당 기준[182]에 따르면 장기요양기관에서 휴가 등을 유급으로 처리하는 아래(① ~ ⑧)에 한하여 1일 최대 8시간을 인정한다. 공고 제12조 제1항 제1호에는 '유급인 경우에 한해 1일 최대 8시간을 인정한다.'고만 규정되어 있어 실제 부여

---

180   장기요양급여 제공기준 및 급여비용 산정방법 등에 관한 세부사항 제12조.

181   장기요양급여 제공기준 및 급여비용 산정방법 등에 관한 세부사항 제12조 제1항.

182   장기요양급여 제공기준 및 급여비용 산정방법 등에 관한 세부사항 제12조 제1항 제1호.

여부에 관계없이 인정하는 것으로도 해석될 수 있으나, 1일 8시간 범위 안에서 실제 부여된 휴가시간 등을 인정하는 것으로 보인다. 이 규정은 가·감산 산정을 위한 것이 불과하므로 장기요양기관은 여기에서 규정된 경조사 휴가보다 더 적게 또는 더 많은 휴가를 운영할 수 있다.

아래 ⑥의 규정은 사용자인 관계로 근로기준법 적용대상이 아니나 일반 근로자와 같이 연차 휴급휴가에 해당하는 시간을 인정한다는 것이다. 아래 ⑦의 규정은 장차 개근 시 부여될 연차 유급휴가를 미리 사용하기로 합의한 이른바 '가불된 연차 유급휴가'는 「근로기준법」 제60조 제1항 내지 제5항에 따른 연차 유급휴가가 아니어서 월 근무시간에 포함될 수 없다는 판례[183]에 따라 신설된 것이다. 이 규정은 근무기간이 1년 미만인 종사자에게만 적용가능한 것임을 주의하여야 한다. 한편 사용자의 귀책사유로 시용하지 못한 연차 유급휴가는 「근로기준법」 제60조 제7항에 따라 이월될 수 있다. 위 공단 고시 제12조 제1항에 규정된 근무인원수 산정방법은 다음과 같다.

① 「근로기준법」 제60조에 의한 연차 유급휴가.

② 「근로기준법」 제74조에 의한 출산전후휴가 또는 유산·사산휴가 중 유급으로 하는 최초 60일(한번에 둘 이상 자녀를 임신한 경우 75일). 이 경우 적용기간은 공휴일, 근로자의 날 및 토요일을 포함하여 연속적으로 계산.

③ 본인의 결혼(5일), 자녀의 결혼(1일), 본인·배우자의 부모 또는 배우자의 사망(5일), 본인·배우자의 조부모 또는 외조부모의 사망(2일), 자녀 또는 그 자녀의 배우자의 사망(3일), 본인·배우자의 형제·자매 사망(1일). 유급 경조사 휴가 시작일은 사유 발생일부터 3일 이내(공휴일, 근로자의 날 및 토요일 포함)로 하되, 분할하여 사용할 수 없음.

④ 직원의 질병 또는 부상으로 인한 병가(연간 30일 이내).

⑤ 「남녀고용평등과 일·가정 양립 지원에 관한 법률」제18조의2에 의한 배우자의 출산 휴가(10일). 출산일로부터 90일 이내 사용하되, 1회에 한정하여 나누어 사용 가능.

⑥ 대표자인 시설장의 휴가(「근로기준법」제60조 준용)

---

183   서울행정법원 2020. 5. 15. 선고 2019구합76290 판결.

⑦ 「근로기준법」 제60조제2항에 따라 근무기간이 1년 미만인 종사자에게 발생할 연차 유급휴가 중 발생 이전 미리 사용한 연차 유급휴가(3일 이내). 미리 사용한 연차 유급휴가 발생 전 퇴직 또는 적은 일수의 연차 유급휴가가 발생한 경우에 초과 사용한 연차 유급휴가는 근무시간에서 제외. 3일 이내의 범위안에서 이전 미리 사용한 연차 유급휴가는 대표자와 종사자 간 사전합의가 되어 있고, 종사자의 요청이 있고 그리고 돌봄 공백이 발생하지 않는 3가지 요건을 모두 충족하는 경우에 인정함.

⑧ 「남녀고용평등과 일·가정 양립 지원에 관한 법률」 제18조의3에 의한 난임 치료휴가 중 유급인 최초 1일

(나) 유급인 경우 1일 8시간 내에서 실제 소요된 시간으로 하는 사항(공고 제12조 제1항 제2호 관련)

아래(① ~ ⑥)의 사유가 유급인 경우 1일 8시간 내에서 실제 소요된 시간을 근무시간으로 인정한다. 공고 제12조 제1항 제2호에서 "다음 각 목의 사유가 유급인 경우 1일 8시간 내에서 실제 소요된 시간으로 하며"로 규정되어 있는 반면, 같은 조 같은 항 제3호에서는 "근로시간 중에 참여한 교육 및 출장 등이 다음 각 목의 사항에 해당하는 경우"로 규정되어 있는 것으로 미루어 보아 비번 또는 근로시간 중 등의 여부와 관계없이 공민권의 행사(투표 참여) 등 아래(① ~ ⑥)에 해당하는 실시 시간은 1일 8시간 범위안에서 실제 소요된 시간을 근로시간으로 인정하여 가·감산을 산정하겠다는 것으로 보인다.

① 「근로기준법」 제75조에 의한 수유 시간. 1일 최대 2시간으로 한다.

② 「근로기준법」 제74조제7항에 의한 임산부 근로 단축시간. 1일 최대 2시간으로 한다.

③ 「근로기준법」 제10조에 의한 공민권 등의 행사

④ 「모자보건법」 제10조 및 동법 시행규칙 제5조제1항에 의한 임산부의 건강진단

⑤ 「건강검진기본법」 제3조제3호에 의한 국가건강검진, 「산업안전보건법」에 따른 특수건강진단

⑥ 「남녀고용평등과 일·가정 양립지원에 관한 법률」 제19조의2에 의한 육아기

근로단축 시간. 1일 최대 2시간으로 한다.

(다) 근로시간 중에 참여한 교육 및 출장 등의 경우 1일 8시간 내에서 실제 소요된 시간(공고 제12조 제1항 제3호 관련)

"근로시간 중에 참여한 교육 및 출장 등이 다음 각 목의 사항에 해당하는 경우 1일 8시간 내에서 실제 소요된 시간으로 한다."고 규정하고 있어 요양보호사 보수교육 등 아래(① ~ ⑤)에 해당하는 교육에 참여한 실제 시간(이동시간 포함)이라 하더라도 비번 등으로 근로시간이 아닌 시간에 참여한 교육은 근로시간으로 인정될 수 없다는 점에 주의하여야 한다. 같은 교육임에도 비번 또는 휴무일에 교육을 받을 경우 근로시간으로 인정되지 않아 불이익이 발생할 수 있다.

이와 관련, 공단 자료[184]에 따르면 근로시간 중에 참여한 같은 온라인 교육이라 하더라도 녹화형 사이버 교육은 인정되지 않으며, 실시간 출석체크 가능한 온라인 교육에 한하여 근로시간으로 인정하고 있어 그 해석근거와 형평성이 문제시될 수 있다. 다음은 위 ① ~ ⑤에 대한 기준이다.

① 「노인장기요양보험법」에 따른 요양보호사 보수교육, 「산업안전보건법」에 따른 안전·보건 교육 등 공고 제12조 제1항 제3호 제가목의 소정사항에 해당하는 경우. 다만, 의료인, 의료기사, 요양보호사 및 「식품위생법」 등에 대한 보수교육의 경우 관할 특별자치시장·특별자치도지사·시장·군수·구청장에게 신고한 직종 관련인 경우에 한함

② 「노인장기요양보험법」 제54조에 따른 장기요양급여 평가 지표에 제시되어 있는 교육. 다만, 지표에서 제시하고 있는 해당 기관유형 및 직종 관련인 경우에 한함.

③ 위 ①, ②에 해당하지 해당하지 않는 교육 중 공단 또는 지방자치단체 외 외부기관에서 주관하는 전문성 강화 및 서비스 질 향상을 위한 직무 관련 교육. 이 경우 요양보호사, 사회복지사, 간호(조무)사, 물리(작업)치료사, 조리원, 위생원, 보조원(운전사)은 종사자 1인당 연간 16시간에 한하여 인정함.

---

[184] 국민건강보험공단, 2024년 달라지는 장기요양급여 제공기준 및 급여비용 산정방법 관련 주요 개정사항 및 개정내용 관련 Q&A, 22쪽.

자격 취득 및 자기계발을 목적으로 하는 교육, 직무 관련 없는 해외연수, 사기 진작을 위한 체육행사 또는 기념식 등에 참여한 시간은 포함하지 아니함.

④ 장기요양 직무 관련 해외연수. 이 경우 연간 7일 이내에 실제 소요된 시간에 대하여 1일 최대 8시간에 한하여 인정함.

⑤ 요양급여고시 제36조의2 제8항에 따라 주·야간보호 또는 단기보호기관의 간호(조무)사가 종일 방문요양급여를 이용하는 수급자의 가정을 방문하는 경우 1일 8시간 내에서 실제 소요된 시간을 인정한다(제3호 제바목).

위 ⑤의 규정(공고 제12조 제1항 제3호 바목)은 요양급여고시 제36조의2(장기요양 가족휴가제 급여제공기준) 제8항에는 "제6항에 따른 간호(조무)사의 근무시간에 대한 세부사항은 공단 이사장이 정한다."고 규정되어 있어 장기요양 가족휴가제도 관련 조항에 위치하여야 할 내용으로 보인다. 또한 공고 제12조 제1항 제3호 바목은 실제 근무시간인데, 이를 다시 실제 근무시간으로 인정한다는 규정을 둔 취지가 이해되지 않는 측면도 있다. 이에 수급자에게 위급·부득이한 사유가 있어 간호(조무)사가 1일 8시간을 초과하여 근무하더라도 8시간만을 인정한다는 취지로 해석될 수 있을 것이다.

(2) 초과된 근무시간 회계연도 중 이월 제도

(가) 규정의 내용과 취지

앞서 언급한 공단 공고 제12조 제2항에는 "「근로기준법」 제55조 제2항에 따른 유급휴일 근무로 인해 월 기준 근무시간을 초과하는 종사자의 경우, 유급휴일 근무로 초과된 근무시간을 회계연도(해당년도 1월1일부터 12월31일까지로 한다) 중 유급휴일 일자별 1일 최대 8시간 내에서 이월하여 근무시간으로 포함할 수 있다. 이 경우 이월한 근무시간은 분할하여 사용할 수 없다."고 규정하고 있다. 이 규정은 유급휴일 근로를 제공한 월은 월 기준 근무시간을 초과하여 잔여시간이 있으나 특정 월은 오히려 월 기준 근무시간이 미달하여 잔여시간을 미달시간에 반영함으로써 전체 근무시간을 기준으로 적용함으로서 전반적 측면에서 형평성을 기하려는 것으로 보인다.

이는 월 기준 근무시간에는 공휴일이 제외되기 때문에(요양급여고시 제49조 제1

항) 공휴일 중 휴급휴일 근무로 인하여 기준 근무시간을 초과한 부분을 이월하여 근무시간으로 반영하는 제도이다. 공휴일은 「관공서의 공휴일에 관한 규정」에 따른 공휴일과 대체공휴일을 말하며(요양급여고시 제32조 제3항 제2호), 「관공서의 공휴일에 관한 규정」 제2조에 따른 공휴일은 ▶일요일, ▶국경일 중 3·1절, 광복절, 개천절 및 한글날, ▶1월 1일, ▶설날 전날, 설날, 설날 다음날 (음력 12월 말일, 1월 1일, 2일), ▶부처님오신날 (음력 4월 8일), ▶5월 5일 (어린이날), ▶6월 6일 (현충일), ▶추석 전날, 추석, 추석 다음날 (음력 8월 14일, 15일, 16일), ▶12월 25일 (기독탄신일), ▶「공직선거법」 제34조에 따른 임기만료에 의한 선거의 선거일, ▶기타 정부에서 수시 지정하는 날을 말한다. 한편 공고 제12조 제2항의 「근로기준법」 제55조 제2항에 따른 유급휴일에는 일요일이 제외됨을 주의하여야 한다.

(나) 「근로기준법」 제55조 제2항의 유급휴일

'「근로기준법」 제55조제2항에 따른 유급휴일'이란 3·1절, 광복절, 개천절, 한글날, 1월 1일, 설날 전날, 설날, 설날 다음날, 부처님오신날, 5월 5일, 6월 6일, 추석 전날, 추석, 추석 다음날, 12월 25일, 「공직선거법」 제34조에 따른 임기만료에 의한 선거의 선거일, 기타 정부에서 수시 지정하는 날 그리고 대체공휴일이다(「근로기준법 시행령」 제30조 제2항). 따라서 일요일이나 위의 유급휴일이 아닌 휴일 근무는 인정 대상이 아니다. 「근로기준법 시행령」 제30조 제2항 괄호의 규정에 따라 일요일은 유급휴일에서 제외됨을 주의하여야 하며 유급휴일은 근로자대표와 서면으로 합의한 경우 특정한 근로일로 대체할 수 있다.

(다) 이월대상 종사자

이월대상 종사자는 유급휴일 근무로 인해 월 기준 근무시간을 초과하는 종사자이다. 유급 일요일이나 유급휴가 및 유급교육시간이 아닌 오로지 「근로기준법」 제55조제2항의 유급휴일 근무로 인하여 월 기준근무시간을 초과한 자이어야 한다. 「근로기준법」 제55조제2항에 따라 사용자가 휴일 근로에 대한 수당을 모두 지급하였다면 유급휴일 근무로 초과된 근무시간 이월사용은 불가능하다는 공단의 적용사례[185]가 있으나, 유급휴일 근로에 대한 수당을 지급받은 경우 유급휴일 근무로 초과된 근무시간을 이월사용할 수 없다는 근거는 고시나 공고에서 그 근거를 찾아볼 수 없고, 초과된 근무시간은 유급휴일 근무에 따른 수당 지급여부와는 관련성이 없으므로 유급휴일 근로에 따른 수당지급여부와 관계없이 유급휴일 근무로 초과된 근무시간은 이월하여 사용할 수 있다고 본다.

(라) 회계연도 중 1일 최대 8시간 이내에서 이월 가능

3·1절, 광복절 등 「근로기준법」 제55조제2항에 따른 유급휴일 근무로 월 기준 근무시간이 초과된 근무시간을 당해 회계연도(초과한 해당년도 1월 1일부터 12월 31일까지) 중에 유급휴일 1일 최대 8시간 이내에서 이월가능하며, 이월한 근무시간은 분할하여 사용할 수 없다. 광복절에 8시간 근무하여 월 기준 근무시간이 초과된 경우 4시간씩 2회로 분할하여 사용할 수 없다는 것이다. 예컨대 광복절에 10시간 근무하였다 하더라도 최대 8시간 안에서 이월가능하며 나머지 2시간은 분할사용에 해당되기 때문에 이월이 불가능하다는 것이다. 그러나 당해 회계연도 이내에서는 제한없이 이월하여 반영할 수 있다고 보이며, 이러한 적용이 보다 합리적이라고 본다.

(3) '근무인원 1인'으로 특례 인정

(가) 관련 규정내용과 취지

위 공단 공고 제12조 제3항에 따르면 "고시 제51조제1항과 관련하여 종사자별 예정된 근무일정에 따라 변경 없이 규칙적으로 근무하였으나, 월 기준 근무시간을 충족하지 못하는 경우 다음 제1호, 제2호에 해당하고, 월 중 근무한 일수가 15일 이상 및 근무시간이 160시간 이상일 때 1인으로 인정한다. 다만, 예정된 근무일정에 따른 휴무일에 제1항 및 제2항에 따른 근무시간이 인정되는 경우 해당월은 적용하지 아니한다."고 규정하고 있고, 제1호에서는 '야간근무를 포함한 1일 3교대, 1일 2교대 근무형태로 근무한 요양보호사 및 간호(조무)사', 제2호에서는 '특정요

---

185 김호중, 『2024 장기요양급여 제공기준 및 급여비용 산정방법 등에 관한 고시·세부사항 강해』, 하이케어솔루션, 2024, 98쪽.

일에 휴무하는 종사자'로 규정하고 있다.

이 규정은 통상 월 기준 근무시간은 150~180시간 사이로 계상되는데, 월간 결근 없이 정상적으로 근무하였음에도 근무체계상의 문제와 월간 공휴일 등의 차이 등으로 월 기준 근무시간을 채우지 못한 자를 구제하여 주기 위한 제도로 보인다.

(나) 월 기준 근무시간을 충족하지 못하는 경우

이는 '근무인원 1인'으로 계산하기 위해서는 직원 1인은 휴게시간을 제외하고 월 기준 근무시간 이상 신고한 직종으로 실 근무하여야 하는데, 예정된 근무일정에 따라 변경 없이 규칙적으로 근무하였으나 월 기준 근무시간을 충족하지 못하는 경우를 말한다. 근로계약에 따라 상대적으로 근무시간이 짧은, 혹은 야간근무를 많이 하는 종사자 등이 여기에 해당될 수 있다. '예정된 근무일정에 따라 변경 없이 규칙적으로 근무'란 다소간 모호한 문구로서 해석에 어려움이 있다. 문리상 근로계약이나 취업규칙상의 근무일정을 변경하지 않고 정해진 그대로의 근무로 해석되며, 보다 확장하여 그 의미를 유추해 본다면, 다른 해석으로는 다소의 변경이 있더라도 일정한 패턴을 훼손하지 않는 근무체계로 해석된다. 행정당국 내지 전문가마다 다소 자의적이거나 다양한 해석의 여지가 많아 일정 기준에 대한 정립이 필요한 규정이라 본다.

(다) 1일 교대근무 및 휴무 부여

위 공단 공고 제12조 제3항 제1호의 "야간근무를 포함한 1일 3교대, 1일 2교대 근무형태로 근무한 요양보호사 및 간호(조무)사"와 제2호의 "특정요일에 휴무하는 종사자"의 요건을 모두 충족하여야 한다. 왜냐하면 공고 제12조 제3항의 '다음 제1호, 제2호에 해당'이란 표현의 의미는 각호에 규정된 사항을 모두 갖추고 있어야 함을 의미하기 때문이다.[186] 야간근무를 포함한 1일 2·3교대와 특정요일에 휴무가 부여된 요양보호사 및 간호(조무)사에게만 특례가 주어진다는 것이다. 즉, 24시

---

186 일반적으로 '다음 각호의 1' 또는 '다음 각호의 1에 해당하는 경우' 등의 의미는 제시된 각호의 사항 중 어느 하나만 해당하면 충분하다는 의미로 사용된다. 반면, 해당 조항의 경우 이와는 다르게 '다음 제1호, 제2호에 해당하고'라고 규정되어 있어 이와 다른 해석이 타당하다는 결론에 이르게 된다. 만약 이 조항을 포함하여 관계규정에 입법기술상 오류로 인한 것이라면 일반적인 입법기술로의 변경이 요구된다 할 것이다.

간 동안 근무하는 근로형태가 많아 장기요양급여의 품질이 떨어지고 있다는 현 실태와 이들에게 적절한 휴식을 부여하는지를 반영한 것이다. 1일 교대근무를 하지 않는 요양보호사 및 간호(조무)사는 특례혜택을 받을 수 없다고 본다. 주의해야 할 것은 이 규정에 해당하는 자는 요양보호사와 간호(조무)사에 한정된다는 것이다.

(라) 근무일수 15일 이상 및 근무시간 160시간 이상

월 중 근무한 일수가 15일 이상이라는 요건과 근무시간이 160시간 이상이라는 요건 모두를 충족하여야 1인으로 인정한다.

(마) 휴무일에 근무시간이 인정되는 경우 등의 적용배제

위 공단 공고 제12조 제3항 단서에서 "다만, 예정된 근무일정에 따른 휴무일에 제1항 및 제2항에 따른 근무시간이 인정되는 경우 해당월은 적용하지 아니한다."고 규정하고 있다. 이 단서 규정은 해석이 매우 어려운 문장이다. '예정된 근무일정에 따른 휴무일에 제1항에 따른 근무시간이 인정되는 경우'를 기준으로 보면 근로계약서나 취업규칙 등에서 정하여진 휴무일과 공고 제12조 제1항의 연차유급휴가, 경조사 등의 해당일이 겹쳐 해당 휴무일을 근무시간으로 인정하는 해당 월은 공고 제12조 제3항의 규정의 적용을 배제하여 '근무인원 1인'으로 특례 자체를 인정하지 않겠다는 것으로 해석된다. '예정된 근무일정에 따른 휴무일에 제2항에 따른 근무시간이 인정되는 경우'를 기준으로 보면 유급휴일 근무로 인해 월 기준 근무시간을 초과하는 종사자가 초과된 근무시간을 이월하여 근무시간으로 사용(반영)하는 해당 월은 공고 제12조 제3항의 규정의 적용을 배제하여 '근무인원 1인'으로 특례 자체를 인정하지 않겠다는 것으로 해석된다. '휴무일에 제1항 및 제2항에 따른 근무시간이 인정되는 경우'에 있어 '및'을 사전적 의미로 해석하여 제1항과 제2항을 모두 갖추어야 하는 것으로 해석할 경우 '휴무일과 연차유급휴가 등의 해당일이 겹쳐 해당 휴무일을 근무시간으로 인정하는 해당 월' 요건과 '유급휴일 근무로 인해 월 기준 근무시간을 초과하는 종사자가 초과된 근무시간을 이월하여 근무시간으로 사용(반영)하는 해당 월' 요건을 모두 갖춘 월은 근무인원 1인으로 인정될 수 없다는 것으로 해석된다.

(바) ‘예정된 근무일정에 따른 휴무일에 근무시간이 인정되는 경우’에 대한 공단의 해석

공단은 위 공고 제12조 제3항의 ‘예정된 근무일정’이란 해당 월 시작 전 야간 근무, 특정요일 휴무, 경조사, 연차 유급휴가, 휴일대체 등을 포함하여 계획된 근무일정을 말하며, ‘규칙적으로 근무’는 종사자 1인 기준 야간근무를 포함한 1일 2교대, 3교대 근무(단, 요양보호사, 간호(조무)사로 한함) 또는 특정 요일 휴무가 해당 월 기준 동일한 형태로 일정하게 반복되는 것을 말하는 것으로, 해당 월 기준 근무시간을 충족하지 못하더라도 종사자별 예정된 근무일정에 따라 변경 없이 규칙적으로 월 15일 이상, 근무시간이 160시간 이상인 경우 근무인원 1인으로 인정하고 있다. 또한 공단은 ‘예정되어 있던 휴무일’에 공고 제12조 제1항·2항의 유급연차휴가 등을 사용하는 경우 규칙적인 근무가 이루어진 것으로 볼 수 없다는 것으로 해석하고 있다.[187]

3 가산 및 감액산정이 적용되는 급여비용

가 월 한도액과 월 한도액에서 제외되는 사항 중 일부의 적용

요양급여고시 제52조 제1항에 따르면 “급여비용 가산 및 감액산정이 적용되는 급여비용은 월 한도액 범위 내의 비용만을 의미한다. 다만, 제13조 제2항 제2호 및 제5호에 해당하는 비용은 포함한다.”고 규정되어 있다. 한편 법 제28조 제1항에는 “장기요양급여는 월 한도액 범위 안에서 제공한다. 이 경우 월 한도액은 장기요양등급 및 장기요양급여의 종류 등을 고려하여 산정한다.”고 하고, 제2항에서 “제1항에 따른 월 한도액의 산정기준 및 방법, 그 밖에 필요한 사항은 보건복지부령으로 정한다.”고 규정되어 있다. 또한 법 제28조 제2항에 터잡아 제정된 시행규

---

187 국민건강보험공단, 2023년 달라지는 장기요양급여 제공기준 및 급여비용 산정방법 관련 주요 개정사항 및 개정내용 관련 Q&A, 15-16쪽.

칙 제22조 제1항에서는 "법 제28조제1항에 따라 재가급여(복지용구는 제외한다)의 월 한도액은 영 제16조제3호에 따라 장기요양위원회의 심의를 거쳐 등급별로 보건복지부장관이 정하여 고시한다."고 하고, 제2항에서 "시설급여의 월 한도액은 장기요양급여에 소요되는 장기요양기관의 각종 비용과 운영현황 등을 고려하여 등급별로 보건복지부장관이 정하여 고시하는 1일당 급여비용에 월간 일수를 곱하여 산정한다."고 규정되어 있다.

이러한 규정을 종합하여 보면 재가급여(복지용구 제외)의 월 한도액은 요양급여고시 제13조 제1항의 등급별로 책정된 금액을, 시설급여의 월 한도액은 요양급여고시 제44조 제1항의 시설급여기관과 요양급여고시 제74조의 치매전담형 장기요양기관의 등급별 1일당 책정된 금액에 월간 일수를 곱하여 산정된 금액을 의미하는 것으로 볼 수 있다.

(1) 재가급여(복지용구제외)의 가·감산 산정에 적용되는 급여비용의 범위

재가급여(복지용구 제외)의 가·감산 산정에 적용되는 급여비용 요양급여고시 "제13조 제1항의 등급별로 책정된 금액 + 제13조 제2항 제2호 및 제5호에 해당하는 비용"이다(요양급여고시 제52조 제1항). 월 한도액에서 제외되는 급여비용이라 하더라도 요양급여고시 제52조 제1항 단서 규정에 따라 요양급여고시 제13조 제2항 제2호를 적용받는 ① 1·2등급 수급자 및 인정조사표 '간호처치 영역'의 증상유무의 '있다'란에 하나 이상 표시된 자가 월 1회에 한하여 월 한도액과 관계없이 예방관리 등을 위한 방문간호급여를 이용할 수 있는 급여비용과, ② 등급을 처음 판정받은 1~5등급 치매수급자가 등급을 받은 날부터 60일 이내에 월 한도액과 관계없이 방문간호급여를 총 4회 범위 내에서 월 2회까지 이용할 수 있는 급여비용은 가산 및 감액산정이 적용되는 급여비용에 포함된다. 그리고 요양급여고시 제13조 제2항 제5호를 적용받는 ① 갑작스러운 사정으로 인해 수급자를 돌볼 가족 등이 없는 경우, 주거환경의 일시적인 변화(이사, 공사 등) 또는 단기보호 급여제공기간을 연장할 수밖에 없는 불가피한 사정이 있는 경우 사유 등 수급자의 특별한 요청이 있는 경우에는 월 한도액과 관계없이 1회 9일 이내의 범위에서 연간 4회까지 연장하여 이용할 수 있는 단기보호 급여비용과, ② 장기요양 가족휴가제 급여비용은 가산 및 감액산정이 적용되는 급여비용에 포함된다.

(2) 시설급여의 가·감산 산정에 적용되는 급여비용의 범위

시설급여의 가·감산 산정에 적용되는 급여비용은 법 제28조 제2항, 시행규칙 제22조 제2항 및 요양급여고시 제52조 제1항을 종합하여 볼 때, 요양급여고시 제44조 제1항과 요양급여고시 제74조의 치매전담형 장기요양기관의 등급별 1일당 책정된 금액에 월간 일수를 곱하여 산정된 금액을 말하는 것으로 볼 수 있다.

나 월 한도액 적용 대상이 아닌 급여비용의 가산·감액 적용 문제

법 제28조 제1항에 따르면 장기요양급여는 월 한도액 범위 안에서 제공하여야 한다. 그리고 급여비용 가산 및 감액산정이 적용되는 급여비용은 "월 한도액 범위 내의 비용 + 급여비용 고시 제13조 제2항 제2호 및 제5호에 해당하는 비용"이다 (요양급여고시 제52조 제1항). 그런데 법 제28조 제1항의 '장기요양급여는 월 한도액 범위 안에서 제공하여야 한다.'는 규정에도 불구하고 재가급여(복지용구제외)의 월 한도액의 경우 요양급여고시 제13조 제2항에서 제외되는 항목을 규정하고 있고, 요양급여고시 제13조 제1항의 월 한도액과 별도의 비용체계를 두고 있는 장기근속장려금(요양급여고시 제11조의4), 요양보호사 보수교육비용(요양급여고시 제11조의5), 선임 요양보호사 수당(요양급여고시 제11조의7), 방문요양 및 방문간호급여비용 가산(요양급여고시 제20조), 주·야간보호 미용일 급여비용(요양급여고시 제32조 재3항) 및 주·야간 급여비용 가산(요양급여고시 제33조) 등이 존재한다. 시설급여의 경우 급여비용의 가산·감액이 적용되는 월 한도액 급여비용 적용체계인 『1일당 급여비용×월간 일수 = 월 한도액』이 적용되는 요양급여고시 제44조의 일당 정액의 시설급여비용 및 요양급여고시 제74조의 치매전담형 장기요양기관의 1일당 급여비용 이외의 요양급여고시 제44조의2 계약의사 활동비용 등 월 한도액 적용 밖의 급여비용체계가 존재하고 있다.

이에 위 기준들을 종합하여 보면, 월 한도액에 제외되는 급여비용과 월 한도액과 별도의 비용체계를 적용받는 비용 그리고 계약의사 활동비용을 가산·감액 적용 대상이 아닌 급여비용으로 본다면 법 제28조 제1항의 '장기요양급여는 월 한도액 범위 안에서 제공하여야 한다.'는 규정에 따라 원천적으로 장기요양보험급여 자체에서 배제되어야 하는 문제가 발생한다. 따라서 가·감산 산정에 적용되는 급여비용의 범위에 대하여는 상당한 논란이 있다고 본다. 나아가 요양급여고시 제5장 제2절의 급여비용의 가산제도 또한 월 한도액 범위 밖의 급여체계이므로, 상위법령 위반여부와 관련지어 볼 때 제도 자체의 존립성 내지 타당성에 대한 근본적인 문제가 상존하고 있다고 본다.

다 월 중 기관의 변경 등이 있는 경우 적용제외

월 중 업무정지, 지정취소 또는 기관유형이 변경된 경우와 월 단위의 1일 평균 입소자의 수가 1명 미만인 경우에는 급여비용 가산 및 인력배치기준 위반 감액산정을 적용하지 아니한다. 다만, 월 중 초일에 기관유형이 변경된 경우에는 그러하지 아니하다(요양급여고시 52조 제3항). 이러한 기준은 월 단위를 기준으로 가·감산 제도가 실시되는 특성을 반영한 것으로 보이는데, 제도의 순기능이 있는 반면 일부에서 월 중 기관유형변경의 경우 감산제도를 악용할 소지도 배제하기 어렵다고 할 것이다.

4 가산제도의 유형과 가산 산정의 원칙

가 가산제도의 유형

급여비용 가산의 유형은 〈표 9-1〉과 같다(요양급여고시 제53조).

<표 9-1> 가산 유형별 적용 기관

가산 유형	적용되는 기관 유형
1. 인력 추가 배치	시설급여기관, 주야간보호기관 및 단기보호기관
2. 방문요양 사회복지사 등 배치	방문요양급여를 포함하여 1개 이상의 가정방문급여를 제공하는 기관
3. 간호사 배치	시설급여기관, 주야간보호기관 및 단기보호기관
4. 야간직원배치	시설급여기관, 단기보호기관
5. 맞춤형서비스 제공	시설급여기관, 주야간보호기관 및 단기보호기관 ※ 요양급여고시 제70조의 치매전담형 장기요양기관은 제외

나 | 급여비용 가산 산정의 원칙

(1) 인력배치기준을 충족하여야 할 가산 유형과 일부 직종의 인력배치기준을 충족하지 못한 경우(요양급여고시 제54조 제1항)

(가) 인력배치기준을 충족하여야 할 가산 유형과 인력배치기준의 의미

요양급여고시 제55조의 인력추가배치 가산 및 요양급여고시 제57조의 방문요양 사회복지사 등 배치 가산을 받고자 하는 장기요양기관은 요양급여고시 제48조의 인력배치기준을 충족하여야 한다. 다만, 인력추가배치 가산을 받고자 하는 장기요양기관(시설급여기관, 주·야간보호기관 및 단기보호기관에 한함)이 일부 직종의 인력배치기준을 충족하지 못한 경우 인력배치기준을 충족한 다른 직종의 인력추가배치 가산은 인정한다(요양급여고시 제54조 제1항). 따라서 인력추가배치 가산을 받고자 하는 시설급여기관, 주·야간보호기관 및 단기보호기관은 일부 직종의 인력배치기준을 충족하지 않더라도 인력배치기준을 충족한 다른 직종의 인력추가배치 가산은 받을 수 있다.

요양급여고시 제54조 제1항에서 '제48조의 인력배치기준을 충족하여야 한다.'는 것은 결국 「노인복지법 시행규칙」 별표4(시설급여기관)와 별표9(재가급여기관)

의 인력배치기준을 충족하여야 한다는 것이며,[188] 소정의 입소자(이용자)의 수에 따른 배치하여야 할 종사자의 수를 계산하는 데 있어 계산한 결과 소수점 이하는 반올림한다(요양급여고시 제48조). 한편 '방문요양 사회복지사 등 배치 가산'의 경우 모든 직종의 인력 인력배치기준을 충족하여야 가산을 받을 수 있다. 방문요양급여를 포함하여 1개 이상의 가정방문급여를 제공하는 기관이 '방문요양 사회복지사 등 배치 가산'을 받기 위하여는 방문요양의 경우 요양보호사 15명 이상(농어촌지역의 경우에는 5명 이상)뿐만 아니라 시설장과 사회복지사 1명(수급자 15명 이상)을 의무적으로 배치하여야 하는 등 「노인복지법 시행규칙」 별표9 소정의 인력을 배치하여야 한다.

(나) 일부 직종의 인력배치기준을 충족하지 못한 경우

요양급여고시 제54조 제1항 단서에서 "고시 제55조의 인력추가배치 가산을 받고자 하는 장기요양기관이 일부 직종의 인력배치기준을 충족하지 못한 경우 인력배치기준을 충족한 다른 직종의 인력추가배치 가산은 인정한다."는 것은 가령 시설급여기관이 요양보호사 추가배치 가산을 받는 데 있어 요양급여고시 제54조 본문의 규정에 의할 경우 간호(조무)사, 물리(작업)치료사, 계약의사, 조리원 등 「노인복지법 시행규칙」 별표4의 직원의 배치기준에서 요구하는 모든 직종을 배치하여야 특정 직종에 대한 가산을 받을 수 있었으나, 2024년 위와 같이 예외적용을 할 수 있는 단서규정을 신설하여, 예컨대 요양보호사는 추가배치하였으나 간호(조무)사 의무배치 기준을 충족하지 못하더라도 요양보호사 추가배치 가산은 받을 수 있도록 변경되었다. 다만 주의해야 할 것은 이 단서 규정은 인력추가배치 가산 유형에 해당되는 '시설급여기관, 주야간보호기관 및 단기보호기관'에만 적용되며(요양급여고시 제55조 제1항에 해당하는 서비스), '방문요양 사회복지사 등 배치 가산 유형을 적용받는 방문형 장기요양기관은 적용대상이 아니라는 것이다. 그리고 당해 월

---

188 요양급여고시 제48조의 인력배치기준은 시행규칙 제23조에 따르도록 하고 있으며, 시행규칙 제23조에서는 재가급여를 제공기관은 「노인복지법 시행규칙」 별표9에 따른 시설 및 인력, 시설급여를 제공하려는 기관은 「노인복지법 시행규칙」 별표4에 따른 시설 및 인력으로 규정하고 있는바, 결국 요양급여고시 제54조 제1항의 인력추가배치 및 사회복지사 등 배치 가산의 전제조건은 「노인복지법 시행규칙」 별표9에 따른 인력 및 별표4에 따른 인력 기준의 충족이 요구된다.

에 3개 직종 이상이 인력배치기준을 위반한 경우에는 전 직종에 대하여 인력추가배치 가산을 적용하지 아니한다(요양급여고시 제54조 제3항)는 것도 주의해야 한다. 즉, 요양보호사를 추가배치하였으나, 간호사와 사무원, 사무국장 등 3개 직종 이상 인력배치기준을 위반한 경우에는 전 직종의 인력추가배치 가산을 인정하지 않는다는 것이다. 이는 과거 법규 위반의 정도 등을 고려한 일종의 불이익 조항으로 볼 수 있을 것이다.

(2) 가산금 산정시 정원초과 발생일수의 비율 공제

정원초과 감액이 적용되는 시설급여기관, 주·야간보호기관 및 단기보호기관은 해당 월에 인력추가배치 가산, 간호사배치 가산, 야간직원배치 가산 및 맞춤형서비스제공 가산을 급여 제공일수 중 정원초과 발생일수의 비율만큼 제외하고 적용한다(요양급여고시 제54조 제2항). 요양급여고시 제54조 제7항의 위임에 따라 제정된 공고 제13조의2에 따라 정원초과 시 가산점수 산정 산식은 『가산점수×{1-(정원초과일수/급여제공일수)}』로 한다. 비율의 경우 소수점 둘째자리 이하는 절사하고, 가산점수의 적용은 요양급여고시 제56조제1항을 준용하며, 인력추가배치 가산점수는 직종별 가산점수의 합을 기준으로 한다.

공단의 제도 안내[189]에 따르면 24년 1월에 10일의 정원초과 감액이 발생한 노인요양시설의 경우 〈표 9-2〉와 같은 산정 예시를 제시하고 있다.

---

189 공단, 2024년 달라지는 장기요양급여 제공기준 및 급여비용 산정방법 관련 주요 개정사항 및 개정내용 관련 Q&A, 15쪽.

<표 9-2> 정원초과 시 가산점수 산정 산식(예시)

구분			가산 점수	
정원초과 미 발생 비율 (※ 소수점 둘째자리 이하 절사)			1-(정원초과일수/급여제공일수) 1 - (10 / 31) = 0.6	
정원초과 미 발생 비율 적용 가산 점수	인력추가 배치가산	요양보호사(2.4)	2.4 × 0.6 = 1.44	2.28
		사회복지사(1.4)	1.4 × 0.6 = 0.84	
	간호사배치 가산(0.6)		0.6 × 0.6 = 0.36	
	야간직원배치 가산(0.9)		0.9 × 0.6 = 0.54	
	맞춤형서비스제공 가산(0.5)		0.5 × 0.6 = 0.3	
총 가산점수			3.48점(2.28 + 0.36 + 0.54 + 0.3)	

※ 관련근거: 요양급여고시 제54조제2항, 공단 공고 제13조의2

(3) 3개 직종 인력배치기준 위반 월의 인력추가배치 가산 적용 관계

요양급여고시 제54조 제3항에는 "제66조의 인력배치기준 위반 감액이 적용되는 시설급여기관, 주·야간보호기관 및 단기보호기관은 인력배치기준을 위반한 직종에 대하여 해당 월에 제55조의 인력추가배치 가산을 적용하지 아니하되, 3개 직종 이상이 인력배치기준을 위반한 경우에는 전 직종에 대하여 제55조의 인력추가배치 가산을 적용하지 아니한다. 다만, 일반실과 치매전담실이 있는 노인요양시설, 주·야간보호기관(치매전담실만 있는 경우 포함)은 어느 하나의 실에서 요양보호사 인력배치기준 위반 감액이 발생하더라도 다른 실의 요양보호사 추가 배치 가산을 적용할 수 있다."고 규정하고 있다. 이 규정은 요양급여고시 제54조 제1항 단서 규정과 일부 중복되는 내용이 있다. 즉, 인력배치기준 위반 감액이 적용되는 기관의 경우 3개 직종 이상이 인력배치기준을 위반한 경우에는 전 직종에 대하여 인력추가배치 가산을 적용하지 아니하고, 인력배치 기준을 3개 직종 미만으로 위반한 경우에는 인력배치기준을 위반한 직종에 대하여만 인력추가배치 가산을 적용하지 않는다는 것이다. 다만 예외적으로 일반실과 치매전담실이 있는 노인요양시설, 주·야간보호기관(치매전담실만 있는 경우 포함)의 경우 실단위로 적용하여 즉, 어느 하나의 실에서 요양보호사 인력배치기준 위반 감액이 발생하더라도 다른 실의 요양보호사 추가 배치 가산을 적용할 수 있다는 것이다. 고시에 그 구체적 사유가 명시되어 있지는 않으나 치매환자인 수급자에 대한 적정 서비스 관리의 중요성 내지 배려적 차원에서 마련된 것으로 볼 여지도 있어 보인다.

(4) 급여 유형별 가산적용과 겸직직원 등 근무인원 배제

장기요양기관이 1개 이상의 재가급여를 제공하는 경우에는 급여유형별로 그 가산을 적용하며, 겸직인 직원, 「근로기준법」 제74조의 출산전후 휴가 중인 직원, 유산·사산휴가를 30일을 초과하여 사용 중인 직원, 요양급여고시 제67조제2항에 따라 퇴사특례를 적용받는 직원은 그 직종의 가산 적용을 위한 근무인원수에 포함하지 아니한다(요양급여고시 제54조 제4항~제5항).

5 인력추가배치 가산

가 대상 장기요양기관과 직종(장기요양 요원)

인력 추가배치 가산이 적용되는 기관은 시설급여기관(노인요양시설, 노인공동생활가정), 주야간보호기관 및 단기보호기관만 해당된다. 대상 인력의 직종은 요양보호사, 사회복지사, 간호(조무)사, 물리(작업)치료사, 조리원이며, 당연히 노인복지법 시행규칙 별표4 및 별표9 소정의 인력기준을 초과하여 배치하여야 한다(요양급여고시 제53조, 제55조). 계산 결과 소수점 이하는 반올림 하며, 계산한 결과가 0.5 미만인 경우에는 기본 1명을 배치하여야 한다(요양급여고시 제48조). 가령 입소자가 32명인 노인요양시설의 경우 요양보호사는 입소자 2.1명당 1명을 배치하여야 하는데 『33/2.1 = 15.714』명이 되면 이 경우에는 소수점 이하 반올림을 적용하여 16명으로 한다는 것이다. 한편 요양급여고시 제48조의 반올림 등의 사항은 가·감산 산정을 위한 규정이므로 「노인복지법 시행규칙」 별표4 및 별표9 소정의 인력배치 기준에는 사용될 수 없다고 본다. 따라서 위 시행규칙에 따른 인력배치 기준은 그 내용을 자의적으로 해석하거나 변경하여 적용하지 아니하고 명문화된 표현 그대로 준수해야 할 것이다.

나 | 직종별 가산 추가배치 인력의 충족 요건

(1) 요양보호사, 간호(조무)사 및 조리원

요양보호사 1인당 입소자 수가 노인요양공동생활가정은 2.4명 미만, 주·야간 보호기관은 6.4명 미만(치매전담형 3.9명 미만), 단기보호기관은 3.75명 미만이어야 한다(요양급여고시 제55조 제1항 제1호). 간호(조무)사 1인당 입소자 수는 시설급여기관(노인요양시설, 노인공동생활가정), 주야간보호기관 및 단기보호기관 모두 19.0명 미만이어야 한다(같은항 제2호). 치매전담실만 있는 노인요양시설 및 주·야간보호기관의 경우 요양보호사 인력추가배치 가산은 각 실별로 적용한다(같은조 제4항).

요양보호사와 간호(조무)사 1인당 입소자 수 계산은 입소자 수를 근무인원 수로 나누어 계산하고, 계산 결과 소수점 셋째자리에서 절사한다(같은조 제1항 제3호). 여기서 '1인당 … 근무인원 수'란 시장·군수·구청장에게 신고한 인력 중 해당 장기요양기관에서 신고 당시 기재한 직종으로 근무하는 직원으로써, 휴게시간을 제외하고 월 기준 근무시간 이상 실 근무하는 등 요양급여고시 제51조 소정의 요건을 충족한 인원을 말한다.

조리원은 노인요양시설 및 주·야간보호기관의 경우 인력배치기준을 초과하여 조리원을 1명 이상 추가 배치한 경우(급식위탁기관 제외), 노인요양공동생활가정의 경우 조리원을 1명 이상 배치한 경우가 가산 대상이다(같은조 제3항). 조리원은 요양급여고시 제55조 제1항 제3호의 요양보호사와 간호(조무)사와 달리 '1인당 …근무인원 수' 요건에 대한 규정이 없는 것으로 미루어 보아 '월 기준 근무시간'을 충족하지 않아도 된다는 논리가 성립될 수 있으나 『요양급여고시 제5장 제1절 급여 비용의 가산 및 감액산정 일반원칙, 제51조의 근무인원수 산정방법』에서 월 기준

근무시간 이상 신고한 직종으로 실 근무하여야 함을 천명하고 있기 때문에 신고 당시 기재한 직종으로 휴게시간을 제외하고 월 기준 근무시간 이상 실 근무하는 등 요양급여고시 제51조 소정의 요건을 충족한 자에 해당해야 할 것이다.

(2) 사회복지사와 물리(작업)치료사

요양급여고시 제55조 제1항에는 "시설급여기관, 주·야간보호기관 및 단기보호기관이 요양보호사, 사회복지사, 간호(조무)사, 물리(작업)치료사 직종에 대해 제48조의 인력배치기준을 초과하여 배치하고, 추가로 배치한 직종별로 다음 각 호의 기준을 충족한 경우 가산한다."고 규정되어 있고 제1호에서는 요양보호사에 대하여, 제2호에서는 간호(조무)사에 대하여 입소자 수에 따른 가산 인원대상을 규정하고 있지만, 사회복지사와 물리(작업)치료사에 대하여는 요양급여고시 제55조 제1항 각호에 규정하지 않고 있다. 즉, 본문에는 규정되어 있으나 각호의 기준 충족 요건에는 규정이 없는 것이다. 그리고 요양급여고시 제56조 제1항의 인력추가배치 가산금액 산출과 관련된 사회복지사 또는 물리(작업)치료사의 가산 점수는 추가배치 1인당 1.4점을 부여하고 있다(같은항 제2호 나목).

요양보호사나 간호(조무)사와 달리 추가로 배치한 직종별 기준 충족요건(요양급여고시 제55조 제1항 각호)에 대해 규정되지 않은 사회복지사 또는 물리(작업)치료사의 경우 제55조 제1항의 규정만을 볼 때에는 인력추가배치 가산대상이 아니라 할 것이다. 그러나 요양급여고시 제56조 제1항 제2호 나목에서는 구체적 요건 없이 사회복지사 또는 물리(작업)치료사를 추가배치한 경우 1인당 1.4점의 가산점수를 부여한다고만 규정되어 있고 다른 요건에 대하여는 규정 자체가 존재하지 않는다. 이에 따라 사회복지사 또는 물리(작업)치료사 추가배치 시 가산을 적용받을 수 있는 기관의 범위 그리고 사회복지사 또는 물리(작업)치료사는 추가배치에 따른 가산점수가 무한대로 부여되는 것인지-물론 요양급여고시 제56조 제1항에 가산점수 인정의 상한선은 있으나-그리고 요양급여고시 제51조의 근무인원 1인당 요건인 월 기준근무시간 충족 대상인지 등 많은 논란이 있다.

또한 요양급여고시 제55조 제1항 제1·2호의 요양보호사나 간호(조무)사는 1인당 입소자수의 요건과 요양급여고시 제55조 제1항 제1·2호의 근무인원 수 개념

등은 규정되어 있는 반면, 사회복지사 또는 물리(작업)치료사는 이러한 규정을 두고 있지 않은 것으로 미루어 볼 때 사회복지사 또는 물리(작업)치료사는 가산 대상 직종에는 포함되나 그 추가 배치 인원수의 한계는 없는 것으로 보인다. 다만 조리원과 마찬가지로 근무인원 1인당 요건인 월 기준근무시간 요건은 충족하여야 할 것으로 보인다. 인력추가배치 가산직종의 경우 특히, 그 추가배치 인원에 한계가 없는 경우 구체적인 업무 부여 없이 인력을 추가배치 하였다는 이유만으로 가산금을 지급하는 것은 불필요한 인건비 낭비 등 부작용 우려가 있다. 한편 방문요양 사회복지사 등 배치가산제도에서는 추가배치되는 사회복지사 등에게 급여관리 의무를 부여하고 있다(요양급여고시 제57조).

다 가산금 산출식

인력 추가배치 가산금액은 『가산금액 = 해당 월 가산 기준금액 × 〔가산점수의 합/입소자수〕 × 서비스유형점수』로 산출된다(요양급여고시 제56조 제1항).

(1) 월 가산 기준금액과 '급여비용의 합'에 대한 정의와 범위

해당 월 가산 기준금액이란 시설급여의 경우 수급자별 급여비용 합의 80%(치매전담실의 경우에도 일반실의 80% 적용), 재가급여의 경우 수급자별 급여비용 합의 85%(주야간보호의 치매전담실의 경우 일반실의 85%적용)를 말한다(요양급여고시 제56조 제1항 제1호).

이와 관련, '급여비용의 합'에 대한 정의와 그 범위가 문제되는데, 요양급여고시 제52조 제1항에서 급여비용 가산 및 감액산정이 되는 급여비용은 월 한도액 범위 내에서의 비용만(요양급여고시 제13조 제2항 제2호, 제5호 비용은 포함)을 의미한다고 규정하고 있어 시설 급여기관과 주야기관 및 단기보호기관의 급여비용 중 월 한도액 범위내의 비용을 어느 범위까지 포함하느냐가 문제시된다.

그러나 근본적인 문제는 법 제28조의 "장기요양급여는 월 한도액 범위 안에서 제공한다."는 원칙과 관련된다. 재가급여(복지용구제외)의 월 한도액의 경우 등급별로 월 한도액을 정하는 한편, 월 한도액에서 제외되는 항목을 규정하고 있으며(요양급여고시 제13조), 장기근속장려금(제11조의4) 등 별도의 비용으로 책정된 항목의 경우 월 한도액에서 제외되는 항목으로 규정되지 않아 장기근속장려금 등 별도의 비용항목이 가산 기준금액 산정이 되는 급여비용인지가 문제이다. 즉, 재가급여의 월 한도액에서 제외되는 항목의 경우 법 제28조의 "장기요양급여는 월 한도액 범위 안에서 제공한다."는 원칙에 따라 월 한도액 범위 밖의 급여는 장기요양급여 자체가 될 수 없으므로 월 한도액에서 제외된 항목과 월 한도액에 포함되는지 자체가 모호한 항목이 장기요양급여에 해당되는 이상, 이는 결국 월 한도액 범위안의 급여로 의제되므로 수급자별 급여비용 합에 포함시킬 수 있는지 문제가 된다.

시설급여의 월 한도액은 시행규칙 제22조 제2항에 따라 장기요양급여에 소요되는 장기요양기관의 각종 비용과 운영현황 등을 고려하여 등급별로 보건복지부장관이 정하여 고시하는 1일당 급여비용에 월간 일수를 곱하여 산정한다. 즉, 시설급여의 월 한도액은 『등급별 1일당 수가 × 해당월의 일수』라는 것이다. 그러나 계약의사 활동비의 경우 1일당 정액수가가 아닌 형태로 규정하고 있어(요양급여고시 제44조의2) 당연히 시설급여의 월 한도액에 포함되지 않는 것인지 불명확하다. 그렇다면 법 제28조 제1항의 "장기요양급여는 월 한도액 범위 안에서 제공한다."는 규정에 위반되기 때문에 비록 『등급별 1일당 수가 × 해당월의 일수』 형태가 아니더라도 월 한도액에 포함시켜 이 건의 수급자별 급여비용의 합에 포함시켜야 하는 것인지 등 논란이 있다. 또한 의사의 활동비 중 진찰비용은 요양급여고시에서 본인부담금까지 발생시키고 있다. 실무에서는 노인요양시설의 경우 계약의사 활동비용을, 주야간보호기관의 경우 이동서비스 비용과 목욕서비스 가산비용을 수급자별 급여비용의 합에 포함시키지 않고 있다.

나아가 재가급여(복지용구제외)의 월 한도액의 경우 수급자 개인별 월 한도액이 책정되어 있어 같은 월에 2개 이상의 장기요양기관으로부터 급여를 받은 비용의 합계가 월 한도액을 초과하였지만 개별 장기요양기관에서의 급여비용은 월 한도액을 초과하지 않은 경우가 발생하기도 하는 등 제도상 문제점이 있다.

(2) 가산점수의 합

가산 점수는 추가 배치한 종사자의 직종별로 산정되며, 아래와 같이 종사자별 1인당 가산점수를 산출하여 각 점수를 합한 점수가 가산점수의 합이 된다(요양급여고시 제56조 제1항 제2호).

(가) 요양보호사

1인당 입소자 수(입소자 수/근무인원 수, 계산 결과 소수점 셋째자리에서 절사)가 노인공동생활가정 2.4명 미만 주·야간보호기관은 6.4명 미만(치매전담형 3.9명 미만), 단기보호기관은 3.75명 미만일 경우 요양보호사 1인당 1.2점을 부여한다(요양급여고시 제55조, 제56조). 다만, 노인요양시설 내 치매전담실에 요양급여고시 제48조의 인력배치기준을 초과하여 요양보호사를 추가배치한 경우 최대 2명까지 요양보호사 1인당 1.3점을 가산한다(요양급여고시 제56조 제1항 제2호 마목).

(나) 간호(조무)사[190]

시설급여기관(노인요양시설, 노인공동생활가정), 주야간보호기관 및 단기보호기관 1인당 입소자 수(입소자 수/근무인원 수, 계산 결과 소수점 셋째자리에서 절사)가 19.0명 미만인 경우 간호(조무)사 1인당 1.2점을 부여한다(요양급여고시 제55조, 제56조).

(다) 사회복지사 또는 물리(작업)치료사

1인당 1.4점을 부여한다. '근무인원 1인당(요양급여고시 제51조)' 또는 '월 기준 근무시간(요양급여고시 제49조)' 등을 원용하지 않고 단순히 '1인당'으로 규정하였고, 요양급여고시 제55조에서도 별도 규정한 사항이 없다 하더라도 요양급여고시 제51조의 소정의 월 기준근무시간 등 근무인원 1인의 요건을 충족하여야 된다고 본다. 적용 대상기관은 요양급여고시 제55조 제1항 각호에 규정 자체가 없어 쟁점

---

[190] 이는 별도의 간호사배치 가산제도와 구별하여야 한다. 간호사배치 가산제도는 시설급여기관, 주·야간보호기관 및 단기보호기관이 간호사(간호조무사는 미해당)를 배치(추가배치가 아님)한 경우에 간호사 1인당 0.6점을 가산하며, 간호사(간호조무사 아님)배치(추가배치 아님) 가산이 적용되는 입소자 50인 이상 노인요양시설의 경우 0.2점을 더하여 산정한다(요양급여고시 제59조 제1항).

이 될 수 있으나, 제1항 내용을 고려할 때 시설급여기관(노인요양시설, 노인공동생활가정), 주야간보호기관 및 단기보호기관으로 보인다.

(라) 조리원

「노인복지법 시행규칙」별표4 소정의 인력배치기준을 초과하여 조리원을 1명 이상 추가 배치한 경우(급식위탁기관제외) 인원수와 관계 없이 노인요양시설은 1점을, 주·야간보호기관은 1.2점을 부여한다(요양급여고시 제55조 제3항 제1호, 제56조 제1항 제2호 다목). 노인요양공동생활가정에서 조리원을 1명 이상 배치한 경우 인원수와 관계없이 1.2점을 부여한다(요양급여고시 제55조 제3항 제2호, 제56조 제1항 제2호 다목). 노인공동생활가정의 경우 노인요양시설 및 주·야간보호기관과 달리 급식을 위탁하였더라도 조리원을 1명 이상 배치하였다면 가산점수를 책정할 수 있는 것으로 보인다(요양급여고시 제55조, 제56조). 왜냐하면 요양급여고시 제55조 제3항 제2호의 노인공동생활가정은 제1호의 노인요양시설 및 주·야간보호기관과 같이 괄호 "(급식위탁기관 제외)"에 관한 규정이 없기 때문이다. 그리고 노인요양시설, 노인공동생활가정 및 주·야간보호기관에서 가산되는 조리원은 추가배치를 1명으로 하거나, 2명 이상으로 하거나, 가산점수는 동일하다. 한편 노인요양시설 및 주·야간보호기관의 경우 급식을 위탁한 상태에서 조리원을 배치하더라도 가산대상이 아니다.

(3) 입소자 수

월별 입소자 수는 『일자별 입소자 수의 합/월별 급여제공일수』로 산정한다(소수점 이하 반올림). 일자별 입소자 수(해당일 퇴소자 미포함)는 시설급여기관과 단기보호기관은 해당일 밤 12시를 기준으로, 주야간보호기관은 하루 중 이용수급자가 가장 많은 시간을 기준으로 계산한다(요양급여고시 제47조). 입소자에는 수급자와 등급외자 등도 포함되는 등 입소자의 범위에 대하여는 요양급여고시 제47조 관련 설명부분을 참고하기 바란다.

(4) 서비스 유형점수

서비스 유형점수의 경우 시설급여기관 1점(치매전담형 노인요양공동생활가정, 치매전담실만 있는 노인요양시설은 0.9점), 주·야간보호기관은 1.5점(치매전담실만 있는 주·야간보호기관은 1.3점), 단기보호기관은 2점이다(요양급여고시 제56조 제1항 제3호).

라 가산점수의 한도와 가산점수의 합 산정

(1) 가산점수의 인정범위

가산점수는 무제한적으로 인정되는 것이 아니라 전체 입소자 수별 아래의 가산점수 인정범위 한도로 제한된다. 즉, 가산점수가 〈표 9-3〉의 가산점수 인정범위를 초과하더라도 인정범위까지만 적용받을 수 있다. 치매전담실이 있는 노인요양시설, 치매전담실이 있는 주·야간보호기관의 경우 전체 입소자 수로 산정한다(요양급여고시 제56조 제2항 본문).

〈표 9-3〉 가산점수 인정범위

구분	입소자 수	가산점수 인정범위
노인요양시설	10명 미만	1.4점 이하
	10명 이상 30명 미만	2.6점 이하
	30명 이상 50명 미만	4.0점 이하
	50명 이상 70명 미만	5.2점 이하
	70명 이상 90명 미만	6.6점 이하
	90명 이상	7.8점 이하

노인공동생활가정 주·야간보호기관 단기보호기관	5명 미만	1.4점 이하
	5명 이상 10명 미만	2.6점 이하
	10명 이상 30명 미만	4.0점 이하
	30명 이상 50명 미만	6.4점 이하
	50명 이상 70명 미만	8.8점 이하
	70명 이상 80명 미만	10.0점 이하
	80명 이상 90명 미만	11.2점 이하
	90명 이상 120명 미만	13.6점 이하
	120명 이상	14.8점 이하

(2) 가산점수 인정 범위에서 제외되는 사항

(가) 노인요양시설의 조리원 또는 치매전담실 요양보호사를 추가배치한 경우와 입소자 수 감소의 경우

앞서 언급한 입소자 수 규모에 따라 인정되는 가산점수 인정범위 이내로 제한되는 기준에도 불구하고, 가산점수 인정범위에 포함하지 않도록 하는 별도의 특례 기준이 있다. 요양급여고시 제56조 제1항 제2호에 따라 노인요양시설이 조리원을 추가배치한 경우 추가 조리원의 인원수에 관계없이 1점을 추가로 산정하는데, 이는 가산점수 인정범위를 초과하더라도 추가로 산정할 수 있도록 한 것이다(요양급여고시 제56조 제2항 단서). 그리고 노인요양시설 내 치매전담실에 요양급여고시 제48조의 인력배치기준을 초과하여 요양보호사를 추가배치한 경우 각 실별 최대 2명까지 요양보호사 1인당 1.3점을 가산하는데, 그 1인당 1.3점은 가산점수 인정범위를 초과하더라도 추가로 산정할 수 있다.

입소자 2.1명당 요양보호사 1명 이상인 급여비용을 적용받는 노인요양시설의 경우 노인요양시설(치매전담실 제외)의 입소자 수가 감소하여 전월 대비 요양보호사 의무배치인원이 감소한 경우 인력배치기준을 초과하여 배치된 요양보호사 1인당 1.3점의 가산 점수를 연간 6회의 범위 내에서 해당월에 한하여 산정하는데(요양급여고시 제56조의2), 그 1인당 1.3점은 가산점수 인정범위를 초과하더라도 추가로 산정할 수 있다. 주의해야 할 것은 요양급여고시 제56조의2에 따라 산정되는 가산점수는 2026년 12월 31일까지 적용할 수 있다(보건복지부고시 제2024-295호, 2024.12.31., 부칙 제4조).

그리고 '2.1(수급자 수):1(요양보호사 수) 이상 급여비용(수가)'을 산정하는 노인요양시설이 입소자 수 감소로 요양보호사 초과배치 한시 가산을 적용함에 있어 요양급여고시 제56조의2 제1호 본문의 "전월 대비 요양보호사 의무배치인원이 감소한 경우" 그리고 단서의 "가산이 인정되는 요양보호사 수는 전월 대비 감소한 의무배치인원 수를 한도로 한다"는 규정과 관련 공단은 아래와 같이 2025년 3월과 4월 모두 요양보호사 의무배치인원을 초과하여 요양보호사 1명을 추가로 배치하였다 하더라도 2025년 4월은 한시 가산적용 대상이 아니라고 해석하고 있다.[191]

구분	요양보호사배치	수급자	요양보호사		한시 가산
			의무배치인원	배치인원	
2025년 2월	2.1:1	46명	22명	22명	-
2025년 3월	2.1:1	45명	21명	22명	적용
2025년 4월	2.1:1	44명	21명	22명	미적용

(나) 노인공동생활가정의 요양보호사 포함여부에 따른 특례

요양급여고시 제56조 제3항의 규정에 따라 인력추가배치 가산이 적용되는 노인요양공동생활가정의 경우 가산점수의 합에 요양보호사가 포함된 경우 0.4점, 요양보호사가 포함되지 않은 경우 0.25점의 가산점수를 더하여 산정하며, 해당 가산점수는 가산점수 인정범위 안에 포함하지 않는다. 즉, 노인요양공동생활가정의 인력추가배치 가산 적용에 있어 총 가산점수의 합계 점수에 요양보호사 추가배치 가산이 적용된 경우 0.4점을 요양보호사 추가배치 가산이 적용되지 않은 경우 0.25점을 추가로 더 부여한다는 것이며, 이 0.4점 또는 0.25점은 가산점수 인정범위에 포함되지 않는다는 것이다.

---

191 공단, 2025년 달라지는 장기요양급여 제공기준 및 급여비용 산정방법 관련 개정내용 Q&A, 14쪽.

(다) 주·야간보호기관기관의 조리원 가산의 경우

요양급여고시 제56조 제1항 제2호에 따라 주·야간보호기관이 조리원을 추가로 배치한 경우 인원수에 관계없이 1.2점을 산정하는데, 그 1.2점은 가산점수 인정범위를 초과하더라도 추가로 산정할 수 있다(요양급여고시 제56조 제2항 단서).

(3) 가산점수 인정범위를 초과한 주 · 야간보호기관 등에 대한 특례

가산점수 인정범위를 초과한 입소자 10인 이상의 주·야간보호기관 및 단기보호기관의 경우에는 〈표 9-4〉와 같이 요양보호사 추가 배치 인원수에 따라 가산점수 인정범위를 추가산정한다(요양급여고시 제56조 제4항).

〈표 9-4〉 요양보호사 추가배치 가산점수 범위

구분	입소자 수	요양보호사 추가배치 인원 수	가산점수 인정범위 추가산정
주 · 야간보호기관 단기보호기관	10명 이상 30명 미만	3명	1.2점
		4명 이상	2.4점
	30명 이상 50명 미만	4명	1.2점
		5명 이상	2.4점
	50명 이상 70명 미만	5명	1.2점
		6명 이상	2.4점
	70명 이상 90명 미만	6명	1.2점
		7명 이상	2.4점
	90명 이상 120명 미만	7명	1.2점
		8명	2.4점
		9명 이상	3.6점
	120명 이상	8명	1.2점
		9명	2.4점
		10명 이상	3.6점

이는 요양급여고시 제56조 제2항의 가산점수 인정범위를 초과한 요건, 그리고 입소자가 10명을 초과한 요건을 모두를 갖춘 주·야간보호기관 및 단기보호기관이 요양보호사 추가배치를 3명 이상 행한 경우 입소자 수의 구분 단계별 '가산점수 인정범위 추가산정' 점수에 해당하는 점수를 추가하여 가산하여 받을 수 있음을 의미한다.

6 방문요양기관의 사회복지사 등 배치가산

가 의의

이는 위의 인력추가배치 가산제도와는 달리 의무적으로 배치하여야 할 인력배치기준을 초과하여 추가로 배치한 경우 가산제도가 아닌, 수급자의 서비스 질 향상 차원에서 서비스 제공사항을 모니터링하고 수시로 변하는 수급자의 서비스 욕구에 대한 계획을 수립하여 서비스를 제공하게 하는 데 그 의의가 있다. 그러나 수급자의 가정을 방문하여 서비스 제공여부 파악과 수급자의 욕구에 따른 서비스를 제공하는 기능 등은 장기요양기관의 기본적이고 고유한 업무영역임에도 기본 수가에 포함하지 않고 가산수가로 별도로 책정하는 입법정책은 바람직하지 않다고 본다. 특히, 방문요양의 경우 수급자 15인 이상인 경우 「노인복지법 시행규칙」상 당연히 배치해야 할 사회복지사를 배치하여 소정의 방문 의무를 부여하였다는 것을 이유로 별도의 수가를 가산하는 제도는 '가산'이라는 개념과 어울리지 않기 때문에 본(기본)수가에 이를 포함하여야 할 것이다. 방문형 장기요양급여의 방문시간당 급여비용에 사회복지사 등 배치에 따른 금액이 포함되지 않은 것을 가산수가 형태로 반영하고 있다.

수급자가 15인 미만인 기관의 경우, 주로 방문요양과 방문목욕을 합하여 수급자 15인 이상이면 사회복지사 등을 배치할 의무는 없으나 이를 배치하여 가산을 받는 구조이다. 방문요양의 수급자 수가 15인 이상인 기관은 사회복지사를 1명 이상을 배치하여야 한다(요양급여고시 제57조 제1항, 「노인복지법 시행규칙」 별표9). 문제는 수급자가 15명의 경계선에서 자주 변동되는 경우, 수급자가 일시적으로 15인 이상이라 하더라도 짧은 기간안에 다시 15인 미만이 될 가능성이 높아 사회복지사를 채용하지 않고 가산을 받지 않았을 경우가 있다면, 이는 부당이득으로 보기엔 한계가 있다.

방문요양기관의 경우 요양기관이 예컨대 서울에 위치해 있으나 당해 기관으로부터 장기요양급여를 제공받는 수급자는 제주도에 거주하는 경우가 있다. 장기요양기관은 수급자의 욕구에 맞는 장기요양급여가 제대로 제공되고 있는지 등 서비스의 품질과 서비스 관리를 하여야 할 의무가 있으나, 장기요양기관과 수급자와의 거리문제로 서비스 관리 자체가 불가능한 경우도 발생하게 된다. 이러한 폐단을 방지하기 위하여는 반드시 사회복지사 등 배치의무 및 가산제도와 관계없이 시설의 장 등으로 하여금 요양급여고시 57조 제2항의 급여관리 의무를 부과하는 것도 고려해 볼 필요가 있다.

나　방문요양의 가산대상 기관과 직종(인력)

가산대상이 되는 기관은 방문요양급여를 포함하여 1가지 이상 가정방문급여(방문목욕, 방문간호 급여)를 제공하는 기관의 수급자 수가 15명 이상인 기관이다. 반드시 방문요양급여를 포함하여 1가지 이상이어야 하므로 같은 기관에서 방문목욕과 방문간호 급여를 2종을 실시하는 기관, 수급자 수가 15인 이상이지만 방문요양 1종만을 실시하는 기관 등은 해당되지 않는다.

문제는 실무에서 수급자가 15명 이상이지만 방문요양 1종만을 실시하는 기관도 '사회복지사 등 배치 가산'을 적용하고 있는 것으로 추정된다는 것이다. 요양급여고시 제57조 제1항의 "방문요양급여를 포함하여 1가지 이상 가정방문급여를 제공하는 기관…"을 『방문요양+1 이상』 개념이 아닌 것으로 해석한 것인지 또는 방문요양 1종만을 실시하는 기관의 경우 같은 급여관리 업무를 수행하고 있음에도 '사회복지사 등 배치 가산'을 받을 수 없는 형평성의 문제를 의식한 해석인지 논란의 여지가 있다. 가산제도는 법령상의 의무를 초과한 경우 지급되는 제도라는 점, 수급자 15명 이상인 방문요양기관의 사회복지사가 급여관리 업무를 수행하지 않을 경우 방문요양기관의 사회복지사의 기능, 사회복지사의 방문요양과 방문목욕 등의 겸직 가능 여부 그리고 수급자 15명 이상 여부와 관계없이 책정된 방문요양 급여비용(수가)에 대해 검토해 볼 필요가 있다.

가산대상 직종(인력)은 가산대상 기관에 배치된 사회복지사, 간호(조무)사 및 팀장급 요양보호사이다. 방문요양의 수급자 수가 15인 이상인 기관은 의무적으로 사회복지사를 1명 이상을 배치하여야 하므로 사회복지사를 우선적으로 배치할 수밖에 없는 구조이다(요양급여고시 제57조 제1항).

나 | 급여관리 업무 수행의무

(1) 원칙

가산대산 직종이 가산을 받기 위해서는 급여관리 업무를 모두 수행하여야 한다(요양급여고시 57조 제1항). 급여관리 업무란 ▶ 가산을 적용받고자 하는 급여종류의 모든 수급자의 가정을 매월 1회 이상 급여제공 시간 중에 방문하여 적정 서비스 제공 여부를 확인하고 기록하는 업무, ▶ 매월 수급자 욕구사정 및 수급자별 급여제공계획을 수립하고 기록하는 업무이다(요양급여고시 제57조 제2항). 서비스 관리를 위하여 급여제공시간 중에 방문하여야 하고, 수급자의 욕구 사정과 급여제공을 수립하여 기록하는 등 요건을 충족해야 한다. 요양보호사와 가족관계에 있는 수급자도 급여관리 대상이다(요양급여고시 제69조의2). 그러나 욕구사정 항목·도구 등에 관한 세부사항은 요양급여고시에서 제시되지 않고 공단의 업무일지 서식(공고 별지 24호서식)에 의존하고 있다.

(2) 급여관리 업무를 수행하는 것으로 보는 경우

수급자의 사망·입원 등의 사유로 가정 방문이 불가능한 경우, 월 중에 급여제공을 종료한 경우와 같이 불가피한 사유로 수급자의 가정을 방문하지 못한 경우에는 예외적으로 급여관리업무를 수행한 것으로 볼 수 있다(요양급여고시 제57조 제3항 제1호). 또한 급여제공이 18시 이후 06시 이전에만 이루어져 급여제공 이외의 시간에 방문한 경우에도 가산을 받을 수 있으나, 다만, 매월 1회 이상 수급자 및 급여제공자를 모두 면담하여야 한다(요양급여고시 제57조 제3항 제2호). 요양급여고시 제57조 제3항 제2호의 '매월 1회 이상 수급자 및 급여제공자를 모두 면담하여야 한다.'는 등의 내용과 관련하여, 요양급여고시 제57조 제2항의 욕구사정 및 수급자별 급여제공계획을 수립하고 기록하지 않고 면담만 해도 된다는 것으로 해석하는 것에 무리가 없어 보여, 이러한 제한적인 면담행위의 허용 가능성 및 타당성 등에 대하여는 의문이 있다.

(3) '급여제공시간 중'에 방문 관련 판례

사회복지사는 요양보호사의 '급여제공시간 중'에 방문하여야 한다는 위 규정과 관련하여 법원은 "사회복지사로 하여금 적정 수준의 방문요양급여가 제공되는지 여부를 확인할 수 있도록 함으로써 방문요양기관이 제공하는 요양급여의 질적 수준을 향상시키고자 하는 위 규정의 취지 등에 비추어 보면, 방문요양기관이 사회복지사의 배치에 따른 가산금을 지급받기 위해서는 그 사회복지사로 하여금 요양보호사의 '급여제공시간 중'에 방문하여 수급자의 욕구사정 및 요양보호사의 적정 서비스 제공 여부 등의 확인 업무를 수행하도록 하여야 한다고 봄이 타당하다."고 판시한 바 있다.[192]

(4) 3개월 연속 급여관리 업무 누락 금지

요양급여고시 제57조 제4항은 "제2항 제1호에도 불구하고 특정수급자에 대하여 3개월 연속하여 제2항에 따른 급여관리 업무수행을 누락하여서는 아니된다"고 규정하고 있다. '3개월 연속하여'란 3개월간 중단되지 않고 계속이라는 의미이다. 수급자에 대한 적정보호 및 서비스질 관리 등 측면에서 최소한 3개월 연속 급여관리업무를 누락하여서는 아니된다는 것이다.

---

192 대법원 2021. 12. 16. 선고 2021두50628 판결(심리불속행 기각); 대법원 2021. 1. 14. 선고 2019두61502 판결; 서울고등법원 2019. 11. 13. 선고 2018누69433 판결 참조.

다 방문요양 사회복지사 등 배치 가산 금액 등

(1) 개요

가산대상 기관에 배치된 사회복지사, 간호(조무)사 및 팀장급 요양보호사가 해당 월에 가산대상 기관으로부터 방문요양, 방문목욕 또는 방문간호 급여를 받은 수급자에게 급여관리업무를 수행 하였을 때 소정의 가산점을 부여한다. 사회복지사 등 가산점수를 받을 수 있는 직원 수는 수급자 수 15명 이상 30명 미만은 1명 등 해당 월에 가산대상 기관이 급여를 제공한 수급자 수의 규모에 따라 정하여진다. 가산대상 기관은 사회복지사, 간호(조무)사, 팀장급 요양보호사가 여러명일 경우 공고 제17조 제1항에 따라 1인당 수급자 15명 이상으로 수급자를 배분하여 업무를 수행하여야 한다.

급여관리 업무를 제공하지 않은 수급자(요양급여고시 제57조 제3항 등에서 급여관리 업무를 수행하는 것으로 보는 경우 제외)는 가산산정 대상 수급자에서 제외되며, 특정수급자에 대하여 3개월 연속하여 급여관리 업무수행을 누락한 경우에는 가산점수 일체를 산정할 수 없다.

(2) 가산금액 산출식

인력 추가배치 가산금액의 산출식은 노인요양시설 등과 같이 『가산금액 = 해당 월 가산 기준금액 × [가산점수의 합/입소자수] × 서비스유형점수』로 산출된다(요양급여고시 제58조 제1항).

(가) 해당 월 가산기준금액

해당 월 가산 기준금액은 입소자(급여유형별 급여를 제공한 수급자)인 수급자별 급여비용 합의 85%를 말한다(요양급여고시 제58조 제1항 제2호). 여기서 급여비용이란 ▶ 월 한도액 범위내의 비용, ▶ 방문요양급여 또는 방문목욕급여를 이용하는 1·2등급 수급자 및 3등급부터 5등급까지의 수급자 중 인정조사표 '간호처치 영역'의 증상유무의 '있다'란에 하나 이상 표시된 자가 월 1회에 한하여 월 한도액과 관계없이 예방관리 등을 위한 방문간호급여를 이용하는 비용, ▶ 등급을 처음 판정받은 1~5등급 치매수급자가 등급을 받은 날부터 60일 이내에 월 한도액과 관계없이 방문간호급여를 총 4회 범위 내에서 월 2회까지 이용하는 급여비용 그리고 ▶ 가족휴가제 급여비용을 의미한다(요양급여고시 제52조 제1항). 다만, 요양급여고시 제58조 제1항 제2호 후단의 규정에 따라 종일방문급여는 제외한다. 급여비용은 『공단부담금 + 본인부담금』을 말하며 비급여로 본인이 부담하는 것은 포함되지 않는다.

(나) 가산점수(요양급여고시 제58조 제1항 제3호)

① 기본 원칙

수급자 15인 이상 방문요양기관이 의무적으로 배치해야 하는 사회복지사는 1인당 1.8점, 팀장급 요양보호사 또는 간호(조무)사는 1인당 1점, 일반 사회복지사는 1.2점을 부여한다. 그리고 가산인정 인원수가 2명 이상인 경우 0.2점을 추가로 산정한다. 이와 관련, 국가가 인정하는 자격의 종류에 따라서 가산점수를 차등하는 것은 일정부분 문제 소지가 있거나 직종 간 갈등을 야기할 수 있다. 현 기준은 사회복지사인 경우 급여관리의 품질이 좋고, 팀장급 요양보호사 또는 간호(조무)의 경우 급여관리의 품질이 떨어진다는 반증으로 볼 수 있는데, 서비스 품질은 자격의 종류가 아니라 개인의 능력과 정성 및 관심에 따라 상당부분 달라질 수 있기 때문이다. 특히 같은 사회복지사라 하더라도 의무적으로 배치하여야 하는 사회복지사와 일반 사회복지사간의 점수 차등을 규정한 것도 문제이다. 같은 자격을 가진 자에 해당한다면 구체적인 타당성을 확보할 수 있는 근거가 없는 한 이러한 차등은 헌법상 평등권이나 직업권 침해 소지가 있을 수 있기 때문이다.

② 일부만 방문한 경우

모든 수급자의 가정을 매월 1회 이상 급여제공 시간 중에 방문하는 등 소정의 업무를 수행한 경우에만 점수가 부여되는 것이 원칙이나, 일부만 방문한 경우 전체금액을 지급하지 않는 불합리성[193]을 방지하는 차원에서 사회복지사 등이 수급

---

[193] 금전 부과처분 취소소송에서 당사자가 제출한 자료에 의하여 적법하게 부과될 정당한 부과금액을

자수의 90% 이상의 가정을 방문하여 업무를 수행한 경우는 가산점수의 80%를, 사회복지사 등이 수급자수의 80% 이상의 가정을 방문하여 업무를 수행한 경우는 가산점수의 50%를 산정할 수 있다(요양급여고시 제58조 제2항). 다만, 특정수급자에 대하여 3개월 연속하여 급여관리 업무수행을 누락한 경우에는 가산점수 일체를 산정할 수 없다(요양급여고시 제58조 제2항 단서). 특정수급자에 대하여 3개월 연속하여 급여관리 업무수행을 누락한 경우에는 가산점수 일체를 산정할 수 없는 요양급여고시 제58조 제2항 단서의 규정은 요양보호사가 가족관계인 수급자에게 3개월 연속하여 급여관리 업무수행을 누락한 경우에는 급여비용의 90%를 산정할 수 있도록 규정한 요양급여고시 제69조의2 제2항과의 형평성의 문제가 있다.

요양급여고시 제58조 제2항 제2호와 3호에서 규정한 '수급자 수의 90%, 80%'의 경우 그 단위를 공고 제17조 제1항의 규정에 따라 가산 대상이 되는 사회복지사 등의 수에 따라 배분된 수급자 단위의 해당 사회복지사 등의 개인별로 할 것인지, 장기요양기관이 서비스를 제공하고 있는 전체 수급자와 전체 사회복지사 등의 단위로 할 것인지 명확하게 규정된 바 없다. 가산점수가 종사자 단위로 구성되어 있고 특히, 특정수급자에 대하여 3개월 연속하여 급여관리 업무수행을 누락한 경우에는 가산점수 일체를 산정할 수 없다는 규정(요양급여고시 제58조 제2항, 제3항)을 장기요양기관의 전체 수급자와 전체 사회복지사 등을 단위로 적용할 경우 기관 자체의 가산점수를 산정할 수 없다는 점 등을 고려할 때 사회복지사 등의 수에 따라 배분된 수급자 단위의 사회복지사 등으로 그 단위를 해석하는 것이 타당하다.

이와 관련, 공고 제17조 제5항에서 "고시 제58조 제2항의 사회복지사 등 배치 가산을 위한 방문비율은 방문한 수급자 수를 전체 수급자 수로 나눈 값에 소수점 이하는 절사한다. 이 경우 수급자는 요양급여고시 제57조제1항에 따른 수급자

산출할 수 없을 경우에는 부과처분 전부를 취소할 수밖에 없으나, 그렇지 않은 경우에는 그 정당한 금액을 초과하는 부분만 취소하여야 한다. 수소법원으로서는 당해 부과처분에 일부 오류가 있다는 점이 확인된다 하더라도 곧바로 그 처분 전부를 취소하여서는 안 되고 정당한 부과금액을 산정할 수 있는지에 관하여 더 나아가 심리한 후 판단하여야 한다(대법원 2004. 7. 22. 선고 2002두11233 판결, 대법원 2021. 1. 14. 선고 2019두61502 판결 참조). 실무에서 사회복지사 등이 수급자 수의 80% 이상을 방문한 것으로 청구하여 비용을 지급받았으나 현지조사 결과 수급자 수의 40%를 방문한 것으로 적발되어 기지급된 사회복지사 등 배치가산금 전액 환수와 관련, 40% 방문한 것에 대한 가산금액은 정당한 금액으로 인정하여야 한다는 의견이 있으나 40% 방문한 것에 대하여는 가산금액 자체가 없으므로 40% 방문한 가산금액은 별도로 인정될 수 없다.

를 말한다."고 규정하고 있는 바 여기서 '방문한 수급자 수'를 사회복지사 등 개인별 방문한 수급자 수인지 기관에 속한 사회복지사·간호(조무)사·팀장급 요양보호사 전체가 방문한 수인지, '전체 수급자 수' 또한 종사자개인에게 배당된 수급자 전체를 말하는지, 기관 전체의 수급자 수를 말하는 지 그 단위를 정확히 획정하는 데는 한계가 있다. 그리고 2024년 1월 1일 시행 요양급여고시인 『보건복지부 고시 제2023-289호, 2023. 12. 29.』 일부 개정에 따라 종전 요양급여고시 제58조 제2항의 1·2·3호의 '직종별 1인당 가산점수'를 '가산점수'로 개정되기는 하였으나, 이것만으로는 개인별 단위가 아닌 전체 단위로 해석해야 할 합리적인 근거는 찾아볼 수 없다.

③ 사회복지사 1인만을 배치한 경우

방문요양 수급자 수가 15인 이상인 기관이 사회복지사를 1명만 배치한 경우 방문요양을 포함한 가정방문급여를 제공하는 당해 기관의 수급자 수가 30인 이상이고 매월 수급자 30인 이상만 방문하여 급여관리 업무를 수행하더라도(대상 수급자 모두에 대하여 100% 방문하지 않더라도) 가산점수 100%를 산정한다. 다만, 특정수급자에 대하여 3개월 연속하여 급여관리 업무수행을 누락한 경우에는 가산점수 일체를 산정할 수 없다(요양급여고시 제58조 제3항).

④ 3개월 연속 미방문의 경우

모든 가산점수의 80% 또는 50% 산정대상이 되더라도 당해 수급자에 대하여 3개월 연속하여 수급자의 가정을 매월 1회 이상 급여제공 시간 중에 방문하여 적정 서비스 제공 여부를 확인하고 기록하는 업무수행을 누락한 경우에는 가산점수 일체를 산정할 수 없다(요양급여고시 제58조 제2항·제3항 단서). 여기서 '가산점수 일체'란 점수가 사회복지사 등의 단위로 부여되는 구조상 수급자에 대한 급여관리를 누락한 당해 사회복지사 등에 대한 점수를 산정할 수 없는 것으로 보인다.

⑤ 가산 인정 대상 종사자 수의 범위

사회복지사 등의 가산인정 인원수는 가산을 적용받는 급여의 수급자수 규모에 따라 수급자 수 15명 이상 30명 미만은 1명, 수급자 수 30명 이상부터 사회복지사 등 가산 인원은 수급자 수 30명 이하 단위로 1명씩 추가한다. 여기서 '30명 이하

단위'와 관련, 수급자가 60명일 경우 2명을 추가할 것인지, 3명을 추가할 것인지가 애매하다. 30명을 포함하여 계산하여야 할 것이므로 60명일 경우 3명을 추가해야 할 것이다(요양급여고시 제58조 제4항).

그리고 공고 제17조 제1항의 규정에 따라 가산을 받고자 하는 가정방문급여기관은 가산대상이 되는 사회복지사, 간호(조무)사, 팀장급 요양보호사 수에 따라 수급자를 배분(사회복지사 등 1인당 수급자 15명 이상)하여 업무를 수행하여야 하며, 업무수행 내용을 작성하고 보관한다.

(다) 입소자 수

입소자 수는 해당 월 급여유형의 급여를 제공한 수급자수로 하되 종일 방문요양급여만 이용한 수급자는 제외한다(제58조 제1항 제1호). 종일 방문요양급여를 2회 이상 연속하여 제공하는 경우 간호(조무)사가 급여제공 중 1회 이상 수급자의 가정을 방문하여 수급자의 상태확인 및 요양보호사의 급여제공내용 지도 등을 수행하기 때문에(요양급여고시 제36조의2 제6항) 별도의 급여관리 업무의 필요도가 낮기 때문에 입소자의 수에서 제외한 것으로 보인다.

(라) 서비스 유형점수

서비스유형점수는 1.8점이다(요양급여고시 제58조 제1항 제4호).

(3) 간호(조무)사 및 팀장급 요양보호사의 다른 업무 수행

가산 대상인 간호(조무)사 및 팀장급 요양보호사는 해당 기관에 종사하는 간호(조무)사 및 요양보호사의 부득이한 사정으로 미리 계획된 방문요양급여, 방문목욕급여 및 방문간호급여를 제공할 수 없는 경우에 한하여 그 급여를 대신하여 제공할 수 있으나, 해당 급여비용은 청구할 수 없도록 요양급여고시 제58조 제5항에 규정되어 있다. 본 조항은 상당한 논란의 가능성이 있으며 헌법상 평등권 내지 직업선택의 자유를 침해할 소지도 있을 수 있는 규정으로 보인다. 급여는 제공할 수 있도록 허용한 반면 비용은 그 청구 자체를 금지시켰기 때문이다. 추측건대 미리 계획된 서비스의 질과 그렇지 않은 경우의 서비스 질 간에 상당한 차이가 있다고 보아 규정한 것으로 보이는데, 일응 이해되는 측면도 있으나 이에 대해서는 그 타당성에 재고가 필요한 측면도 있다.

다만, 해당 요양기관의 예정된 방문목욕급여를 팀장급 요양보호사 1인이 다른 요양보호사와 2인이 같이 제공하는 경우 급여비용의 50%를 산정할 수 있다(요양급여고시 제58조 제5항, 제6항). 가산 대상인 사회복지사가 요양보호사 자격증을 갖고 있을 경우 '요양보호사의 부득이한 사정으로 미리 계획된 방문요양급여, 방문목욕급여 및 방문간호급여를 제공할 수 없는 경우'에 대한 규정은 없다.

(4) 가산대상 사회복지사 등이 월 기준근무시간에 미치지 못하는 경우

(가) 원칙과 관련 공고 규정

사회복지사, 간호(조무)사, 팀장급 요양보호사가 배치가산을 받기 위하여는 요양급여고시 제51조 제1항의 규정에 따라 월 기준 근무시간 이상 신고한 직종으로 실 근무하여야 한다. 월 기준 근무시간에 미치지 못할 경우 동조 제3항의 규정에 따라 월 기준 근무시간에 미치지 못하는 동일 직종 종사자들의 근무시간 합으로 근무인원 수를 계산할 수 있다.

그러나 공고 제17조 제2항 제2호에서 "가산대상이 되는 사회복지사, 간호(조무)사, 팀장급 요양보호사의 근무시간이 월 기준근무시간에 미치지 못하는 경우 추가배치한 종사자의 근무인원 수는 요양급여고시 제51조제3항에도 불구하고 다른 직종 종사자들의 근무시간을 합산하여 월 기준근무시간으로 나눈 값에 소수점 이하 절사한다."고 규정하고 있다. 그리고 동조 제3항에서 "제2항제2호에 따라 근무인원 수를 산정한 경우 요양급여고시 제58조제1항 제3호에도 불구하고 가산점수는 다음 각 호와 같이 산정한다. 제1호: 사회복지사가 포함되어 근무인원 수를 산정한 경우 가산점수는 근무한 사회복지사 수에 따라 1.2점을 적용하고 나머지는 1점을 적용한다. 제2호: 간호(조무)사와 팀장급 요양보호사의 근무시간을 합산한 경우 1인당 1점을 적용한다."고 규정하고 있다.

(나) 공고 제17조 제2항 등의 문제점

요양급여고시 및 공단 공고 관계조항을 함께 살펴보면, 공고 제17조 제2항 및

제3항 등을 제정하여 예외적으로 적용할 수 있도록 한 기준에 관하여, 요양급여 고시 등에서의 위임 규정이 없는 것은 문제 소지가 있다. 요양급여고시 제57조 제 5항에서 "그 밖의 업무수행 시 주의사항 등 세부사항은 공단 이사장이 정한다." 는 조항은 있으나, 해당 조항에서 공단 이사장이 정하는 공고 위임사항은 방문요 양 사회복지사 등의 업무 수행관련 영역에 한정하여 위임한 것이라 봄이 합당하다 고 할 것이다. 또한 가사 공고 제17조 제2항 및 제3항이 요양급여고시 제57조 제5 항의 위임범위에 포함된다 하더라도 요양급여고시 제51조 제3항 및 요양급여고시 제58조제1항 제3호의 규정을 위반하여 다른 직종 종사자들의 근무시간까지 합산 하고 가산점수를 요양급여고시와 다르게 부여하는 등 요양급여고시와 다른 내용 을 규정하는 것도 문제라고 볼 것이다. 따라서 위 공고 제17조 제2항 및 제3항의 효력 자체에 많은 논쟁이 있을 수 있다고 본다.

7 간호사 배치 가산과 야간직원 배치 가산

가 간호사 배치 가산

요양급여고시 제59조 제1항의 규정에 따라 시설급여기관, 주·야간보호기관 및 단기보호기관이 간호사를 배치한 경우에 가산한다. 가산금액 산정방법은 요양급 여고시 제56조제1항을 준용하고, 이 경우 가산점수는 간호사 1인당 0.6점으로 한 다. 간호사 고용시의 인건비와 간호조무사가 아닌 간호사 고용을 장려하기 위한 것으로 보인다. 요양급여고시 제56조 제1항을 준용한다는 것은 아래 산식을 적용 한다는 것이다.

가산금액 = 해당 월 가산 기준금액×[가산점수의 합/입소자 수]×서비스유형점수

간호사배치 가산이 적용되는 입소자 50인 이상 노인요양시설의 경우 0.2점을

더하여 산정한다(요양급여고시 제59조 제2항). 이 0.2점의 경우 간호사 1인 당이 아니라 기관당 0.2점이라는 것을 의미하며, 입소자 50인 이상의 노인요양시설에 한하여 적용한다는 것이다. 간호사 배치와 관련하여, 간호사 배치가산과 인력추가배치가산을 중복하여 적용할 수 있다.

나 | 야간직원 배치가산

야간직원 배치가산은 노인요양시설, 노인요양공동생활가정 그리고 단기보호기관에만 적용되며, 대상 직원은 요양보호사 또는 간호(조무)사이다.

(1) 노인요양시설

노인요양시설의 야간직원배치 가산은 요양급여고시 제60조 제1항의 규정에 따라 야간(22시부터 다음날 06시)에 요양보호사 또는 간호(조무)사 1명 이상이 근무한 경우 다음의 〈제1방식〉과 〈제2방식〉 중의 하나를 적용한다. 두 가지 방식 중 하나를 적용하여야 하는 이유는 요양급여고시 제60조 제1항의 "노인요양시설의 야간직원배치 가산은 야간(22시부터 다음날 06시)에 요양보호사 또는 간호(조무)사 1명 이상이 근무한 경우 다음 각 호 중 어느 하나의 방식에 따라 가산한다."고 규정하고 있고 여기서 '다음 각 호 중 어느 하나의 방식에 따라 가산한다.'는 것은 요양급여고시 제60조 제1항의 제1호와 제2호 중 하나를 선택하여 가산한다는 의미로 해석되기 때문이다.

〈제1방식〉은 야간(22시부터 다음날 06시)에 요양보호사 또는 간호(조무)사 1명 이상이 근무한 경우 기관당 0.9점의 가산점수를 부여하는 방식이다(요양급여고시 제60조 제1항의 제1호). 〈제2방식〉은 ▶ 야간근무 직원 1인당 입소자 20인 이하이어야 하는 요건과 ▶ 주간(24시간 중 22시부터 다음날 06시를 제외한 시간)에 근무하는 요양보호사와 간호(조무)사 수의 합이 야간직원의 2배 이상(다만, 입소자 20인 미만의 기관은 동수로 배치하여도 된다)이어야 한다는 요건 모두를 충족한 경우 야간직원 1인당 0.9점의 가산점수 부여하는 방식이다(요양급여고시 제60조 제1항의 제2호). 〈제1

방식〉과 〈제2방식〉 모두에 해당되는 기관에서는 두 가지 중 유리한 방식을 선택하여 산정하면 된다고 본다.

가산금액 산정방법은 요양급여고시 제56조제1항을 준용하여 아래와 같이 한다(요양급여고시 제60조 제1항).

> 가산금액 = 해당 월 가산 기준금액 × [가산점수의 합/입소자 수] × 서비스유형점수

(2) 노인요양공동생활가정

노인요양공동생활가정의 야간직원배치 가산은 야간(22시부터 다음날 06시)에 요양보호사 또는 간호(조무)사 1명 이상이 근무한 경우 기관당 0.9점의 가산점수를 부여하며, 가산금액 산정식은 제56조제1항을 준용한다(요양급여고시 제60조 제2항). 야간에 요양보호사나 간호(조무)사 중 1명 이상 근무할 경우 가산대상이 된다.

(3) 단기보호기관

단기보호기관의 야간직원배치 가산은 ▶ 야간근무 직원 1인당 입소자 20인 이하이어야 하는 요건과 ▶ 주간(24시간 중 22시부터 다음날 06시를 제외한 시간)에 근무하는 요양보호사와 간호(조무)사 수의 합이 야간직원의 2배 이상(다만, 입소자 20인 미만의 기관은 동수로 배치하여도 된다)이어야 한다는 요건 모두를 충족한 경우 야간직원 1인당 0.9점의 가산점수 부여하며(요양급여고시 제60조 제1항의 제2호에 따라 배치한 경우 가산), 가산금액 산정방법은 제56조제1항을 준용한다(요양급여고시 제60조 제3항).

(4) 야간배치 인력의 수 및 입소자의 수 계산 방법

야간배치 인력수는 해당월의 각 일자별 22시부터 다음날 06시 사이에 근무한 요양보호사와 간호(조무)사의 실 근무시간을 합산하여 7로 나눈 수를 급여제공일수로 나누어 계산하며, 주간배치 인력수는 해당 월의 각 일자별 06시부터 22시까지 근무한 요양보호사와 간호(조무)사의 실 근무시간 및 제12조제1항에 따른 근무

시간을 합산하여 14로 나눈 수를 급여제공일수로 나누어 계산한다. 이 경우 소수점 이하는 절사한다(공고 제18조 제1항).[194] 입소자 수 계산 시 소수점 이하는 반올림한다(공고 제18조 제2항).

(5) 야간직원배치 가산금의 종사자에게 직접 지급 의무

장기요양기관의 장은 공단으로부터 지급받은 야간직원배치 가산금을 야간에 근무한 종사자에게 지급하여야 한다(요양급여고시 제60조 제5항). 야간직원배치 가산금도 급여비용의 총액에 포함되며, 급여비용을 청구하여 지급받은 장기요양기관은 소속 종사자와 계약을 통해 임금을 지불하는 것이 우리나라의 법 체계인데, 이러한 야간배치 가산금의 지급규정은 일반적인 법체계와 다르기 때문에 종사자에게 지급되는 야간직원배치 가산금이 사용자가 지급하여야 할 근로기준법상 야간근로수당인지, 이와는 별도로 요양급여고시에서 추가로 지급하는 금액인지에 관하여 논란이 있다.

8 맞춤형서비스 제공 가산

가 가산대상 기관과 맞춤형 프로그램

가산대상 기관은 시설급여기관, 주·야간보호기관 및 단기보호기관이며, 치매전담형 장기요양기관에 대해서는 가산하지 아니하며, 가산대상의 객체는 입소자의 건강수준 유지·개선 등을 위하여 수급자에게 제공된 수급자 상태별 맞춤형 프로그램이다(요양급여고시 제62조 제1항). 맞춤형 프로그램은 인지형, 신체형 등이 될 수 있으며 프로그램의 종류나 범위 등은 제한이 없다.

이와 관련, 맞춤형 프로그램은 요양급여고시 제30조의 인지활동형 프로그램과 사실상 구별이 불가능하거나 어렵고, 주·야간보호기관의 경우 인지활동형 프로그

---

194 국민건강보험공단, 장기요양급여 제공기준 및 급여비용 산정방법 등에 관한 세부사항.

램과 병행하여 제공되어도 무방하므로(요양급여고시 제30조 제7항), 실무에서는 인지활동형 프로그램에 포함시켜 제공되는 경우가 많아 그 실효성이 문제시되는 경우가 있다. 같은 내용의 프로그램이라 하더라도 인지활동형 프로그램은 내부 종사자가, 맞춤형 프로그램은 외부강사가 제공하는 것으로 실무에서 운영되고 있다.

나   수급자 상태별 맞춤형 프로그램을 제공할 수 있는 자와 그 문제점

수급자 상태별 맞춤형 프로그램은 관련 자격증을 소지한 외부강사가 제공한다(요양급여고시 제62조 제1항 제4호). 관련 자격증이라 함은 수급자 상태별 케어와 관련된 자격기본법상의 국가자격 또는 민간자격을 취득한 자를 말한다. '관련 자격증'이라고 막연하게 규정하고 있어 수급자 상태별 맞춤형 프로그램을 제공할 수 있는 자격증의 범위에 대한 자의적 해석이 우려된다. 그리고 수료한 자도 여기에 포함하고 있다.[195] 장기요양기관에서 월 기준 근무시간 이상 근무하는 종사자는 외부강사로 맞춤형 프로그램을 제공할 수 없다(공고 제19조 제3항 제2호).

가산대상 기관인 시설급여기관, 주·야간보호기관 및 단기보호기관에서 장기요양급여를 제공할 수 있는 장기요양요원은 사회복지사, 간호사, 간호조무사, 물리치료사 및 작업치료사인데, 이들 외의 자가 장기요양급여를 제공하는 비용을 요양급여고시에서 별도로 산정하여 지급할 수 있도록 규정한 것은 시행령 제11조 제1항 제4호 및 「노인복지법 시행규칙」 별표4·별표9의 인력배치기준에 위배될 소지가 있다. 즉, 외부강사는 장기요양요원 그리고 「노인복지법 시행규칙」 별표4·별표9의 인력배치기준에 규정되어 있지 않은 인력임에도 이들을 장기요양급여 제공인력으로 요양급여고시에서 명문화하고 있는 구조이다. 요양급여고시의 규정이 아닌 장기요양기관이 자체적·자율적으로 외부인을 초빙하여 프로그램을 운영하는 것의 필요성은 별론으로 하더라도 요양급여고시에서 법령에 직접 규정하거나 고시 위임조항도 없는 상태에서 새로운 형태의 급여제공인력 제도를 창설하여 급여비용을 가산하는 것은 위법의 소지가 있을 뿐만 아이라 재정의 손실을 초래할

---

195   국민건강보험공단, 장기요양 급여비용 청구 바로알기, 2022. 참조.

수 있기 때문이다.

한편 맞춤형 프로그램이란 입소자의 건강수준 유지·개선 등을 위하여 수급자 상태별로 제공되는 프로그램이지만, 실무에서는 수급자 각자의 상태와 관계없이 수급자 전체에 대하여 일괄적으로 주로 브레인 트레이닝(인지 훈련), 체조, 음악, 미술, 놀이(여가) 등을 매주 2가지 이상 제공하는 형태로 운영되는 경우도 상당수 있는 것으로 보인다. 제도 취지를 각 수급자의 구체적 상태를 고려하여 구현하는 것은 상당부분 어려울 수 있어 보인다. 이에 대해서도 수급자 상태별 적합한 서비스 내용이나 모델이 지속적으로 연구·보완되어 나가야 할 필요가 있다고 본다.

다 맞춤형 프로그램 제공 방법과 제공시간

맞춤형 프로그램 제공기준은 주 4회 또는 월 16회 이상, 프로그램별 1회 60분 이상 제공하도록 되어 있다. 맞춤형 프로그램을 2회 이상 제공하는 주에는 맞춤형 프로그램의 종류가 최소 2가지 이상이어야 한다(요양급여고시 제62조 제1항 제5호). 프로그램 제공횟수는 일 단위로 산정하며, 월요일부터 일요일까지 09시부터 18시 사이에 제공하여야 한다(공고 제19조 제1항). 맞춤형 프로그램은 기관별로 제공하여야 하며, 병설하는 기관이 동시에 프로그램을 운영하는 경우에는 1개 기관이 제공한 것으로 본다(공고 제19조 제3항 제1호).

라 가산점수

가산금액은 요양급여고시 제56조제1항에 따라 산정하고(가산금액 = 해당월 가산기준금액 × [가산점수의 합/입소자 수] × 서비스유형점수), 이 경우 가산점수는 맞춤형 프로그램을 주 4회 또는 월 16회 이상 제공한 경우 0.5점이고, 주 2~3회 또는 월 8회 이상 제공한 경우에는 0.25점으로 한다(요양급여고시 제62조 제2항).

| 마 | 장기요양기관 종사자의 외부강사 금지 |

위 공단 공고 제19조 제3항 제2호에는 "장기요양기관에서 월 기준 근무시간 이상 근무하는 종사자는 외부강사로 맞춤형 프로그램을 제공할 수 없다."고 규정되어 있어 장기요양기관에서 소정의 월 기준 근무시간 이상 근무하는 종사자는 외부강사로 활동을 할 수 없다. 이 규정은 국민은 누구나 다른 업종에 아르바이트 등의 형태로 다른 업무에 종사할 수 있음에도 맞춤형 프로그램 외부강사의 업무를 차단한 이 규정은 상위법령이나 헌법 등에 위배될 소지에 대한 논란이 있어 보인다. 이건 공고의 위임근거인 요양급여고시 제62조 제1항 제6호의 "그 밖의 공단 이사장이 정하는 세부적인 제공방법에 따라 프로그램을 제공하여야 한다."는 범위에 장기요양기관 종사자의 외부강사 금지까지 포함되었는지는 다소 불분명하기 때문이다. 만약 공고 내용과 같이 장기요양기관에서 월 기준 근무시간 이상 근무자의 맞춤형 프로그램 제공 금지 제도가 구체적 타당성을 확보하기 위해서는, 예컨대 「의료법」 제3조의3 제1항에 따른 전속 전문의 제도 등을 참고하여 법령을 정비하여 해당 근무자가 특정 기관에 전적으로 소속되어 외부활동을 금지하거나, 혹은 반대로 해당 조항을 개정하여 특수한 사정이 없는한 이를 허용하는 것이 바람직해 보인다.

9 급여비용 감액산정 유형과 원칙

급여비용 감액산정 유형별 적용되는 기관은 〈표 9-5〉와 같다(요양급여고시 제63조).

<표 9-5> 감액 유형별 적용기관

감액산정 유형	적용되는 기관 유형
1. 정원초과	시설급여기관, 주·야간보호기관 및 단기보호기관
2. 인력배치기준위반	시설급여기관, 주·야간보호기관 및 단기보호기관

3. 전문인 배상책임보험 미가입	모든 장기요양기관
4. 가족인 요양보호사가 제공하는 방문요양 급여관리 의무 위반	수급자 15인 이상 방문요양기관

요양급여고시 제64조에 따라 감액이 중복되는 경우 급여비용 산정제외 금액을 합산하여 적용한다. 다만, 정원초과 감액과 인력배치기준 위반 감액의 합이 급여비용의 50%를 초과할 때에는 급여비용의 50%를 산정한다. '급여비용 산정제외 금액을 합산하여 적용한다.'라는 것은 감액산정 유형별로 각각 적용하는 것으로 해석된다.

정원초과감액 및 인력배치기준 위반 감액 제도는 부당이득법리와 급여비용(수가) 구조에서 비롯되었다. 정원을 초과하여 입소시키거나 소정의 인력배치기준을 충족하지 않은 상태에서 제공된 장기요양급여는 불완전한 급여이므로 부당이득의 대상이 된다. 그러나 그 부당이득은 급여비용(수가) 구조상 수급자 개인별로 부당이득을 산출하여야 되는데 감액비율 등이 전제되지 않은 상태에서는 부당이득금 산출이 불가능하기 때문이다. 그리고 다른 한편으로는, 비록 정원기준 위반 등에 따라 법령상 온전하지 않은 기준하에서 이루어진 요양급여라 하더라도 이를 제공받은 수급자(들)에게는 일정수준 도움이 되었다고 볼 수 있고, 그러한 서비스 제공 행위 자체가 완전히 부적절하거나 불법행위가 아닌 한, 정당한 급여제공에 대해서는 수가를 지급하는 것이 합당한 측면도 있기 때문인 것으로 보인다.

10 정원초과 감액

가 정원의 개념

요양급여고시 제65조 제1항에는 "시설급여기관, 주·야간보호기관 및 단기보호기관이 규칙 제23조에 따른 정원을 초과하여 운영한 경우, 수급자 전원에 대하여 해당일의 급여비용을 그 초과비율에 따라 다음과 같이 산정한다."고 규정하고 있어 정원초과의 개념은 '시행규칙 제23조에 따른 정원을 초과하여 운영한 경우'로 해석된다. 그러나 시행규칙 제23조에는 장기요양기관 지정신청서, 「노인복지법 시행규칙」 별표4 및 별표9의 시설 및 인력 등에 대한 사항이 규정되어 있고, 정원에 대하여 직접 규정된 사항은 없다. 따라서 장기요양기관 지정신청서(기관 설치신고서 포함)상의 기재된 정원을 기준으로 보아야 하는지, 「노인복지법 시행규칙」 별표4 및 별표9의 요양보호사 등 인력배치기준에 근거한 정원을 매 시점마다 설정해야 하는지가 문제이나, 실무에서는 법에서 직접적으로 규율하고 있는 제도인 장기요양기관 지정신청서(기관 설치신고서 포함)상의 기재된 정원을 기준으로 운영하는 것으로 보인다.

다만, 요양급여고시에서 정원에 대한 명확한 기준을 제시할 필요가 있으며, 노인요양시설의 수급자의 외박자 복귀에 따른 정원초과운영, 주·야간보호기관의 미이용일 급여비용제도와 등록(계약)된 수급자와 실제 이용하는 수급자의 차이 등과 관련된 정원의 개념정립도 필요하다 할 것이다.

나 정원초과 급여비용 산정비율

시설급여기관, 주·야간보호기관 및 단기보호기관이 시행규칙 제23조에 따른 정원을 초과하여 운영한 경우, 수급자 전원에 대하여 해당일의 급여비용을 그 초과비율에 따라 〈표 9-6〉과 같이 산정한다(요양급여고시 제65조 제1항).

<표 9-6> 정원 초과 정도별 급여비용 산정율

정원 초과비율	급여비용 산정비율(%)
5% 미만	90
5% 이상~10% 미만	80
10% 이상~20% 미만	70
20% 이상~30% 미만	60
30% 이상	50

치매전담실이 있는 노인요양시설, 치매전담실이 있는 주·야간보호기관의 경우에는 각 실별 정원을 기준으로 구분하여 산정한다(요양급여고시 제65조 제2항). 「노인복지법 시행규칙」 별표4 및 별표9에서 노인요양시설, 노인요양공동생활가정 및 주야간보호기관에서 치매전담실을 두는 경우 입소자 수별 요양보호사배치 인원수를 일반실과 다르게 규정하고 있으므로 치매전담실이 있는 노인요양시설, 치매전담실이 있는 주·야간보호기관의 경우에는 각 실별 정원을 기준으로 구분하여 정원초과 감액을 산정한다.

〈표 9-6〉상의 '급여비용 산정율(%)'에서의 '급여비용'이란 실제 청구하여 지급한 비용이 아니라 월 한도액 범위내의 비용(요양급여고시 제36조제3항 단서 및 제36조의3에 따라 이용한 단기보호급여비용 포함)만을 의미한다(요양급여고시 제52조). 따라서 정원초과 감액 산정 산식상의 급여비용 산정비율(%)상의 '급여비용'의 경우 가산비용 등 「part 6. 3. 아.」에서 살펴본 바와 같이 월 한도액에 포함여부가 모호한 급여비용의 해석 여하에 따라 급여비용 범위가 달라지므로 월 한도액에 포함되는 급여비용을 어디까지 볼 것인지에 따라 감액 범위가 좌우된다.

11 인력배치기준 위반 감액(요양급여고시 제66조)

가 인력배치기준 위반의 의의

시설급여기관, 주·야간보호기관 및 단기보호기관이 요양급여고시 제48조의 인력배치기준 위반 시 감액적용을 받는다(요양급여고시 제66조 제1항). 요양급여고시 제48조에 따르면 인력배치기준은 「노인장기요양보험법 시행규칙」 제23조(노인복지법 시행규칙 별표4 및 별표9)에 따르며, 계산한 결과 소수점 이하는 반올림한다.[196] 다만, 계산한 결과가 0.5 미만인 경우에는 기본 1명을 배치하여야 한다."[197]

---

[196] 주야간보호기관에 이용자 수별 요양보호사 배치인원을 살펴보면 현원이 26명인 경우 26÷7=3.714 ⇒ 4명, 현원이 24명일 경우 24÷7=3.428 ⇒ 3명의 요양보호사가 필수인력이라는 것이다.

[197] 주야간보호기관에 현원이 3명일 경우 요양보호사배치인원을 살펴보면 3÷7=0.428 ⇒ 1명의 요

고 규정되어 있다. 따라서 입소자 현원 대비 배치 인력을 계산하여 인력배치기준 위반여부를 판단해야 한다. 입소자 현원에 따라 배치 인력의 수가 정해지므로 배치기준 인력은 매일 가변적이다. 일별, 월별 등 인력배치기준 위반 여부의 산정 단위 및 시점이 모호하여, 현원 40명인 주야간보호기관(자체급식, 단일서비스 제공기관)의 예로 들면 시설장 1명, 사회복지사 1명, 간호(조무)사 1명, 요양보호사 6명(이용자 7명당 1명), 사무원 1명(이용자25명단 1명), 조리원 1명, 운전원 1명이 필수배치 인력이다.

나 대상 기관 및 직종

인력배치기준 적용 대상은 수급자의 입소(이용) 정원 및 현원 개념이 적용되는 시설급여기관(노인요양시설, 노인요양공동생활가정), 주·야간보호기관 및 단기보호기관으로, 이들이 노인복지법 시행규칙 별표4, 별표9의 인력배치기준을 위반하여 운영된 경우를 의미한다. 「노인복지법 시행규칙」별표4, 별표9의 인력배치기준상의 단순 배치인력의 수뿐만 아니라 이들 인력이 1인당 월 기준 근무시간을 근무하였는지(요양급여고시 제49조), 신고한 직종으로 근무하였는지(요양급여고시 제50조) 등도 별도로 계산하여 인력의 수를 산정하여야 한다. 요양급여고시 제48조 제2항의 규정에 따라 인력배치기준에 따른 근무인원 계산은 요양급여고시 제51조 근무인원수 산정방법을 따른다.

감산대상 직종은 시설장, 요양보호사, 간호(조무)사, 사회복지사, 물리(작업)치료사, 영양사, 조리원, 위생원, 보조원(운전사) 9개 직종에 적용한다(요양급여고시 제66조 제1항 제2호). 2024년부터 감산대상에 시설장, 영양사가 추가되었고, 겸직인 자의 경우 감산 대상에는 해당되지 않는 것으로 보아야 한다.

양보호사가 필수 인력이라는 것이다.

다 감액산정 기준

위반기간 동안의 급여비용을 다음 식에 따라 감액으로 산정한다.

> 감액 = (해당 감산 기준금액) × (직종별 감산점수의 합/입소자 수) × 감산유형점수

'감산 기준금액'이란 수급자별 급여비용의 100%를 의미한다(요양급여고시 제66조 제1항 제1호). 요양급여고시 제66조 제1항 제1호의 '수급자별 급여비용'에 대하여 살펴보면 요양급여고시 제66조 제1항 제3호에 따라 감산점수가 직종별 결원수에 따라 산정되며, '결원 수'의 기준은 근무인원이며 근무인원 1인은 월 기준 근무시간으로 산정되는(요양급여고시 제49조, 제51조) 것으로 미루어 볼 때 '수급자별 급여비용'은 월 기준 근무시간을 계산한 소정의 인원기준을 인력을 배치하지 않은 기간동안의 급여비용으로 볼 수밖에 없다 할 것이다. 그러나 요양급여고시 제66조 제1항 제1호의 감산기준금액 정의의 경우 요양급여고시 제56조 제1항 제1호의 '해당 월 가산 기준금액'[198]과 달리 막연히 '수급자별 급여비용의 100%'로 정의하고 있어 인력배치기준을 위반한 당해 월의 급여비용인지 인력배치기준을 위반한 기간(또는 날)의 급여비용을 의미하는지 알기 어렵다. 규정상 급여비용은 월 한도액 범위내의 비용만을 의미(요양급여고시 제52조 제1항)하므로, 요양급여고시 제5장 제2절의 가산비용 등 월 한도액 포함여부가 모호한 급여비용 등의 경우 요양급여고시 제66조 제1항 제1호의 '수급자별 급여비용'에 포함되는지에 대하여는 다툼

---

[198] 요양급여고시 제56조 제1항 제1호는 아래와 같이 제1호 본문에는 월 수급자별 급여비용의 합 등으로 규정되어 있지 않고 가목에서 '해당 월 일반실 수급자별 급여비용 합'으로 규정하고 있어 해당 월 가산기준금액을 '해당 월 수급자별 급여비용 합'의 일정 비율로 보인다.
  1. 해당 월 가산 기준금액이란 시설급여의 경우 수급자별 급여비용 합의 80%, 재가급여의 경우 수급자별 급여비용 합의 85%를 말한다. 다만, 다음 각 목의 어느 하나에 해당하는 경우에는 각 목에 따른다.
  가. 치매전담실과 일반실이 있는 노인요양시설의 경우 해당 월 일반실 수급자별 급여비용 합의 80%를 산정하며(치매전담실과 일반실이 있는 주·야간보호기관의 경우 해당 월 일반실 수급자별 급여비용 합의 85%를 산정), 입소자 수는 일반실 입소자 수로 산정한다.
  나. 치매전담실만 있는 노인요양시설의 경우 해당 월 치매전담실 수급자별 급여비용 합의 80%를 산정하며(치매전담실만 있는 주·야간보호기관의 경우 해당 월 치매전담실 수급자별 급여비용 합의 85% 산정), 입소자 수는 전체 치매전담실 입소자 수로 산정한다.

의 소지가 많다.

직종별 결원 수에 따른 감산점수는 다음 〈표 9-7〉과 같다. 해당 직종의 결원 수가 1명을 초과할 경우 결원수별 감산점수를 합산하며, 2개 이상 직종에서 결원이 발생한 경우에는 각 직종별로 감산 점수를 산정한 뒤 이를 합산한다(요양급여고시 제66조 제1항 제3호).

<표 9-7> 결원 수별 감산 점수

직종별 결원 수	감산점수
0.1명 ~ 0.2명	0.3점
0.3명 ~ 0.5명	1점
1명	3점

※직종별 결원 수 = 배치의무인원 수 - 근무인원 수

직종별 결원수 산정식상의 '배치의무인원 수' 및 '근무인원 수'에서의 '인원 수'란 요양급여고시 제51조 제1항의 월 기준 근무시간 이상 근무한 인원 수를 기준으로 같은 조 제2항 내지 제5항의 월 기준 근무시간에 미치지 못하는 동일 직종 종사자들의 근무시간, 연차유급휴가 등을 반영하여 산정된 인원 수를 말한다. 『직종별 결원 수 = 배치의무인원 수 - 근무인원 수』 산식을 적용하는 데 있어 '배치의무인원 수'를 계산한 결과 소수점 이하는 요양급여고시 제48조 제1항의 규정에 따라 반올림하여야 하기 때문에 소수점 이하가 발생할 수 없다.

근무인원 수 계산과 관련 배치의무 요양보호사가 32명인 경우 월 기준 근무시간이 168시간인 월에 요양보호사 1인(A)이 150시간을 근무하고 나머지 요양보호사는 168시간 이상을 근무한 경우 『150/168 = 0.89명』 즉, 결원 수는 『32-31.89 = 0.11』이다. 문제는 요양급여고시 제66조 제1항의 위반기간 동안의 수급자별 급여비용 산식상의 해당 감산 기준금액인 '수급자별 급여비용의 100%'를 인력배치기준 위반 월의 수급자별 급여비용의 합으로 계산할 근거가 없고, 그렇다고 인력배치기준을 위반한 날은 '근무인원 수'를 월 기준 근무시간을 기준으로 계상하기 때문에, '월' 단위가 아닌 '일' 단위로 적용할 수 없는 문제가 발생하여 요양급여고시 제66조 제1항의 시행 자체가 불가능하다는 문제가 제기될 수 있다. 또한 '근무인원 수'를 월 기준 근무시간으로 계상하기 때문에 해당 감산 기준금액을 인력배치기준 위반 월의 수급자별 급여비용의 합으로 운영할 경우 같은 위반기간이라도 위반기간이 1일~31일 사이에 있는 기관과 2개월에 걸쳐 위반한 기관 간 형평성의 문제가 있다.

위의 예에서 요양보호사 인력배치기준만 위반하고 다른 직종을 인력배치기준은 준수하면서 요양보호사, 사회복지사, 간호(조무)사 등의 인력추가 배치 가산금을 지급받았다면 요양보호사 추가배치가산금만 환수대상이 된다(요양급여고시 제54조 제1항, 제3항).

급여유형별·규모별 감산 유형점수는 〈표 9-8〉과 같이 산정하며, 규모별 감산유형점수는 요양급여고시 제47조에 따른 입소자 수를 기준으로 한다(요양급여고시 제66조 제1항 제3·제4호).

<표 9-8> 감산유형점수 표

구분		감산유형점수
주 · 야간보호	10명 미만	1.2점
	10명 이상 50명 미만	1.5점
	50명 이상	2점
단기보호		1.5점
노인요양공동생활가정		1점
노인요양시설	30명 미만	1점
	30명 이상 50명 미만	1.2점
	50명 이상 70명 미만	1.4점
	70명 이상	1.6점

치매전담실이 있는 노인요양시설, 치매전담실이 있는 주·야간보호기관의 요양보호사 인력배치기준 위반 감액은 각 실별로 적용한다(요양급여고시 제66조 제2항).

라 │ 2개월 이상 연속 위반의 경우

요양급여고시 제66조제3항에 따라 2개월 이상 연속으로 인력배치기준을 위반하여 감액 적용 시 해당 월 감산점수 적용에 있어 입소자 30명 미만인 기관은 해당 월 감산점수의 1.2배를, 입소자 30명 이상인 기관은 해당 월 감산점수의 1.5배를 산정한다(계산 결과 소수점 둘째자리 이하는 절사). 아마도 해당 기준은 입소자의 수가 많을수록 다수의 사람에게 인력 배치기준 위반에 따른 수준 낮은 서비스가 제공되는 것을 방지하려는 취지로 보인다.

그러나 이 규정은 서비스 제공인력 등이 기준 이상일 경우에는 비용을 상향하여 지급하고, 기준 미만일 경우에는 하향하여 지급하는 가·감산제도의 성격과는 달리 과태료, 업무정지 처분 등의 행정벌을 부과하는 성격이 강하다.

마 │ 종전 설립된 노인요양시설의 급여비용 산정

노인요양시설이 요양급여고시 제44조제1항 제2호에 따른 급여비용을 산정하는 경우 요양보호사 감액은 입소자 2.3명당 1명 배치 기준을 적용하여 산정한다(요양급여고시 제66조 제4항). 이는 종전에는 입소자 2.3명당 요양보호사 1명이있던 것을 2025년 1월 1일부터 입소자 2.1명당 1명으로 변경된 부분에서 그 이유를 찾을 수 있다. 즉, 이는 입소자 2.3명당 요양보호사 1명 배치기준과 2.1명당 1명 배치기준으로 급여비용(수가)이 이원화된 것을 반영한 규정이다.

바 │ 인력배치기준 위반 감액산정 특례

(1) 입소자 증가로 의무배치인원이 변경된 경우(요양급여고시 제67조 제1항)

(가) 규정의 내용

입소자의 수가 수시로 증감하고 있는 현실을 고려하여 요양급여고시 제67조

제1항에는 "입소자의 증가로 요양보호사, 간호(조무)사, 사회복지사, 물리(작업)치료사의 의무배치인원이 변경된 경우 다음 각 호의 기준을 충족하는 장기요양기관에는 직종별 반기 1회에 한하여 해당 월에는 증가한 입소자로 인한 인력배치기준위반 감액산정을 적용하지 아니하며, 이 경우 노인요양시설의 입소자 증가로 인한 요양보호사의 의무배치인원 계산은 직전월의 배치기준을 따른다. 다만, 치매전담실이 있는 노인요양시설, 치매전담실이 있는 주·야간보호기관의 경우에는 각 실별로 각각 적용한다. 제1호에는 해당 월의 전월에 해당 직종의 제48조에 따른 인력배치기준을 충족한 경우, 제2호에는 해당 월에 규칙 제23조에 따른 정원을 초과하지 않은 경우"로 규정하고 있다. 여기서 '다음 각 호의 기준을 충족하는 장기요양기관'이란 해당 월의 전월에 해당 직종의 인력배치기준을 충족한 경우(제1호)와 해당 월에 정원을 초과하지 않은 경우(제2호) 모두를 충족한[199] 장기요양기관을 말한다.

한편 요양급여고시 제67조 제1항에서는 '월' 단위 기간을 적용하는 것으로 보인다. 즉 해당월의 입소자수 및 배치한 직종별 종사자의 수는 월 평균개념으로 환산하여야 할 것으로 보인다. 입소자 증가로 인한 요양보호사 의무배치인원 계산의 경우 노인요양시설에 한하여 직전월의 배치기준을 따른다는 점에 주의하여야 한다. 요양급여고시 제67조 제1항 후단의 "노인요양시설의 입소자 증가로 인한 요양보호사의 의무배치인원 계산은 직전월의 배치기준을 따른다."는 규정은 문맥상 입소자 증가로 인한 인력배치기준 위반 감액산정을 적용하지 아니할 때 한하여 적용되는 규정으로 해석된다.

(나) 인력배치기준 위반 감액산정 적용 배제 직종과 해당기관

입소자의 증가로 의무배치인원이 변경이 요구되더라도 1회에 한하여 인력배치기준 위반 감액산정이 적용되지 않는 직종은 요양보호사, 간호(조무)사, 사회복지사, 물리(작업)치료사에 한정된다. 그리고 입소자의 증가로 인력배치기준 위반이

---

[199] 요양급여고시 제67조 제1항의 '다음 각 호의 기준'을 충족하는 장기요양기관이라는 자구를 살펴보면, 다음 각호의 기준은 통상 '다음 각호와 같다.' 또는 '다음 각호의 요건' 등의 표현으로 사용되는데, 그 의미는 각호에 규정된 사항을 모두 갖추고 있어야 함을 의미한다. 이러한 표현은 '다음 각호의 모두'로 변경되어야 한다. 또한 법령에서 '다음 각호의 1'의 경우는 통상 '다음 각호의 1에 해당하는 경우'로 표현되어 있는데, 그 의미는 각호의 사항 중 어느 하나만 해당하면 충분하다는 의미로 사용됨을 고려하여야 할 것이다.

발생하는 해당월에 인력배치기준 위반 감액을 적용하지 않는 장기요양기관은 해당 월의 전월에 해당 직종의 인력배치기준을 충족한 요건과 해당 월에 정원을 초과하지 않은 요건 모두를 충족한 장기요양기관을 말한다.

(다) 인력배치기준 위반 감액산정 적용 배제 방법과 기간

적용대상 직종별 반기[200] 1회에 한하여 해당 월에는 증가한 입소자로 인한 인력배치기준 위반 감액산정을 적용하지 아니한다. 가령 입소자의 증가로 요양보호사의 인력배치기준을 위반한 월이 5월일 경우 4월은 인력배치기준에 위반되지 않고 5월은 정원[201]이 초과되지 않은 경우 1회 감액 산정 처분이 면제된다. 이러한 형태로 직종별 6개월 단위기간당 1회씩 감액 산정 처분이 면제된다는 것이다. 즉, 위의 예시에서 요양보호사 인력배치기준이 같은 해 7월에도 발생하였다면 감액산정이 적용되며, 같은 조건하에서 사회복지사가 같은 해 7월 인력배치기준 위반이 처음 발생되었다면 1회 감액 산정 처분이 면제된다.

(2) 종사자의 퇴사로 인력배치기준 위반이 발생한 경우

(가) 특례 적용 내용

종사자의 갑작스러운 퇴사로 인한 인력배치기준 위반으로 감액산정의 불이익을 방지하기 위한 제도이다(요양급여고시 제67조 제2항). 요양보호사, 간호(조무)사, 사회복지사 등의 갑작스런 퇴사로 인해 인력배치기준을 위반하게 된 경우 일정한 요건을 충족한 기관에 대하여 퇴사 신고한 직원의 근무종료일 다음날부터 30일(공휴일, 근로자의 날 및 토요일 제외) 동안 그 직종의 1인이 "1일 8시간씩(주·야간보호기관의 보조원(운전사)은 1일 4시간)" 근무한 것으로 인정한다.

특례적용대상 기관에 대한 규정은 없으나 인력배치기준 위반 감액이 적용되는 시설급여기관(노인요양시설, 노인요양공동생활가정), 주·야간보호기관 및 단기보호기관을 그 대상으로 보아야 할 것이다.

---

[200] 반기란 1년의 절반을 말하므로 6개월 단위 기간으로 해석된다.
[201] 지정신청서상의 정원을 말하는지 인력배치기준에 해당하는 입소자 수를 말하는지 해석의 논란이 있다.

(나) 퇴사 이후 근무한 것으로 인정되는 직종과 기간

퇴사하더라도 근무한 것으로 인정되는 직종은 시설장, 요양보호사, 간호(조무)사, 사회복지사, 물리(작업)치료사, 영양사, 조리원, 위생원, 보조원(운전사)이다. 퇴사 신고한 직원의 근무종료일 다음날부터 30일(공휴일, 근로자의 날 및 토요일 제외)동안 그 직종의 1인이 "1일 8시간씩(주·야간보호기관의 보조원(운전사)은 1일 4시간)" 근무한 것으로 인정한다.

(다) 특례 충족요건

요양급여고시 제67조 제2항 각호에서 이를 다음과 같이 정하고 있다. ① 퇴사한 직원이 근무종료일이 속하는 달을 기준으로 해당 급여유형에서 직전 3개월 간 월 기준 근무시간 이상 근무하여야 하고(근무종료일이 속하는 달에 월 기준근무시간을 모두 충족한 경우에는 근무종료일이 속하는 달을 포함하여 3개월 간 월 기준근무시간 이상 근무하여야 한다), ② 기관은 적극적인 채용노력을 하였으나 채용을 할 수 없는 부득이한 사유가 있다는 입증자료를 공단에 제출하여야 하며, ③ 근무인원이 부족한 기간 동안 입소자가 적정한 서비스를 받도록 조치하여야 한다. 위의 ①, ②, ③의 요건을 모두 충족한 경우에는 퇴사 신고한 직원의 근무종료일 다음날부터 30일(공휴일, 근로자의 날 및 토요일 제외)동안 그 직종의 1인이 "1일 8시간씩(주·야간보호기관의 보조원(운전사)은 1일 4시간)"근무한 것으로 인정한다는 것이다.

여기서 '직전 3개월 간'이란 2024년 5월에 퇴직하였다면 근무한 2~4월을 말하며, '적극적인 채용노력'이란 구인사이트 등에 구인광고 등을 행하였다면 적극적인 채용노력으로 인정될 수 있다 할 것이다. 정부는 보건복지부고시 제2024-123호(2024. 6. 27.)로 요양급여고시를 개정하여 직원 채용을 위해 2회 이상 공고(공고 1회당 10일 이상 공고)한 경우 30일을 초과한 날부터 기관당 연 2회에 한하여 10일을 추가하여 근무한 것으로 인정할 수 있도록 하였다. 다만, 종사자의 갑작스러운 퇴사로 인한 근무시간 인정은 1회당 최대 40일을 초과할 수 없도록 하였다(요양급여고시 제67조 제3항). 요양보호사 등 장기요양요원에 대한 구직이 어려운 여건을 고려한 조치로 보이나 적극적인 채용 노력에도 불구하고 상당기간 인력 확보가 어려울 수 있는 영세 사업자의 어려움을 고려한 규정으로 볼 수 있고, 다만 다른 한편으로는 일정기간 채용 공백상태에서는 서비스 수준이 낮아지므로 근본적인 문제 해결을 위해서는 이를 최소화할 수 있도록 규정을 정비할 필요도 있을 것이다.

(라) 특례적용의 중단

퇴직 직원이 해당 기관에서 퇴사하지 아니하고, 직종만 변경하여 근무한 경우 그리고 특례를 적용받는 직원이 특례기간이 만료하기 전에 해당 기관에 재취업하여 근무한 경우에는 해당하는 날부터 각각 특례를 적용하지 아니한다(요양급여고시 제67조 제4항).

12 정원초과감액과 인력배치기준 위반감액의 중복 문제

정원(사실상 현원)은 배치된 인력을 기준으로 산정되므로 인력 배치기준 위반으로 감액된 경우에는 정원초과 감액을 수반하는 경우가 대부분이다. 1개 위반행위에 따른 처분이나 제재는 2개가 되어 사실상 이중 감액으로 볼 수 있다. 이와 같은 문제를 고려하여 요양급여고시 제64조에서는 "정원초과 감액과 인력배치기준 위반 감액의 합이 급여비용의 50%를 초과할 때에는 급여비용의 50%를 산정한다."고 하여 일종의 조정장치를 두고 있다. 즉, 정원초과 감액이 5백만원, 인력배치기준 위반 감액이 3백만원이고 급여비용이 1천 3백만원일 경우 정원초과 감액과 인력배치기준 위반 감액의 합이 급여비용의 50%를 초과하므로 급여비용의 50%인 650만원이 급여비용 산정제외 금액(감산금액)이 된다는 것이다.

한편 정원초과 감액이 적용되는 시설급여기관, 주·야간보호기관 및 단기보호기관은 해당 월에 인력추가배치 가산, 간호사배치 가산, 야간직원배치 가산 및 제62조의 맞춤형서비스제공 가산 적용시 급여 제공일수 중 정원초과 발생일수의 비율만큼 제외하고 적용한다(요양급여고시 제54조 제2항).

가   개요

　요양보호사나 간호(조무)사 등이 월 기준 근무시간(해당 월에 공휴일, 근로자의 날 및 토요일을 제외한 근무가능일수 × 8시간)을 위반하는 경우 인력배치기준 위반 감액을 적용받을 수 있다. 간호조무사가 가불된 연차 유급휴가를 사용한 관계로 월 기준근무시간에 미달되는 사례가 발생되어 인력배치기준 위반이 발생함과 동시에 기 지급받았던 인력추가배치 가산금까지 환수되는 사건이 있었다. 아래는 판례의 내용으로, 이와 관련하여 인력배치기준 위반 시 인력추가배치 가산을 적용할 수 없는 문제가 2024년 요양급여고시 제54조 개정으로 일부 해소되었다는 점은 참고하기 바란다. '가불된 연차 유급휴가 사용'이란「근로기준법」상 발생할 연차 유급휴가 중 발생 이전 미리 사용한 연차 유급휴가를 말한다. 또한 아래 판례 이후 근무기간이 1년 미만인 종사자에게는 가불된 연차 유급휴가를 3일 이내에서는 근무시간으로 인정하고 있다(공고 제12조 제1항 제1호).

나   판례

　「노인장기요양보험법」제31조 제2항, 「노인장기요양보험법 시행규칙」제23조 제2항 제2호, 「노인복지법 시행규칙」별표4, 「장기요양급여 제공기준 및 급여비용 산정방법 등에 관한 고시(보건복지부 고시)」제48조, 제49조, 제51조, 제54조, 제66조에 의하면, 노인요양공동생활가정은 1명 이상의 간호조무사를 두어야 하고('인력배치기준'), 간호조무사의 근무시간이 월 기준 근무시간(해당 월에 공휴일, 근로자의 날 및 토요일을 제외한 근무가능일수 × 8시간)을 충족하지 못한 경우에는 장기요양급여비용을 감산하여 신청하여야 하며, 인력배치기준을 위반한 경우 이 건 고시 제55조에 의한 인력추가배치 가산을 적용할 수 없다. 이 사건 고시 제51조 제4항, 「장기요양급여 제공기준 및 급여비용 산정방법 등에 관한 세부사항(제2018-13호)」

제12조 제1항 제1호에 의하면 「근로기준법」 제60조 제1항부터 제5항에 의한 연차 유급휴가의 경우 1일 최대 8시간을 월 기준 근무시간에 포함한다.

「근로기준법」 제60조 제2항은 '사용자는 계속하여 근로한 기간이 1년 미만인 근로자에게 1개월 개근 시 1일의 유급휴가를 주어야 한다'고 규정하고 있다. 그런데 사용자가 근로자에게 「근로기준법」이 정한 기준을 초과한 유급휴가를 부여하는 경우, 그 유급휴가가 사용자와 근로자 사이에서 「근로기준법」이 정한 기준에 따라 장차 개근시 부여될 연차 유급휴가를 미리 사용하기로 합의한 것으로서 소위 '가불된 연차 유급휴가'에 해당한다 하더라도, 인력배치기준 등 준수 여부를 판단함에 있어 가불된 연차 유급휴가를 사용한 것을 '근로기준법 제60조 제1항 내지 제5항에 따른 연차 유급휴가'를 사용한 것으로 보아 근무시간으로 인정할 수는 없다.

왜냐하면 '가불된 연차 유급휴가'는 근로기준법에 따른 유급휴가가 발생하지 아니하였음에도 '사용자가 임의로 부여한 유급휴가'에 해당한다. 가불된 연차 유급휴가를 사용한 직원이 근로기준법에 따라 가불된 만큼의 연차 유급휴가를 부여받을 수 있는 기간을 근무한 경우에는 사용자와 근로자의 합의로 근로기준법에 따른 유급휴가를 가불된 연차 유급휴가에 충당할 수 있으나, 해당 직원이 위 기간을 채우지 못한다면 가불된 연차 유급휴가는 임의부여 유급휴가로 남게 될 뿐이다. 가불된 연차 유급휴가의 본질이 근로기준법상의 연차 유급휴가는 아니고, 연차 유급휴가가 가불된 이후에 해당 직원의 근무기간 요건이 충족되었다고 하여 그 본질이 근로기준법에 따른 유급휴가로 변경되는 것도 아니다. 노인장기요양보험법령이 장기요양기관에 대하여 인력배치기준 및 인력배치 가산기준을 적용하는 취지는 장기요양기관을 이용하는 수급자가 적절히 배치된 인원으로부터 최적의 서비스를 제공받을 수 있도록 배치된 인력으로 하여금 월 근무시간을 엄격히 준수하도록 하는 한편, 한정된 재원으로 장기요양 급여비용의 유효·적절한 집행을 확보하려는 것인 바, 임의부여 유급휴가가 근로자의 복지를 향상시키는 데 기여하는 측면이 있음은 별론으로 하고, 이를 장기요양기관 직원의 근무시간에 포함시키는 것은 위와 같은 구 노인장기요양보험법령의 취지와는 부합하지 않는다. 따라서 가불된 연차 유급휴가를 사용한 것을 기준으로 인력배치 기준 및 인력배치 가산기준을 적용하는 것은 인력배치기준과 인력추가배치 가산기준을 위반에 해당되어 이를

기준으로 지급받은 비용은 부당이득에 해당된다.[202]

14 전문인 배상책임보험과 감산

가 전문인 배상책임보험의 의의(법 제35조의5, 요양급여고시 제10조)

법 제35조의5 제1항에는 "장기요양기관은 종사자가 장기요양급여를 제공하는 과정에서 발생할 수 있는 수급자의 상해 등 법률상 손해를 배상하는 보험("전문인 배상책임보험")에 가입할 수 있다"고 하고, 제2항에서 "전문인 배상책임보험에 가입하지 않은 경우 그 기간 동안 해당 장기요양기관에 지급하는 장기요양급여비용의 일부를 감액할 수 있다"고 규정하고 있으며, 장기요양기관 평가항목에도 '전문인 배상책임보험증서 게시' 사항이 있어 사실상 전문인 배상책임보험 가입을 강제하고 있다. 전문인배상책임보험가입제도는 요양보호사나 간호사 등이 수급자에게 장기요양급여를 제공하는 중 고의 또는 과실로 수급자에게 상해를 발생하게 한 경우 수급자에 대한 손해배상책임을 보험으로 해결하여 수급자를 두텁게 보호하려는 입법정책이다.

법 제35조의5 제2항(2019. 4. 23. 법률 제16369호로 개정)은 종래 보건복지부 요양급여고시에 규정되어 있었던 사항인 장기요양기관이 전문인 배상책임보험 미가입시 급여비용의 감액과 관련된 사항을 법률에 직접 규정한 것으로서, 관련 내용이 장기요양기관의 권리·의무 및 급여 수급자의 지위에 영향을 미치는 사항임에도 법률에서 기본적 내용을 정하지 아니한 데 대한 반성적 고려가 포함된 것으로 보인다.[203]

서비스 제공기관의 민사상 손해배상은 사적 자치의 원칙에 입각하여 운영되고 있음에도 장기요양기관과 수급자간의 민사상의 손해배상의무를 실현하기 위한 보

202　서울행정법원 2020. 5. 15. 선고 2019구합76290 판결.
203　헌법재판소 2021. 8. 31. 선고 2019헌바73 전원재판부 결정 중 반대의견 참조.

험가입을 사실상 강제하고 있는 다른 법령에는 「감정평가 및 감정평가사에 관한 법률 시행규칙」 제19조의3에 이와 유사한 규정이 있으나 그 성격에서 많은 차이가 있다.

장기요양기관의 경우 영세한 소규모 기관이 많아 수급자에 대한 민사상의 손해배상을 두텁게 보호하려는 정책으로도 볼 수 있으나, 사람의 신체에 직접 침습 행위를 하는 「의료법」의 의료기관, 「아동복지법」의 어린이집, 「장애인복지법」의 장애인복지시설, 「노인복지법」의 노인복지시설 등과 달리 장기요양기관에 대하여만 종사자가 장기요양급여를 제공하는 과정에서 발생할 수 있는 수급자의 상해 등 법률상 손해를 배상하는 보험 가입을 사살상 강제하는 제도를 규정한 것은 사적자치의 원칙을 제한과 손해배상의 안정적 보장 등의 차원에서 논의가 필요하다고 본다.

「화재로 인한 재해보상과 보험가입에 관한 법률」 또는 「다중이용업소의 안전관리에 관한 특별법」상 건물의 화재로 인한 손해배상책임을 이행하기 위한 화재보험가입 의무대상에는 노인요양시설 등이 포함되어 있지 않지만, 「사회복지사업법」 제34조의3의 규정에 따라 사회복지시설에 해당하는 노인요양시설 등은 소정의 화재보험에 가입하여야 한다. 헌법재판소[204]는 「화재로 인한 재해보상과 보험가입에 관한 법률」 제5조 제1항에서 4층 이상의 건물에 대해 획일적인 보험가입 강제를 한 것은 그 한도에서 「헌법」 제37조 제2항에 의하여 정당화될 수 없는 것으로 필요부득이한 제한이 아니며 따라서 「헌법」 제10조, 제11조, 제15조, 제23조, 제34조 제1항, 제119조 제1항에 위반된다고 하였다.

한편 판례[205]에 의하면 『이 사건 요양급여고시와 공고가 장기요양기관에 전문인 배상책임보험 가입의무를 부과하는 이유는 장기요양기관 종사자로 하여금 급여를 제공하는 과정에서 발생할 수 있는 손해배상책임의 위험에서 벗어나 안정적으로 업무를 수행할 수 있도록 하고, 수급자의 손해배상청구권 실현을 보장함으로써 장기요양급여의 적정성을 확보하기 위한 것인 점, 노인장기요양보험법은 시설급여비용에 관하여 포괄수가제(시설서비스의 경우 장기요양등급에 따른 일당정액제 형

---

204   헌법재판소 1991. 6. 3. 선고 89헌마204 전원재판부 결정.
205   서울고등법원 2021. 6. 18. 2020누38630 판결.

태로 급여비용을 지급) 방식을 취하고 있어 장기요양급여비용에 전문인 배상책임보험료가 관리운영비 항목으로 반영되어 있는 것으로 보이는 점 등을 종합하여 보면, 이 사건 요양급여고시 제68조, 제69조와 이 사건 공고가 전문인 배상책임보험에 가입하지 않은 경우 수급자 전원에 대하여 미가입 기간 동안의 급여비용을 감액하여 산정하도록 규정한 것은 전문인 배상책임보험 가입의무의 실효성을 확보할 수 있는 방안으로서 노인장기요양보험법의 취지에 부합하는 것으로 보이고, 위와 같은 규정이 상위법령의 위임의 범위를 일탈하였다거나 사적자치의 원칙 등에 반하여 부당하게 장기요양기관 운영자들의 권리를 침해하였다고 볼 수는 없다」고 판시하고 있다.

검토컨대 배상책임보험의 사실상 의무가입조항은 직업수행의 자유 등 논란의 대상이 될 수 있으나, 서비스 제공장소가 의료기관과 같이 고정되어 있지 않고 입소자나 거주지 등 수급자가 다양한 공간에 존재하는 점, 서비스 제공자가 다양한 자격이나 면허를 보유한 자이므로 적정 서비스 제공을 통한 상해 예방 등에 보다 주의하여야 하는 점, 수급자의 특성상 급여제공 과정에서 신체적 악결과 등이 발생해도 이를 모르거나 알았다 하더라도 그 손해를 주장하고 증명하는 것이 용이하지 않은 점 등이 고려된 것으로 보인다. 다만, 위 조항이 타당하다고 하더라도 배상책임보험 의무가입 조항이 존재하는 변호사법 및 세무사법 등 일부 직역에 대한 가입조항의 취지와 내용 등을 종합적으로 고려하여 볼 때, 법에서는 보험 미가입 시 장기요양급여비용의 일부를 감액할 수 있다는 불이익 조항을 규정하고 있는바, 이러한 방식보다는 의무적 보험가입에 관한 사항까지 명시하는 방안으로 입법하는 것이 바람직하였을 것으로 생각되는 측면도 있다.

나 전문인 배상책임보험의 개념

전문인 배상책임보험이란 요양보호사, 간호(조무)사 등 전문인의 장기요양급여 업무와 관련하여 장기요양기관 종사자인 피보험자(요양보호사, 간호(조무)사 등)의 의무위반(부주의, 실수 등)으로 발생한 수급자 등 제3자에 대한 법률상의 손해배상책임을 보상하는 보험이다. 이 보험은 민간보험으로 변호사비용 등 부대비용을 포함한 보상한도, 보상대상, 보상하지 않는 손해 등은 보험증권에 기재된 사항을 기준으로 장기요양기관과 민간 보험회사간의 계약을 통하여 이루어진다.

보상의 한도는 손해배상의 범위와 관련되므로 장기요양기관의 평가의 대상등과도 관련지어 볼 필요가 있다. 보험의 개시일은 노인요양시설·노인요양공동생활가정·주야간보호기관은 사업시작일로, 방문요양과 방문간호 등 방문서비스기관은 요양보호사 등이 수급자 가정을 첫 출근하는 날부터로 하여야 한다. 한편 장기요양기관이 소유, 사용 또는 관리하고 있는 시설 및 그 시설의 용도에 따른 업무의 수행으로 생긴 손해에 대하여 담보하는 영업배상책임보험은 장기요양요원의 직업상 과실로 생긴 손해를 보상하고 있지 않으므로 영업보상책임보험과 전문인배상책임보험을 구별하여야 한다.

다 | 전문인 배상책임보험 가입대상자

원칙적으로 장기요양기관에서 장기요양급여를 제공하는 과정에서 고의나 실수, 부주의 등으로 수급자에게 상해 등을 발생시켜 민사상의 손해를 발생시킬 수 있는 업무에 종사하는 자가 가입대상이다. 그러나 장기요양급여 시스템의 체계상 가입대상이 수급자 기준과 종사자 기준으로 나누어진다.

(1) 수급자 또는 종사자를 기준으로 가입하여야 할 기관

시설급여기관, 주·야간보호 및 단기보호기관은 퇴소자와 외박자를 제외한 전체 수급자 또는 종사자를 기준으로 가입하여야 한다(요양급여고시 제10조 제1호). 수급자 기준으로 가입할 경우 수급자의 수가 수시로 변동되는 여건상 정원과 현원중 어떤 것을 기준으로 가입대상 수급자의 수로 하여야 할 것이 문제이나, 상시 정원이 충족되는 기관은 정원을 기준으로, 그렇지 아니하는 기관은 평균적인 현원을 조금 상회하는 기준으로 보험을 가입하였다가 그 상회기준을 초과하여 입소가 이루어질 때마다 보험가입자의 수(구간)를 변경하는 기관도 있다. 전문인 배상책임

제도의 목적으로 볼 때 실제 수급자에게 장기요양급여를 직접 제공하는 종사자를 가입대상으로 보아야 하는데 그 직접 제공인력의 범위가 문제이다. 자세한 내용은 아래 (2)에 대한 사항을 참고하기 바란다.

(2) 종사자 기준으로 가입하여야 할 기관

가정방문급여를 제공하는 기관은 급여를 제공하는 종사자를 기준으로 전문인 배상책임보험에 가입하여야 한다(요양급여고시 제10조 제2호). 방문하여 직접 서비스를 제공하는 요양보호사, 간호(조무)사가 가입대상이며, 사회복지사까지 가입하여야되는지는 수급자에게 손해배상을 발생시킬 가능성 등에 따라 탄력적으로 판단하여야 할 영역이라 본다. 한편, 입사와 퇴사가 수시로 발생되는 현실을 고려하여 예상되는 직원 수에 맞춰 가입한 뒤 입퇴사 발생시 명단을 교체하는 방법을 활용하기도 하며 이러한 절차를 간소화하여 주는 보험사를 선택하기도 한다.

장기요양급여심사위원회 의결 제2013-1호에서는 "급여를 제공하는 종사자 일부에 대하여만 전문인 배상책임보험에 가입한 경우에는 전문인 배상책임보험 미가입으로 본다. 이 경우 급여를 제공하는 종사자는 요양보호사, 사회복지사, 간호(조무)사, 물리(작업)치료사를 말하며…"라고 의결하였다. 즉, 종사자 일부에 대하여만 보험에 가입한 경우에는 미가입으로 그리고 보험 가입 대상을 '요양보호사, 사회복지사, 간호(조무)사, 물리(작업)치료사'로 의결하여 이를 공표하였다. 종전의 요양급여고시 제5조의 규정에 의하여 운영되고 있던 장기요양급여심사위원회가 전문인 배상 책임보험 가입대상 및 미가입 기준을 결정할 수 있도록 상위 법령으로부터 위임받은 기구인지 등의 문제가 있어 장기요양급여심사위원회 의결 제2013-1호가 대외적으로 법적 구속력이 있는지에 대한 쟁점이 있었다. 입법자는 이러한 문제를 의식하여 장기요양급여심사위원회를 요양급여고시에서 폐지하고 2025년 법 제53조의2에 규정하였다.

또한 장기요양급여심사위원회 의결 제2013-1호와 같이 장기요양급여심사위원회 의결 내용이 공단의 공고 등에 규정되지 않은 상태에서 의결사항 자체가 대외적으로 법적 구속력이 있는지도 의문이다. 이러한 문제를 의식하여 2025년부터 공단의 공고 제22조 제3항을 신설하여 "종사자 기준으로 보험에 가입하는 경우,

해당 일에 근무하는 요양보호사, 간호(조무)사, 물리(작업)치료사, 사회복지사에 대하여 가입하여야 한다"고 규정한 것으로 보인다.

라 | 전문인 배상책임보험 가입제외자

종사자가 가족 및 「민법」에 의한 친족관계에 있는 수급자에게만 급여를 제공하는 경우에는 전문인 배상책임보험에 가입하지 아니할 수 있다(요양급여고시 제69조 제1항). 이는 가족관계의 특성상 민법상의 손해배상의무가 발생되지 않는 점을 반영한 것이다.

마 | 전문인 배상책임보험 미가입 수가감산

공단은 장기요양기관이 법 제35조의5 제1항에 따른 전문인 배상책임보험에 가입하지 않은 경우 그 기간동안 해당 장기요양기관에 지급하는 장기요양급여비용을 100분의 10의 범위에서 감액하여 산정할 수 있다(시행규칙 제27조의4 제1항). 요양급여고시 제10조에 따른 전문인 배상책임보험에 가입하지 아니한 경우 미가입기간 동안의 급여비용의 90%를 산정한다(요양급여고시 제68조). 여기서 급여비용이란 월 한도액 범위 내의 비용만을 말한다(요양급여고시 제52조 제1항). 가정방문급여는 전문인 배상책임보험 미가입 종사자가 제공한 급여에 대하여 해당일 급여비용의 90%를 산정하며, 수급자 기준으로 보험에 가입한 시설급여기관, 주·야간보호기관 및 단기보호기관은 미가입 수급자 전원에 대하여 미가입 기간 동안의 급여비용의 90%를 산정한다(요양급여고시 제68조). 그러나 종사자를 기준으로 보험에 가입한 시설급여기관, 주·야간보호기관 및 단기보호기관과 가정방문급여기관의 경우 가입대상 종사의 '수'를 기준으로 가입하거나 가입대상 종사자 중 일부만 가입한 경우 가입한 보험증서나 약관 등의 규정에 따라 보험 미가입에 대한 해석이 달라질 수 있다. 또한 수급자 수를 기준으로 보험에 가입한 시설급여기관, 주·야간보호기관 및 단기보호기관의 경우에도 가입대상 수급자의 범위에 대하여는 가입한 보험증서나 약관 등의 규정에 따라 보험 미가입에 대한 해석이 달라질 수 있음에 주의하여야 한다.

전문인 배상책임보험을 가입하는 방법에 있어 수급자 개인별로 가입하지 않고 수급자의 수를 기준으로 가입할 경우 가입대상 수급자 중 일부만 가입한 경우 미가입 수급자를 특정할 수 없는 문제가 발생하여 수급자 전체의 급여비용의 90%를 산정할 것인지 등이 문제로 등장하고 있다. 공단의 공고 제22조 제1항에서는 해당 급여제공일에 보험적용 인원, 보험기간 및 보험적용 인원에 대한 보험료 납입을 모두 충족한 경우(계약 변경 포함) 전문인 배상책임보험을 가입한 것으로 보고 있다. 그러나 노인요양시설이 수급자 전체를 전문인 배상책임보험에 가입하지 않은 것과 관련 '전문인 책임보험으로 수급자 전원이 보장되는지 여부는 보험계약의 내용에 따라 결정되는 것일 뿐 장기요양기관이 시인할 수 있는 사안이 아니다'라는 판결[206]에 주목할 필요가 있다.

참고로 「사회복지사업법」 제34조의3의 규정에 따라 화재로 인한 손해배상책임을 담보하는 보험에 가입하여야 하나 이를 가입하지 않더라도 급여비용 감산을 하는 규정은 없다.

(1) 가정방문급여(방문요양, 방문목욕, 방문간호)를 제공하는 기관

급여를 제공하는 종사자를 기준으로 전문인 배상책임보험에 가입하여야 한다 (요양급여고시 제10조 제2호). 미가입 시 전문인 배상책임보험 미가입 종사자가 제공한 급여에 대하여 해당일 급여비용의 90%를 산정한다(요양급여고시 제68조). 2인의 요양보호사가 방문목욕급여를 제공하는 경우 2인 중 1인의 요양보호사가 전문인 배상책임보험에 가입하지 아니한 경우 『해당일 급여비용 × 1/2 × 10%』에 해당하는 금액을 공제하고 급여비용을 산정한다(공고 제22조 제2항).

보험가입일은 요양보호사 또는 간호사 등이 수급자에게 처음으로 서비스를 제공하는 날부터이다. 청약과 보험료납입 등 보험계약절차가 필요하므로 서비스제공 하루 전까지는 보험계약이 이루어져야 한다. 실무상 방문서비스를 제공하는 장

---

206 서울행정법원 2023. 4. 21. 선고 2022구합58643 판결.

기요양기관의 경우 요양보호사나 간호사 등 직접 서비스를 제공하는 종사자만 전문인 배상책임보험을 가입하고 있다.

(2) 시설급여기관, 주 · 야간보호 및 단기보호기관

퇴소자와 외박자를 제외한 전체 수급자 또는 종사자를 기준으로 전문인 배상책임보험에 가입하여야 한다(요양급여고시 제10조). 현재 입소한 수급자에 한정하여 보험계약을 하는 경우와 입소 정원을 기준으로 보험계약을 하는 경우가 있다. 시설급여기관, 주·야간보호기관 및 단기보호기관이 전문인 배상책임보험 미가입시 수급자 전원에 대하여 미가입 기간 동안의 급여비용의 90%를 산정하므로(요양급여고시 제68조), 현실적으로 현원이 변경될 때 마다 수시로 보험계약이 이루어지지 않아 단 1명의 수급자가 배상책임보험에 가입되지 않을 경우 수급자 전원에 대하여 감산적용을 받는 문제가 있으므로 실무에서는 대부분 입소정원을 기준으로 보험을 가입하고 있다.

종사자를 기준으로 가입하는 경우 사회복지사 등 가입대상 종사자의 범위가 문제이다. 공단의 공고 제22조 제3항에는 가입대상 종사자의 범위에 대하여 "시설급여기관, 주·야간보호 및 단기보호기관이 종사자 기준으로 보험에 가입하는 경우, 해당 일에 근무하는 요양보호사, 간호(조무)사, 물리(작업)치료사, 사회복지사에 대하여 가입하여야 한다"고 규정하고 있다. 직접 서비스제공과 거리가 있는 사회복지사의 경우 보험가입대상에 포함되지 않는 조리원, 운전원 및 시설장의 업무와 비교해 볼 때 보험가입을 강제할 대상인지에 대하여 논란이 있다. 그리고 종사자 개인별로 가입할 것인지 종사자의 수를 기준으로 가입하여 가입한 종사자의 수 이하로 매일 근무하게 하더라도 보험사고 발생시 보장대상으로 하는 보험계약을 체결할 것인지 등 보험계약체결 내용에 여하에 따라 보장여부가 달라질 수 있다는 점에 주의하여야 한다.

요양급여고시 제68조 제3호에는 "치매전담실이 있는 노인요양시설, 치매전담실이 있는 주·야간보호기관이 전문인 배상책임보험을 각 실별로 가입한 경우 전문인 배상책임보험에 가입하지 않은 수급자가 있는 해당실 수급자에 한정하여 감액 산정한다"고 규정되어 있다. 치매전담실에 대하여 배상책임보험을 별도의 각

실 단위로 가입하더라도 요양급여고시 제68조 제3호는 제2호와 달리 수급자 전원에 대한 감액이 아닌 수급자에 대한 감액으로 규정하고 있어 치매전담실에 입소한 수급자 전원에 대한 감액으로 이를 적용할수도 없다 할 것이다. 결국 치매전담실은 수급자별로 보험에 가입하지 않는 한 요양급여고시 제68조 제3호의 적용은 어렵다고 본다.

각 실별로 보험을 가입하지 아니한 치매전담실이 있는 노인요양시설과 주·야간보호기관의 경우 요양급여고시 제68조 제2호의 '전문인 배상책임보험 미가입시 수급자 전원에 대하여 미가입 기간 동안의 급여비용의 90% 산정' 및 요양급여고시 제10조 제1호의 '수급자 전원 가입대상'원칙과 연계하여 볼 때 수급자 개인별 가입이 아닌 수급자 전원에 대한 가입이고 보험회사에 가입된 수급자의 인적사항이 통보되지 않고 가입된 수급자의 수만 통보되는 상태에서 보험에 가입하지 않은 수급자를 특정할 수 없는 문제가 있다 하더라도 가입대상 수급자 중 단 1명만 가입하지 않더라도 이를 미가입으로 보아 수급자 전원에 대한 급여비용의 90%만을 산정하는 현행 운영체계는 불합리한 점이 많다.

(3) 감액 제외

수급자가 공휴일에 입소하거나 신규종사자가 공휴일부터 근무하여 당일에 배상책임보험에 가입할 수 없는 경우 감액을 적용하지 아니한다(요양급여고시 제69조 제2항).

15 가족관계인 수급자에 대한 방문요양 급여관리 의무

가 의의 및 대상기관

요양급여고시 제69조의2 제1항의 규정에 따라 수급자의 수가 15인 이상인 경우 사회복지사 1명을 배치하여야 하는 방문요양기관은 소속 요양보호사가 가족

관계인 수급자에게 제공하는 방문요양급여에 대하여 요양급여고시 제57조 제2항 각 호에 따른 급여관리업무를 수행하여야 한다. 요양보호사가 가족 관계인 수급자에게 제공하는 방문요양급여에 대한 급여관리 의무이므로 동일 수급자가 일반 요양보호사와 가족인 요양보호사로부터 각각 방문요양급여를 받을 경우 반드시 '가족관계인' 요양보호사가 제공하는 시간 중 방문하여 급여관리 업무를 수행해야 한다.

수급자의 수가 15인 이상인 방문요양기관은 「노인복지법 시행규칙」 별표9에 따라 사회복지사 1명 이상의 의무적으로 배치하여야 하며, 요양급여고시 제69조의2는 요양보호사가 가족 관계인 수급자에게도 급여관리업무를 수행하여야 할 의무를 부과한 규정이다. 『방문요양+다른 가정방문급여를 제공하는 기관』의 수급자 수가 15인 이상인 기관은 사회복지사 등의 배치 의무가 없지만 가산을 받기 위하여 배치하는 것과 차이점이 있다. 요양보호사와 수급자의 관계가 가족 관계인 수급자에 대하여 주로 방문요양사업을 하는 방문요양기관의 경우 수급자의 수가 15인 이상이라 하더라도 가산만 받지 않게 되면 사회복지사를 배치하지 않더라도 사실상 불이익이 없었다. 이러한 방문요양기관의 난립으로 가족인 요양보호사로부터 방문요양급여를 받는 수급자의 서비스의 질 관리가 문제로 지적되어 왔던 것을 의식한 제도라 보인다. 문제는 수급자의 수가 15인 미만의 기관으로 방문요양서비스를 받는 수급자는 급여관리 의무규정을 적용받지 않게 됨에 따라 서비스의 품질관리가 수급자 중심이 아닌 기관의 규모 중심으로 이루어진다는 데 있다.

나 급여관리업무를 50% 미만 수행한 경우의 감산

요양급여고시 제69조의2 제2항의 규정에 따라 요양보호사가 가족 관계인 수급자에게 제공하는 방문요양급여에 대하여 사회복지사, 간호(조무)사, 팀장급 요양보호사가 수급자 수의 50% 미만의 가정을 방문하여 급여관리 업무를 수행하거나 특정수급자에 대하여 3개월 연속하여 급여관리 업무수행을 누락한 경우 해당 월에 요양보호사가 가족 관계인 수급자에게 제공한 전체 방문요양 급여비용의 90%를 산정한다. 즉, 수급자 수가 15인 이상의 방문요양기관의 경우 배치된 사회복지사가 요양보호사와 가족 관계인 수급자의 50% 미만에 대하여 급여관리 업무를 수행하거나 특정수급자에 대하여 3개월 연속하여 급여관리 업무수행을 누락한 경우에는 모든 수급자의 급여비용이 아닌 가족 관계인 수급자에게 제공한 방문요양 급여비용의 10%를 감산한다는 것이다. 급여관리 의무 위반 감액인 50% 미만 여부는 방문요양기관의 급여제공 전체 수급자 중 가족관계인 요양보호사에게 방문요양급여를 제공받는 수급자를 기준으로 한다.

수급자의 사망, 입원 등의 사유로 가정 방문이 불가능한 경우 그리고 수급자의 사정으로 월 중에 급여제공을 종료한 경우 등 불가피한 사유로 수급자의 가정을 방문하지 못한 경우에는 급여관리 업무를 수행한 것으로 볼 수 있다(요양급여고시 제69조의2 제3항).

16 위탁 급식 및 위탁 세탁과 직원배치를 둘러싼 문제

가 관련 규정 및 실태

영양사 및 조리원이 소속되어 있는 업체에 급식을 위탁하는 경우에는 영양사 및 조리원을 두지 않을 수 있고, 세탁물을 전량 위탁하여 처리하는 경우에는 위생원을 두지 않을 수 있다(「노인복지법 시행규칙」 별표4, 별표9). 조리원의 경우, 규정의 자구를 보면 급식은 '전량'이라는 문구 없이 단지 '급식을 위탁하는 경우'로 되어 있고 세탁물은 '전량'이라는 문구가 있어 급식은 일부만 위탁하여도 조리원 등을 배치하지 않아도 된다고 볼 여지가 있다. 그러나 급식이나 세탁을 위탁한 상태에서 요양보호사 등이 밥을 데우거나 간식을 제공하거나 세탁업무를 일부 수행한 경우 급식이나 세탁을 위탁하지 않은 것으로 간주되어 조리원이나 위생원을 배치하지 않은 것으로 보아 인력배치기준 위반의 문제가 발생할 수 있다.

이와 같이 전량 위탁을 하지 않고 일부만 위탁한 상태에서 위생원 등을 고용 않고 요양보호사 등에게 조리나 세탁업무를 부여하여 인건비 절약을 통한 수익창출의 문제가 발생할 수 있다. 이와 반대로 전량 위탁하였는데 요양보호사 등이 수급자에게 양질의 서비스 제공을 위하여 또는 배설물 긴급처리 등 부득이한 경우가 발생하여 세탁을 하는 경우가 있다. 돌봄서비스는 종사자 직역별로 서비스 영역을 엄격히 구분하여 제공될 경우 서비스의 공백이 발생하여 오히려 서비스의 품질이 떨어질 수 있다. 즉, 위생원도 배설물을 치울 수 있고, 요양보호사도 음식물을 데울 수 있다. 상황에 맞게 적절히 팀워크를 갖춰 해결되어야 할 영역이다. 이러한 쟁점의 중심은 위탁업체가 아닌 요양보호사 등이 조리나 세탁 업무를 대신할 경우 전담 돌봄 인력이 부가적인 업무를 수행하게 되면, 입소자에 대한 돌봄 시간이 줄어들면서 장기요양급여의 질 하락으로 이어질 우려가 있는 점에 있다.

이 문제는 요양급여고시 제51조 제2항의 『조리원, 위생원, 보조원(운전사), 사무원, 관리인이 부재하거나 조리원, 위생원, 보조원(운전사), 사무원, 관리인의 업무에 도움이 필요하여 다른 직원이 그 업무를 일부 수행한 경우 신고한 직종으로 실 근무한 것으로 본다』는 규정에서 그 해결책을 찾아야 할 것이다. 요양급여고시 제51조 제2항을 살펴보면 전부가 아닌 일부에 대하여는 요양보호사 등이 조리원, 위생원, 보조원(운전사), 사무원, 관리인의 업무를 수행하여도 무방하다고 본다. 다만 '일부'의 범위는 자의적으로 해석될 여지가 상당하므로 이에 대하여 구체적인 기준이 마련되면 실무상 불확실성을 해소하는 데 도움이 될 것으로 보인다.

노인요양공동생활가정에서 급식을 일부 위탁하고 조리원을 시간제로 배치하였을 경우 이 시간제 근무는 요양급여고시 소정의 월 기준근무시간을 충족할 수 없기 때문에 인력추가배치 가산은 받을 수 없고,[207] 노인요양시설의 시간제 조리원의 경우 월 기준근무시간을 충족하지 못하여 인력배치기준 위반 감산의 문제가 발생할 수 있다. 일부 언론에서 세탁을 위탁한 경우, 요양보호사 등이 시급한 사정에 의하여 요양보호사가 수급자의 세탁을 일시적으로 실시한 경우에도 이를 환수하고 있다는 보도가 있는데, 이러한 사례가 실제 발생하였는지는 사실관계의 객관성과 정확성 등의 차원에서 돌이켜 보아야 할 것이다.

---

[207] 요양급여고시 제55조 제3항에 따르면 노인요양시설과 주 · 야간보호기관은 소정의 조리원 배치기준을 초과하여 배치하더라도 급식위탁 기관은 가산을 받을 수 없고, 노인요양공동생활가정은 조리원을 1명 이상만 배치하게 되면 가산을 받을 수 있는데 가산을 받으려면 소정의 월 기준근무시간을 충족하여야 한다.

(1) 위생원의 주된 업무범위 관련 판단

대법원은 "「노인복지법 시행규칙」 별표4의 제6호 직원의 배치기준 비고란 7호에서 "세탁물을 전량 위탁처리하는 경우에는 위생원을 두지 않을 수 있다"라는 규정을 두고 있는바, 위 관련 법령의 체계적 구조와 그 문언해석상 위생원의 주된 업무가 세탁업무라는 것은 충분히 예측할 수 있다. 별표4에서는 노인요양시설의 '사무원, 조리원, 위생원, 관리인' 등 직원의 배치기준을 각 "필요수"로 정하면서, 비고란 9항에서 '직원의 배치기준을 "필요수"로 정한 경우에는 해당 직원의 배치와 관련하여 그 시설의 장이 결정할 수 있다'고 규정하고 있었다가, 2016. 8. 31. 개정 별표4에서는 그 배치 여부를 시설의 장이 결정할 수 있도록 하였던 "필요수" 부분을 "1명" 또는 "입소자 25명당 1명"과 같이 배치하여야 할 직원의 수를 정하면서 '위생원'의 경우에는 "필요수"에서 "1명(입소자 100명 초과할 때마다 1명 추가)"으로 변경하였는데, 이는 그동안 세탁 등의 업무까지 수행하던 요양보호사의 부담을 덜고 직종 간 업무범위를 명확히 하여 전체적인 서비스의 질을 높이고자 하는 데에 그 취지가 있는 것으로 보이는 점, 별표4가 시설별 직원의 배치기준을 규정하면서 요양보호사, 간호(조무)사, 사무원, 조리원, 위생원 등을 구분하여 둔 취지는 노인요양시설의 요양서비스 제공에 있어 각 업무분야에 필요한 전문 종사자를 배치함으로써 수급자에게 적정하고 적합한 양질의 서비스가 제공되도록 하기 위한 것이므로, 각 직종별로 해당 업무에 충실할 수 있도록 상시 인원을 충원할 필요가 있는 점, 일정한 경우 의료인인 의료기관의 장이 해당 시설의 장을 겸직할 수 있다고 규정한 것과 달리 '위생원'에 대하여는 겸직이 가능하다는 규정을 별도로 두고 있지 않은 점 등에 비추어 보면, 노인요양보험법령에서의 위생원은 세탁업무 외에 부수적으로 청소 및 환경위생관리 업무를 할 수 있는지는 별론으로 하더라도, 세탁업무를 그 '본연의' 또는 '주된' 업무로 하여 근무하는 사람이라고 해석함이 타당하고, 이는 위생원의 업무범위에 관한 예측가능성을 벗어나거나 피고에게 자의적인 법해석의 여지를 주는 것이라고 볼 수 없다. 따라서 세탁업무를 본연의 업무로 하는 사람이 부수적으로 청소 및 환경위생관리 업무를 하는 경우 위생원의 세탁업무 시간에 청소 및 환경위생관리 업무 시간을 더하여 법정 근무시간의 요건을 충족했는지 살필 수 있는지는 몰라도, 세탁업무를 본연의 업무로 하지도 않은 경우라면, 일부 수행한 세탁업무 시간과 청소 및 환경위생관리 업무 시간의 합계가 법정 근무시간에 미치는지 여부를 살필 필요 없이 그 자체로 '위생원'으로 보기 어렵다. 앞서 본 사실 및 증거들에 더하여 을 제11, 12, 13, 16, 17, 18, 21호증의 각 기재 및 변론 전체의 취지를 종합하면, 이 사건 요양기관의 위생원 E, F, G은 청소업무만 전담하였을 뿐 세탁업무에는 전혀 관여하지 아니한 사실이 인정되므로, 위 법령에서 말하는 '위생원'을 배치한 것으로 볼 수 없어 이 부분 인력배치기준 위반(위반전부가 고유업무 외 다른 업무 수행으로 인한 것)에 관한 처분사유가 인정된다."고 판시하였다.[208]

(2) 요양보호사의 업무범위 관련 판단

대법원은 "노인복지법령이 노인의료복지시설에 필요한 직원의 자격 기준과 배치 기준을 구체적으로 규정해 놓고 있는 취지는 노인의료복지시설이 요양서비스를 제공할 때 각 업무 분야별로 필요한 전문 종사자를 배치함으로써 입소자들에게 적정하고 전문화된 양질의 서비스를 제공할 수 있도록 하기 위한 것임은 앞서 본 바와 같다. 이러한 노인복지법령의 취지와 위에서 본 규정들의 문언, 특히 위 별표 4에서 '요양보호사'와 '조리원', '위생원'을 엄격히 구분하여 규정하고, 노인의료복지시설에서 입소자들이 먹을 음식물을 조리하는 업무나 세탁물을 처리하는 등 위생과 관련된 활동을 하는 업무는 '조리원' 또는 '위생원'의 업무이지 '요양보호사'의 업무가 아니라고 봄이 타당하다. 앞서 본 사실 및 증거들에 을 제7, 11 ~ 25호증의 각 기재 및 변론 전체의 취지를 보태어 인정되는 다음과 같은 사정들을 종합하면, 이 부분 인력추가배치 가산기준 위반(겸직직종 및 고유업무 외 다른 업무 수행 등)으로 인한 처분사유도 인정된다. 이와 전제를 달리하는 원고의 이 부분 주장은 이유 없다.

---

[208] 대법원 2019. 8. 9. 선고 2019두39338 판결; 서울고등법원 2019. 4. 5. 선고 2018누68126 판결 참조.

① 이 사건 요양기관의 위생원으로 등록한 E, F, G는 근무기간 동안 청소업무만 전담하여 수행하고 세탁업무는 전혀 관여하지 아니하였으며, 반면에 요양보호사 Q, R은 주간 근무를 하면서 오후 시간에 최소 3시간 이상 세탁업무만 전담하여 수행하였다.

② 별표4에서는 입소자 30명 이상의 노인요양시설의 경우 입소자 2.5명당 1명의 요양보호사를 두는 것과 별도로, 입소자 100명마다 위생원 1명을 추가하도록 규정하면서 '세탁물을 전량 위탁처리 하는 경우에는 위생원을 두지 않을 수 있다'고 정하고 있으므로, 입소 정원 134명의 노인요양시설인 이 사건 요양기관의 경우 세탁업무 전담을 위한 위생원 2명을 두거나 세탁물을 전량 외부에 위탁처리하였어야 한다. 이 사건 요양기관의 시설 및 인원 규모에 비추어 노인들의 식사보조, 목욕, 운동 및 일상생활 보조 등 요양보호사 고유의 업무 외에도 매일 발생하는 청소업무나 세탁업무의 분량이 상당하였을 것으로 보이는데, 원고의 주장과 같이 드럼세탁기 등 세탁시설이 완비되어 있다는 사정만으로 기저귀를 사용하거나 배설, 식사, 보행 등 기초적인 대사 활동부터 온갖 돌봄이 필요한 노인들 134명의 옷, 이불, 기저귀 등 세탁업무와 요양보호사 고유업무가 겸직 가능한 '일상생활지원 서비스의 연장'에 불과하다는 주장은 관련 규정의 해석뿐만 아니라 상식에 비추어도 받아들이기 어렵다(위와 같은 주장은, 그 자체로 해당 요양기관 서비스의 질이 법령상의 기준보다 어느 정도 하락한 상태에 있었는지를 추측케 하는 대목이다).

③ 요양보호사 Q, R이 오후에만 최소 3시간 이상 세탁업무를 전담하여 수행하고 별도로 세탁업무를 따로 수행하거나 이를 도왔던 직원은 없었다는 점에 대하여 위 Q, R과 위생원 F, G, E 및 시설장 D 등의 진술이 일치한다. 이에 따라 요양보호사 Q, R이 세탁업무를 전담한 시간은 '겸직직종 및 고유업무 외 다른 업무를 수행한 시간'으로 보아야 할 것이므로, 이를 제외한 실제 요양보호사 업무를 수행한 시간만을 반영하여 재산정 시 인력추가배치 가산기준을 위반하였음이 명백하다."고 판시하였다.[209]

---

209 대법원 2019. 8. 9. 선고 2019두39338 판결; 서울고등법원 2019. 4. 5. 선고 2018누68126 판결 참조.

가 직접 근로계약 체결의무

장기요양기관 종사자는 「노인복지법 시행규칙」 별표4 제6호, 별표9 제4호에 따라 해당 기관의 장(법인의 대표자)과 문서에 의한 근로계약을 체결하고 특별자치시장·특별자치도지사·시장·군수·구청장에 신고한 직종으로 해당 기관에서 근무하여야 한다(요양급여고시 제6조 제4항 제1호). 「노인복지법」 제35조 제4항 등의 위임을 받아 제정된 「노인복지법 시행규칙」 별표4 등에는 종사자에 대한 장기요양기관의 장과 직접 근로계약 의무규정을 두고 있으며, 장기요양기관 평가지표에도 직접고용 이행여부가 평가에 반영되어 있다. 「파견근로자 보호등에 관한 법률」에 의하여 근로자 파견계약을 통하여 파견근로자를 간접고용하는 제도가 있고, 파견근로자가 일정 요건에 해당될 경우 당해 사업장에서 의무적으로 직접고용을 해야 하는 등의 엄격한 보호정책이 있으며, 다만 일반 사업장과 달리 장기요양기관에게는 법률의 규정이 아닌 시행규칙에서 직접 고용의무 규정을 두고 있다.

나 필수 배치인력의 계산 방법의 문제

노인요양시설에 입소한 수급자가 총18명(1명 병원 입원 중 포함)일 경우 배치하여야 할 요양보호사 수 계산에 있어 입소자 수 적용을 18명과 17명 중 무엇으로 해야하는지, 소수점을 어떻게 처리할지가 문제이다. 「노인복지법 시행규칙」 별표4에 따르면 병원입원자는 입소자가 아니므로 수급자는 17명으로, 그리고 배치하여야 할 요양보호사 수는 『17÷2.1=8.095명』이나, 인원수 계산의 특성상 요양보호사 9명을 배치하여야 한다. 그러나 요양급여고시 제47조 제1항에서 외박비용을 산정하는 기간에는 외박자를 입소자 수에 포함하라고 하고, 요양급여고시 제48조 제1항에서 소수점 이하는 반올림한 인원수를 배치하는 것으로 규정하고 있다. 「노인복지법 시행규칙」 별표4, 별표9의 인력배치기준에서는 수급자 수 대비 배치

인력으로 규정하고 있으므로 외박비용을 산정하는 기간 여부와 관계없이 외박자는 입소자에 포함될 수 없다. 「노인복지법 시행규칙」 별표4, 별표9의 인력배치기준에서는 소수점 이하에 대한 별도의 규정이 없으며, 사람 수의 계산상 당연히 소수점 이상은 1인으로 계산하는 것이 통념이다. 따라서 요양급여고시 제47조 제1항의 "외박비용을 산정하는 기간에는 외박자를 입소자 수에 포함"한다는 규정과 요양급여고시 제48조 제1항의 반올림 규정은 「노인복지법 시행규칙」 별표4와 별표9에 위반될 가능성이 있다.

이와 마찬가지로 주야간보호의 치매전담실이 아닌 일반실 이용자 7명당 1명 이상의 요양보호사를 두어야 하는데(「노인복지법 시행규칙」 별표9), 이용자가 8명이면 요양보호사는 2명을 의무적으로 배치하여야 하는지, 아니면 반올림 규정을 적용하여 『8÷7=1.14』 즉, 1명을 배치하여도 위법은 아니라는 등의 논란이 있다. 「노인복지법 시행규칙」 별표4의 노인요양시설의 요양보호사 배치기준은 '입소자 2.1명당 요양보호사1명'으로, 별표9의 주·야간보호기관의 요양보호사 배치기준은 '이용자 7명당 요양보호사 1명 이상'으로 규정되어 있다. 따라서 7.371명 등 소수점이 발생되면 사람 수의 계산의 특성상 1명을 추가로 배치하여야 한다는 논리가 설득력이 있다. 특히 주야간보호기관의 경우 '이용자 7명당 요양보호사 1명 이상'즉, '이상'이란 문구로 볼 때 이용자 수 대비 요양보호사 수 계산에서 1.42명일 경우 1.42명 이상을 배치하여야 하는 것이 명확하므로 이는 2명 이상을 배치하여야 함이 명백하다 할 것이다. 그러나 실무에서는 이용자가 10명일 경우에는 요양보호사 1명(10÷7=1.42명)을 두면 규정위반에는 해당되지 않고,[210] 최소 2명을 배치할 경우 요양보호사 1인당 이용자 수가 6.4명 미만이므로 당해 요양보호사가 월 기준근무시간 등을 충족하였다면 가산수가를 적용받는 구조이다(요양급여고시 제55조 등).

---

210 국민건강보험공단, 2024년 노인보건복지사업안내, 20쪽, 300쪽 등에서는 반올림한 인원수를 배치하도록 안내되어 있다.

다　근로관계의 승계에 따른 연차휴가와 인력배치기준 위반의 문제

　　개인이 설립한 장기요양기관의 양도·양수는 장기요양기관이라는 종전 사업장의 폐업과 장기요양기관의 지정취소 그리고 새로운 장기요양 사업장의 설립과 장기요양기관의 지정이라는 법률관계가 이루어지며, 이러한 행정절차에서는 소속 근로자(장기요양요원)의 퇴사와 새로운 입사가 이루어지게 된다. 영업의 양도·양수에 따른 소속 근로자(장기요양요원)의 고용관계는 종전 양도 기관에서의 퇴직과 동시에 양수기관에서의 재고용이 이루어져, 근로관계의 단절은 발생하지 않을 뿐 아니라, 수급자에 대한 장기요양급여는 단절없이 계속 장기요양기관의 명칭과 대표자만 변경된 상태에서 같은 기관에서 제공되는 경우가 발생한다.[211] 이 경우 종전 양도 장기요양기관에서 근무한 기간이 그대로 양수 장기요양기관의 근무관계로 승계되는 것으로 연차휴가가 발생되게 하고 이렇게 발생한 연차휴가를 근거로 인력배치기준 충족 및 인력 추가배치 가산 비용을 지급받은 경우가 문제시된다. 즉, 장기요양요원(근로자)이 사실상 양도·양수 기관에서 근로의 단절없이 그대로 근무하면서 수급자에게 서비스를 제공하였다 하더라도 형식상 사업장의 폐업과 퇴사 등이 이루어졌고, 종전 장기요양기관과 대표자로부터 퇴직금 정산 또는 퇴직충당금 인수·인계가 이루어졌고, 사업장의 폐업과 신설 및 사업장의 대표자와 명칭이 변경되었으므로 양수받은 날 이전에 근무한 기간은 양수받은 사업장의 근로관계에 승계되지 않으므로, 양수 이전의 근무기간을 승계하여 연차휴가를 발생하게 하여 그 연차휴가일수만큼을 근로한 것으로 계산하여 인력을 산출한 것이 요양급여고시 소정의 인력기준 산정규정에 위반되는 것인지에 대한 문제이다.

　　이와 관련하여 대법원은[212] "…영업의 양도라 함은 일정한 영업목적에 의하여 조직화된 업체, 즉 인적·물적 조직을 그 동일성은 유지하면서 일체로서 이전하는 것으로서 영업의 일부만의 양도도 가능하고, 이러한 영업양도가 이루어진 경우에는 원칙적으로 해당 근로자들의 근로관계가 양수하는 기업에 포괄적으로 승계되는바…"라고 판시하여 영업의 일부만이 양도된 경우에도 해당 근로자들의 근로관

211　헌법재판소 2021. 8. 31. 선고 2019헌바73 전원재판부 결정 중 반대의견 참조.
212　대법원 2005. 6. 9. 선고 2002다70822 판결.

계가 양수하는 기업에 포괄적으로 승계된다는 법리를 확고히 하고 있다. 양수 사업장인 장기요양기관의 운영과 관련하여 종래 직원 및 수급자 등 인적 조직이 그대로 유지되고 권리 및 시설, 토지 및 건물 등 물적 조직이 그대로 유지되어 영업의 동일성이 인정되며, 영업의 동일성을 유지하면서 일체로서 이전되었으므로 '영업의 양도'가 인정된다. 그리고 영업양도가 이루어진 이상 종전 장기요양기관의 근로자들의 근로관계가 양수 장기요양기관에 포괄적으로 승계된다 할 것이다.

또한 대법원은 다른 판결[213]에서 "영업양도의 경우에는 특단의 사정이 없는 한 근로자들의 근로관계 역시 양수인에 의하여 계속적으로 승계되는 것으로, 영업양도시 퇴직금을 수령하였다는 사실만으로 전 회사와의 근로관계가 종료되고 인수한 회사와 새로운 근로관계가 시작되었다고 볼 것은 아니고 다만, 근로자가 자의에 의하여 사직서를 제출하고 퇴직금을 지급받았다면 계속근로의 단절에 동의한 것으로 볼 여지가 있지만, 이와 달리 회사의 경영방침에 따른 일방적 결정으로 퇴직 및 재입사의 형식을 거친 것이라면 퇴직금을 지급받았더라도 계속근로관계는 단절되지 않는 것이다."라고 판시하여, 자의에 의하지 아니하고 회사의 경영방침에 따른 일방적 결정으로 근로자가 퇴직금을 지급받고 퇴직 및 재입사의 형식을 거친 경우에는 계속 근로관계가 단절되지 않는다고 하였다. 따라서 영업의 양도·양수과정에서 위와 같은 사실관계가 입증된다면 양수이전의 양도사업장인 장기요양기관에서 근무한 근무기간은 근로기준법 소정의 연차휴가 발생일수에 포함된다고 할 것이며, 이러한 법리에 따라 양수 사업장인 장기요양기관은 인력배치기준 및 인력배치 가산기준을 준수한 것이라 할 것이다.

---

213 대법원 2001. 11. 13. 선고 2000다18608 판결.

10

장기요양기관의 의무 등

P/A/R/T

10

장기요양기관의 의무 등

1 운영규정의 작성과 제출

가 의의

운영규정은 장기요양기관을 운영하는 데 기본이 되는 규정이다. 재가급여사업을 하는 장기요양기관은 「노인복지법 시행규칙」 별표10, 시설급여사업을 하는 장기요양기관은 「노인복지법 시행규칙」 별표5의 규정에 따라 조직, 인사, 급여, 회계, 물품, 그 밖에 시설의 운영에 관하여 필요한 운영규정을 작성하여 시장·군수·구청장에게 제출하여야 한다. 이에 추가하여 요양급여고시 제43조 제2항에서는 시설급여기관에게 "입소정원 및 모집방법, 입소계약, 이용료 등 비용에 대한 변경방법 및 절차, 서비스의 내용과 그 비용의 부담에 관한 사항 등 노인복지법 시행규칙 제22조제2항에 따른 운영 규정을 마련하여야 한다."고 규정하고 있다.

나 │ 운영규정의 내용

시설급여기관의 운영규정에는 ① 입소정원 및 모집방법 등에 관한 사항, ② 입소계약에 관한 사항(계약기간, 계약목적, 입소보증금, 월이용료 기타 비용부담액, 신원인수인의 권리·의무, 계약의 해제, 입소보증금의 반환 등에 관한 사항을 포함한다), ③ 입소보증금·이용료 등 비용에 대한 변경방법 및 절차 등에 관한 사항, ④ 서비스의 내용과 그 비용의 부담에 관한 사항, ⑤ 특별한 보호를 필요로 하는 경우에는 그 서비스기준과 비용에 관한 사항, ⑥ 의료를 필요로 하는 경우에는 그 구체적인 처리절차, ⑦ 시설물 사용상의 주의사항 등에 관한 사항, ⑧ 서비스 제공자의 배상책임·면책범위에 관한 사항, ⑨ 운영규정의 개정방법 및 절차 등에 관한 사항, ⑩ 운영위원회의 설치·운영에 관한 사항이 포함되어야 한다(「노인복지법 시행규칙」 별표 5). 재가급여기관의 운영규정에 포함될 사항은 시설급여기관과 유사하다. 자세한 내용은 「노인복지법 시행규칙」 별표10을 참고하기 바란다.

다 │ 운영위원회의 설치·운영

위 운영규정에는 운영위원회 설치에 관한 사항이 있는데, 「사회복지사업법」 제36조 및 같은 법 시행규칙 제24조 그리고 「노인복지법 시행규칙」 별표5 및 별표10의 규정에 따라 운영위원회를 설치·운영하여야 한다. 운영위원회의 위원은 위원장을 포함하여 5명 이상 15명 이하의 위원으로 구성한다. 다만, 「사회복지사업법」 제36조제2항 각 호 중 같은 호에 해당하는 위원이 2명을 초과하여서는 아니된다(「사회복지사업법 시행규칙」 제24조 제1항). 같은 시·군·구에 3개 이내의 시설로써 거주자 정원이 20명 미만인 경우 등에 해당될 때에는 복수의 시설에 공동으로 운영위원회를 둘 수 있다(「사회복지사업법 시행규칙」 제24조 제2항).

운영위원회의 위원장은 위원중에서 호선한다(「사회복지사업법 시행규칙」 제24조 제3항). 위원의 임기는 3년으로 하되, 보궐된 임원의 임기는 전임자 임기의 남은 기간으로 한다(「사회복지사업법 시행규칙」 제24조 제4항). 운영위원회의 정기회의는 분기별 1회 이상, 수시회의는 운영규정에서 정한 회의요건에 따라 개최하여야 한

다(「사회복지사업법 시행규칙」 제24조 제5항).[214]

　　운영위원회 제도는 「사회복지사업법」을 기반으로 운영되고 있는 사회복지법인 및 사회복지시설에서 발달한 제도로 지방자치단체의 보조금으로 운영되는 기관의 사업계획과 평가 등 기관을 독자적으로 운영하기보다는 위원회의 의결을 통하여 운영하라는 취지이다. 그러나 장기요양기관은 보조금이 지원되지 않고, 장기요양보험제도의 제도권 내에서 운영되며 특히, 주식회사 등도 장기요양사업을 할 수 있는 등 일반적인 사회복지시설 운영위원회의 성격과는 많은 차이가 있다.

2　장기요양급여 제공거부 금지

가　의의

　　장기요양보험제도는 공보험제도의 성격상 국민의 가입과 보험료부담을 강제하고 있으므로 보험급여 이용에 있어서도 합리적인 이유 없이 보험서비스(장기요양 급여)의 제공을 거부할 수 없도록 법 제35조 제1항에는 "장기요양기관은 수급자로부터 장기요양급여신청을 받은 때 장기요양급여의 제공을 거부하여서는 아니 된다. 다만, 입소정원에 여유가 없는 경우 등 정당한 사유가 있는 경우는 그러하지 아니하다."고 규정하고 있다. 즉, 장기요양기관은 정당한 사유가 있는 경우에 한하여 장기요양급여의 제공을 거부할 수 있는데, 여기서 '정당한 사유'에 대한 명문의 규정이 없어 정당한 사유의 합리적인 범위와 한계는 해석의 영역으로 볼 수 있다.

　　여기에는 실무상 입소비 미납,[215] 보호자의 연락두절, 보호자와의 마찰, 보호자

214　보건복지부, 2024 사회복지시설 관리안내, 26쪽.

215　보건복지부, 2024 노인보건복지사업안내, 211쪽에서는 '월별 입소비용 미납 등의 경제적 이유만으로 시설에서 제공하는 서비스 이용을 제한해서는 안 되며, 노인의 입소비용 문제 해결을 위한 지지망을 개발하고, 노인의 전원 또는 퇴소시까지 최선의 서비스를 제공해야 한다.'고 규정되어 있으나, 이는 입소비용을 미납하였다 하여 식사 등 돌봄서비스 제공을 제한하여서는 안 된다는 것이며, 장기간 입소비용 미납으로 인한 퇴소조치까지 전면 금지하는 것으로 해석되지는 않는다. 한편 공정거래위원회의 장기요양급여 이용 표준약관(시설급여)에는 이용료를 2회 이상 연체하였을 때를 계약의 해지조건으로 하고 있다.

끼리 수급자 떠넘기기, 수급자의 폭력과 난동, 심각한 섬망, 전염병[216,217]으로 인한 다른 수급자 감염우려, 식사거부, 극심한 문제행동, 보호자의 수급자 보호 포기와 방임, 알콜중독, 조현병 등 정신질환 등으로 수급자를 강제로 퇴소시키거나 서비스를 중단하여야할 사유[218]가 발생하고 있는데, 이러한 사유들이 '정당한 사유'에 해당되는지가 쟁점이 된다. '정당한 사유'는 수급자 측의 사정과 제공자인 장기요양기관측의 사정을 고려하여 사회통념에 따라 구체적이고 객관적으로 판단되어야 할 영역이다.

장기요양급여 제공금지는 입소거부, 퇴소조치나 방문거부라는 방법으로 이루어지는데 퇴소조치나 방문을 거절할 경우에는 그 의사결정 과정에 당해 수급자 또는 가족을 참여시켜야 하고, 다른 기관으로의 전원 또는 다른 서비스 연계를 위한 노력을 하여야 할 것이며, 가족이 참여를 거부하거나 참여할 가족이 없는 경우에는 그 사실을 기록하여야 할 것이다. 노인 및 보호자의 퇴소 결정은 최대한 존중되어야 하며, 노인학대 논쟁의 여지가 있는 경우에는 노인보호기관의 도움을 받을 필요도 있다.

나 법률상의 급여제공 거부 의무의 예외(수급자의 귀책사유 중심)

법 제35조 제1항에서는 장기요양기관의 급여제공 거부금지에 대한 예외에 관

---

216 코로나19와 같이 국가적 재난에 해당하는 감염병은 「감염병 예방 및 관리에 관한 법률」에 따라 국가의 대응지침에 따르면 되지만 여기에 해당하지 않는 전염병으로서 환자 격리 등 보건당국의 조치에도 불구하고 요양원 등의 여건상 감당하기 어려운 경우를 말한다.

217 공정거래위원회의 장기요양급여 이용 표준약관(시설급여)에 '수급자의 건강진단 결과 「감염병의 예방 및 관리에 대한 법률」에 따른 감염병 환자로서 감염의 위험성이 있는 경우로 판정될 때'를 계약해지요건으로 하고 있으나 이는 보건복지부의 노인보건복지사업안내상의 시설내 감염병 및 식중독 예방등 위생관리 사항과는 다소 차이가 있다.

218 보건복지부, 2024 노인보건복지사업안내, 213쪽, 퇴소단계에서 노인의 의사에 반하는 전원 또는 퇴소를 하여서는 안되며, 불가피한 경우 전원 또는 퇴소 시 그 사유를 통보하고 의사결정 과정에 노인 또는 가족을 참여시켜야 하도록 규정되어 있으나, 불가피한 경우에 대한 예시 사유는 수급자 또는 가족이 퇴소를 거부함에도 불구하고 노인요양시설 등에서 장기요양 급여제공이 더 이상 어려운 경우를 말한다.

하여 규정하고 있는데, '입소정원에 여유가 없는 경우 등 정당한 사유가 있는 경우'가 이에 해당한다. 여기에는 인력과 장비의 부족 등 장기요양기관의 내부적 사정, 천재지변 등 외부 환경적 요인, 그리고 수급자의 극심한 문제행동 등 수급자의 귀책사유로 나누어 볼 수 있다. 그런데 장기요양기관의 귀책사유인 시설·인력·장비 부족, 그리고 천재지변 등 외부 환경적 요인으로 인하여 급여를 제공하지 못한 경우는 '입소정원에 여유가 없는 경우 등 정당한 사유가 있는 경우'에 해당되므로 그 판단 등이 비교적 용이하다. 그러나 수급자의 귀책사유 관련사항은 그 범위 및 판단 등이 상당히 어려운 바, 실무상 많은 어려움이 있는 영역이므로 이를 중심으로 살펴본다.

(1) 의료적 서비스가 필요한 경우

방문간호를 제외한 장기요양급여 제공(시설입소 또는 방문) 등에 있어서 의료서비스가 필요하여 노인요양시설이나 주·야간보호 및 방문요양 등의 서비스보다는 의료기관에의 입원 등 의료서비스가 우선적으로 필요한 수급자에게는 퇴소조치, 입소나 방문요양서비스를 거절하더라도 장기요양급여 제공금지에 해당되지 않는다고 본다. 이러한 사유로 장기요양급여를 거부(퇴소조치 또는 입소 거절 등)할 경우 수급자 또는 보호자에게 의료서비스 권유 등의 노력을 하여야 하며, 퇴소조치 시에는 수급자나 보호자에 그 사유를 충분히 설명할 의무가 있다.

수급자의 대부분은 만성질환을 갖고 있기 때문에 의료적 서비스의 필요성은 요양원 등에 입소시키더라도 외래, 촉탁(협약)의 등을 통해 진료가 가능하거나 전염병 환자의 격리 등의 방법으로 돌봄이 가능한 경우에는 의료적 서비스의 필요가 있다 하더라도 요양원에 입소 등 장기요양급여 제공이 가능한 영역이다. 전염성 결핵으로 진단된 수급자의 경우 전염기간(약 2주~2달) 동안 노인요양시설 등에 격리할 수 있는 공간과 치료방법 및 간병 인력이 없어 다른 수급자에 전염 등의 문제가 발생하여 의료기관에 입원 등이 적절한 경우에는 입소거부로 볼 수 없다.

(2) 종사자 또는 다른 수급자에 대한 모욕, 업무방해, 폭행 등 위해 우려

수급자의 극심한 폭행 등으로 장기요양 요원이나 다른 수급자가 위해를 받을 우려가 있는 경우에는 장기요양급여 제공 금지의 정당한 사유가 된다고 본다. 왜냐하면 서비스 제공자와 다른 수급자에 대한 우선적 보호조치가 필요하기 때문이다. 그러나 수급자의 노화현상에 따른 치매나 섬망 등으로 인한 일시적이고 가벼운 폭행으로 다른 수급자나 종사자에게 위해를 가할 정도가 아닌 경우는 이에 해당되지 않는다 할 것이다. 수급자 또는 보호자와 장기요양기관 종사자간의 다툼이 발생하였다 하여 퇴소조치나 방문 거절 등 급여제공을 금지하는 것은 '정당한 사유'에 해당되지 아니한다. 장기요양에서 급여제공 금지란 계약기간 만료이전 장기요양기관이 일방적으로 시설에서의 퇴소조치 또는 방문서비스 제공을 그만두는 것을 의미하기 때문에, 이러한 사정에 이를만한 합리적이고 불가피한 사정이 있어야 그 정당성이 인정될 수 있을 것이다.

(3) 본인부담금 등 비용 미지급

이는 그 성질상 원칙적으로 급여제공 금지의 정당한 사유가 되지 않으나, 장기요양업도 일종의 영업이므로 장기요양기관 경영에 중요한 영향을 미칠 정도가 있거나 고의적으로 비용을 체불한 경우에는 급여제공을 거부(퇴소조치 또는 방문 거절)할 수 있다고 본다.[219]

(4) 입소 또는 서비스 이용 계약 체결의 거부

보건복지부 사업안내[220]에서는 노인 스스로 입소를 결정하며, 공정한 입소 계약을 맺을 권리 부분과 관련하여, "돌봄이 어려울 것으로 예상되는 노인을 배척하는 등 편의에 의해 자의적이고 선별적으로 입소노인을 선택해서는 안 된다. 다만, 의료적 서비스가 더 필요하거나 입소정원 초과 등 합리적 사유로 입소가 부적합한 것으로 판단된 경우에도 노인 및 보호자에게 타 시설 소개 등 노인이 적합한 서비스를 공백 없이 지원받을 수 있도록 노력해야 한다."고 되어 있다.

---

219 가령 2회 이상 체납시 계약해지 사유로 계약이 체결되어 있다 하더라도 다른 기관으로의 전원이나 다른 장기요양급여로의 연계 등 없이 바로 계약을 해지하여 급여제공이 금지되었다면 계약서의 내용에 따른 조치라 하더라도 급여제공의 금지위반이 될 수 있다. 즉, 법 제35조 제1항의 급여제공의 금지 규정은 계약서의 내용에 구속되지 않는다는 것이다.

220 보건복지부, 2024년 노인복건복지사업안내, 208쪽.

(5) 수급자 보호자의 방임 및 연락두절

수급자의 보호자가 장기요양기관의 수급자 관리에 협조를 하지 않거나 연락 자체가 두절된 경우 장기요양기관의 수급자 관리에 한계가 있다. 이는 수급자 보호자의 노인학대 가능성이 많으므로 노인보호기관에 연락하여 적절한 조치를 취하여야 한다.

다 ┃ 장기요양급여 제공금지 위반에 따른 제재

장기요양급여 제공거부 금지조항 위반 시 1년이하의 징역 또는 1천만원 이하의 벌금형과 지정취소 처분을 받을 수 있다(법 제67조 제2항, 제37조). 법 제35조 제1항에는 "장기요양기관은 수급자로부터 장기요양급여신청을 받은 때 장기요양급여의 제공을 거부하여서는 아니된다."고 규정하고 있어 위반의 책임을 물을 수 있는 상대방이 장기요양기관 자체인지 시설장, 요양보호사 등 장기요양기관에 종사하는 자인지가 문제시되나, 장기요양기관의 대표자로 보아야 할 것이다.[221] '수급자로부터 장기요양급여 신청을 받은 때'란 입소 또는 계약체결을 요구받은 때뿐아니라 이미 개시된 장기요양급여 제공 과정 전체를 포함하는 개념으로 이해하여야한다.

문제는 노인요양시설이나 주·야간보호기관과 같이 종사자들 개인의 서비스를 하나로 합쳐진 개념의 장기요양급여가 아닌 방문요양, 방문간호와 같이 방문하여 서비스를 제공하는 요양보호사나 간호사 개인의 서비스가 곧 당해 장기요양기관의 급여가 되는 형태에서, 방문 요양보호사 등이 수급자와의 갈등으로 무단으로 방문서비스를 제공하지 않아 장기요양 제공금지 상태가 되었을 경우 당해 방문요

---

[221] 위반은 장기요양기관 종사자가 하는 것이므로 개인이 장기요양기관을 개설한 경우에는 장기요양기관의 대표자를 법 제35조 제1항의 '장기요양기관'으로 볼 수 있지만, 장기요양기관이 법인인 경우 위반의 책임을 법인 자체에 있는 것인지, 법의 대표자에게 있는 것인지 모호하다. 법인 자체에 있다고 할 경우 개인이 개설한 장기요양기관의 대표자와의 형평의 문제가 발생하기 때문이다. 이에 관해서는 일반적으로 법인 대표자(이사장)가 법인 사무에 관한 관리감독 및 지휘의 정도 등이 상당한 점을 고려하여 법인의 대표자가 실질적인 책임을 부담하는 구조가 타당할 것이다. 다만 예외적인 경우 등은 법인 대표자의 관리감독에 관한 영향력 등을 고려하여 개별적으로 판단할 수 있을 것이다.

양기관 등 당해 장기요양기관의 대표자에게 급여제공 금지의 처벌(1년 이하의 징역 또는 1천만원 이하의 벌금)을 할 수 있는지가 문제이다. 왜냐하면 급여제공거부 금지의무를 지는 주체를 「의료법」 제15조 제1항과 같이 "의료인 또는 의료기관개설자"로 구체적으로 규정하지 않고 막연히 장기요양기관으로 규정하고 있는 상태에서 장기요양기관의 장의 지휘명령권이 물리적인 사업장 공간이 아닌 방문지역이고, 방문서비스 제공형태가 대표자의 지휘 명령이나 감독의 범위가 미칠 수 있는 부분이 적기 때문이다.

3 법상 의무와 그 위반에 따른 제재가 수반되는 의무

가 장기요양급여비용에 대한 명세서 교부의무

장기요양기관의 장은 법 제35조 제3항의 규정에 따라 장기요양급여를 제공한 수급자에게 장기요양급여비용에 대한 명세서(시행규칙 별지 제24호서식)를 교부하여야 할 의무가 있다. 장기요양기관은 수급자가 장기요양급여비용 명세서에 대하여 세부 산정내역을 요구하면 이를 제공하여야 한다(시행규칙 제27조 제2항). 또한 장기요양기관은 수급자가 「소득세법」상의 의료비공제를 받기 위하여 장기요양급여비 납부내역의 확인을 요청한 경우에는 장기요양급여비 납부확인서(규칙 별지 제25호서식)를 발급하여야 한다. 장기요양기관과 수급자와의 비용거래의 투명성을 제고하기 위하여 이러한 의무규정을 두었으며, 명세서에는 본인부담금, 비급여 부담금, 급여제공기간 등이 담겨져 있다. 명세서를 교부하지 않거나 거짓으로 교부한 경우에는 500만원 이하의 과태료가 부과된다(법 제69조 제2호의3, 제3호).

나 급여 제공자료 기록·관리 및 개인정보보호법상의 의무

법 제35조 제4항의 규정에 따라 장기요양기관의 장은 장기요양급여 제공에 관한 자료를 기록·관리하여야 하며, 장기요양기관의 장 및 그 종사자는 장기요양급여 제공에 관한 자료를 거짓으로 작성하여서는 아니된다. 구체적으로 기록·관리하여야 할 서류는 장기요양 급여계약에 관한 서류, 장기요양급여비용 청구서 및 장기요양급여비용 청구명세서, 장기요양급여제공기록지 등 장기요양급여비용의 산정에 필요한 서류 및 이를 증명하는 서류, 방문간호지시서, 장기요양급여비용 명세서 부본 등이 있으며, 이 서류는 장기요양급여가 종료된 날로부터 5년간 보존하여야 한다(시행규칙 제27조 제4항). 이들 서류는 수급자의 심신기능상태와 그 설명자료, 민·형사상의 증거자료, 급여비용 청구자료 및 행정의 감독자료 등으로 사용되기 때문에 작성과 관리의무를 부여하고 있다.

기록의 보존방법은 원본 그대로 보존하는 것이 원칙이나 마이크로필름, 광디스크 및 기타 전자적인 방법으로 보관하더라도 원본 수정여부에 대하여 객관적으로 입증이 가능한 경우에는 가능하다고 본다. 이을 위반하였을 때에는 500만원 이하의 과태료가 부과된다. 문제는 이러한 의무를 장기요양기관의 장에게 일괄 부과한 것과, 과태료 부과대상으로 하면서도 그 기록·관리하여야 할 서류를 '장기요양급여비용의 산정에 필요한 서류 및 이를 증명하는 서류(법 제35조 제7항, 규칙 제27조 제4항 제3호)'로 다소 모호하게 규정하여 장기요양기관이 기록·관리할 의무가 있는 자료의 범위에 대한 자의적인 해석 영역으로 남겨진 것이 입법체계상의 문제이다.

한편 이 외에 급여제공계획서, 요양급여고시에서 요구하는 업무일지, 평가매뉴얼에서 요구하는 욕구사정 서류 등은 급여제공기록지 등과 더불어 「개인정보보호법」에서 특별히 보호하는 민감정보에 해당되어, 그 처리 등에 있어 「개인정보보호법」에서 요구하는 엄격한 관리가 필요하며 「개인정보보호법」 위반 시 상당한 제재가 있다는 점에 주의하여야 한다.

다 영리목적의 비용감경 등 금지 의무

시장질서 문란을 방지하고 공정한 거래질서를 확립하기 위하여 장기요양기관은 법 제35조 제5항에 따라 영리를 목적으로 수급자가 부담하는 재가 및 시설 급여비용을 면제하거나 감경하는 행위를 하여서는 아니된다. 비록 공공부분에서 지역 노인들의 복지를 지원하는 차원에서 본인부담금의 일정금액을 일괄적으로 지원하는 경우는 영리 목적으로 볼 수 없지만, 공공기관이 운영하는 당해 장기요양기관을 이용하거나 입소한 수급자에게만 비용을 경감하는 것은 공정한 거래질서에 반하는 영리목적의 감경에 해당된다.

비급여 비용에 대한 감경도 금지 대상인지에 대하여 살펴보면, 법 제35조 제5항에 규정된 '수급자가 부담하는 재가 및 시설 급여비용'이란 법 제38조, 제39조, 제40조의 규정으로 볼 때 비급여 항목을 제외한 보험급여가 되는 항목에 대한 비용만을 말하는 것으로 해석된다. 건강보험의 비급여 진료비 할인관련 판례에서 대법원[222]은 본인부담금이 아닌 진료비 즉, 비급여진료비에 관한 할인에 있어, 의료인 스스로 금액을 자유로이 정하고 환자본인이 전액 부담하도록 되어 있는 진료비까지 본인부담금에 해당한다고 해석하는 것은 죄형법정주의에 어긋나 허용할 수 없다고 보아 비급여비용은 본인부담금 할인에 해당하는 행위가 아니라고 판시한 바 있다. 따라서 파격적인 할인 등으로 공정거래법 위반이 되지 않는 범위 내에서 비급여 비용에 대한 면제 또는 감경 행위는 금지대상에 포함되지 않는다 할 것이다. 다만 위 대법원 판례는 의료법상 의료행위와 관련한 비급여진료비에 관한 사항이었음을 함께 고려할 필요가 있다.

법에 따른 영리목적 비용감경 등 의무 위반 시 2년이하의 징역 또는 2천만원이하의 벌금에 처해지며, 지정취소의 행정처분 대상이 된다(법 제67조 제1항, 제37조).

라 소개·유인·알선 금지 의무

수급자 유치를 둘러싸고 금품수수 등의 비리를 방지하고 요양기관 사이의 불합리한 과당경쟁을 방지하는 차원에서 법 제35조 제6항에는 "누구든지 영리를 목적으로 금전, 물품, 노무, 향응, 그 밖의 이익을 제공하거나 제공할 것을 약속하는 방법으로 수급자를 장기요양기관에 소개, 알선 또는 유인하는 행위 및 이를 조장

---

[222] 대법원, 2008. 2. 28. 선고 2007도10542 판결 등 참조.

하는 행위를 하여서는 아니된다."고 규정하고 있다. 소개, 알선 또는 유인 행위 금지는 장기요양기관뿐만 아니라 모든 사람에게 적용되는 규정이다.

그러나 현실적으로 장기요양기관은 수급자 유치경쟁을 피할 수 없는 바, 수급자 유치경쟁과정에서 '소개·유인·알선 금지'의 판단기준은 '장기요양 시장질서를 해하는 정도'이다. 의료기관과 달리 장기요양기관에 대한 광고규제가 없는 점으로 볼 때 합법적인 광고는 전적으로 소개·유인·알선 금지에 해당되지 않으며, 지인이 일상적으로 행하는 소개나 추천 등도 소개·유인·알선 금지에 해당되지 않는다 할 것이다. 금전이나 상품권 제공, 장기요양 인정신청의 오·남용 등이 여기에 해당될 수 있다.

'소개·유인·알선 금지'의 의미에 관해서는 「의료법」상의 영리 목적 환자 유인 행위와 관련된 다수의 대법원 판례에서 설시해 왔기 때문에 이를 참조할 수 있을 것이다. 즉, 대법원은 "의료법 제25조 제3항(현 의료법 제27조 제3항에 해당한다)상의 '소개·알선'이라고 함은 환자와 특정 의료기관 또는 의료인 사이에서 치료위임계약의 성립을 중개하거나 편의를 도모하는 행위를 말하고, '유인'이라 함은 기망 또는 유혹을 수단으로 환자로 하여금 특정 의료기관 또는 의료인과 치료위임계약을 체결하도록 유도하는 행위를 말하며, '이를 사주하는 행위'라고 함은 타인으로 하여금 영리를 목적으로 환자를 특정 의료기관 또는 의료인에게 소개·알선·유인할 것을 결의하도록 유혹하는 행위를 말하는 것으로서 어떠한 행위가 사주행위에 해당하는가의 판단은 일반인을 기준으로 당해 행위의 결과 영리를 목적으로 환자를 특정 의료기관 또는 의료인에게 소개·알선·유인할 것을 결의하도록 할 정도의 행위인지의 여부에 의하여야 할 것이다. 또한 사주행위가 범죄행위를 교사하는 행위와 유사하나 이를 별개의 구성요건으로 규정하고 있는 이상 당해 행위가 일반인을 기준으로 영리를 목적으로 환자를 의료기관에 소개·알선·유인할 것을 결의하도록 할 정도의 행위이기만 하면 범죄가 성립하고, 그 결과 사주받은 자가 실제로 소개·알선·유인행위를 결의하였거나 실제로 소개·알선·유인행위를 행할 것까지 요구되는 것은 아니라 할 것이다. 의료기관 또는 의료인이 자신에게 환자를 소개·알선 또는 유인한 자에게 법률상 의무 없이 사례비, 수고비, 세탁비, 청소비, 응급치료비 기타 어떠한 명목으로든 돈을 지급하면서 앞으로도 환자를 데리고 오면 돈을 지급하겠다는 태도를 취하였다면 일반인을 기준으로 볼 때 장차 돈을 받기 위하여 그 의료기관 또는 의료인에게 환자를 소개·알선 또는 유인할 것을 결의하게 하기에 충분하다고 할 것이므로 이와 같이 의료기관 또는 의료인이 돈을 지급하는 행위는 의료법 제25조 제3항이 금지하고 있는 사주행위에 해당한다고 할 것이고, 그러한 사주행위가 현재 의료업계에서 널리 행해지고 있다거나 관행이라는 등의 이유로 정당화될 수 없다"고 판시한 바 있다.[223] 또한 "의료기관·의료인이 스스로 자신에게 환자를 유치하는 행위는 그 과정에서 환자 또는 행위자에게 금품이 제공되거나 의료시장의 질서를 근본적으로 해하는 등의 특별한 사정이 없는 한, 구 의료법 제25조 제3항의 환자의 '유인'이라 할 수 없고, 그 행위가 의료인이 아닌 직원을 통하여 이루어졌더라도 환자의 '소개·알선' 또는 그 '사주'에 해당하지 아니한다"고 판단한 바 있다.[224,225]

이러한 금지 위반행위는 2년이하의 징역 또는 2천만원 이하의 벌금에 처해지며, 지정취소의 행정처분 대상이 된다(법 제67조 제1항, 제37조).

4 기타 위반에 다른 제재가 수반되지 않는 의무

가 장기요양급여의 제공기준 등에 따른 장기요양급여 제공의무

법 제35조 제2항에는 "장기요양기관은 제23조 제5항에 따른 장기요양급여의 제공 기준·절차 및 방법 등에 따라 장기요양급여를 제공하여야 한다."고 규정하고 있다. 한편 법 제23조 제5항은 장기요양급여의 제공 기준·절차·방법·범위, 그밖에 필요한 사항을 보건복지부령으로 정하도록 규정하고 있으며, 이는 곧 법 시행규칙 제11조, 제12조, 제15조, 제17조, 제18조, 제22조, 제27조의3 및 제32조에 규정되어 있고 이들 규정의 구체적인 내용은 대부분 보건복지부고시로 재위임되

---

223 대법원 1998. 5. 29. 선고 97도1126 판결, 대법원 2019. 4. 25. 선고 2018도20928 판결 등.

224 대법원 2004. 10. 27. 선고 2004도5724 판결.

225 백경희, 인터넷 의료광고를 활용한 환자 유인행위에 관한 우리나라 판례 동향 및 법정책 방향에 관한 고찰, 동아법학 제87호, 2020, 127-160면 참조.

어 요양급여고시에 규정되어 있다. 따라서 요양급여고시 규정에 따라 장기요양급여를 제공하여야 한다는 것으로 이해하여도 무방하다고 본다.

나 요양보호사 보수교육 협조의무

장기요양기관의 장은 해당 장기요양기관에 소속되어 근무하는 요양보호사가 보수교육을 받을 수 있도록 공단에 협조해야 한다(시행규칙 제11조의3).

다 수급자에 대한 안내문 게시 의무

장기요양기관은 운영규정의 개요, 종사자 근무체계, 제공하는 장기요양급여의 종류, 비급여대상, 항목별 비용 및 평가결과, 그 밖에 장기요양급여의 선택에 도움이 되는 중요 사항을 수급자가 잘 볼 수 있는 곳에 게시하여야 한다(시행규칙 제15조).

라 급여제공기록 및 제공의무

장기요양기관은 장기요양급여를 실시한 경우 장기요양급여제공기록지에 장기요양급여 실시내역 등을 기재하고 수급자에게 그 정보를 제공하여야 한다. 가정방문급여의 급여제공기록지는 주 1회 이상 제공하여야 한다. 다만, 공단이 운영하는 재가급여전자관리시스템으로 전송한 경우에는 월 1회 이상 제공한다. 주·야간보호, 단기보호 및 시설급여의 급여제공기록지는 월 1회 이상 제공하여야 한다(시행규칙 제18조, 요양급여고시 제7조).

급여제공기록지 제공 방법은 수급자 또는 보호자에게 방문, 우편, 모사전송, 전자적으로 열람가능한 방법 등으로 제공하여야 한다. 다만, 가족 요양보호사가 가족인 수급자에게 급여를 제공하는 경우에는 제공하지 아니할 수 있다(공고 제2

조).[226] 장기요양기관이 실무에서는 수급자 가족에게 급여제공기록지를 직접 제공하거나 우편 또는 민간 기관이 운영하는 전자시스템을 활용하여 수급자가족에게 통보하고 있다. 급여제공계획에 따른 급여를 제공하고 기록하고 이를 수급자 가족(보호자)에게 제공하는 사항은 장기요양기관 평가기준에 포함되어 있다.

5 신고한 직종으로 근무의무, 시설장의 상근의무와 요양보호사 근무 금지

가 장기요양기관 종사자의 시장·군수·구청장에 신고한 직종으로 근무의무

(1) 의의 및 관련 판례

장기요양기관 종사자는 시장·군수·구청장에 신고한 직종으로 해당 기관에서 근무하여야 한다(요양급여고시 제6조 제4항 제1호). 이와 관련하여 판례는 직종별, 시설별 인력배치 내치 충원의 기준을 각 직종에 관하여 「노인복지법 시행규칙」 별표4 제6호의 직원배치기준에서 직종별, 시설별로 장기요양요원 등의 배치기준 및 인원기준을 설정하면서 요양보호사, 간호(조무)사, 사무원, 조리원, 위생원 등을 구분하여 둔 취지는 노인요양시설 등 장기요양기관의 요양서비스 제공에 있어 각 업무분야에 필요한 전문 종사자를 배치함으로써 수급자에게 적정하고 적합한 양질의 서비스가 제공되도록 하기 위한 것이므로 각 직종별로 해당 업무에 충실할 수 있도록 상시 인원을 충원할 필요가 있다고 판단하고 있다.[227]

한편 입소자가 80명인 노인요양시설의 경우 세탁업무 등을 전담하는 위생원 1명을 두어야 하는데 위생원은 세탁업무에 종사하지 않고 요양보호사가 하루에 3

---

226   국민건강보험공단, 장기요양급여 제공기준 및 급여비용 산정방법 등에 관한 세부사항.
227   서울행정법원 2022. 1. 27. 선고 2020구합88183 판결.

시간 이상 세탁업무를 전담하여 수행하고, 별도로 세탁업무를 따로 수행하거나 이를 도왔던 직원은 없었을 경우 위 3시간에 해당하는 부분은 '겸직직종 및 고유업무 외 다른 업무를 수행한 시간'으로 보아 「장기요양급여 제공기준 및 급여비용 산정방법 등에 관한 고시」 소정의 제56조 인력추가배치가산 또는 제66조 인력배치기준위반 감산 규정을 위반하여 부당청구에 해당한다.[228] 그러나 위의 사례는 위생원이 세탁업무를 전혀 시행하지 않고 요양보호사가 대신 세탁을 한 경우이며, 가령 위생원이 주로 세탁을 하는데 결근 등으로 세탁업무의 공백이 발생 시 일시적으로 요양보호사가 세탁업무를 대행 또는 지원해 준 시간까지 부당청구로 보는 것은 무리한 해석으로 생각된다. 왜냐하면 요양급여고시 제51조 제2항에 위생원 등이 부재하거나 위생원 등의 업무에 도움이 필요하여 다른 직원이 그 업무를 일부 수행한 경우 신고한 직종으로 실 근무한 것으로 본다는 기준이 있기 때문이다.[229] 신고한 직종으로의 근무의무와 관련된 내용은 『part 9. 2. 가.』를 참고하기 바란다.

(2) 직종의 업무영역 문제

장기요양기관에 종사하는 인력에는 요양보호사, 간호(조무)사, 사회복지사, 물리(작업)치료사, 영양사, 조리원, 위생원, 관리원 등이 있다. 그리고 「노인복지법 시행규칙」 별표4에는 "사회복지사는 입소자에게 건강유지, 여가선용 등 노인복지 제공계획을 수립하고, 복지증진에 관하여 상담·지도해야 한다.", "요양보호사는 요양서비스가 필요한 노인에게 신체활동지원 서비스와 그 밖의 일상생활지원 서비스를 제공해야 한다.", "영양사 및 조리원이 소속되어 있는 업체에 급식을 위탁하는 경우에는 영양사 및 조리원을 두지 않을 수 있다.", "세탁물을 전량 위탁하여 처리하는 경우에는 위생원을 두지 않을 수 있다"고 각각 규정하고 있다.

요양급여고시 제6조 제4항 제1호에서는 "장기요양기관 종사자는 … 시장·군수·구청장에 신고한 직종으로 해당 기관에서 근무하여야 한다."고 규정되어 있으나 '신고한 직종'에 대한 업무 영역에 대하여는 규정된 바 없다. 다만, 「노인복지

---

228 서울행정법원 2022. 1. 27. 선고 2020구합88183 판결.
229 보건복지부, 2024년 노인보건복지사업안내, 301쪽 참조.

법 시행규칙」별표9에 "주·야간보호서비스 및 단기보호서비스를 제공하는 경우 사회복지사, 간호사, 간호조무사, 물리치료사, 작업치료사 또는 요양보호사 1급은 다른 업무와 겸직할 수 없다." 등 규정이 있으나 여기서의 '겸직'과 '신고한 직종으로 근무'와는 차이가 있다. 특정 주야간보호기관의 직원의 업무분장표[230]를 보면 ① 사회복지사의 수행 직무에는 급여제공계획통보, 보호자 상담, 프로그램 계획 및 진행 등으로, ② 간호조무사의 수행직무에는 기초건강체크, 입소자 치매·낙상·욕창 검사, 신체프로그램 진행, 투약 및 투양기록 작성, 송영서비스 보조 등으로 되어 있다.

이와 관련, 요양보호사가 보호자 상담이나 수급자에 대한 기초건강체크, 투약 등의 서비스를 제공하거나 신체기능의 훈련과 견인요법 등을 실시하면 '신고한 직종'으로 근무하지 않은 것인가 등에 대한 문제가 발생한다. 이는 「노인복지법 시행규칙」별표10의2의 요양보호사 교육 내용 등과 연계하여 접근해 볼 필요가 있다. 수급자에 대한 급여제공 계획업무를 특정 직종이 수행하여야 하며 요양보호사가 이를 수행하면 자격에 따른 업무 수행범위에 위반되는지, 특히 장기요양급여 제공영역에 있어 사회복지사, 간호(조무)사, 물리(작업)치료사 등의 고유 업무영역에 대한 가이드라인 등 제시 없이 막연히 '시장·군수·구청장에 신고한 직종으로 해당 기관에서 근무하여야 한다.'는 규정을 두고 있으며 이 규정을 위반하면 급여비용 감산과 연계 되는 등 쟁점의 여지가 있다.

나 시설장(관리책임자)의 상근의무

시설장(관리책임자)은 상근하여야 하며 상근시간외에도 응급상황 등에 대처할 수 있도록 대비하여야 한다(요양급여고시 제6조 제4항 제2호). 요양급여고시에서 시설장에 대한 상근의무를 규정하였다는 것은 장기요양기관에 지급하는 급여비용(수가)에 시설장이 상근하는 비용이 포함되어 있다는 것이다. 이와 관련하여 '상근'의 개념과 시설장(관리책임자)이 상근하지 않았을 때 어떠한 불이익이 있는지가 쟁

---

230   사회복지법인 행복창조, 『치매의 이해와 장기요양기관의 운영과 실제』, 253-254쪽, 공동체.

점이 된다.

상근의 개념과 관련, 「노인복지법 시행규칙」 [별표9]의 재가노인복지시설의 시설기준 및 직원배치기준에서 방문요양, 방문목욕, 주·야간보호, 단기보호기관의 시설장은 상근(1일 8시간, 월 20일 이상 근무하는 것을 말한다)하는 자로 두어야 한다고 규정하고 있어, 이들 외에 노인요양시설이나 노인요양공동생활가정의 시설장도 상근의 개념을 "1일 8시간, 월 20일 이상 근무하는 것"으로 해석하고 있으나 다소 불명확한 측면이 있으므로 입법적 개선을 통하여 이를 명확히 할 필요가 있다.[231]

이러한 상근의무는 방문요양, 방문목욕, 주·야간보호, 단기보호기관의 시설장을 제외한 노인요양시설이나 노인공동생활가정의 시설장은 상근하지 않더라도 「노인복지법」의 위반은 아니지만,[232] 법의 위임을 받은 요양급여고시의 위반이므로 장기요양급여비용 산정과 지급에서는 불이익을 주겠다는 입법 의도로 보인다.

시설장(관리책임자)이 상근하지 않았을 때의 불이익에 대하여 살펴보면, 종전에는 인력배치기준위반 감액 규정(요양급여고시 제66조)상의 적용대상 인력에는 시설장(관리책임자)이 포함되지 않았으나 2024년 요양급여고시 제66조 개정(보건복지부 고시 제2023-289호, 2023. 12. 29, 일부개정)을 통하여 인력배치기준 위반감액을 적용하고 있다.

문제는 단독주택 또는 공동주택에서 이용자 10명 미만의 주야간보호기관의 시설장은 요양보호사 등과 겸직이 가능한데(「노인복지법 시행규칙」 별표9 제4호 마목), 시설장이 요양보호사를 겸직할 경우 당해 시설장을 상근하는 것으로 보아야 하는지 여부, 즉 인력배치기준 위반 감액을 적용해야 하는지가 문제시된다. 요양급여고시 제6조 제4항 제2호의 시설장의 상근의무 규정은 「노인복지법 시행규칙」 별표9 제4호 마목과의 충돌이 발생할 뿐 아니라 인력배치기준 위반 감액을 적용할 경우 「노인복지법 시행규칙」 별표9의 위반 여부 또한 논의의 여지가 존재한다.

한편 일반적으로 상근 여부 등 근로감독사항은 개별 사업장의 취업규칙에 의

---

231 보건복지부, 2024년 노인보건복지사업안내, 88쪽에서 "재가노인복지시설의 시설장근 상근해야 하며, 상근의 구체적 내용은 사회복지시설관리안내 지침에 준함"이라고 되어 있다.

232 「사회복지사업법」을 적용받는 장기요양기관의 경우 「사회복지사업법」상의 시설장 상근의무가 있다(「사회복지사업법」 제35조 제1항).

하여 사용자의 관리 감독차원에서 자율적으로 규율되는데, 여기서는 사용자 측의 기능을 하는 시설장의 상근의무를 요양급여고시에서 규정하여 시설장이 1일 8시간을 실제 근무하는지를 사용자가 아닌 공단 등에서 관리한다는 것은 결국 장기요양기관의 서류에 의한 요식행정이 될 소지가 있다. 다만 요양급여고시에 시설장의 상근의무를 규정함으로서 관련 평가 등 이를 확인, 점검할 수 있는 기회를 통하여 그 준수여부 등을 확인할 수 있을 것이다.

다 | 가정방문급여 기관 시설장의 요양보호사 근무 금지

방문요양, 방문목욕, 방문간호 급여(이를 "가정방문급여"라 한다)를 제공하는 장기요양기관의 시설장(관리책임자)은 해당 기관에서 요양보호사로 근무할 수 없도록 규정하고 있다(요양급여고시 제6조 제4항 제3호). 요양급여고시 제6조 제4항제1·2호의 신고한 직종으로의 근무의무와 시설장(관리책임자)의 상근의무 규정이 있어 시설장(관리책임자)은 당해 기관의 요양보호사를 겸직 수행할 수 없다. '겸직 금지'와 '요양보호사로 근무할 수 없다'라는 개념에는 차이가 있어 시설장은 절대 요양보호사 업무의 일부도 수행할 수 없다는 것으로 해석된다. 즉, 요양급여고시 제6조 제4항 제3호에서 특별히 "방문요양, 방문목욕, 방문간호 급여를 제공하는 장기요양기관의 시설장(관리책임자)은 해당 기관에서 요양보호사로 근무할 수 없다."라고 규정한 것은 가정방문급여기관의 특성상 시설장은 요양보호사자격으로 가정방문급여를 단 1시간도 제공할 수 없다는 것을 명확히 한 규정으로 보인다. 이는 가정방문급여 기관의 시설장은 시설장의 고유업무보다는 방문목욕 등 직접서비스 제공 인력의 업무를 주로 실시하여 시설장 본연의 업무를 소홀히 하는 것을 방지하는 차원으로 이해된다. 가정방문급여는 그 제공을 위한 이동 및 서비스 제공 등이 상대적으로 많은 시간이 소요되는 바 시설장이 시설 외에서 많은 시간을 보낼 경우 당해 시설의 전반적 관리운영에 차질이 발생할 가능성이 높기 때문에 이러한 기준이 마련된 것으로 보인다.

그러나 요양보호사의 갑작스러운 사고나 서비스 제공거부 등으로 업무에 공백이 발생할 때 대체인력이 없어 부득이 요양보호사 자격이 있는 시설장이 긴급히 요양보호사를 대신 방문하여 서비스를 제공하여야 할 경우 그리고 요양보호사가 혼자 감당하기 어려운 업무 발생 시 그 업무를 시설장이 지원하여야 하는 경우가 있는데, 이러한 행위까지 요양급여고시 위반으로 보아 부당청구로 보겠다는 입법정책까지 고려된 것인지는 다소 모호하다. 이러한 문제를 고려한다면 방문요양, 방문목욕, 방문간호 급여를 제공하는 장기요양기관의 시설장이 당해 기관의 요양보호사로 등록하여 요양보호사업무와 시설장 업무를 상시적으로 겸직할 수 없다는 뜻으로의 해석도 존재할 수 있다. 나아가 연계된 쟁점으로, 노인요양시설과 노인요양공동생활가정의 요양보호사 자격이 있는 시설장이 해당 기관에서 요양보호사의 업무를 수행 할 수 있는지도 쟁점이 될 수 있다. 왜냐하면 노인요양시설과 노인요양공동생활가정의 시설장도 요양급여고시 제6조 제4항 제1호의 규정에 따라 시장·군수·구청장에 신고한 직종으로 해당 기관에서 근무하여야 하나 시설장의 업무범위에 대하여는 구체적으로 규정되어있지 않고 있으며, 시설장(관리책임자)이 해당 기관에서 요양보호사로 근무할 수 없다는 규정은 요양급여고시 제6조 제4항 제3호의 규정에 의거 방문요양, 방문목욕, 방문간호 급여를 제공하는 장기요양기관에게만 적용되기 때문이다.

요컨대 시설장의 겸직에 관해서는 위와 같은 실무상 어려운 점이 있어 이에 대한 법령이나 고시 등 보완이 필요할 수 있고, 고시 등을 통해 판단이 어려운 사항은 요양급여고시 위 규정 및 제6조 제4항 제2호에 따른 응급상황에 대한 대비의무, 시설장의 일반적인 직업행사권, 수급자에 대한 효율적인 서비스 제공, 일반사업장의 관리자의 역할 그리고 「노인복지법 시행규칙」 별표9의 "시설장은 이용자별 재가노인복지 제공계획 수립 및 복지증진에 관한 상담·지도, 직원에 대한 교육 및 관리 등의 업무를 수행한다."라는 시설장의 기능에만 전적으로 종사하여야 하는 문제 등과 연계하여 해석되어야 할 것이다.

가 | 수급자의 학대행위 금지와 신고의무

장기요양기관 종사자는 성, 연령, 건강상태 및 장애, 경제상태, 종교 및 정치적 신념 등의 사유로 급여제공 과정에서 수급자를 차별 또는 학대해서는 아니 되며 (요양급여고시 제9조제2항), 장기요양기관의 장과 그 종사자는 직무상 65세 이상의 사람에 대한 노인학대를 알게 된 때에는 즉시 노인보호전문기관 또는 수사기관에 신고하여야 한다(「노인복지법」 제39조의6 제2항 제6호). 폭언, 협박, 위협 등으로 수급자의 정신건강에 해를 끼치는 정서적 학대행위를 행한 경우에는 장기요양기관의 지정취소사유에 해당된다(법 제37조 제1항 제6호). 노인학대를 신고하지 아니한 사람은 1천만원 이하의 과태료 처분을 받게 된다(「노인복지법」 제61조).

노인학대 유형에는 ① 물리적인 힘 또는 도구를 이용하여 노인에게 신체적 손상, 고통, 장애 등을 유발시키는 신체적 학대, ② 비난, 모욕, 위협 등의 언어 및 비언어적 행위를 통하여 노인에게 정서적으로 고통을 주는 정서적 학대, ③ 성적 수치심 유발 행위 및 성폭력(성희롱, 성추행, 강간) 등의 노인의 의사에 반하여 강제적으로 행하는 모든 성적 행위인 성적 학대, ④ 노인의 의사에 반(反)하여 노인으로부터 재산 또는 권리를 빼앗아가는 행위로서 경제적 착취, 노인재산에 관한 법률권리 위반, 경제적 권리와 관련된 의사결정에서의 통제 등을 하는 경제적 학대(착취), ⑤ 보호자 또는 부양의무자로서의 책임이나 의무를 의도적, 비의도적으로 거부, 불이행 혹은 포기하여 노인의 의식주 및 의료를 적절하게 제공하지 않는 행위(필요한 생활비, 치료 및 의식주를 제공하지 않는 행위), 자기방임(노인 스스로가 의식주 제공 및 의료 처치 등의 최소한의 자기 보호관련 행위를 의도적으로 포기 또는 비의도적으로 관리하지 않아 심신이 위험한 상황 또는 사망에 이르게 하는 행위) 등 방임, ⑥ 보호자 또는 부양의무자가 노인을 버리는 행위, 월별 입소비용 미납 등의 사유로 노인에 대한 특별한 보호조치 없이 퇴소시키는 행위 등 유기가 있다.[233]

---

233 보건복지부, 2024년 노인보건복지사업안내, 215-216쪽.

나　민법상의 주의의무

장기요양기관은 선량한 관리자로서의 주의 의무가 있으며(「민법」 제681조), 경우에 따라 사무의 성질에 좇아 가장 본인에게 이익이 되는 방법으로 이를 관리하여야 할 의무를 진다(「민법」 제734조). 장기요양급여의 수혜자인 수급자는 대부분 노화현상과 만성질환 등으로 음식물에 대한 질식사, 낙상, 미끄럼, 장기간 공동거주에 따른 사소한 다툼, 돌발행동, 화재 그리고 시설과 설비상의 위험 등에 취약하다. 따라서 이러한 특성에 맞는 전문적인 돌봄서비스가 제공되도록 주의할 필요가 있다.

장기요양기관의 서비스 제공과정에서 발생한 상해에 대하여, 판례에서는 방문요양기관의 요양보호사가 뇌병변장애로 인지능력이 저하되고 좌측 편마비로 인해 좌측 팔과 다리를 전혀 사용하지 못하며, 기력이 부족하여 우측 팔과 다리도 독립적인 보행이 불가능한 수급자에게 방문요양서비스를 제공하는 과정에서 약 1시간 24분 동안 개인적 용무를 위해 외출하여 수급자를 집 안에 혼자 남겨둠으로써 안방에서 나오려던 수급자로 하여금 그대로 넘어지게 하여 약 8주간의 치료가 필요한 종족골의 폐쇄성 골절 등 상해를 입게 하였다고 하면서 법원이 당해 요양보호사에게 업무상과실치상죄를 적용하여 벌금형을 선고한 바 있다.[234]

7　인건비 지출비율에 따른 인건비 지출의무

가　의의 및 내용

장기요양기관은 지급받은 장기요양급여비용 중 보건복지부장관이 정하여 고시하는 비율에 따라 그 일부를 장기요양요원에 대한 인건비로 지출하여야 하고(법 제38조 제6항), 장기요양기관의 장은 급여유형별로 지급받은 장기요양급여비용(공

234　울산지방법원 2020. 2. 18. 선고 2019고정706 판결.

단부담금과 본인부담금의 합계) 중 요양급여고시 제11조의2 제1항의 표에 명시된 인건비 지출비율에 따라 그 일부를 장기요양요원에 대한 인건비로 지출하여야 한다. 이는 장기요양요원에 대한 적정 처우를 위한 일종의 가이드라인을 제시하여 장기요양급여의 품질을 올리려는 정책이 반영된 제도이다. 일반적으로 근로자의 임금은 최저임금법에서 정하는 최저 임금액 이상으로 근로자와 사용자간의 계약으로 정하여지고 있으나 장기요양요원의 열악한 처우가 있는 곳이 많이 이를 고려한 정책이나 지침이 필요하기 때문이다.

요양급여고시 제11조의2에 따라 장기요양기관이 인건비로 지출하여야 할 〈표 10-1〉을 기준으로 보면 노인요양시설은 지급받은 장기요양급여비용 중 62.5%를 간호(조무)사, 물리(작업)치료사, 사회복지사, 요양보호사의 인건비로 지출하여야 한다. 인건비 지출비율은 『장기요양요원 인건비 ÷ 장기요양급여비용』이다.

<표 10-1> 2025년 유형별, 대상 장기요양요원별 인건비 지출비율

구분	장기요양요원	인건비 지출비율(%)
노인요양 시설	간호(조무)사 물리(작업)치료사 사회복지사 요양보호사	62.5
노인요양공동생활가정	간호(조무)사 물리(작업)치료사 사회복지사 요양보호사	65.1
주야간보호	간호(조무)사 물리(작업)치료사 사회복지사 요양보호사	48.5
단기보호	간호(조무)사 물리(작업)치료사 사회복지사 요양보호사	58.8

방문요양	요양보호사 사회복지사	86.6
방문목욕	요양보호사	49.6
방문간호	간호(조무)사 치과위생사	60.1

나 인건비 지출비율의 분모인 장기요양급여비용

장기요양급여비용이란 요양급여고시 「제11조의4, 제11조의5, 제11조의7, 제18조, 제19조의2, 제20조, 제25조, 제28조, 제29조, 제31조, 제33조, 제36조의3, 제37조, 제44조, 제56조, 제58조, 제59조, 제60조 및 제74조의 비용에 대하여 법제38조제2항에 따라 공단이 심사하여 지급하기로 결정한 공단부담금과 본인부담금의 합계를 말한다(요양급여고시 제11조의2 제2항)」. 이를 정리하면 〈표 10-2〉와 같다.

<표 10-2> 25년도 인건비 지출비율관련 장기요양급여비용의 범위

포함되는 항목		제외되는 항목	
요양급여 고시 규정	내용	요양급여 고시 규정	내용
제11조의4	장기근속 장려금	제11조제3항	직무교육급여비용
제11조의5	요양보호사 보수교육 비용	제21조	원거리교통비용
제11조의7	선임 요양보호사 수당	제34조	주·야간보호급여 이동서비스비용
제18조	방문요양 급여비용	제35조	주·야간보호급여 목욕서비스 가산
제19조의2	방문요양급여 중증 수급자 가산	제62조	맞춤형서비스제공 가산
제20조	방문요양 및 방문간호 급여비용 가산	제75조의2	치매전담형 장기요양기관 한시적 지원금
제25조	방문목욕 급여비용	제75조의2	치매전담형 장기요양 기관 한시적 지원금

제28조	방문간호 급여비용	제44조의2	계약의사 활동비용
제29조	방문간호급여 간호(조무)사 가산	-	-
제31조	주 · 야간보호 급여비용	-	-
제33조	주 · 야간보호 급여비용 가산	-	-
제36조의3	가족휴가제 급여비용	-	-
제37조	단기보호 급여비용	-	-
제44조	시설급여 비용	-	-
제56조	인력추가배치 가산	-	-
제58조	방문요양 사회복지사 등 배치 가산	-	-
제59조	간호사배치	-	-
제60조	야간직원배치 가산	-	-
제74조	치매전담형 장기요양기관 급여비용	-	-

그러나 공단은 24년도 인건비 지출 비율 관련 다빈도 질의응답[235]을 통하여 요양급여고시 제11조의4의 장기근속장려금 중 조리원, 영양사의 장기근속장려금과 요양급여고시 제56조의 시설급여기관의 인력추가배치 가산 중 조리원 가산금을 장기요양급여비용의 범위에서 제외시키는 것으로 답변을 하고 있는 바, 이는 요양급여고시의 규정에 이를 제외할 수 있는 근거를 찾아볼 수 없는 유권해석적 성격이 매우 강한 답변사항으로 보인다.

장기요양기관으로 지정된 노인요양시설의 경우 인건비 지출비율(61.1%)을 유지하여야 하는 등 장기요양기관은 「장기요양급여 제공기준 및 급여비용 산정방법 등에 관한 고시」 제11조의2 소정의 인건비지출비율을 지켜야 할 의무가 있다. 여기서 인건비 지출비율은 법 제38조의 공단이 심사하여 지급하기로 한 비용과 본인부담금의 합계를 말하는데(요양급여고시 제11조의2 제2항), '공단이 심사하여 지급하기로 한 비용과 본인부담금의 합계'에는 등급판정을 받지 못한 자에 대한 요

---

235 국민건강보험공단, 인건비 지출비율 관련 다빈도 Q&A, 2024. 1. 8. (국민건강보험공단 홈페이지-알림자료실-공지사항) 참조.

양서비스 대가로 지급받은 비용은 포함되지 않는다 할 것이다. 왜냐하면 요양급여 고시상의 공단부담금 및 본인부담금의 개념은 장기요양등급을 판정받은 수급자에 대한 서비스비용을 뜻하는 것이기 때문이다. 장기요양기관으로 지정된 노인요양 시설의 경우 입소자에 대한 서비스는 소속 장기요양요원 등이 등외자와 등급을 인 정받은 자(수급자) 모두에게 같이 제공하는 반면, 인건비 지출계산상의 분모인 장 기요양급여비용은 등급을 인정받은 자(수급자)에 대한 장기요양급여비용만을 반영 하기 때문이다. 이에 위 제도의 실효성과 형평성이 문제로 등장하고 있다.

다 인건비 지출비율의 분자인 인건비

(1) 인건비의 범위

인건비는 〈표 10-1〉의 기관 유형별 장기요양요원에게 지급된 기본급여, 수당 등을 포함한 일체의 임금, 요양급여고시의 규정에 의거 별도 지급되는 장기근속 장려금, 보수교육에 따른 비용, 선임 요양보호사 수당과 사회보험 기관부담금 및 퇴직적립금을 포함한다(요양급여고시 제11조의2 제3항). 여기서 '임금'이란 장기요 양기관에 따라 다양성이 있어 임금의 범위를 일률적으로 해석하는 데는 한계가 있 으므로 비록 일체의 임금 즉, '일체'가 추가되었다 하더라도 「근로기준법」에서 해 석하는 기준에 따라야 할 것이다. 근로기준법관계에서 사용자가 지급하는 금품이 ① 근로의 대상이 아닌 의례적·호의적 의미에서 지급되는 것이거나, ② 근로자가 특수한 근로 조건이나 환경에서 직무를 수행하게 됨으로써 추가로 소요되는 비용 을 변상하기 위하여 지급되는 이른바 실비변상적 급여는 근로의 대상으로 지급되 는 것으로 볼 수 없기 때문에 임금에 해당하지 않는 것으로 해석하고 있다. 요양급 여고시 제21조에 따른 원거리 교통비는 실비 변상적인 성격으로 보아 임금에 포 함되지 않는 것으로 보인다. 그러나 이와 유사한 '보수교육에 따른 비용'은 인건비 에 포함하고 있어 원거리 교통비의 경우 인건비에 포함되어야 하는지 여부가 관련 쟁점이 될 수 있다.

장기요양요원에 대한 인건비는 이 제도의 취지로 볼 때 사용자가 실제 부담하는 금액에 대한 것이라 할 것이므로 세금 공제 전 인건비 금액을 기준으로 산정하여야 할 것으로 보인다.

(2) 인건비 지출비율

인건비 지출비율은 1년(1월 1일~12월 31일)간 제공된 급여에 대해서 장기요양기관이 장기요양요원에게 지급한 인건비가 장기요양급여비용에서 차지하는 비율을 말한다(요양급여고시 제11조의2 제4항).

(3) 인건비 지출비율 적용대상 장기요양요원

인건비 지출비율 적용대상 장기요양요원은 간호(조무)사, 물리(작업)치료사, 사회복지사, 요양보호사 및 치과위생사이다(요양급여고시 제11조의2 제1항의 표). 장기요양기관 대표자가 사회복지사, 요양보호사, 간호(조무)사 등 장기요양요원으로 근무하더라도 요양급여고시에서 제외규정이 없으므로 인건비지출 적용대상 장기요양요원에 포함된다 할 것이다.

요양급여고시 제11조의2 제5항에는 "제1항에도 불구하고 노인요양공동생활가정 및 방문요양의 사회복지사는 아래 각 호에 해당하는 경우 장기요양요원으로 인정한다."고 하고, "1. 노인요양공동생활가정: 시설장 또는 사무국장이 배치된 기관의 사회복지사에 한함", "2. 방문요양: 사회복지사, 제57조 제1항에 따라 가산을 받는 간호(조무)사 및 장기요양기관에서 요양보호사 실무경력 5년(월 60시간 이상 근무한 기간이 60개월) 이상인 요양보호사(이하 '팀장급 요양보호사'라 한다)를 포함하며, 제58조제4항의 가산인정 인원수만큼 인정"으로 규정하고 있다. 따라서 노인요양공동생활가정의 사회복지사는 시설장 또는 사무국장이 배치된 기관의 사회복지사에 한하여 인건비지출 적용대상이 된다(요양급여고시 제11조의2 제5항 제1호). 그러나 요양급여고시 제11조의2 제5항 제2호는 해석상 상당한 논란이 있다. 즉, 방문요양의 사회복지사에는 사회복지사와 가산을 받는 간호(조무)사 및 팀장급 요양보호사를 포함하며, 인건비 지출비율 적용대상에는 수급자 수 15명 이상 30명 미만은 1명, 수급자 수 30명 이상부터는 수급자 수 30명 이하 단위로 1명씩 추가하여 인정한다는 것으로 해석하는 데는 문제가 있다. 왜냐하면 제5항 본문에는 사회복지사에 대한 인정범위를 각호로 규정하고 있음에도 제2호에는 가산을 받는 간호(조무)사와 팀장급 요양보호사를 포함하여 규정하고 있기 때문이다.

라 인건비 지출비율 위반 효과

「장기요양기관 재무·회계규칙」제4조 제3항에서 인건비 지출비율에 따라 인건비를 예산으로 편성하여야 하고 재무·회계규칙을 위반한 장기요양기관에 대해 시정명령을 할 수 있으며, 이 시정명령을 이행하지 아니하거나 회계부정 행위가 있는 경우 지정취소처분을 할 수 있다(법 제36조의2 및 제37조제1항).

소정의 인건비 지출비율을 지키지 않았을 경우 이를 처벌하는 벌칙 규정이나 장기요양기관 지정의 갱신기준(시행규칙 제24조)상의 심사기준 등에 불이익 대상이 된다는 직접적인 규정은 찾아볼 수 없다.

마 산정시점과 급여비용 변동과 관련된 사항

인건비 지출비율의 분모인 장기요양급여비용과 분자인 인건비는 지급 시점기준이 아닌 실제 급여를 제공한 시점에 발생된 비용을 기준을 해석하여야 할 것이다. 왜냐하면 지급 시점기준은 급여비용청구와 인건비 지급 시기에 따라 자의적으로 적용될 수 있기 때문이다. 요양급여고시 제3장의 규정에 의거 급여비용이 감액된 경우에는 실제 감액된 금액을 장기요양급여비용으로 하여야 할 것이며, 공단의 요양급여비용 지급이후 부당청구 등으로 환수한 금액은 장기요양급여비용에서 제외할 수 없다고 할 것이다.

바 법적 쟁점

장기요양요원의 낮은 임금수준과 불안정한 고용형태를 어느정도 해소하여 장기요양급여의 품질을 높이기 위한 수단으로 2016년 5월 장기요양기관의 인건비지출비율 조항을 법에 신설하기에 이르렀다.

이러한 인건비 지출비율 규정이 과잉금지원칙 및 신뢰보호원칙을 위반하여 장기요양기관의 대표자들의 직업수행의 자유를 침해하는지 여부에 대하여, 헌법재판소는 "인건비조항은 최소한의 비율을 제시하고 있고 장기요양기관이 지급받은 장기요양급여비용의 사용 용도를 전부 제한하고 있지 않으므로 침해의 최소성이 인정된다. 장기요양요원의 근로조건을 보호함으로써 궁극적으로 장기요양급여의 질을 제고하여 노인장기요양보험법의 목적을 실현하고자 하는 공익은, 직업수행의 자유를 제약받는 불이익보다 결코 작다고 하기 어려우므로, 법익의 균형성도 인정된다. 장기요양기관의 설치·운영자들이 기존 법질서 하에서 누릴 수 있었던 이익은 국가가 관리·감독을 해야 함에도 초기 인프라 구축을 위해 한시적으로 그 관리·감독을 유예함으로써 누릴 수 있었던 반사적 이익에 지나지 않으므로 장기요양기관의 장이 누리고 있는 이익에 대한 신뢰는 지속적으로 보호되어야 할 신뢰라고 보기 어렵고, 이에 비하여 안정적인 양질의 장기요양급여 제공이라는 공익은 중대하다 할 것이다. 그렇다면, 심판대상조항은 헌법상 신뢰보호원칙에 반하여 청구인들의 직업수행의 자유를 침해하지 아니한다."고 판시하였다.[236]

또한 다른 사건에서 헌법재판소는 "① 과잉금지원칙 위반과 관련하여 장기요양급여비용 중 일정 비율을 지출하도록 함으로써 장기요양요원의 근로조건을 향상시켜 안정적으로 양질의 장기요양급여를 제공하기 위한 것이므로 입법목적의 정당성이 인정되고, 요양보호사에게 적어도 해당 비율에 따른 급여가 지급되도록 보장하는 효과가 있으므로 일정한 수준의 임금 보장을 통하여 요양보호사의 근로조건을 향상한다는 점에서 수단의 적합성도 인정되고, 이 사건 고시 조항의 인건비 비율은 장기요양기관경영실태조사 결과와, 법정 인력배치기준 등 법정 기준을 반영하여 급여 유형별로 수가 표준모형을 상정한 후, 종사자들의 인건비, 물가상승률 등을 반영하여 산출된 연간 장기요양급여비용 총액 중 연간 장기요양요원의 직접인건비 총액이 차지하는 비율을 인건비 지출비율로 정한 것이므로, 이 사건 고시 조항의 인건비 지출비율은 실태조사자료 및 법상 운영기준 등을 고려하여 합

---

236   헌법재판소 2017. 6. 29. 선고 2016헌마719 결정.

리적으로 산정된 것이며, 또한 고시조항으로 인하여 침해되는 사익이 공익보다 크다고 보기 어려우므로, 이 사건 고시조항은 법익의 균형성도 갖추었다. 따라서 이 사건 고시조항은 과잉금지원칙을 위반하여 청구인의 직업수행의 자유를 침해하지 아니한다"고 판시하였다. ② 또한 신뢰보호원칙 위반과 관련하여, "노인장기요양보험법 제정 당시 장기요양기관의 요양보호사 인건비 비율은 강제되지 않았으므로 요양보호사 인건비 비율을 자율적으로 운영할 수 있을 것이라는 기대가 있었다고 볼 수 있다. 반면, 요양보호사의 임금조건 개선을 통하여 양질의 인력을 확보함으로써 노인장기요양을 위한 제도 확립은 요양보호사의 근로조건뿐만 아니라, 고령화 사회에서 모든 세대의 안정적인 생활 유지를 위한 것으로 그 중요성이 매우 크다. 이 사건 고시조항으로 인한 사익의 침해보다 달성하고자 하는 공익적 목적이 중대하므로 이 사건 고시조항은 신뢰보호원칙을 위반하여 청구인의 직업수행의 자유를 침해한다고 볼 수 없다."고 판시하였다.[237]

사 검토

인건비 지출비율제도가 헌법재판소로부터 위헌이 아니라는 헌법재판소의 결정이 있었으나, 인건비 지출비율에 대한 국가의 통제장치는 일반 법률사회에서는 없는 장기요양기관에게만 유일하게 존재하는 제도이고 아래에서 보는 바와 같이 오히려 비합리적이고 인건비 지출내역 제출(요양급여고시 제11조의3) 등 행정절차만 복잡하다는 비판이 있다. 또한 같은 노인요양시설이라 하더라도 장기요양기관으로 지정되지 않는 노인요양시설은 인건비 지출비율제도를 적용받지 않아 형평성의 문제가 있다. 인건비 지출비율은 장기요양기관 소속의 장기요양요원의 인건비 총액을 기준으로 하기 때문에 대부분 가족단위로 장기요양기관을 운영하고 있는 현 실태로 볼 때 인건비 지출비율을 충족하기 위하여 가족으로 구성된 요양보호사 및 사회복지사 등 특정인에게 인건비를 대폭 지급하는 등 악용사례도 있

---

237   헌법재판소 2019. 11. 28. 선고 2017헌마791 전원재판부 결정.

다.[238] 위 지급기준은 장기요양기관에서 등외자(수급자가 아닌자)에게 투입한 인건비는 분모에 포함하면서 등외자로부터 지급받은 서비스 비용은 분자에서 제외하여 인건비 지출비율을 계산함으로써 등외자 비율이 높은 장기요양기관에게는 인건비 지출비율제도가 무의미하게 되는 문제점도 있다. 구체적인 기준과 관련해서는 외부강사(요양급여고시 제30조 제7항, 제62조 제1항 제4호)에 지급되는 인건비는 인건비 지출비율 자체에 포함되지 않고 있으며, 시장·군수가 재무·회계기준을 위반한 장기요양기관에 대해 시정명령, 업무정지 또는 시설폐쇄의 행정처분을 할 수 있으나(법 제36조의2 및 제37조 제3항 제6호), 이는 당해 회계연도가 종료되어 장기요양기관으로부터 결산서를 제출받은 이후에 인건비 지출위반 여부를 확인할 수 있어 그 실효성이 문제점으로 대두되기도 한다.

8 장기근속 장려금의 지급 의무

가 장기근속 장려금의 의의

장기근속 장려금이란 공단이 요양보호사 등 장기요양요원의 장기근속을 장려하기 위해 일정한 산정기준에 따라 지급하는 현금을 말한다. 장기요양기관의 장은 공단으로부터 지급받은 장기근속 장려금을 제1항의 각 호에 따른 종사자에게 지급하여야 한다(요양급여고시 제11조의4). 요양보호사 등 장기요양요원이 행하는 장기요양급여 즉, 케어 또는 돌봄 기술은 전문 기술적인 영역이며, 이러한 기술들은 고도로 숙달될수록 서비스의 품질이 높아진다. 요양보호사 등이 전문인력으로 자리 잡기 위하여는 아르바이트 수준의 파트타임 형태로는 양질의 장기요양급여 품질을 기대할 수 없다. 따라서 장기요양급여 업무에 오랜 기간동안 종사하는 것을 장려하기 위해서 장기근속 장려금제도가 도입되었다. 또한 고품질의 서비스 제공을 위하여 동일직종에서의 숙련도를 높이기 위한 노력이 요구되는 바 이러한 점을

---

238   경상남도(감사관), 『인건비 기준율 준수여부를 통한 장기요양요원 근로실태분석』, 2019.

고려하여 직종을 변경하지 않은 동일 직종에서의 근속기간이 장기근속 장려금 산정요건이 된다.

　　장기근속 장려금은 장기요양기관의 장기요양급여비용청구와 별개로(「장기요양급여비용 청구 및 심사·지급업무 처리기준(보건복지부 고시)」 제26조 제1항 참조) 국가의 장기요양보험 재정에서 일정한 요건에 해당되는 자에게 직접 인건비로 계산하여 지급하는 형태이다. 즉, 장기요양기관에서 장기요양급여를 제공한 비용을 공단에 청구하여 공단으로 지급받는 장기요양급여비용에서 지급되는 것이 아니라는 것이다. 장기요양기관이 수급자에게 장기요양급여를 제공한 경우 공단은 장기요양기관에 장기요양급여비용을 지급하는 구조로, 장기요양급여비용은 수급자의 장기요양등급별 1일당 정액, 제공시간당 정액 등으로 책정되어 있으며, 장기요양급여비용은 수급자(「의료급여법」 제3조 제1항 제1호에 따른 수급자 제외)와 공단이 각각 분담하는 구조이다(법 제38조, 제39조, 제40조). 노인장기요양보험제도는 공보험을 근간으로 운영되므로(법 제2장), 장기요양보험제도는 보험자인 공단(법 제7조 제2항)이 '노인성 질병 등의 사유로 일상생활을 혼자서 수행하기 어려운 상태'라는 보험사고에 대하여 보험급여를 지급하는 체계이며, 여기서의 '보험급여'라 함은 주로 장기요양기관으로 하여금 수급자에게 재가급여 및 시설급여라는 현물급여(장기요양급여의 일종)를 제공하게 하고 공단이 현물급여를 제공한 장기요양기관에게 장기요양급여비용을 지급하는 보험급여체계를 말하는 것이다(법 제2조 제2호·제4호. 제4장, 제5장, 제7장 등). 그러나 요양급여고시의 장기근속 장려금은 이러한 장기요양급여 및 장기요양급여비용 지불체계와 다른 형태의 지불제도이다. 공단이 장기요양기관에 지급할 장기요양급여비용에서 장기근속 장려금을 지급하는 형태가 아니므로 즉, 장기요양기관 대표자(사용자)의 재원영역에서 지급하는 것이 아님에도 불구하고 국가가 요양급여고시에서 직접 이를 규정하고 있다.

나 　장기근속 장려금 지급 산정에 관한 일반원칙

　　일정기간 동안 기관기호가 동일한 장기요양기관에서 하나의 직종으로 계속 근무하고 있는 소정 직종의 종사자에 대하여 장기근속 장려금을 산정할 수 있다. 〈표 10-3〉에 해당하는 직종의 종사자가 일정기간 동안 기관기호가 동일한 장기요양기관에서 하나의 직종으로 계속 근무하게 되면 장기근속 장려금(36개월 이상 6만원, 60개월 이상 8만원, 84개월 이상 10만원)을 산정할 수 있다(요양급여고시 제11조의4 제1항 등).

'일정기간'과 '계속 근무'라는 요건을 충족하여야 장기근속 장려금 대상이 된다. '일정기간 동안 하나의 직종으로 계속 근무' 요건에서 '일정기간'이란 아래 표의 '일정기간'란을, '계속 근무'라는 요건은 '퇴사, 휴직 등 없이 하나의 기관(기관기호가 동일한 장기요양기관)에서 장기근속 장려금 산정 시점까지 계속 근무하는 것'을 말하며, 예외사항 등은 아래 '다'에 규정되어 있다. '직종'이란 노인복지법 시행규칙 별표4의 직원의 배치기준 표 등으로 볼 때 요양보호사, 사회복지사, 간호(조무)사, 물리(작업)치료사 등을 각각의 개별 직종으로 보아야 할 것이다.

시간당, 일당 급여비용이 책정되는 구조와 종사자들의 임금 또한 시간당 책정되고 있는 현실을 고려하여 '일정기간 이상 계속 근무요건'에 월 120시간 이상 계속 근무 등 '월간 일정 시간 이상 계속 근무요건'을 충족하여야 장기근속 장려금 산정 대상으로 하고 있다. 종사자가 대표자가 다른 두 개 이상 장기요양기관에서 근무하고 있는 경우, 각각의 장기요양기관에서 근무한 기간 및 근무시간이 장려금 산정 기준에 충족하면 동일인에 대해 장기요양기관별로 장기근속 장려금 산정이 가능하다(요양급여고시 제11조의4 제6항).

〈표 10-3〉 기관유형별 장기근속 장려금 대상 및 요건

구분	대상 종사자	일정기간	산정달 요건
노인요양시설, 노인요양공동생활가정, 주야간보호, 단기보호	요양보호사, 사회복지사, 간호(조무)사, 물리(작업)치료사	월 120시간 이상 계속하여 근무한 기간이 36개월 이상	장기근속 장려금을 산정하는 달에 120시간 이상 근무
방문요양, 방문목욕, 방문간호	요양보호사, 간호(조무)사, 치과위생사	월 60시간 이상 계속하여 근무한 기간이 36개월 이상	장기근속 장려금을 산정하는 달에 60시간 이상 근무

방문요양, 방문목욕, 방문간호	요양급여고시 제57조에 따른 업무를 수행하는 가산 대상 종사자[사회복지사, 팀장급 요양보호사 및 간호(조무)사]	월 120시간 이상 계속하여 근무한 기간이 36개월 이상	장기근속 장려금을 산정하는 달에 120시간 이상 근무
노인요양시설, 노인요양공동생활가정, 주·야간보호, 단기보호	영양사, 조리원	월 120시간 이상 계속하여 근무한 기간이 36개월 이상	-

※ 영양사, 조리원: 전량 직접 조리하여 급식을 제공하는 노인요양시설, 노인요양공동생활가정, 주·야간보호, 단기보호 기관에 근무하는 경우 지급(요양급여고시 제11조의4 제1항 제4호).

다 동일 장기요양기관에서의 계속근무의 범위

요양급여고시 제11조의4 제1항의 "일정기간동안 기관기호가 동일한 장기요양기관에서 하나의 직종으로 계속 근무하여야 한다."라는 것은 퇴사, 휴직 등 없이 하나의 기관(기관기호가 동일한 장기요양기관)에서 장기근속 장려금 산정 시점까지 하나의 직종으로 계속 근무하는 것을 말한다(요양급여고시 제11조의4 제3항).

방문요양기관의 요양보호사를 상정하여 볼 때 당해 방문요양기관에서 월 60시간 이상 계속하여 근무한 기간이 36개월 이상을 근무하여야 하는데, 가령 28개월 동안 월 60시간 이상 계속 근무하여 오던 중 특정 1개월만 월 60시간 미만으로 근무하고 다시 계속하여 7개월동안 계속 월 60시간 이상 근무하더라도 '월 60시간 계속하여 근무' 조건에 해당되지 아니하여 장기근속 장려금 지급대상자에서 제외된다. 즉, 28개월동안 월 60시간 이상 계속 근무한 기간이 소멸되고 7개월 동안 계속 근무한 기간만 근속기간으로 인정되는 불합리가 발생한다.

따라서 입사와 퇴사의 반복, 방문요양 등 방문서비스에 종사하는 자의 불안정한 고용관계와 근무기간 등의 여건을 고려하여 아래 『(1) ~ (4)』에 해당되는 경우에는 동일한 장기요양기관에서 계속 근무한 것으로 근무기간의 연계를 인정해 주고 있다(요양급여고시 제11조의4 제3항). 역으로 아래(요양급여고시 제11조의4 제3항 제1호~제3호)의 규정이 없다면 위의 예에서 월 60시간 이상 계속 근무한 28개월은 계속 근무기간에서 사라지고 7개월만 계속 근무기간으로 인정되기 때문이다. 이러한 문제는 계속 근무기간 요건을 월 근무시간까지 반영한 제도에서 비롯되었다고 본다.

주의할 점은 요양급여고시 제11조의4 제3항 본문에서 "다음 각 호의 어느 하나에 해당하는 경우에는 기관기호가 동일한 장기요양기관에서 계속 근무한 것으로 본다."고 규정하여 각호에 해당하는 경우에는 계속근무로 인정하여 근무기간에 산입하겠다고 규정한 이후, 요양급여고시 제11조의4 제3항 제1호·제2호에서와 같이 "근무기간에 산입하지 아니한다."는 단서규정을 두어 계속 근무로 인정은 해 주지만 장려금 산정대상인 근무기간(요양급여고시 제11조의4 제2항의 '일정기간)에는 인정해 주지 않겠다는 지나치게 어렵고 난해한 규정을 두고 있다. 즉, '계속 근무'라는 요건과 '근무기간 산입'요건을 이원화하여 이해하여야 한다는 것이다.

결국 사안에 따라 근무기간으로 연계만 시켜 계속 근무로 인정하여 둔 뒤 장기근속장려금을 위한 근무기간으로는 산입해 주지 않을 수 있어(요양급여고시 제11조의4 제3항 제1호·제2호) 이들을 서로 구별해야 할 것이다.

(1) 3개월 이내 복직 또는 월 120시간 미만 근무한 달이 3개월 이내인 경우

종사자가 휴직 및 퇴사 후 3개월 이내 해당 기관으로 복직 또는 재취업하는 경우에는 기관기호가 동일한 장기요양기관에서 계속 근무한 것으로 본다. 다만 이 경우 휴직 및 퇴사 기간은 근무기간에 산입하지 아니한다(요양급여고시 제11조의4 제3항 제1호). 종사자가 월 120시간 미만 근무한 달이 3개월 이내에 해당하는 경우 방문요양, 방문목욕, 방문간호기관의 요양보호사, 간호(조무)사, 치과위생사의 경우에는 월 60시간 미만 근무한 달이 3개월 이내에 해당하는 경우에는 계속 근무한 것으로 본다. 다만 이 경우에는 근무기간에 산입하지 아니한다(요양급여고시 제11조의4 제3항 제2호).

이는 휴직 및 퇴사 후 3개월 이내 해당 기관으로 복직 또는 재취업하는 경우에는 동일한 장기요양기관에 계속 근무한 것으로 본다는 것이다. 그리고 동일한 장기요양기관에서 월 120시간 미만(방문요양기관의 요양보호사 등은 월 60시간 미만) 근무한 달이 있더라도 그 120시간 미만(방문요양기관의 요양보호사 등은 월 60시간 미만) 근무한 달이 총 3개월 이내인 경우에는 동일한 장기요양기관에 계속 근무한 것으로 본다는 것이다. 그리고 장기근속 장려금 산정 조건인 근무한 기간으로는 인정하지 않겠다는 것이다. 즉, 방문요양기관의 요양보호사가 24년 2월까지 월 60시간 이상 계속하여 34개월을 근무하여 오다가 24년 3월과 4월에는 월 54시간을 근무하였고 5월과 6월 및 7월에는 월 60시간 이상을 근무한 경우 월 60시간 미만 근무한 3월과 4월은 근로관계가 중단되지 않고 계속 근무한 것으로는 그 연계를 인정해 주지만(즉, 요양급여고시 제11조의4 제2호가 없었다면 3월과 4월은 계속근로 요건이 해당되지 않아 기 60시간 이상 근무한 34개월이 소멸하지만, 월 60시간 미만 근무한 달이 총 3개월 이내인 경우에 해당되어 근로관계가 중단되지 않고 계속 근무한 것으로 연계됨), 장기근속 장려금 산정의 요건인 근무기간(요양급여고시 제11조의4 제2항의 '일정기간. 즉, 36개월 이상이라는 기간)에는 이를 산입하지 않기 때문에 월 60시간 이상 근무한 5월과 6월을 기존 34개월과 합산하여 총 36개월 계속하여 근무한 것으로 된다는 것이다.[239] 여기서 '월 60시간 미만 근무한 달'이란 월간 근무시간이 전혀

---

[239] 요양급여고시 제11조의4 제2항 및 제3항 제2호의 해석과 관련하여 살펴보면 요양급여고시 해당 조항은 이래와 같이 규정되어 있다.
제11조의4(장기근속 장려금) ① 일정기간 동안 기관기호가 동일한 장기요양기관에서 하나의 직종으로 계속 근무하고 있는 각 호에 따른 직종의 종사자에 대하여 장기근속 장려금을 산정할 수 있다.
  1. 노인요양시설, 노인요양공동생활가정, 주 · 야간보호, 단기보호: 요양보호사, 사회복지사, 간호(조무)사, 물리(작업)치료사
  2. 방문요양, 방문목욕, 방문간호: 기관에서 직접 수급자 가정을 방문하여 서비스를 제공하는 요양보호사, 간호(조무)사, 치과위생사
  3. 방문요양, 방문목욕, 방문간호: 고시 제57조에 따른 업무를 수행하는 가산 대상 종사자[사회복지사, 팀장급 요양보호사 및 간호(조무)사]
  4. 노인요양시설, 노인요양공동생활가정, 주 · 야간보호, 단기보호: 전량 직접 조리하여 급식을 제공하는 기관에 근무하는 영양사, 조리원
② 제1항의 '일정기간'이라 함은 급여유형별 및 직종 별로 다음 각 호와 같다.
  1. 제1항제1호, 제3호 및 제4호에 해당하는 종사자: 월 120시간 이상 계속하여 근무한 기간이 36개월 이상
  2. 제1항제2호에 해당하는 종사자 : 월 60시간 이상 계속하여 근무한 기간이 36개월 이상
③ 제1항의 '기관기호가 동일한 장기요양기관에서 계속 근무한다' 함은 퇴사, 휴직 등 없이 하나의 기관(기관기호가 동일한 장기요양기관)에서 장기근속 장려금 산정 시점까지 계속 근무하는 것을 말하며, 다음 각 호의 어느 하나에 해당하는 경우에는 기관기호가 동일한 장기요양기관에서 계속 근무한 것으로 본다.
  1. 종사자가 휴직 및 퇴사 후 3개월 이내 해당기관으로 복직 또는 재취업하는 경우. 다만 이 경우 휴직 및 퇴사 기간은 근무기간에 산입하지 아니함
  2. 종사자가 직종의 변경없이 월 120시간 미만(제1항제2호에 해당하는 종사자는 월 60시간 미만)

없는 달도 해당되는지에 대하여는 논란이 있으나, 월간 근무시간이 전혀 없는 달은 해당되지 않는다고 본다.

(2) 가정방문형 장기요양기관 종사자의 근속기간 특례 적용

요양급여고시 제11조의4 제3항 제3호에서는 "제1호 및 제2호에도 불구하고 제1항 제2호에 해당하는 종사자의 근속기간을 산정할 때에는 최초 장기근속 장려금 산정 시점으로부터 최근 48개월의 기간 중에는 제1호 및 제2호의 3개월 이내를 12개월 이내로 적용한다."고 규정하고 있다. '최초 장기근속 장려금 산정 시점', '최근 48개월' 등 모호한 자구로 구성되어 있어 해석상 어려움이 있다. 예컨대 동일한 방문요양기관에서 직종변경 없이 그리고 근로관계 중단 없이 계속하여 근무하고 있는 요양보호사가 월 60시간 미만 근무한 달이 10개월, 월 60시간 이상 근무한 월이 32개월인 상태에서 계속하여 24년 3월에 60시간 이상 근무, 4월에는 월 60시간 미만 근무, 5월에는 월 60시간 이상 근무, 6월에는 월 60시간 이상 근무, 7월은 월 60시간 미만 근무, 8월은 월 60시간 이상 근무하였다면 24년 8월은 장기

근무한 달이 3개월 이내인 경우. 다만 이 경우에는 근무기간에 산입하지 아니함
3. ~ 8. (생략)
④ ~ ⑧ (생략)
이와 관련하여, 첫째, 제2항 각호의 『월 120시간(제1항 제2호에 해당하는 종사자: 월 60시간) 이상 계속하여 근무한 기간이 36개월 이상』에 대하여 살펴보면 '월 120시간(제1항 제2호에 해당하는 종사자: 월 60시간) 이상 계속하여 근무한 기간 이 36개월 이상'이라는 요건을 충족하기 위하여는 36개월 동안 중단없이 계속하여 월 120(60)시간을 근무하여야 장기근속 장려금 지급대상이 된다는 주장도 설득력이 있다고 본다. 왜냐하면 제3항 제2호의 규정은 제1항의 '기관기호가 동일한 장기요양기관에서 계속 근무한다'에 대한 해석규정이지 제1항의 '일정기간'에 대한 해석 규정인 제2항과는 관련이 없기 때문이다.
둘째, 요양급여고시 제11조의4 제3항 제2호의 "종사자가 직종의 변경없이 월 120시간 미만(제1항 제2호에 해당하는 종사자는 월 60시간 미만) 근무한 달이 3개월 이내인 경우. 다만 이 경우에는 근무기간에 산입하지 아니함"에 대하여 살펴보면 '종사자가 직종의 변경없이 월 120시간 미만(제1항 제2호에 해당하는 종사자는 월 60시간 미만) 근무한 달이 3개월 이내인 경우'라 하더라도 월 60시간 미만으로 계속 근무한 경우에는 동조 제3항의 '퇴사, 휴직 등 없이 하나의 기관(기관기호가 동일한 장기요양기관)에서 장기근속 장려금 산정 시점까지 계속 근무하는 것'에 당연히 포함되는 것으로 보이는데 이를 제3항 제2호에서 계속근무한 것으로 본다라고 규정한 것은 이해할 수 없다. 제3항 제2호 단서 규정인 '이 경우에는 근무기간에 산입하지 아니함'에서 '근무기간'을 어떻게 해석할지 모호하다. 저자의 해석과 같이 동 조 제2항 각호의 '월 120시간(제1항제2호에 해당하는 종사자: 월 60시간)이상 계속하여 근무한 기간'의 '근무한 기간'으로 볼 수 있는 근거 제시에는 한계가 있음을 밝혀둔다(동조 제3항 제4호의 '계속근무기간'도 마찬가지임).

근속 장려금을 산정할 수 있는 것으로 해석된다. 그리고 2024년 8월부터 2028년 7월까지는 이와 같은 산식을 적용할 수 있는 것으로 해석된다. 그러나 이와 같은 해석은 '최초 장기근속 장려금 산정 시점'란 자체가 성립될 수 없어 제도 자체의 시행에 문제가 있으며, 이외에도 다양한 다른 해석도 있을 수 있다고 본다. 공단 안내[240]에서는 최초 장기근속 장려금 산정 시점으로부터 역산하여 48개월 기간 중발생한 12개월의 휴직기간을 계속근무로 인정하는 것으로 풀이하고 있는데 이 경우 '최초 장기근속 장려금 산정 시점'은 최초를 장기근속 장려금 산정요건을 충족한 시점으로 해결되고 있다. 그런데 이때 '최근'이라는 자구는 기간을 역산하는 해석 도구로 활용되는 것 같으나 이에 대하여는 논란의 여지가 있다고 본다. 공단과 같이 해석하기 위해서는 '최초 장기근속 장려금 산정 시점 전 48개월 동안' 등으로 개정이 전제되어야 하기 때문이다.

(3) 육아휴직, 대표자가 동일한 기관 및 기관 급여유형 변경

장기근속 장려금 인정을 위해서는 기관기호가 동일한 장기요양기관에서 계속 근무해야 하는데, 육아휴직과 관련하여서는 「남녀고용평등과 일·가정 양립 지원에 관한 법률」 제19조 제1항의 육아휴직 후 해당 장기요양기관으로 복직하는 경우 3년의 범위 내에서 해당 기관에서 근무한 것으로 보며, 1년의 범위 내에서 계속 근무기간에 산입한다. 다만, 육아휴직 기간 동안에는 장기근속장려금을 지급하지 아니한다(요양급여고시 제11조의4 제3항 제4호). 육아휴직의 경우 3년의 범위 내에서 해당 기관에서 근무한 것으로 연계해 주되, 요양급여고시 제11조의4 제3항 제1~3호와 달리 1년의 범위 내에서 계속 근무기간(즉, 36개월 이상이라는 기간)에 산입된다.

한편 대표자는 동일하나 기관기호 또는 급여유형이 다른 장기요양기관에서 근무한 경우에는 한 개의 장기요양기관에 대해서만 장기근속 장려금을 산정할 수 있으며(요양급여고시 제11조의4 제3항 제5호), 해당 기간은 당연히 근무기간 연계와 동시에 계속 근무기간에 산입된다. 근무하고 있는 장기요양기관이 급여유형이 변경

---

240   국민건강보험공단, 장기요양 급여비용 청구 바로알기, 2021, 109쪽.

되어 장기요양기관기호가 변경된 경우에는 계속 근무기간이 그대로 반영할 수 있으며(요양급여고시 제11조의4 제3항 제6호), 해당 기간은 당연히 근무기간 연계와 동시에 계속 근무기간에 산입된다.

(4) 장기요양기관의 포괄적 양수 · 양도

근무하고 있는 장기요양기관이 중간에 합병 또는 포괄적 양수·양도 등으로 인해 장기요양기관기호가 변경되었다고 하더라도 직원에 대한 포괄적 고용승계가 이루어진 경우에는 기관기호가 동일한 장기요양기관에서 계속 근무한 것으로 본다(요양급여고시 제11조의4 제3항 제7호). 해당 기간은 당연히 근무기간 연계와 동시에 계속 근무기간에 산입되는 것이다.

일반적으로 사업의 양수·양도는 인적·물적 조직의 동일성을 유지하면서 일체로서 이전되는 것으로 정의된다.[241] 그런데 요양급여고시에서는 포괄적 양수·양도 즉, '포괄적'이라는 조건을 붙이고 있어 해석상의 논란이 있다. 즉, 『사업의 양수·양도』와 『사업의 포괄적 양수·양도』의 차이에 대한 문제이다. 사업의 일부분에 대한 선별적인 양도·양수의 경우에는 계속근로관계가 인정되지 않는다는 것인지 불명확하다. 이는 근로관계의 승계범위를 동일성을 유지하고 포괄적으로 승계된다고 인정되는 부분에 한정하고 조직의 일체성을 유지하지 못하는 한도 안에서는 해당 근로관계를 이전(승계)으로 보지 않겠다는 입법자의 의지로 보인다. 따라서 장기요양기관의 양도·양수시 근로자 승계에 대한 약정 등을 통해 근로관계 승계부분을 명확히 해 둘 필요가 있다.

(5) 그 밖의 공단 이사장이 정하는 경우(요양급여고시 제11조의4 제3항 제8호)

「산업재해보상보험법」에 따른 업무상 질병으로 근무하지 못한 경우에는 근무의 연계성을 인정하여 기관기호가 동일한 장기요양기관에서 계속 근무한 것으로 본다. 그러나 근무기간에는 산입하지 아니한다(공단 공고[242] 제4조의3 제1항 제1호).

---

241 대법원 2005. 6. 9. 선고 2002다70822 판결.
242 공단, 장기요양급여 제공기준 및 급여비용 산정방법 등에 관한 세부사항.

즉 해당기간은 근무기간으로 연계는 되지만 근무기간에는 산입하지 아니한다는 것이다.

「남녀 고용평등과 일·가정 양립 지원에 관한 법률」 제19조의2에 따른 육아기 근로시간 단축으로 인하여 월 120시간(요양급여고시 방문형장기요양기관 종사자는 월 60시간) 미만 근무한 경우에는 근무의 연계를 인정하여 기관기호가 동일한 장기요양기관에서 계속 근무한 것으로 본다. 그러나 근무기간에 산입하지 아니한다(공고 제4조의3 제1항 제2호). 이 또한 해당기간은 근무기간으로 연계는 되지 만 근무기간에 산입하지 아니한다는 것이다. 특이한 것은 요양급여고시 제11조의4 제3항 제1~3호에는 월간 120시간 또는 60시간 미만 근무한 기간이 3개월 또는 12개월 미만인 경우만 근무의 연계를 인정하여 계속근무한 것으로 보고 있으나, 이와 달리 공고 제4조의3 제1항에서는 3개월 또는 12개월 미만인 경우에 대한 제한이 없기 때문에 그 인정되는 근무연계기간에 대한 한계가 없다고 할 것이다.

「근로기준법」 제23조제1항에 따른 구제명령이 확정된 부당해고등 기간동안 근무하지 못한 경우에는 근무의 연계를 인정하여 기관기호가 동일한 장기요양기관에서 계속 근무한 것으로 본다. 그러나 이 경우에도 근무기간에 산입하지 아니한다(공고 제4조의3 제1항 제3호). 이와 같이 공고 제4조의3 제1항 제1호부터 제3호까지는 근무기간에 산입하지 아니하는 경우를 일일이 열거하고 있다.

라 요양보호사가 팀장급 요양보호사로 전환된 경우

가정방문형 장기요양기관에서 직접 수급자 가정을 방문하여 서비스를 제공하는 요양보호사 또는 간호(조무)사가 직종의 변경없이 같은 장기요양기관에서 요양급여고시 제57조에 따른 업무를 수행하는 가산 대상 종사자(팀장급 요양보호사 및 간호(조무)사) 업무를 수행한 기간은 1회에 한해 가산 대상 종사자(팀장급 요양보호사 및 간호(조무)사)로 계속 근무한 것으로 본다(요양급여고시 제11조의4 제4항 본문). 즉 요양보호사에서 팀장급 요양보호사로 변경되었다 하더라도 직종에 변경이 있었다면 단지 요양보호사로서 인정되고 있다. 그러나 요양급여고시 제11조의4 제2

항 제3호에서 요양보호사 또는 간호(조무)사와 팀장급 요양보호사 및 간호(조무)사는 업무가 다르기 때문에 비록 직종의 변경이 없더라도 숙련도 등의 제고 차원에서 장기근속 장려금 산정의 기준을 달리 하려는 입법정책으로 보인다. 방문요양급여를 제공하는 요양보호사가 동일한 기관에서 업무를 변경하여 팀장급 요양보호사의 업무를 수행하는 경우, 1회에 한하여 팀장급 요양보호사로 계속 근무한 것으로 본다는 것은 요양보호사가 팀장급요양보호사로 된 경우 장기근속 장려금 손실에 따른 임금 저하를 방지하려는 차원이다. 한편 요양급여고시 제11조의4 제3항 제2호 등과 같이 단서규정에서 "다만 이 경우에는 근무기간에 산입하지 아니함"이라는 내용이 없기 때문에 1회에 한하여 일반 요양보호사로 근무한 기간까지를 팀장급 요양보호사로 근무한 기간으로 보아야 한다.

<표 10-4> 팀장급 요양보호사 장기근속수당 산정 관계

최초 입사기준		변경			장기근속장려금 계속근무기간
① 요양보호사 (36개월 근무)	⇒	② 팀장급 요양보호사			① + ② ~ (최초 1회 한해 근무기간 연계)
① 팀장급 요양보호사 (37개월 근무)	⇒	② 방문요양 급여 제공자			② ~
① 요양보호사 (36개월 근무)	⇒	② 팀장급 요양보호사 (3개월)	⇒	③ 방문요양 급여 제공자	① + ③ ~ (②근무기간 제외)
① 요양보호사 (36개월 근무)	⇒	② 팀장급 요양보호사 (4개월)	⇒	③ 방문요양 급여 제공자	③ ~

팀장급 요양보호사 및 간호(조무)사가 3개월 이내에 당초의 요양보호사 또는 간호(조무)사로 재변경하여 업무를 수행하는 경우 요양보호사 또는 간호(조무)사로 계속 근무한 것으로 보며, 가산 대상 종사자(팀장급 요양보호사 및 간호(조무)사)로 업무를 수행한 기간은 계속근무기간에서 제외한다(요양급여고시 제11조의4 제4항 단서). 따라서 요양보호사에서 팀장급 요양보호사로 변경의 경우와 달리 팀장급 요양보호사가 일반 요양보호사로 다시 변경된 경우에는 팀장급 요양보호사로 근무

한 기간은 근무기간만 연계되고 계속 근무기간(요양급여고시 제11조의4 제2항의 '일정기간') 산정에는 포함되지 않는다. 기타 자세한 사항은 위 〈표 10-4〉[243]를 참고하기 바란다.

마 타직종으로의 변경 등

같은 장기요양기관에서 타직종으로 변경하여 근무하다가 본래의 직종으로 다시 근무하게 된 경우 장기근속 장려금 산정이 문제된다. 즉, 같은 노인요양시설에서 요양보호사로 근무를 하다가 사무원으로 직종을 변경하여 근무하던 중 요양보호사로 다시 직종을 변경한 경우 요양급여고시 제11조의4 제3항 제1호를 적용할 수 있는지가 불분명하다. 동일 장기요양기관내의 사무원으로의 직종 변경을 요양급여고시 제11조의4 제3항 제1호의 "종사자가 휴직 및 퇴사 후 3개월 이내 해당기관으로 복직 또는 재취업하는 경우"의 '휴직 및 퇴사'로 보아 사무원으로 근무한 지 3개월 이내에 요양보호사로 변경하여 근무하게 되면 계속근무로 연계하여 줄 수 있는지에 대하여는 요양급여고시상의 근거는 없으나 공단은 이를 계속근무로 연계해 주는 것으로 행정해석을 하고 있다(공단, '22년 시행 고시개정관련 주요 개정사항 및 개정내용 관련 Q&A 참조).

바 장기근속 장려금 지급액

(1) 계속 근무기간별 차등 금액

〈표 10-3〉을 충족하는 자에게 계속근무기간에 따라 종사자 1인당 다음과 같이 산정한다(요양급여고시 제11조의4 제5항). 장기근속 장려금을 산정하는 달에 〈표 10-3〉상의 산정달 요건을 충족하여야 산정대상이 된다(요양급여고시 제11조의4 제5항).

---

243   공단, 22년 시행 고시개정관련 주요 개정사항 및 개정내용 관련 Q&A, 7쪽.

계속근무기간	36개월 이상 60개월 미만	60개월 이상 84개월 미만	84개월 이상
금액(원/월)	60,000	80,000	100,000

※ 위 금액에는 사회보험기관부담금 및 퇴직적립금이 포함되어 있음

(2) 사회보험료와 퇴직적립금과의 관계

요양급여고시 제11조의4 제5항 하단 ※(별표)에서 "위 금액에는 사회보험기관 부담금 및 퇴직적립금이 포함되어 있음"이라고 규정하고 있다. 이는 장기근속 장려금에는 사용자가 부담하는 건강보험료 등 사회보험료와 근로기준법에서 의무적으로 적립하여야 할 퇴직적립금이 포함되어 있다는 의미이다. 사용자의 재정이 아닌 장기요양보험 재정에서 장기요양기관의 대표자를 통하여 근로자에게 지급되는 장기근속 장려금이 근로기준법상의 임금인지, 건강보험료 등의 산정에 포함되는 금품인지가 불명확함을 고려하여 장기근속장려금은 사회보험료 산정의 대상이며 임금에 포함된다는 것을 간접적으로 표시한 것으로 이해된다. 그리고 사용자에게 사회보험료 부담 등의 불이익을 주지 않기 위한 차원에서 사용자는 근로자에게 장기근속 장려금을 지급할 때 사용자부담 사회보험료와 장기근속 장려금으로 늘어나는 퇴직적립금 해당액을 공제할 수 있도록 한 것으로 보인다. 근로자에게 지급되는 장기근속 장려금에 대하여 사회보험 기관부담금이 포함되어 있다는 규정은 장기근속 장려금이 근로의 대가로 사용자로부터 지급받는 임금(보수)이라는 것으로 해석된다(「국민건강보험법」 제3조 제1호, 제70조 제3항 참조). 그러나 근로자에게 지급되는 장기근속 장려금에 대하여 퇴직적립금이 포함되어 있다는 규정과 관련 사용자가 장기근속 장려금에서 퇴직적립금을 공제하여 지급할 경우 이는 임금 전액불 지급(근로기준법 제43조) 위반에 해당되기 때문에 요양급여고시 제11조의4 제5항 (별표)에서의 장기근속 장려금은 임금(보수)으로 볼 수 없다 할 것이다. 따라서 장기근속 장려금에 대하여 사회보험기관부담금 공제와 관련하여서는 임금(보수)에 해당되고 퇴직적립금 공제와 관련하여서는 임금(보수)에 해당되지 않는 문제가 있다. 이와 관련하여서는 아래 '아', 'part 3. 3. 바.', 'part 10. 12. 마.'를 참조하기 바란다.

사   근무시간 산정의 구체적인 방법

방문요양은 최소제공시간 이상(요양급여고시 제18조), 방문간호는 일정시간 '이상·미만'으로(제28조 제1항), 방문목욕은 1회 방문당(제25조) 등으로 책정되어 있으므로 장기근속 장려금 산정관련 구체적인 근무시간을 획정하기 어렵다. 따라서 방문요양의 요양보호사, 방문간호의 간호사 등의 근무시간 산정은 요양급여고시 제18조, 제28조제1항 및 제36조의3 제2항에 해당하는 각 급여비용의 최저시간을 적용한다. 그리고 방문목욕의 요양보호사 근무시간 산정은 급여제공시간이 40분 이상 60분 미만은 40분을, 60분 이상은 60분을 적용한다(요양급여고시 제11조의4 제7항, 공고 제4조의3 제2항).

아   장기근속 장려금의 종사자에게 직접 지급의무와 법적 성격

장기요양기관의 장은 공단으로부터 지급받은 장기근속 장려금을 해당 종사자에게 지급하여야 한다(요양급여고시 제11조의4 제8항). 이는 장기근속 장려금이 장기요양기관의 대표자가 처분가능한 장기요양급여비용 수입에서 지급되지 않고 국가가 장기요양재정에서 직접 지급하는 형태이므로, 근로자의 임금체계 중의 하나인 장기근속 장려금을 사업장의 취업규칙이 아닌 요양급여고시에서 직접 이를 규정하여 장기요양기관의 장으로 하여금 종사자에게 직접 지급하여야 하는 의무를 부과하고 있다. 이 경우 사용자인 대표자는 단순히 국가를 대리하여 전달하는 전달자의 지위에 있는 것인지, 장기근속 장려금이라는 임금의 채권 채무관계에 있어 채무자의 지위에 있는지가 불분명하다.

또한 요양급여고시에 근거하여 지급되는 장기근속 장려금이 사용자로부터 지급되는 금품인지 여부도 논란이 될 수 있다. 건강보험료 산정단위인 보수 관련, 이것이 사용자로부터 지급받는 금품(「국민건강보험법」 제70조 제3항)에 포함되는지 불명확하며, 다만 「근로기준법」상의 임금 등에 대한 논란 등을 입법자 스스로 고려하여 요양급여고시 제11조의4제5항 (별표)에서 장기근속 장려금은 건강보험료 산정에 있어 사용자 부담 보험료가 포함되어 있다는 것으로 의도적으로 규정한 것으로 보인다. 요양급여고시 제11조의4 제5항 (별표)에서 "위 금액은 사회보험 기관부담금 및 퇴직적립금이 포함되어 있음"이라고 규정한 것은 상위 법령에 위임 근거가 없다는 논란이 있을 수 있어, 사회보험 및 퇴직적립금에 대한 문제는 국민건강보험법이나 근로기준법 체계에서 규정되거나 해석되어져야 할 영역이라 생각된다.

비록 요양급여고시에서 장기요양급여비용 장기근속 장려금이라는 항목을 별도로 두어 장기근속 장려금을 장기요양기관에게 지급(전달)하면서 이를 사용자가 근로자에게 지급하도록 의무를 부과한 장기근속 장려금이 근로기준법상의 임금인지에 대하여는 여전히 의문점이 있다. 또한 장기근속장려금 청구상 사용자의 과실이 발생하여 장기근속 장려금을 근로자가 지급 받지 못하였을 때 근로자는 사용자에게 이를 청구할 수 있는지도 문제가 되고 있다. 나아가 장기근속 장려금 청구에 있어 장기요양기관의 부정한 방법으로 근로자가 장기근속 장려금을 지급받았을 때 이를 장기요양기관에 환수할 수 있을지 등 다양한 쟁점이 등장할 수 있다.

자 │ 대표자의 요양보호사 겸직과 장기근속 장려금 문제

장기요양기관 대표자가 요양보호사를 겸직할 경우 장기근속수당 지급대상 여부에 대한 문제가 발생한다. 공단은 대표자는 근로기준법상 근로자로 볼 수 없기 때문에 요양보호사를 겸직하더라도 이를 지급할 수 없다고 안내하고 있으나,[244] 요양급여고시 제11조의4의 장기근속 장려금 지급대상자에는 요양보호사 등으로 규정되어 있으며 근로자에 대한 지급이라는 요건은 규정되지 않았기 때문이다. 즉, 요양급여고시에서는 요양보호사로서 소정의 계속근무 요건만을 요구하고 있기 때문에 고시에 내용을 명확히 할 필요가 있다.

244　국민건강보험공단, 장기요양급여비용청구 바로알기, 2021. 12., 116쪽.

이는 장기근속 장려금과 같이 요양보호사에 대한 교육 장려와 서비스 제공 능력 향상 등의 차원에서 국가에서 장기요양보험 재정을 재원으로 보수교육비용과 수당을 지급하는 제도이다(요양급여고시 제11조의5, 제11조의7). 그러나 국가나 공단에서 직접 지급하지 않고 장기요양기관을 통하여 지급하는 구조의 특성상 요양보호사 교육비와 선임요양보호사 수당을 둘러싼 제세공과금 공제 여부, 임금에 포함되는지 여부 및 부당한 지급관련 책임주체 등 법적 쟁점들의 발생이 예상된다.

가 요양보호사 교육비용(요양급여고시 제11조의5)

(1) 지급대상 요양보호사의 범위

장기요양기관에서 방문요양 또는 방문목욕 급여를 제공하고 있는 요양보호사가 보수교육 실시기관에서 대면 교육의 방법으로 시행령 제11조의2에 따른 보수교육을 이수한 경우에는 교육이수일이 속하는 연도의 1월 1일부터 2년 동안 1회 95,000원을 산정할 수 있다(요양급여고시 제11조의5 제1항). 즉, 요양보호사 교육비용 지급대상은 장기요양기관에서 방문요양 또는 방문목욕 급여를 제공하고 있는 요양보호사이다. 직접 요양보호사로 활동하지 않는 요양보호사와 주·야간, 단기보호 및 입소형 시설급여기관에 근무하고 있는 요양보호사 그리고 팀장급 요양보호사는 대상이 아니다. 방문서비스를 제공하고 있는 요양보호사의 경우 교육으로 인한 근로제공의 손실과 자비교육의 부담 등을 보전하기 위한 정책적 배려로 보인다. 요양보호사 보수교육 대상자(시행령 제11조의2 제2항 제1호) 중 보수교육을 이수한 자 모두에게 교육비용을 지급하는 것이 아니라는 점에 유의하여야 한다.

장기요양기관에서 방문요양 또는 방문목욕 급여를 제공하고 있는 요양보호사라 하더라도 요양보호사 배치가산 대상인 팀장급 요양보호사로 근무하는 자는 보수교육 이수에 따른 비용을 지급받을 수 없다. 왜냐하면 요양급여고시 제11조의5 제2항에서 "교육이수월에 요양급여고시 제51조에 따라 근무인원수로 산정되는 요양보호사는 제1항에 따른 금액을 산정하지 아니한다."고 규정하고 있는 바, 여기서 '고시 제51조에 따라 근무인원수로 산정되는 요양보호사'는 요양급여고시 제57조의 방문요양의 팀장급 요양보호사 배치가산을 받는 팀장급 요양보호사, 인력배치 관련 가·감산을 적용받는 노인요양시설, 노인요양공동생활가정, 주·야간 보호기관 및 단기보호기관에서 퇴직하고 퇴직 당월 방문요양기관 또는 방문목욕기관에서 보수교육을 이수한 요양보호사를 말한다.

(2) 지급대상 교육

요양보호사가 보수교육 실시기관에서 대면 교육의 방법으로 시행령 제11조의2에 따른 보수교육을 이수한 경우에 지급된다(요양급여고시 제11조의5 제1항). 요양보호사가 보수교육 실시기관에서 실시한 교육이라고 하더라도 인터넷 등을 통한 비대면 교육은 지급대상이 아니다. 보수교육 실시기관이란 공단과 계약 또는 지정 등의 방법으로 교육기관으로 인정된 한국보건복지인재원, 장기요양요원지원센터, 요양보호사교육기관 등을 말한다(시행규칙 제11조의4 제1항).

(3) 교육비용 지급 범위

교육이수일이 속하는 연도의 1월 1일부터 2년 동안 1회 95,000원을 산정할 수 있다(요양급여고시 제11조의5 제1항). 즉, 2년의 기간동안 1회 95,000원을지급받을 수 있다. 2년간 1회 그리고 연도별 개념이므로 2024년에 보수교육 이수 비용을 지급받았다면, 2025년에는 지급받을 수 없고 2026년 이후 보수교육을 이수한 경우에 지급받을 수 있다.

(4) 교육비용 신청 및 지급절차

요양보호사는 보수교육을 이수한 날에 근무 중인 장기요양기관에 이수증을 제시하고, 장기요양기관은 요양보호사를 대신하여 교육비용을 공단에 청구할 수 있다. 이 경우 장기요양기관의 장은 공단으로부터 지급받은 금액을 해당 요양보호사에게 지급하여야 한다(요양급여고시 제11조의5 제3항). 요양보호사가 소속 장기요양기관에 교육이수증을 제시하면 장기요양기관이 공단에 대신 청구하는 구조이다.

교육비용을 공단으로부터 지급받는 장기요양기관은 이를 요양보호사에게 전달하여야 한다. 교육비용은 대표자인 사용자의 재원과 계산으로 지급되지 않고 장기요양보험재정에서 공단으로부터 지급받는 것이므로 보수교육 이수자의 자비 부담금액과 국가의 지원금액과의 차액을 기준으로 장기근속 장려금과 같이 사회보험료나 근로기준법상의 임금에 포함되는 금품인지 등을 판단하여야 할 것으로 보인다.

나   선임요양보호사 수당(요양급여고시 제11조의6, 11조의7)

(1) 선임 요양보호사의 요건

입소자 50명 이상인 노인요양시설은 요양보호사로서 시설급여기관에서 근무한 기간이 60개월(월 120시간 이상) 이상이고, 공단 주관의 승급교육을 이수한 자를 해당 장기요양기관의 선임 요양보호사로 지정할 수 있다(요양급여고시 제11조의6 제1항). 선임요양보호사제도는 노인요양시설에서만 존재하는 제도로, 시설급여기관인 노인요양시설 또는 공동생활가정에서 월 120시간 이상 60개월 이상을 근무한 요양보호사로 공단에서 주관하는 승급교육을 이수한 자이어야 한다. 같은 시설급여기관이 아니라도 시설급여기관에서 근무한 기간의 합계가 60개월(월 120시간 이상) 이상인 자가 승급교육을 이수하면 선임 요양보호사의 지정 요건이 될 수 있다.

(2) 선임 요양보호사의 지정 및 산정 단위와 인원 수

선임요양보호사를 누가 지정하는지에 대하여는 명시적인 규정이 없으나 요양급여고시 제11조의6 제1항과 요양급여고시 11조의7 제3항의 규정을 유추하여 볼 때 해당 장기요양기관에서 지정할 수 있는 것으로 보인다.

노인 요양시설의 입소자 수가 50명 이상 75명 미만은 2명, 75명 이상은 입소자 25명마다 1명씩 지정할 수 있다(요양급여고시 11조의7 제3항). 선임요양보호사의 수당은 월 단위로 인정금액이 산정되며(요양급여고시 11조의7 제1항) 선임요양보호사의 수를 지정하는 기준은 입소자 수 75명, 100명 등이 기준이 되는 특성상 수급자 75명 또는 100명을 월 평균한 숫자이지 월말 기준인지가 애매하며 특정 월에는 수급자 수가 74명, 그다음 월에는 75명일 경우 선임요양보호사로 지정되는 인력이 수시로 변동되어 운영상 어려움이 예상된다.

(3) 선임 요양보호사의 업무

선임요양보호사는 신체활동지원 및 일상생활지원 등을 제공하면서 요양보호사 등에게 장기요양급여의 제공기술 지도, 장기요양급여 제공기록지 등 각종 기록의 확인 및 점검, 종사자 간 갈등 중재 및 고충 상담 등을 수행할 수 있다(요양급여고시 11조의6 제2항). 요양보호사의 본연의 업무가 아닌 요양보호사 등에게 장기요양급여 제공기술 지도 등의 업무만을 수행하는 것이 아니라 본연의 업무인 신체활동지원 및 일상생활지원 등의 제공과 병행하여 하면서 장기요양급여 제공기술 지도 등의 업무를 수행하여야 한다.

(4) 선임 요양보호사 수당 산정 방법

선임요양보호사의 수당은 월 단위로 산정된다. 선임요양보호사가 ① 요양급여고시 제49조에 따른 월 기준근무시간(요양급여고시 제67조제2항에 따른 퇴사특례 적용기간, 「근로기준법」 제74조에 따른 출산 전후휴가 기간 및 30일을 초과하여 사용한 유산·사산휴가 기간은 근무시간에서 제외) 이상 선임요양보호사의 업무를 수행하고, ② 요양급여고시 제11조의6 제3항에 따라 업무수행일지를 작성·보관한 경우에 선임요양보호사 1명당 월 150,000원을 산정한다. 다만, 대표자인 요양보호사는 제외한다(요양급여고시 제11조의7 제1항·제2항).

(5) 수당의 지급 방법과 수당의 법적 성격

장기요양기관이 선임요양보호사 수당을 청구하여 공단으로부터 지급받은 선임요양보호사 수당을 해당 선임 요양보호사에게 지급하여야 한다(요양급여고시 제11조의7 제4항). 선임요양보호사 수당은 비록 '수당'이라는 명칭을 사용하고 있지만 장기요양기관의 재원에서 사용자의 계산으로 지급되는 것이 아닌, 국가의 장기요양재정에서 지급되는 것이므로 「근로기준법」 제2조 제1항 제5호의 "임금"의 정의인 『사용자가 근로의 대가로 근로자에게 임금, 봉급, 그 밖에 어떠한 명칭으로든지 지급하는 모든 금품』에 해당되는지에 대하여는 논란이 있다.

(6) 선임 요양보호사 수당과 부당이득의 법리

선임요양보호사가 요양급여고시 제11조의7을 충족하여 수당 지급 후, 제2항의 근무시간 위반 등이 발생한 경우, 선임요양보호사 수당 지급 후 업무수행일지 작성의무(요양급여고시 11조의7 제1항 제2호)를 이행하지 않은 것이 확인된 경우 이러한 행위가 부당이득대상이 될 수 있는지의 여부와 그 납부의무자를 누구로 할 것인지에 대한 문제이다.

이 법 제43조 소정의 부당이득의 법리도 「민법」상의 부당이득 법리와 그 궤를 같이 하고 있다. 「민법」상 부당이득의 성립요건으로는 법적으로 원인이 없어야 하며, 타인의 재산이나 노무로 이익을 얻고, 손해가 발생하여야 하며 이들 사이에 인과관계가 존재해야 한다. 그러나 실제 선임 요양보호사가 입소자 50인 이상인 노인요양시설에서 요양급여고시 제49조에 따른 월 기준근무시간 이상 근무하면서 요양급여고시 제11조의6 제2항 각 호의 업무를 수행한 객관적인 사실이 입증되었으나 단지 업무수행일지를 작성·보관하지 않았다는 사유로 공단이 기 지급된 선임요양보호사 수당을 부당이득으로 환수할 수 있는지도 문제이다. 구체적으로는 당해 장기요양기관이 업무일지 미작성으로 얻은 실질적인 이익이나 소극적인 재산의 증가 등도 존재하지도 않고 상대방인 수급자에게 발생된 손해가 없다 할 것이므로 이를 부당이득으로까지 볼 수 있는지가 쟁점이 된다.

가 장기요양기관 재무회계규칙의 의의

장기요양기관의 재무·회계의 명확성·공정성·투명성을 도모하기 위하여 별도의 재무회계규칙 제도를 두었다. 재무회계규칙은 당해 사업에서 발생되는 소득이 소득세법 및 법인세법상의 과세대상이 되는 '소득'에 포함되는지 여부, 영리 및 비영리사업, 정부보조금과 위탁비, 바우처 등의 제도와도 밀접하게 관련된다. 일반적으로 국가에서 재무회계규칙을 통하여 재정관리를 엄격히 통제하는 원천은 국가 및 지방자치단체의 보조금, 위탁비, 바우처 등의 공적 비용과 공동모금 또는 기부금 등으로 운영되는 기관에 적용되고 있다.

장기요양기관의 재무회계규칙과 유사한 제도에는 사회복지법인 및 사회복지시설 재무회계규칙(「사회복지사업법」 제34조 제4항), 어린이집 운영기준(「영유아보육법 시행규칙」 별표8[245]), 100병상 이상 병원급 의료기관에 적용되는 의료기관회계기준규칙(「의료법」 제62조) 등이 있다.

장기요양보험사업은 「소득세법」상의 사업소득에서 제외되며(「소득세법」 제19조 제1항 제16호, 같은법 시행령 제36조), 「법인세법」상의 과세소득의 범위(수익사업의 범위)에서 제외된다(「법인세법」 제4조 제3항 제1호 및 같은법 시행령 제3조 제1항 제3호 마목). 장기요양기관의 개설 자격은 주식회사 등 영리법인, 개인 등이 제한 없이 개설하여 지정받을 수 있다. 따라서 보조금이나 바우처로 운영되는 사회복지시설이나 어린이집과는 그 성격이 다르며, 설립에 있어 제한이 없다는 점에서 의료기관과 다른 성격을 갖고 있다.

장기요양기관의 재무회계규칙은 사회복지법인 및 사회복지시설재무회계규칙과 유사하며, 의료기관회계기준규칙은 기본적으로 기업회계기준과 유사한 형태이다. 특히, 「사회복지법인 및 사회복지시설재무회계규칙」은 장기요양제도 도입 이

---

[245] 어린이집 운영기준에 관하여 정한 사항 이외에는 「사회복지법인 및 사회복지시설재무회계규칙」을 적용하도록 규정되어 있다.

전에 국가나 지방자치단체의 보조금을 지원받는 「노인복지법」에 의하여 설립된 노인요양시설 등이 적용대상이었다는 것을 고려할 때, 보조금을 지급받지 않고 건강보험 요양기관인 의료기관과 같은 운영형태인 장기요양기관에게도 의료기관에 적용되고 있는 의료기관회계기준규칙(「의료법」 제62조) 형태로 전환이 적극 검토되어야 운영의 효율성을 도모할 수 있을 것이다.

나 설립 형태별 적용기준

2018년 12월 11일 법률 제15881호로 법 제32조가 삭제된 2019년까지 장기요양기관의 설립과 지정절차가 이원화되어 있었다. 「노인복지법」에 따라 노인의료복지시설(노인요양시설, 노인요양공동생활가정) 또는 재가노인복지시설을 설립하여 시·군·구청장으로부터 장기요양기관으로 지정받아 장기요양사업을 운영하는 기관과, 법 제32조에 의하여 재가장기요양기관 설치신고(방문요양, 방문목욕, 방문간호, 주·야간보호, 단기보호 및 복지용구 서비스 제공)를 하여 별도 지정절차 없이 지정이 의제된 재가장기요양기관으로 구분되었다.

「노인복지법」에 의하여 설립되어 「노인장기요양보험법」에 의하여 지정된 시설 및 재가기관은 「사회복지사업법」의 적용을 받아 장기요양사업 시행 당시부터 「사회복지사업법」상의 「사회복지법인 및 사회복지시설 재무·회계규칙」을 적용받았으나, 「노인장기요양보험법」에 의하여 설립되고 지정의제된 재가장기요양기관은 「사회복지사업법」 적용대상이 아니기 때문에 적용할 재무·회계기준이 존재하지 않았다. 따라서 법[246]에 제35조의2를 신설하여 법에 의하여 설립되고 지정 의제된 재가장기요양기관도 재무·회계규정을 적용받도록 하였다.

또한 2018년 12월 11일 법률 제15881호에서 삭제된 재가장기요양기관에 관한 조항과 관련, 법 제32조의 규정에 의하여 방문요양, 방문목욕, 방문간호, 주·야간보호, 단기보호 및 복지용구 서비스를 제공하기 위하여 설립된 재가장기요양기관은 「노인장기요양보험법」 제35조의2에 규정된 「장기요양기관 재무·회계규정」을

---

246 법률 제14215호(2016. 5. 29., 일부개정, 시행 2017. 5. 30.) 참조.

적용받아야 하며, 「노인복지법」에 의하여 설립되어 「노인장기요양보험법」에 의하여 지정된 시설 및 재가기관은 사회복지사업법상의 「사회복지법인 및 사회복지시설 재무·회계규칙」을 적용받는다(법 제35조의2).

결국 2018년 12월 11일 법률 제15881호로 「노인장기요양보험법」 제32조가 삭제된 2019년 12월 11일 이후에는 모든 기관이 「노인복지법」에 의하여 설립되어 「장기요양보험법」에 의하여 장기요양기관으로 지정받는 것으로 일원화되었으므로 그 이후에 설립되어 지정된 장기요양기관은 모두 「사회복지사업법」상의 「사회복지법인 및 사회복지시설 재무·회계규칙」을 적용받는다. 그러나 2019년 12월 11일 이전에 설립된 장기요양기관의 경우 「노인장기요양보험법」 제32조의 규정에 의하여 설립된 재가장기요양기관은 「노인장기요양보험법」 제35조의2에 규정된 「장기요양기관 재무·회계규정」을, 「노인복지법」에 의하여 설립되어 「노인장기요양보험법」에 의하여 지정된 시설 및 재가기관은 사회복지사업법상의 「사회복지법인 및 사회복지시설 재무·회계규칙」을 각각 적용받게 되는 이원화된 구조이다.

다 │ 주요 내용

(1) 장기요양기관 재무·회계규칙

장기요양기관의 장은 예산을 편성하여 매 회계연도 개시 5일 전까지 관할 특별자치시장·특별자치도지사·시장·군수·구청장에게 정보시스템을 활용하여 제출하여야 하며, 장기요양기관의 세출예산은 장기요양급여비용 중 그 일부를 보건복지부장관이 정하여 고시하는 비율에 따라 인건비로 편성해야 한다. 인건비는 장기요양기관에 근무하는 자에 대하여 지급하는 것이므로 대표자 등 근무하지 않는 사람에게는 인건비를 지급할 수 없다. 장기요양기관의 장은 결산보고서를 작성하여 다음 연도 3월 31일까지 관할 특별자치시장·특별자치도지사·시장·군수·구청장에게 정보시스템을 활용하여 제출하여야 한다. 장기요양기관의 회계연도는 매년 1월 1일부터 12월 31일까지로 한다.

(2) 사회복지법인 및 사회복지시설 재무 · 회계규칙

기본적으로 장기요양기관 재무회계규칙과 유사하다. 다만, 예산 및 결관관련 법인의 대표이사 및 시설의 장은 각각 법인 이사회의 의결 및 「사회복지사업법」 제36조에 따른 운영위원회에의 보고를 거쳐 확정하는 절차와 사회복지 법인이 장기요양기관을 운영할 경우 감사제도, 시장·군수·구청장의 회계감사제도 등이 추가된 정도이다.

라 　위반의 효과

위반 정도에 따라서 관할 시·군·구가 시정명령을 하게 되며(법 제36조의2 제2호), 시정명령을 이행하지 아니하거나 회계에 부정행위가 있는 경우에는 장기요양기관의 지정을 취소하거나 6개월의 범위에서 업무정지를 명할 수 있다(법 제37조 제1항).

마 　주요 쟁점

(1) 모든 장기요양기관에게 재무 · 회계규칙을 강제적용하는 문제

이와 관련하여서는 설립주체가 영리인가 비영리인가에 따라 법 적용을 달리하는 것이 필요하며, 순수하게 민간자본으로 개설·운영되고 있는 장기요양기관에 대해 국가나 지방자치단체로부터 보조금을 받아 설립·운영되고 있는 장기요양기관과는 다른 기준이 적용되어야 한다는 논의가 대두되고 있다.

즉, 장기요양기관의 장이 보건복지부령으로 정하는 재무·회계기준에 따라 장기요양기관을 운영하도록 규정하고, 장기요양기관이 지급받은 장기요양급여비용 중 보건복지부장관이 정하여 고시하는 비율을 장기요양요원에 대한 인건비로 지출하도록 규정한 법 제35조의2 제1항 본문과 제38조 제4항에 대하여 헌법재판소는 "재무·회계기준 조항은 장기요양보험 재정의 건전성과 투명성을 확보하기 위한 것이고, 인건비조항은 장기요양요원의 근로조건을 향상시켜 안정적으로 양질의 장기요양급여를 제공하기 위한 것이다. 장기요양보험의 공공성에 비추어 장기요양기관의 재무·회계에 관한 국가의 관리·감독이 불가피하고, 이 경우에도 장기요양기관의 특성이 고려되므로, 자기자본으로 설치·운영되는 재가장기요양기관은 보다 완화된 기준이 적용될 수 있어 기준조항을 적용하더라도 운영의 자율성이 완전히 박탈되는 것은 아니다. 한편, 장기요양보험 도입 당시 장기요양기관에 대한 규제 완화로 장기요양기관이 급증하고, 장기요양기관 간 경쟁으로 장기요양요원의 근로조건이 악화되어, 양질의 장기요양급여 제공을 위해서는 장기요양요원에 대한 근로조건의 개선이 시급하게 요구되기에 이르렀다. 인건비 조항은 장기요양요원의 임금수준을 최소한으로 확보하여 장기요양급여의 질을 담보하기 위한 불가피한 수단이다. 심판대상조항을 통해 달성되는 공익은, 직업수행의 자유를 제약받는 불이익보다 결코 작다고 할 수 없다. 따라서 심판대상조항은 과잉금지원칙을 위반하여 청구인들의 직업수행의 자유를 침해하지 아니한다."고 판시한 바 있다.[247]

(2) 전출금 등 투자금 회수의 문제

「장기요양기관 재무·회계규칙」 별표2의 장기요양기관 세출예산과목 구분의 '전출금 - 기타전출금'의 명세에는 〈표 10-5〉와 같이 「법인, 개인 등 설치·운영자로의 전출금(보건복지부장관이 정하는 경우에만 해당한다)」으로 규정되어 있다.

〈표 10-5〉 장기요양기관 재무회계규칙 세출예상과목 기타전출금

전출금	전출금	기타전출금	법인, 개인 등 설치·운영자로의 전출금(보건복지부장관이 정하는 경우에만 해당한다)

그리고 「사회복지법인 및 사회복지시설 재무·회계규칙」 별표10 노인장기요양기관의 세출예산과목 구분에는 〈표 10-6〉과 같이 규정되어 있다.

<표 10-6> 사회복지시설 재무회계규칙 장기요양기관 기타전출금

전출금	전출금	법인회계 전출금	법인회계로의 전출금 (보건복지부장관이 정하는 경우에만 해당한다)
		기타전출금	사회복지법인 이외의 법인, 개인 등 설치 · 운영자로의 전출금

따라서 장기요양기관은 다음 회계연도 예산을 편성하면서 인건비와 운영비 등을 지출하고 운영비 등에 영향을 미치지 않는 범위에서 '기타전출금'으로 예산을 편성한 후 기관을 설립한 자에게 지출할 수 있다. 특이한 사항은 장기요양기관 재무·회계규칙상의 '기타전출금' 규정에는 괄호에서 '보건복지부장관이 정하는 경우에만 해당한다.'고 규정하고 있어 지출에 대한 제한 등을 규정하려는 입법의도가 보이나, 사회복지법인 및 사회복지시설 재무·회계규칙상의 '기타전출금' 규정에는 보건복지부장관이 정하도록 하는 위임규정이 없어 지출범위에 대한 제한 규정은 없는 것으로 보인다.

이는 개인이나 주식회사 등이 자기의 자본으로 장기요양기관을 개설하여 운영하는 구조에서 기관 경영에서 수익이 발생할 경우 개설자인 대표자가 이를 자유로이 처분할 수 있는 것은 자본주의 사회에서는 너무나 당연하다. 이에 보건복지부는 장기요양기관 재무·회계 Q&A를 통해 기타전출금은 민간기관의 특성을 고려하여 반영된 것으로서 장기요양기관으로 지정된 노인복지시설(사회복지법인 제외)이 시설 전체의 세입에서 제반 운영비(「노인장기요양보험법」에 의해 보건복지부장관이 정하여 고시하는 장기요양급여비용 중 인건비를 반드시 포함)등에 영향을 미치지 않는 범위 내에서 세출예산에 편성하여 설립자 등에게 지출할 수 있으며, 기타전출금 계정은 사회복지시설인 장기요양기관의 경우, 사회복지법인이 아닌 대표자(개인, 기타 법인 등)에 대해서 사용 가능하며, 재가장기요양기관의 경우에는 모든 대표자가 사용 가능하다고 밝히고 있다.

보건복지부의 노인보건복지사업안내에서는 장기요양기관 기타전출금 관련 『장기요양기관으로 지정된 노인복지시설이 시설 전체의 세입에서 제반 운영비(노인장기요양보험법에 의해 보건복지부장관이 정하여 고시하는 장기요양 급여비용 중 인건비를 반드시 포함) 등에 영향을 미치지 않는 범위 내에서 세출예산에 편성하여 지출, 기타전출금 지출은 장기요양기관에서 다음 연도 예산을 편성하면서 제반 운영비를 사용하고 남을 것으로 예상되는 금액을 기타전출금 목으로 편성하여 운영위원회에 보고를 거쳐 시·군·구 보고와 승인을 받은 후 지출할 수 있다』고 규정하고 있다.[248]

(3) 개인 장기요양기관의 대표자의 재무관계

시설의 운영비가 부족할 때에는 대표자가 부족한 자금을 직접 시설회계에 자금을 납입하여야 하는데 이는 '전입금' 계정을 사용해야 한다. 기타 차입금은 금융기관이 아닌 개인 또는 단체로부터 차입한 금원을 의미하며 대표자가 자신이 운영하는 기관에 스스로 차입하는 것은 해당하지 않는다. 또한 대표자는 시설 종사자가 아니기 때문에 인건비 지급 대상이 아니다. 다만, 대표자가 시설장으로서 시설에 상근으로 근무하는 경우에는 시설장으로서의 인건비를 지급받을 수 있다.[249]

11 시설소유 및 운영관련 배상책임보험과 기타보험 가입

「사회복지사업법」 제34조의3에 따르면 「노인복지법」에 따른 사회복지시설의 운영자는 화재로 인한 손해배상책임 그리고 화재 외의 안전사고로 인하여 생명·신체에 피해를 입은 보호대상자에 대한 손해배상책임을 이행하기 위하여 손해보험회사의 책임보험에 가입하거나 「사회복지사 등의 처우 및 지위 향상을 위한 법률」 제4조에 따른 한국사회복지공제회의 책임공제에 가입하여야 한다. 장기요양기관 중 「노인복지법」상의 노인복지시설인 기관은 화재로 인한 손해배상책임과 화재 이외의 안전사고로 인한 손해배상책임을 사회복지사업법에 따라서 가입하여야 한다. 여기서 화재 이외의 안전사고로 인한 손해배상책임은 요양급여고시 제10조의 전문인 배상책임보험과 중복되므로 이 중 하나의 배상책임보험만 가입하면 된다. 결국 노인요양시설, 노인공동생활가정, 주야간보호기관(「노인복지법」에

---

248   보건복지부, 2024년 노인보건복지사업안내, 408쪽.
249   보건복지부, 2023년 장기요양기관 재무 · 회계규칙 질의응답 모음(Q&A).

의거 설립된 기관), 단기보호기관(「노인복지법」에 의거 설립된 기관)은 요양급여고시 제10조상의 전문인 배상책임보험 또는 「사회복지사업법」제34조의3상의 안전사고 손해배상책임보험 이외에 화재 손해배상책임보험을 추가로 가입하여야 한다.

기타 시설의 간판이 떨어지거나 물청소이후 관리소홀로 미끄러져 넘어졌을 때 등 관리하는 시설로 생긴 손해와 관련된 시설소유자 배상책임보험, 가스사고 배상책임보험, 주차장 배상책임보험 등은 법률상의 가입의무가 없다고 하더라도 민법상의 손해배상의무를 담보하기 위하여 보험에 가입하고 있다.

12 장기요양기관의 세무

가 상속세 및 증여세 납세의무

「사회복지사업법」에 의한 사회복지법인이 운영하는 장기요양기관은 「상속세 및 증여세법 시행령」제12조 제3호에 규정한 공인법인등에 속하기 때문에 상속세 및 증여세 납세의무가 없으나, 사회복지법인 운영하지 아니하는 장기요양기관은 상속세 및 증여세 납세의무가 있다고 보아야 한다.

나 법인세 납세의무

「노인복지법」상 노인복지시설에 해당하는 장기요양기관에서 제공하는 장기요양사업은 사회복지사업에 포함되므로 법인세를 부과하는 사업소득의 범위에서 제외된다(「법인세법 시행령」제1항 제4호 마목). 따라서 장기요양기관에서는 이자소득과 배당소득, 고정자산처분이익 등 일시적·우발적 소득에 대해서만 법인세 납부의무가 있다(「법인세법 시행령」제3조).

---

250 이 부분은(바, 아호 제외) 김형배, 2023 비영리조직의 회계와 세무, 2023, 606쪽 이하를 참조하여 저자의 의견을 추가하여 재구성하였다.

다 | 개인이 운영하는 장기요양기관의 사업소득에 대한 소득세 납세의무

「소득세법 시행령」 개정(2013.2.15. 대통령령 제24356호)으로 법인이 아닌 개인이 운영하는 장기요양기관의 경우 공단이나 수급자로부터 수납하는 장기요양급여비용에 대하여는 법인세와 마찬가지로 소득세가 과세되지 않는다(「소득세법」 제19조 제1항 제16호, 동 시행령 제36조). 의료기기 도소매업자가 법에 따라 장기요양기관을 설치하고 법에 따른 복지용구를 수급자에게 구입 또는 대여하는 사업은 위 소득세법 규정에 따라 소득세가 과세되지 아니한다. 이 경우 법상의 복지용구 사업만 과세되지 아니하므로 그 밖의 사업은 구분 기장하여야 한다(2013.5.1. 서면 법규과-504, 2013.5.9. 서면법규과-523).

라 | 부가가치세 납세의무

장기요양기관이 수급자에 행하는 장기요양급여(서비스)는 「부가가치세법 시행령」 제35조 재14호의 규정에 따라 부가가치세가 면세되는 보건의료용역에 속하므로 부가가치세가 과세되지 않는다. 법 제23조 제1항 제1호 바목의 복지용구를 수급자에게 공급하는 경우에는 해당 복지용구 중 「소득특례제한법 시행령」 제105조 각 호에 열거된 품목을 공급하는 경에는 영세율을 적용하는 것이나, 열거되지 않는 품목에 대하여는 「부가가치세법」 제30조에 따른 세율(10%)을 적용한다. 장애인용 물품으로 수입되어 법상의 복지용구로 공급되는 경우, 동 물품이 「관세법시행규칙」 별표2에서 규정하는 물품에 해당하는 경우에는 수입 시 부가가치세가 면제되는 것이다(2008. 12. 29. 부가가치세과-5034).

마 | 근로소득 원천징수와 장기근속장려금 문제

장기요양기관의 대표자가 당해 장기요양기관에서 사무장, 요양보호사, 기타 사무원 등으로 근로를 제공하여 인건비 명목으로 지급받는 금전은 「소득세법」 제

20조에 따른 근로소득으로 보기 때문에(2013. 4. 8. 서면법규과-392) 소득세를 원천 징수하여야 한다.

요양보호사, 사회복지사 등 장기요양요원에게 근로의 대가로 지급하는 금전은 「소득세법」 제20조에 따른 근로소득이기 때문에 당연히 원천징수의 대상이다. 요 양급여고시 제11조의4에 따라 공단에서 지급하는 장기근속장려금의 경우 실무에 서 원천징수 대상여부에 대하여 혼선이 발생되고 있다. 어린이집 보육교사의 처우 개선을 위하여 지급하는 근무환경개선비는 「소득세법 시행령」 제12조에서 실비 변상적인 급여로 규정하여 비과세소득으로 규정한 것과 같이 「소득세법」에 명시 적인 규정이 없기 때문에 장기요양기관마다 처리하는 기준이 다르게 적용되고 있 다. 요양급여고시 제11조의4 제8항의 규정에 따라 장기요양기관의 장은 공단으로 부터 지급받은 장기근속 장려금을 종사자인 요양보호사 등에게 지급하여야 하므 로 장기근속 장려금을 장기요양기관장으로부터 단순히 전달받은 금전이 「소득세 법」상의 근로소득의 범위에 포함될 수 있는지도 논란의 대상이다. 요양급여고시 제11조의4 제5항에서 장기근속장려금에는 사회보험기관부담금 또는 퇴직적립금 이 포함되어 있다고 규정되어 있더라도 이러한 형태의 장기근속장려금이 「국민건 강보험법」 제70조 제3항에 규정된 사용자로부터 지급받는 금품에 포함되어 건강 보험료 산정에 포함되는지 논란이 있다. 즉, 장기근속장려금이 「국민건강보험법 시행령」 제33조 제1항 제3호에 규정된 「소득세법」상의 비과세 근로소득이 아니기 때문에 건강보험료 산정대상에 포함되어야 한다는 논리는 장기근속장려금은 「국 민건강보험법」 제70조 제3항에 규정된 사용자로부터 지급받는 금품에 포함된다 는 것인데 이는 요양급여고시 제11조의4 제8항의 취지와도 충돌될 소지가 있다. 이와 같이 사용자 입장에서는 전달자의 지위인지 근로의 대가로 지급하는 것인지 등 장기근속 장려금의 범위에 관한 문제로 인하여 사회보험료뿐만 아니라 퇴직금 산정 등에도 혼선이 있다.

국민건강보험공단은 장기근속장려금에 대하여 소득세 원천징수, 사회보험금 부과, 퇴직적립금 적립대상이라고 규정하고 있는 한편 최저임금에는 포함되지 않 는다고 파악하고 있다.[251] 그러므로 장기근속장려금은 「최저임금법 시행규칙」 제

---

251   국민건강보험공단, 장기요양급여비용 청구업무 바로 알기, 2021.12, 108쪽.

2조 제2항의 장려가급으로 보아 최저임금의 범위에 포함되지 않는 것으로 보아야 할 것이다(법제처 안건번호 16-0058, 2016. 11. 02 회신 참조). 근로소득세 및 사회보험료 원천징수와 관련 원거리교통비, 보수교육에 따른 비용 및 선임 요양보호사 수당 등도 장기근속장려금과 유사한 논의가 발생하고 있다. 특히, 요양급여고시 제11조의4 제5항 '*'에서 장기근속장려금에는 퇴직적립금이 포함되었다고 규정한 것은 장기근속장려금은 임금에 포함된다는 것이며(「근로자퇴직급여 보장법」 제8조 참조) 임금은 「근로기준법」 제43조 제1항에 따라 근로자에게 전액지급되어야 하는데 장기근속장려금에서 퇴직적립금 소정금액을 공제하는 것은 「근로기준법」 제43조 제1항에 위반되어 「근로기준법」 제109조에 따라 처벌되는 것은 문제가 있다.

바   대표자 등에게 지급되는 기타전출금과 소득의 구분

기획재정부는 장기요양기관 대표자가 인출하는 기타 전출금을 근로소득에 해당하는 것으로 해석(2022. 5. 24. 소득세제과-236)하고 있으나, 근로소득은 근로를 제공함으로써 받는 봉급·급료·보수·세비·임금·상여·수당과 이와 유사한 성질의 급여인데(「소득세법」 제20조 제1항), 기타 전출금 근로의 대가로 지급받지 않기 때문에 실무에서 혼선이 초래되고 있다.

사   장기요양기관의 기부금단체 해당여부

장기요양기관 중 무료 또는 실비로 이용할 수 있는 기관은 일반기부금단체에 속한다(「법인세법 시행령」 제39조 제1항 제4호 나목, 차목).

아   지방세 관련 특례

「노인복지법」 제31조에 따른 노인복지시설로 직접 사용하기 위하여 취득하는 부동산으로서 노인복지시설로 직접 사용하는 부동산 등에 대하여는 소정의 지방세를 2026년 12월 31일까지 감면한다(「조세특례제한법」 제20조).

13 인권교육 등 교육 의무

가 장기요양기관 종사자의 인권교육 수강의무

심신이 불편한 노인들에게 제공되는 돌봄서비스는 노인의 인권과 밀접히 관련되기 때문에 장기요양기관을 운영하는 자와 장기요양이관의 종사자는 인권교육을 받아야 한다(법 제35조의3 제1항, 시행령 제14조의2). 인권교육을 받아야 할 대상은 '장기요양기관을 운영하는 자와 장기요양이관의 종사자'로서 시설장과 요양보호사, 사회복지사, 간호조무사 등 장기요양기관에 근무하는 근로자이다. 대표자가 시설장 등을 겸직하지 않는 경우 대표자는 '장기요양기관을 운영하는 자'에 해당되지 않아 인권교육을 받을 의무가 없다.

인권교육은 대면 교육 또는 인터넷 교육을 통하여 매년 4시간 이상을 받아야 하며,[252] 국가인권위원회, 노인보호전문기관, 한국보건복지인력개발원 등에서 교육을 실시한다.

나 수급자에 대한 재량적 인권교육

장기요양기관을 운영하는 자는 해당 기관을 이용하고 있는 장기요양급여 수급자에게 인권침해가 발생하였을 경우 신고요령 및 절차 등 인권교육을 실시할 수

---

[252] 공단의 평가매뉴얼에는 법 제35조의3과 「노인복지법」 제6조의3에 근거하여 '노인인권 및 학대예방교육을 분기별1회이상실시' 하도록 하고 있어 시간 기준이 아닌 횟수기준으로 운영하고 있다. 참고로, 보건복지부, 2024년 노인보건복지사업안내, 235쪽에서는 장기요양기관에 소속된 노인학대 신고의무자는 노인학대예방교육(근거: 노인복지법 제39조의6 제5항)을 연 1시간 이상, 노인복지시설 또는 장기요양기관 설치 · 운영자 및 종사자는 인권교육(근거: 노인복지법 제6조의3)을 연 4시간 이상 받도록 정하고 있다.

있다(법 제35조의3 제2항, 규칙 제27조의2 제3항). 종사자에 대한 교육의무와 달리 이는 임의규정으로 운영자의 재량사항이다.

다 노인복지법상 인권교육의무와의 중복 및 조정의 문제

「노인복지법」 제6조의3에도 법 제35조의3의 인권교육 규정이 있어 노인복지법과 중복 또는 충돌의 문제가 발생한다. 즉, 법 제35조의3의 인권교육 규정은 모든 장기요양기관에게 적용되는데 2018년 12월 11일 개정되어 2019. 12. 12. 시행된 개정 법[253]에 따라 삭제된 제32조(재가장기요양기관의 설치)에 따라서 방문요양, 방문목욕, 방문간호, 주·야간보호, 단기보호 및 복지용구 서비스를 제공하기 위하여 설립된 재가장기요양기관을 제외한 「노인복지법」에 의하여 설립된 노인의료복지시설(노인요양원과 노인공동생활가정)과 재가노인복지설은 「노인복지법」 제6조의3과 이 법 제35조의3 인권교육 규정 모두를 적용받게 된다는 것이다. 왜냐하면 법 제35조의2의 재무회계기준 규정과 같이 이를 조정하는 규정이 없기 때문이다. 해석상 특별법 우선의 원칙에 따라 이 법을 우선 적용하므로 장기요양기관에 대하여는 「노인복지법」 제6조의3 적용이 배제되는 것으로 규율해야 할 것이다.

라 기타 교육의무

노인학대, 긴급지원신고, 직장내 장애인 인식개선, 장애인학대, 아동학대, 성폭력·희롱 예방교육, 직장내 괴롭힘, 개인정보보호, 퇴직연금, 감염예방, 근골격계질환, 낙상예방, 욕창예방, 종사자윤리, 치매예방, 간호사 보수교육, 사회복지사 임용 및 보수 교육, 운영규정, 급여제공지침, 담당업무내용, 재난상황대응훈련, 소방시설사용법 등 인권교육 이외에도 장애인복지법 등 다른 법령이나 평가기준 등에 의하여 받아야 할 교육이 많이 있다. 요양보호사의 보수교육은 「노인장기요양보험법 시행령」 제11조의2에 규정되어 있다.

---

[253] 개정 2018. 12. 11. 법률 제15881호, 2019. 12. 12. 시행.

14 　장기요양요원의 보호 의무 등

가 　수급자 및 그 가족으로부터의 보호

　　장기요양기관의 장은 수급자 및 그 가족이 장기요양요원에게 폭언·폭행·상해 또는 성희롱·성폭력 행위를 하는 경우, 수급자 및 장기요양요원이 고충의 해소를 요청하는 경우 해당 장기요양요원의 업무를 전환하는 등의 조치를 해야 한다. 이 경우 장기요양기관의 장은 해당 수급자 또는 수급자 가족과 상담을 실시해야 한다 (법 제35조의4 제1항 등). 여기서 장기요양기관의 장이란 당해기관의 대표자를 말하며, 장기요양요원이라 당에기관에 근무하는 요양보호사, 사회복지사, 간호(조무)사, 치과위생사, 물리치료사 및 작업치료사를 말한다(시행령 제11조).

　　그러나 이 규정은 방문서비스의 경우 수급자 측과의 합의 등의 전제되어야 다른 장기요양요원으로 교체 등이 가능하며, 장기요양요원의 강제퇴직 등의 문제도 발생된다. 시설급여에 있어서도 시설이 소규모인 경우 업무전환이 이루어지지 않거나 전환 자체가 협소하여 제도 실효성 문제가 발생한다.

나 　장기요양기관의 장으로부터 보호

　　장기요양기관의 장은 장기요양요원에게 급여 외 행위의 제공을 요구하는 행위 또는 수급자가 부담하여야 할 본인부담금의 전부 또는 일부를 부담하도록 요구하는 행위를 하여서는 아니된다(법 제35조의4 제2항). 장기요양기관의 장이 장기요양요원에게 급여 외 행위의 제공을 요구하는 행위 또는 수급자가 부담하여야 할 본인부담금의 전부 또는 일부를 부담하도록 요구하는 행위를 한 경우에는 장기요양기관의 지정의 취소 또는 업무정지 처분(법 제37조 제1항)과 과태료 처분(법 제69조 제1항)을 받을 수 있다.

다   시정조치 요구권

수급자 측으로부터 폭언·폭행 또는 급여외 행위의 제공을 요청받은 장기요양요원은 장기요양기관이 적절한 조치를 하지 아니한 경우에는 장기요양기관을 지정한 시장·군수·구청장에게 그 시정을 신청할 수 있다. 시정을 신청받은 시장·군수·구청장은 장기요양요원의 고충에 대한 사실확인을 위한 조사를 실시한 후 필요하다고 인정되는 경우에는 장기요양기관의 장에게 적절한 조치를 하도록 통보하여야 하며, 이 경우 적절한 조치를 하도록 통보받은 장기요양기관의 장은 특별한 사유가 없으면 이에 따라야 한다(법 제35조의4 제4항, 제5항). 특별한 사유 없이 시장·군수·구청장의 적절한 조치요구에 따르지 않는 장기요양기관의 장은 과태료처분을 받을 수 있다(법 제69조 제1항).

라   취업제한 대상 여부 확인의무

「노인복지법」 제39조의17 제1항의 규정에 따라 법원은 노인학대 관련범죄로 형 또는 치료감호를 선고하는 경우에 취업제한 기간 동안 장기요양기관을 운영하거나 취업 또는 사실상 노무를 제공할 수 없도록 하는 "취업제한명령"을 판결과 동시에 선고하여야 한다. 따라서 채용 시 장기요양요원이 취업제한에 해당되는 자인지를 확인하여야 한다.

가 | 폐쇄회로 텔레비전의 설치 등

(1) 의의

장기요양기관을 운영하는 자는 노인학대 방지 등 수급자의 안전과 장기요양기관의 보안을 위하여 「개인정보 보호법」 및 관련 법령에 따른 폐쇄회로 텔레비전을 설치·관리하여야 한다. 재가급여만을 제공하는 경우, 장기요양기관을 운영하는 자가 수급자 전원 또는 그 보호자 전원의 동의를 받아 시장·군수·구청장에게 신고한 경우, 「개인정보 보호법」 및 관련 법령에 따른 네트워크 카메라를 설치한 경우에는 폐쇄회로 텔레비전을 설치하지 아니하여도 된다(법 제33조의2 제1항).

폐쇄회로 텔레비전을 설치·관리하는 자는 수급자 및 장기요양기관 종사자 등 정보주체의 권리가 침해되지 아니하도록 노인학대 방지 등 수급자의 안전과 장기요양기관의 보안을 위하여 최소한의 영상정보만을 적법하고 정당하게 수집하고, 목적 외의 용도로 활용하지 아니하도록 하여야 하는 등 법 제33조의2 제2항 각호의 사항을 준수하여야 한다. 폐쇄회로 텔레비전을 설치·관리하는 자는 수급자의 보호자가 수급자의 안전을 확인할 목적으로 요청하는 경우 등 법 제33조의3의 규정에 해당하는 경우 이외에는 열람하게 할 수 없다.

폐쇄회로 텔레비전 또는 네트워크 카메라는 「개인정보보호법」 제2조 제7호의 '고정형 영상정보처리기기'에 해당되며 「노인장기요양보험법」뿐만 아니라 「개인정보보호법」의 규정에 따라 설치·운영 등에 엄격한 제한을 받는다. 특히, 「노인장기요양보험법」에는 폐쇄회로 텔레비전에 대한 설치 및 운영 등에 대한 규정만 있으나(법 제33조의2, 제33조의3), 「개인정보보호법」 제25조 등에는 네트워크 카메라를 포함한 '고정형 영상정보처리기기'에 대한 설치·운영 등에 대한 규정이 있으므로 「개인정보보호법」의 규정된 준수의무 등에 대하여도 주의를 하여야 할 것이다.

폐쇄회로 텔레비전은 ▶ 일정한 공간에 설치된 카메라를 통하여 지속적 또는 주기적으로 영상 등을 촬영하거나 촬영한 영상정보를 유무선 폐쇄회로 등의 전송로를 통하여 특정 장소에 전송하는 장치, ▶ 촬영되거나 전송된 영상정보를 녹화·기록할 수 있도록 하는 장치이다. 네트워크 카메라는 일정한 공간에 설치된 기기를 통하여 지속적 또는 주기적으로 촬영한 영상정보를 그 기기를 설치·관리하는 자가 유무선 인터넷을 통하여 어느 곳에서나 수집·저장 등의 처리를 할 수 있도록 하는 장치이다(「개인정보보호법 시행령」 제3조).

(2) 설치 대상 장기요양기관

재가급여만을 제공하는 경우, 장기요양기관을 운영하는 자가 수급자 전원 또는 그 보호자 전원의 동의를 받아 시장·군수·구청장에게 신고한 경우를 제외한 장기요양기관은 폐쇄회로 텔레비전 또는 네트워크 카메라를 설치하여야 한다(법 제33조 제1항). 네트워크 카메라를 설치할 경우에는 수급자, 그 보호자 및 장기요양기관 종사자 전원의 동의를 받아야 한다(법 제33조 제1항 제3호).

(3) 준수의무

폐쇄회로 텔레비전을 설치·관리하는 자는 수급자 및 장기요양기관 종사자 등 정보주체의 권리가 침해되지 아니하도록 ▶ 노인학대 방지 등 수급자의 안전과 장기요양기관의 보안을 위하여 최소한의 영상정보만을 적법하고 정당하게 수집하고, 목적 외의 용도로 활용하지 아니하도록 하여야 하며, ▶ 수급자 및 장기요양기관 종사자 등 정보주체의 권리가 침해받을 가능성과 그 위험 정도를 고려하여 영상정보를 안전하게 관리하여야 하며, ▶ 수급자 및 장기요양기관 종사자 등 정보주체의 사생활 침해를 최소화하는 방법으로 영상정보를 처리해야 한다(법 제33조의2 제2항).

(4) 폐쇄회로 텔레비전의 설치 장소 운영방법

폐쇄회로 텔레비전은 각 공동거실(침실과 연결되는 복도 포함), 침실, 현관(외부에서 출입이 가능한 출입로), 물리(작업)치료실, 프로그램실, 식당, 시설 자체 운영 엘리베이터에 1대 이상씩 설치하되 사각지대의 발생을 최소화할 수 있도록 설치돼야 한다. 다만, 각 침실은 침실별로 수급자 전원 또는 그 보호자 전원의 동의를 받은 경우에만 촬영할 수 있다. 폐쇄회로 텔레비전은 공동거실 등 일정한 장소에 일정한 방향을 지속적으로 촬영할 수 있도록 설치되어야 한다(법 제33조의2 제5항, 시행규칙 별표1의3). '1대 이상씩 설치하되'라고 규정되어 있어 공동거실(침실과 연결되는 복도 포함), 침실, 현관(외부에서 출입이 가능한 출입로), 물리(작업)치료실, 프로그램실, 식당, 시설 자체 운영 엘리베이터에 각각 1대 이상을 설치하여야 하는지 이들 공간 전체에 대하여 1대 이상을 설치하여야 하는지 해석상의 논란이 있을 수 있으나 사각지대가 발생하지 않는 범위 내에서 설치대수를 조정하여 설치하면 될 것으로 보인다.

침실의 경우 수급자 본인의 개인정보에 대한 동의권을 보호자가 행사할 수 있도록 규정한 것은 「개인정보보호법」 제15조 제1항 제1호에 위반될 소지가 있기 때문이다. 만 14세 미만 아동의 개인정보를 처리하기 위하여는 그 법정대리인의 동의를 받아야 하는 「개인정보보호법」 제22조의2의 아동의 개인정보보호 제도 규정과 같이 수급자의 가족이 수급자를 대리하여 동의할 수 있는 법적 절차의 위임 없이 규칙에서 수급자의 개인정보를 그 가족이 대리 행사하게 할 수는 없다고 본다. 그리고 입·퇴소가 반복되는 노인요양시설의 특성상 침실별로 수급자나 그 가족 모두로부터 동의를 받을 경우 그 설치와 관리 등 복잡한 문제가 수반된다.

장기요양기관을 운영하는 자는 출입구 등 잘 보이는 곳에 ① 폐쇄회로 텔레비전 설치 목적, ② 폐쇄회로 텔레비전 설치 장소·촬영 범위 및 촬영 시간, ③ 관리책임자의 성명 및 연락처가 포함된 안내판을 설치해야 한다(시행규칙 별표1의3).

(5) 폐쇄회로 텔레비전에 기록된 영상정보의 보관기간 및 보관방법

장기요양기관을 운영하는 자는 폐쇄회로 텔레비전에 기록된 영상정보를 60일 이상 보관하여야 한다(법 제32조의2 제3항). 따라서 장기요양기관은 영상자료의 보관기간인 60일 미만에 해당하는 기간동안 이를 임의로 파기하거나 수정하는 등의 행위를 하지 말아야 할 것이다.

법 제33조의3 제3항 및 시행령 제14조의2 제1항 제3호에 따른 영상정보의 안전한 처리를 위한 내부 관리계획의 수립·시행 조치에는 ▶ 폐쇄회로 텔레비전을 설치·운영할 경우에는 내부 관리계획을 작성해야 하며, ▶ 내부 관리계획에는 설치 목적, 관리책임자 및 운영담당자, 카메라 대수·위치·성능 및 촬영범위, 안내판 규격 및 부착장소, 촬영시간, 영상정보 보관기간, 영상정보 저장장치 또는 기기, 영상정보 열람 장소, 영상정보 삭제 주기 등이 포함되어야 한다.[254]

보관기간이 경과한 영상정보자료는 법 제33조의3제3항의 내부 관리계획에 따라 주기적으로 삭제하고, 삭제·파기 관리대장에 작성해야 한다. 영상정보는 최소 3개월을 초과하지 않는 범위 내에서 1회 이상 삭제 조치하여야 한다. 60일이 되기 전에 수급자의 안전을 확인할 목적 등의 사유로 열람을 요청받은 경우에는 보관기간이 지나도 해당 영상을 삭제할 수 없다.[255]

(6) 영상정보의 열람금지 등

영상정보처리기기는 개인의 사생활의 비밀을 침해할 수 있는 전자기기이므로 엄격히 관리되어야 한다. 폐쇄회로 텔레비전을 설치·관리하는 자는 영상정보 열람요청서나 의학적 소견서를 통하여 ▶ 수급자가 자신의 생명·신체·재산상의 이익을 위하여 본인과 관련된 사항을 확인할 목적으로 열람을 요청하는 경우, ▶ 수급자의 보호자가 수급자의 안전을 확인할 목적으로 열람을 요청하는 경우 등 법 제33조의3 제1항 각호에 규정된 경우 이외에는 영상정보를 열람하게 하여서는 아니된다.

열람 요청을 받은 폐쇄회로 텔레비전을 설치·관리하는 자는 ▶ 법 제33조의2 제3항에 따른 보관기간이 지나 영상정보를 파기한 경우, ▶ 천재지변, 화재 또는 그 밖의 부득이한 사유로 영상이 소실, 훼손되어 열람이 불가능한 경우, ▶ 법 제33조의3 제1항 제1호 또는 제2호에 따른 열람 목적에 위배된다고 보건복지부장관이 인정하는 경우에는 열람 요청을 거부할 수 있다. 이 경우 열람 요청을 받은 날부터 10일 이내에 서면으로 거부 사유를 수급자 또는 그 보호자에게 통지해야 한다(시행규칙 25조의5 제3항).

---

[254] 장기요양기관 폐쇄회로 텔레비전의 해상도 등 고시, 보건복지부고시 제2023-92호, 2023. 5. 23. 제정.

[255] 보건복지부, 『장기요양기관 영상정보처리기기 설치 · 운영 가이드라인』, 2023. 6. 8. 20쪽.

(7) 개인정보호호법과의 관계

법 제33조의3 제5항에는 "폐쇄회로 텔레비전의 설치·관리와 그 영상정보의 열람에 관하여 이 법에서 규정된 것을 제외하고는 「개인정보 보호법」(제25조는 제외한다)을 적용한다."고 규정되어 있다. 그러나 법 제33조의3 제5항 괄호에서 적용을 배제시킨 「개인정보 보호법」 제25조 제2항에는 "누구든지 불특정 다수가 이용하는 목욕실, 화장실, 발한실(發汗室), 탈의실 등 개인의 사생활을 현저히 침해할 우려가 있는 장소의 내부를 볼 수 있도록 고정형 영상정보처리기기를 설치·운영하여서는 아니된다."고 하고, 제5항에는 "고정형 영상정보처리기기 운영자는 고정형 영상정보처리기기의 설치 목적과 다른 목적으로 고정형 영상정보처리기기를 임의로 조작하거나 다른 곳을 비춰서는 아니 되며, 녹음기능은 사용할 수 없다."고 규정되어 있어 이러한 규정까지 적용을 배제시키는 것은 논란의 여지가 있다. 또한 법 33조의3 제5항의 「개인정보 보호법」 제25조 적용 제외 규정을 우선하여 적용하더라도 이는 폐쇄회로 텔레비전만 해당되어야 하는 것이지, 네트워크 카메라는 법 제33조의3 제5항의 적용대상이 아니어서 문제가 되고 있다. 보건복지부는 「장기요양기관 영상정보처리기기 설치·운영 가이드라인(2023. 6. 8.)」에서 영상정보처리기기에 네트워크 카메라(Network Camera)를 포함시키는 등 네트워크 카메라(Network Camera)에 대한 가이드라인을 제시하고 있으나 네트워크 카메라(Network Camera)는 법에 그 근거를 규정하지 않고 있다. 네트워크 카메라를 설치·운영하고 있는 장기요양기관은 「개인정보 보호법」상의 설치와 운영의 제한, 개인정보의 파기, 안전조치의무, 개인정보의 열람, 안내판의 설치 및 운영·관리 사항 등을 준수하여야 한다.

다만 앞서 언급한 바와 같이, 이러한 자구상의 문제보다도 수급자에 대한 학대 방지와 안전관리 차원에서 법 33조의3 제5항의 「개인정보 보호법」 제25조 적용 제외규정을 두어 목욕실, 화장실, 발한실(發汗室), 탈의실 등 개인의 사생활을 현저히 침해할 우려가 있는 장소로부터 일반 국민은 보호를 받는 데 비해 수급자는 보호를 받지 못하는 입법정책에 대하여는 '사생활 보호' vs '학대 방지와 안전관리' 중 무엇을 우선 보호할 것인지 논란이 있다. 검토컨대, 수급자에 대한 불법행위 방지 및 보호 등 차원에서 「개인정보보호법」 제25조를 적용하는 것은 일응 타당할 수 있다. 그러나 「개인정보보호법」 제25조는 개인의 사생활을 현저히 침해할 우려가 있는 장소에서 국민의 프라이버시를 보호하려는 것으로, 수급자의 특수성을 고려하더라도 「개인정보보호법」 제25조 적용에서 배제하는 합리적인 근거를 알기 어려운 점, 「개인정보보호법」 해당 규정의 내용과 달리 수급자는 그 서비스 수령시기 및 대상 등이 특정된 상태에서 이루어지므로 불특정 다수로 보기는 어려운 점도 있는 점, 만약 「개인정보보호법」 제25조 적용 배제가 필요하다면 법에 이를 규정하여 명확하게 운영할 필요가 있는 점 등을 고려할 수 있을 것이다.

나 | 장기요양기관의 정보 게시

수급자의 장기요양급여 이용 편의와 장기요양기관의 선택권을 넓히기 위하여 공단이 운영하는 인터넷 홈페이지[256]에 장기요양기관의 시설의 구조, 장기요양기관의 주소, 장기요양기관에 소속된 인력 종류별 종사자 수, 장기요양기관에서 제공하고 있는 급여 종류, 장기요양급여 이용계약에 관한 사항, 비급여대상 항목별 비용, 전문인책임 보험에 가입했는지 여부 등 소정의 사항을 게시하여야 한다(법 제34조, 시행규칙 제26조). 장기요양기관은 기관용 공인인증서로 공단의 홈페이지에 회원 가입절차를 거쳐 해당란에 직접 정보를 직접 게시하여야 하며, 변경사항 발생시 게시된 내용을 변경하여야 한다. 이러한 의무 위반의 경우 과태료 처분대상이 된다(법 제69조).

이러한 정보게시는 법상의 공단홈페이지에 게시의무 이외에도 장기요양기관의 게시판에도 게시하도록 하고 있다.[257]

---

256 www.longtermcare.or.kr.
257 국민건강보험공단, 2024년도 장기요양기관 재가급여 평가매뉴얼-방문요양, 방문목욕, 방문간호, 복지용구, 2024. 1. 55쪽(방문요양 평가 지표번호 19) 등 참조.

본인부담금, 기관 평가 및 급여제한 등

P/A/R/T

11

본인부담금, 기관 평가 및 급여제한 등

가 의의

　본인부담금은 장기요양급여비용 중 수급자 본인이 부담하는 금액을 말한다. 본인부담금은 공단이 부담하는 장기요양보험재정을 경감하고, 수급자의 서비스 오남용을 방지하는 기능을 한다. 본인부담금을 축소하고 장기요양보험재정에서 부담하는 부분을 확대할 경우 수급자의 부담은 줄어들지만 국민들의 장기요양보험료 부담이 늘어나기 때문에 본인부담금 정책은 국민계층 간의 합치된 의사결정을 바탕으로 입법정책이 추진되어야 한다.

　일반적으로 재가급여의 경우 해당 장기요양급여비용의 100분의 15를, 시설급여의 경우 해당 장기요양급여비용의 100분의 20을 본인이 부담한다(시행령 제15조의8). 수급자의 삶의 질, 욕구 그리고 장기요양보험 재정을 고려하여 시설급여보다는 재가급여 이용을 장려하기 위하여 재가급여보다 시설급여의 본인부담율을 높게 책정하였다. 가정에서 재가급여를 받는 수급자와 시설에서 서비스를 받는 수급자의 급여비용 격차를 볼 때 시설의 경우 24시간 돌봄 비용, 숙박비, 전기료, 수도료 및 냉난방비 등에 보험이 적용되기 때문에 재가급여 이용자에 비해 그만큼 보험 혜택을 많이 받는 것도 본인부담금 정책에 반영되었다고 본다.

나 본인부담 비율

장기요양급여(특별현금급여는 제외)를 받는 자는 대통령령으로 정하는 바에 따라 비용의 일부를 본인이 부담한다. 이 경우 장기요양급여를 받는 수급자의 장기요양등급, 이용하는 장기요양급여의 종류 및 수준 등에 따라 본인부담의 수준을 달리 정할 수 있다(법 제40조 제1항). ▶「의료급여법」제3조 제1항 제2호부터 제9호까지의 규정에 따른 수급권자, ▶ 소득·재산 등이 보건복지부장관이 정하여 고시하는 일정 금액 이하인 자(다만, 도서·벽지·농어촌 등의 지역에 거주하는 자에 대하여 따로 금액을 정할 수 있음), ▶ 천재지변 등 보건복지부령으로 정하는 사유로 인하여 생계가 곤란한 자에 대해서는 본인부담금의 100분의 60의 범위에서 보건복지부장관이 정하는 바에 따라 차등하여 감경할 수 있다(법 제40조 제1항).

위의 규정에 근거하여 수급자 본인이 부담하는 본인부담 비율은 〈표 11-1〉과 같다.

<표 11-1> 수급자 계층별 본인부담 비율

급여 종류	일반 수급자	보험료순위 50% 이하자※	보험료순위 25% 이하자, 의료급여 수급권자 등※※	『국민기초생활 보장법』 에 따른 의료급여 수급자
시설	20%	12%	8%	면제
재가	15%	9%	6%	면제

※ 보험료 순위 25% 초과~50% 이하에 해당되며, 직장가입자는 재산이 일정 기준 이하인자 (『장기요양 본인부담금 감경에 관한 고시』제2조 제2항). '재산이 일정기준 이하인 자'에서 재산기준은 「국민건강보험법 시행령」제42조제3항제1호에 해당하는 재산으로, 당해 직장가입자와 그 가입자의 피부양자로 등재된 자 모두의 재산과표액을 합산한 금액이 직장 가입자수별 재산과표액기준 이하여야 한다(『장기요양 본인부담금 감경에 관한 고시』제2조 제3항).

※※ 1) 보험료 순위 0~25% 이하에 해당되며, 직장가입자는 재산이 일정기준 이하인 자, 2) 국민기초생활 보장법의 의료급여 수급자 이외의 의료급여 수급권자, 3) 건강보험 본인부담액 경감 인정을 받은 자, 4) 천재지변 등 보건복지부령으로 정하는 사유로 인하여 생계가 곤란한 자(『장기요양 본인부담금 감경에 관한 고시』 제2조 제1항).

다 | 전액 본인부담 항목

식사재료비, 이·미용비 등 이 법의 규정(시행규칙 제14조)에 따른 급여의 범위 및 대상에 포함되지 아니하는 장기요양급여, 장기요양인정서에 기재된 장기요양급여의 종류 및 내용과 다르게 선택하여 장기요양급여를 받은 경우 그 차액, 장기요양급여의 월 한도액을 초과하는 장기요양급여에 대한 비용은 수급자 본인이 전부 부담한다(법 제40조 제3항). 본인이 전부 부담하는 사항에 대한 비용(가격)은 수급자와 장기요양기관 간 계약으로 정해지는 영역이다.

라 | 본인부담 적정여부 및 비급여 대상여부의 확인

수급자는 법 제40조 제1항 및 제4항에 따른 본인부담금의 적정 여부와 본인이 부담한 비용이 시행규칙 제14조에 따른 비급여대상인지를 공단에 확인 요청할 수 있다. 확인 요청을 받은 공단은 그 결과를 해당 수급자에게 통보하여야 한다. 이 경우 장기요양기관이 과다하게 징수한 금액이 있는 것으로 확인되면 그 내용을 관련 장기요양기관에 통보하여야 한다. 공단으로부터 통보받은 장기요양기관은 과다본인부담금을 지체 없이 해당 수급자에게 지급하여야 한다. 다만, 공단은 장기요양기관이 과다본인부담금을 지급하지 아니한 경우에는 해당 장기요양기관에 지급할 장기요양급여비용에서 그 과다본인부담금을 공제하여 해당 수급자에게 지급할 수 있다(시행규칙 제33조).

| 마 | 요양급여고시에서의 본인이 부담하지 않는 급여비용의 문제 |

장기요양급여에 대한 비용은 「의료급여법」 제3조 제1항 제1호에 따른 수급자를 제외하고 다른 수급자는 모두 본인이 일정액을 부담하는 구조이다(법 제40조). 또한 본인부담금을 차등하여 감경하는 규정 이외에는 본임부담금을 전부 면제하는 규정은 존재하지 않으며, 전부면제 또는 수급자 본인이 부담하지 않는 급여비용 등에 대해 상위 규정에서 고시 등으로 위임된 규정도 존재하지 않는다. 그러나 요양급여고시에서 급여비용을 세분화하면서 특정 급여비용에 대하여 본인이 부담하지 않는 제도를 두고 있어 보험재정의 손실과 국민의 보험료 부담의 증가요인이 되고 있다.

요양급여고시 제19조의2의 방문요양급여 중증수급자 가산금, 제22조의 원거리교통비, 제27조 제5항의 최초등급자 방문간호급여비용(제28조 제4항), 제29조의 간호(조무사)가산금, 제34조의 주야간급여 이동서비스 비용, 제35조의 주야간급여의 목욕서비스 가산금, 제36조의3의 가족휴가제 급여비용 가산금 및 제44조의2의 계약의사 방문비용에 대하여는 본인이 부담하지 않는다고 각각 규정하고 있다.

위에서 살펴본 요양급여고시에서의 '본인이 부담하지 않는다.'는 규정을 법 제23조 제3항의 "장기요양급여의 제공 기준·절차·방법·범위, 그 밖에 필요한 사항은 보건복지부령으로 정한다."는 위임 사항 중 '장기요양급여의 제공 기준·절차·방법·범위 그 밖에 필요한 사항'에 포함되는 것으로 해석할 경우, 법 제40조의 본인부담금의 규정에 위반될 뿐만 아니라 법 제23조 제3항의 위임을 받아 마련된 시행규칙 제12조부터 제19조까지 등 어디에도 '본인이 부담하지 않는' 구체적인 범위를 고시에 재위임한 근거를 찾아볼 수 없다.

| 바 | 요양급여고시 제5장 제2절의 가산금에 대한 본인부담금 미적용 문제 |

요양급여고시 제5장의 요양급여비용 가·감산 산정제도 중 급여비용이 감산될 경우에는 본인부담금도 본인부담율에 따라 감산 산정되고 있으나 급여비용의 가

산 산정의 경우에는 본인부담금이 가산되지 않고 급여비용이 가산되기 전의 본인부담금(율)을 그대로 적용하고 있다. 요양급여고시 제5장 등에 요양급여비용 가·감산 발생시 본인부담금에 대한 구체적인 규정 없는 상태에서 감산은 본인부담금에 반영하고 가산은 본인부담금에 반영되지 않는 것이다.

이와 관련된 「장기요양급여비용 청구 및 심사·지급업무 처리기준」[258] 별첨1) '청구서·청구명세서 작성요령'을 살펴보면 "본인부담금은 산정총액에 본인부담률을 곱한 금액에서 10원 미만을 절사한 금액을 기재하며, 청구액은 장기요양급여비용 총액에서 본인부담금을 공제한 금액을 기재한다"고 규정되어 있다. 한편 "산정총액은 서비스 분류코드별 단가에 「장기요양급여제공기준 및 급여비용 산정방법 등에 관한 고시」 제20조, 제33조 및 제5장제3절 급여비용의 감액산정 기준에 의해 산출된 산정금액의 소계를 합산하여 기재한다. 다만, 방문요양 및 방문간호급여의 원거리교통비용, 방문간호급여의 간호(조무)사 가산금, 주·야간보호급여의 이동서비스비용 및 목욕서비스 가산금, 방문간호지시서 발급비용, 종일 방문요양급여 가산금 등은 산정총액에 포함하지 아니한다."고 규정되어 있다. 또한 "장기요양급여비용 총액은 산정총액에 수급자가 부담하지 아니하는 원거리교통비용, 사회복지사 등 원거리교통비용, 방문간호급여의 간호(조무)사 가산금, 주·야간보호급여의 이동서비스비용 및 목욕서비스 가산금, 방문간호지시서 발급비용, 종일 방문요양급여 가산금 등을 합산하여 10원 미만은 절사한 금액을 기재한다."고 하고, "가산 후 총액은 장기요양급여비용 총액에 가산금액을 합산하여 기재한다."고 각 규정되어 있다.

장기요양기관이 공단에 장기요양급여비용 청구 시 청구명세서의 본인부담금은 본인부담율을 곱하는 산정총액에 감액산정 금액은 포함하고, 가산산정금액은 포함된다는 내용 없이 원거리교통비용 등 요양급여고시에서 본인이 부담하지 않는다는 규정, 장기요양급여비용 총액 및 가산후 총액 규정 등을 종합하여 볼 때 급여비용의 가산산정의 경우에는 감산산정의 경우와 달리 그 가산되는 비용이 본인부담금청구에 영향을 미치지 않는 것으로 보인다. 따라서 급여비용의 가산산정의 경우 관련 고시에서 그 가산금액에 대한 본인부담금을 부과하지 않는 것으로 해석

---

258 보건복지부 고시 제2024-268호, 2024. 4. 12. 일부개정.

된다.

「장기요양급여비용 청구 및 심사·지급업무 처리기준」[259]의 근본적이고 결정적인 문제는 청구제도의 근간인 위 공고 제17조에 따른 '장기요양급여비용 청구 시 사용하는 급여종류별 서비스코드'가 존재하지 않기 때문에, 같은 기준 별첨1) '청구서·청구명세서 작성요령'상의 서비스 분류코드별 단가 자체의 존재 여부도 알 수 없는 상태이어서 위의 산정총액에 요양급여고시 제5장 제2절의 가산비용이 서비스 분류코드별 단가에 포함되어 있는 구조인지도 알 수 없을 뿐만 아니라 전반적으로 청구관련 규정의 해석 및 시스템의 작동 여부가 문제시되고 있다.

2 의사소견서, 방문간호 지시서 발급비용의 본인부담

가 소득 계층별 본인부담율

의사소견서 발급비용은 법 제13조 제1항에 따라 장기요양인정을 신청하는 자가 공단이 등급판정위원회에 자료를 제출하기 전까지 제출해야 하는 의사소견서 발급에 소요되는 비용이다. 방문간호지시서 발급비용은 법 제23조 제1항 제1호 다목에 따라 간호사 등이 방문간호급여를 제공할 때 필요한 의사, 한의사 또는 치과의사의 지시서에 소요되는 비용이다. 방문간호지시서는 장기요양 등급을 인정받은 수급자가 방문간호급여를 제공 받을 때 의사 등으로부터 발급받는 것이다. 의사소견서와 방문간호 지시서 발급비용관련 본인부담금은 〈표 11-2〉와 같다.

---

259 보건복지부 고시 제2024-268호, 2024. 4. 12. 일부개정.

<표 11-2> 소득 계층별 의사소견서 및 방문간호지시서 본인부담율

구분	의사소견서 본인부담	방문간호지시서 본인부담	근거
일반 노인 등	20%	20%	(의사소견서) 시행규칙 제4조 제2항 (방문간호지시서) 시행규칙 제36조
보험료순위 50% 이하자※	10%	10%	
보험료순위 25% 이하자, 의료급여 수급권자 등※※	10%	10%	
「국민기초생활 보장법」에 따른 의료급여 수급자	면제	면제	

※ 보험료 순위 25% 초과~50% 이하에 해당되며, 직장가입자는 재산이 일정기준 이하인 자 (「장기요양 본인부담금 감경에 관한 고시」 제2조 제2항). '재산이 일정기준 이하인 자'에서 재산기준은 「국민건강보험법 시행령」 제42조제3항제1호에 해당하는 재산으로, 당해 직장 가입자와 그 가입자의 피부양자로 등재된 자 모두의 재산과표액을 합산한 금액이 직장 가입자수별 재산과표액기준 이하여야 한다(「장기요양 본인부담금 감경에 관한 고시」 제2조 제3항).

※※ 1) 보험료 순위 0~25% 이하에 해당되며, 직장가입자는 재산이 일정기준 이하인 자, 2) 국민기초생활 보장법의 의료급여 수급자 이외의 의료급여 수급권자, 3) 건강보험 본인부담액 경감 인정을 받은 자, 4) 천재지변 등 보건복지부령으로 정하는 사유로 인하여 생계가 곤란한 자(「장기요양 본인부담금 감경에 관한 고시」 제2조 제1항).

나 소득 계층별 본인부담금

의사소견서 및 방문간호지시서 발급비용은 요양급여고시 제78조 제1항에서 <표 11-3>과 같이 규정하고 있다. 아래 표의 의사소견서 및 방문간호지시서 발급비용 공단부담금을 포함한 총비용이며 이 총비용에 위 가호의 소득 계층별 의사소견서 및 방문간호지시서 본인부담율을 곱하여 본인부담금이 산정된다.

<표 11-3> 의사소견서 및 방문간호지시서 발급비용

분류		금액 (원)
의사소견서 (1회당)	『의료법』에 따른 의료기관(보건의료원 포함)	61,040
	『지역보건법』에 따른 보건소 및 보건지소	58,970
방문간호 지시서 (1회당)	『의료법』에 따른 의료기관(보건의료원 포함) 가. 대상자가 의료기관을 방문하는 경우 나. 의사가 가정을 방문하는 경우	22,680 70,030
	『지역보건법』에 따른 보건소 및 보건지소 가. 대상자가 보건기관을 방문하는 경우 나. 의사가 가정을 방문하는 경우	6,090 13,140

　　의사소견서 발급비용은 공단이 의사소견서 발급을 의뢰하여 발급된 경우에 산정한다. 이 경우 보건복지부장관이 정하는 치매 진단 관련 양식은 보건복지부에서 정한 의사소견서 작성교육을 이수한 의사, 한의사(한방신경정신과 전문의에 한한다)가 발급한 경우에 한하여 인정한다(요양급여고시 제78조 제1항).

　　의료기관에 공단의 '의사소견서발급의뢰서' 없이 의사소견서를 발급 받는 경우에는 발급비용 전액을 신청인이 부담한 이후 장기요양등급을 인정받아 장기요양급여 수급자로 결정된 경우에는 본인이 전액 부담한 금액 중 본인부담 금액을 제외한 나머지 금액(공단부담금)을 공단에 청구할 수 있다(규칙 제4조).

3 장기요양 급여의 제한과 종사자의 급여제공 제한

가 조사, 자료제출 거부자(법 제29조 제1항)

　　이는 장기요양보험제도를 운영하는 데 있어 필요한 조사 등에 협조하지 않는 자에 대하여 보험혜택을 부여하지 않는 제도이다. 이는 보험재정을 보호하고 법질서를 유지하는 데 필요한 조치에 따르게 하기 위한 조치이다. 수급자에 대한 장기요양인정 등급 직권 재조사(법 제15조 제4항), 장기요양 사업에 필요한 자료제출 요구(법 제60조, 제61조)에 응하지 않거나 답변을 거절한 경우 장기요양급여의 전부 또는 일부를 제공하지 아니할 수 있다. 장기요양급여의 전부란 재가급여, 시설급여 및 특별현금급여 전체를 말하며, 급여의 일부란 방문요양 등 특정급여의 종류에 한정한다는 개념이다. 장기요양 급여의 전부에 대하여 제한할 것인지, 일부에 대하여 제한할 것인지는 공단의 재량사항이다.

나 부당행위 가담자

수급자가 장기요양기관과 공모하여 장기요양기관이 거짓이나 그 밖의 부정한 방법으로 장기요양급여비용을 받는 데에 가담한 경우 당해 수급자에게 제공 중인 급여를 중단하거나 향후 제공될 급여를 1년의 범위 안에서 제한하는 제도이다(법 제29조 제2항). 부정가담액 정도에 따라 최소 15일에서 최대 10개월까지 장기요양 급여를 제한한다(시행규칙 별표1).

다 다른 법령에 의한 보험급여 등을 받게 되는 경우

법 제30조에 의하여 준용되는 「국민건강보험법」 제53조 제1항 제4호의 업무상 또는 공무상 질병·부상·재해 즉, 일반 사업장에서의 산업재해, 국가나 지방자치단체에서의 공무상재해로 「산업재해보상보험법」, 「공무원재해보상법」 등 다른 법령에 의하여 법에 따른 장기요양급여에 상당하는 급여를 받거나 받게 되는 경우에는 장기요양급여를 제한한다.

「산업재해보상보험법」, 「사립학교교직원연금법」, 「공무원재해보상법」 등에 장기요양급여와 유사한 간병급여제도가 있는데, 이 간병급여는 질병이나 부상 치유 후 타인의 도움 없이는 생활이 곤란하여 의학적으로 간병이 필요하여 간병을 받는 자에게 지급하는 제도이다. 「산업재해보상보험법」 등에서 지급되는 간병비를 우선하여 사용하고 그 이후의 비용에 대하여 장기요양급여를 받을 수 있다. 산업재해보상보험 등에서 간병비를 지급 받을 수 있음에도 장기요양급여를 받은 경우 산업재해보상보험에서 받을 수 있는 간병비 해당금액을 공단이 환수하게 된다. 복지용구도 마찬가지로 산업재해보상보험 등에서 지급되는 복지용구는 장기요양보험에서 급여가 제한된다.

라 장기요양보험료를 총 6회 이상 체납한 때

이 법상의 장기요양보험료는 「국민건강보험법」상의 건강보험료에 부가하여 부과되는 구조(법 제8조 제9조)이므로 건강보험료와 장기요양보험료는 분할되어 부과, 징수할 수 없다. 따라서 건강보험료를 납부하지 않았다는 것은 장기요양보험료를 납부하지 않은 의미로, 동일한 효과가 발생한다. 법 제30조에 의하여 준용되는 「국민건강보험법」 제53조 제3항에서 장기요양보험료를 총 6회 이상 체납한 때에 급여를 제한하는 이 제도는 위의 업무상 또는 공무상의 재해로 인한 장기요양급여제도와 달리 사실관계 발생이 당연히 급여가 제한되는 것이 아니라 공단이 보험료를 체납하였다는 사유로 급여를 제한한다는 처분(통보)이 있어야 급여제한이 되는 것이다. 따라서 공단으로부터 건강보험료(장기요양보험료가 포함되어 있음)를 체납하여 급여를 제한한다고 통보받은 자는 그 이후부터 장기요양급여가 제한된다.

마 부당청구 가담 종사자의 장기요양급여 제공 제한

방문요양의 경우 간혹 요양보호사와 수급자가 공모하여 서비스를 제공하지 않았음에도 제공한 것으로 기록하는 경우 장기요양기관 대표자는 이를 신뢰하여 공단에 비용을 청구하게 되고 이후 이 사실이 밝혀질 경우 장기요양기관(대표자)이 부당청구에 대한 책임을 지게 된다.[260] 이러한 문제를 의식하여 법 제37조의5 제1

---

260 장기요양기관 대표자는 부당청구 환수금과 업무정지 등 행정제제에 따른 손해를 부당행위를 행한 종사자와 수급자에 대하여 청구할 수 있다.

항에서는 시장·군수·구청장은 장기요양기관의 종사자가 거짓이나 그 밖의 부정한 방법으로 재가급여비용 또는 시설급여비용을 청구하는 행위에 가담한 경우 해당 종사자가 장기요양급여를 제공하는 것을 1년의 범위에서 제한하는 처분을 할 수 있다고 규정하고 있다. 종사자가 1차 위반한 경우 6개월 동안, 2차 위반한 경우 12개월 동안 장기요양급여의 제공을 할 수 없다(시행규칙 별표2). 장기요양급여의 제공금지 기간동안 요양보호사 등 종사자는 장기요양기관에 사실상 근무할 수 없는 효과가 발생한다.

4 노인요양시설 등에서의 의료행위

가 문제의 제기 및 검토

인구 고령화에 대비 치매, 중풍, 기타 노화현상으로 거동이 불편한 노인에 대한 장기요양급여(서비스)는 돌봄(care)서비스이며 돌봄은 『복지, 보건 및 의료서비스』가 혼합된 영역이다. 법 제3조의 장기요양급여 제공의 기본원칙에서는 『보건, 복지 및 의료』를 통합·연계하는 서비스를 지향하고 있다. 장기요양급여를 받고 있는 수급자는 대부분 고혈압, 치매, 당뇨병, 골관절염이나 류마티즘, 뇌졸중 등 만성질환을 갖고 있다.

노인요양시설 등에 입소한 수급자에 대하여는 의사의 지도나 감독 없이 간호(조무)사나 물리치료사 등이 단독으로 의료행위를 할 수 없다. 의료행위 관련 문제가 되는 분야는 노인요양시설 등에는 간호(조무)사, 물리치료사 및 작업치료사가 의사의 지도나 지시 없이 단독으로 업무에 종사하고 있으며 요양보호사가 행하는 돌봄 서비스 영역 또한 의료행위에 해당될 소지가 있는 영역과 연계되어 있어 의료서비스와 돌봄 서비스간의 영역 설정이 필요한 영역이다. 노인요양시설 등은 편마비나 골절 후유증 등이 있는 수급자에 대하여 필요한 근력증강운동 등 신체기능의 훈련과 견인요법 등 물리치료 서비스를 실시하여야 한다(장기요양급여제공기록지, 시설급여·단기보호, 시행규칙 별지 제16호 서식). 노인요양시설 종사자인 물리치료사가 의사의 지도 없이 단독으로 근력증강운동, 견인요법 등 단독으로 할 수 있는 업무인지, 나아가 요양보호사도 근력증강운동, 견인요법 등 단독으로 할 수 있는 업무인지 등에 대하여 명시적인 규정은 없다.

구체적으로는 노인요양시설에서 가정용 의료기기를 이용한 석션 등의 행위, 혈압이나 맥박 등을 측정하여 증상이나 상태 등을 기록하는 행위가 의료행위에 해당하여 위법인지 등의 쟁점이 있다. 의사의 지도 없이 그리고 의료기관이 아닌 곳에서의 간호(조무)사, 물리·작업 치료사 또는 요양보호사의 간호, 재활 또는 이와 유사한 서비스 행위는 일반 운동요법과 간호관리 등의 경계선상의 모호한 사항이 많아 자칫 「의료법」이나 「의료기사 등에 관한 법률」상의 무면허 의료행위에 해당될 여지가 많은 분야이기 때문이다.[261]

우리나라의 경우 일부 물리치료사, 작업치료사 등이 방문복지서비스업을 하거나 운동처방사 또는 생활운동지도사 자격증을 취득하여 운동연구소 등을 통한 치료가 아닌 운동서비스라는 형태로 재활서비스를 제공하고 있으며, 헬스장의 스포츠지도사 사업도 일반화되고 있는 추세이다. 그렇기 때문에 돌봄서비스의 경우에도 운동지도와 의료행위 사이의 회색지대(grey zone)가 존재하고 있다.

나 | 재활 관련 무면허 의료행위 관련 판례 등

대법원과 보건복지부 유권해석을 통해 재활과 관련하여 무면허 의료행위인지 여부가 문제되었던 대표적 사례를 제시하면 다음과 같다.

첫째, 척추바로세우기 운동본부에서 전기마사지기, 엑스레이필름판독기, 척추모형 등 설비를 갖춘 다음 환자들에게 드라이브로 아픈 부위를 문지르고, 팔다리 구부리게 손으로 잡았다가 놓아주는 방법, 이상상태 교정행위는 인체의 근육 및 골격에 위해를 발생할 우려가 있는 의료행위에 해당한다.[262]

---

261 신현호 · 백경희, 의료분쟁의 이론과 실제-상, 박영사, 2022, 3-7쪽.
262 대법원 1989. 1. 13. 선고 88도2032 판결.

둘째, 지압서비스원에서 근육통을 호소하는 손님들에게 엄지손가락과 팔꿈치 등을 사용하여 근육이 뭉쳐진 어깨 등의 부위를 누르는 방법으로 근육통을 완화시켜준 행위는 의료행위에 해당하지 않는다.[263]

셋째, 「의료기사 등에 관한 법률」에 따른 물리치료사는 「의료법」 제33조 제1항 각 호에 규정된 경우 외에는 의사의 지도를 받더라도 「의료법」 제3조에 규정된 의료기관이 아닌 장소에서는 물리치료를 할 수 없다(법제처 유권해석, 안건번호15-0142 회신일자2015-03-27).

넷째, 촉탁의를 두지 않은 물리치료사가 의사의 지도·감독 없이 단독으로 물리치료를 하는 것은 무면허의료행위에 해당한다. 관련 기사에 따르면, 최근 촉탁의를 두고 있지 않은 일부 노인복지관의 물리치료사들이 복지관을 방문하는 노인들에게 인근 의료기관에서 '물리치료처방의뢰서'를 받아오도록 해, 의사의 지도감독 없이 단독으로 물리치료를 시행하고 있는 사실이 드러났다. 현행 「노인복지법 시행규칙」 제26조(별표7, 8호)는 노인복지관에 물리치료사를 두도록 하고 있고 복지관의 물리치료 장비는 보건소에 종사하는 의사의 지도를 받아 사용하도록 규정하고 있다. 그러나 촉탁의를 두지 않은 일부 노인복지관 근무 물리치료사들이 의사의 지도·감독 없이 단독으로 물리치료를 시행하는 것은 「의료법」 제27조 제1항에 따른 무면허의료행위에 해당한다. 이러한 문제를 해결하기 위해 대한의사협회는 보건복지부와 지속적으로 협의한 끝에 기존까지 해석이 다소 모호했던 '노인복지관의 물리치료 행위' 관련 보건복지부 민원Q&A(복지부 홈페이지 게재)를 명확하게 바로잡는 한편, 동 건 관련 네이버 지식iN에 잘못 기재돼 있던 내용도 NHN 측에 정정할 것을 요청했다.[264]

다섯째, 석션(Suction)행위는 환자의 호흡상태, 반응, 흡인압력, 점막 손상의 위협 등으로 인하여 의료인이 행하여야 하는 의료행위로 간호사는 의사의 구체적인 지시에 따라 수행하는 것이 타당하며, 의사의 지시 없이 간호사의 독자적인 행위는 의료법령에 위배될 수 있다.[265]

---

263 대법원 2000. 2. 22. 선고 99도4541 판결.
264 메디포뉴스, 노인복지관 물치사, 단독 물리치료 무면허행위, 2011. 9. 9.
265 권형원, 「의료법령 5분대기조」, 좋은땅, 2021, 194쪽.

다 | 노인복지법상의 재활 관련 규정 형태

(1) 노인요양시설에 배치하여야 할 물리(작업)치료사 등 관련

물리(작업)치료실 관련 「노인복지법 시행규칙」 별표4, 노인의료복지시설의 시설기준 및 직원배치기준에는 "기능회복 또는 기능감퇴를 방지하기 위한 훈련 등에 지장이 없는 면적과 필요한 시설 및 장비를 갖춰야 한다."고 규정되어 있다. 그리고 입소자에 대하여는 "건강상태에 따라 적절한 훈련과 휴식을 하도록 하여야 한다. 입소자의 생활의욕증진 등을 도모하기 위하여 입소자의 신체적·정신적 상태에 따라 그 기능을 회복하게 하거나 기능의 감퇴를 방지하기 위한 훈련에 참가할 기회를 제공하여야 한다. 입소자의 건강상태에 유의하여야 하며 건강의 유지를 위하여 필요한 조치를 하여야 한다."고 규정되어 있다(「노인복지법 시행규칙」 별표5, 노인의료복지시설의 운영기준).

(2) 노인복지관에 배치하여야할 물리치료사 등 관련

기능회복훈련의 실시와 관련 「노인복지법 시행규칙」 별표8의 노인여가복지시설의 운영기준에는 "노인의 기능회복 또는 기능의 감퇴를 방지하기 위한 훈련을 실시하되, 물리치료장비는 관할 보건소에 종사하는 의사 또는 계약의사의 지도를 받아 사용해야 한다."고 규정되어 있다.

(3) 주야간보호기관에 배치하여야 할 물리(작업)치료사 등 관련

물리(작업)치료실 관련 「노인복지법 시행규칙」 별표9의 재가노인복지시설의 시설기준 및 직원배치기준에는 "기능회복 또는 기능감퇴를 방지하기 위한 훈련 등에 지장이 없는 면적과 필요한 설비 및 장비를 갖추어야 한다."고 규정되어 있다.

라 의사의 지도 없이 행할 수 있는 물리치료 등의 범위

법령으로 보장된 제도권에서 물리·작업 치료사가 의료기관이 아닌 곳에서 의사의 지도 없이 근무할 수 있는 장소(기관)는 「노인복지법 시행규칙」상의 노인요양시설, 주·야간보호기관 및 노인복지관이 있다. 노인요양시설, 주·야간보호기관 및 노인복지관에 배치된 물리·작업치료사의 업무 범위에 대하여는 관련법령에 구체적으로 규정되지 않았으나, 물리·작업치료실 또는 기관 운영규정상의 간접규정으로 볼 때『노인의 기능회복 또는 기능의 감퇴를 방지하기 위한 훈련』으로 해석된다. 즉, 의료기관이 아닌 곳에서 의사의 지도 없이 물리·작업치료사가 단독으로 행할 수 있는 업무의 범위는『노인의 기능회복 또는 기능의 감퇴를 방지하기 위한 훈련』으로 귀결된다 할 것이다. 노인요양시설 등의 실무 현장에서는 찜질기, 초음파기 등을 활용하여 관절 구축 방지 재활 서비스를 물리치료사 등이 단독으로 실시하고 있다.

그렇다면 판례 및 노인복지법령상의 물리치료사 등이 단독으로 수행할 수 있는『노인의 기능회복 또는 기능의 감퇴를 방지하기 위한 훈련』과 「의료법」이나 「의료기사 등에 관한 법률」에 따라 의료기관에서 의사의 지도하에 물리치료사나 작업치료사가 행할 수 있는 업무의 범위를 규정한 「의료기사 등에 관한 법률 시행령」 별표1의 업무 범위와의 경계선을 법적인 측면 그리고 실무상 서비스 행위적인 측면에서 현실적으로 구분할 수 있느냐에 대한 문제가 존재한다.

마 물리치료사 등이 단독으로 할 수 있는 업무범위 설정의 필요성

「노인복지법 시행규칙」 별표4 등에서 노인요양시설 등에 간호(조무)사, 물리치료사 또는 작업치료사를 의무적으로 배치하도록 하고 있다. 노인요양시설등에는 의사가 배치되어 상근하는 곳은 거의 없다. 따라서 노인요양시설 등에 배치된 간호(조무)사, 물리치료사 또는 작업치료사가 「의료법」이나 「의료기사 등에 관한 법률」에 저촉되지 않으면서 노인복지법령에서 요구하는 서비스를 제공할 수 있는 업무의 범위를 법령에 구체적으로 규정하여야 소정의 행위가 무면허의료행위로부터 자유로워질 수 있다. 즉, 노인요양시설 등에서 물리치료사 등이 행하는 재활서비스와 「의료기사 등에 관한 법률」상의 물리·작업 치료의 업무 범위와의 관계 설정 및 범위에 대하여 구체적인 판례 등이 형성되지 않아 상당히 현실과 법제가 괴리된 상태가 지속되고 있으므로 위에서 언급한 「노인복지법 시행규칙」에서 말하는 물리치료사 등이 단독으로 수행할 수 있는 『노인의 기능회복 또는 기능의 감퇴를 방지하기 위한 훈련』의 업무 범위를 행정당국에서 구체적으로 정해 줄 필요가 있다.

바 의사의 처방이 없는 단독 의료서비스 제공의 필요성

의료행위란 「의료법」 제12조 제1항에 "의료인이 하는 의료·조산·간호 등 의료기술의 시행"으로만 규정되어 있고 그 구체적인 판단은 모두 판례로 일임되고 있는 양상이다. '의료행위'도 법령에 그 구체적인 범위를 설정 할 수 없어 판례에 의존하고 있는 것으로 미루어 볼 때 간호(조무)사, 물리치료사 등이 노인요양시설 등에서 제공하는 서비스 영역을 의료서비스와 구분하여 제도적으로 구체화하여 규정하는 데는 어려움이 있다.

한편 미국, 영국, 일본 등 주요국의 노인요양시설에 종사하는 간호사 또는 일정한 교육·훈련을 받은 간호지원인력의 경우 의사의 처방 없이도 간단한 의료행위는 독자적으로 대상자에게 하고 있고, 이러한 업무를 제공하는 것이 법적 및 제도적으로 보호되고 있다.[266] 우리나라도 만성질환을 가진 고령인구가 급증하고 있는 현실을 고려할 때 현재의 의료시스템으로는 한계가 있으므로 노인요양시설 내에서 간호사나 물리치료사 등이 간단한 의료행위를 할 수 있는 제도적 장치에 대하여 논의해 볼 필요가 있다.[267]

---

[266] 김은정, 주요국 노인요양시설의 의료서비스 제공 정책(우리나라, 미국, 영국, 일본의 사례 비교), 국회입법조사처, 외국 입법정책분석(2023. 11. 20.) 제43호, 2쪽, 13쪽; 백경희·김자영, 미국의 새로운 형태의 의료·요양·돌봄 제공 방식에 대한 법적 고찰, 법학논총 제59권, 133-162쪽; 백경희·김자영, 의료·요양·돌봄에 관한 정부 시범사업과 법제 정비에 관한 고찰: 일본 법제와의 비교를 중심으로, 외법논집 제48권 제2호, 2024, 153-178쪽 참조.

[267] 백경희·김기영·신현호, 초고령사회 대비와 간호의 역할, 한국의료법학회지 제32권 제1호, 2024, 7-25쪽 참조.

가 평가의 의의

장기요양기관 지정 시 서비스 품질을 평가하여 일정 기준 이상일 경우에만 지정하거나, 장기요양기관간의 서비스 품질 경쟁을 통해 소비자로부터 평가를 받게 하는 것이 바람직하다. 그러나 장기요양의 급여(서비스)는 심신의 기능상태가 온전하지 않은 수급자에게 시설 안 등에서 제공되기 때문에 서비스의 품질을 소비자가 직접 평가하는 데는 한계가 있다. 그리고 장기요양기관을 지정할 때에도 서비스가 제공되기 이전이며, 서비스가 제공되는 중이라 하더라도 서비스 제공현장을 예고 없이 방문하여 평가하여야 하는 등 일정한 한계가 있다.

공단은 장기요양기관이 제공하는 장기요양급여 내용을 지속적으로 관리·평가하여 장기요양급여의 수준이 향상되도록 노력하여야 하며, 장기요양급여의 제공 기준·절차·방법 등에 따라 적정하게 장기요양급여를 제공하였는지 평가를 실시하고 그 결과를 공단의 홈페이지 등에 공표하는 등 필요한 조치를 할 수 있다(법 제54조). 만약 정당한 사유 없이 그 평가를 거부·방해 또는 기피하는 경우에는 장기요양기관의 지정취소사유에 해당된다(법 제37조 제1항).

독일의 경우 장기요양기관과 행정당국간의 계약으로 사전 예고 없이 공급자를 방문하여 서비스의 질을 평가할 수 있도록 하고 있지만 여전히 환자의 요양결과(outcome)를 기준으로 한 서비스의 질 향상 노력과 평가는 이루어지지 않고 있다. 기관 평가에 있어 서비스 품질을 평가하는 부분은 장기요양기관뿐만 아니라 의료기관, 사회복지시설 및 보육시설 등에서도 서류에 의한 요식적인 평가라는 지적이 상존하고 있다.

나 | 평가 체계

(1) 평가 대상 및 평가 지표

장기요양기관이 장기요양급여의 제공 기준·절차·방법 등에 따라 적정하게 장기요양급여를 제공하였는지를 평가한다(법 제54조 제2항). 장기요양기관에 대한 평가는 장기요양급여의 종류별로 ① 장기요양기관을 이용하는 수급자의 권리와 편의에 대한 만족도, ② 장기요양기관의 급여제공 과정, ③ 장기요양기관의 운영실태, 종사자의 전문성 및 시설 환경, ④ 그 밖에 장기요양기관의 운영 개선에 대하여 평가를 실시한다(시행규칙 제38조 제1항). 평가지표는 장기요양급여의 종류별로 구분하며 기관운영, 환경 및 안전, 수급자 권리보장, 급여제공과정, 급여제공결과 항목으로 구성한다(「장기요양기관 평가방법 등에 관한 고시」 제3조). 평가지표의 구체적인 내용은 급여종류별로 장기요양급여가 적정하게 제공되었는지 여부를 측정하기 위한 장기요양기관 평가관리 시행세칙(공단 공고)상의 별표1 장기요양기관 평가매뉴얼과 별표2 장기요양기관 평가조사표를 말한다.

(2) 평가 시기, 절차 및 방법

평가는 정기평가와 수시평가로 실시된다. 장기요양급여의 종류별로 3년마다 정기평가를 실시한다. 다만, 「재난 및 안전관리 기본법」 제3조제1호에 따른 재난이 발생하는 등 정기평가가 원활하게 이루어지기 어렵다고 평가위원회가 심의하는 경우에는 그러하지 아니하다. 실무상 평가대상기관은 평가개시 전전년도까지 법 제31조에 따라 지정받은 장기요양기관으로 한다.[268] 정기평가 결과 최하위등급 장기요양기관, 휴업 등의 사유로 정기평가를 받지 못한 장기요양기관, 정기평가 결과 서비스 질 개선 등이 필요하다고 평가위원회에서 정한 장기요양기관에 대하여 수시평가를 실시한다.[269]

공단은 평가대상 장기요양기관에 장기요양기관 평가예정통보서 및 장기요양

---

[268] 국민건강보험공단, 장기요양기관 평가관리 시행세칙(공고) 제10조.

[269] 장기요양기관 평가방법 등에 관한 고시 제4조.

기관 평가 현장확인 예정통보서를 평가실시 7일전까지 통지하여야 한다. 다만, 장기요양기관에 대하여 증거인멸 우려가 있는 등 현장확인의 목적 달성이 어렵다고 판단되는 경우에는 그러하지 아니하다.[270]

평가는 장기요양기관을 방문하여 서류 또는 현장을 확인하는 방법 등으로 평가를 실시한다.[271] 평가는 기관의 관련 문서나 자료 등 기록 확인, 기관 내·외부 환경 등 현장 확인, 직원 및 수급자를 대상으로 관찰·면담·시연, 공단 전산 자료 확인, 보호자 유선 확인 등의 방법으로 실시한다.

평가(채점)기준은 우수, 양호, 보통, 미흡, 해당없음으로 평가한다. 예를 들어 『수급자별 급여제공계획에 따른 급여제공 결과를 정기적으로 평가하여 기록』이란 평가항목의 경우 평가기준은 ① 급여제공 직원은 주 1회 이상 수급자 상태변화를 충실하게 기록함, ② 장기요양급여제공기록지를 월 1회 이상 수급자(보호자)에게 제공함, ③ 개별 급여제공계획에 따른 급여제공결과를 연 1회 이상 정기적으로 평가함, ④ 급여제공 결과평가를 반영하여 개별 급여제공계획을 30일 이내에 재작성함으로 제시되어 있고, 평가(채점)기준 중 우수는 수급자 자료 표본 모두 평가기준을 충족함, 양호는 수급자 자료 표본의 75% 이상 평가기준을 충족함, 보통은 수급자 자료 표본의 50% 이상 평가기준을 충족함, 미흡은 '보통'의 기준을 충족하지 못함으로 규정되어 있다.[272]

(3) 거짓이나 그 밖에 부정한 방법으로 평가를 받은 경우

공단은 평가를 받은 장기요양기관이 거짓이나 그 밖에 부정한 방법으로 평가를 받은 것으로 의심되는 경우 현장확인을 실시할 수 있다(「장기요양기관 평가방법 등에 관한 고시」 제4조 제4항). 장기요양기관에 대한 평가결과는 공포되고, 요양급여비용을 가산하여 지급되는 등 장기요양시장에 영향을 미치기 때문에 자료를 허위로 작성하여 평가를 받은 것으로 확인된 경우에는 「형법」 제431조의 업무방해죄가 성립될 수 있다.

---

270 국민건강보험공단, 장기요양기관 평가관리 시행세칙(공고) 제12조.
271 국민건강보험공단, 장기요양기관 평가관리 시행세칙(공고) 제14조.
272 국민건강보험공단, 장기요양기관 평가관리 시행세칙(공고) 별표1 장기요양기관 평가매뉴얼 참조).

(4) 평가 실시기관, 평가자 및 평가 결과의 공표

장기요양기관에 대한 평가는 공단이 실시한다(법 제54조). 평가는 공단의 장기요양보험 업무를 수행하는 소속 직원이 수행하되, 전문적인 지식과 경험이 풍부한 외부평가자로 하여금 장기요양기관 평가를 실시하게 할 수 있다(「장기요양기관 평가관리 시행세칙」 제13조의2, 공단 공고). 공단은 장기요양기관 평가를 정기평가와 수시평가로 구분하여 실시하고 평가 결과를 공단의 홈페이지 등에 공표하여야 한다(시행규칙 제38조).

(5) 평가결과 하위기관 관리

공단은 평가결과에 대하여 필요한 경우 해당 장기요양기관과 상담을 실시하고 사후조치 등을 권고할 수 있다(「장기요양기관 평가방법 등에 관한 고시」 제6조 제4항). 실무상 공단은 평가 하위기관에 대하여는 평가지표 미흡사항에 대하여 상담 및 계도를 실시하고 있다.

(6) 평가 연기 또는 평가 거부의 경우

평가예정통보서를 받은 장기요양기관이 천재지변 등의 사유로 평가에 응할 수 없는 경우에는 평가예정일 전에 평가연기요청서를 공단에 제출하여야 하며(「장기요양기관 평가관리 시행세칙」 제11조, 공단 공고), 평가를 받을 수 없는 정당한 사유가 있을 경우 공단은 평가를 연기할 수 있다. 공단은 장기요양기관이 평가연기요청서를 제출하지 아니하고 평가를 거부하거나, 정당한 사유 없이 평가조사표의 서명 및 현장확인을 거부하는 때에는 평가결과 공표 시 그 명단을 공개하고 관할 시장·군수·구청장에게 통보할 수 있다(「장기요양기관 평가관리 시행세칙」 제18조 제2항, 공단 공고).

현장에서는 장기요양기관이 평가 거부에 따른 지정취소 등을 의식하여 고의로 기관을 폐업하였다가 다시 개업하는 경우를 방지하기 위하여 지정심사제도(법 제31조 제3항) 및 지정의 갱신제도(법 제32조의4)를 도입하고 있으나 가족 또는 타인 명의로 개설하는 등의 부작용이 노출되고 있다.

다 정기평가 결과 가산지급

공단은 정기평가결과 상위 100분의 10 범위에 속하면서, 최고 등급을 받은 장기요양기관에 대하여 전년도에 심사하여 지급하기로 결정한 공단부담금의 100분의 2(복지용구사업소에 대하여는 대여품목에 관한 공단부담금의 100분의 1)를, 정기평가 결과 상위 100분의 10 초과 20 이하 범위에 속하면서, 최고 등급을 받은 장기요양기관에 대하여 공단부담금의 100분의 1(복지용구사업소에 대하여는 대여품목에 관한 공단부담금의 100분의 0.5)을 가산하여 일시불로 지급할 수 있다. 다만, 직전 정기평가 결과에 의한 가산 지급일부터 당해 정기평가 결과 가산 지급일 사이에 행정처분을 받았거나 그 밖의 사유로 가산지급이 부적절한 기관에 대하여는 가산지급대상에서 제외할 수 있다(「장기요양기관 평가방법 등에 관한 고시」 제9조).

라 평가제도의 효과와 문제점

평가제도를 통해 법적 기준 준수 유도, 안전, 감염관리, 수급자 학대예방, 종사자 처우개선, 수급자 권리보장, 급여제공과정의 투명성, 다양한 프로그램 실시 등에 효과가 발생한 것으로 보인다는 것이 대내외 평가이다. 그러나 평가관련 서류작업의 방대성, 서비스의 품질보다는 지표의 획일적 적용으로 인한 전시행정, 서비스 제공현장을 직접 평가하지 못하여 서비스의 품질을 정확하게 평가할 수 없다는 문제가 있다. 그리고 장기요양 급여비용을 지급하는 공단이 평가함으로써 중립성과 전문성 대두, 평가자의 자의적이고 주관적인 문제가 있다. 기타 평가 주기 연장의 필요성, 프로그램의 효율성과 효과성 측정의 한계 등이 제기되고 있다.

급여비용청구와
현지조사 및 행정처분 등

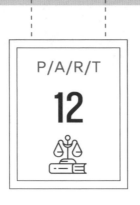

P/A/R/T

12

급여비용청구와 현지조사 및 행정처분 등

1 재가 및 시설 급여비용의 청구

가 청구의 대상과 의의

장기요양기관은 수급자에게 재가급여 또는 시설급여를 제공한 경우 공단에 장기요양급여비용을 청구하여야 한다(법 제38조 제1항). 장기요양기관이 공단에 청구할 수 있는 대상은 장기요양급여비용 중 재가급여 또는 시설급여 비용이며 반드시 재가급여 또는 시설급여를 제공한 경우에 청구가 가능하다.

요양급여고시에서는 급여 제공기준과 제공시간, 제공횟수 및 급여비용 책정기준을 다시 세분화하여 다양하게 규정하고 있다. 방문요양급여의 경우 정서지원은 1회 방문당 최대 60분 범위 내로 제한(요양급여고시 제17조 제3항), 인지활동형 방문요양급여 제도 신설(요양급여고시 제17조 제4항 등), 방문간격의 2시간 이상 요건(요양급여고시 제19조 제1항), 중증 수급자 가산(요양급여고시 제19조의2), 원거리 교통비용(요양급여고시 제21조) 및 종일 방문요양급여 제도(요양급여고시 제36조의2) 등 급여제공기준과 비용체계를 다양하게 세분화하였다. 요양급여고시에서 시설급여에 대하는 1회 이상 목욕서비스를 제공하여야 할 의무(요양급여고시 제43조 제4항), 계약의사 활동비용 창설(요양급여고시 제44조의2) 및 특례입소자 급여비용제도(요양급여고시 제46조) 등을 다양하게 세분화 하여 규정하고 있다. 그리고 요양급여고시에서 급여비용 가·감산제도(요양급여고시 제5장) 등을 각각 규정하고 있다.

장기요양기관이 요양급여비용을 청구할 때에는 요양급여고시에서 다양하게 규정한 장기요양 급여종류별 급여제공기준과 급여비용체계를 구분하여 청구하여야 공단이 이를 심사하여 지급이 가능하다.

나 ┃ 장기요양급여비용 청구의 법적 성격

(1) 공법상의 의사표시

법 제38조 제1항에 따라 재가급여 또는 시설급여를 제공한 이후 그 비용을 공단에 청구하여야 하므로 장기요양기관 측에서의 재가급여 및 시설급여비용은 후불 성격의 채권이며 공단 입장에서는 채무이다. 장기요양급여비용의 청구는 요양기관의 채권의 행사이다. 장기요양급여비용을 받을 권리는 3년 동안 행사하지 아니하면 소멸시효가 완성되며, 장기요양급여비용을 공단에 청구하면 시효는 중단된다(법 제64조). 장기요양보험급여 비용의 청구는 행정청인 공단을 상대로 보험급여 지급결정을 구하는 공법상 의사표시로 볼 수 있어 민법상 최고와는 법적 성격이 다르다.

아래에서 살펴보는 장기근속 장려금, 방문요양급여 중증 수급자 가산금 등이 장기요양기관이 공단에 청구 할 수 있는 채권인 장기요양급여비용인지 등에 따라 부당청구, 행정처분 등의 법률관계가 다르게 적용될 수 있다.

(2) 장기근속장려금 등의 청구권의 성격

재가급여 또는 시설급여를 제공한 장기요양급여비용은 장기요양의 급여(서비스)를 제공한 대가로 형성된 채권이다. 요양급여고시에는 장기근속 장려금(요양급여고시 제11조의4), 요양보호사 보수교육 비용(제11조의5 제1항) 및 선임 요양보호사 수당(제11조의7)제도를 규정하여 장기요양기관이 이를 공단에 청구하여 공단으로부터 지급받아 그 지급받은 금액을 당해 근로자에게 지급하도록 하고 있다.

장기근속장려금은 근로자에게 장기근속을 장려하기 위하여 지급하는 임금이며, 요양보호사 보수교육비용은 보수교육에 소요되는 실비 등을 보상하는 금품이고 선임 요양보호사 수당은 통상적인 임금이다. 이러한 비용지불체계를 구성하고 있는 장기근속장려금, 요양보호사 보수교육비용 및 선임 요양보호사 수당이 재가급여 또는 시설급여비용(장기요양급여비용)에 해당되는지 아니면 행정당국이 장기요양기관의 운영비를 지원하는 것인지 불분명하다. 즉, 장기근속장려금, 요양보호사 보수교육비용 및 선임 요양보호사 수당의 경우 장기요양기관이 공단에 대하여 갖고 있는 장기요양급여 청구권인 채권인지가 문제된다.

「장기요양급여비용 청구 및 심사·지급업무 처리기준(보건복지부고시 제2024-268호, 2024. 4. 12., 일부개정)」 제20조에는 "장기근속 장려금 청구서 및 청구명세서 작성요령", "요양보호사 보수교육 급여비용 청구서 및 청구명세서 작성요령"이 규정되어 있으며, 「장기요양급여비용 청구 및 심사·지급업무 처리기준」은 법 제38조 제5항에 그 위임근거를 두고 있다. 「장기요양급여비용 청구 및 심사·지급업무 처리기준」을 기준으로 보면 장기근속장려금 등을 장기요양급여비용의 일종으로 포함하고 있는 것으로 보인다. 그러나 장기근속 장려금에는 본인부담율이 적용되지 않고 이를 공단에 별도 청구하여 해당 근로자에게 직접 지급하는 형태로 보아 장기요양급여비용으로 보는 것에는 한계가 있다. 따라서 장기근속장려금, 요양보호사 보수교육비용 및 선임 요양보호사 수당은 국가가 은혜적으로 장기요양기관을 통하여 직접 당해 근로자에게 지급하는 금품으로 보아야 할 것이며, 장기요양기관의 채권인 장기요양급여비용의 범위에 포함되지 않는다고 보아야 할 것이다.

(3) 방문요양급여 중증 수급자 가산금 등의 청구권의 성격

요양급여고시 제19조의2의 방문요양급여 중증 수급자 가산금, 제29조의 방문간호급여 간호(조무)사 가산금, 제60조의 야간직원배치 가산금 등의 경우 장기요양기관이 공단에 청구하여 서비스를 제공한 당해 장기요양요원에게 직접지급하도록 요양급여고시에 각각 규정되어 있다. 이 가산금은 장기요양기관이 장기요양급여비용으로 청구하여 공단으로부터 지급받게 되면 그대로 당해 근로자에게 지급하여야 하는 금품이므로 장기요양기관의 공단에 대한 채권인 장기요양급여비용임에는 분명하다. 그러나 장기요양기관의 채권을 장기요양기관이 자유로이 사용하지 못하도록 요양급여고시에서 규제를 하고 있는 형태이다. 중증 수급자 가산금, 방문간호급여 간호(조무)사 가산금, 야간직원배치 가산금 등이 부당청구로 밝혀졌을 경우 그 환수 대상이 당해 장기요양기관인지 이를 지급받은 종사자인지도 논란이 될 수 있다.

(4) 의료기관의 계약의사 활동비용 청구권의 성격

계약의사가 소속된 의료기관은 해당 시설급여기관을 대신하여 계약의사 활동비용 중 공단부담금을 공단에 직접 청구할 수 있다(요양급여고시 제44조의2 제3항). 계약의사 활동비용의 청구권은 시설급여기관인 장기요양기관에 있는데 이를 계약의사가 소속된 의료기관이 청구권을 대리할 수 있다는 것이다. 법 제38조 제1항에는 "장기요양기관은 수급자에게 제23조에 따른 재가급여 또는 시설급여를 제공한 경우 공단에 장기요양급여비용을 청구하여야 한다."고 규정하고 있어 재가급여 또는 시설급여비용의 청구는 장기요양기관만이 행사하여야 함을 천명하고 있음에도 요양급여고시 제44조의2 제3항에서 "계약의사가 소속된 의료기관은 해당 시설급여기관을 대신하여 제1항에 따른 진찰비용 및 제2항에 따른 방문비용 중 공단부담금을 공단에 직접 청구할 수 있다"고 규정하여 계약의사가 소속된 의료기관에게 계약의사 활동비용을 공단에 직접 청구할 수 있는 권리를 부여하고 있다. 계약의사 활동비용이 장기요양급여비용(시설급여비용)에 포함되지 않는다면 요양급여고시 제44조의2 제3항은 법 제38조 제1항에 위반되지 않는다. 요양급여고시 제44조의2 제3항에 따라 계약의사가 소속된 의료기관이 계약의사 활동비용을 청구한 건에 대하여 부당청구 등이 발생하였을 경우 그 환수대상과 부당청구에 따른 지정취소 등 행정처분의 귀속 주체가 문제이다. 계약의사가 소속된 의료기관은 법상의 부당이득 징수대상, 행정처분대상 등이 될 수 없기 때문이다.

다   청구 방법

(1) 청구체계

장기요양기관이 장기요양급여비용을 청구하려는 경우에는 장기요양급여비용 청구서에 장기요양급여비용 청구명세서를 첨부하여 전자문서교환방식 또는 전산 매체로 공단에 제출해야 하며, 장기요양급여비용을 최초로 청구하는 경우에는 장기요양기관 현황통보서를 공단에 제출하여야 한다(시행규칙 제30조 제1항·제2항). 전자문서 교환방식에는 노인장기요양보험포털 또는 재가급여전자관리시스템이 있다(「장기요양급여비용 청구 및 심사·지급업무 처리기준(보건복지부고시 제2024-268호, 2024. 4. 12., 일부개정)」제3조). 장기요양기관이 장기요양급여비용을 청구하고자 하는 때에는 ① 별지 제2호서식, 제21호서식, 제22호서식, 제27호서식, 제31호서식의 장기요양급여비용 등 청구서와 ② 별지 제3호서식 부터 제9호서식, 제23호서식, 제28호서식, 제32호서식의 장기요양급여비용 등 청구명세서를 전자문서교환방식 또는 전산매체로 공단에 제출한다(「장기요양급여비용 청구 및 심사·지급업무 처리기준」제6조). 청구서 및 청구명세서 작성방법 등은 「장기요양급여비용 청구 및 심사·지급업무 처리기준」에 별첨되어 있다.

(2) 서비스코드 문제

「장기요양급여비용 청구 및 심사·지급업무 처리기준」제17조에는 "장기요양급여비용 청구 시 사용하는 급여종류별 서비스코드는 제4조에 따라 공단의 이사장이 정하는 세부 작성요령에 의한다."고 하고, 같은 처리기준 별첨1 「청구서·청구명세서 작성요령」에는 장기요양급여내용에는 "급여종류·기관유형(급여형태)별 서비스 코드, 명칭, 제공일, 총 횟수, 단가, 급여비용 산정비율, 산정단가, 산정소계, 산정총액 등을 기재한다.", 산정총액은 "서비스 분류코드별 단가에 「장기요양급여제공기준 및 급여비용 산정방법 등에 관한 고시」제20조, 제33조 및 제5장제3절 급여비용의 감액산정 기준에 의해 산출된 산정금액의 소계를 합산하여 기재한다."고 규정하고 있다. 이러한 규정을 종합하여 보면 청구의 핵심은 서비스 분류코드별 단가를 기준으로 장기요양급여비용을 청구하는 것으로 보이는데 '급여종류별 서비스코드' 및 '서비스 분류코드별 단가'는 현재까지 존재하지 않고 있어 청구체계의 근간이 문제가 되고 있다. 즉, 급여종류별 서비스코드는 보건복지부고시 제2024-268호「장기요양급여비용 청구 및 심사·지급 업무처리기준」제17조에 따라 공단의 이사장이 정하는 세부 작성요령에 따라 부여되어 운영되어야 하나 이사장이 세부작성요령을 정하여 공포한 규정을 찾을 수 없다는 것이다. '급여종류별 서비스코드'제도란 방문요양급여의 경우 정서지원, 인지활동형 방문요양급여 등 요양급여고시에서 세분화된 서비스를 코드화하여 청구하도록 하여 이를 심사 등에 활용하겠다는 의도로 보여지기 때문에 청구와 서비스 제공관리에 핵심적인 부분이라 보인다.

「장기요양급여비용 청구 및 심사·지급업무 처리기준」제4조 및 제17조의 규정에 의거 '급여종류별 서비스코드'가 공단의 공고 등의 형태로 제정하여 공표되지 않은 채 공단 노인장기요양보험포털 프로그램 등으로 운영되는 것으로 보인다. '급여종류별 서비스코드'가 구조화된 형식으로 제정되어 공단의 공고 등의 형태로 공표되지 않아 법규로써의 효력자체가 발생하지 않아 장기요양기관의 청구 자체가 불능상태로 지금까지 지속되어 왔다는 것이다. 행정당국이 스스로 정한「장기요양급여비용 청구 및 심사·지급업무 처리기준」제4조 및 제17조를 위반한 채 노인장기요양보험포털 프로그램 등이 법규를 대체하여 이루어진 청구와 그 청구를 근거로 행정처분이 이루어진 급여비용의 심사·지급의 효력에 의문이 생기고 있다.

(3) 산정총액 및 본인부담금 작성문제

청구서·청구명세서 작성요령(「장기요양급여비용 청구 및 심사·지급업무 처리기준」, 보건복지부고시 제2024-268호, 2024. 4. 12., 일부개정, 별첨1)에 따르면 산정총액은 본인부담금과 장기요양급여비용 총액 산정의 기초가 되는 개념이다. 산정총액 서비스 분류코드별 단가에「장기요양급여제공기준 및 급여비용 산정방법 등에 관한 고시」제20조, 제33조 및 제5장제3절 급여비용의 감액산정 기준에 의해 산출된 산정금액의 소계를 합산하여 기재하도록 규정되어 있어 '서비스 분류코드별 단가'에 대한 실체가 존재하지 않아 법규로서의 중대한 하자가 있어 청구시스템이 제대로 작동하지 않는 문제가 지속되어 왔다.

본인부담금은 산정총액에 본인부담율을 곱한 금액에서 10원 미만을 절사한 금액을 기재하도록 규정되어 있으며, 요양급여고시에서 수급자 본인이 부담하지 아니하는 원거리교통비용, 방문간호급여의 간호(조무)사 가산금, 주·야간보호급여의 이동서비스비용 및 목욕서비스 가산금, 종일 방문요양급여 가산금 등은 산정총액에 포함하지 아니하도록 규정하여 요양급여고시와 청구서·청구명세서의 본인부담금제도가 연계되도록 규정하고 있다. 그러나 요양급여고시에서 본인이 부담하지 않는 항목인 방문요양급여 중증수급자 가산금(제19조의2), 계약의사 방문비용(제44조의2)은 '청구서·청구명세서 작성요령'상의 산정총액에 포함하지 아니하는 항목에서 제외됨으로써 요양급여고시의 본인부담금 규정과 청구서·청구명세서 작성요령상의 본인부담금이 일치되지 않고 있다.

2 재가 및 시설급여비용의 심사 및 지급

가 심사제도의 의의

장기요양기관은 수급자에게 장기요양급여(서비스)를 제공하고 그 비용 중 본인부담금을 제외한 비용을 공단에 청구하고 공단은 이를 심사하여 지급하는 체계에서 공단의 심사는 장기요양기관이 수급자에게 행한 서비스가 적법 타당한지를 판단하는 일련의 행정작용을 말한다. 심사는 장기요양기관의 적법한 서비스와 청구를 유도하여 보험재정을 보호하는 기능을 하며, 수급자와 장기요양기관의 서비스제공 관계에 공적으로 관여하는 법률관계이다. 심사는 장기요양급여비용의 지불체계(수가제도)와 밀접히 관련되어 있다. 실무적인 면에서 볼 때 심사는 수급자의 자격, 시간당 또는 일당 책정된 가격과의 일치 여부, 다양한 가·감산 기준에 적합한지, 본인부담금의 적법성 등을 심사하는 것이며, 수급자의 욕구에 적합하고 타당한 서비스 제공여부, 기저귀를 제때에 갈아주었는지 여부 등 당해 청구건에 대한 서비스의 품질에 대하여는 서면 및 사후 심사의 특성상 심사자체가 불가능한 구조이다.

나 심사제도의 법적 근거

법 제38조 제2항에서는 공단은 장기요양기관으로부터 재가 또는 시설 급여비용의 청구를 받은 경우 이를 심사하여 그 내용을 장기요양기관에 통보하도록 규정하고 있다(법 제38조 제2항, 제7항). 공단은 장기요양 급여비용의 청구를 받은 경우에는 장기요양인정서에 기재된 장기요양급여의 종류와 내용, 장기요양급여의 제공기준, 산정된 재가 및 시설 급여비용의 내역 등에 적합한지를 심사한다(시행규칙 제31조 제1항). 심사관련 세부사항은 장기요양급여비용 청구 및 심사·지급업무 처리기준(보건복지부 고시) 등이 있다.

다 확인심사

장기요양급여비용의 심사의 기본은 장기요양기관이 수급자에게 장기요양급여비용 청구명세서에 기재된 사항을 제공한 사실 여부와 청구명세와 실제 서비스와의 일치 여부를 확인하는 데 있다. 이러한 사실확인심사는 법 제61조 제2항의 보건복지부 또는 지방자치단체의 현지조사규정과 시행규칙 제31조 제1항의 공단의 현지방문확인 규정과 밀접히 관련된다. 이 부분에 대하여는 후술하는 현지조사 부분(part 12. 8. 다. 라.)을 참고하기 바란다.

라 심사 및 지급 기간

공단은 장기요양 급여비용의 청구를 받은 날부터 30일 이내에 이를 심사하여 장기요양기관에 통보하여야 하며, 심사 결과 확정된 장기요양급여비용을 해당 장기요양기관에 지체 없이 지급하여야 한다. 해당 장기요양기관에 심사에 필요한 자료를 요청한 경우 등 특별한 사유가 있는 경우에는 그에 소요되는 기간은 제외한다(시행규칙 제31조 제2항). 심사 및 지급기간 30일이 도과하더라도 지연이자 등의 문제는 발생되지 않는다 할 것이다. 왜냐하면 이 규정은 별도의 지연이자나 벌칙 등의 규정이 없는 것으로 보아 훈시규정의 성격이기 때문이다.

마   지급의 보류

(1) 의의

공단은 장기요양기관이 정당한 사유 없이 법 제61조 제2항에 따른 자료제출 명령에 따르지 아니하거나 질문 또는 검사를 거부·방해 또는 기피하는 경우 이에 응할 때까지 해당 장기요양기관에 지급하여야 할 장기요양급여비용의 지급을 보류할 수 있다. 이 경우 공단은 장기요양급여비용의 지급을 보류하기 전에 해당 장기요양기관에 의견 제출의 기회를 주어야 한다(법 제38조 제7항).

수급자와 장기요양기관 및 공단간의 법률 관계에서 살펴볼 때 수급자와 장기요양기관 간 계약을 통해 이루어진 장기요양급여에 대한 비용은 법령을 위반한 부당청구라는 사실이 입증되지 않은 상태에서는 공단부담금이나 수급자 본인부담금의 지급의무는 발생하는 것이 우리 법체계의 일반적인 원칙이다. 한편, 장기요양보험제도는 한정된 재원으로 노인돌봄서비스를 제공하는 사회보장제도이므로 그 재정보호는 민사상의 법리보다는 우선시되어야 한다는 점에도 사회적 타당성이 있다. 지급보류제도는 장기요양기관이 현지조사를 거부한 상태에서 폐업을 하였을 경우 사후에 부당청구금액이 적발되더라도 환수의 실효성 확보수단으로서의 기능, 의무 위반에 대한 책임추궁 및 의무이행 유도 등의 기능을 갖고 있다.

(2) 제재 수단의 적정성

장기요양기관이 법 제61조 제2항의 현지조사를 거부하였을 때에는 지정취소(법 제37조 제1항 제5호), 위반사실의 공표(법 제37조의3), 1천만원 이하의 벌금(법 제

67조 제4항) 등의 3중 제재(처분 및 처벌)를 할 수 있음에도 지급보류까지 한다는 것은 지나치다는 의견도 있다. 현지조사 거부 기관에 대하여 지정취소를 하지 않고 장기요양급여비용에 대한 지급을 보류할 경우 요양기관의 운영자체가 불가능하기 때문에 자동 폐업 사태로 이어지기 때문에 현지조사 이행을 강제하기위한 수단으로는 적절하지 않다는 것이다. 그리고 현지조사를 거부하고 폐업한 경우 등 현실적으로 현지조사실시가 불가능한 경우 지급보류 상태를 언제까지 유지할 것인지의 문제도 발생하고 있다.

(3) 지급보류 절차

공단은 현지조사 주관기관으로부터 현지조사를 거부한 장기요양기관을 문서로 통보 받은 경우 해당 장기요양기관에 장기요양 급여비용 지급보류 예정통보서를 시행하여 의견 제출기회를 부여하고 소정의 기간 안에 의견을 제출하지 않거나 제출한 의견을 받아들일 수 없을 때에는 해당 장기요양기관에 지급할 비용에 대한 지급보류를 실시한다.

공단은 지급보류 대상 장기요양기관의 장이 기한 내 지급보류 관련 의견을 제출한 경우 접수일로부터 14일 이내에 의견에 대해 답변하여야 한다. 이때 공단은 지급보류 의견에 대한 답변을 할 때에는 현지조사 주관기관인 특별자치시, 특별자치도, 시·군·구에도 답변서를 문서로 통보한다(장기요양기관 현지조사 및 행정처분 지침, 보건복지부) 공단은 지급보류 해당 장기요양기관이 제출한 의견을 기각하거나, 의견을 제출하지 않는 경우 장기요양급여비용 지급보류결정통보 문서를 지급보류 대상 장기요양기관과 현지조사 주관기관에 시행한다.

바 본인부담금 공제 및 환급

공단은 장기요양급여비용을 심사한 결과 장기요양기관인 수급자로부터 본인부담금을 과다 징수한 경우 이를 장기요양기관에 지급할 금액에서 공제하여 수급자에게 지급하여야 하며, 공단이 과다 납부된 본인부담금을 장기요양기관으로부터 공제하여 수급자에게 지급할 때에 그 수급자가 공단에 납부하여야 하는 장기요양보험료 및 그 밖에 이 법에 따른 징수금과 상계(相計)할 수 있다(법 제38조 제4항, 제5항). 장기요양기관이 청구한 장기요양급여비용 심사과정에서 일정 금액이 삭감될 경우 장기요양급여비용의 일정 비율을 본인이 부담하는 구조의 특성상 본인부담금도 자동적으로 연계하여 과다징수한 것으로 되기 때문에 공단이 직접 수급자에게 이를 환급해 주기 위한 제도이다.

3 위반사실 등의 공표

가 의의

공표제도는 국민들에게 예측과 기대가능성을 부여하여 법률생활의 안정을 도모하기 위하여 일정한 사실을 다수에게 알려주는 제도이다. 법 제37조의3 제1항 및 제2항에 의하면 보건복지부장관과 지방자치체의 장은 장기요양기관이 ① 거짓으로 청구한 금액이 1천만원 이상인 경우, ② 거짓으로 청구한 금액이 장기요양급여비용 총액의 100분의 10 이상인 경우, ③ 법 제61조 제2항에 따른 자료제출 명령에 따르지 아니하거나 거짓으로 자료제출을 한 경우나 질문 또는 검사를 거부·방해 또는 기피하거나 거짓으로 답변하였다는 사유로 행정처분이 확정된 경우에는 위반사실, 처분내용, 장기요양기관의 명칭·주소, 장기요양기관의 장의 성명 등을 공표하여야 한다. 다만, 장기요양기관의 폐업 등으로 공표의 실효성이 없는 경우에는 공표하지 아니한다.

따라서 공표제도는 부당청구나 현지조사를 거부한 장기요양기관에게 심리적 압박을 가하여 부당청구 방지나 현지조사의 실효성을 확보하기 위한 기능을 한다. 국민들에게는 정보제공과 동시에 해장 장기요양기관에게는 행정제재적인 성격을 가지는 것이라고 할 수 있다.

나 | 법적 성격

부당청구 또는 현지조사를 거부한 장기요양기관에게 행하는 공표는 그 자체가 처분성을 띠어 행정쟁송의 대상이 된다. 일단 공표가 이루어진 후에는 그 공표를 취소 또는 철회한다고 하더라도 불특정 다수인의 관념을 소멸시킬 수 없다는 데 문제가 있다. 즉, 해당 공표가 공단 등의 착오에 의한 것이었다 하더라도, 이루어지지 말았어야 할 공표 내용을 인지한 수급자 등 국민은 해당 장기요양기관에 대한 부정적인 이미지가 형성되기 때문에, 장기요양기관으로서는 사업 수행에 현실적인 지정이 초래된다. 이에 따라 장기요양기관이 이에 관하여 다툴 때는 실무적으로는 공표의 취소 또는 철회절차와 공표의 내용을 번복하는 행정쟁송 절차와 민사상의 손해배상절차를 병행하여야 할 것이다.

법 제37조의3 제1항 및 제2항에서는 '공표하여야 한다.'고 공표 의무를 부여하고 있으므로 행정청의 재량이 아니며, 소정의 요건에 해당되는 경우 이를 의무적으로 공표하여야 한다.

다 | 공표 절차

보건복지부장관 등이 공표를 하려는 경우에는 공표대상 장기요양기관에 공표대상 장기요양기관이라는 사실과 공표사항을 서면으로 통지해야 하며, 공표심의위원회를 둔 경우에는 공표심의위원회의 심의를 거쳐 통지해야 한다. 통지를 한 이후 당해 장기요양기관에 대하여 청문을 한 후 공표 여부를 결정한다(시행령 제15조의4).

4 ▸ 행정제재처분 효과의 승계

가 │ 의의

업무정지처분이나 지정취소처분 등 행정제재처분을 받은 경우 당해 장기요양기관을 타인에게 양도하거나 폐업 후 타인명의로 재개설 등의 방법으로 행정제재처분을 회피하는 문제를 방지하기 위하여 도입되었다.

나 │ 내용

행정제재처분의 효과는 장기요양기관을 양도한 경우 양수인, 법인이 합병된 경우 합병으로 신설되거나 합병 후 존속하는 법인, 장기요양기관 폐업 후 같은 장소에서 장기요양기관을 운영하는 자 중 종전에 행정제재처분을 받은 자(법인인 경우 그 대표자를 포함한다)나 그 배우자 또는 직계혈족에게 그 처분을 한 날부터 3년간 승계된다. 행정제재처분의 절차가 진행 중일 때에도 양수인 등에게 그 절차를 계속 이어서 할 수 있다. 다만, 양수인 등이 양수, 합병 또는 운영 시에 행정제재처분 또는 위반사실을 알지 못하였음을 증명하는 경우에는 그러하지 아니하다(법 제37조의4).

다 │ 승계 대상 및 범위

행정제재처분의 효과가 승계되는 자는 ▶ 장기요양기관을 양도한 경우 양수인, ▶ 법인이 합병된 경우 합병으로 신설되거나 합병 후 존속하는 법인, ▶ 장기요양기관 폐업 후 같은 장소에서 장기요양기관을 운영하는 자 중 종전에 행정제재처분을 받은 자(법인인 경우 그 대표자를 포함한다)나 그 배우자 또는 직계혈족이다. 장기요양기관 대표자의 사망에 따른 상속의 경우에는 승계대상이 아니다. 상속의 경우는 피승계인이 행정처분을 회피할 목적으로 상속할 가능성이 없기 때문이며,

장기요양기관은 그 성격상 상속될 수 없는 성격을 갖고 있기 때문에 승계대상으로 규정하지 않은 것으로 보인다.

승계대상 행정제재처분은 법 제37조 제1항의 장기요양기관의 지정취소 처분이나 업무정지처분이다. 법 제37조의3의 규정에 따라 업무정지처분에 갈음하여 부과하는 과징금처분의 경우 승계 대상에 명시적으로 규정되어 있지 않아 논란의 여지가 있다.

문제는 장기요양기관의 양도인이 영업활동 중에 법에서 정한 의무를 위반하였으나 아직 행정제재처분을 받지 않은 상태에서 타인에게 장기요양기관을 양도하는 경우에 행정청은 양도인의 위법사유를 이유로 양수인에 대해 영업의 정지 등 행정제재처분을 발할 수 있는가 하는 점이다. 판례는 일관되게 대물적 허가에 있어서 제재적 처분이 대물적 처분의 성격을 갖는다고 인정되는 경우에는 제재적 처분사유의 승계를 인정하여 양수인에 대해 발하여진 제재적 행정처분의 적법성을 인정하여 왔다.[273,274]

라 선의의 승계인에 대한 보호

법 제37조 제3항에서는 "양수인 등이 양수, 합병 또는 운영 시에 행정제재처분 또는 위반사실을 알지 못하였음을 증명하는 경우에는 그러하지 아니하다"고 규정하여 양수인 등 승계인이 양수, 합병 또는 운영 시에 행정제재처분 또는 위반사실을 알지 못하였음에 대하여 입증하는 경우에는 행정제재처분이 승계되지 않는다.

마 행정제재처분 승계 회피 문제

내부고발 등을 미리 예측하고 부당청구 현지조사 이전에 종전 장기요양기관을 폐업하고 가족 등에게 양도한 경우에는 행정제재처분 절차 진행 전에 이루어졌으

---

273 대법원 2001. 6. 29. 선고 2001두1611 판결 등.

274 김아름, 행정처분 효과의 승계, 법제처 법제논단, 2013년 4월, 133쪽.

므로 원칙적으로 양수인에게 업무정지처분 등 행정제재처분을 할 수 없다. 다만, 현지조사가 실시되지 않았다 하더라도 부당청구 사실이 지방자치단체 등에 인지된 상태에서의 종전 장기요양기관이 양도된 경우에는 '행정제재처분의 절차가 진행 중'인지에 대한 논란이 있다.

그리고 재가장기요양기관의 경우 폐업이나 설립이 용이한 점을 이용하여 가족이나 지인이 수개의 장기요양기관을 운영하고 있는 상태에서 특정 장기요양기관이 부당청구가 적발되는 경우 당해 장기요양기관을 폐업하고 가족 또는 지인이 운영하는 장기요양기관으로 수급자를 인계하는 사례가 발생하고 있어 사실상의 행정제재처분 승계를 회피하는 경우가 발생하기도 한다.

5 부당이득의 징수와 구상권

가 부당이득 총설

부당이득은 「민법」 제741조에서 부터 제749조에 규정되어 있는 부당이득제도에서 그 근원을 찾아볼 수 있다. 부당이득제도는 법률상 근거 없이 얻어진 이익을 그 이익이 귀속되어야 할 자에게로 환원시키는 제도이다. 부당이득제도는 이득자의 재산상 이득이 법률상 원인을 갖지 못한 경우에 공평·정의의 이념에 근거하여 이득자에게 반환의무를 부담시키는 것이므로, 이득자에게 실질적으로 이득이 귀속된 바 없다면 반환의무를 부담시킬 수 없다.[275]

노인장기요양보험은 개인의 보험료와 국가의 재정지원으로 운영되므로, 국민의 도덕적 해이를 방지하고 사회적 위험에 대비한 사회적 안전망 확보라는 사회보험제도의 취지에 부합하는 운영과 재정의 건전성과 지속가능성의 확보 그리고 행정의 효율성 등이 요구된다. 이러한 맥락에서 노인장기요양보험법령에는 부당하게 보험재정이 지출되는 것을 방지하기 위한 제도를 다양하게 규정하고 있다. 법

---

[275] 대법원 2017. 6. 29. 선고 2017다213838 판결.

상의 부당이득제도는 민법상의 부당이득제도와 궤를 같이하는 것으로 불법행위가 있어야 하는 것이 아니라 법률상 원인 없이 장기요양급여 또는 장기요양급여비용에 상당하는 금액을 받은 경우까지를 포함하는 개념으로 이해된다.

나 부당이득의 유형(법 제43조)

(1) 부정한 방법으로 장기요양인정을 받은 경우(제1항 제1호)

거짓이나 그 밖의 부정한 방법 또는 고의로 사고를 발생하도록 하거나 본인의 위법행위에 기인하여 장기요양인정(등급)을 받은 것으로 의심이 되어 공단의 재조사 결과 등급판정위원회에서 수급자 등급이 조정되거나 수급자로 될 수 없는 것으로 판정된 경우 그동안 공단으로부터 받은 장기요양급여비용을 공단이 부당이득으로 환수한다. 치매가 아님에도 의사나 공단의 조사시 치매를 가장하였거나, 거동이 가능하여 혼자힘으로 일상활동을 할 수 있음에도 공단의 등급판정을 위한 조사 시 거짓 행동으로 장기요양인정(등급)을 받은 경우에는 장기요양등급판정위원회에서 거짓이나 그 밖의 부정한 방법으로 등급을 인정받은 것으로 보아 당초 장기요양인정 등급을 소급하여 상실시키는데 여기에 해당되면 그동안 장기요양보험으로 서비스 받은 공단부담 비용은 부당이득금으로 환수대상이 된다.

또한 음주운전, 무면허 운전으로 교통사고를 발생시킨 자가 오로지 그 교통사고로 발생된 부상에 기인하여 장기요양인정을 받은 경우는 본인의 위법행위에 기인하여 장기요양인정을 받은 경우에 해당되어 당초 장기요양인정(등급)을 받은 날로 소급하여 장기요양인정의 효력이 상실되므로 그동안 장기요양으로 혜택받은 금액은 부당이득이 된다. 거짓이나 그 밖의 부정한 방법 또는 고의로 사고를 발생하도록 하거나 본인의 위법행위로 기인하여 당초 장기요양인정등급이 다른 등급으로 조정된 경우에는 그 조정등급에 해당하는 기간 동안의 비용이 부당이득이 된다.

다만 거짓이나 그 밖의 부정한 방법 등 본인의 위법행위와 신체의 노화현상이 결합되어 장기요양인정등급을 받은 경우 이를 어떻게 판정하여 구체적인 부당이득금을 산정할 것인지가 현실적인 문제이다.

(2) 월 한도액 범위를 초과하여 장기요양급여를 받은 경우(제1항 제2호)

장기요양급여는 의료서비스와 달리 세수 등 신체수발, 청소 등 일상가사지원 등을 행하는 돌봄서비스인 특성상 서비스의 한도가 책정되어 있다. 특히 방문요양 등 방문서비스의 경우 서비스 시간별로 비용이 책정되어 있는 한편 등급별 월간 사용할 수 있는 한도액이 책정되어 있다(법 제28조 제1항). 그리고 월 한도액을 초과한 비용은 본인이 전부 부담하여야 한다(법 제40조 제3항). 따라서 같은 요양기관 으로부터 또는 2개 이상의 요양기관으로부터 받은 서비스액이 당초 책정된 월 한도액을 초과하여 장기요양급여를 받았다면 공단은 월 한도액을 초과하여 비용을 부담하는 결과가 되므로, 월 한도액을 초과하여 받은 비용만큼을 수급자에게 징수하게 되는데 이 징수금액이 곧 부당이득금액이 된다.

(3) 장기요양급여의 제한 등을 받을 자가 장기요양급여를 받은 경우(제1항 제3호)

수급자에 대한 장기요양인정 등급 직권 재조사(법 제15조 제4항), 장기요양 사업에 필요한 자료제출 요구(법 제60조, 제61조)에 응하지 않거나 답변을 거절한 경우 장기요양급여의 전부 또는 일부를 제공하지 아니할 수 있다(법 제29조 제1항). 수급자가 장기요양기관과 공모하여 장기요양기관이 거짓이나 그 밖의 부정한 방법으로 장기요양급여비용을 받는 데에 가담한 경우 당해 수급자에게 제공 중인 급여를 중단하거나 향후 제공될 급여를 1년의 범위 안에서 제한 할 수 있다(법 제29조 제2항). 업무상 또는 공무상 질병·부상·재해 즉, 일반 사업장에서의 산업재해, 국가나 지방자치단체에서의 공무상재해로 「산업재해보상보험법」, 「공무원재해보상법」 등 다른 법령에 의하여 「노인장기요양보험법」상의 장기요양급여에 상당하는 급여를 받거나 받게 되는 경우에는 장기요양급여를 제한한다(법 제30조에 의하여 준용되는 국민건강보험법 제53조 제1항 제4호). 또한 장기요양보험료를 총 6회 이상 체납한 때에는 보험급여를 제한할 수 있다(법 제30조에 의하여 준용되는 「국민건강보험법」 제53조 제3항~제6항). 이와 같이 장기요양급여가 제한된 자가 그 제한의 효력이 미치는 기간 동안 받은 장기요양급여비용은 곧 부당이득이 되어 환수대상이 된다는 것이다.

문제는 법 제43조 제1항 제3호에 규정된 "장기요양급여의 제한 등을 받을 자"에 대한 해석에 있다. 법 제29조 제1항과 2항 그리고 법 제30조에 의하여 준용되는 「국민건강보험법」 제53조 제3항~제6항의 규정에 의한 급여제한 규정은 재량규정으로써 강행규정과 달리 비록 의무사항을 위반하였다 하더라도 공단이 행정처분으로써 급여제한 처분을 행사하여야 비로소 급여제한이라는 법률효과가 발생된다. 따라서 법 제43조 제1항 제3호의 "장기요양급여의 제한 등을 받을 자"란 공단의 급여제한 처분이 존재하지 아니하여도 당연히 혜택받는 급여비용이 부당이득을 구성한다는 논리가 성립되어 급여제한 처분이 선행되지 않은 건에 대하여도 부당이득이 존재할 수 있다는 논리가 성립되어, 법 제29조 제1항 등과의 충돌이 발생할 뿐 아니라 법 해석과 집행에도 논란이 나타날 수 있다.

(4) 거짓이나 그 밖의 부정한 방법으로 재가 및 시설 급여비용을 청구하여 이를 지급받은 경우(제1항 제4호)

"거짓이나 그 밖의 부정한 방법"이란 악의 또는 고의로 사실이 아님을 알면서도 진실에 반하여 사실과 다르게 행하는 것, 착오나 과실로 규정된 금액이나 일반적인 법 이념에 비추어 적당하지 않은 것 등을 포함하는 개념이다. '거짓이나 그 밖의 부정한 방법으로 재가 및 시설 급여비용을 청구하여 이를 지급받은 경우'란 요양기관이 요양급여비용을 받기 위하여 허위의 자료를 제출하거나 사실을 적극적으로 은폐할 것을 요구하는 것은 아니고, 관련 법령에 의하여 요양급여비용으로 지급받을 수 없는 비용임에도 불구하고 이를 청구하여 지급받는 행위를 모두 포함한다.[276]

이 법에서 "거짓이나 그 밖의 부정한 방법으로 재가 및 시설 급여비용을 청구하여 이를 지급받은 경우"에 해당하는 것에는 거짓이나 그 밖의 부정한 방법으로 장기요양기관으로 지정받은 기관이 급여비용을 지급받은 경우, 법 제23조 제2항의 장기요양급여를 제공할 수 있는 장기요양기관의 종류 및 기준과 장기요양급여 종류별 장기요양요원의 범위·업무를 위반하여 급여비용을 지급받은 경우, 법 제

---

[276]   대법원 2008. 7. 10. 선고 2008두3975 판결.

23조 제3항의 장기요양급여의 제공 기준·절차·방법·범위 등의 기준을 위반하여 급여비용을 지급받은 경우 등이 있다. 수가가감산 기준 위반 등 요양급여고시 위반이 여기에 해당된다.

(5) 거짓이나 그 밖의 부정한 방법으로 의사소견서등 발급비용을 청구하여 이를 지급받은 경우(제1항 제4호의2)

의사가 거짓이나 그 밖의 부정한 방법으로 의사소견서·방문간호지시서를 발급하여 그 발급비용을 지급받은 경우 부당이득에 해당된다는 것이다. 치매 등 질병이나 부상에 대하여 허위로 소견서를 발급하는 등의 경우가 이에 해당되는데, 이러한 경우 소견서 발급비용은 당연히 부당이득이 되며 허위의 소견에 따라 장기요양 등급을 인정받은 경우 당해 수급자의 장기요양급여비용 중 공단이 부담한 비용은 민법상의 손해배상대상이 된다. 물론 수급자측과 공모하여 의사소견서 등을 허위로 발급한 경우에는 당해 수급자가 지급 받은 장기요양급여비용은 수급자와 의사소견서를 허위로 발급한자와 연대하여 부당이득 징수 대상이 된다(법 제43조 제2항).

(6) 그 밖에 이 법상의 원인 없이 공단으로부터 장기요양급여를 받거나 장기요양급여비용을 지급받은 경우(제1항 제5호)

이 규정은 부당이득의 대상을 구체적으로 나열하는 데 한계가 있기 때문에 법 제43조 제1항 제1호 내지 제5호 이외의 사항에 대하여도 부당이득으로 포섭하려는 입법정책으로 보인다. "그 밖에 이 법상의 원인 없이"란 「민법」 제741조에서 부터 제749조의 부당이득 법리와 같이 법상의 근거 없이 얻어진 이익에 대하여는 그 이익이 귀속되어야 할 공단에게 환원시키는 제도이다.

다 본인부담금에 대한 부당이득금 처리

공단은 장기요양기관이나 의료기관이 수급자 또는 신청인으로부터 거짓이나 그 밖의 부정한 방법으로 장기요양급여비용 또는 의사소견서등 발급비용을 받은 때 해당 장기요양기관 또는 의료기관으로부터 이를 징수하여 수급자 또는 신청인에게 지체 없이 지급하여야 한다(법 제43조 제4항). 장기요양기관이나 의료기관의 장기요양급여비용에 대한 부당이득금이 발생하게 되면 수급자가 부담한 본인부담금에 대하여도 당연히 부당이득이 발생하는 구조이므로 부당이득금 징수행정의 효율성을 도모하기 위하여 공단이 수급자가 부담한 부당이득에 대하여도 이를 장기요양기관 등으로부터 공단의 부당이득금과 같이 징수하여 공단이 수급자에게 돌려주는 제도이다.

라 구상권

공단은 제3자의 행위로 인한 장기요양급여의 제공사유가 발생하여 수급자에게 장기요양급여를 행한 때 그 급여에 사용된 비용의 한도 안에서 그 제3자에 대한 손해배상의 권리를 얻는다(법 제44조 제1항). "제3자의 행위"란 예를 들어 교통사고를 당한 부상의 후유증으로 장기요양인정등급을 받아 수급자가 된 경우 당해 교통사고의 가해자는 제3자에 해당되고 교통사고는 '행위'에 해당되어 교통사고 가해자에게 수급자가 받은 장기요양급여비용를 교통사고 가해자에게 손해배상을 청구할 수 있다는 규정이다. 허위진단서 발급 또는 신청자에게 허위의 답변이나 동작을 학습시켜 장기요양인정 등급을 받게 한 자 등도 여기서 말하는 '제3자의 행위'에 포함된다 할 것이다.

부당이득은 부당한 방법으로 공단 등으로부터 이득을 얻은 자에 대하여 부당하게 얻은 금액을 환수하여 부당이득을 얻기 이전의 상태로 되돌려 놓는 제도이다. 구상권은 부당이득제도와 달리 가해자 본인이 공단으로부터 직접 이득을 얻지는 않았지만, 공단에게 손해를 입혀 공단이 손해를 입힌 자에게 공단이 지출한 비용을 청구하는 제도이다. 일례로, 가해자의 중앙선 침범 등 가해행위로 인하여 상대방에게 부상을 입혀 ▶ 상대방은 영구적으로 일상활동을 할 수 없는 신체기능 상태가 되었고, ▶ 그 상대방은 일상활동을 할 수 없는 신체기능 상태로 말미암아 장기요양인정신청을 하여 장기요양 등급을 인정받아 장기요양 수급자가 되었고, ▶ 수급자는 장기요양기관을 통하여 장기요양급여를 받았고, ▶ 공단은 당해 장기요양기관에게 수급자가 받은 장기요양급여에 대한 비용을 지급한 경우가 있다. 이 경우 공단 입장에서는 중앙선 침범이라는 가해 행위가 없었다면 수급자에게 장기요양급여비용이 발생하지 않았을 것이다. 따라서 공단은 가해행위를 한 자에게 공단이 수급자에게 지출한 장기요양급여비용(공단 부담금)에 대하여 손해배상을 청구하게 된다. 이와 같이 구상권은 가해행위를 한 제3자에게 공단이 손해배상의 청구권을 갖는다는 점에 부당이득제도와의 차이가 있다.

6 처분의 사전 고지제도와 청문

가 공단 처분의 사전통지 및 고지제도

공단은 장기요양기관 등에 부당이득금을 처분하기 이전에 미리 당사자에게 처분의 제목, 당사자의 성명 또는 명칭과 주소, 처분하려는 원인이 되는 사실과 처분의 내용 및 법적 근거, 의견을 제출할 수 있다는 뜻과 의견을 제출하지 아니하는 경우의 처리방법, 의견제출기관의 명칭과 주소 의견제출기한 등을 미리 당사자에게 통지하여야 한다(「행정절차법」 제21조 제1항). 이와 같은 사전통지, 의견 청취, 이유 제시 절차를 거치지 않은 경우 그 처분은 위법하여 취소를 면할 수 없게 된다.[277] 그러나 장기요양기관의 요양급여비용 청구에 대한 삭감처분은 부당이득금 처분과 달리 그 성격상 삭감처분 이전에 미리 의견제출 절차를 부여하지 아니하여도 된다(「행정절차법」 제21조 제4항).

공단은 부당이득금처분이나 요양급여비용 삭감처분 등 처분을 할 때에는 장기요양기관 등 상대방에게 심사청구, 재심사청구 및 행정소송 등을 청구할 수 있는 절차 및 청구기간 등을 알려야 한다(「행정심판법」 제58조). 심사청구 기간을 규정된 기간(90일)보다 긴 기간으로 잘못 알린 경우 그 잘못 알린 기간에 심사청구가 있으면 그 규정된 기간에 심사청구가 제기된 것으로 본다. 심사청구 기간을 알리지 아

---

277 대법원 2023. 9. 21. 선고 2023두39724 판결.

니한 경우 180일의 기간 안에 심사청구를 제기할 수 있으며, 180일을 넘었다 하더라도 정당한 사유를 증명하면 심사청구 제기가 가능하다.

나 청문

시장·군수·구청장은 장기요양기관 지정취소 또는 업무정지명령, 위반사실 등의 공표 및 장기요양급여 제공의 제한 처분을 하려는 경우에는 청문을 하여야 한다(법 제63조). 청문은 행정청이 국민에게 불이익한 처분을 하기 전에 당사자의 의견을 듣는 절차이다. 청문절차는 법 제63조 각호에 규정된 사항에 대하여는 의무적으로 실시하여야 하며, 그 이외에 행정청이 필요하다고 인정하는 사항에 대하여도 청문을 실시한다(「행정절차법」 제22조 제1항).

법 제63조 각호에 규정된 사항에 대하여 청문 절차를 결여한 처분은 위법한 처분으로서 취소사유에 해당한다. 판례는 구청장이 장기요양기관에 대한 업무정지 처분과정에서 청문 실시에 관한 사항을 통지하였으나, 장기요양기관은 의견서만 제출한 채 청문 일시에 출석하지 않자, 위 의견서에 대한 검토 결과를 장기요양기관에게 전달한 후 업무정지 처분을 한 사안에서 법원은 청문 절차를 실질적으로 거치지 않았다고 볼 정도로 '청문 절차'에 중대한 하자가 있으므로, 위 처분이 위법하여 취소되어야 한다고 하였다.[278]

7 심사청구, 재심사청구 및 행정소송

가 심사청구

장기요양인정·장기요양등급·장기요양급여·부당이득·장기요양급여비용 또는 장기요양보험료 등에 관한 공단의 처분에 이의가 있는 자는 공단에 심사청구를 할

---

[278]   서울고등법원 2022. 11. 24. 선고 2021누77724 판결.

수 있다(법 제55조 제1항). 심사청구는 그 처분이 있음을 안 날부터 90일 이내에 문서로 하여야 하며, 처분이 있은 날부터 180일을 경과하면 이를 제기하지 못한다. 다만, 정당한 사유로 그 기간에 심사청구를 할 수 없었음을 증명하면 그 기간이 지난 후에도 심사청구를 할 수 있다(법 제55조 제2항). 장기요양기관의 경우 공단의 장기요양급여비용 삭감 처분이나 부당이득금 고지처분 등이 심사청구대상이 된다. 법 제55조 제1항에 구체적으로 열거되지 않았지만 장기요양기관 평가에 대한 처분사항도 심사청구대상이 된다고 본다.

법 제55조의 심사청구제도는 공단의 위법·부당한 처분으로 인하여 권리나 이익이 침해당한 경우 당사자의 청구에 의하여 처분청인 공단 자신이 이를 재심사하는 일종의 이의신청 절차이다. 심사청구절차를 거치지 않고 바로 행정소송을 제기하여도 된다(법 제57조).

심사청구 사항을 심사하기 위하여 공단에 장기요양심사위원회를 설치한다(법 제55조 제3항). 성격상 장기요양심사위원회의 결정에 공단은 이의제기나 소송 등을 제기할 수 없고 그 결정에 따라야 한다. 그러나 심사청구를 제기한 자는 보건복지부에 재심사청구나 법원에 행정소송을 제기할 수 있다.

나 재심사청구

심사청구에 대한 결정에 불복하는 사람은 그 결정통지를 받은 날부터 90일 이내에 장기요양재심사위원회에 재심사를 청구할 수 있으며, 재심사위원회는 보건복지부장관 소속으로 두고, 위원장 1인을 포함한 20인 이내의 위원으로 구성한다(법 제56조 제1항, 제2항). 재심사청구는 공단의 장기요양심사위원회의 심사결정절차를 거쳐야 제기할 수 있다. 재심사위원회의 재심사에 관한 절차에 관하여는「행정심판법」을 준용하고, 재심사청구 사항에 대한 재심사위원회의 재심사를 거친 경우에는「행정심판법」에 따른 행정심판을 청구할 수 없으므로(법 제56조의2) 재심사청구제도는 행정심판법상의 행정심판제도의 일종이다.

다 행정소송

심사청구제도나 재심사청구제도는 행정청(공단)이 스스로 적법성·합목적성을 판단하여 시정하는 자기 통제수단으로 하는 약식 소송제도로서, 국민의 신속하고 편리한 권익구제와 법원의 부담 경감이라는 기능을 한다. 그러나 행정소송은 법원이 행정법상의 법률관계에 관한 법적 분쟁에 대하여 심리·판단하는 정식재판이다.

공단의 처분에 이의가 있는 자와 심사청구 또는 재심사청구에 대한 결정에 불복하는 자는 「행정소송법」으로 정하는 바에 따라 행정소송을 제기할 수 있다(법 제57조). 따라서 행정소송은 심사청구 또는 재심사청구를 거치지 않고 바로 제기할 수도 있고, 심사청구절차만 거치고도 제기할 수 있고, 재심사청구절차를 거친 이후에도 제기할 수 있다.

행정소송을 적법하게 제기할 수 있는 기간은 심사청구 등을 거친경우와 거치지 않은 경우에 따라 달라진다. 심사청구절차 등을 거치지 않고 바로 행정소송을 제기할 때에는 공단의 처분이 있음을 안 날로부터 90일 이내, 처분이 있은 날부터 1년 이내에 제기하여야 한다. 이 두 기간 중 먼저 도래한 기간 내에 제기하여야 한다. 심사청구 등을 거친 경우는 심사청구서 또는 재심사청구서의 결정서를 송달받은 날부터 90일 이내에 제기하여야 한다(「행정소송법」 제20조).

요양급여비용 등 공단의 처분이 있은 날로부터 90일을 넘겨 제기한 부적법한 심사청구에 대한 결정이 있은 후 결정서를 송달받은 말부터 90일 이내에 원래의 처분에 대하여 취소소송을 제기하였다 하더라도 제소기간을 준수한 것으로 되는 것은 아니다.[279]

라 처분의 집행정지

공단의 처분에 대하여 심사청구, 재심사청구 또는 행정소송을 제기한 경우라 하더라도 공단의 처분이 집행 정지되지 않는다(「행정심판법」 제30조 제1항, 「행정소

---

[279] 대법원 2011. 11. 24. 선고 2011두18786 판결.

송법」제23조 제1항). 심사청구, 재심사청구 또는 행정소송이 제기된 경우 처분, 처분의 집행 또는 절차의 속행 때문에 중대한 손해가 생기는 것을 예방할 필요성이 긴급하다고 인정할 때에는 직권으로 또는 당사자의 신청에 의하여 처분의 효력, 처분의 집행 또는 절차의 속행의 전부 또는 일부의 정지를 결정할 수 있다. 다만, 처분의 효력정지는 처분의 집행 또는 절차의 속행을 정지함으로써 그 목적을 달성할 수 있을 때에는 허용되지 아니한다. 집행정지는 공공복리에 중대한 영향을 미칠 우려가 있을 때에는 허용되지 아니한다(「행정심판법」제30조 제2항, 「행정소송법」제23조 제2항 등).

8 자료제출요구와 현지조사(행정조사)

가 의의

행정조사는 행정기관이 직무를 수행하는데 필요한 정보나 자료를 수집하기 위하여 현장조사·문서열람 등을 하거나 조사대상자에게 보고요구·자료제출요구 및 출석 및 진술요구를 행하는 활동을 행정조사로 정의한다(「행정조사기본법」제2조 제1호). 행정상 사실행위는 행정기관의 행위로서 법적 효과발생이 아닌 사실상의 결과를 발생시키는 일체의 행위를 말한다. 행정지도는 일정한 행정목적을 달성하기 위하여 상대방인 국민에게 임의적 협력을 요청하는 비권력적 사실행위[280](「행정절차법」제2조 제3호)이다. 권력적 성격의 행정조사는 법적 근거를 반드시 요하지만, 조사대상자의 자발적인 협조를 얻어 실시하는 비권력적 행정조사 즉 임의조사는 법률의 근거를 요하지 않는다.

공단이 행정목적을 달성하기 위한 조사방법에는 장기요양기관 등에 대하여 자료의 제출만을 요구하는 경우, 방문하여 강제 또는 임의조사하는 경우 등 위에서

---

[280] 임의적 협력 원칙에도 불구하고 현지조사의뢰 등 불이익조치가 수반되는 경우가 있는 것으로 보이는 등 그릇된 관행이 발생하지 않도록 노력해야 할 것이다.

언급한 행정조사, 행정상의 사실행위, 행정지도, 임의적 협력요청 등 다양한 방법으로 조사 및 행정지원을 하고 있다.

나 　공단의 자료제출 요구권

공단은 장기요양급여 제공내용 확인, 장기요양급여의 관리·평가 및 장기요양보험료 산정 등 장기요양사업 수행에 필요하다고 인정할 때 수급자, 장기요양기관 및 의료기관 등에게 자료의 제출을 요구할 수 있다(법 제60조 제1항). 공단은 장기요양기관이 정당한 사유 없이 자료제출 명령에 따르지 아니하는 경우 이에 응할 때까지 해당 장기요양기관에 지급하여야 할 장기요양급여비용의 지급을 보류할 수 있다(법 제38조 제7항).

법 제60조 제1항의 공단의 자료제출요구는 행정조사 방법 중의 하나로써 필요한 정보나 자료수집을 위한 조사대상자의 임의 제출형태의 자료확보 방법이다. 그러나 보고 또는 자료제출 요구·명령에 따르지 아니하거나 거짓으로 보고 또는 자료제출을 한 자는 500만원 이하의 과태료 부과대상이 된다(법 제69조). 장기요양기관 등이 적법하게 장기요양급여를 제공하였는지, 급여비용 청구 및 장기요양기관 평가와 관련 자료의 확인 등의 용도로 사용된다. 공단이 대상자에게 자료의 제출을 요구할 때에는 제출기간, 제출요청 사유, 제출서류, 제출서류의 반환 여부, 제출거부에 대한 제재내용과 근거 법령 및 그 밖에 필요한 사항이 기재된 자료제출요구서를 발송하여야 한다(「행정조사기본법」 제10조 제2항).

다 　보건복지부 및 지방자치단체의 자료제출·질문·검사권(현지조사)

(1) 의의

보건복지부장관, 시장·군수·구청장은 장기요양기관 등에게 장기요양급여의 제공 명세, 재무·회계에 관한 사항 등 장기요양급여에 관련된 자료의 제출을 명하거나 소속 공무원으로 하여금 관계인에게 질문을 하게 하거나 관계 서류를 검사하게 할 수 있다(법 제61조 제2항). 보건복지부장관, 시장·군수·구청장은 보고 또는 자료제출 명령이나 질문 또는 검사 업무를 효율적으로 수행하기 위하여 필요한 경우에는 공단에 행정응원(行政應援)을 요청할 수 있다(법 제61조 제2항).

질문요구는 조사대상자에게 지정된 일시에 참석하여 답변할 것으로 요구하는 것이다. 조사대상자는 업무 또는 일상생활에 지장이 있는 때에는 참석일시를 변경하여 줄 것을 요청할 수 있다. 관계서류 검사란 관련 서류에 대하여 사실여부·진위여부 등을 확인하거나 조사하는 것을 의미한다. 검사방법으로는 대상자의 사무소 등에 출입, 관련 자료 보고명령, 자료 등의 영치 등을 포함하는 개념으로 이해된다.

법 제62조 제2항의 자료제출·질문·검사권은 보건복지부장관 또는 지방자치단체의 장에게 부여되어 있으며 공단은 이에 대한 권한이 없다. 그러나 부당이득금의 징수권한은 공단에 있기 때문에 행정응원이라는 제도를 통하여 공단에게 보건복지부장관 또는 지방자치단체의 장의 자료제출·질문·검사권 행사 등 현지조사 업무에 참여시키고 있다. 즉, 공단은 현지조사권이 없고 위탁받지도 않았지만 행정응원형태로 참여하고 있다.

현지조사 등을 실시하고자 하는 행정기관의 장은 출석요구서, 보고요구서·자료제출요구서 및 현장출입조사서를 조사개시 7일 전까지 조사대상자에게 서면으로 통지하여야 한다. 다만, 행정조사를 실시하기 전에 관련 사항을 미리 통지하는 때에는 증거인멸 등으로 행정조사의 목적을 달성할 수 없다고 판단되는 경우 또는 조사대상자의 자발적인 협조를 얻어 실시하는 행정조사의 경우에는 행정조사의 개시와 동시에 출석요구서등을 조사대상자에게 제시하거나 행정조사의 목적 등을 조사대상자에게 구두로 통지할 수 있다(「행정조사기본법」 제17조 제1항).

보건복지부 및 지자체의 자료제출·질문·검사(현지조사)를 거부·방해 또는 기피하거나 거짓으로 답변한 경우에는 장기요양기관의 지정취소(법 제37조), 1천만원 이하의 벌금(법 제67조 제4항), 장기요양급여비용의 지급을 보류(법 제38조 제7항)처분을 받을 수 있다. 행정조사는 영장주의 등 사법적 통제장치가 없고, 행정기관이 피조사자에 대하여 감독관계 등 우월적 지위에서 현장조사나 자료제출요구의 형태로 이루어 지기 때문에 비례의 원칙, 권한 남용의 금지 등이 요구된다.

(2) 현지조사의 종류

현지조사는 기획(정기)조사와 긴급(수시)조사가 있다. 정기(기획)조사는 노인장기요양보험제도 운용상 또는 사회적 문제가 제기된 사안에 대해 제도개선 및 올바른 청구문화 정착을 위해 불법·부당의 개연성이 높은 기관 등을 대상으로 정기적으로 실시하는 것을 말한다. 기획조사는 장기요양기관 종류별, 지역별 전면적으로 조사하게 된다.[281]

수시(긴급)조사는 노인장기요양보험법령의 위반에 대한 신고나 민원이 접수된 경우, 공단의 급여사후 관리과정 등에서 법령 등의 위반에 대한 혐의가 있거나, 다른 행정기관으로부터 부당청구 등 법령의 위반에 관한 혐의를 통보 또는 이첩받은 경우, 사회적 문제가 야기된 사항 중 수급자 보호 등을 위해 긴급조사가 필요한 경우, 그 밖에 거짓·부당청구 개연성이 높은 조사대상자가 증거인멸 또는 폐업 등의 우려가 있는 경우에 해당 건별로 수시로 조사하는 것을 말한다. 수시(긴급)조사는 특정 사안별 특정 요양기관에 대한 조사로 이루어진다.

공단은 현지조사 대상기관선정 실무에서부터 행정지원을 통해 현지조사에 참여하여 '부당금액 및 행정처분(안) 세부내용'을 작성하여 보건복지부나 지방자치단체에 보고(통보)하는 등 사실상 현지조사의 실무적인 업무를 수행하고 있다.

현지조사에서 자주 적발되는 유형에는 종사자 인력 허위등록, 필수인력 기준시간 미충족, 종사자 직종별 고유업무 미수행, 실근무시간과 다르게 청구, 입·퇴소일 허위등록, 등급외자 입소 미신고, 정원초과 운영, 입소 수급자 외박기간 동안 수가청구 위반, 전문인 배상책임보험 미가입, 주야간보호기간 24시간 숙박서비스 제공, 겸직불가능한 직종 겸직 업무 수행, RFID시스템을 악용한 서비스 미제공, 서비스 일수 또는 시간을 늘려서 청구, 종사자 허위등록, 자격증 도용하여 서비스 제공, 가족인 요양보호사 서비스를 일반 요양보호사서비스로 허위 청구, 이동서비스 편도제공 후 왕복제공으로 청구, 인지활동프로그램 미제공 등이다.

---

281 보건복지부, 2019년 장기요양기관 현지조사 및 행정처분 지침, 2019; 보건복지부, 요양기관 현지조사 지침, 2023. 12.

(3) 현지조사 결과 행정처분 등

현지조사 결과 적발된 사안에 따라 공단의 부당이득금으로 징수, 시장·군수·구청장의 장기요양기관의 지정취소, 업무정지 또는 업무 정지에 갈음한 과징금 부과 등의 행정처분이 이루어질 수 있다. 공단이 부당이득금을 환수할 때에는 사전 의견진술기회를 부여하며, 시장·군수·구청장이 장기요양기관의 지정의 취소 또는 업무정지 등의 행정처분을 하기 이전에 반드시 청문절차를 실시한다.

적발된 위반행위가 법 제67조의 벌금형 등에 해당될 경우 고발조치를, 법 제69조의 과태료 대상에 해당될 경우 과태료를 부과한다. 현지조사 거부·방해 또는 기피한 장기요양에 대하여는 해당 장기요양기관에 지급하여야 할 장기요양급여비용의 지급을 보류한다.

(4) 현지조사의 절차적 통제 장치

장기요양기관에 대한 현지조사는 환수처분, 업무정지처분, 과징금처분 등 침해적 처분이 예정되어 있으므로 이러한 권력적 행정조사에 대하여는 「행정조사기본법」에서 규정하고 있는 조사대상자의 방어권 보장을 위한 사전 통지의무, 조사결과 통지의무, 현장조사시 증표 제시의무, 의견제출권, 변호인참여권, 조사연기 신청권, 조사원 교체 신청권 등 행정조사에 대한 절차적 통제 장치를 통하여 현지조사의 정당성과 공정성 확보가 필요하다.

라 　급여비용 심사를 위한 공단의 방문 확인

공단은 장기요양 급여비용의 청구를 받은 경우에는 장기요양급여의 제공기준 등에 적합한지를 심사한다. 이 경우 공단의 이사장은 심사를 수행함에 있어 필요하면 소속 직원으로 하여금 현지를 방문하여 확인하게 할 수 있다(시행규칙 제31조 제1항). 공단의 소속직원이 심사를 수행함에 있어 현지를 방문하여 확인하는 경우에는 장기요양급여비용 현지확인 통보서와 공단 소속직원임을 증명할 수 있는 신분증을 제시하여야 한다(「장기요양급여비용 청구 및 심사·지급업무 처리기준」, 보건복지부 고시, 제23조). 이 규정은 법상의 보건복지부장관 또는 지방자치단체의 현지조사권 이외에 공단의 장기요양 급여비용 심사를 위한 현지 방문 확인제도를 규정한 것이다.

이 규정은 자칫 「행정조사기본법」에 규정된 행정조사로 오해할 소지가 있으나 공단이 장기요양 급여비용의 청구를 받은 당해 장기요양기관에 대한 급여비용 지급을 위한 심사목적으로 한정하여 제한적으로 실시할 수 있는 규정이다. 즉, 심사와 지급이 끝난 건이나, 청구도 되지 않은 건에 대하여는 이 규정을 적용할 수 없고 오로지 급여비용청구가 제기되어 공단의 심사과정에서 필요한 경우에만 요양기관을 방문하여 확인하여야 된다는 것이다. 왜냐하면 시행규칙 제31조 제1항은 법 제38조 제2항의 공단의 장기요양기관의 급여비용 청구건에 대한 심사업무 규정의 위임으로 제정된 것이므로 공단의 심사업무에 한정하여 해석되기 때문이다. 이와 관련 공단의 2024년 장기요양기관 업무안내 134쪽에서는 최근 심사·지급한 3개월분(필요한 경우 청구분을 포함)의 급여비용까지 대상으로 하여 청구 및 심사·지급 내용 전반에 걸쳐 기획현지확인심사를 실시하는 것으로 규정되어 있어 필자와 다른 견해이다. 비록 3개월 분에 한정하고 있지만 기 심사·지급된 건에 대하여 현지확인 심사를 한다는 것은 심사라는 명칭을 사용하고 있더라도 법 제61조 제2항의 현지조사와 유사하가 때문에 논쟁의 여지가 많다고 본다.

법률 즉, 이 법에 규정된 것이 아닌 보건복지부령 즉 같은법 시행규칙에 규정되어 있고, 이 규정 위반에 따른 제재 규정 등이 없는 것으로 미루어 보아 강제조사라기 보다는 상대방의 협조와 동의가 전제된 임의조사의 성격이라 보인다.

마 공단의 모니터링을 위한 현장확인

요양급여고시 제54조 제6항에는 "공단은 급여비용 가산을 받은 장기요양기관의 서비스 제공 적정성을 확인하기 위하여 서비스 모니터링을 실시하며, 장기요양기관의 장은 공단 또는 공단이 지정한 자가 서비스 모니터링을 위해 현장 확인을 요구하는 경우 이에 응하여야 한다."고 규정되어 있다. 그리고 요양급여고시 제73조 제4항에는 "공단 또는 공단이 지정한 자가 프로그램 제공의 적정성 여부를 확인하기 위하여 서비스 모니터링을 실시할 수 있다. 이 경우, 장기요양기관의 장은 서비스 모니터링을 위해 현장 확인을 요구하는 경우 이에 응하여야 한다."고 규정되어 있다. 이는 법에 직접 규정된 것이 아니므로 비권력적 행정조사 즉 임의조사의 성격이 있다.

바 | 위법한 행정조사와 행정처분의 효력

(1) 권한 없는 기관의 위법한 행정조사

절차상 위법한 행정조사에 의해 수집된 정보에 기초하여 행정처분이 이루어진 경우 판례는 그 위법한 조사로 수집된 정보에 기초하여 내려진 행정 결정은 위법하다고 보고 있다. 즉, 법원은 「국민건강보험법」 제97조 제2항에 근거한 의료기관에 대한 현지조사에서 보건복지부 소속 공무원의 방문 없이 건강보험심사평가원 소속 직원들에 의해서만 실시된 현지조사에 따른 행정처분은 위법하다고 제기한 소송에서, 현지조사 반장(보건복지부 공무원)은 이사건 병원을 방문하지 않는 등 실제 현지조사에 참여하지 않고 심사평가원 직원만으로 이루어진 현지조사는 위법한 행정조사에 해당하고 이 현지조사에서 취득된 자료는 증거로 쓸 수 없다고 하여 이 사건 처분은 위법하다고 판단한 바 있다.[282]

(2) 처분의 근거 및 이유 등의 통지

「행정절차법」 제21조 제1항에 따라 '행정청은 당사자에게 의무를 부과하거나 권익을 제한하는 처분을 하는 경우에는 미리 '처분하려는 원인이 되는 사실과 처분의 내용 및 법적 근거' 등을 사전에 통지하여야 한다. 법원은 행정청의 사전 통지의무 및 그 정도 등에 관하여, 실무에서 환수결정통지서의 환수결정내역 및 월별내역서에는 'J10', 'J11'과 같은 위법(부당)코드와 대표적인 위반사유 및 월별 합계금액만이 기재되어 있다 하더라도, 장기요양기관을 운영하는 자는 위 코드가 각

---

282 서울행정법원 2020. 6. 18. 선고 2019구합70520 판결.

각 '정원초과기준 위반 청구', '인력 추가배치 가산기준 위반청구' 등에 해당한다는 사실은 충분히 인지하고 있었던 것으로 보이고, 장기요양기관 대표자가 '인력 추가배치 가산기준 위반청구' 등 각 처분사유 항목별로 구체적인 위반 사실의 내용 및 개별 근거 규정 등이 기재되어 있는 현지조사 확인서에 직접 자필 서명하였고, 공단이 장기요양기관에 장기요양급여비용을 환수할 예정임을 사전통지하였고, 이에 따라 장기요양기관은 의견서를 제출하였으나 받아들이지 아니한 사실이 있는 것 등으로 보아 「행정절차법」상의 위법사항은 없다고 판단한 바 있다.[283]

(3) 출석요구서 및 현장출입조사서 등의 사전 통지

「행정조사기본법」 제17조 제1항에 따라 '행정조사를 실시하기 전에 관련 사항을 미리 통지하는 때에는 증거인멸 등으로 행정조사의 목적을 달성할 수 없다고 판단되는 경우' 등을 제외하고, '행정조사를 실시하고자 하는 행정기관의 장은 출석요구서, 보고요구서·자료제출요구서 및 현장출입조사서를 조사개시 7일 전까지 조사대상자에게 서면으로 통지하여야 한다. 장기요양기관에 대한 현지조사 시 조사개시 7일 전까지 현장출입조사서 등을 통지하지 아니한 사건에 대한 법원 판결에 따르면 『장기요양기관의 장기요양급여비용 부당청구내역을 확인하기 위해서는 현지조사를 통해 장기요양기관이 보유하고 있는 입소자 현황, 인력별 근무현황, 입소자들에 대한 서비스, 프로그램 제공기록 등 자료를 확보하여야 할 필요가 있다. 그런데 현지조사가 실시되는 것을 사전에 장기요양기관에게 통지하게 되면 현지조사에 대비하여 관련 자료를 변조하거나 폐기하는 등 증거를 인멸할 가능성이 있고, 이로 인하여 현지조사의 목적 달성에 장애가 발생할 수 있다고 보이므로, 이 사건 현지조사는 행정조사기본법 제17조 제1항 단서 및 제1호에서 정한 사전통지 등의 예외에 해당한다고 봄이 타당하다』고 판시하였다.[284]

---

283 서울행정법원 2022. 1. 27. 선고 2020구합88183 판결.

284 서울행정법원 2022. 1. 27. 선고 2020구합88183 판결.

　　현지조사와 자료제출 요구는 증거확보를 위한 절차이다. 임의조사형태를 통하여도 증거는 수집된다. 장기요양기관에 대한 현지조사와 관련된 증거에는 진술서, 문답서, 전산처리기록, 장기요양급여비용 청구자료, 출근기록부 등 장기요양기관 운영과련 각종자료 등이 있다. 증거에는 장기요양급여비용 청구자료, 자백진술서 등 직접 증거와 업무일지, 출장자료 등 간접적으로 추인할 수 있는 정황증거 즉, 간접증거가 있다. 재판과정에서의 증인신문도 증거조사를 위한 절차이다.

　　행정소송의 경우 「행정소송법」에 특별한 규정이 없는 사항에 대하여는 「민사소송법」을 준용하며(「행정소송법」 제8조 제2항), 법원은 변론 전체의 취지와 증거조사의 결과를 참작하여 자유로운 심증으로 사회정의와 형평의 이념에 입각하여 논리와 경험의 법칙에 따라 사실주장이 진실한지 아닌지를 판단한다(「민사소송법」 제202조). 행정사건에서는 '사실에 대한 개연성이 객관성과 합리성 있는 자료에 의하여 상당한 정도로 인정되는 경우'가 일반적이다.[285] 그러므로 실무에서는 급여제공기록지의 내용과 구비하여야 할 업무수행일지의 내용이 다를 경우 다양한 직·간접증거와 추론과정을 통해 최종 판단이 이루어지고 있다.

아 | 사전 통지 없이 행한 현지조사 및 확인서의 증명력 판례

(1) 사전 통지 없이 행한 현지조사

　　「행정조사기본법」 제17조 제1항은 '행정조사를 실시하고자 하는 행정기관의 장은 출석요구서, 보고요구서·자료제출요구서 및 현장출입조사서를 조사개시 7일 전까지 조사대상자에게 서면으로 통지하여야 한다. 다만 각 호의 어느 하나에 해당하는 경우에는 행정조사의 개시와 동시에 출석요구서등을 조사대상자에게 제시하거나 행정조사의 목적 등을 조사대상자에게 구두로 통지할 수 있다'고 규정하

285　대법원 2012. 11. 15. 선고 2010두8263 판결.

고, 그 제1호는 '행정조사를 실시하기 전에 관련 사항을 미리 통지하는 때에는 증거인멸 등으로 행정조사의 목적을 달성할 수 없다고 판단되는 경우'를 규정하고 있다.

관련 판례에서는 사전통지 과정에서 이루어진 상호 의사교환의 정도 등을 고려한 신뢰 내지 증명의 정도에 관하여, "○○○시장 및 피고가 이 사건 요양기관의 장기요양급여비용 부당청구내역을 확인하기 위해서는 현지조사를 통해 원고가 보유하고 있는 입소자 현황, 인력별 근무 현황, 입소자들에 대한 서비스, 프로그램 제공기록 등 자료를 확보하여야 할 필요가 있다. 그런데 현지조사가 실시되는 것을 사전에 원고에게 통지하게 되면 현지조사에 대비하여 관련 자료를 변조하거나 폐기하는 등 증거를 인멸할 가능성이 있고, 이로 인하여 현지조사의 목적 달성에 장애가 발생할 수 있다고 보이므로, 이 사건 현지조사는 행정조사기본법 제17조 제1항 단서 및 제1호에서 정한 사전통지 등의 예외에 해당한다고 봄이 타당하다. 또한 이 사건 요양기관의 센터장 V가 '현장조사서'에 "현지조사에 응하겠음"이라고 기재한 뒤 서명하였고, '권리구제제도 안내'서류에 "권리구제 안내받았음"이라고 기재하고 서명하였으며, '장기요양급여 관계서류 제출요구서'에도 직접 서명한 사실, V는 같은 날 원고의 대표자인 C로부터 이 사건 요양기관의 현지조사와 관련한 관계서류의 제출 및 사실 확인 등 일체의 행위를 할 수 있는 권한을 위임받아 그 위임장을 첨부한 사실이 각 인정되므로, 이 사건 현지조사에 행정조사기본법 제17조 제1항을 위반한 위법이 있다고 할 수 없다."고 판단하였다.[286]

(2) 사실확인서의 증명력 여부

현장조사 과정에서 시설장이나 관계직원이 기준위반 등에 관하여 사실확인서를 통하여 인정한 뒤에 이를 번복하는 경우 등 그러한 사실확인서의 증명력 내지 신뢰성을 어느 수준까지 인정할 것인지가 문제된다. 이와 관련하여 대법원은 "행정청이 현장조사를 실시하는 과정에서 조사상대방으로 부터 구체적인 위반사실을 자인하는 내용의 확인서를 작성받았고, 그 확인서가 작성자의 의사에 반하여 작성

---

286   서울행정법원 2022. 1. 27. 선고 2020구합88183 판결.

된 것이 아니며, 그 내용의 미비 등으로 인하여 구체적인 사실에 대한 증명자료로 삼기 어려운 것도 아니라면, 그 확인서의 증거가치를 쉽게 부정할 수는 없다."고 판시한 바 있다.[287]

또한 대법원은 이와 연계선상에서, 직원의 확인서 작성 당시 정황 등에 관하여, "요양보호사들이 작성한 확인서가 조사반의 회유나 강압에 의해 작성되었다고 볼 자료는 찾아보기 어렵다. 설령 요양보호사들이 심리적으로 다소 위축된 상황에서 확인서를 작성하였다고 볼 소지가 있더라도, 곧바로 강요에 의하여 강제로 작성된 것으로 단정할 수는 없고, 그 문서가 심리적 위축 상태에서 작성되었다 하여 바로 그 내용의 신빙성을 부정할 수는 없다."고 하였다.[288]

9 비밀누설금지 및 소멸시효

가 비밀누설금지

시·군·구, 공단, 등급판정위원회, 장기요양기관에 종사하고 있거나 종사한 자, 가족요양비·특례요양비 및 요양병원간병비와 관련된 급여를 제공한 자 등은 업무수행 중 알게 된 비밀을 누설하여서는 아니된다(법 제62조). 업무수행 중 알게 된 비밀을 누설한 자는 징역 또는 2천만원 이하의 벌금에 처해진다(법 제67조).

장기요양사업은 수급자의 심신기능상태, 장기요양급여 내용, 국민의 소득과 재산 그리고 가족관계 등 방대한 정보를 활용하여 사업을 추진하고 있다. 이러한 개인정보는 타인에게 알려질 경우 본인에게 불이익을 초래하게 되므로 비밀에 해당된다. 업무수행 중 알게 된 비밀이란 장기요양사업을 수행하는 과정에서 알게 된 정보 중 타인에게 알려지지 않은 정보로 비밀의 범위는 구체적인 사안별로 판단된다. 장기요양기관 및 장기요양요원이 장기요양급여 제공과정에서 알게 된 수

---

287 대법원 2017. 7. 11. 선고 2015두2864 판결, 대법원 2018. 10. 12. 선고 2016두33117 판결 등.

288 대법원 1994. 9. 23. 선고 94누3421 판결, 대법원 2018. 10. 12. 선고 2016두33117 판결 등.

급자의 생명, 심신상태, 거주지, 가족관계의 내용은 비밀에 해당되며 이를 누설하거나 발표하지 못한다는 법적 의무를 부과한 것이다. 그 취지는 장기요양기관 및 장기요양요원과 수급자 사이의 신뢰관계를 통하여 수급자 등에게 돌봄서비스를 제공하는데 있다. 따라서 비밀누설 금지의무는 개인의 비밀을 보호하는 것뿐만 아니라 비밀유지에 관한 공중의 신뢰라는 공공의 이익도 보호하고 있다고 보아야 한다.

'비밀'은 당사자의 동의 없이는 원칙적으로 공개되어서는 안 되는 비밀영역으로 수급자의 사망여부와 관계 없이 다른 사람에게 수급자에 관한 급여제공기록 등을 열람하게 하거나 사본을 내주는 등 내용을 확인할 수 있게 해서는 안 된다.[289] 대법원은 "'법령에 의한 직무상 비밀'이란 반드시 법령에 의하여 비밀로 규정되었거나 비밀로 분류 명시된 사항에 한하지 아니하고, 정치, 군사, 외교, 경제, 사회적 필요에 따라 비밀로 된 사항은 물론 정부나 공무소 또는 국민이 객관적, 일반적인 입장에서 외부에 알려지지 않는 것에 상당한 이익이 있는 사항도 포함하나, 실질적으로 그것을 비밀로서 보호할 가치가 있다고 인정할 수 있는 것이어야 한다." 판시하여[290] 비밀 여부를 비밀로서 보호할 가치 여부에 중점을 두고 판단하고 있다.

한편, 요양급여고시 제9조 제1항에서는 「장기요양기관에 종사하고 있거나 종사하였던 자 및 가족요양비와 관련된 급여를 제공한 자는 법 제62조에 따라 업무수행 중 알게 된 수급자 및 그 가족의 개인 정보 등의 비밀을 다른 사람에게 누설하거나 직무상 목적 외의 용도로 이용하여서는 아니된다」고 규정하고 있어 법 제62조의 비밀의 범위를 수급자 또는 그 가족의 개인정보 등으로 해석하고 있다. 여기서 '개인정보'란 살아 있는 개인에 관한 정보로서 ① 성명, 주민등록번호 및 영상 등을 통하여 개인을 알아볼 수 있는 정보, ② 해당 정보만으로는 특정 개인을 알아볼 수 없더라도 다른 정보와 쉽게 결합하여 알아볼 수 있는 정보(이 경우 쉽게 결합할 수 있는지 여부는 다른 정보의 입수 가능성 등 개인을 알아보는 데 소요되는 시간, 비용, 기술 등을 합리적으로 고려하여야 한다), ③ 가명처리함으로써 원래의 상태로 복원하기 위한 추가 정보의 사용·결합 없이는 특정 개인을 알아볼 수 없는 정보를 말한다고 볼 수 있다(「개인정보보호법」 제2조 제1호).

---

289   대법원 2018. 5. 11. 선고 2018도2844 판결 참조.
290   대법원 2021. 11. 25. 선고 2021도2486 판결.

나 | 보험급여비용 청구권 등의 소멸시효

    보험급여를 받을 권리, 보험급여비용을 받을 권리, 과다 납부된 본인부담금을 돌려받을 권리 등은 3년 동안 행사하지 아니하면 소멸시효가 완성된다(법 제64조의 규정에 의하여 준용되는 「국민건강보험법」 제91조 제1항). 소멸시효는 권리를 행사 할 수 있음에도 일정기간동안 행사하지 아니하면 그 권리를 소멸시키는 제도이다. 따라서 장기요양기관의 경우 장기요양급여를 제공하고 청구할 수 있는 장기요양급여비용의 청구권의 소멸시효는 3년이다. 장기요양기관이 부당청구를 한 경우 공단이 부당이득금으로 징수할 수 있는 소멸시효는 이 법의 소멸시효규정을 적용받지 않고 「민법」상의 소멸시효 10년을 적용받는다.

저자 약력

정홍기

국민건강보험공단 법무지원실장(전)

변호사 김준래 법률사무소 부설 장기요양 앤 건강보험 연구소 소장

한국재가장기요양기관협회 법률고시위원회 위원장

백경희

인하대학교 법학전문대학원 교수

인하대학교 간호대학 겸임교수

사법연수원 33기

김성은

법학박사

한국의료분쟁조정중재원 심사관

김준래

변호사/법학박사

사법연수원 34기

국민건강보험공단 선임변호사(역임)

변호사 김준래 법률사무소 대표

이인재

법무법인 우성 변호사

사법연수원 31기

한국의료변호사협회 상임고문

장기요양 법규 컨설팅

초판발행	2025년 3월 28일
지은이	정홍기·백경희·김성은·김준래·이인재
펴낸이	안종만·안상준
편 집	이수연
기획/마케팅	김한유
표지디자인	BEN STORY
제 작	고철민·김원표
펴낸곳	(주) 박영사
	서울특별시 금천구 가산디지털2로 53, 210호(가산동, 한라시그마밸리)
	등록 1959.3.11. 제300−1959−1호(倫)
전 화	02)733−6771
f a x	02)736−4818
e-mail	pys@pybook.co.kr
homepage	www.pybook.co.kr
ISBN	979−11−303−4876−6 93360

정 가	38,000원